GALICIEN
& der Jakobsweg

Carmen Rod~

pmv

Peter-Meyer-Reiseführer-Leser möchten verstehen, was sie sehen. Toleranz und Herzlichkeit sind ihnen wichtig, Wanderlust und Aktivitätendrang wollen sie so umweltschonend wie möglich ausleben. Sie sind vielseitig interessiert und neugierig auf Neues. Deshalb finden Sie hier zu allen Bereichen des Lebens authentisches Hintergrundwissen über Ihr Reiseland sowie ausführliche reisepraktische Informationen.

Über den Autor
Peter Bohning lebt und arbeitet als Fernsehjournalist in Köln. Während er sich noch einen akademischen Grad in Geschichte erkämpfte, studierte er gleichzeitig das Leben auf der Iberischen Halbinsel, schrieb Artikel über Land und Leute – und entdeckte schließlich das so »unspanische« Galicien. Seitdem forscht er regelmäßig in den entlegensten Winkeln dieses Landes nach allem, was eßbar, sehenswert, kurios oder schlicht erzählenswert ist. Zunächst im Duett mit dem Spanien-Experten Tobias Büscher – und nach dessen Ausscheiden seit der fünften Auflage als Solist. Dafür hat Peter Bohning wieder Klöster, Bergdörfer und Sprachschulen besucht, zusammen mit seinem Labrador »Donqui« Wanderwege erkundet, Fischer, Köche und Modemacher interviewt, Öffnungszeiten notiert und Restaurants getestet (ohne Hund), um dieses einzigartige ausführliche Reisebuch über Galicien zusammenzustellen.

PETER MEYER REISEFÜHRER

GALICIEN

und der Jakobsweg durch den Norden Spaniens

VON PETER BOHNING

Kulturführer mit Tips und Adressen
für den individuellen Urlaub

pmv

6. Auflage, Frankfurt am Main 2003
PETER MEYER VERLAG

INHALT

Galicien: Einführende Worte

Gott ist gut. Aber der Teufel ist auch nicht schlecht.

(Galicisches Sprichwort)

Vor zwölf Jahren bin ich zum ersten Mal in Galicien, dem spanischen »Ende der Welt« gewesen: Mit der fixen Idee, ein bißchen in der Sonne zu braten, nebenbei Spanisch zu lernen und fest entschlossen, weder Fisch noch Meeresfrüchte zu essen. Ich wußte natürlich nicht, daß dort Regen als Kunst bezeichnet wird – weil er so häufig fällt. Daß dort mühsam erworbene Spanischkenntnisse oft herzlich wenig nutzen – weil es eben eine eigene galicische Sprache gibt. Und daß eine kindheitsbedingte Aversion gegen Fisch und Meeresfrüchte dort gleichsam eine Katharsis erfahren würde – das habe ich selbstverständlich auch nicht geahnt. So aber habe ich dort einen denkwürdigen Urlaub mit weitreichenden Spätfolgen verbracht. Eine davon ist diese mittlerweile fünfte Auflage eines dicken Reiseführers über Galicien. Für meine späteren, viel längeren Aufenthalte gibt es diverse Gründe. Einer ist sicher, daß ich in Galicien nicht das angetroffen habe, was ich von einer Gegend Spaniens erwartet hatte. Anstelle von Sangría gibt es dort einen Hexenpunsch namens Queimada, statt Flamenco-Gitarre hört man Dudelsack. Und die Speisekarten werden nicht von der berühmt-berüchtigten Reispfanne Paella beherrscht, sondern von unerwartet deftiger Kost.

Die zahlreichen Versuche, diese Ecke Spaniens von der Größe Belgiens mit wenigen Worten zu charakterisieren, liegen eigentlich immer etwas daneben: Denn Galicien hat so viele Facetten wie seine Landschaft vielfältig ist: Zerklüftete Steilküsten, sanfte Strandbuchten, Gebirge im Hinterland, Weinfelder im Süden, Höhlen und heiße Quellen ... Der Autor Felix Ortega rettete sich einmal in die Feststellung, es gebe schlicht drei Millionen Galicien – so viele wie das Land Einwohner hat.

Galicien ist Schottland ähnlicher als Kastilien. Und das spiegelt sich auch in seinen Menschen wider. Figuren wie der draufgängerische Don Juan oder die feurige Carmen passen nicht zu Galicien – und dem entspricht auch das Bild, das sich der Rest Spaniens gerne von den »Galegos« macht: Es seien rückständige und eigenbrötlerische Besitzer von Ochsenkarren mit Scheibenrädern, konservativ, geizig und mißtrauisch, seit sie mit dem Regenschirm in der Hand zur Welt kamen. Hinter ihren Bergen würden sie wie auf dem Mond leben, glaubten an Hexen und Heilige, aber nicht an die Segnungen der Politik. Die Ostfriesen Spaniens sozusagen, mit reichlich Spottwitzen bedacht:

Ein Galicier auf die Frage, warum er denn immer mit einer Gegenfrage antworte: »Warum wollen Sie denn das wissen?« Oder: Die Galicier sind so mißtrauisch – wenn Sie einem auf der Treppe begegnen, wissen Sie nie, ob er rauf oder runter geht.

Ein Körnchen Wahrheit mag dahinterstecken. Die Galegos sind wirklich etwas anders als ihre Landsleute, eher zurückhaltend als temperamentvoll, oft mit einer rauhen Schale, aber dahinter meistens abgrundtief herzlich. Ihre Heimatverbundenheit ist sprichwörtlich, und wenn sie aus wirtschaftlicher Not heraus ihr Land verlassen mußten, dann nicht ohne einen tiefen Schmerz. Es waren galicische Emigranten, die Begriffe wie »saudade« und »morriña« geprägt haben, für die Sehnsucht und Melancholie nur unzureichende Übersetzungen sind. Wer die Schönheit des Landes kennengelernt hat, mit seinen Bergen, Flüssen und Rías, den fjordartigen Buchten, die sich weit ins Landesinnere erstrecken, kann diese Gefühle verstehen. Nicht nur wegen des milden Sommerklimas machen die Spanier hier selbst gerne Urlaub.

Wie wenig »eigenbrötlerisch« oder »geizig« die Galicier sind, zeigen sie während jener zahlreichen Feste, die sie entweder ihren Heiligen oder gleich den Schnäpsen, Weinen, Pasteten oder Meeresfrüchten widmen. Und daß sie keineswegs immer hinter ihren Bergen gelebt haben, beweist schon ihre Hauptstadt Santiago, zu der bereits im frühen Mittelalter die ganze christliche Welt strömte. Es sagt viel aus über die angeblich so rückständigen Galicier, wenn man weiß, daß von dort aus ein weltumspannendes Mode-Imperium geleitet wird, das mit unkonventionellen Geschäftsmethoden und großem Einfallsreichtum der Konkurrenz das Fürchten lehrt. Man hängt es nur nicht an die große Glocke.

Galicien hat eine bewegte Geschichte. Von den frühen Steinzeitmenschen über die Kelten, Römer, Goten und Sueben haben viele Völker und Kulturen ihre Spuren in dem Land hinterlassen. Und dennoch hat sich Galicien, vielleicht dank seiner geographischen Lage am Rande Europas, eine gewisse Ursprünglichkeit bewahrt, typische Eigenarten, denen etwas Zeitloses anhaftet. An der Mittelmeerküste sucht man so etwas heute vergeblich. Die Galicier sprechen auch nicht deutsch. Es sei denn, Sie treffen auf jemanden, der viele Jahre im deutschsprachigen Ausland als »Gastarbeiter« verbrachte. Für den Reisenden ist es manchmal mühsam, sich zurechtzufinden. Das Land und die freundlichen Menschen entschädigen dafür reichlich. Mit seinen einsamen Bergdörfern und malerischen Fischerorten, den imposanten Kirchen, Klöstern, Burgen und Palästen, seinen Stränden, Wildpferden, dem unglaublichen Reichtum an – wirklich köstlichen – Meeresfrüchten, seinen Weinen und mitunter bizarren Bräuchen ist Galicien ein Paradies für Entdeckungsreisende. Und nicht zuletzt der perfekte Ort, den lieben Gott einen guten Mann sein zu lassen.

Gute Reise!
Peter Bohning,
im Juli 2002

NATUR & WIRTSCHAFT

VOM CHAMPAGNER DES ALLTAGS

Daß sich Gott nach dem Erschaffen der Welt erschöpft auf die nordwestliche Ecke der Iberischen Halbinsel stützte und – so will es die Legende – dabei ungewollt nachträglich an der Landschaft herummodellierte, hat ihm bis heute keiner übelgenommen. Galicien besitzt dadurch einzigartige Naturräume, denn Gott hinterließ mit seinen Handabdrücken die für die galicische Küste so charakteristischen Rías. Neben der landschaftlichen Vielfalt dürften allerdings auch das so unspanische gemäßigte Klima und der Reichtum an Meeresfrüchten dafür verantwortlich sein, daß die Spanier hier selbst gerne Urlaub machen – allerdings auch lieber nur in den regenfreien Wochen. Dabei ist den Galiciern der häufige Regen doch der »Champagner des Alltags« …

Geologie

Heimatkundler *Ramón Otero Pedrayo* (1888 – 1976) schrieb in seinem Galicienführer von 1926, geologisch gesehen sei »Galicien nichts als Granit und Schiefer«. Der allgegenwärtige Fels hat in weiten Teilen des Landes durch eine konstante Erosion, die auf das feuchte Klima, das Meer und die starke Strömung der galicischen Flüsse zurückzuführen ist, bizarre Formen angenommen. Mal als löchrige Mondlandschaft, mal als sanftes, baumbestandenes Gelände trifft man immer wieder auf neue Spielarten der Natur. Die Entstehungsgeschichte dieser Landschaft reicht 1200 Millionen Jahre zurück. Der ganze Nordwesten Spaniens ist durch Brüche des Basisgesteins gekennzeichnet und in Nord-Süd-Richtung in einzelne Schollen aufgegliedert. An eingebrochenen Talbecken wie in Verín im Süden von Galicien kann man dies gut erkennen. Dort und auch an zahlreichen anderen Orten quer durch die Region gibt es

Der Regenschirm ist immer dabei:
Im Hinterland von Galicien

Thermen und Heilbäder, bei denen heißes und zum Teil schwefelhaltiges Wasser aus tieferen Erdschichten an die Oberfläche gelangt.

Eine Besonderheit der galicischen Landschaft sind die weit ins Landesinnere reichenden, fjordartigen Flußmündungen, die **Rías** genannt werden. Diese für Galicien so charakteristischen Küsteneinschnitte sind durch Erdabsenkungen, wie zum Beispiel bei Pontevedra oder Vigo an der Westküste, durch den Landhunger des Atlantiks und die starke Erosionstätigkeit der Flüsse entstanden. Nach der letzten Kaltzeit vor etwa 10.000 Jahren konnte das Meer durch Risse und Flußtäler in das Landesinnere dringen und schuf so jene ertrunkenen Flußtäler. Am bekanntesten sind die in eine sanfte und grüne Hügellandschaft eingebetteten *Rías Bajas* an der Westküste, an denen sich der größte Teil von Galiciens Muschelzucht und dem Tourismusgeschäft abspielt. Die Rías Bajas reichen bis zu 30 Kilometer weit ins Land hinein (*Ría de Arousa*) und haben eine Wassertiefe von stellenweise fast 100 Metern.

Der Niveau-Unterschied zwischen Ebbe und Flut beträgt rund 6 Meter. Weniger ausgeprägt, aber schroffer sind die *Rías Altas*, wie die Küsteneinschnitte nördlich von Fisterra bis nach Ribadeo an der Grenze zu Asturien bezeichnet werden. Im Gegensatz zu den Rías Bajas geben die Rías Altas kein einheitliches Bild ab. Die von einer felsigen und kargen Landschaft eingefaßten Rías Altas der herbschönen *Todesküste* sind mit den viel ruhigeren Rías zwischen A Coruña und Ferrol kaum zu vergleichen, die zwei Halbinseln herausgebildet haben und fast schon wieder den sanften Rías Bajas ähneln. Als plötzliche und unvermittelt auftauchende Einschnitte in die vorwiegend von Steilküste geprägte Landschaft präsentieren sich die Rías Altas zwischen dem nördlichsten Punkt der Iberischen Halbinsel, dem *Cabo Estaca do Bares,* und der Grenze zu Asturien, die die *Ría de Ribadeo* markiert. Es sind die kleinsten, aber durch die landschaftlichen Kontraste mit Steilküste, weitläufigen Sandstreifen und einem grünen Hinterland wohl reizvollsten galicischen Rías.

Galicien ist reich an **Mineralien,** deren Abbau lange Zeit zu den wirtschaftlichen Grundlagen der Region gehörte. Die wichtigsten Mineralienvorkommen sind Kupfer, Blei, Zink, Zinn, Quarz, Granit, Magnesit, Wolfram, Lignit und Kaolin. Auch *Edelmetalle* wurden in Galicien gefunden. Die Stadt Ourense erhielt ihren Namen von den Römern (*auria*), die an den Flüssen Miño und Sil Gold- und Silberminen ausbeuteten. Der Río Sil galt ihnen als magischer Fluß, weil sie meinten, sein Wasser verwandle den Ufersand in Gold.

Geographie

Galicien ist ein Mittelgebirgsland, das sich von den südöstlichen Randgebirgen der *Kantabrischen Kordilleren* nach Norden und Nordwesten auf rund 200 m Meereshöhe verflacht. Die meisten höheren Berge finden sich daher in Südostgalicien, dazu gehören die *Picos de Ancares* (1826 m), die *Cabeza de Manzaneda* (1787 m) mit der *Sierra de Queixa* und der *Peña Trevinca* (2031 m).

Galicien ist 29.434 km² groß und entspricht damit ungefähr der Größe Belgiens. Die rund 1200 Kilometer galicische Küste machen gut 30 Prozent der gesamten spanischen Küste aus. Nur eine der vier galicischen Provinzen, *Ourense,* hat keinen Zugang zum Meer. Dafür besitzt die von Weinbau und Landwirtschaft geprägte Provinz Ourense die abwechslungsreichste Landschaft Galiciens, von den grünen Weinbergen der Gegend um Ribadavia bis zu dem oft verschneiten Gebirge um die *Cabeza de Manzaneda,* dem einzigen galicischen Skigebiet. Die großartigen *Naturschutzgebiete Ancares* und *Courel* liegen in der nordöstlichen Provinz Lugo, die in ihrem Hinterland ansonsten wenig Aufregendes zu bieten hat. Um so schöner ist aber der Küstenabschnitt dieser ärmsten galicischen Provinz; der »Strand der Kathedralen« ist ein Naturschauspiel für sich.

Mit einer hügeligen, oft waldbestandenen Mittelgebirgslandschaft im

Wild und zerklüftet: Steilküste an den Rías Altas

Rücken konzentriert sich das Leben der reicheren *Provinzen A Coruña* im Nordwesten und *Pontevedra* im Süd-westen auf die Küste, die keineswegs immer gleich aussieht. Die fast 600 Meter hohe Steilküste der *Sierra de la Capelada* geht bei der Stadt Ferrol in einen windgeschützten, milden Küstenstreifen über, um nur 30 Kilometer hinter A Coruña zur herben, felsigen und sturmumtosten Todesküste zu werden. Südlich von Fisterra beherrschen schließlich die sanften Rías Bajas das Bild der Küstenlandschaft.

Das Geld der Provinzen A Coruña und Pontevedra wird vor allem im Schiffsbau, der Fischerei, der Muschelzucht, dem Seehandel, der Papierindustrie und dem Tourismus verdient. Die Bevölkerung – Galicien zählt fast drei Millionen Einwohner –

konzentriert sich daher im wesentlichen an der Küste, besonders in den beiden industriell bedeutsamen Hafenstädten A Coruña und Vigo. In prähistorischer Zeit sind hingegen vor allem die höher gelegenen Regionen Innergaliciens bewohnt gewesen. Manchmal reichen die frühen Siedlungen bis an die Gebirgsmassive heran. Lediglich die Bergkette der Ancares und andere isolierte Bergregionen wie die *Sierra O Courel* blieben im Laufe der Zeit schwach besiedelt.

Klima, Wind & Wetter

Für die hitzegeplagten und erholungsbedürftigen Spanier ist Galicien die nationale Fluchtburg in den Sommerferien. Während sich die sonnenhungrigen Touristenmassen aus dem Norden Europas am liebsten spani-

°C		Jan	Feb	Mär	Apr	Mai	Juni	Juli	Aug	Sep	Okt	Nov	Dez	Tage
	Temperatur Tag °C	13	13	15	16	18	20	22	23	22	19	15	14	
	Temperatur Nacht °C	7	7	8	9	11	13	15	15	14	12	10	8	
	Temperatur Wasser °C	12	12	12	12	14	15	17	17	17	16	14	13	
	Sonne: Stunden/Tag	3	4	5	6	7	7	9	8	6	5	4	3	
	Regen: Tage/Monat	18	14	16	13	13	10	8	9	12	14	17	19	
	mm/Monat	86	72	101	65	56	11	2	3	21	82	72	93	

sche Urlaubsziele mit Hitzegarantie aussuchen, gehört es fast zum guten Ton unter Madrilenen und Barcelonesen, in Galicien ein Häuschen zu besitzen – des angenehmen Klimas wegen. Denn die Nachbarschaft des Atlantiks sorgt für ein ozeanisch-immerfeuchtes Klima, das erst tief im Süden in das halbtrockene Klima Zentralspaniens übergeht. Eine klimatische Besonderheit im Süden Galiciens ist eine Dürreperiode um den Monat August, in der kaum Regen fällt.

Insgesamt sind die **Temperaturen** mild. Das Monatsmittel schwankt nur zwischen 10 und 15 Grad Celsius. Die regionalen Unterschiede sind jedoch recht groß: Die Schwankungen im Verlauf eines Jahres nehmen nach Osten hin stetig zu, die mittleren Werte insgesamt ab. So liegt die mittlere Jahrestemperatur in Fisterra bei 14,2 Grad, in Santiago bei 12,8 Grad, in Lugo bei 12 Grad; die Temperaturschwankungen im Jahresverlauf betragen in Fisterra 9,1 Grad, in Santiago 10,9 Grad, in Lugo 12,7 Grad. Die höchsten Temperaturunterschiede verzeichnet das Thermometer im innergalicischen Ourense, wo bis zu 31 Grad Celsius zwischen höchster und niedrigster Temperatur liegen können. Das gleiche Phänomen läßt sich auch von Norden nach Süden beobachten. In Vigo zeigt das Thermometer etwa viermal häufiger über 25 Grad an als in A Coruña.

Die *Wassertemperaturen* des Atlantiks lassen selbst im Hochsommer noch Badelustige erzittern, denn das

Wasser der Rías Altas im Norden ist selten über 15 Grad warm, was viele an die Gestade der im Hochsommer gut 20 Grad warmen Rías Bajas treibt. Im galicischen Wonnemonat September liegen die Wassertemperaturen aber auch an den offenen Atlantikstränden im angenehmen Bereich um 18 Grad.

Der **Wind** bläst an der spanischen Nordküste aus Nordwesten. Nach heißen Tagen im Sommer und Herbst können die Nordwestwinde zur *Galerna* werden, einem mit Gewittern verbundenen Nordweststurm.

Alle Wetter noch einmal!

Was das **Wetter** angeht, so bleibt einem als Urlauber nichts weiter übrig, als den spanischen Werbeslogan »Alles unter der Sonne« sofort zu vergessen und sich auf den »Champagner des Alltags« einzustellen. Regenschirme zählen zur Grundausstattung der Galicier. In Santiago de Compostela, der regenreichsten Stadt Spaniens, bezeichnet man den ständigen Nieselregen schlicht als »Kunst«. Das Wolkenaufkommen in Galicien ist vergleichbar mit dem Englands und Norddeutschlands und wird in Europa nur von Nordirland und Schottland übertroffen. Die Niederschlagsmenge ist das Jahr über relativ konstant, an der galicischen Westküste höher und dies vorwiegend im Winter. Der meiste Regen fällt im Herbst und Winter, der August und die ersten zwei Septemberwochen können hingegen völlig regenfrei sein. In den nördlichen Gebieten regnet es mit größerer Regelmäßigkeit, im Süden sind die Niederschläge eher als Platzregen zu bezeichnen und jahreszeitlich bedingt. Die an Santiago angrenzenden Gebiete sowie der nähere Umkreis der Rías Bajas verzeichnen oft mehr als 1500 mm Niederschlag pro Jahr, in Santiago sind es 1650 mm. Damit zählen diese Regionen Galiciens zu den regenreichsten Europas.

FLORA & FAUNA
Eukalyptus und Wein

Wer bei einem Besuch Galiciens unbewußt das Liedchen »O, du schöner Westerwald, Eukalyptusbonbon« vor sich hin pfeift, hat nicht ganz Unrecht, denn im Landesinnern kann man sich einem deutschen Mittelgebirge durchaus näher fühlen als Spanien. Und zum anderen ist der Eukalyptusbaum, der immer größere Waldflächen Galiciens einnimmt, kaum zu übersehen.

Bei genauerem Hinsehen stellt man schnell fest, daß sich in Galicien zwei Vegetationskreise überschneiden. **Eurosibirische**, an den laubabwerfenden Wäldern zu erkennen, und **mediterrane Vegetation** mit immergrünen Wäldern verleihen der galicischen Flora einen eigenwilligen Mischcharakter. In Höhenlagen herrschen besonders die nordatlantischen und mitteleuropäischen Baumarten vor: laubabwerfende Eichen, Birken, Weiden, Erlen, Kastanien, Pappeln und verschiedene Kiefernarten. Hinzu kommen Weide-, Heide- und Moorpflanzen, deren hauptsächliche Vertreter Besenginster, Stechginster, Heidekraut und Adlerfarn sind. Durch Abholzung und Brandrodung der Ei-

Waldbrände sind in Galicien leider keine Seltenheit. Während der 90er Jahre wütete rund die Hälfte aller spanischen Waldbrände in Galicien. Und diese Brände entstehen kaum zufällig oder aus Unachtsamkeit. Zu 80 Prozent, so ein Bericht von *Greenpeace*, waren diese Feuer auf Brandstiftung zurückzuführen! Dabei sei die Zahl der Brände in den vergangenen 10 Jahren stark angestiegen.

Offenbar macht es noch immer »Sinn«, auf diese Weise schneller zu attraktivem Bauland zu kommen. Und nach wie vor ist es ein offenes Geheimnis, daß in den Sommermonaten von gedungenen Pyromanen systematisch gezündelt wird. Die Auftraggeber bleiben zumeist im dunkeln. Doch einen Nutzen davon hat in der Regel nur die Papierindustrie, denn bei der Herstellung von Zellulose ist der Zustand des Holzes nicht so wichtig. Verkohlte Stämme sind lediglich ungleich billiger (↗ Forstwirtschaft). Fatalerweise gerät den professionellen Brandstiftern in ihrem Feuereifer leicht mal etwas außer Kontrolle.

Mit Feuereifer am Werk: Brandstiftung in Galicien

Umweltschützer kritisieren, daß die Verantwortlichen der Xunta wichtige Daten zurückhalten würden, statt das eigene Programm umzusetzen, mit dem die Regierung das Problem in den Griff kriegen wollte. Das gehe sogar soweit, daß den Medien empfohlen worden sei, weniger oder gar nicht über Brände zu berichten.

Eine unabhängige Gruppe der Gewerkschaft *Comisiones Obreras* hat errechnet, daß im Jahr 2000 rund 79.000 Hektar galicische Wälder brannten – und ganz besonders in der Provinz Ourense (über 55.000 Hektar). Betroffen waren nicht nur Eukalyptus-Pflanzungen, sondern auch Waldgebiete in Naturschutzgebieten. In diesem Bericht erheben die Autoren ebenfalls schwere Vorwürfe gegen die galicische Regierung, zu wenig gegen die »Feuerteufel« zu unternehmen. ◄

✴ **Tip:** Obwohl es teurer ist, druckt pmv bereits seit Jahren alle seine Produkte auf 100 % Recyclingpapier und trägt damit zur Ressourcenschonung aktiv bei – und Sie mit dem Kauf solcher Produkte ebenfalls.

---

chen- und Kastanienwälder haben die Heidepflanzen sich auf vielen einst großen Waldflächen ausgebreitet.

Mediterrane Pflanzen machen sich in einzelnen Arten und in klimatisch besonders begünstigten Zonen, vor allem im Südwesten sowie in den tiefen Flußtälern im Südosten Galiciens, bemerkbar. Zu ihnen zählen Stein- und Korkeichen, der Erdbeerbaum, die Wilde Heckenrose, Wegdorn, Stechpalme und Kräuter wie Thymian, Lavendel und Salbei. Eine Reihe von Vegetationsarten, die unter gleichen klimatischen Bedingungen in anderen Regionen gedeihen würden, kommen in Galicien jedoch nicht vor. Als Gründe dafür sind der stark wasserdurchlässige Granit, die vorwiegend sauren Böden und die eigentümliche sommerliche Dürreperiode zu nennen, der sich die Pflanzen anpassen müssen.

Um eine natürliche Vegetation handelt es sich in Galicien kaum. Die menschlichen Eingriffe in die galicische Urlandschaft waren und sind enorm. Die Entwaldung im Laufe der Geschichte und die kaum erfolgte Aufforstung haben den ursprünglichen Waldbestand auf ein Prozent der Landfläche reduziert. Von ihm bekommt man nur noch in den Naturschutzgebieten Ancares und Courel im Südosten sowie in der Umgebung einiger Flüsse, wie beispielsweise am Río Sil, Río Eume oder am Río Miño einen Eindruck.

Noch immer deckt die galicische Holzwirtschaft zum überwiegenden Teil den Holzbedarf Spaniens. Immer häufiger sind **Eukalyptuswälder** anzutreffen, die seit dem vergangenen Jahrhundert wegen ihres schnellen Wachstums vom Staat zum Nutzen der Holz- und Papierindustrie angesiedelt werden. Zum Unmut vieler Galicier bestimmen sie zunehmend das Landschaftsbild. **Olivenhaine**, in früheren Zeiten durchaus üblich, gibt es noch in den Tälern südlich von Ourense und an den Flüssen Miño und Sil. **Weinreben** findet man fast nur in Südgalicien, wo sie an den Südhängen gedeihen. Die bekanntesten Lagen sind der *Albariño* um Camba-

dos, der *Rosal* an der Mündung des Río Miño, der *Ribeiro* um den Miño bei Ribadavia sowie der *Valdeorras* an den Quellflüssen des Río Sil im Südosten. Weiter im Norden gibt es nur vereinzelte, unbedeutende Weinlagen. Entlang der Rías Bajas bis in die südlichen Täler kommen auch **Orangen-** und **Zitronenbäume** vor. Doch trotz alledem sind im Bereich der galicischen Küste bis heute *Mais* und *Kartoffeln* die wichtigsten **Kulturpflanzen**. Oft sieht man auch *Hopfen-* und *Weizenfelder.*

Langusten und Bären

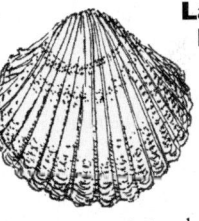
Venusmuschel

Für seinen Reichtum an **Fisch** und **Schalen-** und **Krustentieren** ist Galicien nicht nur in Spanien selbst berühmt. An der galicischen Küste und vor allem in den nährstoffreichen Rías Bajas tummeln sich alle möglichen Fischarten und wachsen Muscheln so ungehemmt, daß in Galicien gut 50 Prozent des Miesmuschelbedarfes der Welt produziert wird. Neben den schwarzen *Miesmuscheln* gelangen auch *Austern* sowie *Herz-* und *Venusmuscheln*, die bei Ebbe im Sand der Ría aufgesammelt werden, in die Auslagen der Restaurants. Sehr beliebt, aber sündhaft teuer ist eine Muschelart, die am besten an den Felsklippen der Todesküste gedeiht: Um die *Entenmuscheln* abzupflücken, riskieren die Leute Kopf und Kragen. Das Pilgersymbol, die *Jakobsmuschel*, wird in A Coruña, Noia und Ribeira geerntet. **Schalentiere, wie** *Langusten, Seespinnen, Krabben, Krebse* **und** *Hummer* fühlen sich in den Rías sehr wohl, ziehen aber die Rías Altas und die Mündung des Miño den wärmeren Rías Bajas vor. A Guarda, an der Grenze zu Portugal, nennt sich selbst gerne »Hauptstadt der Langusten«.

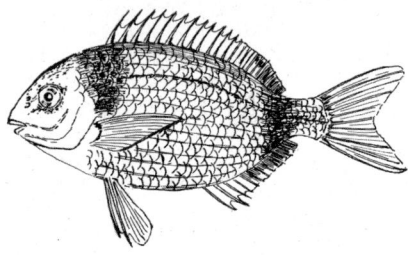

Seebrasse und Seezunge sind häufige Speisefische

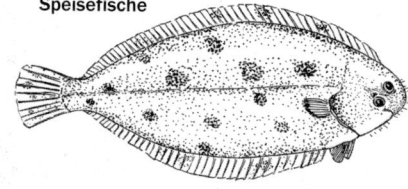

Ein besonders häufiger Bewohner der galicischen Küste ist die *Seekrake*, die bei keiner galicischen Festivität fehlen darf. Die **Fischarten**, die den einheimischen Fischern ins Netz gehen, sind meistens *Sardine, Kabeljau, Seezunge, Seehecht, Seebrasse, Schwertfisch* und *Seeteufel*.

Die lachs- und forellenreichen Flüsse, in denen auch oft *Silberfische, Neunaugen, Aale* und *Meeresforellen* vorkommen, sind ein Paradies für Angler. An weniger zugänglichen Flußstellen leben noch **Fischotter**.

Was zu Lande kreucht und fleucht, macht sich dagegen ärmlich aus. Von den knapp 15 **Amphibienarten** Galiciens ist der Wasserfrosch am häufigsten vertreten, bei den rund 20 **Reptilienarten** sind vor allem die Mauer- und die Smaragdeidechse zu nennen. Die Kreuzotter hat mit der *Sierra de Queixa* im Südosten ihr nördlichstes Verbreitungsgebiet auf der Iberischen Halbinsel.

230 Vogel- und 35 Säugetierarten leben ständig oder zeitweilig auf galicischem Boden. Insgesamt handelt es sich um eine Mischfauna, in der das nördliche Element bestimmend ist. Igel, Dachse, Hasen, Kaninchen und Füchse haben überall ihre Reviere. In den bewaldeten Tälern der Bergregionen kommen **Wildschweine** sehr häufig vor und sind mit etwas Glück auch zu sehen, was bei *Wiesel, Hermelin* und *Iltis* kaum gelingen wird. Außer in den dichter besiedelten Flußtälern pflegen im östlichen und südöstlichen Galicien immer noch **Wölfe** zu heulen – *el lobo*, der Wolf, ist eine wichtige Figur in der galicischen Folklore. Wanderer müssen allerdings nicht fürchten, sich im Urlaub Rudeln hungriger Wölfen erwehren zu müssen. Die wenigen galicischen Wölfe geben sich mit dem großen Angebot an *Rehen* zufrieden. In den Ancares und am Rand des Ourense-Massivs kommen auch *Hirsche* und *Damwild* vor, und auch der *Marder* hat hier eines seiner letzten Refugien. Sporadisch lassen sich **Braunbären** aus Asturien in Ostgalicien blicken. Durch ihre Namen gedenken Orte wie *Oseira* und *Valdoso* des pelzigen Besuchers, der hier *oso* genannt wird.

In den Rías und weiten Teilen des Nordostens zählt der Rabe zu den häufigsten **Vogelarten,** ist aber im Süden weitgehend unbekannt. Möwen trifft man in Galicien sogar noch an den Quellen seiner Flüsse weit im Landesinneren an. *Zaunkönig, Specht, Kuckuck, Bekassine* und verschiedene

Drosselarten leben in ganz Galicien, nachts sind die Rufe von *Uhus* und *Schleiereulen* zu hören. Die Nachtvögel *Wald-* und *Steinkauz* suchen lieber abgelegenere Gebiete. In der Umgebung Lugos kommt die *Waldschnepfe* häufig vor. Man muß allerdings schon in den Ancares oder dem Courel herumwandern, um mit einiger Sicherheit noch *Schnee-* und *Reb-*

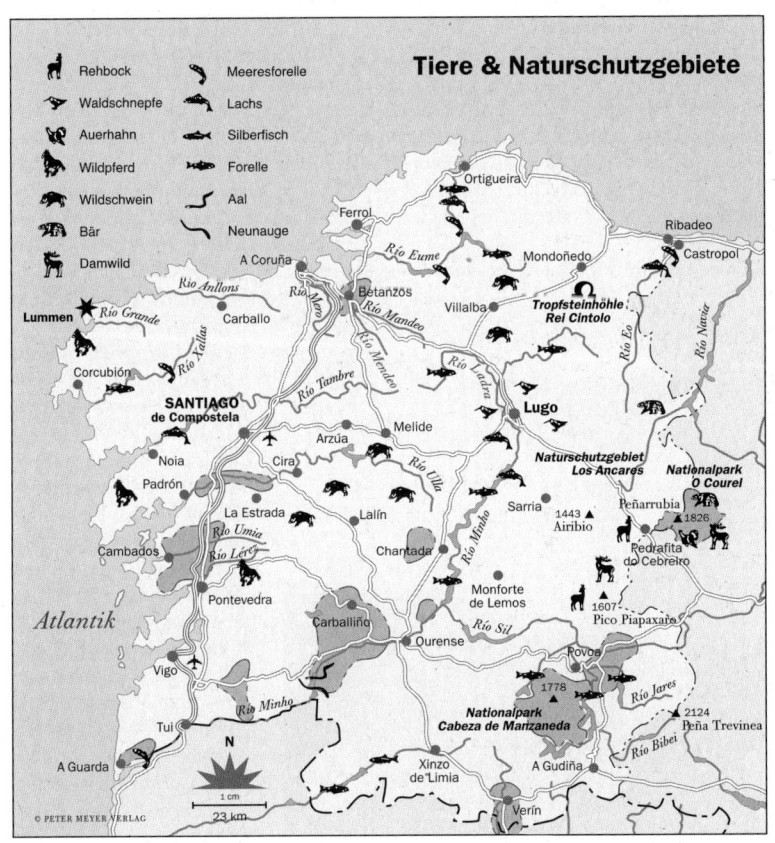

Tiere & Naturschutzgebiete

- Rehbock
- Waldschnepfe
- Auerhahn
- Wildpferd
- Wildschwein
- Bär
- Damwild
- Meeresforelle
- Lachs
- Silberfisch
- Forelle
- Aal
- Neunauge

Ortigueira · Ferrol · Ribadeo · Mondoñedo · Castropol · *Rio Eume* · A Coruña · Betanzos · Villalba · **Tropfsteinhöhle Rei Cintolo** · *Rio Anllons* · *Rio Mero* · *Rio Mandeo* · **Lummen** · *Rio Grande* · Carballo · *Rio Tallas* · *Rio Mandeo* · *Rio Ladra* · *Rio Eo* · *Rio Navia* · Corcubión · *Rio Tambre* · *Rio Mendeo* · **SANTIAGO de Compostela** · Melide · **Lugo** · Noia · Cira · Arzúa · *Rio Ulla* · **Naturschutzgebiet Los Ancares** · **Nationalpark O Courel** · Padrón · La Estrada · Lalín · Sarria · 1443 ▲ Airibio · Peñarrubia · ▲ 1826 · *Rio Umia* · *Rio Minho* · Pedrafita do Cebreiro · Cambados · *Rio Lérez* · Chantada · Monforte de Lemos · ▲ 1607 Pico Piapaxaro · Pontevedra · *Atlantik* · Carballiño · Ourense · *Rio Sil* · Royos · 1778 ▲ · *Rio Jares* · Vigo · **Nationalpark Cabeza de Manzaneda** · ▲ 2124 Peña Trevinea · Tui · *Rio Minho* · Xinzo de Limia · A Gudiña · *Rio Bibei* · A Guarda · Verín

N

1 cm
23 km

© PETER MEYER VERLAG

Schleiereulen nisten in der Nähe von Menschen, wo bei der Feldarbeit Wühlmäuse aufgescheucht werden

Bekassinen stochern mit ihrem langen Schnabel im Schlamm nach Futter

hühner, Habichte, *Sperber, Bussarde, Zwergadler* und *Mauerfalken* beobachten zu können. Das Symbol der Ancares, den *Auerhahn,* haben die Tierschützer zuletzt dreißigmal gezählt. Besonders in der

Sierra de Queixa um das Manzaneda-Wintersportgebiet nisten *Wanderfalken, Turmkrähen* und auch der eine oder andere *Königsadler* in den steilen Felswänden.

Die gesamte Fauna Galiciens, mit wenigen Ausnahmen, mußte sich darauf einstellen, in einer vom Menschen höchst beeinflußten Umgebung zu überleben. Jene Arten, die in ihrer Lebensform wenig flexibel sind, sind daher, wenn überhaupt, nur in einsamen Gebieten anzutreffen. Das menschliche Zusammenleben mit Tieren, in Galicien so eng wie in keiner anderen Gegend der Iberischen Halbinsel, drückt sich in zahllosen Tierlegenden und Überlieferungen aus. Dennoch kümmert man sich traditionell herzlich wenig um einen Schutz der galicischen Tierwelt, die zunehmend verarmt und in der nur noch äußerst anpassungsfähige Arten eine Überlebenschance haben. Die aktuellen Bemühungen um ihren Erhalt entsprechen jedenfalls in keiner Weise den Anforderungen.

✳ **Tipp:** Die beiden *Naturschutzgebiete Los Ancares* und *O Courel,* in denen es sich herrlich wandern läßt, sind unter der Griffmarke ↗ »Wanderungen & Sport« beschrieben.

Störche sind im galicischen Hinterland keine Seltenheit

WIRTSCHAFT: AUFSCHWUNG AUF HOLZSCHEIBENRÄDERN?

»Galicien ist arm«, meint Miguel González und fügt seufzend hinzu: »Sehr arm«. Mit dieser Meinung steht er sicherlich nicht allein da, der Pächter des Hauses, in dem wahrscheinlich die Vorfahren des Schriftstellers Cervantes lebten. Zum Abschied bittet er noch darum, den eingebrochenen Dachstuhl zu fotografieren, um das Bild mit der Bitte um Unterstützung an die Regierung schicken zu können. Galicien ist eine der Problemzonen der EU, der wirtschaftliche Aufschwung Spaniens ist an dieser Region fast spurlos vorbeigegangen.

Besonders in den Provinzen Lugo und Ourense ist der Rückstand augenfällig. Die immer noch rollenden Ochsenkarren mit hölzernen Scheibenrädern sind kein touristischer PR-Gag, sondern häufig das einzige Transportmittel der galicischen Kleinbauern.

Die Hauptursache dafür wird in der Abgeschiedenheit der Region gesehen. Und so liegt auch der Schwerpunkt der Wirtschaftspolitik in der Modernisierung der Infrastruktur. Um eine vierspurige direkte Straßenverbindung nach Madrid hat man verbissen gekämpft – das teure Projekt verschlang bereits Milliarden, seine Fertigstellung wird für das Jahr 2004 erwartet. Zu den bisherigen Versäumnissen kommt ein weiteres Hindernis hinzu, nämlich daß ausgerechnet all diejenigen Industriezweige in Galicien konzentriert sind, die im Brüsseler Dickicht von Quotenregelung und Subventionierung zusammenrationalisiert werden: Milchwirtschaft, Fischerei und Schiffsbau. Damit ist Galicien trotz europäischer Fördermittel einer der großen Verlierer bei der EU-Wirtschaftspolitik. Genaue Angaben über das wirkliche wirtschaftliche Potential Galiciens kann allerdings selbst die eigene Regierung nicht machen, Statistiken sind Glückssache. Der Besitzstand wird nämlich von Galiciern besonders gern vertuscht. Reiche heimgekehrte Emigranten bringen ihr Vermögen oft gar nicht zur Bank, sondern horten es sicher im klassischen Sparstrumpf daheim. Wie weit der wirtschaftliche Einfluß des galicischen Devisenbringers Emigration reicht, läßt sich schwer abschätzen. Zumindest fällt auf, wieviele Bars die Namen der Städte tragen, wo offensichtlich das Startkapital erarbeitet wurde. Auffällig sind auch die scheußlich-teuren Betonklötze, die sich Galicier über oder neben ihren alten Granithäuschen errichten, um den Anschluß an moderne Zeiten zu demonstrieren. Nicht wenigen drängt sich da der Eindruck auf, die Emigranten würden auf diese Weise schreckliche Rache an dem Land nehmen, das sie nicht ernähren konnte.

Und schließlich spielen sich in den allerärmsten Winkeln groteske Szenen ab: Zum Dorffest des ourensanischen Avión reist ein gewisser Teil der Bevölkerung in Hubschraubern an und der Kaffee in der Dorfbar ist doppelt so teuer wie in Santiago. Ein wirtschaftliches Standbein kann das nicht sein. Seine Zukunft sucht Galicien im Tourismus.

Hoffnungsträger Tourismus

Wer Galicien überhaupt kennt, der weiß: da regnet es. Und was da als Küsten- und Bodennebel in der Luft liegt oder als Schnürregen, Nieselregen, Graupelschauer, Gewitter von oben kommt, muß natürlich seinen Niederschlag in mageren Touristenzahlen finden. Dennoch scheint das »Ende der Welt« so langsam in Mode zu kommen. Die Zahlen der ausländischen Besucher steigen. Obwohl weiterhin an der spanischen Mittelmeerküste das Urlaubsgeschäft en gros gemacht wird, stellt auch der Madrider Generalsekretär für Tourismus mittlerweile fest, daß sich immer mehr ausländische Spanientouristen für mehr interessieren als nur für Sonne, Strand und Hotelbar. Die Nachfrage nach Bildungs- und Aktivurlaub wächst. Mit seiner Natur, seinen über 800 Stränden, seiner Küche und seiner reichen Kulturgeschichte wirbt Galicien für sich, um den segensreichen, südwärts fließenden Devisen über den alten Pilgerweg in die grüne Nordwestecke Spaniens umzuleiten. So stieg zwischen 1990 und 1991 das Bettenangebot Galiciens bereits um fast 25 Prozent auf 54.000 Gästebetten. Und Regierungschef Fraga fördert nach Kräften dieses »enorme wirtschaftliche Potential«. Tatsächlich ist aus dem anfänglich eher keuschen Rinnsal, das fünf Prozent zum galici-schen Bruttosozialprodukt beitrug, ein reger Geldstrom geworden, der gegenwärtig schon knapp zehn Prozent am BSP ausmacht. 2001 besuchten insgesamt mehr als 4 Millionen Touristen Galicien, von denen 12,4 % aus dem Ausland kamen (aus Deutschland etwa 2 %).

Der Löwenanteil des Fremdenverkehrs spielt sich in den touristischen Ballungszentren der Rías Bajas zwischen O Grove und Baiona ab, die wahrhaft kein touristisches Neuland sind. Hier gab es bereits Hotels, als Benidorm – das spanische Synonym für Massentourismus an der Costa Blanca – noch ein idyllisches Fischerdörfchen war. Zu Zeiten der Belle Epoque im 19. Jahrhundert mit ihren mondänen Grandhotels, Kurbädern und Sommerchalets florierte hier schon das Geschäft mit den Touristen.

Im August stammt heute fast jedes dritte dort parkende Auto aus Madrid oder Barcelona. Von den rund 58.000 offiziellen Gästebetten Galiciens verteilen sich gut 80 Prozent auf die Provinzen A Coruña und Pontevedra. An der rauhen Todesküste findet aber kaum Tourismus statt, relativ zaghaft wirbt die Küste Lugos mit ihren Reizen. Wer schließlich das Innere der bitterarmen Provinzen Lugo und Ourense bereist, kann als Exot gelten. Die kulturgeschichtlich so reichen Landstriche rufen bei ausländischen Reiseveranstaltern meist nur ein großes Fragezeichen hervor. Bestenfalls Studienreisende gönnen sich kurze Schlenker dorthin. Erst in den letzten Jahren ist den verantwortlichen galicischen Urlaubslenkern ein Lichtlein

Turismo rural bietet Unterkunft in malerischen Pazos und Landhäusern: Im Val d'Oro wohnt man in einer ehemaligen Mühle

aufgegangen, welches sich »Grüner Tourismus« nennt und die zarteste Knospe der spanischen Touristikbranche ist. Immer mehr Bauernhöfe bieten sich als naturnahes Urlaubsziel an, für Betuchtere werden viele der alten *Pazos*, der herrschaftlichen Landsitze, zu noblen Unterkünften umgebaut (↗ »Reisepraxis«).

Die galicische Regierung schlägt mit dem *turismo rural* gleich mehrere Fliegen mit einer Klappe. Zum einen nutzt sie große finanzielle Mittel der Europäischen Union, um traditionelles Kulturgut zu erhalten. Zum anderen werden auf diese Weise strukturschwache Gebiete und zugleich der Tourismus gefördert. Die Sanierung alter Höfe, Landsitze, Klöster oder Mühlen erfolgt aber nicht im staatlichen Alleingang, sondern in Zusammenarbeit mit den jeweiligen Besitzern. Sie bekommen eine staatliche Förderung, in der Regel 50 Prozent der Kosten. Dafür müssen die Besitzer eine Reihe von Verpflichtungen eingehen. So werden die Baumaßnahmen von erfahrenen Architekten der Regierung geleitet und die Unterkunft muß danach ständig betreut werden. Im Ergebnis sind fast alle Unterkünfte geschmackvoll und stilsicher restauriert. Für die Betreiber der Unterkunft sind die Urlauber ein zweites wirtschaftliches Standbein. Ohne diese Verdienstmöglichkeit wären viele gezwungen, vom Land in die Stadt zu ziehen. Das Programm ist ausgesprochen erfolgreich, weil es einen naturnahen Erlebnistourismus unterstützt, der immer beliebter wird. Der Turismo rural hat fast vollständig eine galicische Tourismuspolitik ersetzt, die noch Anfang der 90er Jahre auf ein elitäres Publikum setzte, das mit Schloßhotels und Golfplätzen angelockt werden sollte.

Landwirtschaft

Rund 30 % der galicischen Bevölkerung arbeitet in der Landwirtschaft, die mit französischen oder deutschen Anbaumethoden überhaupt nicht zu vergleichen ist. In Galicien hat nie eine Flurbereinigung stattgefunden, der Anbau spielt sich hauptsächlich auf Mini-Fundien ab, die oft nicht einmal den Eigenbedarf ihrer Besitzer decken können. Diese Fundien sind eine Folge des Erbrechts, bei dem das Land so lange unter allen nachkommenden Söhnen gleich verteilt wird, bis daß auf manchen Landbesitz nur noch eine Kuh paßt. Es gehört aber zur galicischen Mentalität, den eigenen Kotten um nichts in der Welt aufzugeben, und schon gar nicht auf staatliche Anordnung hin. Und so stehen die Kleinbauern, obwohl auf ihrem Land das Viehfutter besonders gut gedeiht, mit ihren durchschnittlich fünf bis sieben Kühen gegenüber den Großproduzenten auf verlorenem Posten. Der galicische Ertrag liegt rund 30 Prozent unter dem EU-Durchschnitt. 35.000 Milchbe-

triebe werden aufgeben müssen, so eine Prognose der galicischen Bauernvereinigung, damit die restlichen 40.000 überleben können. Eine Umstellung auf die Produktion von hochwertigem Rindfleisch scheint ebenso schwierig wie eine Flurbereinigung. Kälber kommen meist in den Schlachthof, weil die Landfläche fehlt, sie großzuziehen und zu mästen. Dem Anbau von Kiwi und Soja, mit dem in einigen Gebieten schon herumexperimentiert wird, räumt man wenig Zukunftsaussichten ein, weil der Boden zu durchlässig und sauer sei. Die we-

Mutter und Tochter: Der Generationswechsel findet auf den Höfen heute kaum noch statt

nigen produzierten Kiwifrüchte werden außerdem über die Zitrusfruchtmetropole Valencia vermarktet.

Nur mühsam und mit viel Überzeugungskraft gelingt es seit Beginn der 90er Jahre, auseinandergerissene Flächen wieder zusammenzuführen. Geplant war, bis zum Jahr 2000 durch staatlich geführte Verhandlungen 600.000 Hektar Land wieder effektiv nutzbar zu machen. Bis zum Jahrtausendwechsel hat man sich aber erst über die Hälfte einigen können – Verhandlungspartner waren rund 290.000 Eigentümer! Denn obwohl die Landwirtschaft für viele Familien nicht mehr die Existenzgrundlage bildet, können sich die meisten nur schwer von ihrem brachliegenden Besitz trennen.

Auf solider Basis steht jedoch mittlerweile die Vermarktung galicischer Weine, die durchaus mit anderen europäischen Rebsäften konkurrieren können. Neuerdings wird auch über die Produktion »hochwertiger« Nahrungsmittel nachgedacht – so wird etwa in der Provinz Ourense schon Kastanieneis hergestellt.

Forstwirtschaft

Die Landfläche Galiciens macht etwa 6 % Spaniens aus, auf seinem Boden wachsen rund zehn Prozent des spanischen Waldes. Dennoch stellt Galicien gut ein Drittel der nationalen Holzproduktion. Dem Sektor geht es keineswegs schlecht, Holz wird immer gebraucht. Doch sind die ökologischen Folgen besonders schwerwiegend. Die künstlich angelegten Wälder steigern die Brandgefahr erheblich: ein Drittel der galicischen Waldfläche wurde dadurch innerhalb der letzten 20 Jahre vernichtet, im letzten großen Brandjahr 1989 allein 90.000 Hektar. Erosion und ausgelaugte Böden sind die Konsequenz für weite Flächen, die Forsttraktoren ter-

rassiert, umgepflügt und mit wenig effektiven Schneisen versehen haben.

Daß die Brände in vielen Fällen provoziert werden, stellen nicht nur Umweltschutzgruppen fest. Der anklagende Finger richtet sich dabei auf die profitable Papierindustrie, deren stinkendster Vertreter die Ría de Pontevedra verseucht. Brandhölzer sind für ihre Zwecke fast genauso gut geeignet wie unbeschädigte, sind aber viel billiger (↗ »Natur«). Auch häufen sich die Klagen, Galicien werde von der Papierindustrie wie ein »Dritte-Welt-Land« ausgebeutet, weil sie die Rohstoffe Galiciens bei der Herstellung von Zellulosepaste nur zu Halbfertigprodukten umwandle. Besonders aber wegen eines Umstandes wehrt man sich dagegen, zum Holz- und Papierlieferant der EU zu verkommen: »Man sieht den Wald vor lauter Eukalyptus nicht mehr«, stellen Öko-Gruppen wie Biotopo durchaus objektiv fest. Der »grüne Vampir«, wie die Baumart hier schon genannt wird, bringt 17 Kubikmeter Holz pro Hektar pro Jahr. Dafür laugt das Pioniergewächs aus dem fernen Tasmanien die Böden aus und brennt leicht. Weil der Eukalyptus aber nach einem Brand als erster wieder wächst, verdrängt er so die ursprüngliche Vegetation.

Kontakt: *Colectivo Ecoloxista Biotopo,* Rúa Darwin 1, Perillo. Oleiros, ✆ 981-637267.

Fischerei

Bei einer Küstenlänge von über 1000 Kilometern verwundert es kaum, daß mehr als zehn Prozent der Galicier

Eine alltägliche Szene: *¿Tiene tabaco?*, Haben Sie Zigaretten?, fragt ein Gast an der Theke einer Bar mitten in Vigo. Nach einem kurzen prüfenden Blick in die Augen seines Gegenübers greift der **»Galicia-Connection«** Barkeeper unter die Theke und holt ein Päckchen amerikanische »Winston« hervor – ohne Steuerzeichen. Der Zigarettenautomat am Eingang blinkt vergeblich vor sich hin. Zwei von drei Schachteln blonden Tabaks, die in Galicien verkauft werden, sind Schmuggelware. Nach Schätzung der staatlichen Gesellschaft *Tabacalera* profitieren davon rund 50.000 der 200.000 Bewohner der Ría de Arousa. In den Elendsjahren nach dem Bürgerkrieg sicherte der inoffizielle Import von Penizillin, Whiskey, Tabak und Haushaltsgeräten den Menschen das Überleben. Die Schleichhändler galten als die Gentlemen der Küste, als Wohltäter, da sie ja nur eine abstrakte Größe schädigten, der die Galicier ohnehin stets mißtrauisch gegenüberstehen: den Staat. Und der duldete das, Schmuggel galt als Ordnungswidrigkeit, ein ertappter Übeltäter kam nicht ins Gefängnis.

Eine Generation später zog das Geschäft bereits größere Kreise. In den 70er Jahren landeten gut organisierte Banden tonnenweise amerikanische Zigaretten an, die sie am hellichten Tag unter den Augen (bestochener) Zivilgardisten im Hafen entluden. Bis vor einiger Zeit amüsierte man sich noch über die nächtlichen Jagdszenen, die sich Schmuggler und Zollpolizei um die vorwiegend aus Bulgarien stammenden »Winston«-Päckchen lieferten. Von Frachtern auf hoher See in kleinere Schiffe umgeladen, übernahmen schließlich wendige Rennboote die Ware. Bei Nacht und Nebel und 100 km/h schnell, schlugen diese zwischen Felsen und Muschelflößen der Polizei ihre Schnippchen und flitzten in kaum einsehbare Buchten. Erst seit 1982 ist der Tabakschmuggel ein strafrechtlich verfolgtes Delikt.

Trotz einiger Erfolge haben die verbesserte Ausstattung des spanischen Zolls und das Verbot nächtlicher Einsätze der 300 PS-Flitzer nur dazu geführt, daß die Ware nun meist in Portugal entladen wird. Das neue Dorado ist das 100 km südlich gelegene Viana, wo es den Behörden an Geld und Personal mangelt. Doch der ganze Transportaufwand verteuert die Zigaretten. Der staatliche Tabakladen ist oft billiger, die Verdienstspannen der Banden werden immer kleiner. Und so verfielen einige galicische Clans Anfang der 80er darauf, die alten Schleichwege für den Import von Haschisch, ab '86 für Kokain und Heroin zu nutzen – durch das Preisgefälle zwischen den USA und Europa ein lukratives Unternehmen. Die Zentren des Drogengeschäfts: O Grove, Cambados und Vilagarcía, dessen Banken lange Zeit die Geldwäsche übernahmen. *Laureano Oubiña* aus Vilagarcía beispielsweise war 1985 noch ein bankrotter Zigarettenschmuggler, seine Familie mußte Kosmetika an der Haustür verkaufen. 1986 aber pumpte er sich bei seinem Kollegen *Paz Carballo* 2000 Euro und kaufte in Marokko Haschisch ein. Schon kurze

Schmuggel auf Galicisch

Zeit später erwarb Oubiña den gewaltigen *Pazo de Bayón,* den er für rund 5 Millionen Euro restaurieren ließ. Zu seinem Vermögen gehören Immobilien, eine Flotte von Luxuslimousinen, zwei Yachten und sechs Schnellboote. Das Schutzsystem dieser Schmuggelbosse, der *capos,* hätte kaum sizilianischer sein können: sie zahlten die Anwaltskosten für gefaßte Mitwisser, finanzierten Dorffeste, Fußballvereine, Kirchenreparaturen und sicherten sich so die Diskretion des Volkes. Die armen Gemeinden ließen sich gerne korrumpieren – wie das Beispiel des Bürgermeisters von O Grove zeigt, den man 1990 aus eben jenem Grund verhaftete.

Doch die Tage der *Galicia-Connection* sind gezählt, die ersten Köpfe rollten 1990 im Verlauf der großangelegten Razzia »Operación Mago«, die sich vor allem zwischen Vilagarcía und Cambados abspielte. Die Capos *Paz Carballo* und *Manuel Charlín Pomares* kamen hinter Gitter, ebenso Oubiña, den man nachts im Pyjama aus seinem Pazo holte. Verraten hatte sie ihr Angestellter *Ricardo Portabales,* der für Carballo und die anderen Schiffe organisiert hatte und heute eine der bestbewachten Personen Spaniens ist. Er enthüll-te der Staatsanwaltschaft Namen, Treffpunkte und Verbindungen, die von Madrider Jet-Set-Löwen bis zum Medellin-Kartell Kolumbiens reichen. Sogar der dickste Fisch, *Prado Bugallo,* »Sito Miñanco« genannt, der offenbar das Kolumbiengeschäft eingefädelt hatte, ging schließlich ins Netz, und bald darauf konnte die spanische Polizei Rauschgiftladungen in karibischen Gewässern abfangen und 1200 kg Kokain als Anfangserfolg sicherstellen. Die Ausmaße des galicischen Drogenhandels sind beachtlich: Während seiner vier Jahre im Carballo-Clan, berichtete Portabales, seien 70.000 Kilo Haschisch und 3000 Kilo Kokain verschoben worden.

Zwar bezweifelt selbst die Staatsanwaltschaft, daß der galicische Rauschgiftring endgültig zerschlagen werden konnte. Aber immerhin zeigt die Mauer des Schweigens Risse, seitdem viele Jugendliche nicht mehr nur Joints rauchen, sondern zunehmend von harten Drogen abhängig sind. Die Verzweiflung über das Schicksal ihrer Kinder öffnet manchen Galiciern den Mund, Zwischenhändler beginnen zu singen, an vielen Hauswänden der Ría de Arousa liest man: *Tabaco sí – Droga no.* Denn der Tabakschmuggel konnte immer sehr viele »kleine« Leute ernähren. Den Gewinn aus dem Drogengeschäft streichen aber nur wenige ein, ihre Ware schafft Elend. »Alles Gute und alles Schlechte bringt das Meer« – ein Sprichwort in Galicien. ◄

NATUR & WIRTSCHAFT

in gewissen Fällen, und strengstens verboten, auch vor Namibia. Denn der schuppige Rohstoff wird rar, der Kampf um Fangquoten in der EU zwingt Galicien, seine Flotte zu verkleinern und zu modernisieren. Das ist eine bittere Pille, die man hier kaum zu schlucken bereit und in der Lage ist.

Die Prognostiker und Planer versuchen über die Flaute im Fischfang hinwegzutrösten und sprechen davon, Galicien zum »Weltmeister der Aquakultur« zu machen. Gemeint ist unter anderem ein Ausbau der Muschelproduktion, die ohnehin schon bei der Miesmuschel die Hälfte der Weltproduktion ausmacht. Moderne Muschel- und Fischzuchtanlagen sollen neue wirtschaftliche Perspektiven eröffnen. Doch gehört es noch zum gewohnten Bild, daß immer noch vor allem Frauen das Familienbrot damit verdienen, im Sand der Rías nach Herz- und Venusmuscheln zu wühlen.

vom Fischfang leben. Rund 40.000 Menschen sind direkt damit beschäftigt, noch einmal so viele arbeiten in der fischverarbeitenden Industrie und im Bootsbau. Die Stadt Vigo hat den bedeutendsten europäischen Hafen für Gefrierfisch und wird sogar von ausländischen Flotten angelaufen. In den insgesamt rund 100 Häfen der galicischen Küste landet mehr als die Hälfte aller spanischen Fänge. Die galicische Fangflotte stellt den sechsten Teil der gesamten EU-Flotte dar. Sie holt ihre Netze sogar vor Neufundland, Irland und der Westsahara ein,

Werftindustrie

Der Schiffbau ist auch in Galicien das Sorgenkind Nummer eins. Vor allem für die Städte Vigo und Ferrol bedeutete dieser Industriezweig lange Zeit

Arbeit und Wohlstand. In Padrón wurde im Mittelalter die erste Flotte Spaniens gebaut, vom Hafen A Coruñas legte die stolze Armada zum Kampf gegen England ab. Nun weiß man nicht wohin mit den Arbeitslosen in diesem Gewerbe. Die weltweite Krise der Branche führte zu einer drastischen Reduzierung der spanischen Werften. Die bedeutende Werft *Astano* in Ferrol mußte von 5600 auf 1800 Arbeiter schrumpfen. Liegt der galicische Durchschnitt bei rund 18 % Arbeitslosigkeit, melden die Ämter aus dem Einzugsbereich Ferrols eine Rate von 50 %.

Mittlerweile sind fast alle galicischen Werftbetriebe unter dem Dach einer Firma zusammengefaßt. Für gegenseitige Konkurrenz bietet der Markt keinen Platz mehr.

Stern der Wirtschaft: Modemacher in Galicien

Neben dem Tourismus ist die Textil-Industrie das große Zugpferd der galicischen Wirtschaft. Die Branche wuchs innerhalb eines Jahrzehnts um 1000 %, und die entscheidenden Impulse waren zunächst von der so armseligen Provinz Ourense ausgegangen, in der man sicher vieles, aber sicher keine Modedesigner erwarten würde. Doch mit dem Ende der finsteren Franco-Zeit waren etliche junge Designer aus Paris in die Heimat zurückgekehrt, rackerten Mitte der 70er Jahre in den Familienbetrieben – und eroberten von dort aus die Welt der Boutiquen: Mit der Parole »La arruga es bella«, die Falte ist schön, machte *Adolfo Domínguez* von Ou-

rense aus den knittrigen Leinenanzug wieder salonfähig. Seine exklusiven Schickeria-Produkte sind außer in Ourense in Metropolen wie London, Paris, New York oder Tokio zu finden. Seine Kollegin *Kika Fernández* arbeitet bewußt mit galicischen Farben und Materialien, und setzt mit Erfolg auf erstklassige Qualität. Sie schneidert ausschließlich vor Ort. Auch *Manuel Roberto Mariño* hält nichts davon, seine Kreationen woanders als in Galicien herstellen zu lassen. Aus dem Lederhandel seiner Eltern in Verín machte er eine der führenden spanischen Modemarken, die unter anderem an den Kleiderstangen der Kaufhauskette Corte Inglés hängt: »Roberto Verino«. Langfristig möchte er sogar Flachsanbau und Leinenherstellung wieder in Galicien aufleben lassen. Denn bislang sind er und seine Kollegen auf den Ankauf des Rohstoffes aus Italien angewiesen. Der internationalen Konkurrenz haben die galicischen Modezaren längst das Fürchten gelehrt, denn dank eigener Herstellung und Vermarktung sind die Produkte um ein Drittel billiger als andere Edelmarken – aber mindestens genauso gut.

Der Global Player im galicischen Modegeschäft kommt aus A Coruña. *Inditex* ist der drittgrößte Bekleidungsfilialist der Welt, übertroffen nur noch von *GAP* und der schwedischen Gruppe *Hennes & Mauritz* (H&M). Zu Inditex gehören mehr als 1100 Modeläden in 33 Ländern, das Unternehmen beschäftigt 24.000 Mitarbeiter und erzielt Wachstumsraten von 25 %. Firmengründer *Amancio*

Ortega ist der reichste Mann Spaniens und sein Aufstieg geradezu märchenhaft. Als Laufbursche in einem Hemdengeschäft kam er in den 60er Jahren auf die kuriose Idee, in einem eigenen kleinen Laden aus wattiertem Stoff Morgenmäntel herzustellen – ein Kleidungsstück, daß bis dahin eigentlich nur Kino-Diven trugen. Mit Ortegas Entwürfen kamen auch einfache Galicierinnen auf den Geschmack, das Geschäft lief gut. 1975 eröffnet er das erste Textilgeschäft unter dem Namen »Zara«.

»Kleider zum Leben«

»Zara« ist bis heute das Flaggschiff von Inditex, neben den Marken »Pill & Bear«, »Massimo Dutti«, »Bershka« und »Stradivarius«. Das Kapital der Firma wird auf 9,5 Millarden Euro geschätzt. Firmenchef Ortega gibt zwar keinen Cent für Werbung aus, doch die ganze Welt reißt sich mittlerweile um die galicischen Klamotten. Die Zeitung »El Mundo« erklärte sich den Erfolg so: »Ortega hat es fertig gebracht, daß die einfache Frau von der Straße sich ihre Kleider in demselben Zara-Laden kauft wie die Tochter des spanischen Königs. Er ist der Erfinder der demokratischen Mode.« Oder anders gesagt: Er verkauft Qualität, aber zu erschwinglichen Preisen. Intern hat er die Parole ausgegeben, »Kleider zum Leben« zu entwerfen. Und dafür schnüffeln Zara-Designer auf allen Boulevards der Welt nach modischen Trends. Die Verkaufstaktik ist raffiniert. Es gibt kein Lager, und von jedem Stück bei »Zara« wird nur eine begrenzte Menge angeboten.

Dafür kommt mehrmals die Woche eine neue Kollektion. Mit dieser Masche wird den Kunden das Gefühl vermittelt, sie würden Einzelstücke erwerben. Und es animiert sie zur regelmäßigen Fahndung nach neuer Ware. Was gerade auf der Welt an Bekleidung gesucht und nachgefragt wird, kontrolliert die Zentrale in Galicien – und dort wird auch alles produziert. Allein in A Coruña arbeiten mehr als 20 eigene Firmen an den Entwürfen, hinzu kommen Schuhfabriken, Webereien, Färbereien und 300 Zulieferer, die das Zusammennähen der Stoffe übernehmen. Pro Jahr verlassen 10.000 neue Modelle die galicische Kleiderschmiede. Zwischenhändler gibt es nicht. Angeblich benötigt Inditex so nur zehn Tage, um ein Kleidungsstück zu entwerfen und in den Laden zu bringen. Diese Zahlen provozierten schon das Gerücht, Inditex lasse auf »Geisterschiffen« vor der galicischen Küste schneidern, wo die Näherinnen wie Sklavinnen gehalten würden. Tatsache ist: Im Gegensatz zu prominenter Konkurrenz kommt Zara-Ware nicht aus Billiglohn-Fabriken in Fernost.

Die Modebranche ist einer der größten Arbeitgeber Galiciens. Dabei machen die Galicier besonders auf dem Land nicht den Eindruck, als würde Mode für sie eine besondere Rolle spielen. Genau das scheint aber die galicischen Modeschöpfer zu beflügeln: Wo kein Platz für verfeinerte Ästhetik ist, sagen sie, schafft man sich die Schönheit selbst. Und Geld verdienen läßt sich damit auch.

GESCHICHTE & POLITIK

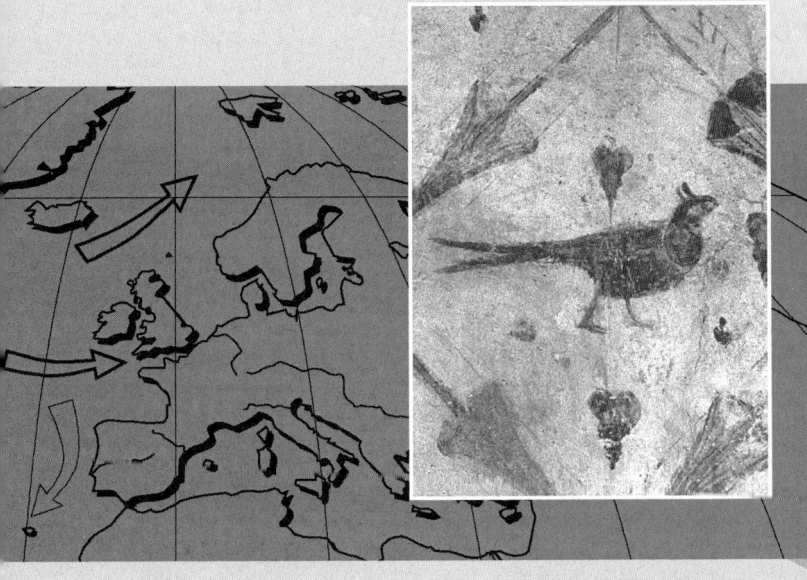

RÖMER, MAUREN, PILGER & PIRATEN: DAS KELTENLAND IM LAUF DER GESCHICHTE

Von Galicien ging im Laufe der Jahrhunderte in Spanien und weit darüber hinaus eine ganz unterschiedliche Anziehungskraft aus. Den Römern und erst recht den Mauren war es zu abgelegen, dagegen pilgerten nach der Entdeckung des Apostelgrabes Millionen nach Santiago de Compostela. Heute gilt Galicien längst wieder als entlegenes Gebiet mit Ortsnamen wie »Ende der Welt« (Fisterra). Daß dort lange vor der Französischen Revolution Bruderschaften für kurze Zeit das Volk regieren ließen, gehört nur zu einem der vielen Höhepunkte der »historia galega«.

Vom Quarzstein zum Dolmen

100.000 – 2000 v.Chr.

Für die wenigen Sammler und Jäger, die am Río Miño lebten, scheint *As Gándaras de Budiño* nur ein Aufenthaltsort zum Ausruhen und Aufwärmen gewesen zu sein. Die Archäologen Galiciens machten den Ort in der Provinz Pontevedra zur bislang bestuntersuchten Fundstelle der Vor- und Frühgeschichte der iberischen Halbinsel, über die inzwischen jedoch wieder Gras gewachsen ist. Die gefundenen Quarzsteine und Aschenreste haben ein ungewöhnlich hohes Alter. Mit der Radio-Karbon-Methode wurden sie auf über 100.000 Jahre geschätzt. Budiño ist damit eine der ältesten Siedlungen Galiciens. Aus späterer Zeit sind zwei archäologische Phänomene bis heute erhalten und überall in Galicien sichtbar: die Welt der **Keltendörfer** und die der **Grabhügel**. Viele der Grabmonumente aus der Zeit der Megalithkultur

Rätselhaft, wie so vieles in der Geschichte Galiciens: Fresken im Tempel Santa Eulalia de Boveda

sind jedoch durch Ackerbau, Schatzsuche und das feuchte Klima zerstört.

Dafür gibt es in Galicien noch viele *Dolmen*. Diese Steintische sind als Grabkammern mit oft steinernem Zugang (*dromos*) sichtbarer Beweis des Totenkults der Megalithiker. Nach der Bestattung wurden über den Dolmen Erdhügel aufgeschüttet. Manche Dolmen sind über 5000 Jahre alt, andere wurden erst zur Bronzezeit ab 1800 v. Chr. gebaut.

Um 3500 v. Chr. begann hier wie an der ganzen europäischen Atlantikküste auch die Zeit der ersten kollektiven Gräber. Später entstanden Grabkammern mit Gravuren und Malereien in den unterirdischen Korridoren, wie sie auf dem *Monte Tecla* bei A Guarda ausgegraben wurden.

Über die Lebensverhältnisse der Megalithiker ist wenig bekannt. Jene, die nach der Form ihrer Grabbeigaben *Glockenbecherleute* genannt werden, waren nicht die ersten Bewohner Galiciens, doch offenbar die tüchtigsten. Sie führten Ackerbau und Waldrodung ein und haben als erste die ganze Region bevölkert. Sie müssen einen intensiven Kulturaustausch betrieben haben, wahrscheinlich als umherziehende Händler, denn in ihren Großsteingräbern wurde wie auf Sardinien, in Nordafrika, Irland und Vorderasien Glockenbecherkeramik gefunden.

🌟 **Tip:** Solche glockenförmigen, oft reich verzierten Becher, aus denen vermutlich auch eins der ersten Biere getrunken wurde, sind im Provinzmuseum von ↗ Pontevedra ausgestellt.

Die Bronzezeit
1800 – 600 v. Chr.

Im Laufe der Zeit wurden die Grabanlagen kleiner, und es entstanden Einzelgräber ohne Korridor. Grabbeigaben waren Keramikvasen, Goldschmuck und Gegenstände aus Metall. Äxte, Dolche und später Schwerter entstanden aus einer neuen Legierung: Kupfer und Zinn wurde zu *Bronze*. In der frühen Bronzezeit war der Krieg offensichtlich längst eine feste Größe. Wie in Portugal und nördlich der Pyrenäen wuchs der Handel mit Metallen. Im Ackerbau gab es schon Getreidesorten, die mit der Sichel gemäht wurden. Besonders augenfällig sind die rätselhaften Malereien und Gravuren (*Petroglyphen*) in Grä-

bern und auf Felsen unter freiem Himmel (gehäuft in der Provinz Pontevedra zu finden). Die Felsenkunst unterscheidet sich schon erheblich von der der Megalithkultur. Nun erscheinen neben der Darstellung von Waffen, abstrakten Kreisen und Labyrinthen auch Tiere wie Pferde, Schlangen und Hirsche.

🌟 **Tip:** Zu den **berühmtesten Felszeichen** zählen das ↗ *Labyrinth von Mogor* am Strand von Marín nahe Pontevedra und die auf dem ↗ *Monte Santa Tecla*.

»Das scheint eine Art Frauenregierung zu sein«:
Keltische Wehrdörfer
800 v. Chr. – 200 n. Chr.

Keltischen Einfluß erlebt der Besucher Galiciens auf Schritt und Tritt. In den Bewohnern der runden *castros*, Wehrdörfern, sehen die Galicier ihre eigentlichen Vorfahren, die mythischen *mouros*. Bis heute spielen Folkloregruppen keltische Musik, der auch das *Internationale Keltenfestival*

Exakte Gravur:
Labyrinth-Petro-
glyphe von Mogor

Anfang August in Ortigueira oder in Moaña bei Pontevedra Ende Juli gewidmet ist. Statt der Gitarre benutzen sie die *gaita*, den Dudelsack, wie in Wales, Irland und der Bretagne. Keltischen Ursprungs sind auch einige Worte der galicischen Sprache. Und die keltischen Castros werden in der galicischen Hymne nach einem Gedicht von *Eduardo Pondal* (1835 – 1917) besungen.

Es gibt über ganz Galicien verstreut mehr als 3000 **Castros**. Sie sind leicht zu finden. Ihre Bewohner haben sie an strategisch günstigen Orten gebaut, meist auf Hügeln und Bergen, wie dem *Monte Tecla* bei A Guarda an der portugiesischen Grenze oder auf Landzungen, wie der *Castro de Baroña* an der Westküste südwestlich von Noia. Der Grundriß dieser von Mauern und Gräben umgebenen Dörfer ist rund oder oval. Eine urbanistische Planung fehlte offenbar, denn kein Hauptplatz, kein Versammlungsort ist anhand der noch

Rund 1000 Häuserreste aus dem 6. Jh. v.Chr. fand man auf dem Monte Santa Tecla

sichtbaren Grundmauern der Rund-
häuser zu erkennen. Diese ersten
festen, teilweise jahrhundertelang be-
wohnten Anlagen sind über die galicischen Grenzen hinaus auch in Nord-
portugal, Asturien, León und Zamora
entstanden. Sie haben in Galicien von
der Bronzezeit bis in das 2. Jahrhundert n. Chr existiert und damit eine
Zeit von mehr als 1000 Jahren geprägt.

Ob die Kelten über die Pyrenäen in
den Nordwesten der Iberischen
Halbinsel kamen, oder die dortige Bevölkerung keltisch wurde, indem sie
Waren und Gebräuche, Sprache und
Götter übernahm, ist bis heute umstritten. Während aus der Bronzezeit
der Totenkult, aber kaum Lebenswei-
sen erforscht werden konnten, geht es
der Forschung mit den Kelten genau

umgekehrt; niemand weiß zu sagen,
wie sie ihre Toten begruben. Wohl
aber, wie sie lebten: als kleine, kriege-
rische Stämme, die Hirse anbauten,
Eicheln mahlten, Muscheln sammelten, Bohnen, Erbsen und Austern
aßen, Gerstenbier tranken und sich
Kühe, Schafe und Schweine hielten.
Die Kelten brachten Menschenopfer,
stürzten Mörder zur Strafe von den
Klippen und feierten ausschweifende
Feste. Sie gossen und schmolzen Gold
und Silber, Kupfer, Blei und später Eisen zu Waffen und Schmuckfiguren,
die bereits ganze Krieger von Kopf
bis Fuß darstellten. Bei der Keramik
zeigten sie einen ausgeprägten Sinn
für Geometrisches.

Strabon (63 v. – 19 n.Chr.), als grie-
chischer Autor vor Ort der wichtigste
Zeitzeuge, bemerkte: »… die Töchter

sind die, die erben und ihren Brüdern Frauen geben. Das scheint eine Art Frauenregierung zu sein. Das ist nicht sehr zivilisiert.« Auch andere klassische Autoren schrieben, daß der Boden den Frauen gehörte. Die Keltinnen scheinen den Männern wirtschaftlich und sozial gleichgestellt, wenn nicht übergeordnet gewesen zu sein. Ein reines **Matriarchat** hat es aber wohl nie gegeben, denn an den Raubzügen in die südliche Meseta und an Aufständen gegen die Römer nahmen Frauen nur sehr selten teil. Die Kriegsgötter waren männlich. Auch Verträge unterzeichneten nur Männer. Politisch war das galicische Keltentum offenbar ein Patriarchat.

Die Kelten machten den römischen Invasoren zunächst die Hölle heiß, besonders eine Keltenbande im 2. Jahrhundert v. Chr., deren Krieger der Feldherr *Decius Junius Brutus* »Galaicos« nannte. Er schlug die Barbaren nördlich des *Río Miño* 137 v. Chr. schließlich, nicht aber die Erinnerung an sie: *Galaico* wurde zu *Galicia*.

Razzien und Romanisierung
138 v.Chr. – 4. Jahrhundert

Brutus Schlacht gegen die Galaicos und *Julius Caesars* Razzia bis zur heutigen Stadt A Coruña waren harmlose Intermezzi im Vergleich zu dem, was Augustus anrichtete. Galicische, wie asturische und kantabrische Räuberbanden, die bis tief in die Meseta hinein in bereits römisches Gebiet eingedrungen waren, sollten zunächst nur zur Raison gebracht werden. Erst während der grausamen

Kantabrischen Kriege ab 25 v. Chr. unter der Führung des Augustus geriet der gesamte Norden Spaniens als eine der letzten Gegenden Europas unter die Kontrolle Roms. Den erbitterten Widerstand der Bewohner verdeutlicht ein Kampf auf dem umzingelten Berg *Medullius* nahe *Lucus* (heute Lugo). Der römische Autor *Orosius* im nachhinein: »Als diese von Natur aus grausamen (Kelten) nun ausgehungert und kampfunfähig geworden waren, begingen sie aus Angst vor Sklaverei Selbstmord. Fast alle brachten sich auf einem Schlag mit Feuer, Eisen oder Gift um«.

In *Gallaecia* begann unmittelbar danach eine vergleichsweise geringe Romanisierung. Die Legion VII. Gemina verbreitete das Latein, heiratete Bewohnerinnen der Castros und rekrutierte junge Männer. Um die Minen besser ausbeuten zu können und die Gegend in Schach zu halten, entstanden befestigte Zufahrtswege und eine Verwaltung. Der Nordwesten wurde am Ende des 3. Jahrhunderts in *Bracanse*, *Lucense* und *Asturicense* mit den jeweiligen Hauptstädten im heutigen Braga (Portugal), Lugo und Astorga aufgeteilt. Die Römer überließen den Wehrdörfern ihre Rechtsprechung und vergaben Bürgerrechte. Sie kolonisierten Gallaecia kaum und hinterließen nur wenig große **architektonische Anlagen:**

✸ **Tip:** Den weltweit einzigen noch funktionstüchtigen römischen *Leuchtturm Herkules* in ↗ A Coruña, dann natürlich die 2117 Meter lange *Stadtmauer* von ↗ Lugo, nach dem keltischen Gott Lug (Heiliger Wald) benannt, und die *Nekr-*

opolen in ↗ Vigo und der römischen Verwaltungsstadt Lugo. Einige römische Straßenabschnitte und Brückenfundamente in Galicien werden selbst zwei Jahrtausende später noch benutzt. Ein gutes Beispiel hierfür ist die *Brücke von* ↗ *Ourense* über den Río Miño.

Mit der Romanisierung wurden die Grundrisse der Castros allmählich quadratisch wie im Fall von Viladonga nahe Lugo. Es bildete sich eine römisch-galicische Aristokratie heraus. Und Jupiter war in die Riege keltischer Götter aufgenommen, als ab dem 3. Jahrhundert die ersten Christen nach Gallaecia kamen. In drei Jahrhunderten christianisierten sie weite Teile der Region, vor allem aber die Städte, als sie plötzlich von ganz unerwarteter Seite gestört wurden. Eine struppige Barbarenhorde tauchte auf, die mit Christentum und römischer Zivilisation nie in Berührung gekommen war: die *Sueben*.

Suebisches Königreich
435 – 585

Als der Kleriker *Paulus Orosius* aus Braga 414 die ersten Sueben sah, packte er erschrocken sein Hab und Gut und floh ins römische Nordafrika. Später beschrieb er sie so: Einige große, blonde Hünen, bärtig und fast immer bewaffnet. Das lange Haar in der Schlacht geflochten, als Waffen furchtbar lange Lanzen, kleine Schilde und doppelseitige Äxte. Viele Frauen mit langen blonden Zöpfen, die zwischen Hunden und Ochsenkarren im

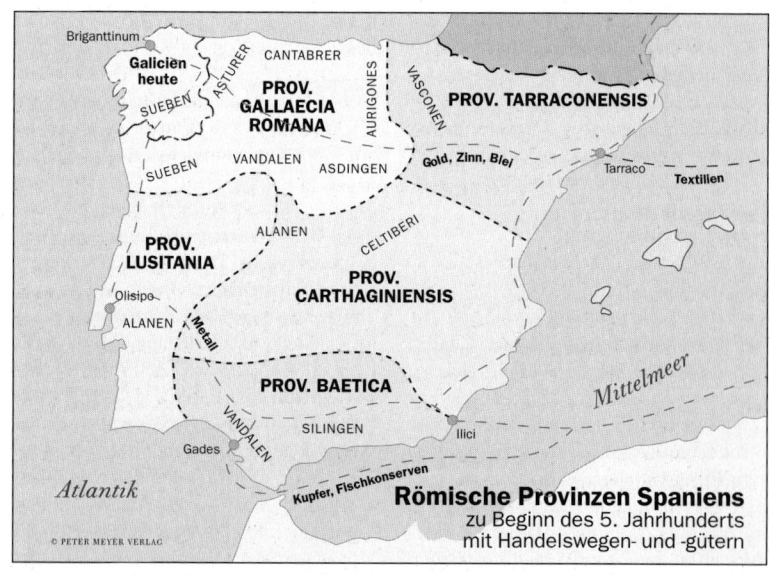

Römische Provinzen Spaniens
zu Beginn des 5. Jahrhunderts
mit Handelswegen- und -gütern

Laufen ihre Säuglinge stillen. Barbarenzüge, die den Wald anbeten, ihren ganzen Hausrat mit sich herumschleppen und plündern, wo sie erscheinen ...

Es müssen etwa 30.000 gewesen sein, die den Nordwesten der Halbinsel erreichten. Tacitus hatte im 1. Jahrhundert von etwa zwölf Suebenstämmen geschrieben. Während der germanischen Völkerwanderung ließen sich einige im heutigen Baden-Württemberg nieder. Andere gründeten das lombardisch-italienische Königreich von Pavia. Und wieder andere schlossen sich mit den Vandalen und Alanen zusammen, um in der Silvesternacht des Jahres 406 den zugefrorenen Rhein nach Westen zu überqueren. Rom konnte die Germanenstämme längst nicht mehr aufhalten. Sie überwanden die Pyrenäen im Herbst 409 und begannen, sich mit den Westgoten um die bis dahin römische Halbinsel zu schlagen. In der Frühphase kontrollierten die Sueben bald die gesamte nordwestliche Ecke bis hinunter nach Lissabon. Aber ihr bisheriges Nomadentum und der Mangel an Erfahrung mit ortsgebundenen Verteidigungstechniken erschwerte ihnen eine organisierte Kontrolle der Region. Dazu kamen Widerstandsbewegungen innerhalb der römisch-christlichen Bevölkerung, die vom untergehenden Römischen Reich im Stich gelassen wurde.

Bis 469 blieb Gallaecia ein ständiger Konfliktherd. Dann versiegen die historischen Quellen – und tröpfeln erst knapp hundert Jahre später wieder: plötzlich erscheint das *suebische Königtum Gallaecia* als stabil und christianisiert. Die Sueben waren in der Zwischenzeit – wohl vornehmlich aus strategischen Gründen – zum Katholizismus konvertiert. Es entstand germanisches Kunsthandwerk wie Bronzescheiben und -broschen (⚲ Provinzmuseum von Pontevedra).

Hier lag man in Paßform: Mittelalterliche Gräber im Kloster San Pedro de Rocas

GESCHICHTE & POLITIK

✳ **Tip:** Die Germanen bauten **Kirchen**, darunter *San Pedro de Rocas de Esgos* und *Santa Comba de Bande* in der Provinz Ourense.

Für eine kurze Zeit lebten sie in Frieden. Aber ihre alten Rivalen, die Westgoten, kontrollierten von Toledo aus bereits den größten Teil Spaniens, während die suebische Thronfolge immer unklarer wurde. 585 nahmen westgotische Krieger aus Kastilien

Braga, den Sitz der Suebenkönige, ein. Damit war Gallaecia in das toledanische Königreich integriert.

Das suebische Königtum war in seiner 150jährigen Geschichte die erste Erfahrung einer unabhängigen galicischen Regierung. Geographisch und gesellschaftlich haben die Sueben Spuren hinterlassen. Ihre Landaufteilung in Kleinsiedlungen ist bis heute erhalten. Und schließlich auch das für Spanier ungewöhnliche Aussehen der Galicier: ihre teils hellblonden Haare und hellen Augen.

ARABERVERTREIBUNG UND JAKOBUSKULT

Jakobspilger

Galicisches Mittelalter
Gallaecia blieb unter westgotischem Einfluß, bis in Toledo ernste Rivalitäten um die Thronfolge entstanden. Einer der westgotischen Flügel versuchte die Streitigkeiten mit Hilfe nordafrikanischer Mauren auszutragen. Die nutzten den Streit, erschlugen 711 den Gotenkönig Roderich und begannen, ganz Spanien zu unterwerfen. Der Nordwesten war für die Mauren wegen der Armut, des Klimas und der weiten Entfernung weder sehr attraktiv noch leicht zugänglich. Sporadisch überfielen sie regionale Zentren wie Lugo und das westgotische *Monasterium Samos* nahe Sarria. Die religiösen, administrativen und kulturellen Strukturen der Kirche blieben aber erhalten. *Iria Flavia*, das heutige Padrón, entwickelte sich zur einzigen und mächtigen Diözese zwischen dem Kantabrischen Meer und dem Río Duero.

Im gesamten 8. Jahrhundert wurde Gallaecia zur Heimat vieler, die vor dem Islam in den Norden flohen. Die unterworfene hispanisch-gotische Bevölkerung sammelte sich im asturisch-kantabrischen Raum, um von dort aus die Rückeroberung, die *reconquista*, gegen die Mauren vorzubereiten. Das Königreich Asturien verteidigte die westlichen Nachbarn erfolgreich gegen Wikinger und Mauren. *Alfonso II. el Casto* (etwa 765 – 842) integrierte Gallaecia schließlich in sein Königreich. Dieser Sohn der Baskin Munia und des asturischen Monarchen Fruela I. war nach der Ermordung seines Vaters in das Kloster von Samos geflohen. Der Prinz mit dem Beinamen »der Keusche« wurde 791 an den asturischen Hof gerufen, um die Angriffe des Emirats von Córdoba abzuwehren. Das gelang ihm so erfolgreich, daß Gallaecia für 150 Jahre frei von Überfällen blieb.

Unter Alfonso II. entwickelte sich Gallaecia von einer armen, entlegenen Region bald zu einem wichtigen Zentrum des Christentums. Denn in diese Zeit, vermutlich zwischen 820 und 830, fällt die »Entdeckung« des Grabes des *Apostels Jakobus*. Ein Einsiedler hatte dem Bischof Teodomiro in Iria Flavia von himmlischen Zeichen berichtet, die ihn zum Grab des Jakobus geführt hätten. Alfonso II. ließ über dem Grab eine Kapelle errichten, und schnell verbreitete sich die Kunde in der christlichen Welt.

Jakobus war, so erwähnt es eine Textstelle der Apostelgeschichte (Lukas 12,2), auf Herodes Anordnung – vermutlich zu Ostern des Jahres 44 n. Chr. – in Jerusalem mit dem Schwert geköpft worden. Der Legende nach soll Jakobus vor diesem Martyrium in Spanien gepredigt und später von seinen Jüngern nach Iria Flavia nahe dem heutigen Santiago de Compostela an die spanische Westküste gebracht worden sein, wo man seinen Leichnam begraben habe. Doch die erste schriftliche Nachricht von Jakobus Missionstätigkeit in Spanien stammt erst aus dem späten 6. Jahrhundert. In dem lateinischen Text *Breviarium Apostolorum* ist auch ein Hinweis auf das »Marmorgrab« des Apostels zu finden. Eine Fehlüberset-zung des griechischen Originals übrigens, die weitreichende Folgen hatte.

Denn so historisch fragwürdig die Missionstätigkeit des Apostels, seine sagenumwobene Schiffahrt nach Galicien und der Fund des Grabes auch sein mögen: Im beginnenden 9. Jahrhundert entwickelte sich in Windeseile ein **Jakobuskult**, der schon allein für den Kampf gegen die Mauren wichtig war. Jakobus wurde zur Symbolfigur der christlichen Welt im Kampf gegen die Araber. *Karl der Große* (etwa 742 – 814) hatte intensiven Kontakt zum asturischen Hof, und Kreuzritter beteiligten sich in späteren Jahrhunderten an der Reconquista, der Jakobus als Patron vorstand. Schon Mitte des 9. Jahrhunderts galt er als der *Schlachtensieger*

Spanien zu Beginn der Reconquista

von Clavijo gegen den Emir von Córdoba. Den bislang friedlichen Missionierer im Sinne des 5. Gebotes (»Du sollst nicht töten«) stellte die Kirche nun als aggressiven Maurentöter *(matamoros)* für den Heiligen Krieg dar. Noch heute köpft er als Standbild in Kirchen hoch zu Roß Mauren.

Der Jakobuskult zog ab dem 11. Jahrhundert immer mehr Pilgerscharen nach Santiago de Compostela, das zunächst Verehrungsstätte für die nähere Umgebung, später das wichtigste Fernwallfahrtsziel neben Rom und Jerusalem wurde. Die **Pilger** (lat. *peregrinus* = der Fremde) nahmen mit ihren Bitt- und Bußwallfahrten einen langen, gefährlichen Weg auf sich. Die Zahl der Adligen, Ritter und Kleriker, Diebe und Kaufleute auf dem Jakobsweg, dem *Camino de Santiago,* muß in die Millionen gegangen sein. Auf dem Weg von den Pyrenäen über Puente la Reina, Burgos, Frómista und León bis nach Galicien traf sich halb Europa zu einem regen kulturellen und wirtschaftlichen Austausch. Entlang dem Weg entstanden Hospitäler, Unterkünfte, Friedhöfe und einige der schönsten Bauten der Romanik.

Klerikale Welt en miniature: Schreibender Mönch aus einem Psalter (um 1150)

Die Romanik

Der Baustil der Romanik war in Italien als monumentale, christliche Architektur entstanden und gelangte über die Pyrenäen – besonders durch die *Benediktinermönche* von Cluny – nach Nordspanien. Nach dem Tod von Mauren-Feldherr *Almanzor (der Unbesiegbare),* der Spaniens Norden mit seinen Feldzügen regelmäßig unter Druck gesetzt hatte, zerfiel das Kalifat von Córdoba 1031 in Kleinstaaten. Die christlichen Reiche im Norden besetzten 1085 ihrerseits Toledo und bauten ab dem 11. Jahrhundert entlang dem Jakobsweg Klöster wie *Santo Domingo de Silos* (1041), Kirchen wie *San Martín de Frómista* (um 1070) und neben anderen Kathedralen die von *Santiago de Compostela* (ab 1075).

Der weitverbreitete **basilikale Kirchengrundriß** besteht aus einer durch Säulen in drei Schiffe geteilten Halle, die an ihrem (üblicherweise) östlichen Ende von einer oder drei halbrunden Apsiden abgeschlossen wird. Die nicht gewölbte Decke des

Mittelschiffs ist erhöht und ruht auf Pfeilern oder Säulen, die mit Bögen miteinander verbunden sind. In der Mittelapsis befindet sich der Altar, gelegentlich über einem Märtyrergrab. Dem Langhaus kann ein Querschiff vorgelegt sein, womit die Kirche einen kreuzförmigen Grundriß erhält. Mit größer werdenden Pilgerströmen kommen oft zusätzliche Seitenschiffe, Chorumgang und -kapellen hinzu. Die stabile Bauweise mit Rundbögen

an Portalen und Fenstern, soliden Säulen mit breiten Kapitellen und Kragsteinen schmücken Skulpturen, die stellvertretend für den theologischen Disput stehen und deshalb zwischen den Themen der Bibel (Kreuzgang in *San Juan de la Peña*) und kuriosen Gruselgestalten (*San Martín de Mondoñedo*) liegen.

Die Sakralbauten zwischen Jaca und Santiago machten die Romanik zum Stil des spanischen Nordens schlecht-

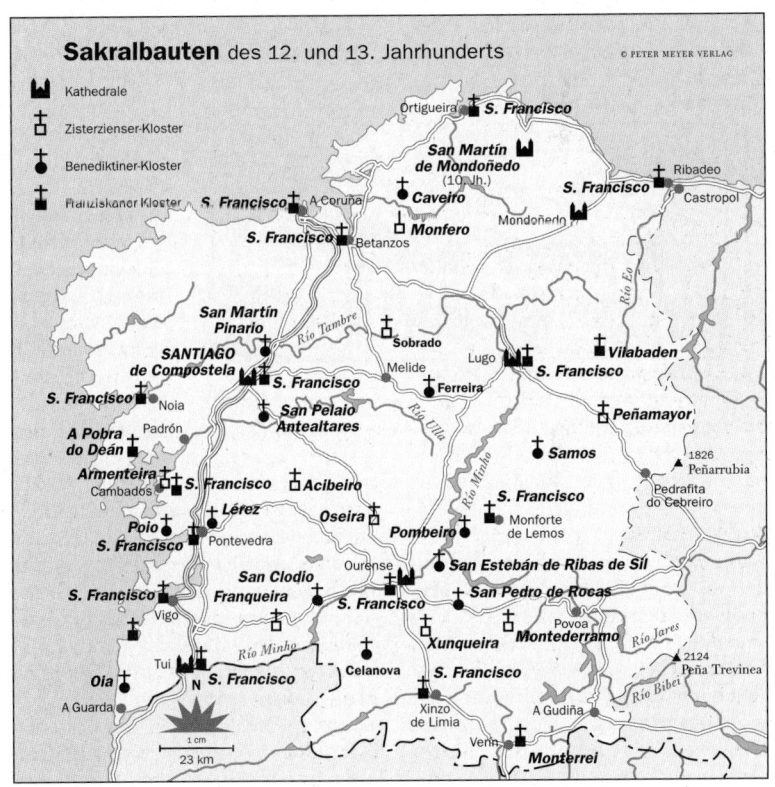

Sakralbauten des 12. und 13. Jahrhunderts © PETER MEYER VERLAG

Kathedrale
Zisterzienser-Kloster
Benediktiner-Kloster
Franziskaner-Kloster

hin, der sich nur verhalten mit der aufstrebenden, spitzbogigen und kreuzrippengewölbten **Gotik** (ab 1150) und dem verspielt-überladenen **Barock** (seit dem 17. Jahrhundert) vermischt.

Portugal entsteht

Ab dem 11. Jahrhundert waren die Piraten vertrieben und Hafen- und Bischofsstädte entlang dem Jakobweg im Bau. Der mächtige Orden der Zisterzienser, der 1118 aus der Benediktinerregel hervorgegangen war, gründete zahlreiche Klöster. Politisch wa-

Das sieht nach glücklicher Kuh aus: Melken im Mittelalter

ren die Zisterzienser, wie die Bischöfe in den Städten und die galicische Noblesse, zunächst vom Königshaus Asturien-León und dann von *Fernando I.* als erstem König von Kastilien-León abhängig. Mit seinem Tod 1065 kam es zu gewaltigen politischen Wirren, aus denen sich schließlich im ausgehenden 12. Jahrhundert die Selbständigkeit Portugals entwickelte und Galicien seine bis heute gültigen Grenzen bekam.

Bevor es dazu kam, hatten sich die Söhne Fernandos eine blutige Schlacht geliefert, aus der schließlich Sancho als Herrscher über Kastilien, León und Galicien hervorging. Einer seiner Brüder, *Alfonso VI.* (circa 1040 – 1109), war an den Hof des arabischen Toledo geflohen und kehrte nach dem Tod Sanchos als König zurück. Alfonso war es, der das nordwestliche Gebiet in die Grafschaften Galicien und Portugal aufteilte; Galicien überließ er dem Mann seiner einen Tochter Urraca, Raimundo de Borgoña, seine zweite Tochter bekam Portugal, das bald darauf unabhängig wurde.

Mittlerweile waren die Grafen von Galicien mit zahlreichen Sonderrechten (*fueros*) ausgestattet, sprachen Recht, organisierten Militärexpeditionen gegen die Mauren und hatten damit eine gewisse Autonomie. Nachdem Urracas Vater und ihr Mann gestorben waren und die zweite Ehe mit Alfonso dem Krieger von Aragón in die Brüche ging, erhob sich ihr eigener Sohn *Alfonso Raimúndez* mit Hilfe des Grafen von Traba, Pedro Froilaz, krönte sich 1109 selbst und wurde zwei Jahre später von *Erzbischof Diego Gelmírez* (1068 – 1139) in der Kathedrale von Santiago de Compostela geweiht. Gelmírez entwickelte sich durch die Thronstreitigkeiten immer mehr zum eigentlichen Machthaber in Galicien. Dem ersten Erzbischof von Santiago de Compostela mußte das ganz selbstverständlich erscheinen. Als glühender Anhänger der Gregorianischen Reform sprach er sich für die eindeutige Autorität des Papstes und der Kirche über die weltliche Macht aus.

In dieser Zeit liegt auch der Ursprung der galicischen Sprache. Galego war im 12. Jahrhundert in Form von *cantigas* entstanden, als romanisch-galicische Lyrik, deren Inhalt von höfischer, abstrakter Damenhuldigung bis zur derben, satirischen Straßenglosse reicht.

Krieg den Palästen — Der Aufstand der Irmandiños

1467 – 1469
Ein Nachfolger Gelmírez, Erzbischof *Don Berenguel de Landoira,* überfiel 1321 die Burg von Felpós nahe Palas das Reis und zündete sie an. Der dortige Graf hatte in schöner Regelmäßigkeit Pilger überfallen und ausgeraubt. Solche Raubzüge von Rittern und Grafen waren längst an der Tagesordnung, viele waren verarmt. Der Hof hatte in Valladolid 1325 die religiösen Orden mit Schenkungen so bevorzugt, daß sie auch in Galicien ihre Ländereien ausdehnten.

Zu der Schwarzen Pest, die seit Oktober 1348 in Galicien wütete, gesellte sich in der zweiten Hälfte des 14. Jahrhunderts eine schlimme Hungerperiode. Grafenwillkür, Inflation und Intrigen am kastilischen Königshof riefen immer mehr *irmandiños* (Bru-derschaften) in Galicien und außerhalb auf den Plan. Das Adelsgeschlecht der Andrade drückte seine über 2300 Vasallen in Ferrol, Pontedeume, Betanzos und Villalba schließlich derartig, daß 1431 der erste – noch erfolglose – Aufstand ausbrach. Die Irmandiños in Galicien organisierten sich darauf wie sonst nirgends und schlugen beim zweiten Aufstand mit Sicheln, Pulverkanonen und Katapulten sämtliche Feudalherren in die Flucht. Von 1467 bis 1469 regierte in Galicien zum erstenmal das einfache Volk.

Teile der Kirche und *Enrique IV. der Impotente* (1423 – 1474) von Kastilien, selbst in einen Bürgerkrieg verwickelt, unterstützten die über 80.000 Irmandiños zumindest mora-

»Stürmt die Paläste!«

lisch. Die wählten ihre »Heilige Bruderschaft des Königreichs Galicien«, machten Gärtner zu Generälen und nahmen sich vor, keine einzige Burg stehen lassen. Die bislang mächtigen Grafen von Soutomaior, Andrade, Ulloa und Lemos waren überrascht nach Kastilien und Portugal geflohen. Als die Grafen 1469 schwer bewaffnet Galicien zurückeroberten, hatten die Irmandiños über 130 Burgen als Symbol der Feudalmacht zertrümmert. Hinter den Stadtmauern von Lugo, A Coruña, Mondoñedo und Santiago leisteten sie noch bis 1472 Widerstand. Repressalien waren gering, der Adel hatte Respekt bekommen.

Mit den Aufständen der Irmandiños war der Anfang vom Ende der galicischen Grafen und Hidalgos eingeläutet. Zwanzig Jahre später spalteten sie sich selber im kastilisch-portugiesischen Krieg und wurden kurz darauf durch Strafexpeditionen der mächtigen *Katholischen Könige* öffentlich geköpft, wenn sie sich Isabel (1451 – 1504) und Fernando (1452 – 1516) widersetzten, wie im Falle des Pardo de Cela von Mondoñedo. *Pazos* (Herrenhäuser) lösten die Paläste ab, der Landadel die Raubritter und mächtigen Grafen, die Neuzeit das Mittelalter.

✳ **Tip:** Wegen der für kurze Zeit erfolgreichen Revolte der Bruderschaften stehen in Galicien nur noch wenige Burgen und Schlösser wie das schön restaurierte ↗ *Castillo de Soutomaior* nahe Vigo. In ↗ *Moeche* bei Ferrol erinnert jeden dritten Augustsamstag nach Sonnenuntergang ein nächtlicher Überfall auf die Burg des Nuño Freire de Andrade mit viel Kostümierung, Wein und Musik an das Jahr 1467.

BEGIN DER NEUZEIT
ab 1492

Die Bewohner Baionas feiern ihr historisches Fest jeden 1. März: Die Ankunft der Karavelle *La Pinta*. An diesem Tag im Jahre 1493 erfuhr Baiona als erste Stadt Europas von Kolumbus Entdeckung der »Neuen Welt« ein Jahr zuvor. 1492 hatten Isabel und Fernando, das spanische Königspaar, die letzte Maurenbastion Granada erobert und landesweit die Juden vertrieben, die es in Galicien besonders in Ribadavia zu Ansehen gebracht hatten. Die Inquisition der katholischen Kirche richtete sich zudem gegen wohlhabende Witwen, die wie etwa im südlichen Küstenort Cangas als Hexen verbrannt wurden, um deren Vermögen einzubehalten. Und weil die Katholischen Könige ähnlich wie später Franco Zentralismus mit Einheitssprache gleichsetzten, ersetzte das Kastilische vollständig die galicische Sprache, die damit für Jahrhunderte aus Verwaltung, Rechtsprechung und Literatur verbannt blieb.

Mit der blutigen Eroberung Amerikas und der Weltmachtstellung des Habsburgers *Carlos V.* (1500 – 1558) geriet das nordwestliche Galicien aus dem politischen Blickfeld. Auch die Pilgerströme nach Santiago ließen mit dem aufkommenden Protestantismus immer mehr nach. Carlos Sohn *Felipe II.* (1527 – 1598), der verknöcherte, strengkatholische Erbauer des Escorials in Kastilien, zog aus, um die Protestanten in Flandern und den Niederlanden das Fürchten zu lehren. Die Reichtümer aus der »Neuen Welt« verbrauchten sich daher nicht nur in Adelstiteln, sondern besonders in den europäischen Kriegen. 1588 entsandte Felipe II. gegen das England der Elisabeth II. die »unbesiegbare« *Armada*, deren Niederlage am Ärmelkanal das Ende der spanischen Weltmacht einläutete. – A Coruña und viele andere Orte der galicischen Küste hatten das Nachsehen, als ein Pirat unter englischer Flagge, der 44jährige *Sir Francis Drake*, zum Gegenschlag ausholte. Am 4. Mai 1589 überfiel er mit 160 Schiffen A Coruñas ummauerte Altstadt. Die verzweifelten Bewohner, voran die Fleischersfrau namens *María Pita*, trieben die Engländer schließlich mit letzter Kraft in die Flucht.

Die **Bourbonen**, die nach dem Erbfolgekrieg (1701 – 1713) die Habsburger auf dem Madrider Thron ablösten, stabilisierten Spanien im sogenannten französischen Jahrhundert. Mit dem aufgeklärten Absolutismus des *Carlos III.* bekamen Kunst, Wirtschaft und Wissenschaft neue Impulse. Doch sein Sohn *Carlos IV.*, dem der Zeitgenosse *Francisco de Goya* (1746 – 1828) dessen ganze Dummheit in die Herrscherportraits malte, ließ das Land verkommen, bis *Napoleon Bonaparte* den König und dessen einflußreiche sizilianische Gemahlin Maria Luisa von Parma ohne viel Mühe festnahm und Spanien einen grausamen Krieg bescherte.

Unabhängigkeitskrieg gegen Napoleon

19. Jahrhundert

Das 19. Jahrhundert begann so mit einem Befreiungskrieg gegen die Franzosen, der mehr als ein erfolgreicher Guerillakrieg werden sollte: liberale Ideen enstanden als Alternative zum *Ancièn Regime.* Zunächst hatte Napoleon Bonaparte nach der Besetzung 1808 seinen trunksüchtigen Bruder Joseph als König eingesetzt. Ab dem 3. Januar 1809 nahmen französische Truppen in vier Wochen auch Galicien ein, um innerhalb von nur wenigen Tagen von galicischen Unabhängigkeitstruppen überrascht zu werden. Nach fünf Jahren Krieg forderte Spaniens Alliierter Lord Wellington: »Spanier, ahmt es den unnachahmlichen Galiciern nach«. Ein Jahr später waren die Franzosen mit Hilfe englischer Truppen vertrieben.

Noch während des Krieges hatten aufgeklärte Politiker und Militärs 1812 im andalusischen Cádiz eine liberale Verfassung formuliert. In A Coruña trafen sich währenddessen Professoren, Journalisten und Händler im *Café Esperanza* und hofften auf das Ende der Monarchie. Dagegen stand das große Lager der Absolutisten, Kleriker und Adligen. Als nach dem Krieg *Fernando VII.* (1784 – 1833) den Thron übernahm, kam seine Restauration einer Hexenjagd auf Liberale gleich. In A Coruña, der fortschrittlichsten der galicischen Städte, lief ein Franziskaner durch die Gassen und wies die wütende Menschenmenge an, welches Haus liberaler Bürger mit Steinen zu bewerfen sei.

»Die Wende im Leben«: Der Karikaturist Castelao zeichnet mit wenigen Strichen das Leben der Emigranten nach

Als Gegenreaktion auf den Despotismus Fernandos folgten landesweit wie in Galicien *pronunciamientos* – vergebliche Aufstände liberaler Militärs. Gerade in Galicien steckte der Liberalismus noch in den Kinderschuhen. Während die große Gruppe der Landbevölkerung wenig industrialisiert und politisch unbeteiligt war, Adel und Klerus mit allen Privilegien noch fest im Sattel saßen, hatten sich an der Küste einige, vor allem katalanische und baskische Händler niedergelassen, um mit Stoffen, Keramik, Papier und Lebensmittelkonserven zu handeln. Sie bildeten mit den Intellektuellen und Militärs die sehr kleine Schar der galicischen Liberalen.

1833 starb Fernando VII., was zwei schwere, sogenannte **Karlistenkriege** im 19. Jahrhundert nach sich zog, weil einige reaktionäre Anhänger Fernandos nicht dessen Tochter Isabel II., sondern den Bruder Carlos auf dem Thron sehen wollten. 1834 brach der erste der beiden blutigen und erfolglosen Karlistenkriege aus, der zweite folgte 1872. Zu den Anhängern der Karlisten gehörten neben dem Adel besonders die religiösen Orden, denen es in der Regierungszeit *Isabel II.* (1830 – 1904) an den Kragen ging: durch die *desamortización*, die Enteignung religiöser Orden ab 1835. Ihre Reichtümer wurden öffentlich versteigert und der Landbesitz zur besseren Landverteilung verkauft. In Wirklichkeit begünstigte dies reiche Bürger und Adlige. Auch in Galicien hatte die Desamortisación zur Folge, daß Mönche wie die Zisterzienser von Monfero bei Pontedeume ihre gewaltigen Monasterien verlassen mußten. Heute stehen sie wie viele andere als Ruine da.

Das 19. Jahrhundert brachte zwar die Eisenbahn, Gaslaternen und Wahlen, wie während der kurzen **Ersten Republik** 1873. Der galicischen Landbevölkerung brachte es aber besonders überhöhte Steuern, Hunger und Cholera. Viele sahen den einzigen Ausweg noch in der Emigration.

GALICIEN SEIT DEM 20. JAHRHUNDERT

Bereits Mitte des 19. Jahrhunderts setzte in Nordwestspanien eine Bewegung ein, die für das folgende Jahrhundert von entscheidender Bedeutung sein sollte: die Emigration. Eine halbe Million Galicier, so wird vermutet, ist zwischen der Agrarkrise 1852 und der Befreiung der letzten Spanischen Kolonien 1898 emigriert.

Dies waren besonders Männer zwischen sechzehn und vierzig Jahren, darunter die Vorfahren des Kubaners Fidel Castro und des ehemaligen argentinischen Staatspräsidenten Alfredo Alfonsín, Abenteurer, Verzweifelte und offenbar auch eine große Zahl von Kriegsdienstverweigerern. Sie setzten auf überfüllten Überseeschiffen nach den Häfen der ehemaligen und noch existenten spanischen Kolonien Süd- und Mittelamerikas über und hinterließen vielfach die »Witwen der Lebendigen«, die sich von nun an mit ihren Kindern allein durchschlagen mußten. Uruguay, Venezuela, Kuba, Brasilien wurden den Galiciern zur neuen Heimat. Besonders aber Argentinien, wo der spanische Einwanderer schlicht *gallego* heißt und Buenos Aires für manche die »größte Stadt Galiciens« ist.

Die 1837 in Santiago de Compostela geborene Dichterin *Rosalía de Castro* über die Auswanderung, die sich bis weit in das 20. Jahrhundert fortsetzt:

Gott weiß welch bittre Tränen mir's
ins Auge treibt,
Seh ich die, die fortgehn.
Doch noch trauriger machen mich
jene, die sich weigern,
je wieder heimzukehren …

Durch Geldsendungen der Emigranten aus Süd- und Mittelamerika konnten Bauern allmählich Boden kaufen und Fischer ihre Boote motorisieren. Doch in den ersten 30 Jahren des neuen Jahrhunderts blieb die Macht noch in den Händen der konservativen *caciques* (wörtlich Häuptlinge), die mit ihrem Reichtum Wähler kauften. Seit 1916 entstanden die *Irmandades da Fala,* intellektuelle Sprachbruderschaften, die auf galicisch in der Zeitschrift »A Nosa Terra« scharf gegen diesen *caciquismo* polemisierten. Das Proletariat war wegen der noch kaum entwickelten Industrie schwach und

Pointiert: Der Fuchs namens Bonzentum und Klüngel belauert die Verfassung

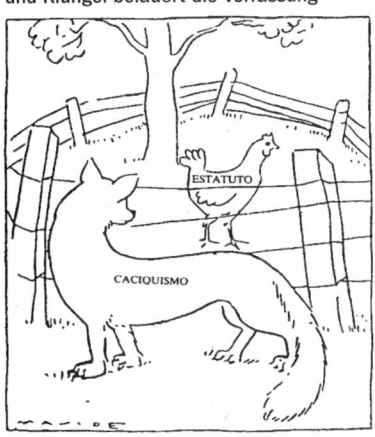

Keine Persönlichkeit symbolisiert den *galleguismo,* den galicischen Nationalstolz, so sehr wie der Politiker, Schriftsteller, Maler und Zeichner Castelao. 1886 in Rianxo geboren, emigrierte er als Kind mit seinen Eltern nach Argentinien und veröffentlichte nach seiner Rückkehr die ersten Karikaturen, entwarf politische Plakate gegen Monarchen und Konservative, trat einer Sprachbruderschaft bei und studierte Medizin. Als die Zweite Republik ausgerufen wurde, wählte ihn die *Partido Galeguista* als Repräsentanten in das Madrider Parlament, wo er für das Selbstbestimmungsrecht der Galicier eintrat.

Im Bürgerkrieg kämpfte er auf republikanischer Seite und floh nach Francos Sieg ins Exil nach Paris, den USA und Buenos Aires, wo er 1950 fast erblindet an Lungenkrebs starb.

Castelao schrieb über galicische Politik und Kultur und er zeichnete so bissig wie 100 Jahre zuvor Goya, was seine Zeit prägte: Elend auf dem Land, fette Caciques und dürre Leibeigene, heulende Emigranten, frierende Bergbauern, betende Witwen und die Grauen des Bürgerkrieges. 1984 wurde sein Leichnam in den Pantheon der Kirche *Santo Domingo de Bonaval* in Santiago überführt. Viele Orte Galiciens haben Castelao ein Denkmal gewidmet, Politiker aller Parteien zitieren ihn im Parlament. Und zahlreiche Museen, darunter die Provinzmuseen von Pontevedra und Lugo, stellen seine Zeichnungen und Wahlplakate aus. ◄

Verfechter der galicischen Sache: Alfonso Daniel i Castelao

---

gewerkschaftlich organisierte Streiks waren selten, während das restliche Spanien während der Regierungszeit von *Alfonso XIII.* (1902 – 1931) von Arbeiterunruhen, politischen Anschlägen und Kolonialkrieg in Marrokko erschüttert wurde. Diese Unruhen mündeten 1923 in die Militärdiktatur des *Primo de Rivera.* Sieben Jahre später stolperte der General über die Weltwirtschaftskrise. Bei Kommunalwahlen 1931 erlitten die Monarchisten eine solche Niederlage, daß Alfonso ohne förmliche Abdankung nach Rom ins Exil abreiste. Die Zweite Republik entstand.

Die Zweite Republik
1931 – 1936

Nachdem die bürgerlichen Linksparteien 1931 die Wahl für sich entschieden hatten, begannen gegen den Widerstand von Großbürgertum, Finanzoligarchie und Kirche die längst überfälligen Land- und Schulreformen. Scheidungs- und Abtreibungsrecht, Kürzung des Militärhaushalts und Abschaffung des Kirchenetats sorgten außerhalb und innerhalb des Madrider Parlaments für Zündstoff. Dort waren zehn Prozent der Abgeordneten Galicier, die auf das Geschehen aber kaum Einfluß hatten. 1933 gewannen die Rechte die Wahl, die wiederum 1936 von der linken Volksfrontregierung abgelöst wurden. Am 15. Juli jenes Jahres bekamen die Galicier ein Autonomiestatut mit weitgehenden Selbstbestimmungsrechten, für die sich besonders der Abgeordnete und Zeichner *Alfonso Daniel Castelao* (1886 – 1950) eingesetzt hatte. Doch dieses Statut wurde nie wirksam. Ausgerechnet ein galicischer General sorgte dafür: *Francisco Franco*. Drei Tage später, am 18. Juli, erhob er sich mit den Generälen Mola und Sanjurjo gegen die krisengeschüttelte, junge Republik.

Bürgerkrieg
1936 – 1939

Madrid und Barcelona entwickelten sich zu den Zentren des Widerstands gegen den Militärputsch. Zunächst von der Sowjetunion unterstützt, besonders aber von den *Internationalen Brigaden* mit so berühmten Persönlichkeiten wie Ernest Hemingway und George Orwell, hielt sich die Republik noch bis Anfang 1939. Nicht so Galicien: es fiel bereits nach fünfzehn Tagen. Dafür dauerten Verfolgungen, Folter und Erschießungen wie überall in Spanien bis weit nach dem Bürgerkrieg an. Der junge Kommunist *Alexandre Bóveda,* der den

Spanien nach dem Putsch vom 18. Juli 1936

kurzen Widerstand in Pontevedra organisierte, erklärte in seiner Verteidigungsrede vor der Erschießung mit deutlicher Anspielung auf Franco: »Ich hätte Galicien nie betrogen, selbst wenn ich Jahrhunderte hier hätte leben können«. – In Burgos organisierten die Putschisten ein Gegenkabinett zur Volksfrontregierung. Franco siegte mit Unterstützung der *Falange,* die erst 1936 als Partei faschistischen Typs verboten worden war, mit Hilfe der Kirche, den Großgrundbesitzern, 10.000 Deutschen (darunter die *Legion Condor,* deren Bombardierung des baskischen Guernica Picasso ein Denkmal setzte) sowie Truppen Mussolinis. Franco siegte aber auch mit Hilfe des demokratischen Europa, das mit seiner Stillhaltepolitik der spanischen Republik die Hilfe verweigerte. Als auch die französische Regierung der Nichteinmischung zustimmte, kaufte der Schriftsteller André Malraux spontan 35 Kampfmaschinen für die Linke.

Von beiden Seiten mit brutaler Härte geführt, forderte der Bürgerkrieg über 600.000 Tote, zahlreiche Gefangene starben in Francos Konzentrationslagern, eine Million Spanier flohen ins Exil.

40 Jahre Diktatur

Francos Diktatur, die bis zu seinem Tod 1975 dauerte, begann mit Hungerjahren. Das Land war zu geschwächt, um sich am 2. Weltkrieg zu beteiligen, der *Generalísimo* schickte Hitler immerhin die Blaue Division für den Ostfeldzug. Galicische Oppositionelle gründeten 1944 in Toulouse den *Bloque Republicano Nacional Gallego* und in Buenos Aires eine Art galicische Exilregierung. Dort veröffentlichte Castelao im selben Jahr das Buch »Immer in Galicien«, die wichtigste Lektüre der kleinen Schar galicischer Francogegner. *El Caudillo,* der Führer, opferte der »heiligen Einheit des Vaterlandes« jede Spur von Autonomie der Basken, Katalanen und Galicier. In seiner Heimatregion ließ er Plakate kleben: »Sprechen Sie unsere offizielle Sprache, das Kastilisch. Seien Sie kein Barbar. Arriba España«.

Ab 1959 verbesserte sich die wirtschaftliche Lage in Spanien etwas. Die katholische Elitesekte *Opus Dei* hatte die Falange als faschistische Einheitsgewerkschaft an Einfluß überrundet und versuchte, Spanien wirtschaftlich zu öffnen. An Galiciens Küste stieg die Zahl der Industriearbeiter (Zellulose, Holz, Energie) zwischen 1960 und 1973 von 19.000 auf 26.000, die Städte wuchsen, zeitgleich setzte eine neue Emigrationswelle ein. Rund 150.000 Galicier verließen in dieser Zeitspanne das Land und gingen in die Schweiz (über die Hälfte), in die Bundesrepublik Deutschland, nach Frankreich und Holland.

Mit dem Tourismus und den Devisen der Emigranten erholte sich Spaniens Wirtschaft zusehends. Nach der Ölkrise 1973 kamen viele Galicier zurück und nannten ihre Bars »Zürich«, »Frankfurt« und »Rhein«. Inzwischen hatten sich auch in Galicien Gewerkschaften und Parteien gegründet, darunter 1968 die *Komunistische Partei Galiciens* (PCG). 1972 demonstrierten in Santiago Studenten für das

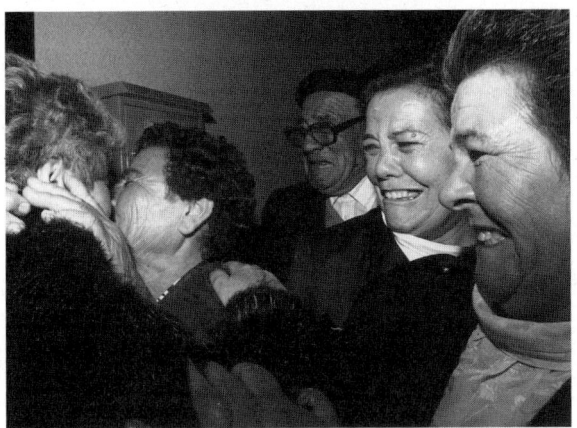

Emigrierte Verwandte – nach 25 Jahren zurück in Galicien

er und Spanierinnen wählen – durch die neue Verfassung gleichberechtigt – nach 40 Jahren wieder. Spanien wird ein föderalistischer Bundesstaat und galicische Zeitungen wie der *Faro de Vigo* und die *Voz de Galicia* können ohne Repressalien politische Kommentare veröf-

Ende der Diktatur, und in Francos Geburtsort Ferrol schoß die Polizei auf 3000 streikende Werftarbeiter. Dennoch blieb der galicische Widerstand im Vergleich etwa zu dem der baskischen ETA gering. Diese bombte 1973 in Madrid Francos designierten Nachfolger Luis Carrero Blanco in die Luft. Zwei Jahre später starb Franco am 20. November 1975 im Alter von 82 Jahren ohne politischen Erben. *Juan Carlos,* ein Enkel Alfonsos XIII. und verheiratet mit der griechischen Prinzessin *Sofía,* wurde zum König und Nachfolger Francos ernannt. Die Zeit der *transición,* des Übergangs von der Diktatur zur konstitutionellen Monarchie, setzte ein.

Politik des Übergangs
(1975 – 1993)

Drei Jahre dauert es, bis 1978 per Volksentscheid die neue spanische Verfassung verabschiedet wird, Spani-

fentlichen. Erstaunlich ist die Wahlbeteiligung der Galicier von nur 60 Prozent. Zwei Jahre später den Parlamentswahlen wiederholt sich das Bild, in der Provinz Lugo gehen sogar nur 40 Prozent zu den Urnen. Auch nach dem Autonomiestatus von 1981, wonach Galicien in Santiago vom Parlament mit 75 Abgeordneten, der Regierung und dem Präsidenten regiert wird, bleibt die Wahllust der Galicier bestehen. Es scheint, als habe sich besonders die Landbevölkerung im nordwestlichen Spanien zu sehr daran gewöhnt, an der Politik nie beteiligt worden zu sein. Allerdings zeigen die Wahlergebnisse, daß Regierungschef Manuel Fraga gerade der Landbevölkerung seine wiederholten Wiederwahlen verdankt.

Während seit 1982 die *Spanische Sozialistische Arbeiterpartei* (PSOE) landesweit eine wichtige Rolle in der Politik spielt, wählen die Galicier fast immer konservativ, zuletzt den rechten ehemaligen Oppositionsführer in Madrid, Manuel Fraga. Bei der Wahl im Oktober 1993 wurde der linksnationale *Bloque Nacionalista Gallego* (BNG) nach der konservativen Volkspartei und der sozialistischen PSOE drittstärkste Partei im Parlament. Am 25. Juli, dem Tag des galicischen Vaterlandes, tritt der BNG in Santiago alljährlich mit der blauweißen Flagge lautstark für die Selbstbestimmung (*autodeterminación*) der Galicier ein. Im Gegensatz zur radikalen, zahlenmäßig schwachen galicischen *Frente Popular* unterstützt die Partei für dieses Ziel nicht den bewaffneten Kampf im Stil der baskischen ETA, der in Galicien – von vereinzelten Anschlägen abgesehen – nie eine Rolle spielte.

Aktuelle Politik: Keine Experimente

Die bestimmende politische Kraft in Galicien ist die konservative **Volkspartei** *(PP, Partido Popular)*. Im Oktober 2001 wählten die Galicier zum vierten Mal hintereinander Manuel Fraga zum Regierungschef der Xunta. Seine Partei hat mit 41 von insgesamt 75 Sitzen die absolute Mehrheit im Regionalparlament. Mit so komfortabler politischer Rückendeckung und reichlich Subventionen von der EU ausgestattet, betreibt Fraga seit mehr als einem Jahrzehnt den Umbau Galiciens von einer rückständigen, landwirtschaftlich geprägten Region in einen Dienstleistungsstandort, der sich in einem Europa der Regionen auf höchstem Niveau bewegen soll – als eine Art Bayern des Südens. Das

Land ist seither kaum wiederzuerkennen, allein schon der Ausbau des Straßensystems macht die Wucht dieser Bestrebungen augenfällig. Die Einschnitte in traditionelle Wirtschaftszweige und soziale Systeme sind radikal, doch insbesondere die ländliche Bevölkerung schätzt die autoritäre und landesväterliche Art Fragas – weil sie am meisten davon profitiert.

Die politische Gegenreaktion ist der Aufstieg des **Galicisch Nationalistischen Blocks** *(BNG)* zur zweitstärksten politischen Kraft des Landes. Bei den jüngsten Wahlen festigte diese Partei mit 23,3 % noch einmal ihre Position vor den Sozialisten (PSOE) mit 21,8 %. Der »Bloque« verfolgt nationale galicische Interessen und zählt zum linken Flügel. Obwohl er in seinen Anfängen durchaus mit der baskischen Separatistenbewegung ETA sympathisierte, geht es dem BNG nicht um eine vollständige Unabhängigkeit Galiciens von Spanien. Der Parteivorsitzende *José Manuel Beirás* bemüht sich zusammen mit den katalanischen und baskischen Nationalbewegungen um eine Reform der spanischen Verfassung. Sie fordern eine weitgehendere Autonomie der Regionen Spaniens. Daß fast ein Viertel der Galicier diese Forderung mit dem Stimmzettel unterstützt, kann man durchaus als Indiz für ein größeres wirtschaftliches und kulturelles Selbstbewußtsein eines Landes werten, das früher wegen seiner Rückständigkeit große Teile seiner Bevölkerung in die Emigration zwang.

Virginia Barros

Heimat verbindet die Kontrahenten: Der kubanische Staatspräsident Fidel Castro 1992 zu Besuch im Land seiner Vorfahren, rechts Manuel Fraga, Galiciens Regierungschef

Verlierer dieser Polarisierung der politischen Lager ist die **Sozialistische Arbeiterpartei** *(PSOE).* Denn die Pufferposition zwischen der machtvollen konservativen Regierung und dem linksnationalen Block hat den galicischen PSOE-Vertretern ein handfestes Standortproblem beschert. Die Suche nach einem eigenen Profil ist dabei äußerst schwierig. So sorgte die Forderung des galicischen PSOE, Spanien in einen Bundesstaat umzuwandeln, bei den Parteigenossen in anderen Teilen Spaniens für reichlich Unruhe und Proteste.

PSOE und BNG machen keinen Hehl daraus, daß sie gerne mit einem Bündnis die regierende Volkspartei ablösen würden. Im Regionalparlament fehlen ihnen dazu zwar noch 4 Sitze, doch in fünf der größten sieben Städte Galiciens regieren sie bereits gemeinsam.

Die Mehrheit der Galicier mag offenbar keine politischen Experimente. Vor allem bei den jüngeren Galiciern macht sich aber ein starkes Politikbewußtsein bemerkbar, in dem galicischer Nationalstolz und die Wiederbelebung kultureller Werte eine bedeutende Rolle spielen. Trotz der langen Fraga-Ära – von politischer Erstarrung kann in Galicien deshalb kaum die Rede sein.

Galicische Zeitungen erkennt man schon daran, daß in so gut wie jeder Ausgabe das Konterfei des Mannes abgedruckt ist, der wie ein Fürst von Volkes Gnaden über Galicien herrscht: Regierungschef Manuel Fraga Iribarne.

Seit Anfang 1990 lenkt Fraga die Geschicke des Landes, und wenn es seine Gesundheit zuläßt, wird er es nach den jüngsten Wahlen noch bis 2006 tun.

Der greise Potentat: Manuel Fraga Iribarne

»Don Manuel« ist politisches Urgestein, konservativ vom Scheitel bis zur Sohle, und die Reihen seiner politischen Gegner, von den Sozialisten bis zu den Nationalisten, haben es längst aufgegeben, ihn von seinem Thron stürzen zu wollen. Ihnen bleibt nichts anderes übrig, als auf den Moment zu warten, an dem Fraga endgültig von der politischen Bühne tritt – nach vier Wahlen, die er mit absoluter Mehrheit gewann.

Fraga ist eine der schillerndsten Figuren der spanischen Politik, und das war er schon, bevor er sich auf den Posten des Xunta-Chefs in Santiago gewissermaßen zurückzog. Als autoritären, leicht aufbrausenden Menschen schildern ihn Journalisten und ehemalige Mitstreiter, bescheinigen ihm hohe Intelligenz, schnelle Auffassungsgabe und ein untrügliches Gedächtnis. Machtbewußt und arbeitswütig sei er – ein mit allen Wassern politischer Strömungen und Untiefen gewaschener Fuchs. Der häufige Vergleich mit dem ehemaligen bayerischen Ministerpräsidenten Franz-Josef Strauß kommt nicht von ungefähr – sie waren gut befreundet.

Fraga, 1922 in der Provinz Lugo geboren, wuchs in ärmlichen Verhältnissen auf. Sein Vater arbeitete als Saisonarbeiter in Kastilien, wanderte wie viele arme Galicier nach Kuba aus und heiratete dort eine französische Baskin. Von dem in Übersee erarbeiteten Geld studierte Sohn Manuel Jura, Wirtschaft und Staatswissenschaften, besuchte die Diplomatenschule – und erwies sich als Musterschüler: Er holte bei allen Prüfungen die bestmöglichen Noten.

Fraga avancierte zum Wunderkind des Franco-Regimes. 1945 arbeitete er bereits als juristischer Assistent des damaligen Ständeparlaments, war mit 25 Jahren Diplomat, ein Jahr später Staatsrechtsprofessor. Unter den Fittichen des Diktators machte Fraga schnell Karriere. Er wurde Direktor des Hispanischen Kulturinstituts, Generalsekretär des Erziehungsrates, Abgeordneter im Ständeparlament sowie Direktor des Instituts für Politische Studien. 1962 ernannte ihn Franco schließlich zum Minister für Information und Tourismus – eine Schlüsselposition innerhalb des damaligen Regimes. Sie bedeutete die Macht über die Presse des Landes und die Kontrolle über einen Wirtschaftszweig, der für das politisch quasi isolierte Spanien größte Bedeutung hatte. Manuel Fragas Arbeit als Minister hat erheblichen Anteil daran, daß Spanien heute im Fremdenverkehr zur Weltspitze zählt. Andererseits war er der Albtraum unabhängiger Journalisten, seine rüden Methoden und harten Strafen als Chefzensor des Regimes waren berüchtigt. So belegte er die liberale Abendzeitung »Madrid« mit einem 4-monatigen Erscheinungsverbot, nachdem das Blatt in einem Artikel Charles de Gaulle zum Rücktritt aufgefordert hatte – was allgemein als ein Wink an Franco verstanden wurde, das gleiche zu tun. Ein Schlag, von dem sich die Zeitung nie erholte. Wegen »Unregelmäßigkeiten in der Verwaltung« mußte das Zeitungshaus bald darauf ganz schließen.

Für politische Beobachter jener Zeit war Fraga ein hartgesottener Franquist, der sich voll in den Dienst des diktatorischen Systems stellte. So bereitete Fraga 1966 die Volksabstimmung über ein neues Gesetz vor, das die Grundlagen des Franco-Staates noch einmal festigen sollte. Das tat er so gründlich, wie der SPIEGEL später spöttisch anmerkte, daß 95 Prozent der Spanier, in manchen Orten sogar mehr als 120 Prozent dafür stimmten.

An Selbstbewußtsein fehlte es dem jungen Fraga auch gegenüber Franco nicht, was der SPIEGEL so beschrieb: »Der Diktator war von dem pflichtbewußten, intellektuellen, strebsamen Minister angetan. Der unbeherrschte Fraga aber tat wenig, das Verhältnis zu Franco, der Selbstbeherrschung über alles schätzte, herzlicher zu gestalten. Auf einer Jagd schoß er statt auf Rebhühner Francos einziger Tochter mit Schrot in den Hintern, auf einer Ministerratssitzung schrie er den ohnehin schweigsamen Staatschef an: ›Schweigen Sie, mein General!‹«

1969 flog Fraga aus der Regierung. Er hatte der Presse gestattet, darüber zu berichten, wie sich einige seiner Kabinettskollegen staatliche Gelder in die eigene Tasche gesteckt hatten. Ein handfester Skandal, doch für den damaligen Regierungschef und designierten Franco-Nachfolger Carrero Blanco bestand der eigentliche Skandal in der Veröffentlichung dieser Affäre. Der mittlerweile senile Franco ließ sich überzeugen, daß Fraga damit dem internationalen Ansehen Spaniens schwer geschadet habe. Angeblich verließ Fraga sein Ministerium weinend.

Ein Wendehals?

Als Botschafter nach London abgeschoben, setzte bei Fraga eine geradezu wundersame Wandlung ein. Der einstige Hardliner profilierte sich plötzlich als Reformer und sprach sich für allgemeine freie Wahlen, unabhängige Gewerkschaften, Selbstverwaltung der Regionen und die Trennung von Staat und Kirche aus. Mit Leuten aus der liberal-konservativen Opposition gründete er die »Vereinigung für unabhängige Studien« – in Form einer Aktiengesellschaft, um die noch illegale Parteiarbeit zu tarnen. Sein Auftreten als Reformer bereitete ihm den Weg zurück an die Schalthebel der Macht. Fraga galt nach Francos Tod 1975 als Hoffnungsträger, in der ersten Nachfolge-Regierung wurde er Innenminister und stellvertretender Ministerpräsident. Sein neues Image als Reformer ramponierte er allerdings während der gut halbjährigen Amtszeit gründlich, als er vornehmlich linke Demonstranten niederknüppeln und einsperren ließ. Der ersten demokratischen Regierung unter Adolfo Suárez gehörte er nicht mehr an.

Trotzdem spielte Fraga eine entscheidende Rolle in Spaniens Übergangsphase zur Demokratie. Er arrangierte sich mit den ehemals führenden Köpfen des Franco-Regimes und bildete die *Alianza Popular* (AP) – eine Partei der alten Seilschaften und Strippenzieher und ein Auffangbecken der extremen Rechten. Als Repräsentant dieser Partei gehörte Fraga der Kommission an, die nach den ersten freien Wahlen die neue spanische Verfassung ausarbeitete. Er zählt damit zu den maßgeblichen Architekten der *Transición,* eines bis dahin einzigartigen politischen Vorgangs: Des Übergangs der letzten westeuropäischen Diktator zur Demokratie, der sich ohne einen radikalen Bruch mit dem alten System vollzog. Wie kaum ein anderer personifiziert Fraga diesen Wandel. Trotz seines anfänglichen Getöses voller anti-kommunistischer Parolen und Loblieder auf die Franco-Zeit sind sich die Historiker längst darüber einig, daß die spanische Demokratie Fraga sehr viel zu verdanken hat. Weil es ihm gelang, die alte Führungselite in den Prozeß der Demokratisierung einzubinden, habe er mögliche Putschversuche oder gar einen neuen Bürgerkrieg verhindert.

Die meisten der führenden Altfranquisten zogen sich nach den ersten Wahlen schnell aus der Politik zurück. Ohne die Betonköpfe der Vergangenheit gelang es Fraga dann später, die AP mit der gemäßigten Rechten zu verschmelzen. Aus diesem Bündnis ging schließlich die *Volkspartei* (PP) hervor: Eine moderne, gemäßigt konservative Partei, die zur Zeit die bestimmende politische Kraft in Spanien ist und den Regierungschef stellt.

Nachdem er selbst viermal ohne Erfolg für das Amt des spanischen Ministerpräsidenten kandidiert hatte, verließ Fraga die politische Hauptbühne. Dafür übernahm er geradezu im Handstreich die Regierungsgeschäfte in seiner alten Heimat Galicien. Vor allem für die Landbevölkerung Galiciens ist Fraga seitdem ein geradezu archetypischer Landesvater. Es gibt fast keine Touristen-Unterkunft, kein Informationszentrum, kein Museum und keine staatlich geförderte Institution, in der nicht eine Tafel darauf hinweist, daß Manuel Fraga Iribarne persönlich zur Einweihung angereist war. Er versteht es wie kein zweiter, sich an den Geldhähnen der Europäischen Union zu bedienen. Doch die Subventionen, die die Xunta verteile – sagen seine Kritiker – kämen zu 90 Prozent den Gemeinden zugute, in denen Fragas Partei regiere. Und so bliebe die Hälfte der Bevölkerung vom Geldsegen ausgeschlossen. Auch gegenüber den Medien verhalte er sich wie zu seiner Zeit als Chefzensor des Franco-Regimes. Man kann jedenfalls davon ausgehen, daß zumindest Fragas Konterfei das Gesicht der galicischen Presse beherrschen wird, bis das Alter dem greisen Potentaten keine Wahl mehr läßt. ◄

KULTUR & KÜCHE

GALEGAS UND GALEGOS

Sie hören und schreiben gern über sich selbst, die Nachfahren der mythischen und – selbstverständlich – männlichen Heldenfiguren der Kelten zu sein. Dabei ist im übrigen Spanien das Gerücht unauslöschlich, in Galicien hätten die Frauen das Sagen. Fragt er die Galegas und Galegos selbst, bekommt der Wißbegierige höchstens zu hören: »Wir melken eben lieber Kühe, als mit Stieren zu kämpfen«. Eine gehörige Portion Mißtrauen gegenüber »seltsamen Fragen« und jeglicher Obrigkeit scheint den Galiciern schon in die Wiege gelegt worden zu sein. Man interessiert sich eher für Schwarze Magie und konzentriert sich auf das nächste Dorffest.

FAST TÄGLICH EINE FIESTA

Wenn Sie Galicien besuchen, geraten Sie mit Sicherheit in mindestens eines der unglaublich vielen, vielfältigen Feste der Region. Mehr noch, Sie könnten fast täglich an einer *fiesta* teilnehmen. Der Hauptgrund: Galicien besteht aus rund 4000 Pfarreien, die unter dem jeweiligen Patronat eines Heiligen stehen. Und diesem Schutzheiligen ist einmal im Jahr eine Wallfahrt oder zumindest ein religiöses Volksfest gewidmet. So gibt es das ganze Jahr über, besonders aber im Sommer, bunte, fröhliche Feiern, zu Land oder zu Wasser. Dudelsackmusik, Tanz, afrikanische Teppichverkäufer, Jahrmarkt und kulinarische Gelage sind die ständigen Begleiter am Tag des Patrones, aber auch bei einer anderen kuriosen Festivität: dem Einfangen von Wildpferden, die noch immer in Galiciens Bergen frei leben.

Ab dem Frühsommer gehen die Galicier dieser uralten Tradition nach: *rapa das bestas* heißt das Zureiten sowie das Stutzen der Mähnen und Schweife der Pferde, die vorher von den Bergen in einen Pferch getrieben werden. Rodeos und eine feuchtfröhliche Fiesta machen diese *rapas* oder *curros* zu einem beliebten, originellen Spektakel. Die Fiesta dauert das ganze Wochenende, es lohnt jedoch, bereits samstags zum Einfangen der Pferde zu kommen.

Und schließlich feiert man an manchen Tagen nur für den Gaumen. Viele Feste sind in bestimmten Regionen nach den jeweiligen Spezialitäten benannt. So der Tag des Albariño-Weines, der Seekrake, der Sardine oder des Eintopfes.

Feste zwischen Ostern und Oktober

Aus dem Überangebot von Festivitäten hier eine kleine Auswahl besonders interessanter Feste, weitere sind in den Routenbeschreibungen notiert.

Ostersonntag: *Fiesta del Aguardiente* in Portomarín südlich von Lugo. Man sagt, hier werde der beste galicische Schnaps – *aguardiente* – gebrannt.

Um den 28. April: *Feira do Viño,* Ribeiro-Weinmesse in Ribadavia, 30 km westlich von Ourense.

Auf der Fiesta: Abtanzen zu Dudelsackmusik auf der Plaza von Allariz

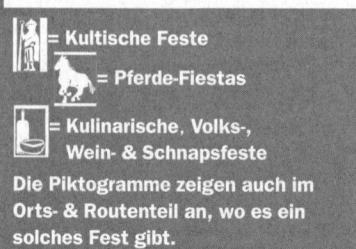

2. Wochenende im Mai: *Curro* in Valga bei Oia, Provinz Pontevedra.

3. Sonntag im Mai: *Fiesta del Salmón,* Lachsfest, La Estrada, Provinz Pontevedra nahe des Río Ulla südlich von Santiago de Compostela.

Ende Mai: *Fiesta de la Empanada,* Pastetenfest, Cervo, an der Nordküste 15 km östlich von Viveiro. Hier gibt es die so beliebten Empanadas mit allen möglichen Füllungen aus Thunfisch, Eiern, Fleisch etc.

Mai/Juni: *Fiestas de la Ascención.* Christi Himmelfahrt (6. Donnerstag nach Ostern) feiert man in Santiago mit Viehmarkt, Straßenfesten, Konzerten und Theateraufführungen.

20. Mai – 6. Juni: *Festa do Peixe,* Fischfest in Bande, an der N 540 von Ourense Richtung Süden gelegen. Besonders Forellen aus dem Río Limia, aber auch andere gebratene Fische, Maisbrot und Wein.

1. Wochenende im Juni: *Rapa das bestas* in Sabucedo, an der N 541 zwischen Pontevedra und Ourense, bei Cerdedo Richtung La Estrada gelegen.

1. Wochenende im Juni: *Fiesta del Viño Espadeiro,* in Ribadumia an der Küste bei Cambados – das sein eigenes Weinfest hat – nahe Pontevedra. Weinexperten und Besucher nippen an diesem Tag den schweren Rotwein der Weingegend Barrantes.

2. Wochenende im Juni: *Pferde-Fest* in Mougas, Ort südlich von Baiona.

3. Wochenende im Juni: *Curro* in Morgadanes bei Gondomar östlich von Baiona, Provinz Pontevedra.

Wochenende vor dem 24. Juni: *Pferde-Fiesta* an *San Juan* in Montoxo bei Cedeira, Provinz A Coruña.

4. Wochenende im Juni: in Campo do Oso bei Pastoriza, Provinz Lugo.

1. Wochenende im Juli: *Curro* an der Pfarrkirche San Andrés de Boimente bei Viveiro, mit Treibjagd in den Bergen von Buyo und Gistral, in der Provinz Lugo.

11. Juli: *Fiestas de San Benitiño de Lérez* in Pontevedra.

2. Wochenende im Juli: *Rapa das bestas* im Bergdorf Amil südöstlich von Caldas de Reis, Provinz Pontevedra.

6. Juli – 14. Juli: Das berühmteste Fest außerhalb Galiciens und auf dem Jakobsweg nach Santiago wird sieben Tage lang in Pamplona zelebriert: *San Fermín* zu Ehren findet jeden Morgen um acht Uhr ein gewagtes Stiertreiben durch die Altstadtgassen Pamplonas, ab 18 Uhr der Stierkampf in der Arena und rund um die Uhr ein tagelanges Gelage unter Jahrmarktsmusik und Feuerwerk statt. Für Hemingway war es die Fiesta der Fiestas schlechthin.

12. Juli: *Fiesta de Cereza,* Kirschfest in Covarrubias bei Burgos.

16. Juli: *Romería del Carmen.* Meereswallfahrten zu Ehren der Carmen in den meisten Orten an der galicischen Küste. Oft am Wochenende, das dem 16. am nächsten ist.

Manche Szenen gleichen wüsten Urzeiten: Wikinger oder doch Studenten aus Santiago?

25. Juli: *Festa do Mexillón,* Miesmuschelfest in Illa de Arousa, nordwestlich von Pontevedra. Sieben Tonnen Miesmuscheln gratis, lokaler Kochwettbewerb.

Um den 25. Juli: *Feira do Viño,* Weinfest in O Rosal bei A Guarda.

16. – 31. Juli: *Fiestas del Apóstol.* Jakobusfest in Santiago de Compostela. Pilgerzusammenkunft, Feuerwerk, Musik, Theater und vieles mehr begleitet das berühmteste galicische Fest. Ihren Höhepunkt finden die Feierlichkeiten am 25. und 26. Juli.

29. Juli: *Sargprozession* in As Neves (von Tui Richtung Ourense am Ufer des Miño gelegen). Kranke und Geheilte, die im Vorjahr mit dem Leben davonkamen, werden in offenen Särgen zu Ehren der *Santa María de Ribarteme* um den Friedhof getragen.

1. Sonntag im August: *Fiesta del Viño Albariño* in Cambados, nahe Pontevedra. Bei diesem wohl berühmtesten Weinfest Galiciens dreht sich alles um den teuersten und besten Tropfen der Region, den Weißwein Albariño.

1. Sonntag im August: *Festa do Gaita,* Tag des galicischen Dudelsacks in Ribadeo auf dem Berg Santa Cruz, Provinz Lugo.

1. Sonntag im August: *Fest zu Ehren Santa Marta* in Vilar, Pfarrei Teo, Provinz A Coruña. Bei diesem typischen, kirchlichen Volksfest gibt es neben Messe und Musik vor allem Miesmuscheln, gebratene Sardinen, Paprikaschoten und Fleisch auf offenem Feuer.

1. Sonntag im August: *Wikingerfest* in Catoira zwischen Padrón und Vilagarcía, Provinz Pontevedra. Nachgestellt wird die Landung von Kriegern mit gehörnten Helmen und Äxten, die sich mit den Besuchern einem wüsten Gelage hingeben. Besser schon vor 11 Uhr unter der Ulla-Brücke einfinden.

1. Wochenende im August: *Rapa das bestas* in Santo Tome bei Valadouro in der Provinz Lugo.

1. oder 2. Wochenende im August: *Keltisches Musikfestival* in Ortigueira (A Coruña). Hier treten Gruppen aus Galicien, der Bretagne und Irland auf.

2. Sonntag im August: *Fiesta del Pulpo* in Carballiño, nordwestlich von Ourense: Seekrakenfest.

4. und 5. August: Fest der *Virgen de Guadeloupe* in A Lama.

10. August: *Fiestas Patronales de San Lorenzo* in Foz, Provinz Lugo.

8. – 11. August: *Fiesta de la Empanada,* Pastetenfest in Carral südlich von A Coruña an der N 550.

15. August: *Fiestas de San Roque,* Sardinenfest in Sada, an der Ría östlich von A Coruña.

Um den 15. August: *Fiesta del Cocido,* Eintopffest in Cee bei Corcubión am Cabo Fisterre. In einem riesigen Topf köcheln für die Bewohner stundenlang etwa 8000 Liter Wasser und dann zwölf Stunden lang rund 700 Kilo Fleisch und 700 Kilo Würste, 600 Kilo Kartoffeln, 80 Kohlköpfe, 75 Kilo weiße Bohnen und 50 Hühner. Der Verzehr des Eintopfs ist Auftakt zu einem erst zwei Jahrzehnte alten Fest, das bis tief in die Nacht gefeiert wird.

Die Kunst des Regens ist das, was man daraus macht: Fiesta del Apóstol in Santiago

Virginia Barros

Stiertreiben mitten in der Altstadt von Allariz – außer für das Tier (und für einen Augenblick auch für den Fotografen) eine Gaudi, die mehrere Tage dauert

16. August: Während des Festes zu Ehren des *San Roque* feiert die Stadt Betanzos an diesem Tag ein sehr beliebtes Volksfest, bei dem in der Nacht als Höhepunkt ein riesiger – oft mit einem Durchmesser von 20 m – lustig bemalter Papierballon in den Himmel steigt.

Letztes Wochenende im August: *Wallfahrt* zum Strand La Lanzada bei O Grove. Unabhängig von der Wallfahrt sind hier schon viele Frauen dem Brauch nach neunmal ins Wasser getaucht, um fruchtbar zu werden.

Letzter Augustsamstag: In El Castro, nahe Sada (Provinz Coruña), wird die Nacht des magischen Weintresterschnapses *queimada* (gebrannt) gefeiert, der nicht nur Hexen zu Kopfe steigt, auf die das Rezept zurückgeführt wird. Daß Hexen in Galicien eine ernstzu-

nehmende Größe sind, erfahren Sie in einem der nächsten Kapitel.

20 Tage im August: *Fiesta de la Peregrina* in Pontevedra mit Musikveranstaltungen, Kunsthandwerkermärkten und sogar Stierkämpfen.

Zwischen 15. und 20. September: *Sargprozession de Nazadeno*, Puebla de Caramiñal.

23. September: *Wallfahrt* zu Ehren der Heiligen Tecla auf den gleichnamigen Berg bei A Guarda an der Mündung des Miño, wo eine der größten Keltensiedlungen Galiciens liegt.

2. Wochenende im Oktober: *Fiesta del Marisco,* Meeresfrüchtefest, Pfarrei San Martín bei O Grove, Provinz Pontevedra. Es gibt Meeresgetier und besonders Miesmuscheln, die in der Gegend gezüchtet werden.

Die dunklen Augen aufgerissen, die Ohren nach hinten gestellt. Ein leichtes Zittern geht durch die Körper der Pferde. Immer dichter drängen sie sich aneinander, es riecht nach Pferdeschweiß. Langsam schiebt sich Manuel durch die Herde. Klebriger Staub hängt ihm im Gesicht. Die Tiere weichen ahnungsvoll auseinander. Manuel streicht einer Stute beruhigend über den Hals. Ein Trick, denn im nächsten Augenblick springt der junge Galicier dem Pferd auf den Rücken. Die Stute bäumt sich auf, macht einen mächtigen Satz nach links. Manuel droht herunterzufallen, krallt sich mit aller Kraft in die Mähne. Ein rasanter Rodeoritt beginnt. Die Herde donnert verschreckt im Kreis herum, der aufwirbelnde Staub nebelt die Zuschauer ein, die Manuel begeistert anfeuern. »Die spielen nur«, meint ein Alter mit breitem Grinsen, an seiner erkalteten Zigarre lutschend.

Wenn im Frühsommer Galiciens kriegerisches Gebrüll durch Wälder und Berge hallt, gehen die Bauern einer ur-

Auf die Pferde: Rapa das bestas

alten Tradition nach und zelebrieren eine fast heilige Handlung: die *baixa das bestas,* so die galicische Schreibweise, ist eine feuchtfröhliche Treibjagd auf die in den Bergen lebenden Wildpferde. Einmal im Jahr wird der Pferdebestand ins Dorf getrieben und im *curro* zusammengepfercht. Hier werden den Pferden bei der anschließenden *rapa das bestas* Schweif und Mähne gestutzt – eine bewährte Maßnahme gegen Parasitenbefall. Zusätzlich werden sie geimpft. Die Jungtiere bekommen ihr Brandzeichen, um sie als Eigentum einer bestimmten Familie zu kennzeichnen. In früheren Zeiten dienten die Pferde als robuste und

zähe Reittiere für den Kriegsfall. Heute besteht zwar keine akute Kriegsgefahr mehr in dem nebligen Land des Regens, doch an der Tradition dieser besonderen Art von Tierhaltung wird bis dato festgehalten. Böse Zungen sagen, die wilden Kraftproben zwischen Mensch und Tier stellten den kläglichen Versuch der galicischen Männer dar, sich gegenüber dem vermuteten Matriarchat zu behaupten. Nicht ganz zu Unrecht. Im gemäßigt kühlen und keltisch geprägten Galicien, weit entfernt vom heißblütigen Andalusien, haben die Frauen das Sagen über Haus und Hof. Einmal im Jahr den *macho* rauslassen können – vielleicht gehört deshalb die Rapa das bestas zu den beliebtesten Fiestas in den einsamen, von Großindustrie oder Massentourismus fast unberührten Bergregionen Galiciens.

Ein Julisonntag in dem kleinen Bergdorf **Amil.** Etwa dreißig Kilometer von der galicischen Hafenstadt Pontevedra entfernt, findet hier eine der letzten Rapa das bestas des Jahres statt. Ein rostiges Straßenschild weist den Weg dorthin. Der Curro liegt auf einem baumbestandenen Hügel mit einem grandiosen Blick auf die Umgebung. Ein kleiner Jahrmarkt säumt den Curro. Der übliche Plastik-Trödel steht dort neben hausgemachten Leckerbissen zum Verkauf, während die Lautsprecher auf der Dorfkirche das Wort

**Arbeit, Mutprobe und Spektakel:
Rapa das bestas**

des Herrn verkünden. Überall, auf dem Jahrmarkt um den Curro oder an den schattigen Plätzen der Umgebung, brutzeln Spanferkel, kocht Tintenfisch und fließt der schwere Landwein in Strömen. In Gruppen sitzt man palavernd und deftig schmausend beieinander. Einzelne schlummern dort, wo der Schlaf sie gerade überrascht hat: *descanso del mediodía,* die ebenfalls zelebrierte Mittagsruhe.

Die Gesichter der Menschen wirken erschöpft – die meisten haben in der vergangenen Nacht kein Auge zugemacht. Der Zusammentrieb der Pferde ist ein Unternehmen, das die ganze Nacht dauert. Mit Einbruch der Dämmerung ziehen die Familien, Verwandte und Freunde in die umliegenden Berge auf der Suche nach den Herden, um sie ins Tal zu treiben. Die kleinen, breit gebauten Pferde, die seit Jahrhunderten daran gewöhnt sind, allein in den Bergen zu überleben, versuchen immer wieder zu entwischen. Viele der Tiere sehen bei dieser Gelegenheit zum ersten Mal in ihrem Leben Menschen.

Aus dem Spiel im Curro wird allmählich Ernst. Schaulustige drängen in immer größeren Scharen in das abgezäunte Areal um den Pferch, auf dem Dach eines Pavillons versammelt sich die Dorfjugend. Jeder Familienclan sucht nun seine Tiere heraus, um ihnen Mähne und Schweif zu stutzen. Die Pferde weigern sich, die Herde zu verlassen, bocken, gehen durch. Unter den wilden Zurufen der Umstehenden verwandelt sich der Curro zusehends in ein chaotisches Treiben von Tierleibern und plötzlich sehr klein wirkenden Menschen. Ihre Wehrhaftigkeit nutzt den Pferden indes wenig – zum Schluß kommt keines ungeschoren davon.

Mit bloßem Haareschneiden ist es bei den Jungtieren nicht getan. Sie müssen ihr Brandzeichen bekommen. In einer Ecke wird bereits ein Glutbrand aus getrockneten Maiskolben entfacht. Die älteren Frauen tragen stolz die Familienbrandeisen heran, die jetzt in die Glut gelegt werden. Der Geruch nach verschmorten Haaren legt sich über den Platz, als ein Fohlen nach dem anderen an den Brandplatz gezerrt und mit Hilfe mehrerer Männer auf den Boden geworfen wird.

Was nicht gebrandmarkt wird, ist bereits verkauft an die Pferdeschlächter, die aus dem nahen Pontevedra kommen. Mit ernsten Gesichtern und in grauen Kitteln mustern sie seit dem frühen Mittag die lebende Ware, die sie in ihren Transportern mitnehmen wollen. Für ein einjähriges Pferd zahlt der Pferdemetzger 150 – 180 Euro, was für Fleisch sehr preiswert ist. Die altersschwachen Pferde, die den nächsten Winter in den Bergen vermutlich nicht überleben würden, treten gleichfalls den Weg ins Schlachthaus an.

Für galicische Wildpferde gibt es kein Gnadenbrot – dafür leben sie lange in Freiheit. ◀

HEXEN, HOSTIEN, HOKUSPOKUS

Eine unheimliche Prozession bahnt sich den Weg durch die Nacht. Dem dichten Nebel entsteigen immer mehr schweigende Gestalten. Es ist eine Prozession der Seelen, der Toten, die keine Ruhe finden und immer wieder den Lebenden erscheinen. *Santa Compaña* wird die gruselige Erscheinung von den Galiciern genannt. Wenigstens fünf Seelen, von denen immer eine hinkt, nehmen an dieser Prozession teil. Wer sie sieht, muß sich ihnen anschließen und selbst den Platz einer dieser umherirrenden Seelen übernehmen. Nur wer ein Fläschchen Weihwasser mit sich führt und ein Hund um den Hals bindet, kann sich aus dem Bann der wandernden Seelen befreien. Ausgeschmückt mit unzähligen Histörchen liefert die Santa Compaña den Alten immer wieder Stoff zum Erzählen.

Die Menge der Zeichen und Andeutungen, die im galicischen Aberglauben vom unabwendbaren Schicksal künden, ist so enorm, daß sie ganze Bücher füllt – ebenso wie die Ratschläge, wie man sich gegen drohendes Unheil schützt. So gilt allein schon im südgalicischen Ort **Verín** der Tod einer Person als unausweichlich, wenn dreizehn Menschen an einem Tisch zusammensitzen (es stirbt der jüngste), man einen Stuhl auf seinem Bein tanzen läßt, einen Regenschirm im Haus öffnet, sich drei Leute mit demselben Streichholz Zigaretten anzünden (es stirbt der letzte). Frauen wird in mehreren Orten geraten, während der Schwangerschaft keine Forellen zu essen, damit ihr Kind später nicht mit offenen Augen schlafe. Um von dem Neugeborenen Unheil abzuwenden, legt man oft eine Silbermünze in sein erstes Bad. Fällt dem Kind der erste Zahn aus, muß man achtgeben, daß kein umherlaufendes Huhn den Milchzahn verschlingt – denn das bringt Unglück. Umkreist ein schwarzer Hund dreimal hintereinander das Haus eines Fischers, bleibt der Hausherr für immer auf dem Meer …

Religion zwischen Glaube und Aberglaube

Aberglaube hat in Galicien eine ganz besondere Tradition. Dabei gilt doch Galicien seit dem frühen Mittelalter als eine Bastion des christlichen Glaubens. Maurentöter Jakobus und Heere von Pilgern verschafften der Kirche ausreichend Macht und Einfluß, die bestimmende Institution im Land zu werden. Santiago de Compostela zog christliche Pilger wie ein Magnet an. Eine Unzahl von Glaubensmonumenten, Kirchen und Klöstern ist über das Land verstreut. Die *parroquía* mit ihrem Pfarrer stellt bis heute die Grundeinheit, den Siedlungskern eines Dorfes dar. Als Pfarrei ist sie kultureller Mittelpunkt der Gemeinschaft; inbrünstige Heiligenverehrung und wahre Massenwallfahrten gehören zum gewohnten Bild. Und wer bei seiner Reise durch Galicien immer wieder auf *cruceiros,* mahnende Wegkreuze, trifft, muß den Eindruck gewinnen, ein ganz vom reinen katholischen Glauben durchdrungenes Land zu durchqueren.

Doch selbst die Kirche konnte den Galiciern nicht das ersetzen, was allgemein das »schwarze Galicien« genannt wird. Die Santa Compaña ist nur eines von vielen Beispielen keltischer Vorstellungen von Tod, Seelenwanderung und Fruchtbarkeit. Unzählige Mythen, die vor allem die Kraft der Natur beschwören, sind in Galicien noch heute lebendig. So ist es gar nicht ungewöhnlich, wenn jemand für eine Fahrt zum Wallfahrtsort **San Andrés de Teixido** zwei Busfahrkarten löst – ein Sitzplatz ist für ihn selbst, der andere für einen Toten. Es heißt, wer in seinem Leben nicht nach San Andrés de Teixido pilgert, müsse es als Toter tun. Wenn sich kein Wallfahrer der Seelen erbarmt und sie mitnimmt, müssen die Toten Tiergestalt annehmen und sich mühsam selbst auf den Weg machen.

Um fruchtbar zu werden, hält der galicische Volksglaube gleich mehrere Möglichkeiten bereit: Am **Cabo Fisterra** legten sich bis in die Neuzeit unfruchtbare Paare auf eine Felsenbank, um Kinder zu bekommen. Im magischen Ozean zu baden, soll die gleiche Wirkung haben. Über den Strand **A Lanzada** bei O Grove schrieb der Schriftsteller *Alvaro Cunqueiro* (1911 – 1981) folgendes:

»In Galicien gibt es einen Strand am offenen Meer, und am Tag Unserer Heiligen Jungfrau des Septembers haben die Wellen dort jene Kraft, die die Frauen fruchtbar macht. Man hat mir versichert, daß an keinem Tag des Jahres so viele Frauen nach A Lanzada kommen, um in den neun fruchtbaren und wohltätigen Wellen zu baden, und nicht nur die Bauersfrauen aus dem Landesinneren, mit ihren weiten weißen Blusen, sondern auch Frauen aus den Städten, im einfachen Bikini. Merkwürdig, daß in diesen Jahren unseres fortgeschrittenen Jahrhunderts, in der Ära der Verhütungsmittel, so viele Galicierinnen darauf hoffen, durch die männliche Kraft des Meeres zu Müttern zu werden, jene geheimnisvolle, magische Kraft des Meeres, in der die keltischen Bewohner der Atlantikküste einen Gott am Werk sahen, den großen bärtigen Llir, dessen Name wieder in einem großen Augenblick der Weltliteratur auftaucht – es ist der Name des Königs, König Lear, aus Shakespeares Tragödie.«

Viele der mystischen Figuren und naturreligiösen Rituale aus keltischer Vorzeit wußten die Kirchenväter allerdings geschickt durch christliche Legendenbildung zu absorbieren. Die frommen Geschichten um Heilige in Galicien sind oftmals lediglich die kirchliche Version von Sagen und Überlieferungen aus vorchristlicher Zeit. Etliche Kirchen und Wallfahrtskapellen stehen an Orten, die Jahrtausende zuvor bereits eine religiösmystische Bedeutung für die dort lebenden Menschen gehabt haben. Ein schönes Beispiel dafür ist die **Pedra da abalar,** das Felsensegel von *Muxía* an der Todesküste. Für die Kirche ist das daneben errichtete **Sanctuario de Nuestra Señora de la barca** eines der wichtigsten Heiligtümer in Galicien. Es wurde an der Stelle errichtet, an der die heilige Schiffsmadonna mit einem Felsenschiff an Land gegangen

sein soll, um Apostel Jakobus bei seiner Missionsarbeit zu helfen. Die traditionelle Romería von Muxía zu Ehren jener Madonna ist allerdings ein eher heidnisch anmutendes Getanze auf dem Felsensegel, das vermutlich einem alten Fruchtbarkeitsritual entstammt. Und ebensowenig kirchlichen Ursprungs erscheint die Überlieferung, dieser Stein könne Nieren- und Rückenleiden heilen, wenn man unter ihm herkriecht.

Nicht nur Esoteriker sind der Überzeugung, sogar der Jakobsweg nach Santiago sei viel älter als der christliche Glaube. Viele Indizien, wie die *Petroglyphen* (Steinritzungen) entlang dem Weg, sein Verlauf entlang der Milchstraße oder die Namensgebung vieler Orte, weisen auf eine magische Bedeutung dieser Wanderroute hin, lange bevor der Leichnam des Apostels gefunden wurde.

So rigoros wie die Kirche zu Zeiten der Inquisition auf reine Glaubenslehre achtete, so tolerant erscheint sie in mancher Hinsicht bei der Ausübung eigentlich unchristlicher Riten in Galicien. Aberglaube, Mystik und christliche Religiosität sind hier manchmal eine seltsame Verbindung eingegangen. So kann man in **As Neves** Prozessionen beobachten, bei denen Menschen in offenen Särgen liegend, rund um den Kirchplatz getragen werden. Diejenigen Dorfbewohner, die im Laufe des Jahres eigentlich hätten sterben müssen, danken so für ihr verlängertes Leben. Der Pfarrer führt den seltsamen Zug an.

Eu non creo nas meigas, mais haberlas hailas
Ich glaube nicht an Hexen, aber geben tut es sie bestimmt

Sehr gründlich wüteten die Vollstrecker der Inquisition allerdings unter einer anderen galicischen »Volksgruppe«, die noch immer in Erzählungen und Mitternachtsgeschichten gegenwärtig ist und von der so mancher in Spanien glaubt, sie existierte tatsächlich: *meigas,* die guten, und *bruxas,* die bösen Hexen. Diese Frauen mit dem bösen Blick und übernatürlichen Kräften kann man getrost als festen Bestandteil der galicischen Volkskultur betrachten. Der Glaube an die magischen, meist unheilbringenden Wesen hat allerlei Stilblüten getrieben, der an den zahlreichen Anweisungen, Amuletten und Spruchformeln abzulesen ist, die dem rechtschaffenen Menschen zu seiner Verteidigung dienen sollen. So muß man sich nicht wundern, wenn man in einem galicischen Haushalt leicht panische Reaktionen hervorruft, legt man ein aufgeschnittenes Brot mit der offenen Seite nach unten auf den Tisch, denn so können Hexen ins Haus gelangen und ihr Unwesen treiben. *¡Meigas fora!*, Hexen raus!, ist wahrscheinlich der bekannteste Ruf, wenn Gefahr in Verzug ist.

Blocksberg und Hexenpunsch

Der galicische Blocksberg, der Versammlungsort der Hexen, liegt in dem Örtchen **Cangas** an der Bucht *Ría Arousa* nahe Vigo. Cangas gilt als Hochburg des Hexenkultes. Eine der vielen Geschichten berichtet von einer wilden Orgie, die die Hexen dort mit Piraten am Strand gefeiert haben sollen, um so für ihren Nachwuchs zu sorgen.

Tatsächlich werden auch heute noch örtlich anerkannte Hexen und Hexer engagiert, um Hab und Gut vor Unheil zu schützen. Ob sie nun etwas bewirken oder nicht: ein Erbe der galicischen Hexen ist in jedem Fall die *queimada*, ein mit allerlei geheimnisvollen Zauberformeln und Hexensprüchen gewürzter Punsch, der traditionell um Mitternacht zubereitet wird. Die Zutatenliste besteht des weiteren aus viel Weintresterschnaps *(orujo)*, Zucker, Kaffeebohnen, Zitronen- und Orangenschalen. Die jeweiligen Zeremonienmeister zünden den Zaubertrank an und löffeln bläulich züngelnde Flammen in kleine Ton-

schälchen, die möglichst schnell ausgetrunken werden sollen. Nach dem Genuß einiger solcher Schalen kann man die galicischen Hexen schon recht sympathisch finden. Wer diesem Hexenkult jedoch übermäßig frönt, sollte beim Heimweg darauf achten, nicht der gespenstischen Santa Compaña zu begegnen.

Gerüchte sind zäh: Das galicische Matriarchat

In Galicien, so zwinkert man sich im übrigen Spanien spöttisch zu, haben die Männer nichts zu melden und die Frauen das Kommando. Eine Art Matriarchat im Verborgenen soll es dort geben, so wird gemunkelt.

Netzeflicken statt Strümpfestopfen: Ohne die Frauen läuft an der Küste nichts

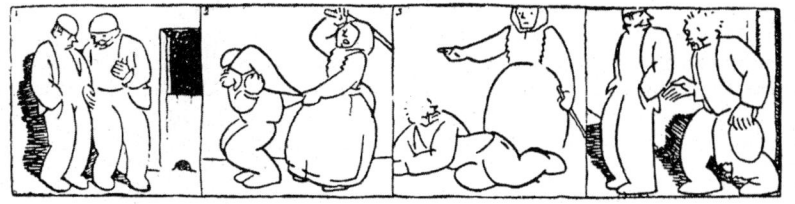

Warte draußen, ich   ¿...?   ¡...!   Verdammter Mist,
hole nur eben Geld   keiner zu Hause!
von meiner Frau

Alfonso Castelao

Zum Teil dürfte die Vorstellung von einer Frauenherrschaft am Ende der Welt noch von antiken Autoren wie dem Griechen *Strabon* inspiriert sein. Diese berichteten vor mehr als 2000 Jahren, dort bei den Kelten würden die Töchter und nicht die Söhne erben. Strabon hielt das übrigens für entsetzlich unzivilisiert.

Nach so langer Zeit sind von jenen galicischen Kelten natürlich nur noch genetische Spurenelemente übriggeblieben. Doch das Gerücht, die Frauen hätten in Galicien das Sagen, ist weiterhin unauslöschlich.

Tatsächlich kann der Reisende in Galicien Szenen beobachten, die auf die Existenz einer matriarchalischen Gesellschaft hinzudeuten scheinen: Betritt man beispielsweise ein Gasthaus und fragt den Hausherrn hinter der Theke nach dem Preis für ein Zimmer oder ein Essen, dann bleibt der Chef schon mal die Antwort schuldig. Er muß nämlich erst einmal in die Küche und seine Frau fragen ...

Ganz abgesehen davon, daß so etwas auch in deutschsprachigen Landstrichen zu erleben ist, erweist sich darüber hinaus das galicische Matriar-chat als ein Mythos. Historisch betrachtet ließe sich sogar eher das Gegenteil behaupten. Im 19. Jahrhundert entsprach die rechtliche Stellung der Frau in Galicien praktisch der eines minderjährigen Kindes. Vollkommen der Entscheidungsgewalt des Mannes unterworfen, wurde ihr Beitrag zum Familieneinkommen als bloße Ergänzung betrachtet, was wiederum als Rechtfertigung dafür diente, den Frauen weniger als die Hälfte des Lohns zu bezahlen, den ein Mann für die gleiche Arbeit bekam. Das Wahlrecht blieb ihnen bis Ende 1933 vorenthalten, auf Betreiben sowohl des rechten als auch des linken politischen Lagers. Zum einen entsprachen mündige Frauen nicht den Wertvorstellungen der Konservativen, zum anderen fürchtete die Linke, der Einfluß der Kirche auf die Frauen sei so stark, daß sie mehrheitlich konservativ wählen würden. Bis heute sind die Galicierinnen politisch unterrepräsentiert. Das belegt ein Blick auf die aktuelle politische Machtverteilung: In keiner anderen autonomen Region Spaniens haben so wenig Frauen ein parlamentarisches Mandat wie in Galicien: Es sind 3 %. Und man ahnt, welches Ministerium die einzige Frau in der 13-köpfigen galicischen Regierung leitet: das für Familie, Jugend – und Frauen.

Führungspositionen in der Verwaltung sind ebenfalls kaum mit Frauen besetzt. Nur im eigenen Haushalt haben Galiciens Frauen offenbar mehr Einfluß als in anderen Regionen Spaniens. In einer Umfrage gaben 68 % der Frauen an, sie hätten das Sagen über Haus und Hof, und 90 % träfen wichtige wirtschaftliche Entscheidungen auch ohne ihren Mann. Bei Angelegenheiten, die Haus und Hof betreffen – und dazu gehören auch Bar, Restaurant oder Pension – ist die *Dueña* in der Regel Kassenwart, Putzkolonne und Vorstandsvorsitzende in Personalunion. Sie legt fest, zu welchem Preis ein Grundstück oder ein Traktor zu kaufen ist. Doch das Geschäft schließt der Mann ab, sofern anwesend. Die Frau rackert sich ab, zieht im Hintergrund die Fäden und hält das Geld zusammen, aber nach außen spielt der Mann weiter die Rolle des Familien-Souveräns.

Dieses hintergründige Haus-und-Hof-Kommando der Galicierinnen, wenn man es denn so nennen will, hat historische Wurzeln. Es ist eine direkte Folge der Emigration, die Galicien erheblich stärker betraf als andere Teile Spaniens. Zwischen 1890 und 1930 verließen 1,3 Millionen Menschen das Land, im Verlauf der zweiten Emigrations-Welle zwischen 1950 und 1970 schrumpfte sogar die galicische Gesamtbevölkerung. Der überwiegende Teil der Emigranten waren Männer. Während diese in Amerika oder später im europäischen Ausland ihr Glück versuchten, blieben die Frauen mit den Kindern häufig zurück und fristeten ein entbehrungsreiches Dasein: die »Witwen der Lebenden« wurden sie genannt, für Jahrzehnte auf sich allein gestellt, sofern die Männer überhaupt zurückkehrten. Daß Frauen härteste Feldarbeit verrichten, gehört seitdem zum galicischen Landschaftsbild, und der oft feldwebelhafte Umgang mit der Familienschatulle – auch gegenüber dem eigenen Ehemann – erscheint aus dieser Perspektive nur allzu verständlich.

Das angebliche Matriarchat ist aus der Not geboren, eine erzwungene Selbständigkeit. Noch immer gibt es auf dem Land die »Witwen der Lebenden«, die das Stückchen Land der Familie allein bestellen. Nur daß heute die Männer nicht mehr irgendwo in Argentinien arbeiten, sondern in den Fabriken der Umgebung oder als Fischer auf hoher See. Wenn Männer auf dem Feld arbeiten, dann sind es meistens Rentner. Junge Leute sieht man dort kaum noch, weil ihnen dieses Leben verständlicherweise nicht besonders attraktiv erscheint. Die Moderne hat Galicien eingeholt, die Lebensbedingungen der Menschen haben sich geändert, alte Traditionen haben ihren Sinn verloren und die Frauen in den galicischen Städten unterscheiden sich in ihrem Denken und Handeln nicht von denen in anderen Teilen Europas. Die Tage des galicischen »Matriarchats« sind längst gezählt. Nur das Gerücht, in Galicien hätten die Frauen das Sagen, wird sich vielleicht noch eine Weile halten.

KULINARISCHER STREIFZUG

Reisende in unbekannten Gefilden neigen gelegentlich zu neurotischem Verhalten, wenn es ums Essen geht. Das kann an einer gewissen Skepsis gegenüber den örtlichen Eßgewohnheiten liegen. Manche behaupten auch, es sei die zunehmende Distanz zwischen dem Reisenden und seinem eigenen Kühlschrank, die auf subtile Weise die Befürchtung schüre, verhungern zu müssen. In Galicien sind solche Ängste einigermaßen unbegründet.

Dort ißt man gerne und reichlich – und auch weniger experimentierfreudige Urlauber werden satt. Doch es gibt zugleich die eine oder andere kulinarische Entdeckung zu machen, sei es bei einem Volksfest, an einer Marktbude oder in einem Restaurant. Und nicht zuletzt können »Testesser« auf diese nette spanische Erfindung der Tapas zurückgreifen. Ursprünglich waren Tapas ja als freundliche Zugabe des Kneipenwirts gedacht: Eine eßbare Kleinigkeit auf einem Deckel (*tapa*), der verhindern soll, daß Fliegen oder die Zigarettenasche des Thekennachbarn im Bierglas landen. Heute gehören Tapas zur spanischen Eßkultur und sind gerade in Galicien eine ideale Möglichkeit, unbekannte Speisen auszuprobieren, ohne gleich einen riesigen Teller bestellen zu müssen. Und je weiter man sich von den touristischen Zentren entfernt, desto günstiger werden sie angeboten – manchmal wie früher sogar gratis zu einem Getränk.

Schock oder Genuß?

Aber um zunächst möglichen Enttäuschungen vorzubeugen: Die galicische Eßkultur kann ein Schock sein. Essen ist häufig gleichbedeutend mit viel Essen – entsprechend sind viele **Restau-**rants auch eingerichtet. Wer sich, von einem scheinbar gemütlichen Bar-Restaurant angelockt, als Hungernder zu erkennen gibt, wird umgehend in den hinteren Eßsaal expediert, um dort einsam vor sich hinzuspeisen. Was über den Verzehr von Tapas hinausgeht, wird vom restlichen gastronomischen Geschehen üblicherweise separiert. In Erwartung möglicher Bankette sind die zu diesem Zweck eingerichteten Futterstätten oft riesig und könnten ohne weiteres sofort zum Autosalon umgewidmet werden. Meistens ist man froh, schnell alles verdrückt zu haben, was die Küche zu bieten hatte, um den ungastlichen Ort wieder verlassen zu können. Auch die Gefahr, in ein muffiges Lokal mit zweifelhafter Küche zu geraten, ist durchaus gegeben. Und selbst Gourmet-Tempel lassen sich äußerlich ihre Qualität (und ihren Preis) nicht immer anmerken. Essen als wesentliches Element des Savoir-vivre ist in Galicien fast unbekannt – in durchschnittlichen Restaurants geht es um schlichte Bedürfnisbefriedigung.

Hinzu kommen einige **Grundbestandteile** der galicischen Küche, die zunächst keineswegs appetitlich wirken. Wer zum ersten Mal im Schaukasten eines Restaurants jene rosafarbenen Kraken genauer untersuchte und die Noppen an ihren Tentakeln zu zählen versuchte – der weiß, wovon die Rede ist. Der Pulpo ist optisch ein kulinarischer Grenzfall, obwohl er ausgezeichnet schmeckt, was natürlich eine gekonnte Zubereitung voraussetzt. Das Gleiche gilt für so manch andere Meeresfrucht oder »Schweinerei« galicischer Küchenprovenienz. Eine Freundin hatte jedenfalls gleich zu Beginn eines Besuches in Galicien entschieden, sich vor Ort nur noch von Käse-Bocadillos zu ernähren. Erst drei Wochen später gab sie auf – und bereute während der letzten verbliebenen Woche bitterlich, was ihr so alles entgangen war. Denn:

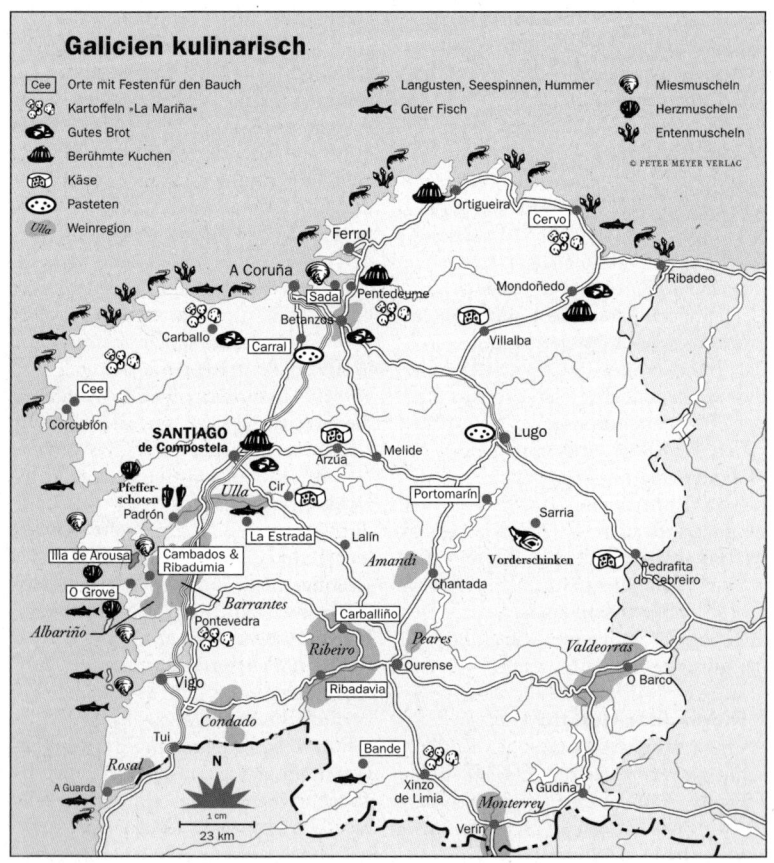

Galicien kulinarisch

Cee — Orte mit Festen für den Bauch
Kartoffeln »La Mariña«
Gutes Brot
Berühmte Kuchen
Käse
Pasteten
Ulla — Weinregion

Langusten, Seespinnen, Hummer
Guter Fisch

Miesmuscheln
Herzmuscheln
Entenmuscheln

© PETER MEYER VERLAG

Ein neugieriger Gaumen wird hier belohnt, und ein Gang über einen der vielen Märkte zeigt schnell, warum. Besseren Fisch und schönere Meeresfrüchte wie Muscheln, Langusten, Krabben und Garnelen findet man sonst kaum auf der Iberischen Halbinsel. Hinzu kommen die Produkte eines fruchtbaren Landes: Gemüse, Brot, Schinken, Käse und Desserts werden in einer solchen Vielfalt angeboten, daß die Vokabelliste für die Speisekarte in diesem Buch nicht kürzer ausfallen konnte.

Typisch galicisch

»A la gallega« bedeutet zumeist: Man beläßt den Grundbestandteilen der Gerichte ihren Eigengeschmack, Gewürze finden ausgesprochen sparsam Verwendung. Das Anrühren ausgeklügelter Saucen überläßt man seit jeher den Franzosen. Im Gegensatz zu diesen sind galicische Köche eher praktisch veranlagt, denn die Qualität dessen, was in ihre Vorratskammern wandert, ist schwer zu übertreffen. Sie können es sich leisten, auf kunstreiche Geschmackskosmetik zu verzichten.

Die galicische Küche ist in der Regel auch eher reichhaltig als raffiniert. Die landestypischen Gerichte haben gar nichts von leichter mediterraner Kost – sie sind vielmehr deftig und schwer. Daraus folgt zwangsläufig die stiefmütterliche Behandlung, die allen Spielarten des Salates in Galicien zu-

Essenszeiten und Preise

Zwar wird man von keiner galicischen Küchenchefin hungrig des Lokals verwiesen, aber durchgehend warme Küche bieten die wenigsten Restaurants. Entweder man findet sich mittags ab 13.30 Uhr ein, oder wieder abends ab 20 Uhr. Die Preise sind dabei sehr unterschiedlich. Ein gutes Menü, mit ein paar Miesmuscheln als Vorspeise, einer Seezunge plus Wein und Kaffee ist ab 12 € zu haben. Eine Meeresfrüchte-Platte für zwei Personen, mit Brot, Wein und Kaffee, kostet von 40 € an aufwärts. Nicht nur einfache Restaurants bieten in der Regel günstige Tagesmenüs zwischen 5 und 10 € an. Aber wirklich exquisite Küche hat wie überall ihren Preis – und wenn Sie sich zum Genießen entschlossen haben, gucken Sie einfach nicht auf die Rechnung!

Natürlich sind vor allem in den großen Städten die extrem langweiligen »kombinierten Teller« *(platos combinados)* zu finden, auf denen Eier oder Pommes oder beides zusammen die Armseligkeit irgendeines Fleischstückchens vertuschen sollen. Aber einen solchen Imbiss-Kult wie bei uns gibt es nicht, selbst das weltumspannende Fleischbrötchen-Angebot einer bestimmten Kette hält sich – mangels Resonanz – sehr in Grenzen. Denn, um ans Eingemachte zu gehen: Gegen ein Brötchen mit frisch gegrillten Calamares, dargereicht beispielsweise in der letzten Hafenkneipe Fisterras, dem »Ende der Welt«, hat diese Einheitskost überhaupt keine Chance. ◂

teil wird. Mit dieser Nahrungsart können die Galegos nichts anfangen. Selbst in besseren Restaurants sind ein paar grüne Blätter mit grob geschnittenen Zwiebeln und Tomaten – lieblos mit Essig und Öl übergossen – das höchste der Salatgefühle. Vegetarier haben es nicht nur deshalb schwer, auf ihre Kost zu kommen. Menüs ohne Fisch oder Fleisch sind kaum auf galicischen Speisekarten zu finden – allerdings gibt es jedes Jahr mehr vegetarische Restaurants, die auch in meinen Ortsbeschreibungen erwähnt sind.

Die erste Anlaufstelle für Hungrige müssen freilich nicht immer Bar oder Restaurant sein. Besonders in den Sommermonaten feiern die Galicier ungezählte **kulinarische** ↗ **Feste,** die oft bestimmten Spezialitäten oder Nahrungsmitteln gewidmet sind: Pasteten, Miesmuscheln, Sardinen, Pulpo, Langusten oder Eintopf. Und dann gibt es noch die feuchtfröhlichen Volksfeten, bei denen es um Wein oder Schnaps geht. Dort gibt es neben den Getränken meistens auch handfeste Grundlagen. Wer den einen oder anderen Ausflug mit den jeweiligen Terminen abstimmt, wird es sicher nicht bereuen.

Mariscos – Meeresfrüchte

»Schlürfen ist die einzig angebrachte Art, **Austern** *(ostras)* zu essen. Mit aller nur möglichen Bescheidenheit, Feinheit und Exquisität, um den Nachbarn nicht zu stören«. So schreibt der galicische Koch und Autor *Jorge-Victor Sueiro.* Diese Worte muß man sich zu eigen machen, denn

Austern haben in Galicien keineswegs diese Aura des Außergewöhnlichen. Sie sind schlechterdings in bestimmten Regionen günstig zu haben, weil sie wie andere Muscheln auch in den Rías besonders gut gedeihen und gezüchtet werden. Vigos Altstadt beispielsweise hat eine regelrechte »Austernmeile«, in der an Dutzenden Ständen die frischen Austern feilgeboten werden – und es ist überhaupt nicht anstößig, sie auch an Ort und Stelle zu verzehren. Hauptsache, gewußt wie (siehe oben). Die Austernsaison liegt zwischen Mai und September, und Galicier schwören darauf, daß Austern am besten schmecken, wenn sie mit dem edlen Weißwein Albariño heruntergespült werden.

Generell sind Muscheln in Galicien, einem der weltgrößten Erzeuger, günstiger zu haben als anderswo. Das gilt insbesondere für die **Venusmuscheln** *(almejas),* die einmal als Nahrung der Habenichtse galten – weil sie in bestimmten Regionen so reichlich vorkommen, daß man sie bei Ebbe am Strand auflesen kann. Ab Oktober können Sie ganze Hundertschaften von Menschen beobachten, wie sie im Nebel der Rías Muscheln sammeln. Als Tapas tauchen die Muscheln dann in vielen Bars wieder auf, wo man sie gerne roh verzehrt und nur mit etwas Zitronensaft beträufelt. Manche Lokale wie das »Gato Negro« in Santiago bereiten sie »a la mariñeira« in einem einfachen, aber unnachahmlich leckeren Sud zu.

Ebenso häufig gehören **Herzmuscheln** *(berberechos)* zum kulinarischen Programm. Sie werden haupt-

Herzmuscheln werden mit der Hand eingesammelt, dennoch zählt das Schalentier neben Miesmuscheln zu den preisgünstigsten Mariscos

sächlich in den Fluß-mündungen Galiciens aufgelesen, denn sie wachsen dort, wo Süß- und Salzwasser sich mischen. Sie werden insbesondere auf drei Arten zubereitet: gedünstet *(al vapor)*, roh *(crudo)* mit etwas Zitrone oder als Pastetenfüllung *(empanadas)*. Die meisten stammen aus den Rías von Muros, Noia und Arousa. Besonders delikat schmecken sie in der Gegend von Rianxo.

Daß an der galicischen Westküste tonnenweise **Miesmuscheln** *(mejillones)* produziert werden, ist kaum zu übersehen. Riesige Kolonien von Muschelflößen *(bateas)* bedecken große Teile der Rías. Unter ihnen sind Taue befestigt, an denen die Muscheln wachsen. Die Lebensbedingungen für Muscheln sind hier besonders gut, die Strömung der Rías führt ihnen so reichlich Nährstoffe zu, daß sie sehr schnell wachsen. Jede Miesmuschel hat zwischen 100 und 150 Liter Wasser gefiltert, wenn sie bei einer Größe zwischen 7 und 11 cm geerntet wird. Schwimmkräne müssen dann die

schweren Taue aus dem Wasser ziehen. Miesmuscheln werden in allen möglichen Formen angeboten, als Tapa, Beilage oder Füllung in Empanadas oder Tortillas. Den besten Eindruck von den vielfältigen Zubereitungsmöglichkeiten vermittelt vielleicht der Kochwettbewerb auf der Illa de Arousa, wo man Ende Juli das Miesmuschelfest feiert.

Vom Geschmack ganz anders sind die **Jakobsmuscheln** *(vieiras)*, deren Schale lange vor einer großen Mineralölgesellschaft bereits Symbolcharakter hatte. Die Jakobsmuschel ist das Erkennungszeichen der Santiago-

Pilger und fehlt auf keinem Wegweiser des Camino. Restaurants servieren sie meistens in der Schale, denn das Fleisch wird nur mit zwei Messerschnitten gelöst, mit ein paar Tropfen Öl und wenigen Gewürzen versehen, bevor die Muschel komplett in den Ofen geschoben wird. Besonders schmackhaft sind Jakobsmuscheln gratiniert. Hin und wieder bekommt man das Muschelfleisch auch gebraten in einer Maismehlpanade. Kreative Köche lieben diese Muschel, weil sie von Geschmack und Konsistenz her die ungewöhnlichsten Kombinationen erlaubt.

Die exklusivste Muschelart ist allerdings die **Entenmuschel** *(percebes)*, und die Galicier sind davon überzeugt, daß ihre Entenmuscheln die besten der Welt sind. Für sie werden teilweise astronomische Preise gezahlt, denn sie sind nicht zu züchten und wachsen an besonders unzugänglichen Steilküsten. Die auf ihre Ernte spezialisierten Fischer haben deshalb einen so einträglichen wie lebensgefährlichen Job: Sie müssen in dem Moment an dem Brandungsfelsen abtauchen und unterhalb der Wasserlinie die Muscheln abpflücken, wenn sich das Meer zurückzieht – und wieder oben sein, bevor der nächste Brecher auf den Felsen trifft. Schon viele haben es nicht rechtzeitig geschafft und starben, weil das Wasser sie mit enormer Wucht an die Felswand schleuderte. Die Ausbeute dieser Tauchgänge ist natürlich nicht groß. Und die Entenmuschel sieht schon so aus, als würde sie sich ungern stören oder gar verzehren lassen: Eine Monsterkralle, die mit einem Benzinschlauch verbunden ist. Das Muschelfleisch sitzt in diesem Schlauch. Den muß man entfernen und dann das Fleisch abbeißen. Um ehrlich zu sein: Es ist wohl dieser Hauch von Exklusivität, der der Entenmuschel den Ruf einer außergewöhnlichen Delikatesse eingebracht hat. Ein kulinarisches Erweckungs-Erlebnis war dem Autor dieser Zeilen jedenfalls nicht vergönnt. Es heißt, die schwarzen Percebes seien schmackhafter als die farbigen, und man sollte sie vor allem frisch verzehren. Das ist eigentlich nur an der Todesküste und den Rías Altas möglich, wo sie auch vorkommen. Üblicherweise werden sie in Salzwasser zusammen mit einem Lorbeerblatt gekocht.

Neben Muscheln wartet Galiciens Küste mit der ganzen Paletten dessen auf, was chirurgisches Eßbesteck erfordert: Schwimmkrabben, Seespinnen, Krebse, Hummer, Garnelen und Langusten. Und natürlich sind die Galicier auch hinsichtlich ihrer **Krustentiere** sicher, das weltbeste Angebot zu haben – obwohl sie selbst durchaus Berührungsängste bezüglich dieser Kost haben. Der galicische Autor *Alvaro Cunqueiro* schrieb beispielsweise, der erste »galaico«, der die **Seespinne** *(centollo)* als Nahrungsmittel entdeckte, müsse ein sehr mutiger Mann gewesen sein – angesichts der erforderlichen Überwindungkraft, das Innere zu erforschen. Die offenbar sehr auf Etikette achtende galicische Schriftstellerin *Emilia Pardo Bazán* mochte sie schlicht deshalb nicht, weil es ihr unmöglich schien, das vielgliedrige gepanzerte Tier auf halbwegs manierliche Art und Weise zu verspeisen. Wie **Krebse** *(cangrejo)* oder die galicischen **Schwimmkrabben** *(nécora)* werden Seespinnen typischerweise unter Zugabe von Lorbeerblättern in Meerwasser gekocht.

Auch die **Langusten** *(langostas)* sind nicht so wirklich die Sache der galicischen Küche – historischen Berichten zufolge bezahlten die Küchenchefs des Erzbischofs von Santiago im 15. Jahrhundert nicht mehr für sie als für Sardinen. Was niemanden davon abhalten sollte, es besser zu wissen. Besonders gut sind sie in A Guarda, das sich selbst als »Hauptstadt der Langusten« bezeichnet und

---

Pulpo estilo feria

Rezept: Zunächst Wasser in einem großen Kochtopf, möglichst mit Deckel, zum Kochen bringen.

1 frische Seekrake (pulpo), etwa 3,5 kg schwer, gut reinigen, 3 x in das kochende Wasser tauchen und wieder herausholen. Schließlich 40 Minuten kochen und danach 15 Minuten im Wasser ruhen lassen.

Zum Servieren schließlich in kleine Stücke schneiden, mit

Paprika (süße und scharfe) und **grobem Salz** bestreuen und mit **¼ Liter hochwertigem Olivenöl** übergießen.

---

ganz Spanien damit versorgt.

Im Gegensatz zu den Krustentieren erreicht die **Seekrake** *(pulpo)* in Galicien fast den Stellenwert eines Grundnahrungsmittels – und fehlt bei kaum einer öffentlichen Festivität. »Pulpo a la feira« gehört einfach dazu: Der gekochte Oktopus wird dabei in mundgerechte Stückchen geschnitten, mit Salz und Pa-

Dekorativ: Pulpo in der Auslage eines Restaurants

prika gewürzt und anschließend mit reichlich Öl übergossen. Auf diesen Geschmack sind die Galicier allerdings erst vor rund 125 Jahren gekommen, als leonesische Fuhrleute das bis dahin unbekannte Gewürz Paprika nach Galicien brachten. Man bekommt den Pulpo zwar zu allen Jahreszeiten, doch besonders gut ist er zwischen September und März – und das vor allem, wenn er aus den Gewässern um Porto do Son, Muros und der Ons-Inseln kommt. Die Römer sagten dem Pulpo übrigens eine potenzsteigernde Wirkung nach – hielten ihn aber ansonsten für ungenießbar.

Pescado — Fisch

Die Galicier gelten neben den Japanern als die größten Fischesser. Das erscheint nachvollziehbar, denn vor der Küste und den Flüssen tummelt sich ein nahezu unüberschaubares Angebot von Fischarten. An Meeresfischen stehen auf der Speisekarte: **Seeteufel** *(rape)*, **Meeresaal** *(congrio)*, **Steinbutt** *(rodaballo)*, **Wolfsbarsch** *(lubina)*, **Meerbarbe** *(salmonete)*, **Zackenbarsch** *(mero)*, **Rotbrasse** *(besugo)*, **Seehecht** *(merluza)*, **Seezunge** *(lenguado)*, **Dorsch** *(abadejo)* oder **Kabeljau** *(bacalao)* – um nur einige zu nennen. **Sardinen** *(sardina)* sind vor allem als Tapa interessant, mariniert, gebraten oder frittiert fehlen sie in keiner Bar. Die Zubereitungsarten für Fisch sind in der Regel einfach, Gewürzorgien würden ohnehin nur Schaden anrichten. Häufig kommt der Fisch mit einer Knoblauchsoße *(ajada)* auf den Tisch, die zusammen mit

Seehecht »a la gallega«
Rezept: In einer hohen Pfanne
1 Tasse Öl: erhitzen,
150 g Zwiebeln: klein hacken und darin goldbraun braten.
4 große Knoblauchzehen, feingehackt
½ Bund glatte Petersilie, gehackt
½ Teelöffel Pfeffer
2 kg Kartoffeln, in 5 mm dicke Scheiben geschnitten, dazugeben. Gut vermengen, mit
1 Löffel Mehl bestäuben und dünsten lassen. Dann knapp mit Wasser bedecken und die Gewürze:
roter Pfeffer, Salz,
½ Bund glatte Petersilie, gehackt
Thymian,
5 Blätter Lorbeer,
1 gemahlene Nelke einrühren. Gut 15 Minuten köcheln lassen. Wenn die Kartoffeln gar sind, alles in eine Tonschale umschütten. Inzwischen
1 kg Seehecht säubern, trocken tupfen, in dicke Scheiben schneiden, leicht salzen und über den Kartoffeln anordnen. Im Ofen 12 – 15 Minuten bei großer Hitze weiterkochen lassen und schließlich im Tontopf servieren.

Paprika und etwas Olivenöl aus dem Fischsud gemacht wird.

Das gleiche gilt für die Süßwasserfische. **Forellen** *(truchas)* gibt es in ganz Galicien. Die Flüsse Ulla und Tambre gelten als Paradies für **Lachs-**

(salmón)-fischer – und Angler sind dort auch häufig zu beobachten. Weniger häufig stehen **Neunaugen** *(lampreas)* auf der Speisekarte. Sie galten schon den Römern als fürstliche Speise. Besonders geschätzt werden die Neunaugen aus der Gegend von Tui und Padrón, außerhalb Galiciens sind sie in Spanien so gut wie unbekannt. **Aale** *(anguilas)* waren im 18. Jahrhundert ein Exportschlager Galiciens, den Galiciern selbst blieben sie lange Zeit vorenthalten. Das hat sich zum Glück geändert, und die Aalpasteten von Portomarín sollen ein Traum sein.

Carne – Fleisch

Wenn Galicier früher einen wichtigen Gast zu bewirten hatten, kamen verschiedene Fleischsorten auf den Tisch – aber niemals Meeresfrüchte. Es war sogar üblich, den Kabeljau an Schweine zu verfüttern. Das war einmal, aber Fleisch hat im ländlichen Galicien nach wie vor einen hervorgehobenen Stellenwert, was insbesondere für **Kalb**fleisch *(ternera)* gilt. Und wenn man sieht, mit welcher Hingabe galicische Bauern ihre Rindviecher behandeln, möchte man nicht an der Qualität des Fleisches zweifeln. Tiermehl-Skandale und BSE-Probleme sind – wenn man mal vom üblichen Supermarktangebot absieht – so gut wie unbekannt. Die Tiere werden mit dem gefüttert, was der Boden hergibt, und das sind in der Regel Rüben und Kartoffeln. Bekannt für sein gutes Fleisch ist die Gegend um Mélide. Von ihren Schweinen konsumieren die Galicier alles. Buchstäblich vom Kopf bis zu den Füßen, von den Innereien bis zu den Ohren wird alles verarbeitet – sensible Naturen wollen vielleicht nicht immer so genau wissen, was den Würsten und Eintöpfen alles beigemischt wurde.

Kutteln mit Kichererbsen *(callos con garbanzos)* sind eine ebenso weit verbreitete Spezialität wie **Schweinerippchen** *(costilletas)* oder das pikante *zorza:* **gepökeltes Fleisch,** das zusammen mit gebratenen Eiern eine Spezialität der Provinz Lugo ist. Ein sehr typisches Gericht ist auch *lacón con grelos* aus Vorderschinken und Steckrübenkraut. Über Nacht wird dafür der Schinken eingeweicht, gekocht und danach wieder aus dem Topf genommen. In der verbliebenen Brühe kochen dann Kartoffeln, Steckrüben und Paprikawürste. Erst zum Schluß wird alles wieder mit dem Schinken gemischt und heiß serviert. Ein mehr nahrhaftes als raffiniertes Gericht. Gleichwohl ist es so traditionell, daß puristische Restaurant-Tester in Zeitungskolumnen schon mal schockiert ins Lamentieren geraten, wenn sie in ihrem »geheiligten Lacón« Hühnerfleisch oder gar Möhren fanden. Für orthodoxe Anhänger der galicischen Küche ist das ein handfester Skandal. Und eben jenen Kennern zufolge gibt es keinen besseren Lacón con grelos als in einem Ort namens Riotorto in der Provinz Lugo.

Neben Rind- und Schweinefleisch sind natürlich **Lamm** *(cordero)*, **Hühnchen** *(pollo)* und **Ziege** *(cabra)* fester Bestandteil der galicischen Küche. Eine Besonderheit sind die **Kapaune** *(capones)* von Villalba, ebenfalls in der Provinz Lugo gelegen.

Kurz vor Weihnachten gibt es dort einen Kapaun-Markt, der weit über Galiciens Grenzen hinaus berühmt ist. Die kastrierten Hähne werden mit Weizen, Wein und Kastanien gemästet und sind ein beliebtes Weihnachtsessen der Galicier – wohl auch deshalb, weil sie sich die Kapaune nur dann leisten wollen. Sie waren nämlich schon immer sündhaft teuer. Aufzeichnungen von Händlern ist zu entnehmen, daß 1840 ein gemästeter Hahn so viel wert war wie ein ganzer strammer Hammel.

Caza – Wild

Trotz der großen Waldgebiete Galiciens ist Wild weniger oft im Angebot der Restaurants – aber wenn, dann ist es meistens vorzüglich. Einige Zubereitungsarten sind typisch für Galicien: **Rehfleisch** *(corzo)* wird beispielsweise gerne zu Pasteten verarbeitet, **Rebhuhn** *(perdiz)* serviert man hier häufig als eine Art Frikassee. Und **Hase** *(liebre)* ist meistens »a la benedictina« zu haben, was allerdings alles bedeuten kann – es heißt nur, daß die Nonnen in dem Ruf standen, Meister Lampe am wohlschmeckendsten zubereiten zu können.

Cocido y Sopa – Eintöpfe und Suppen

Suppen-Experten sind die Galicier – wie Spanier überhaupt – nicht gerade, so viel ist schon mal sicher. Häufigste Vertreterin dieser Speisegattung ist in Galicien die **Nudelsuppe** *(sopa de fideos)*, die fast überall als erster Gang zu schlichten Menüs angeboten wird. Eine Suppe, bei der man eigentlich nicht viel falsch machen kann, es sei denn, man läßt die Nudeln tagelang darin kochen. Das verleiht dem Ganzen eine seltsame Konsistenz und kommt leider öfter vor. Also, ohne weiter ins Detail gehen zu wollen: bestellen Sie lieber gleich etwas anderes.

Beispielsweise einen **Caldo Gallego,** den die Galicier als originäre Spezialität betrachten, und mit dem sie schon deshalb sorgsamer umgehen. Es handelt sich um eine mit Fett angereicherte Bouillon aus weißen Bohnen, Kartoffeln und, je nach Jahreszeit, Gemüsen wie Steckrüben, Weißkohl oder Wirsing. Der Streit darüber, wie ein authentischer Caldo zu sein hat, sind vermutlich so alt wie das Gericht selbst – und diese Suppe stand bereits im Mittelalter überall auf dem Speisezettel. Die Expertenmeinungen sind Legende, bis hin zu der Behauptung, wirklich »wie bei Großmuttern« schmecke ein Caldo nur aus den Tonschalen des Töpferortes Buño. Für einen galicischen Gaumen steigt die Güte des Caldos ansonsten proportional zu seinem Fleischgehalt, der sich wiederum traditionell nach dem Budget der Küche richtet. Aber ab einem bestimmten Punkt kann man bereits vom *cocido* sprechen, also einem Eintopf, in den im Grunde alles Eßbare hinein gehört, was Haus und Hof zu bieten haben. Vom Hühnchen über Würste, Rindfleisch und Schwein schwimmt und brodelt darin alles zusammen mit Gemüsen, Kartoffeln und Hülsenfrüchten – was schon darauf hindeutet, daß Schlachttage die üblichen Anlässe sind, einen gehaltvollen Cocido zu produzieren. Die

Selbst die besten Kunden: Wirtsleute in Ourense

Tobias Büscher

Ortschaft Cee widmet diesem Gericht sogar ein großes Fest. Mitte August stellen die Bewohner einen überdimensionalen Topf auf, in dem industrielle Mengen der erwähnten Zutaten vor sich hin köcheln. Das Ergebnis schmeckt – um der Wahrheit die Ehre zu geben – eher scheußlich. Aber das Fest selbst ist ein Spektakel, daß Sie nicht versäumen sollten, sofern Sie in der Nähe sind.

Verduras – Gemüse

Die klassischen Gemüsebestandteile der galicischen Küche sind Steckrüben und Kohl. Die Kartoffel, will man sie zu den Gemüsen rechnen, übernahm erst ab dem 18. Jahrhundert die Rolle, die zuvor die Eßkastanie als Basis der ländlichen Küche spielte. Bis heute wird die **Kartoffel** (*patata*) hin und wieder als **Kastanie** (*castaña*) bezeichnet. Eßkastanien tauchen auch immer noch in vielen Gerichten als Beilage auf. Reis, Mais und Erbsen sind ebenfalls erst spät nach Galicien gekommen, genauso wie ein galicisches Gewächs, daß im Sommer wohl in jeder spanischen Küche anzutreffen ist: die **Pfefferschoten** (*pimientos*). Ab Mai kommen sie gebraten und mit grobem Salz bestreut auf den Teller. Am besten schmecken sie natürlich in den Hauptanbaugebieten Padrón und Herbón. Bis in den August hinein sind sie mild, aber dann werden die grünen Schoten größer und bräunlich und können schon mal auf der Zunge brennen. Wundern Sie sich nicht, wenn am Nebentisch um einen Teller Pimientos eine riesige Gaudi entsteht. Das kann »galicisches

Roulette« sein. Dabei ist eine besonders scharfe Schote unter die anderen gemischt. Wer sie erwischt, sollte es sich nicht anmerken lassen, denn sonst muß er den Teller bezahlen. Natürlich schaffen es die wenigsten, den Fehlgriff vor den anderen zu verbergen …

Empanadas – Pasteten

Da es kaum eine galicische Eigenart gibt, die der Autor *Alvaro Cunqueiro* (1911 – 1981) nicht in Worte gefaßt hätte, findet sich in seinem Werk auch dieser Satz: »Wir Galicier wickeln alles in Teig ein.« Damit ist ausreichend beschrieben, was als Füllung einer Empanada in Frage kommt. Ob Miesmuscheln, Schinken, Paprikaschoten, Fisch oder nur Tomaten und Zwiebeln – so gut wie alles backen die Galicier ein. Der Teig besteht aus Weizen- oder Maismehl, enthält eine Prise Safran und wird, damit er nicht austrocknet, mit Öl eingerieben, bevor die Pastete in den Ofen kommt. Ihren Ursprung hat die Empanada wahrscheinlich in rein praktischen Erwägungen. Zum einen lassen sich auf diese Weise Lebensmittel recht gut konservieren, zum anderen ist es eine Art Fastfood – dem ach so revolutionären Hamburger dabei nur um Jahrhunderte voraus. Die Empanada gehört zu jedem Ausflug, Dorffest oder Strandbesuch, flach oder mehrstöckig, rund oder quadratisch. In der Ortschaft Carral spielt sie zum Pastetenfest Anfang August sogar die Hauptrolle. Und daß man ihre Vorzüge schon seit dem frühen Mittelalter kennt, beweisen die Skulpturen im Pazo Gelmírez, dem romanischen Bischofspalast in Santiago. An den Kragsteinen des Speisesaals ist vermutlich das Hochzeitsbankett König Alfonso IX. von León (1188 – 1230) dargestellt – und einige Gäste verspeisen Empanadas, die es in dieser Form bis heute gibt. Auch am Pórtico de la Gloria der Kathedrale von Santiago ist ein in Ketten gelegter Gefangener zu sehen, der versucht, sich eine überdimensionale Empanada in den Mund zu schieben – offenbar als drastische Warnung vor der Sünde der Völlerei gedacht.

Queso – Käse

Spaniens grüner Norden ist bekannt für seine frischen, aromatischen und würzigen Käsesorten, die meistens aus Kuhmilch, aber oft auch aus Schafs- und Ziegenmilch hergestellt werden. Hausgemachte, zartmilde bis reifere Weichkäse finden Sie praktisch auf allen Märkten des Landes. Nicht zu übersehen ist dabei der **Queso de Tetilla**, der nach seiner Brustform *(teta)* benannt ist. Ähnlich mild ist der zylinderförmige **Queso de Ulloa.** Der tropfenförmige **Queso de San Simón,** erkennbar an seiner rötlichen Rinde, wird geräuchert und schmeckt etwas kräftiger.

Pan – Brot

Der deutschen Brotnation kann man natürlich schwerlich mit der Behauptung kommen, Galicien sei ein kleines Brotmekka. Aber für spanische Verhältnisse ist das Angebot in Bäckereien und auf den Märkten erstaunlich groß. Neben frischen Baguettes ist dort gekringeltes Mischbrot zu haben, kugelförmige Roggenlaiber und immer wieder Maisbrot. Santiago, Mondoñedo und Carballo werden für ihre guten Brote besonders gerühmt – allerdings findet man Vollkornbrote eher selten. In Cangas bei Vigo will eine Leserin eine Vollkornbäckerei entdeckt haben – aber die Erwähnung an sich deutet schon an, daß es sich um eine Ausnahme handelt.

Das Frühstück betrachtet man in Spanien grundsätzlich nicht als Mahlzeit, und wenn überhaupt wird eher Kuchen als Brot konsumiert. In Bars bleibt einem nicht viel anderes übrig, sofern nicht gerade Croissants im Angebot sind, auf die in Plastik verpack-

ten süßen Teilchen zurückzugreifen. Die gibt es dafür meistens in dutzendfacher Ausführung, oft sogar in speziellen Ständen feilgeboten.

Dulces — Desserts und Süßes

Der galicische Nachtisch schlechthin sind *filloas,* eine Art **Crêpes,** die ursprünglich zu Karneval und Weihnachten gemacht wurden, jetzt aber das ganze Jahr hindurch den Abschluß eines guten Essens bilden. Den Teig für die hauchdünnen Fladen bilden Milch, Eier, Mehl und etwas Bouillon. Als Dessert wird die Filloa gezuckert und mit Honig, Sahne oder Marmelade bestrichen. Gewöhnungsbedürftig, aber sehr typisch sind die *Filloas de sangre,* bei denen der Teig mit frischem Schweineblut angerei-

Sennerinnen: Sie haben lange Jahre Übung im Formen des Queso de tetilla

Tobias Büscher

chert wird. Besonders gut schmecken die Filloas beispielsweise im Restaurant O Arco in Cambados.

Die bekanntesten **Kuchensorten** stammen aus Santiago, Mondoñedo, Ortigueira sowie Pontedeume und haben alle gemeinsam, daß sie zum Teil aus Mandeln gemacht sind. Bei der *Tarta de Santiago* sind Mandeln sogar der Grundbestandteil. Die lange Tradition der Kuchenherstellung hat ihren Ursprung in den Klosterküchen des Landes, die Mandelkuchen gehörten auf den Speiseplan von Bischöfen und höher gestellten Klerikern. Besonders auffällig ist diese Verbindung in dem stark klerikal geprägten Mondoñedo, das sich nicht nur wegen seines mittlerweile verstorbenen »Kuchenkönigs« *Carlos Folgueira*, dem »Rei das Tartas«, als Kuchenhochburg des Landes betrachtet.

Ein Leben für seine Kuchen: Der »Rei das Tartas«

GUTES AUS FLASCHE UND FASS
Vino — Wein

Passionierte Weintrinker können sich in Galicien auf so manche Überraschung gefaßt machen – insbesondere, wenn sie sich auf eigene Faust in das Hinterland schlagen und durch die Bodegas trinken. Denn in diesem Land hat so gut wie jeder Landwirt irgendwo ein paar Weinstöcke gepflanzt – ob über der Haustür oder neben dem Hühnerstall – und schwört Stein und Bein auf die Güte seines eigenen Hausweins. Der Autor *Jorge-Victor Sueiro*, selbst Galicier, schreibt deshalb, es sei ihm vollkommen unmöglich, den Wein seiner Heimat objektiv zu beurteilen, weil jeder nach familienintern überlieferter Rezeptur Wein herstelle, sobald auch nur ein halbes Dutzend Traubenkörbe zusammenkomme. Von Santiago abwärts bis südlich von Vigo werden dabei in privaten Weingärten alle möglichen Rebsorten ohne Rücksicht auf Verluste gekreuzt und gekeltert. Das Ergebnis ist oftmals grauenhaft, und das gibt selbst der erwähnte Autor Sueiro zu: »Sie machen den Wein so, wie sie es von ihren Großeltern abgeguckt haben, die wiederum auch nur ihren Vorfahren nachgeeifert hatten. Aber sonst müssen sie sich auf ihr Geschick und ihre Intuition verlassen. Von Wein verstehen sie überhaupt nichts, nichts von Geschmack und nichts von Bouquets ... « Sueiro wäre allerdings kein Galicier, wenn er dem nicht folgendes hinzufügen würde: »Meine Güte, Herrschaften, es ist unmöglich, daß ein ganzes Volk und jeder einzelne Bauer wüßte, wie man guten Wein herstellt. Verdammte Scheiße!«

Sofern Sie also das Vergnügen haben, voller Stolz die Hausmarke serviert zu bekommen, stellen Sie sich darauf ein, daß Ihnen das Gesöff im wahrsten Sinne die Schuhe auszieht. Manche Weine aus dem galicischen Hobbykeller haben derart viel Säure, daß die Zunge schier Blasen wirft. Andere wiederum wurden so großzügig mit Aromen versetzt, daß sie nach gar nichts anderem mehr schmecken. Aber es ist auch nicht ausgeschlossen, auf erstaunlich gute Weine zu treffen, die meistens fruchtig, erfrischend und leicht sind. Dieser Landwein, der als *país* oft zu Cent-Beträgen verkauft wird, ist im südlichen Galicien allgegenwärtig und führt sogar mitten in den Anbaugebieten der großen Weine ein gewisses Eigenleben.

Generell spielt Wein in Galicien ein große Rolle, aber seine Kultivierung und Verarbeitung wird im Gegensatz zu anderen Weinbauregionen nicht so ausgeprägt als Kunst zelebriert – und

Nicht für Müsli, nicht für Kaffee: Die weißen Porzellanschalen dienen in Galicien zum Weintrinken

schon gar nicht seine Verkostung. Bezeichnenderweise wird Wein in Galicien nicht aus Gläsern getrunken. Die typische Darreichungsform in Bars und Bodegas sind die *cuncas* oder *tazas*, Schalen aus weißem Porzellan.

Die ungleichmäßige Qualität bewirkte auch, daß galicischer Wein lange Zeit im Schatten anderer spanischer Weine wie dem Rioja stand. In manchen Anbaugebieten haben die

Erzeuger allerdings in den vergangenen Jahren dazugelernt. Zwar werden immer noch in Massen Billigweine produziert, wie der »Pazo«, der neuerdings als Zugabe bei Großbestellungen von deutschen Pizza-Expressdiensten verteilt wird. Aber unter bestimmten Herkunftsbezeichnungen gehen zunehmend nur noch hochwertige Produkte in den Export. Viele gute Weine sind trotzdem außerhalb der Landesgrenzen nicht zu bekommen. In den Regalen und Fässern der Vinotecas wartet daher so mancher gute bis exzellente Tropfen darauf, von neugierigen Zungen probiert zu werden.

Blick in die Annalen

Einige Chroniken behaupten, es seien Benediktinermönche gewesen, die die ersten Reben von Rhein und Mosel nach Galicien brachten. Der Schriftsteller Alvaro Cunqueiro will sogar beim römischen Kaiser Tiberius eine Vorliebe für galicischen Wein aus Amandi ermittelt haben. Einigermaßen sicher ist, daß im 15. Jahrhundert insbesondere Ribadavia berühmt für seine Weine war – was wohl vor allem auf die offenbar geschickte Vermarktung des Rebsaftes durch die jüdischen Händler in dieser Stadt zurückzuführen ist.

Der galicische Wein erlangte aber keinen dauerhaften Weltruhm, vielleicht aufgrund folgender Begebenheit, von der die Zeitschrift »Bouquet« berichtet: Bis ins 17. Jahrhundert hinein seien die Engländer sehr begierig gewesen, Wein von der Atlantikküste zu importieren, und hätten daher auch große Mengen Weißwein aus Ribadavia gekauft. Ein gutes Geschäft, bis die Sache den offenbar überhaupt nicht calvinistisch gesinnten Bischof von Tuy auf den Plan rief. Dieser habe den Gemeindepfarrer Ribadavias aufgefordert, die engen Beziehungen der Weinbauern mit den Engländern zu unterbinden – denn die seien dazu angetan, die Seelen der rechtschaffenden Galicier zu verderben. Nutznießer dieses klerikalen Handelsverbotes, schreibt die Zeitschrift, seien die Portugiesen gewesen, und Galicien sei »seitdem ein Land mit vielen Weinen und wenig Wein«. Aber das ist sicher ein bißchen übertrieben.

Art und Geschmack der Traubensorten

Der rote oder weiße **Ribeiro** ist wohl der bekannteste der galicischen Weine. Das Zentrum des Ribeiro ist *Ribadavia* im Westen der Provinz Ourense, die Weinberge erstrecken sich entlang der Flüsse *Miño, Avia* und *Arnoi*. Nach diesen Flüssen werden auch die Ribeiro-Sorten unterschieden, sie besitzen jeweils eine etwas andere Farbe und ein anderes Aroma. Der älteste und traditionellste ist der Ribeiro de Avia, der als Weißwein vor allem in Gomaríz und als Rotwein in den Orten Beade, Regadas und Costeira gekeltert wird. Der süffige weiße Ribeiro fehlt in keiner Bar oder Bodega. Er wird meistens als »joven«, als junger Wein ausgeschenkt.

Ein anderer Wein der Provinz Ourense ist der **Valdeorras**, der in der Gegend um den Fluß *Sil* angebaut

Tobias Büscher

Monterrey und Verín. Die sowohl roten als auch weißen Weine haben weniger Säure und gleichen eher den Weinen aus dem Bierzo als dem benachbarten Ribeiro. Kleinere Anbaugebiete sind der *Peares* im Nordosten von Ourense und der *Amandi*, ein kardinalroter Wein, dessen Reben zum größten Teil in der Provinz Lugo stehen. Für den Amandi soll, wie bereits erwähnt, schon der römische Kaiser Tiberius geschwärmt haben.

Condado heißt ein Wein aus der Provinz Pontevedra, der in den Gemeinden Mondariz, Arbo, Cresciente, As Neves, Ponteareas, Salceda und Salvaterra produziert wird. Besonders die Weißweine werden öfter gelobt, und manche behaupten, sie stünden den Weißweinen vom Rhein in nichts nach.

Der Wein von der Mündung des *Miño* wird als **Rosal** bezeichnet. Der fruchtig-frische Weißwein, der eigent-

wird. Dort ist das Klima weniger feucht als in den Tälern des Ribeiro, weshalb beim Valdeorras gerne von einem »robusten« Wein gesprochen wird.

Im Süden der Provinz Ourense, an der Grenze zu Portugal, keltern die Galicier den **Monterrey.** Die Reben stehen an den Ufern des Flusses *Támega,* verkauft wird der Wein vor allem in den Ortschaften Castrelo,

KULTUR & KÜCHE

lich mit keinem anderen galicischen Wein zu vergleichen ist, wird nur in kleinen Mengen produziert. Manche Winzer der Gegend sind echte Könner, die Flaschen bestimmter Erzeuger erzielen in ganz Spanien Höchstpreise.

Die Täler des Flusses *Salnés* sind schließlich die Heimat des weißen **Albariño**. Es ist der am höchsten geschätzte und am teuersten bezahlte Wein Galiciens. Die Bezeichnungen für seinen Charakter schwanken zwischen »elegant«, »stolz« und »aristokratisch«, für die Leute aus der Region Salnés ist ihr Albariño schlicht so etwas wie eine religiöse Angelegenheit. Deshalb gab es auch eine Menge böses Blut, als die EU die Herkunftsbezeichnung Albariño ablehnte und auf »Rías Baixas« bestand. Aber der Wein ist dadurch nicht schlechter geworden. Das Anbaugebiet umfaßt die Orte *Meaño, Meis, Portas, Ribadumia, Sanxenxo, Vilagarcia, Vilanova de Arousa* und vor allem *Cambados*. Dort findet am ersten Augustsonntag ein Fest rund um den edlen Tropfen statt. Ein riesiges Spektakel – deshalb sei Weinliebhabern empfohlen, den vielen Winzereien um Cambados an anderen Tagen einen Besuch abzustatten.

Der einzige Wein der Provinz Coruña ist übrigens der **Betanzos**, womit auch schon gesagt ist, wo er hauptsächlich getrunken wird. Der dunkle Rotwein ist sehr sauer und stammt in der Regel aus kleiner privater Haushaltsproduktion. Man hat das Gefühl, er sei in der Lage, sogar die weißen Porzellanschalen zu verfärben, aus denen er getrunken wird. Ein Weinkenner schrieb, er bekomme davon Schüttelfrost.

Aguardiente — Schnäpse

Auch die Produktion hochprozentiger Getränke hat hierzulande Tradition und ihr wird mit besonders viel Liebe nachgegangen. Grundlage der Kreationen vom Kräuter- über Honigschnaps bis zum »licor café« bildet in der Regel **Trester** *(orujo)*, der aus Kelterrückständen gewonnen wird. Der galicische Hausmacher-Trester ist aber nicht gerade ein milder Grappa. Feuerwasser ist vielleicht die passendere Bezeichnung, denn selbst hartgesottenen Schnapsverkostern bleibt bei seinem Genuß schon mal die Luft weg. Orujo ist auch Hauptbestandteil der *queimada*, des traditionellen **Hexenpunsches**, der gerne zu Begrüßungen oder Festen angerührt wird. Hinein kommen außer Schnaps viel Zucker, Kaffeebohnen, ein Schuß Rotwein und Zitronenschalen. Das Ganze wird schließlich angezündet und brennend in Tonschälchen verteilt. Je nach Familientradition werden Besuchern und Gästen daneben auch alle möglichen Spielarten von Obstbränden angeboten. Den vielleicht besten Überblick über das hochprozentige Sortiment Galiciens

> *No hay nada que nos olvide más pronto que una silla de un café.*
> Nichts vergißt uns so schnell wie ein Stuhl im Café.
> RAMÓN GOMEZ DE LA SERNA (1888 – 1963)

bietet ein Geschäft in ↗ Verín namens »Arauxo«.

Café – Kaffee

Gemeinsam mit allen anderen Südeuropäern ist auch den Galiciern völlig unverständlich, wie man jenes dünne Heißgetränk, das wir üblicherweise als »Kaffee« konsumieren, als solchen bezeichnen kann. Basis der galicischen Kaffeekultur ist der Espresso: klein, stark und sehr schwarz. Deshalb heißt er in seiner Grundform auch **café solo.** Wünscht man ihn mit einem Schuß Milch, handelt es sich um einen *cortado.* Eine größere Tasse gibt es, wenn ein *café con leche,* also einen Milchkaffee bestellt wird. Und das übliche Mengenmaß eines deutschen Kaffeebechers bekommt, wer einen *café con leche doble* oder *grande* ordert.

Segensreich – an heißen Tagen – ist die Erfindung des *café con hielo:* Da bekommt man den Espresso zusammen mit einem Glas voller Eiswürfel serviert, der heiße Kaffee wird dann auf das Eis geschüttet. Sehr erfrischend.

Wer nichts weiter vorhat oder überhaupt nicht auf Touren kommt, kann schließlich auch einen *carajillo* versuchen. Bei dem wird der Espresso mit einem guten Schuß Tresterschnaps angereichert.

Galicisches Picknick: Der Hauswein, Empanadas und Oliven – mehr braucht's nicht

SPRACHFÜHRER ESSEN & TRINKEN

[in Klammern die galicische Bezeichnung]

Im Restaurant

Aschenbecher: **cenicero** *[cinceiro]*
Besteck: **cubierto** *[cuberto]*
Eis(würfel): **(cubitos de) hielo** *[xelo, xeo]*
Flasche: **botella**
eine Flasche Wein: **una [unha] botella de vino** *[viño]*
eine halbe Flasche Wein: **media botella de vino**
Gabel: **tenedor** *[garfo]*
Es fehlt eine Gabel: **Falta un tenedor**
1. Gang: **primer plato** *[primeiro prato]*
2. Gang: **segundo plato**
Gedeck: **cubierto** *[cuberto]*
Glas: **copa/vaso**
Weintasse: **taza de vino** *[cunca de viño]*
Hauptgericht: **plato** *[prato]* **principal**
kalt: **frío, fría**
Karte: **carta**
Kellner: **camarero** *[camareiro]*
Kellnerin: **camarera** *[camareira]*
Krug: **jarra** *[xarra, xerra]*
Ein Krug Wasser: **una jarra de agua** *[auga]*
Löffel: **cuchara** *[culler]*
Messer: **cuchillo** *[coitelo]*
Nachspeise: **postre**

Rechnung: **cuenta** *[conta]*
Serviette: **servilleta**
Streichhölzer: **cerillas** *[mistos, fósforos]*
Stuhl: **silla**
Tagesmenü: **menú/plato** *[prato do]* **del día**
Tasse: **taza** *[cunca]*
Teller: **plato** *[prato]*
Tellergericht: **plato combinado**
Theke: **barra**
Tisch: **mesa**
Tischtuch: **mantel**
Toilette: **lavabo**
Vorspeise: **entremeses**
Zahlen, bitte!: **¡La cuenta, por favor!** *[A conta, por favor]*
Zahnstocher: **palillo**

Zubereitungsarten

a la brava: mit einer scharfen Tomatensoße
a la cazuela: im Schmortopf
a la gabardina: mit Mehl paniert
a la marinera: mariniert
a la parrilla: auf dem Rost gebraten
a la plancha: in der Pfanne gebraten
a la romana: in Bierteig fritiert
a la vinagreta: in Essigtunke

al ajillo: in einer Sauce aus Knoblauch und Öl
al horno: im Ofen gebacken
al jerez: in Sherrysauce
al pil pil: mit einer Knoblauchsauce
aliñado: eingelegt
asado: gebraten
casero: nach Art des Hauses
cocido: gekocht
de la casa: nach Art des Hauses
en su jugo: im eigenen Saft
en su tinta: in der eigenen Tinte
estofado: geschmort, gedünstet
frito: fritiert
glaseado: glasiert
guisado: gekocht
rebozado: mit Mehl und Ei paniert
rehogado: geschmort, gedünstet
relleno: gefüllt
salteado: leicht geröstet

comidas: Speisen
A

aceite: Öl
aceite de olivas: Olivenöl
aceitunas *[oliveira]:* Oliven
aguacate: Avocado
ajada: Knoblauchsoße

ajo *[allo]:* Knoblauch
albaricoque: Aprikose
albóndigas *[almóndegas]:*
  Hackfleischbällchen
alcachofas: Artischocken
almejas *[ameixas]:* Venusmuscheln
almendra *[améndoa]:*
  Mandel
anchoa: Sardelle
anguila *[angúa]:* Aal
arenque: Hering
arroz: Reis
arroz con leche *[arroz con*
  leite]: Milchreis
asado: Braten
atún: Thunfisch
aves: Geflügel
azúcar *[azucre]:* Zucker

B

bacalao *[bacallao]:* Kabeljau
bacón: Speck
barquillo: Eiswaffel
berberecho: Herzmuschel
berenjena *[berenxena]:*
  Aubergine
berza: Kraut
besugo *[ollomol]:* See-
  brasse
bistec *[bisté]:* Beefsteak
  (Rindfleisch)
bizcocho *[biscoito]:* Bis-
  kuit
bocadillo: belegtes Stan-
  genweißbrot
bollo *[bolo]:* süßes Teilchen
bonito: Thunfischart
boquerones *[boqueirón]:*
  Sardellen

budín: Pudding
buey *[boi]:* Ochse

C

caballa *[cabala]:* Makrele
cabeza de cordero *[testa*
  de cordeiro]: Hammel-
  kopf
cabra: Ziege
cacahuetes *[cacauetes]:*
  Erdnüsse
calabacín: Zucchino
calabaza *[cabaza]:* Kürbis
calamares: Tinten-
  fischringe
caldo: heiße Brühe
caldo de gallina *[caldo de*
  galiña]: Hühnerbrühe
callos: Kutteln
camarones *[camaróns]:*
  kleine Krabben
canapé: Kanapee (pikant
  belegtes Stück
  Weißbrot)
canelones: Cannelloni
cangrejo *[cangrexo]:*
  Krebs
caracol: Weinberg-
  schnecke
carpa: Karpfen
caramelos: Bonbons
caza: Wild
cebolla *[cebola]:* Zwiebel
cerdo *[porco]:* Schwein
cereza *[cereixa]:* Kirsche
champiñones *[cham-*
  piñóns]: Champignons
chipirones *[chipiróns]:*
  kleine Tintenfische
chocolate: Schokolade
chopitos: Tintenfisch-
  stücke

chorizo *[chourizo]:* scharfe salamiartige Pfeffer-
  wurst
chucruta: Sauerkraut
chuleta: Kotelett
churros: fritiertes Spritz-
  gebäck
ciruela: Pflaume
cochinillo asado: eine Art
  Spanferkel
cocido: Eintopfgericht
codillo: Eisbein
codorniz: Wachtel
col de Bruselas: Rosen-
  kohl
coliflor: Blumenkohl
conejo *[coello]:* Kanin-
  chen
consomé: klare Brühe
cordero *[cordeiro]:* Lamm
corzo: Reh
costilla *[costela]:* Rippchen
croqueta: Krokette

D – E – F

dorada *[dourada]:* Gold-
  brasse
empanada: Fleisch- oder
  Fischpastete
empanadilla: mit Tomate,
  Fleisch oder Fisch ge-
  füllte Teigtaschen
emperador: Schwertfisch
ensalada: Salat
ensaladilla rusa: eine
  Art Kartoffelsalat
  mit grünen Boh-
  nen, Erbsen und
  Mayonnaise
escabeche: Marinade
escalope: Schnitzel

espárragos: Spargel
espinacas: Spinat
fabada asturiana: Asturischer Eintopf aus Bohnen, Linsen und Fleisch
faisán: Fasan
fiambres variados: gemischter kalter Vorspeisenteller
fideos: Suppennudeln
filete: Filet
flan: puddingartige Nachspeise aus Ei, Zucker, Milch und Zimt
frambuesa: Himbeere
fresa, fresón: Erdbeere
fresas con nata: Erdbeeren mit Schlagsahne
frutas [froitas]: Obst

G – H

gallina [galiña]: Huhn
ganso: Gans
gambas: Krabben
garbanzos: Kichererbsen
gazpacho: pikante, kalte andalusische Gemüsesuppe aus Tomaten, Gurken und Brot
grosella: Johannisbeere
guinda: Sauerkirsche
guisantes [chicharos]: Erbsen
hamburguesa: Hamburger
helado [xelado]: Speiseeis
higo [figo]: Feige
hígado [fígado]: Leber
hortalizas: Gemüse
huevo [ovo]: Ei
huevos fritos [ovos ritos]: Spiegeleier

huevos pasados por agua [ovos pasados por auga]: gekochte Eier
huevos revueltos [ovos revoltos]: Rühreier

J

jabalí [xabalí]: Wildschwein
jamón cocido [xamón cocido]: gekochter Schinken
jamón serrano: roher Schinken
jamón York: gekochter Schinken
judías verdes [xudías verdes]: grüne Bohnen

L

lacón [con grelos]: Vorderschinken (mit Steckrübenblättern)
langosta: Languste
lechuga [leituga]: Kopfsalat
legumbres: Hülsenfrüchte
lengua: Zunge
lenguado: Seezunge
lentejas [lentexas]: Linsen
liebre [coello]: Hase
limón: Zitrone
lomo [raxo]: Lende, Rückenfleisch
lucio: Hecht

M

macarrones: Makkaroni
mandarina: Mandarine
manitas de cerdo [manitas de porco]: Schweinefüßchen

mantecados: Schmalzgebäck
mantequilla: Butter
manzana [manzá]: Apfel
mariscos: Meeresfrüchte
mayonesa [maionesa]: Mayonnaise
mazapán: Marzipan
mejillones [mexillóns]: Miesmuscheln
melocotón: Pfirsich
melón: Honigmelone
menestra: Gemüsesuppe
merluza: Seehecht
mermelada: Marmelade
mero: Barsch
miel [mel]: Honig
migas con chocolate: Brotkrumen mit Schokolade
montado [montedito]: mit Lende belegtes Bocadillo
morcilla: eine Art Blutwurst
mostaza: Senf

N

naranja [laranxa]: Apfelsine
nata: Schlagsahne
natillas: süße Nachspeise aus Eigelb, Zucker, Milch und Zimt
navaja [navalla]: Schwertmuschel
nueces: Walnüsse

O – P

oreja [orella]: Ohr
ostras: Austern
paella: Reisgericht mit Schalen- und Krustentieren und Huhn
palometa: Makrele
pan: Brot
pan de molde: Toastbrot
pan integral: eine Art Vollkornbrot
panceta: eine Art Speck
panecillo: Brötchen
pasa: Rosine
pastel: Kuchen
patatas [patacas]: Kartoffeln
patatas fritas: Pommes frites, auch Kartoffelchips
pato: Ente
pavo: Truthahn
pechuga: Geflügelbrust
pepino, pepinillo: Gurke, Essiggürkchen
pera: Birne
percebe: Entenmuschel
perdiz: Rebhuhn
perejil [perexíl]: Petersilie
pescado: Fisch
pez espada: Schwertfisch
pierna [perna]: Keule
piña: Ananas
pimiento [pemento]: Paprika
pincho moruno: kleiner Fleischspieß (maurischer Art)
pisto manchego: eine Art Schmorgemüse mit Tomaten, Zwiebeln und

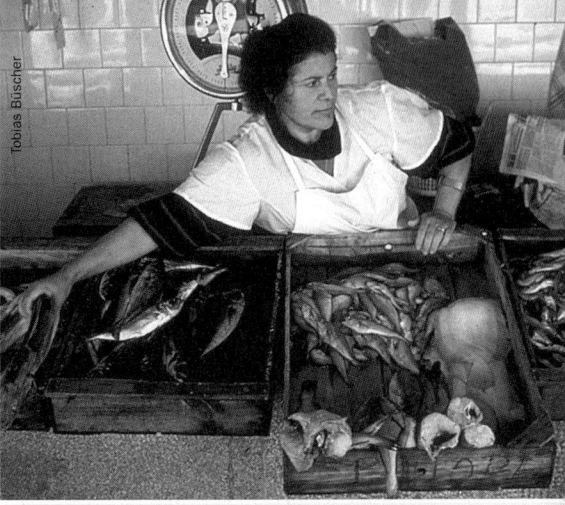

In der Fischhalle: Makrelen, Sardinen und Seekraken

Paprikaschoten (Spezialität aus La Mancha)
plátano: Banane
pollo [polo]: Hähnchen
pollo asado [polo asado]: Brathähnchen
polvorones [polvoróns]: Gebäck aus süßer, weicher Mandelmasse
pomelo: Pampelmuse
potaje [potaxe]: Suppe
pudín: Pudding
puerro: Lauch
pulpo: Seekrake
puré de patatas [Puré de patacas]: Kartoffelpüree

Q – R

queso [queixo]: Käse
queso manchego [queixo manchego]: Schafskäse aus La Mancha

rábano picante: Meerrettich
ravioles [ravlois]: Ravioli
remolacha colorada: Rote Beete
repollo [repolo]: Weißkohl
riñones [riñóns]: Nierchen
rosbif: Roastbeef

S

salchicha: Würstchen
salchichón: Wurst
salmón: Lachs
salsa: Sauce
sandía: Wassermelone
sepia: Tintenfisch
sesos: Hirn
setas: Pilze
solla: Scholle
solomillo: Filet, Lendenstück
sopa: Suppe

**sopa de rabo de buey
[sopa de rabo de boi]:**
Ochsenschwanzsuppe

T

tarta: Torte
ternera [terneira]: Kalb
tetas gallegas: Käsesorte
tocino: Speck
tomate: Tomate
tortilla de gambas: Krabbenomelett
tortilla de jamón [tortilla de xamón]: Schinkenomelett
tortilla española: eine Art Omelett mit fritierten Kartoffelstückchen und Zwiebeln
tortilla francesa: Eieromelett
tortilla paisana: Bauernomelett
tostada: Toast
trucha [troita]: Forelle
turrón: Süßigkeit sehr verschiedener Zusammensetzung, z.B. mit Honig und Mandeln

U – V – Y – Z

uva: Weintraube
vaca: Rind
verduras: Gemüse
vieira: Jakobsmuschel
vinagre: Essig
yema [xema]: Eigelb
zanahoria: Möhre
zorza: gepökeltes Schweinefleisch

bebidas: Getränke

aperitivo: Aperitif
agua [auga]: Wasser
agua del grifo [auga do grifo]: Leitungswasser
agua mineral con gas: Mineralwasser mit Kohlensäure
agua sin gas: Mineralwasser ohne Kohlensäure
aguardiente [augardente]: Schnaps
café: Kaffee
café con leche [café con leite]: Milchkaffee
café cortado: Kaffee mit etwas Milch
café solo [café só]: Espresso
caña [cana]: kleines Glas Faßbier
carajillo: schwarzer Kaffee mit einem Schuß Cognac oder Trester
cava: Sekt nach méthode champagnoise aus Katalonien
cerveza [cervexa]: Bier
cerveza de barril [cervexa do barril]: Faßbier
cerveza de botella: Flaschenbier
cerveza dorada/negra: helles/dunkles Bier
chinchón: Anisschnaps aus Chinchón
chocolate caliente: heiße Schokolade
clara [crara]: Alsterwasser/Radler
clarete: Rosé

cubata: Bacardi-Cola
descafeínado: entkoffeinierter Kaffee
digestivo [dixestivo]: Verdauungsschnaps oder -likör
gaseosa: süße Zitronenlimonade
horchata: Mandelmilch
infusión: Tee
jerez [xerez]: Sherry
leche [leite]: Milch
leche merengada [leite merengada]: Milchgetränk mit Eiweiß, Zucker und Zimt
licor: Likör
madroño: Schnaps aus der Frucht des Erdbeerbaums
manzanilla: Kamillentee
orujo: Tresterschnaps (aus Galicien, hier: **oruxo**
pacharán: Schlehenlikör (aus Navarra und dem Baskenland)
refrescos: Erfrischungsgetränke
sangría: kalte Bowle aus Rotwein, Zitronenlimonade und Obst
sidra: Apfelwein
té [con limón]: Tee (mit Zitrone)
vino blanco [viño branco]: Weißwein
vino espumoso: Schaumwein
vino rosado: Rosé
vino tinto: Rotwein
zumo [zume]: Saft

REISEPRAXIS

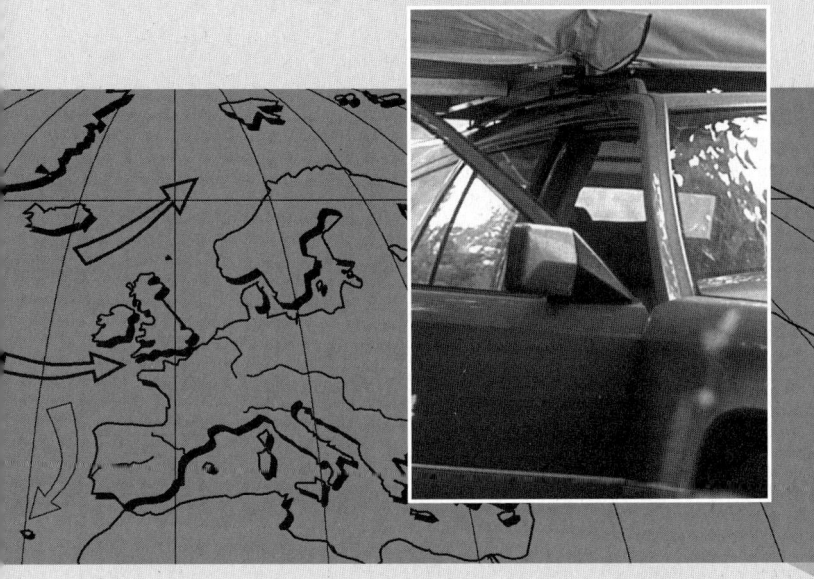

REISEVORBEREITUNG

In diesem Kapitel ist zusammengefaßt, was vor der Reise nach Galicien an Informationen nützlich sein kann: von der Reiseplanung bis zur Anreise.

Reisedauer

Die streßfreie Anreise mit dem Flugzeug – rund fünf Stunden mit Zwischenstop – lohnt sich bei sehr kurzem Aufenthalt in Galicien. Bus oder Bahn brauchen fast zwei, eine geruhsame Autofahrt dauert drei Tage. Galicien als Gesamtprogramm mit auch unbekannteren Zielen wie einem Keltendorf bei Lugo, der Weinstadt Ribadavia oder der Sierra O Courel nimmt sicher zwei Monate in Anspruch. Aber wer hat schon so viel Urlaub?

Bei weniger als einer Woche geht einem die Vielfalt der Region schlicht durch die Lappen. In 14 Tagen dagegen läßt sich beispielsweise der Besuch des kulturellen Juwels *Santiago* mit einer Fahrt an den Küstenstränden vorbei bis nach *Tui* an der portugiesischen Grenze verbinden. Oder vom nordöstlichen *Ribadeo* vorbei am »Kathedralenstrand«, *Mondoñedo*, *A Coruña* und der *Todesküste* nach *Fisterra* zum »Ende der Welt«. Sprachkurse in Coruña, Santiago oder O Grove dauern ab zwei Wochen. Wer noch eine Woche mehr dranhängt, kann eine Küstenfahrt entlang der Rías Altas und Bajas mit Badeaufenthalten und Stadtbesichtigungen leicht mit einer Fahrt durchs Landesinnere mit schönen Wanderungen zu abgelegenen Klöstern verbinden.

Camping in Galicien: Eine der bevorzugten Reisearten

Wer weitgehend den Orts- und Routenbeschreibungen dieses Buches folgen will, braucht dafür wenigstens vier Wochen Zeit.

Reisezeit

Anders als in Süd- und Mittelspanien ist die schönste Reisezeit nicht selbstverständlich der Frühling. Im April und Mai entladen sich noch häufig Regenwolken über die wenigen Besucher. Von **Juni bis September** sind die besten, moderat warmen und wenig regnerischen Reisemonate: der Juni bietet Wildpferdespektakel (↗ »Auf die Pferde«), es gibt preiswerte Unterkünfte und selbst noch an der Südküste wenig Tourismus. In der zweiten Hälfte des Juli ist das Jakobsfest in Santiago einer der Sommerhöhepunkte Galiciens.

Juli und August sind die Monate der zahllosen *fiestas,* wie dem Wikinger- oder Eintopffest. Die Wassertemperaturen sind dann für Badeurlauber angenehm, wobei sich Küstenorte wie Sanxenxo und Baiona zu Hochburgen madrilenischen Urlaubsrummels verwandeln. Doch selbst zwischen den Höchsttemperaturen um 35 Grad im August kann es plötzlich regnen.

✳ **Tip:** Der **Weinmonat September** ist ein besonders empfehlenswerter Reisemonat. Eine Besichtigung Santiagos kommt nicht mehr einer Quetschpartie gleich, und auch die Strände der Rías Bajas werden etwas leerer und bieten

Wichtige Adressen und Infostellen

Spanische Botschaften

Deutschland: Schöneberger Ufer 89, 10785 Berlin, ✆ 030/254007-0, Fax 25799557.

Österreich: Argentinier Str. 34, 1010 Wien, ✆ 01/50557-88, Fax -8825.

Schweiz: Kalcheggweg 24, 3006 Bern, ✆ 031/3520412.

Spanische Konsulate in Deutschland

Homberger Str. 16, 40474 Düsseldorf, ✆ 0211/439080.

Nibelungenplatz 3, 60318 Frankfurt a.M., ✆ 069/959166-0, 5961041.

Oberföhringer Str. 45, 81925 München, ✆ 089/9784790.

Liechtensteinallee 1, 10787 Berlin, ✆ 030/2616081, Fax 2624032.

Mittelweg 37, 20148 Hamburg, ✆ 040/4146460.

Außerdem in Stuttgart und Hannover.

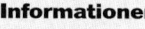

Informationen

Das **Spanische Fremdenverkehrsamt** hat in Deutschland vier Niederlassungen und versendet wie die Ämter in Österreich und der Schweiz z.T. kostenlos Informationsmaterial.

Myliusstr. 14, 60323 Frankfurt a.M., Mo – Fr 9 – 13 Uhr, ✆ 069/ 7250-33 und -38, Fax 725313, Btx 969173618.

Grafenberger Allee 100, 40237 Düsseldorf, ✆ 0211/ 6803980, Fax 6803985/86.

Schubertstraße 10, 80336 München, ✆ 089/530158, Fax 5328680.

Kurfürstendamm 180, 10707 Berlin, ✆ 030/8826543, Fax 8826661. Die Firma *Telemail* versendet Informationsmaterial, gibt jedoch keine Auskünfte: ✆ 06123/99134.

In der Schweiz: Seefeldstr. 19, 8008 Zürich, ✆ 01/2527930.

15, Rue Ami-Levrier, 1201 Genf, ✆ 022/7311133.

In Österreich: Rotenturmstraße 27, 1010 Wien, ✆ 01/5331425 oder 5353191.

Galicien im Internet

www.vieiros.com: Der galicische Server bietet eine stattliche Zahl an Info-Seiten auf Spanisch. Neben einigen überflüssigen Homepages viele interessante Infos vom aktuellen Sortiment bestimmter Albariño-Bodegas bis hin zu den neuesten kulturellen Angeboten in Santiago de Compostela. Pilgerinformationen auch auf deutsch.

www.xunta.es: Offizielle Homepage der Regierung.

www.turgalicia.es: Unterkünfte und allgemeine Informationen.

---

sich gerade dann zum Baden an – im September ist das Wasser am wärmsten. Das Thermometer klettert manchmal noch über 30 Grad. Wer im sehr verregneten Winter kommt, wird schnell merken, wie viele Unterkünfte keine Heizung haben.

Reisekosten

Generell gilt die Faustregel: die Küste ist teurer als das Landesinnere, die *temporada alta* (Hochsaison, Juli und August) teurer als die übrigen Monate. Das fällt schon bei den Unterkünften auf. Im Küstenort Sanxenxo kann ein Doppelzimmer im Ein-Sterne-Hotel 50 €, in Monforte de Lemos 25 € kosten. Die billigsten Hostals bieten ihre Doppelzimmer ab 15 € an, während sie in den schön gelegenen, sehr komfortablen und oft in historischen Gebäuden untergebrachten Paradores für 70 bis 130 € zu haben sind. Campingplätze verlangen an den Rías Bajas in der Hauptsaison für zwei Personen, Auto und Zelt (2 PAZ) etwa 15 €, an den nördlichen Rías Altas gelegentlich bis zu fünf Euro weniger.

Für den Jakobsweg gilt, daß Pamplona am teuersten ist und es auf dem Weg nach Westen billiger wird – bis man in Santiago angekommen ist.

Auch die Preise für das Essen variieren nach Standort und Reisezeit. In Santiago kostet ein einfaches Menue (1. Gang Suppe, Muscheln oder Salat, 2. Gang Fisch oder Fleisch, Landwein und Brot) rund 8 €, ein Teller (*ración*) Miesmuscheln oder Pfefferschoten 3,50 €, ein Stück *Tarta de Santiago* 2 €, Fisch und Fleischgerichte ab 7 €. Ein Zeichen von Großzügigkeit sind in Spanien die *tapas*, kleine Häppchen bestehend aus Oliven, Schinken oder Sardinen, die zum Getränk zumindest in der Nebensaison gratis dazugereicht werden.

Weitere Preisbeispiele: ins Kino kommt man für 4 €, in die Disco mal umsonst, mal für bis zu 12 €. Zeitungen liegen in den meisten Cafés aus, am Stand kosten sie 0,80 €. Ein Livekonzert auf Santiagos Obradoiro-Platz 8 €, ein Kondom 0,50 €, ein Kaffee 1 €, ein Bier 0,80 €. Genauso billig kann eine Flasche Landwein sein, wenn man sie beim Bauern kauft. Eigenen Wein bauen fast alle an. Im Restaurant legt man stattdessen zwischen 3 und 10 € hin.

Günstig sind die Busse, und noch günstiger ist das Bahnfahren, eine Fahrkarte von Pontevedra nach Santiago (60 km) kostet 3,20 €. Selbstversorger bekommen auf den Märkten besonders billig Obst, Gemüse, Brot, Muscheln und Fisch, letzteren natürlich noch preiswerter auf den Fischbörsen am Hafen. Im Supermarkt legt man glatt das Doppelte hin. Mindestens so teuer wie in Deutschland sind Käseprodukte und Schinken.

Im großen und ganzen belaufen sich die Mindestkosten am Tag für Schlafen in einem einfachen Hotel, Essen, Trinken, Fahren und Amüsieren auf 45 €.

✳ **Tip:** Seit 1. Juli 2002 kostet das Geldholen am ausländischen Bankautomaten dieselben Gebühren wie zu Hause (2 – 5 € je nach Geldinstitut).

SFr: Schweizer zahlten im Juni 2002 für 100 Euro 146, 81 SFr.

Gesundheit & Reiseapotheke

Für eine Reise nach Spanien ist eine normale Tetanusimpfung (Wundstarrkrampf) und Polioschutzimpfung zu empfehlen, die man eigentlich ohnehin haben sollte. Die eigene Krankenkasse stellt kostenlos einen *Auslandskrankenschein* (E 111) aus. Zu längeren Aufenthalten lohnt sich der Abschluß einer privaten Krankenversicherung. Nach einer Behandlung müssen Arzt- und Medikamentenkosten vorgelegt werden, die später von dem Versicherer erstattet werden. Deshalb ist es erforderlich, sich immer eine entsprechende Rechnung ausstellen zu lassen, auf der mindestens Name des Arztes, des Patienten, Diagnose, ärztliche Leistungen und Datum, Stempel und Unterschrift stehen müssen.

Bei speziellen Anfälligkeiten ist es ratsam, sich vor der Reise an den eigenen Hausarzt zu wenden und gegebenenfalls eine **Reiseapotheke** zusammenzustellen.

Infos für Behinderte

Außer den teuren Paradores (↗ Unterkunft) gibt es kaum rollstuhlgerechte Unterkünfte, das erste Haus des Turismo rural mit entsprechender Ausstattung ist die Casa Raúl in ↗ Lires an der Todesküste. Da man dieses Defizit mittlerweile erkannt hat, lohnt sich der Anruf bei *Turgalicia,* ✆ 0034/ 81-542527, ob es bereits weitere Unterkünfte dieser Art gibt.

Rompiedo Barreras Travel, Reiseagentur mit Sitz bei Madrid, ist auf Reisen für Behinderte spezialisiert: ✆ 0034/1/ 6640029, Fax 6640415, Calle Alfonso XII. 41, 28934 Móstoles.

Zur Urlaubsvorbereitung:

Mobility International Schweiz (MIS), Hard 4, 8408 Winterthur, ✆ 052/ 2226825. Gibt jährlich den »Ferienkatalog« heraus, zum Beispiel Behindertenreisen,

Diabetikerreisen, Angebote für Sehbehinderte.

Bundesarbeitsgemeinschaft der Clubs Behinderter und ihrer Freunde e.V., Eupener Str. 5, 55131 Mainz, ✆ 06131/ 225514. Erster Ansprechpartner für geeignete Begleitpersonen, praktische Hilfsmittel, Campingwagen, Finanzierungshilfen, rollstuhlgerechte Unterkünfte.

Bundesverband Selbsthilfe Körperbehinderter e.V., Altkrautheimer Straße 17, 74238 Krautheim, ✆ 06294/ 68112: Behinderte und Nicht-Behinderte erleben den Urlaub gemeinsam.

Reise- und Freizeitdienst für Behinderte und Nicht-Behinderte, Peter Grabowski, Tannenstraße 1, 63939 Wörth am Rhein, ✆ 07271/8575. Veranstaltet Gruppenreisen in alle Welt.

Studenteninitiative Behinderte e.V., Luitpoldstr. 42, 91054 Erlangen, ✆ 09131/ 205313. Vermietung rollstuhlgerechter Wohnmobile.

Verlag FMG GmbH, Postfach 1547, 53121 Bonn, ✆ 0228/616133. Reiseratgeber »Handicapped-Reisen« mit Anbietern und Organisationen.

Was mitnehmen?

Garderobe: Auch wenn Sie sich auf einen Sommerurlaub freuen, sollten Sie warme Kleidung und wetterfeste Schuhe mitnehmen. Selbst Augustnächte können an der Atlantikküste kühl werden. Ebensowenig fehlen darf eine Regenjacke. Grundsätzlich gibt es in Galicien – wo Mode gemacht wird (↗ Wirtschaft) – keine Kleidervorschriften. Daß aber eine Kirchenbesichtigung im Bikini oder in der Badehose böses Blut hervorrufen kann, versteht sich von selbst. Solche Leute werden übrigens in Santiago von eigens engagierten Sittenwächtern an die Luft vor der Kathedrale gesetzt.

Strom: Unverzichtbar ist der Südeuropastecker. Der Adapter ist für ein paar Euro in jedem Elektrogeschäft zu haben. Besonders ältere Häuser besitzen manchmal noch Stromanschlüsse mit 110 Volt. Herkömmliche Elektrogeräte funktionieren dann nur mit einem Spannungswandler (*transformador*).

Minderjährige: Reisende unter 18 Jahre, die allein unterwegs sind, sollten eine mehrsprachige und möglichst beglaubigte Einverständniserklärung der Eltern bei sich haben. Das ist zwar nicht Vorschrift, kann aber beim Umgang mit Behörden Ärger ersparen.

Autofahrer: Für die Einreise mit dem Auto oder dem Motorrad reichen der nationale *Führerschein* und der Kraftfahrzeugschein aus. Bei gewerblichen Fahrten ist ein internationaler Führerschein erforderlich. Die *Grüne Versicherungskarte,* die ohne weitere Formalitäten vom jeweiligen Autoversicherer ausgestellt wird, muß in jedem Fall mitgeführt werden.

Empfehlenswert ist der Abschluß eines Schutzbriefes beim ADAC oder anderen Automobilclubs mit entsprechendem Angebot. Der Schutzbrief kostet 33,23 €, ist ein Jahr lang gültig und gilt auch im Inland. Er erstattet die Kosten für Abschleppdienste, den Rücktransport, Mietwagen, Krankentransporte und, wenn nötig, Übernachtungen. Ähnliche Dienstleistungen bietet auch der ökologisch orien-

Reiseapotheke

❑ Insektenstiche: zur Vorbeugung ein biologisches Mittel aus dem Reformhaus, zur Linderung *Fenistil-Gel*

❑ Sonnenbrand: Wund- und Brandgel, *Soventol*

❑ Verdauungsstörungen: bei Durchfall zur Wasserbindung *Kohlekompretten* und *Tannacomp*, ansonsten viel Wasser vermischt mit Salz und Zucker trinken. Bei Verstopfung am besten viel Obst (Orangen, getrocknete Pflaumen) und Gemüse, Kleie und Leinsamen essen.

❑ Übelkeit: *MCP-ratio-Tropfen*

❑ Ohrenschmerzen: *Otalgan-Tropfen*

❑ Schmerz- und Fiebertabletten (z.B. *Paracetamol*)

❑ Sonnenschutzcreme

❑ Mittel gegen Erkältungen, Lutschbonbons gegen Halsschmerzen

❑ Pflaster, Verbandsmaterial

❑ Salbe gegen Stauchungen, Prellungen

❑ Schere, Pinzette

❑ Fieberthermometer

tierte *Verkehrsclub von Deutschland* (VCD) an.

ADAC, Am Westpark 8, 81373 München, ✆ 089/7676-0.

VCD, Kalkuhlstraße 24, 53227 Bonn, ✆ 0228/444144.

AvD, Lyoner Str. 16, 60528 Frankfurt a.M., ✆ 069/66061.

ACE, Schmidener Str. 233, 70374 Stuttgart, ✆ 0711/5067-230.

TCS, Rue Pierre Fatio 9, CH-1204 Genève,
℡ 0222/366000.
ACS, Theaterplatz 13, CH-3000 Bern 7,
℡ 031/223813.
ÖAMTC, Schubertring 1 – 3, A-1010 Wien,
℡ 01/71990.

Fotografieren & Filmmaterial

Fotografieren ist in Galicien und auf dem Jakobsweg fast überall erlaubt. In manchen Kirchen und Kathedralen hängt ein Verbotsschild, und an den militärischen Anlagen an der Küste ereifern sich Wachposten. Ansonsten gilt wie überall das eigene Abwägen zwischen Respekt und einem guten Bild.

Ein gutes Bild hängt natürlich auch vom **Film** ab. Der ist in Spanien ebenso wie die Entwicklung teurer als bei uns. Ein Farbdia-Film ist vielleicht die beste Wahl. Er ist preisgünstig und läßt sich problemlos zu Farb- oder Schwarzweiß-Papierbildern weiterentwickeln. Wer mit einer Digital-Kamera unterwegs ist, hat natürlich das geringste Problem.

Dieben vorbeugen

In Galicien läßt sich fast sorglos reisen. Nur in den großen Städten, belebten Küstenorten, auf Campingplätzen und an Stränden sind ein paar Vorsichtsmaßnahmen wie überall sinnvoll. Dokumente wie Personalausweis oder Führerschein erkennt die Polizei als Kopie an, weshalb das Original im Hotel bleiben kann. Wertsachen wie Schmuck durch Vigo spazieren zu führen, ist genauso mutig, wie in Sanxenxo vor Geldautomaten ohne einen Blick über die Schulter

Euro rauszuholen. Dennoch: das in Spanien ohnehin verbotene CS-Gas macht nur unnötig verkrampft.

Diebe brechen vorzugsweise Autos auf, in denen die teure Stereoanlage fest eingebaut, das Handschuhfach geschlossen ist, die Geldbörse auf dem Beifahrersitz liegt und die Spiegelreflexkamera auf der Hutablage blinkt. Um ihn jedoch zu überzeugen, daß der Einbruch Zeitverlust ist, könnten Sie ihm einen Merkzettel an die Windschutzscheibe klemmen: Hier weder Ausweis, noch Geld, noch Fotoapparat: »Aquí ni pasaporte, ni dinero, ni cámara«.

A propos *Fotoapparat:* überlegen Sie sich bei einer teuren Ausrüstung eine Zusatzversicherung vor der Reise. Eine Reisegepäckversicherung kommt in der Regel nicht voll für den Diebstahl auf. Notieren Sie sich die Nummern an Objektiven und Gehäusen. Eine Kopie der Nummern im Reisegepäck kann der Polizei bei Diebstahl vorgelegt werden. So haben Sie eine kleine Chance, die Ausrüstung wiederzubekommen.

Dem frustrierenden Gefühl, statt zur Geldbörse ins Leere zu greifen, läßt sich mit wasserdichten, eingenähten Innentaschen, Hosen(geld)gürteln oder Bauchgurten vorbeugen.

Reiselektüre

Pilgerführer: *Codex Calixtinus,* der Pilgerführer aus dem Jahre 1150 von Aimeric Picaud ist immer noch interessant. In Auszügen übersetzt und kommentiert findet er sich bei Klaus Herbers, *Der Jakobsweg,* Gunter Narr Verlag, Tübingen 6. Aufl. 1998, 14,90 €.

Ritual auf der Plaza Mayor in Ourense: Zeitung lesen beim Schuhputzer

Auf dem Weg nach Santiago. Auf den Spuren der Jakobspilger: Pierre Barret und Jean-Noel Gurgand liefern damit einen packenden Bericht über frühere und eigene Pilgerschaft. Herder-Verlag, Freiburg 1982, 25,50 €.

Der Umweg nach Santiago: Eine tolle literarische Einführung von Cees Nooteboom, Suhrkamp, Frankfurt am Main 1992, 12 €.

Wanderführer: *Der Jakobsweg. Reiseführer für den Pilger* von den spanischen Jakobsfreunden liegt in deutscher Übersetzung mit vielen Skizzen zur Originalroute vor. Elias Valiña Sampedro, Everest-Verlag, León 1992, 25 €.

El Camino de Santiago en Bici, Eloy Angelo, Bilbao 1990. Ausgearbeitete Tagesetappen und Grafiken zu Höhenunterschieden erleichtern Pedalrittern die Tourenplanung.

Unterhaltungsliteratur: *Mazurka für zwei Tote,* Camilo José Cela, Piper-Verlag. Der Roman des Literatur-Nobelpreisträgers von 1989 ist zur Zeit nur noch in Antiquariaten aufzutreiben. Cela kam 1916 im galicischen Iria Flavia bei Padrón zur Welt. Vor zehn Jahren schrieb er dieses derbe Spätwerk als packendes Panorama des vom Bürgerkrieg überschatteten Hinterlandes Galiciens. Er starb im Januar 2002 in Madrid.

Adega, Eine tausendjährige Historie, Ramón del Valle Inclán, Klett-Cotta. Das »archaisch wirkende Szenarium der tausendjährigen Historie der Bergbauernwelt am Ende des Jakobspilgerweges« (Übersetzer Fritz Vogelgsang) schrieb der Galicier (1866 – 1936) um die Jahrhundertwende. Eine verwaiste Leibeigene fällt in wahnhaft-frommer Verzückung auf einen Scharlatan herein und glaubt, das Gotteskind zu gebären.

Manuel Vázquez Montalbán und seine *Pepe-Carvalho-Krimis.* Die Thriller spielen zwar in ganz Spanien und vor allem Barcelona, aber der genußsüchtige Privatschnüffler Carvalho ist Galicier. Das macht seine Ermittlungen so amüsant wie bissig.

Graham Greene, *Monsignore Quijote,* dtv 2001, 9 €. Greenes im galicischen Kloster Oseira verfaßte Persiflage auf Cervantes »Don Quixote« ist die humorvollste Reiselektüre.

Lyrik: *An den Ufern des Sar*, Rosalía de Castro, Insel Verlag 1987, 24,80 €. Obwohl die Autorin die galicische Sprache förderte wie sonst niemand, schrieb sie diesen letzten Gedichtband auf kastilisch. Die Tochter eines Priesters und einer Adligen (1837 – 1885) lebte lange Zeit in Padrón (heute Museum). Die traurig-prunklose Lyrik greift galicische Themen wie die Emigration auf.

Das Vigo-Spiel

Sollten Sie mit Kindern unterwegs sein und während Ihres Urlaubs nach Vigo kommen, dann muß eigentlich dieses Spiel mit: *Vigo,* bei dem es darum geht, den sagenhaften Schatz in der Bucht von Vigo aufzuspüren und zu heben. Im Test des Deutschen Spielearchivs in Marburg wurde es als solides Familienspiel beurteilt, dem Spieler ab 10 Jahre »mehr abgewinnen als die Erwachsenen«. Den Gag können sich – meine ich – aber auch die Großen gönnen:

Vigo, Abenteuerspiel für 2 – 6 Spieler, Amigo-Verlag, ca. 20 €.

Karten

Obwohl in manchen Details ungenau, ist der *Euro-Reiseatlas Spanien/Portugal* aus dem RV-Verlag (1:300.000, Berlin 2001, 12,95 €) gut zur groben Orientierung geeignet. Vom gleichen Verlag gibt es auch eine vorder- und rückseitige Falzkarte *Spanien 1/2,* spanische Atlantikküste vom Baskenland bis Madrid und Galicien, 7,50 €.

Brauchbar sind auch die *Michelin-Karten 441* (Nordküste bis Madrid) und *442* (1:400.000), je 7,50 €.

Speziell zum **Jakobsweg** gibt es mehrere Übersichtskarten. Wanderer sind mit den Skizzen im *Everest-Pilgerführer* gut bedient. Es gibt aber auch *topographische Karten* im Maßstab 1:50.000 vom Instituto Nacional de Geografía und vom Servicio Geográfico del Ejército (Militärkarten). Sie können in der Regel vor Ort in Buchhandlungen gekauft werden, zu Hause auch in Landkartenläden bzw. guten Buchhandlungen.

Spezialist für Karten und Literatur zum Jakobsweg ist der **Versandbuchhandel** *Manfred Zentgraf,* In den Böden 38, 97332 Volkach, ✆ 09381/4492, Fax 6260.

Einreise und Zoll

Für die Einreise nach Spanien genügt der **Personalausweis,** Jugendliche unter 16 Jahren benötigen einen Kinderausweis oder einen Eintrag im elterlichen Paß. Für EU-Bürger ist der Aufenthalt zeitlich unbegrenzt.

Mitreisende **Haustiere** dürfen nicht jünger als drei Monate sein und benötigen ein amtstierärztliches Gesundheitszeugnis sowie einen internationalen Impfpaß. Das Zeugnis darf bei der

Durchreise durch Frankreich nicht älter als fünf Tage sein, die Tollwutimpfung nicht älter als ein Jahr, muß aber mindestens 30 Tage vor Grenzübertritt gemacht worden sein.

Deutscher Tierschutzbund, Baumschulallee 15, 53115 Bonn, ℗ 0228/604960.

Seit Januar 1993 ist innerhalb der EU die **Ein- und Ausfuhr von Waren** unbeschränkt. Vorsicht aber bei der Durchreise durch die Schweiz. Für Handelsbeziehungen und wirtschaftliche Aktivitäten wenden Sie sich am besten an die spanische Handelskammer:

Cámara Oficial Española de Comercio en Alemania, Friedrich-Ebert-Anlage 56, 60325 Frankfurt a.M., ℗ 069/7434810, Fax 74348122.

ANREISE NACH GALICIEN

Wer nicht fliegt, muß mit einer langen Anreisezeit rechnen. Mit dem eigenen Auto einmal quer durch Nordspanien fahren zu müssen, ist nicht nur anstrengend, sondern auch nicht gerade die billigste Anreisemethode. Aber es gibt ja noch andere Möglichkeiten.

Mit der Bahn

So umweltfreundlich das Reisen mit dem Zug auch ist – die Anreise mit dem »Unternehmen Zukunft« ist leider weder preisgünstig noch bequem. Die Deutsche Bahn gibt selbst zu, daß ausgerechnet die Anbindung an Spanien nicht gut ist. So müssen Bahnreisende von Deutschland aus für die Strecke nach Santiago de Compostela je nach Verbindung zwischen 39 und 42 Stunden Fahrtzeit in Kauf nehmen. Im besten Fall muß man »nur« 3 Mal

umsteigen, im schlimmsten Fall 7 Mal. Werden bestimmte Abschnitte in besonderen Zügen wie *TGV, Thalys* oder *Talgo* zurückgelegt, kann sich der Fahrpreis wegen der fälligen Zuschläge kräftig erhöhen. Deshalb empfiehlt sich in jedem Fall ein rechtzeitiger Anruf beim Service-Telefon der Deutschen Bahn (℗ 01805-996633), um die jeweils günstigste Verbindung für den Reisetermin herauszufinden. Zur groben Orientierung: Ohne besondere Ermäßigungen müssen Sie für die Hin- und Rückfahrt mit der Bahn von Deutschland nach Santiago mit rund 1200 € pro Person rechnen. Das macht die Bahn zur Zeit völlig unattraktiv, denn für das Geld kann man schließlich schon dreimal hin- und zurückfliegen.

Dieser schockierende Fahrpreis läßt sich allerdings durch **Sondertarife** ein bißchen drücken. Die *Bahncard* halbiert schon mal die Kosten auf der deutschen Strecke um die Hälfte – die Anschaffung nur zum Zweck dieser Reise macht allerdings auch wenig Sinn, denn sie kostet mittlerweile 140 € (18 – 22 Jahre 70 €). Interessant ist eventuell der *Euro-Domino-Tarif*. Mit diesem Netzfahrschein können Sie innerhalb Frankreichs oder Spaniens an jeweils 3 Tagen pro Monat uneingeschränkt fahren. Für Spanien kostet die Domino-Karte beispielsweise 108 € (unter 26 Jahre 82 €), jeder zusätzliche Tag 29 € (unter 26 Jahre 22 €). In Frankreich ist diese Fahrkarte teurer: 170 € bzw. 125 €. Mit ein bißchen Rechnerei und Fummelei kann man sich mit diesen Fahrscheinen einen Gesamt-Fahrpreis zusam-

REISEPRAXIS

menbasteln, der ungefähr dem eines Flug-Tickets entspricht.

Die früher beliebten *Interrail-Tickets* sind in Zonen aufgesplittet worden und deshalb für die Reise nach Galicien uninteressant. Der **Fahrrad-Transport** ist hingegen ausgesprochen preiswert: 8 € in ganz Europa. Man muß dafür den Drahtesel 10 bis 14 Tage vor Abreise als Reisegepäck aufgeben und dabei die Fahrkarte vorlegen. Achten Sie darauf, das Rad gut zu verpacken!

Reisen mit dem Hotelzug

Mit dem *Transcantábrico*, der Schmalspurbahngesellschaft FEVE, kann man in der Zeit zwischen Mai und Oktober wöchentlich ab Bilbao oder Santiago de Compostela (Buszubringer El Ferrol) neun Tage lang Eisenbahnfahren pur erleben: rund 900 km geht's tagsüber durch Spaniens Norden – dort, wo es landschaftlich nicht so interessant ist, wird mit einem Buszubringer abgekürzt – gegessen wird mal im noblen Parador, mal im urigen Berggasthof, zum Schlafen bleibt der Zug nachts stehen. Führungen, Bootsausflüge etc. Vollpension. Infos und Buchung:

Ibero Tours, Immermannstraße 23, 40120 Düsseldorf, ℡ 0211/8641530, Fax 8641519, www.iberotours.de. Pro Person im Doppelabteil 1950 €.

Autoreisezug

Die Huckepack-Fahrt mit dem Autoreisezug ist besonders für Familien eine interessante Möglichkeit, die Anreise mit dem Auto etwas nervenschonender zu gestalten. Von verschiedenen deutschen Städten aus gibt es entsprechende Verbindungen bis nach Narbonne oder Bordeaux. Das Auto wird dann beispielsweise abends gegen 18 Uhr in Düsseldorf verladen, die Fahrt verschläft man im Liegewagen und wacht morgens um 8 Uhr in Bordeaux wieder auf. In der Hauptsaison kostet der Transport des Autos von Düsseldorf nach Bordeaux beispielsweise 252 €, ein Platz im eigenen Liegewagen-Abteil 355 €. In der Nebensaison ist es erheblich günstiger: 152 € für das Auto, 213 € für den Liegewagenplatz. Es empfiehlt sich also eine frühzeitige Planung, wenn man diese Anreisemöglichkeit wählt. Alle Abfahrtzeiten und Preise sind leicht über das Internet zu recherchieren: www.autoreisezug.de. Über den Server ist auch eine direkte Buchung möglich. Ansonsten informiert ein Servicetelefon der Bahn unter ℡ 01805-241224 (8 – 22 Uhr).

Mit dem Flugzeug

Der Flughafen *Lavacolla* 12 km nordöstlich von Santiago ist mäßig an das internationale Flugnetz angeschlossen. Die Flughäfen Vigos und Coruñas sind eigentlich nur über innerspanische Flüge zu erreichen, weshalb man auf dem Weg dorthin zwangsläufig einmal das Flugzeug wechseln muß.

Direktflüge sind auch nach Santiago äußerst selten. Die Flugzeit liegt zwischen 4 und 5 Stunden.

Spanische Flieger

Die **Fluggesellschaft Iberia** bietet nach Santiago Verbindungen von

Organisierte Pilgerfahrten

Wer zu Fuß oder mit dem Fahrrad die »Anreise nach Galicien« wagt, muß sich um Maut-Gebühren, Benzinpreise, Abfahrtspläne und Fahrscheine weniger Gedanken machen. Dennoch sind die Vorbereitungen einer Pilgerreise mit einigem Organisationsaufwand verbunden. Und für so manchen ist das Wagnis, eine solche weite Reise allein anzutreten, doch etwas zu groß. Wer sich das ersparen möchte, hat die Möglichkeit, sich organisierten Pilgerfahrten anzuschließen. Das Angebot dazu ist recht vielfältig, wobei nicht alle Veranstalter den christlichen Aspekt in den Vordergrund stellen.

Den Charakter einer **Erlebnisreise** hat beispielsweise das Angebot von *Calma-Reisen*. Die Pilgerreise auf dem Jakobsweg über die von uns beschriebene Strecke dauert drei Wochen und ist eine kombinierte Rad-Wandertour mit Reisebetreuung. Unwegsame, aber reizvolle Wegstrecken werden zu Fuß zurückgelegt, während ein Begleitfahrzeug den Fahrradtransport übernimmt. Das Konzept dieser Reise beinhaltet, verkehrsreiche Straßen zu meiden. Pilgerausweise, Übernachtungen, Exkursionen, Karten und Verpflegung werden vom Veranstalter organisiert. Die Teilnehmerzahl ist auf 8 Personen begrenzt. Kostenpunkt: rund 1600 €.

Calma-Reisen, Postfach 1124, 35095 Weimar/Lahn, ✆ 06421/7596, Fax 972551. www.calma-reisen.de.

Weitere Adressen von Veranstaltern:

Biblische Reisen, Silberburgstr. 121, 70176 Stuttgart, ✆ 0711/619250, Fax 6192544, www.biblische-reisen. de. Diverse Studienreisen inkl. Reiseleitung. Jahreskatalog für Individualreisende.

Bayrisches Pilgerbüro, Dachauer Straße 9, 80335 München, ✆ 089/545811-0, Fax -69, www.pilgerreisen.de. Unterschiedliche Angebote für komfortable Wanderungen mit ausgesuchten Wanderstrecken.

Christophorus-Reisedienst, Zeppelinstraße 5b, 48147 Münster, ✆ 0251/231004, Fax 233994. Organisiert Pilger- und Bildungsreisen in verschiedenen Ländern.

Christliches Reisen, Ettaler Straße 17, 82487 Oberammergau, ✆ 0130/9300 und 08822/3031, Fax 7292.

Siddharta-Reisen, Rüdiger Krutmeyer, Holderweg 4, 79798 Jestetten-Altenburg, ✆ 07745/8079, Fax 8089: organisiert für Gruppen ab 8 Personen Pilgerfahrten auf Anfrage.

Wer vor allem das **spirituelle Erlebnis** sucht, sollte sich mit seinen Wünschen an seine Gemeinde wenden; selbst wenn dort keine Reise geplant ist, läßt sie sich ja vielleicht anregen. Dort findet man auch am ehesten Pilgerpartner. Bei der Organisation hilft ansonsten die

Deutsche Sankt-Jakobus-Gesellschaft, Harscampstraße 20, 52062 Aachen, ✆ 0241/4790127.

REISEPRAXIS

Frankfurt a.M., Berlin, Düsseldorf, Hamburg, Hannover, Köln-Bonn, München und Stuttgart über Madrid an. Mit **Spanair** kommt man (teilweise in Kooperation mit Lufthansa) von Düsseldorf, Frankfurt, Hamburg, Köln-Bonn, München und Stuttgart ebenfalls über Madrid nach Santiago.

Für das Ticket müssen Sie um 400 € rechnen. Der Flug nach Vigo oder Coruña ist nicht viel teurer, kann aber wegen der Umsteigerei länger dauern. Bis zu 100 € günstiger ist die Verbindung nach Bilbao, aber eigentlich nur dann interessant, wenn Sie Ihre Galicienreise mit einer Tour durch ganz Nordspanien kombinieren wollen. Der Flug nach Pamplona ist nicht schneller als nach Santiago und sogar meistens teurer, nach Oviedo sind die Verbindungen sehr unbequem.

Iberia informiert über die möglichen Verbindungen und Preise unter ✆ 01803-000613 (Österreich ✆ 01-79567612) Mo – Sa 8 – 21 Uhr, So 10 – 19 Uhr. Einfach und bequem geht es auch via Internet unter www.iberia.de.

Spanair bietet in Deutschland unter der Rufnummer 01805-680681 Informationen, im Internet www.spanair-deutschland.de.

Andere Möglichkeiten & Schnäppchen

Südamerikanische Fluggesellschaften wie die kolumbianische *Avianca* oder die argentinische *Lineas Argentinas* bieten häufig von Deutschland aus Flüge über den »großen Teich« an, die in Madrid eine Zwischenlandung einlegen. In Kombination mit einem günstigen innerspanischen Flug kann man sich so einen sehr günstigen Flugpreis zusammenbasteln.

Sonderangebote: Von Zeit zu Zeit offerieren die Fluggesellschaften, die Galicien anfliegen, befristete Sonderangebote zu niedrigeren als den üblichen Preisen. Dann kann man beispielsweise mit Iberia oder Spanair für unter 300 € von Deutschland nach Santiago und wieder zurück fliegen. Ob für die geplante Reisezeit gerade Sonderangebote für Flüge nach Santiago auf dem Markt sind, lässt sich im Internet der Website von *Jet-Travel* unter »Flüge« entnehmen, wo sie als Schnäppchenflüge nach Europa mit aufgeführt sind. Wenn für die gewünschten Reisetermine Plätze zur Verfügung stehen, kann man dort auch gleich online buchen.

Jet-Travel, Buchholzstr. 35, 53127 Bonn, ✆ 0228/284315, Fax 284086, info@jet-travel.de, www.jet-travel.de.

Generell ist das **Internet** ein El Dorado für Schnäppchenjäger in Sachen Flugtickets. Als Beispiel für leistungsfähige Server seien hier nur www.billigfluege.de und www.traveloverland.de genannt. Und vielleicht hat der Dumping-Anbieter *Ryan-Air* mittlerweile etwas Passendes im Angebot. Ein Blick auf die Internetseite www.ryanair.com könnte richtig Geld sparen.

✳ **Tip:** Nicht ganz außer Acht lassen sollte man auch – insbesondere in der Ferienzeit – die vielen Charterflüge nach Portugal. Von Porto nach Vigo sind es nur 135 km – und die Busfahrt kostet nicht viel.

Mitfliegen

Zwar ist das Platzangebot im Lear-Jet eines gelangweilten Managers rar – aber ein Versuch kann ja nicht schaden. Häufig haben Privatpiloten noch Platz in ihrer Maschine oder bieten sogar konkret Flüge zu beliebigen Zielen an, um mal wieder am Steuer ihrer Maschine sitzen zu können. Passagiere helfen ihnen, die Sache für sich selbst etwas günstiger zu gestalten. Ein Flug mit einer kleinen Cessna kann abenteuerlich sein und ist in jedem Fall ein Erlebnis. Gratis-Kontakte bekommt man über das Internet, und zwar unter: www.mitflugzentrale.de, www.hitchhiker.de oder www.urlaubs-hotline.de.

Mit dem Bus

Die sicher preisgünstigste Art, nach Galicien zu kommen, ist der **Europabus**. Die Fahrt dauert rund 30 Stunden. Das ist nicht gerade bequem, aber hier können Sie schon gleich zu Beginn der Reise Galegos kennenlernen, denn viele in deutschsprachigen Ländern lebende Galicier treten ihren Heimaturlaub per Bus an. Das Angebot der *Deutschen Touring GmbH* ist dabei eigentlich kaum zu toppen, denn sie bietet Dienstag, Donnerstag, Freitag und Samstag eine Verbindung aus nahezu allen größeren deutschen Städten nach Santiago an. Der Preis für die Hin- und Rückreise liegt um 220 €, Kinder unter 4 Jahren zahlen 20 % des Fahrpreises, Kinder unter 12 Jahre die Hälfte. In Aachen startet der Bus beispielsweise um 16 Uhr und ist um 21.45 Uhr am nächsten Tag in Santiago. Interessant ist diese Anrei-

So ein Esel: Läßt sich als Transportmittel und Arbeitstier ausbeuten

semöglichkeit auch deshalb, weil der Bus in fast allen wichtigen Städten Nordspaniens hält. Wer will, kann so auch bestimmte Strecken, beispielsweise am Jakobsweg, auf andere Weise, zu Fuß oder mit dem Fahrrad zurücklegen.

Alle weiteren Informationen zu Abfahrtszeiten und Preisen sind auch hier leicht über das Internet zu bekommen, unter: www.deutsche-touring.com.

Adresse: *Deutsche Touring GmbH* (Europabus), Am Römerhof 17, 60486

REISEPRAXIS

Frankfurt a.M., © 069/790350, Fax 7903219.

Mit dem Auto

Von Frankfurt a.M. bis Santiago sollten Sie wenigstens mit zwei Tagen Anfahrt rechnen. Die reine Fahrzeit ohne Pausen beträgt auf der kürzesten Strecke ungefähr 28 Stunden. Sie führt auf rund 2500 km von Frankfurt a.M. über Karlsruhe, Freiburg, Basel, Bern, Lausanne, Genf, Lyon, Montpellier, Carcassonne, Toulouse, Pau, Biarritz, Bilbao, Burgos, León, Ponferrada und Monforte (begradigt und ausgebaut ist die N 120 zwischen Burgos und León). Die Benzinkosten für einen normalen Mittelklassewagen belaufen sich dabei auf rund 250 €, die Autobahngebühren in Spanien und Frankreich je nach Route zur 80 – 100 €. Die obligatorische Vignette für die Schweizer Autobahnen kostet 40 Franken.

Sehr teuer wird es in Frankreich selbst bei relativ geringen Geschwindigkeitsübertretungen; die vorgeschriebenen 130 km/h auf Autobahnen sollten Sie einhalten. Tempo 150 kann die Reisekasse bei 200 € Strafe schon strapazieren.

Wer vom spanischen Grenzübergang Irún nach Santiago die Küste entlang fahren möchte, muß dafür mindestens 12 Stunden reine Fahrzeit einplanen. Ab Bilbao wird die Reise mühsam, ab Oviedo geht es oft über etwas schlechtere Straßen. Nicht viel schneller, aber teurer ist die Anreisealternative über Perpignan, Barcelona, Zaragoza, Madrid, Tordesillas, Ponferrada und Lugo.

Die Anfahrt mit dem eigenen Gefährt ist also keineswegs streßfrei und mit rund 350 € reinen Fahrtkosten sicherlich nicht die preisgünstigste Anreisemöglichkeit – Wertverlust, Verschleiß und laufende Kosten für das Autos nicht eingerechnet. Freilich sieht das anders aus, wenn das Auto voll besetzt ist und sich mehrere Personen die Kosten teilen.

Eine ganz andere Rechnung machen natürlich auch Wohnmobilisten auf, die schließlich später viel an Übernachtungskosten einsparen.

In jedem Fall jedoch gehen so bei An- und Abreise vier wertvolle Urlaubstage verloren. Deshalb ist gerade für einen Urlaub von nur zwei bis drei Wochen eine Kombination aus Mietwagen und der Anreise mit dem Flugzeug die günstigere Alternative.

Mitfahrgelegenheit

Das Internet hat den Mitfahrzentralen, die gegen Gebühr Mitfahrer vermittelten, zum Teil die Geschäftsgrundlage genommen. Mittlerweile existieren verschiedene Plattformen, auf denen Angebote und Gesuche gratis einzugeben und abzurufen sind. Von Lkw-Fahrern bis zu Alleinreisenden, von Geschäftsleuten bis zu Studenten mit Zeit aber ohne Geld tummelt sich alles auf den Seiten, was irgendwie nach Spanien fährt oder fahren will. Ein Blick lohnt sich auf jeden Fall. Was die Mitreise kostet, ist meistens Verhandlungssache: www.mitfahrzentrale.de oder www.mfz.de sind zur Zeit die gängigsten Server dieser Art.

REISEPRAXIS VOR ORT

In diesem Abschnitt finden Sie alle nötigen Informationen, die man in einem fremden Land so braucht. Hier wird Ihnen zum Beispiel verraten, wie Sie im Notfall auch ohne Geld nach Hause telefonieren können, wieviel Luxushotels und einfache Herbergen oder der Campingplatz und das abendliche Vergnügen kosten oder wie Sie von Ort zu Ort kommen.

Öffnungszeiten

Galicien unterscheidet sich darin überhaupt nicht vom Rest Spaniens. Behördengänge sollte man stets vor 14 Uhr erledigt haben, Märkte sind ebenfalls vormittägliche Angelegenheiten.

Geschäfte: In der Regel öffnen die Läden von Montag bis Samstag zwischen 9 und 10 Uhr und machen meist zwischen 13.30 und 17 Uhr Mittagspause. Danach sind bis 20 Uhr wieder alle geöffnet. Es ist aber nicht selten, daß vor allem kleine Läden bis kurz vor Mitternacht noch Käufer erwarten.

Banken: Publikumsverkehr von Montag bis Freitag zwischen 8.30 und 14.30 Uhr, Samstag 8.30 bis 12.30 Uhr.

Post: Geöffnet Mo – Fr 9 – 21 Uhr, Sa 9 – 14 Uhr. In kleineren Orten meist nur vormittags.

Kirchen und Klöster: Außer touristisch sehr attraktiven sind Kirchen oft nur während der Messen – vorsichtig und leise – zu besichtigen. Feste Öffnungszeiten bei Klöstern sind in den Ortsbeschreibungen jeweils angegeben, ansonsten muß man auf sein Glück vertrauen.

Entlang dem Jakobsweg sind die meisten Klöster wie auch die Museen montags geschlossen. Auch dort haben wir jeweils die Zeiten angegeben, sofern sie einer Regel unterliegen.

Feiertage

Abgesehen von den örtlichen Festtagen, von denen unter ↗ »Kultur & Küche« bereits die Rede ist, und weiteren lokalen Festen, auf die in den Ortsbeschreibungen hingewiesen ist, gibt es natürlich noch die teils nationalen Feiertage, an denen Geschäfte und Behörden geschlossen haben:

1. Januar: *Año Nuevo*, Neujahr
6. Januar: *Reyes Magos*, Dreikönigstag
1. Mai: *Fiesta del Trabajo*, Tag der Arbeit
24. Juni: *San Juan*
29. Juni: *Peter und Paul*
25. Juli: *Festa Xacobeo*, Fest des Heiligen Jakobus, Schutzpatron Spaniens
15. August: *Asunción de la Virgen*, Mariä Himmelfahrt
12. Oktober: *Día de la Hispanidad*, Tag der Entdeckung Amerikas
1. November: *Todos los Santos*, Allerheiligen
6. Dezember: *Día de la Constitución*, Tag der Verfassung
8. Dezember: *Inmaculada*, Mariä Empfängnis
25. Dezember: *Navidad*, Weihnachten.
Bewegliche Feiertage sind Karfreitag bzw. die Karwoche (*Semana Santa*) und Fronleichnam (*Día del Corpus*).

Wer den Cent nicht ehrt ...

Geld

Empfehlenswert ist die Mitnahme einer **Kreditkarte,** mit der man an allen mit *telebanco* gekennzeichneten Automaten problemlos Geld abheben kann; *Visa* und *American Express* sind in Spanien am weitesten verbreitet. Mit einer *Eurocheque-Karte* bekommt man selbst in kleinen Ortschaften Geld aus dem Automaten.

Mit der *Postbank SparCard,* der Nachfolgerin des Postsparbuches, kann man in vielen Postämtern abheben und an Bankomaten, die das Visa-Symbol tragen. Die ersten 4 Buchungen sind gebührenfrei, jede weitere kostet 5 €.

Den **Verlust von Scheck- oder Kreditkarte** möglichst schnell melden und Kreditkarte/Schecks sperren:

Zentralen Annahmedienst für Verlustmeldungen, Frankfurt a.M., ✆ (0049) 069/747700. Oder bei Ihrem Geldinstitut.

Wenn die Reisekasse futsch ist, bleibt noch die **telegrafische Postanweisung,** die höchstens zwei Tage dauert. Die Gebühr beträgt mindestens 8 €, die der Auftraggeber zusammen mit der Gesamtsumme bezahlen muß; die Auszahlung ist gebührenfrei. Bei fester Adresse wird das Geld an die Haustür gebracht.

✳ **Tip:** Trotz des Euro gibt es in Galicien noch eine andere Währung: die *Corona.* Im Umlauf ist sie nur südlich von Ourense in einem Kinderstaat mit Namen ↗ *Bemposta.* 33 Coronas entsprechen etwa 1 €.

Post und Telefon

Briefmarken sind bei den Postämtern und in den Tabakläden *(estancos)* erhältlich. Die Portogebühr für einen normalen Brief bis 20 Gramm in ein anderes EU-Land beträgt 50 Cent, in andere Länder (z.B. in die Schweiz) 75 Cent. Innerhalb Spaniens kostet der Brief 25 Cent. Die gleichen Preise gelten für Ansichtskarten. Postlagernde Briefe *(lista de correos)* kann man unter Vorlage des Personalausweises abholen. Absender sollten darauf achten, den Nachnamen des Adressaten deutlich zu schreiben. Wird die Sendung nicht abgeholt, gelangt sie drei Monate später zurück zum Absender.

Telefonieren

... in Spanien ist teuer, das Telefonnetz der privaten Betreibergesellschaft *Telefónica* ist aber hochmodern. In den öffentlichen Telefonzellen hängen zwar stets die Vorwahlnummern für die ganze Welt aus, doch muß man bei einem Auslandsgespräch ständig Münzen nachwerfen. Da lohnt es sich schon eher, die *Telefonzentralen* aufzusuchen (in den Ortsbeschreibungen angegeben), die zu den üblichen Geschäftszeiten geöffnet sind und wo man nach dem Gespräch zahlt.

Telefonieren auf Kosten des Angerufenen: Unter der ☏-Nummer 900/99/0049 ist der Operator von Deutschland-Direkt zu erreichen. Dieser Service der deutschen Telekom ermöglicht es, vom Ausland aus R-Gespräche zu führen (R-Gespräch: *cobro revertido*). Man kann die Gesprächskosten auch von der eigenen Telekarte abbuchen lassen.

Vorwahlen

Für Gespräche von Galicien nach Mitteleuropa wählen Sie zunächst die internationale Vorwahl 00 mit der jeweiligen Landeskennzahl, die Vorwahl Ihres Ortes ohne die Null am Anfang und schließlich die Teilnehmernummer.
Deutschland: 0049
Schweiz: 0041
Österreich: 0043

Vorwahl nach Spanien: 0034. Daran wird die jeweilige Provinzvorwahl angehängt, die ich bei den Telefonnummern stets mitangegeben habe, und dann die Teilnehmernummer gewählt: 0034-981-...

Telefonieren in Spanien

A Coruña 981-...
Pontevedra 986-...
Ourense 988-...
Lugo 982-...
Mobiltelefon: 6-...
Telefonauskunft in Spanien: 003
Telefonauskunft International: 025
Zeitansage: 093
Weckdienst: 096

Ein Gespräch nach Deutschland ist mehrfach teurer als umgekehrt. Wer seinen Geldbeutel schonen will, sollte erst nach 22 Uhr in Deutschland anrufen. Ab dieser Uhrzeit bis 8 Uhr gilt der reduzierte Tarif. Sondertarife für Sonn- und Feiertage gelten ab 18 Uhr. Tagsüber kostet ein Telefonat in EU-Länder pro Minute etwa 1 € ab 22 Uhr 0,85 €. Vorsicht: Bei Telefonaten vom Hotel aus kann man den dreifachen Gebührensatz in Rechnung gestellt bekommen.

Touristenbüros

In größeren Orten hat die galicische Regierung immer eine Hütte aufgestellt oder sogar ein richtiges Büro eingerichtet. Zudem bemühen sich die einzelnen Regionen um ein breites Informationsangebot. Die bereits eröffneten Infozentren sind in den Ortsbeschreibungen angegeben. In der Regel bekommt man dort brauchbare Stadtpläne und Hilfe bei der Suche nach Unterkünften; oft jedoch nur auf Spanisch bzw. Galicisch.

Medien

Wer spanisch liest, kann auf einige galicische **Tageszeitungen** zurückgreifen. Unter den größeren ist die »Voz de Galicia« besonders empfehlenswert. Internationale Nachrichten sind ausführlich, die Kulturmeldungen, Veranstaltungen und regionale Tips (bis hin zu Abfahrtszeiten auf Seite 2) sind sorgfältig recherchiert und gut aufgemacht – und auch für Spanischunkundige zu entziffern. Für die Voz schreibt der angesehene Schriftsteller Alfredo Conde.

In Galicien verbreitet sind auch »Faro de Vigo« und der »Correo Gallego«. Immer häufiger erscheinen Artikel auf galicisch, weil die Landesregierung dies finanziell unterstützt. *Deutschsprachige Zeitungen* werden mit einem Tag Verspätung nach A Coruña, Pontevedra und Santiago de Compostela geliefert. Dort bekommen Sie unter anderen auch den »Spiegel«. Deutschsprachige Bücher gibt's kaum.

Wegen ihrer Programmhinweise und zahlreicher Adressen (Restaurants, Kneipen) sind die **Stadtmagazine** nützlich: In Santiago »Guía de Compostela«, in Ourense »Or«, in Vigo »Metrópolis«. Sie kosten je um 1 €.

Radiohörer empfangen bei klarem Himmel auf Kurzwelle die *Deutsche Welle* (6075 MHz 24 Std, 9545 MHz tagsüber), das *Schweizer Radio Inter-*

national (6165 und 9535 MHz) und *Radio Österreich International* (6155 und 13.730 MHz).

VON ORT ZU ORT

Wer besonders gerne im Überlandbus seine Beobachtungen macht, stößt in Galicien auf ein breites Verkehrsnetz. Aber wer trampt, steht sich die Beine in den Bauch. Der folgende Überblick gibt Ihnen eine Orientierung, wie Sie preiswert und erlebnisreich Galicien bereisen können. Genauere Angaben zu Abfahrtzeiten von Bahn und Bus finden Sie in den Ortsbeschreibungen.

Bahn

Die Bahnverbindungen sind nicht ganz so gut und dicht wie die der Busse, dafür sind die Preise niedriger: Der Bahn-Kilometer kostet je nach Entfernung und Strecke etwa 0,06 – 0,10 €. Bei Kauf von Hin- und Rückfahrtticket etwa 10 % billiger. Eine Fahrt von Santiago nach A Coruña kommt so auf nur 3,20 €, ist damit etwa halb so teuer, aber auch zwanzig Minuten langsamer als der Bus. Das gilt generell für alle Strecken. Faltblätter mit den regionalen Zugverbindungen sind an vielen Bahnhöfen kostenlos zu haben, ↗ unter den Ortsbeschreibungen.

Wer mit dem Zug **längere Strecken** zurücklegen will, sollte einen Netzfahrschein erwägen: Mit dem *Spain-FlexiPass* darf man alle Züge Spaniens benutzen, und zwar innerhalb von zwei Monaten an 3 – 10 Tagen. Zahlbar in US$, Kurs zur Zeit 0,99 € = 1US$: 3 Tage in der 2. Klasse kosten 155 US$, 6 Tage 245 $, 10 Tage 365 $.

Mit dem *Iberic Rail Pass* ist auch Portugal im Paket, allerdings nur 1. Klasse; 3 Tage 205$, 6 Tage 340 $, 10 Tage 520 $. Das *Euro-Domino-Ticket* ist einen Monat gültig und kann zwischen 3 (108 €) und 8 Tagen (248 €) benutzt werden.

✳ **Tip:** Eine der besonders schönen Zugfahrten führt entlang dem Miño-Fluß an der portugiesischen Grenze vom mittelalterlichen Tui nach ↗ Ribadavia.

Bus

Die **Überlandbusse** haben ein dichteres Verkehrsnetz als die Bahn, sind schneller und geringfügig teurer. Es ist preislich und zeitlich gar kein Problem, Galicien per Bus zu erkunden. Während die Städte gut und zuverlässig angefahren werden, fungieren an manchen Küstendörfern und im Landesinnern Bäckereien und Apotheken als Bushaltestellen, die im Schaufenster kleine Zettel (mit oft veralteten) Abfahrtszeiten hängen haben. Aber auch auch dort sind die Verbindungen häufig.

Ortsbezeichnungen innerhalb Galiciens ...

... sind in diesem Buch fast immer auf galicisch angegeben, wie auch in den meisten Landkarten und auf Hinweisschildern. Dies galt lange nicht für Ausnahmefälle, bei denen sich in der Region die kastilische Bezeichnung durchgesetzt hatte, wie bei *La Coruña*. Mittlerweile ist jetzt auch hier die offizielle Bezeichnung *A Coruña*.

Fernbusverkehr: Die Busfahrt von Santiago nach Barcelona kostet 55 €, die Busfahrt nach Madrid 34 €. Sämtliche Verbindungen und Preise im Fernverkehr sind über www.alsa.es leicht zu recherchieren.

Die **Fahrradmitnahme** im Gepäckfach ist bei Nachfrage möglich, bei einigen Gesellschaften nur gegen Aufpreis. Der Drahtesel wird meist als großes Paket angesehen.

Fähre

Private Fährgesellschaften laufen Strände und Inseln an, die Preise sind recht unterschiedlich (in den Ortsbeschreibungen aufgeführt). So fahren in A Coruña vom Hafen nahe der Puerta Real Boote zum Strand Playa Santa Cristina Boote für 2,50 €, eine Fahrt von Vigo zu den Cíes-Inseln kostet dagegen 14 €.

Mietwagen

Bei einem Kurzurlaub, oder wenn nur Kurztrips von einem Ort aus auf dem Reiseprogramm stehen, ist ein Mietwagen wesentlich preiswerter als die Anreise mit dem eigenen Gefährt. Überlegen Sie sich gut, ob nicht bereits vor Urlaubsantritt ein Wagen gebucht werden soll. Für eine Woche ist ein Kleinwagen für etwa 420 € inklusive Vollkasko und aller gefahrenen Kilometer mieten (z.B. bei *Avis* in Santiago). Bei längerer Mietdauer verringern sich die Kosten nochmals. Das Mindestalter für den Fahrer beträgt 21 Jahre, der Führerschein muß seit einem Jahr gültig sein. Bei *Avis*, ℗ 0130/7733, und *Europcar*, ℗ 0130/2211 (24-Stunden-Service), kann man die aktuellen Mietpreise zum Nulltarif erfragen. Mietwagen können direkt über das Reisebüro reserviert werden.

✳ **Tip:** Für Portugal gelten wesentlich niedrigere Tarife.

Bei den **örtlichen Autovermietern** zahlt man für einen *Kleinwagen* pro Tag rund 40 – 50 € ohne die gefahrenen Kilometer. Selten werden in Galicien *Motorräder* zum Verleih angeboten, die Preise dafür schwanken zwischen 50 € für eine große Maschine und etwa 20 € für ein besseres Moped.

Verkehrsregeln

Innerhalb von Ortschaften gilt die *Höchstgeschwindigkeit* von 60 km/h, auf Landstraßen 90 km/h, auf Kraftfahrstraßen 100 km/h, auf Autobahnen 120 km/h. Bei Geschwindigkeitsübertretungen versteht die *Guardia Civil* auch bei Touristen keinerlei Spaß und ist für drakonische Geldstrafen bekannt. Das Abschleppen durch Privatwagen ist nicht erlaubt.

Trampen

Es ist nicht sonderlich verbreitet, in Galicien »den Daumen zu machen«. Wenn es nicht gerade kurze Strecken zum nächsten Strand sind, ist man mit öffentlichen Verkehrsmitteln wesentlich besser bedient. Wer es trotzdem versucht, muß sich über stundenlange Wartezeiten nicht wundern.

UNTERKUNFT

Über die **aktuellen Preise** für Hotels, Pensionen und Campingplätze informiert das jährlich neu erscheinende Heft »Guía de Alojamientos Turísticos de Galicia«, das es kostenlos in den Tourismusbüros gibt. In der Hochsaison im Juli und August steigen die Preise für Unterkünfte gelegentlich bis auf das Doppelte an. In der Regel bekommt man aber auch dann noch ein Zimmer.

Reservieren ist besonders dort nötig, wo gerade gefeiert wird: beispielsweise in Santiago zwischen dem 24. und 31. Juli während des Festes zu Ehren des Heiligen Jakobus, oder in A Coruña während des Festmonats August und naturlich auch während Sanfermínes 6. – 14. Juli in Pamplona.

Die Küste ist touristisch wesentlich besser erschlossen als das Landesinnere. Dort sind Campingplätze und Hotels deshalb häufiger. Hotelbunker wie an der Costa Brava setzen sich in Galicien nach wie vor nicht durch. Besonders in billigeren Hostals und Pensionen sollten Sie auf einen fairen **Preis** achten. Wenn man Sie erst nach Ihrer Nationalität fragt und dann erst den Preis für die Nacht nennt, ist dies schon ein Warnsignal. Portugiesen sind für die Galicier arm, Nordeuropäer reich, und demnach werden gelegentlich die Preise geradezu abenteuerlich variiert. Hotel- und Pensionsbesitzer müssen aber die staatlich überprüfte Preisliste im Zimmer auf

hängen. Bei großen Unstimmigkeiten beschweren sich manche bei den Fremdenverkehrsämtern, anderen ist dafür die Zeit zu schade, sie suchen sich gleich eine andere Unterkunft.

Besonders in der Hochsaison bieten **Privatleute** in den größeren Städten an Bahnhöfen oder größeren Plätzen Touristen schwarz und oft günstig Zimmer an. Sie sind der Graus der steuerzahlenden Hotel- und Pensionsbesitzer, die manchmal mitansehen müssen, wie ihnen ihre Kundschaft direkt vor der Haustür weggeschnappt wird.

Hotels und Pensionen

Die Art der Unterkunft erkennen Sie zunächst an einem hellblauen Schild mit weißer Aufschrift. Ein H mit einem bis fünf Sternen bezeichnet die Kategorie vom einfachen bis zum ganz luxuriösen Hotel, zu denen auch die *Paradores* als staatliche Nobelunterkünfte zählen. Eine *Hotel-Pension* (HR) oder ein *Hostal* (Hs) sind in der Regel einfacher und meist billiger als ein Hotel. Ein Hs reicht von der einfachen *Fonda* (F) bis zum 3-Sterne-Hostal, ein HsR kennzeichnet ein Hostal mit angegliedertem Restaurantbetrieb. Ein P bedeutet *Pension*.

Hinweis zur Benutzung dieses Buches: In den Ortsbeschreibungen werden Unterkünfte nach unterschiedlicher Qualität und Preisklasse beschrieben. Ich habe für Sie *Doppelzimmer* (DZ) und die Preise in der *Hauptsaison* (HS) aufgeführt. Als Alleinreisender und in der Vor- und Nachsaison (NS) darf daher mit günstigeren Preisen gerechnet werden, zum Teil mit mehr als der Hälfte des DZ-Preises.

Kategorien & Preise

★★★★★ Luxus-Hotel oder Parador mit Spitzenkomfort. Preisbeispiel: Ein Doppelzimmer im Parador *Reyes Católicos*, Santiago de Compostela, DZ/HS pro Nacht rund 160 €.

★★★★ Gehobenes Hotel erster Klasse. Preise pro Nacht und DZ von 80 € an aufwärts.

★★★ Mittelklassehotel oder Hostal mit Preisen zwischen 40 und 80 €.

★★ Um 40 €, meist sauber mit mittlerem Komfort.

★ Zimmer zwischen 12 und 40 € sehr unterschiedlicher Qualität, Bad in der Regel außerhalb der Zimmer, die nicht immer sehr sauber sind. Besser vorher angucken. Meist familiäre Atmosphäre. Hiervon habe ich die meisten Zimmer selbst gesehen und in den Ortsbeschreibungen häufiger aufgeführt als die teureren Unterkünfte, die einen gewissen Standardkomfort ohnehin gewährleisten.

Galiciens Paradore

Unter den staatlichen Edelherbergen in Galicien ist Santiagos Parador am prunkvollsten, Villalbas Turm am kuriosesten und Ribadeos Neubau am preiswertesten. Kulinarisch bieten natürlich alle Spitzenqualität sowie galicische Spezialitäten. Wo auch immer Sie einkehren wollen, buchen Sie so früh wie möglich. Besonders in Baiona und Santiago herrscht großer Andrang.

Baiona: *Parador Conde Gondomar* in der aufs Meer hinausragenden Festung Monte Real, ☎ 986-355-000, Fax -076, DZ ab 100 €.

Cambados: *Parador de Cambados* in einem komfortablen Pazo aus dem 17. Jahrhundert an der Ría de Arousa, Paseo Calzada s/n, ☎ 986-542250, Fax -542068, DZ ab 82 €.

Ferrol: *Parador El Ferrol* ein ehemaliger Adelssitz mit ausgesprochem maritimen Flair, Almirante Fernández Martín s/n, ☎ 981-356720, Fax -356721, DZ ab 75 €.

Pontevedra: *Parador Casa del Barón* in einem Renaissancepalast aus dem 16. Jahrhundert, Plaza Maceda s/n, ☎ 986-855800, Fax -852195, DZ ab 82 €.

Die Klosterruine von Mélon verfällt, aber es gibt Pläne, auch sie zum Hotel zu machen

Ribadeo: *Parador de Ribadeo* In einem neuen Gebäude mit Weitblick über die Ría, Amador Fernández 7, ℂ 982-100825, Fax -128346, DZ ab 87 €.

Santiago: *Hostal de los Reyes Católicos* in einem ab 1499 erbauten Palast. Plaza del Obradoiro 1, ℂ 981-582200, Fax -563094, 160 €.

Tui: *Parador de Tui,* hoch gelegen mit Blick auf Tui und Valença, Avenida de Portugal s/n, ℂ 986-600309, Fax -602163, DZ ab 70 €.

Verín: *Parador de Verín,* direkt an der Burg Monterrei mit Parkanlage, ℂ 988-410075, Fax -412017, DZ ab 70 €.

Villalba: *Parador de Villalba,* die kleinste Nobelherberge (8 Zimmer) in einem ehemaligen Schloßturm aus dem 15. Jahrhundert, ℂ 982-510011, Fax 510090, DZ ab 90 €.

Aktuell: Zur Zeit werden zwei Baudenkmäler zu Paradores umgebaut: der ↗ Convento San Vicente in Monforte de Lemos und das ↗ Kloster San Esteban de Ribas de Sil.

Buchung: Die Paradores sind buchbar in jedem Reisebüro mit *Ibero-Tours*-Vertretung und bei *IHR,* Ibero-Hotelreservierung GmbH, Immermannstraße 23, 40210 Düsseldorf, ℂ 0211/86415-30, Fax -39, parador@ibero.com. Dort sind die Preise günstiger als bei der Vor-Ort-Buchung und es gibt Rundreise- bzw. günstige Wochenarrangements.

Internet: Unter dem jeweiligen Stadtnamen und …@parador.es können eMails direkt an die Hotels verschickt werden.

Pazos & Turismo rural

Eine interessante Alternative sind die mittlerweile zahlreichen privaten Übernachtungsangebote, die das galicische Tourismusamt unter dem

Stichwort **Turismo rural** anbietet. Ob man sich in einem *Pazo* des ehemaligen galicischen Adels verwöhnen lassen möchte, mit den Hausherren zu Abend ißt und über Familiengeschichten beim Glas Wein plaudert, oder einfach ein ganzes Häuschen oder Apartment *(Casa de Residencia)* auf dem Lande mietet – das Angebot ist sehr vielfältig. Eine gute Möglichkeit, Land und Leute besser kennenzulernen, Traditionen zu erleben und ein wenig vom galicischen Alltag mitzubekommen, bieten auch die Unterkünfte in den Bauernhäusern *(casas de labranza)* und den Landhäusern *(casa de aldea)*.

Die Häuser sind meistens hervorragend ausgestattet und bieten einen gediegenen Komfort. Die Preise für ein DZ bewegen sich zwischen 20 und 90 € mit Frühstück. Einige umgebaute Landhäuser eignen sich besonders für den Urlaub mit der Familie und bieten beispielsweise eine Küche für die Gäste an. Mittlerweile kann der Galicienreisende in mehr als 300 ländlichen Gästehäusern unterkommen und dort seinen speziellen Interessen, wie z.B. Fahrradfahren, Wandern, Angeln, Rafting, Reiten oder dem Garnichtstun nachgehen.

Alle Gästehäuser haben gemeinsam, daß die Gäste bei gutem Service aufmerksam, aber nicht aufdringlich betreut werden. Auch wenn man sich meistens mit Händen und Füßen verständigen muß, man wird auf jeden Fall herzlich aufgenommen. Dennoch sind Spanischkenntnisse von Vorteil.

Beim Turismo rural handelt es sich insgesamt um eine sehr attraktive Alternative zur Hotelübernachtung, zumal der Service ganz auf individuelle Bedürfnisse abgestimmt ist. Falls entsprechende Unterkünfte in der Nähe liegen, weisen wir in den Ortsbeschreibungen darauf hin. Weil die Häuser nur 2 – 10 Zimmer anbieten, empfiehlt es sich, frühzeitig zu reservieren. Über die Fremdenverkehrsämter können Sie den aktuellen »Guía de turismo rural« (Reiseführer für den Landurlaub) beziehen, in dem alle wichtigen Informationen zu den Unterkünften zu finden sind (auch in deutscher Sprache).

Zentrale Reservierung ist recht einfach und wird von *TurGalicia* direkt bestätigt: ✆ 0034-(9)81-542527 (drei Leitungen), oder via Internet: www.turgalicia.es.

Besonders empfehlenswerte Häuser des Turismo rural

Weitere Häuser in den Ortsbeschreibungen.

Santiago: *Pazo Cibrán,* San Julián de Sales, 15885 Vedra, ✆ & Fax 981-511515. Wunderschönes Sommerhaus einer betuchten Familie aus Santiago. Die sympathische Hausdame Carmen kümmert sich persönlich um das Wohlergehen der Gäste. Gerne trinkt sie das ein oder andere Glas Wein mit. Der Pazo liegt nur 10 km von Santiago entfernt. DZ 78 €.

Casa Grande de Cornide, 15886 Calo, ✆ 981-805599, Fax -805751. DZ 78 €. Etwa 15 km Richtung A Estrada (C-541) von Santiago entfernt.

Casa de Brandariz, 15819 Dombodán, ✆ 981-518262, -508090, Fax -500990. Wunderschön restaurierter Bauernhof. Die Küche des Hauses ist für ihr gutes Essen in der ganzen Umgebung bekannt. DZ 36 €. Etwas abgelegen in Dombodán, 6 km von Arzúa entfernt (von Santiago auf der N-547 Richtung Lugo).

A Coruña: *Pazo Macenda,* Macenda-Crendes, 15318 Abegondo, ✆ 981-669370, Fax -669264. Wunderschön restaurierte, luxuriöse Villa in der Nähe von La Coruña. In der Nähe eines Stausees. DZ zwischen 60 und 90 €.

Ría Arousa: *Os Muíños,* 15984 Rianxo, ✆ & Fax 981-863374. In einer alten Mühle. DZ 42 €. In der Nähe der Ría Arousa gelegen. Zwischen Boiro und Padrón (C-550) in O Araño.

Casa da Calzada, 15930 Boiro, ✆ 981-863350. Einfaches Landhaus in der Nähe der Ría de Arousa, zwischen Boiro und Padron (C-550), Abzweig Ponte Beluso Richtung Bealo. DZ ab 24 €.

Todesküste: *Casa Raúl,* 15139 Lires, ✆ & Fax 981-748156. Ehemaliger Bauernhof in herrlicher Umgebung an der Todesküste, sehr familiär. Neuerdings auch mit einem behindertengerecht eingerichteten Apartment. DZ 24 €, Apartment 48 €. In der Nähe von Cee (3 km C-552 Richtung Vimianzo, dann 7 km über Pereiriña nach Lires).

Campingplätze

… gibt es vor allem an der Küste reichlich. Regelrechte Kolonien parzellierter Wiesen haben sich östlich von A Coruña und an den Rías Arousa, Pontevedra und Vigo gebildet. Die Ausstattung ist in den meisten Fällen gut bis sehr gut, die drei offiziellen Kategorien sind allerdings wenig aus-

REISEPRAXIS

sagekräftig. Ein Platz der Kategorie 2 kann unter Umständen mehr bieten als einer der Kategorie 1. In dieser Hinsicht gibt es auch preislich kaum Unterschiede; die von uns aufgeführten Campinglätzen sind daher unabhängig von den offiziellen Kategorien beschrieben.

An der weniger besuchten Nordküste kostet die Übernachtung manchmal ein Drittel weniger als beispielsweise an den Rías Bajas.

Ich habe einheitlich den **Preis** für *zwei Personen, Auto und Zelt* (2 PAZ) angegeben. In der Regel kostet eine Campingnacht etwa 12 – 14 €. Viele Plätze sind nur im Sommer geöffnet.

Jugendherbergen
… sind in Galicien eine Rarität. Die folgenden sind alle in der nächsten Zeit benutzbar; sie sind ganzjährig geöffnet. Ein JH-Ausweis ist erforderlich, er ist erhältlich bei:

Souvenir-Tips
Abseits der compostelanischen Souvenirmeilen mit ihren piependen Mini-Dudelsäcken, Pilger-Accessoires und Plastik-Hórreos wird in Galicien noch viel traditionelles Kunsthandwerk ausgeübt, von dem das eine oder andere Stück ein nettes Mitbringsel sein kann. Direkt in Santiago empfiehlt sich ein Blick in die Auslagen der *azabachería,* wo der *Gagatstein* (schwarze Pechkohle) zu Schmuck verarbeitet wird. Gagat war besonders im Mittelalter ein beliebter Modeschmuck. Berühmt sind die *handgearbeiteten Spitzen* aus Camariñas an

In der Töpferwerkstatt in A Coruña

Tobias Büscher

Deutsches Jugendherbergswerk, Bismarckstraße 8, 32756 Detmold, ✆ 05231/74010; Jugendliche bis 26 Jahre 10,50 €, Familienausweise und Senioren 18 € pro Jahr.

Die Preise sind einheitlich geregelt: Gäste zwischen 14 und 30 Jahren zahlen 5 €, ab 30jährige 11 €, Familien 22 € und Besucher ohne Altersgrenze 18 €.

Sada: *Gandarío,* am gleichnamigen Strand, ✆ 981-791005, Fax -794217 (besser zwei Tage vorher anmelden).

Marina Española, Corbeiroa s/n in Bergonda, ✆ 981-624202, Schwimmbad, Restaurant, Pingpong.

Vilanova: geschlossen.

Lugo: *Eijo Garray R.J.*, Pintor Corredoira 4, ✆ 982-220450, -230524, 100 Plätze.

Hermanos Pedrosa, Pintor Corredoira 2, ✆ 982-223726.

Ourense: *Florentino Lopez Cuevillas,* A. Pérez Serantes 2, ✆ 988-252412, 60 Plätze, für Behinderte geeignet.

Vigo: *Altamar,* Cesáro Gonzalez 4, ✆ 986-290808, Fax -211595. 86 Plätze, geeignet für Behinderte.

Pilgerherbergen

Die Übernachtung in den rund 80 Pilgerherbergen (*refugios*) entlang dem Jakobsweg ist gratis, gelegentlich wird sogar ein kostenloses Frühstück oder Abendessen serviert. Traditionell sind sie den Fußwanderern und Fahrradpilgern vorbehalten, die sich dort von einer anstrengenden Tagesetappe ausruhen oder auch einige Tage in der Herberge ihre Blessuren und Blasen an den Füßen kurieren können. Die Ausstattung der Unterkünfte, die

der Todesküste. Für ein kleines Deckchen muß man aber wenigstens 30 € berappen.

Billiger sind zum Beispiel kleine Amulette aus den nicht weniger berühmten *Keramikorten* Sargadelos und O Castro. Ein dort hergestelltes Kaffee-Service kann freilich auch schon ein kleines Vermögen kosten. Diese wertvollen Stücke stehen in galicischen Vitrinen an ähnlich exponierter Stelle wie in Deutschland Omas gutes Meißner. Sehr typisch sind die *Tonwaren,* die in den Orten Buño und Niñodaguia entstehen. Am preiswertesten sind sie natürlich in den kleinen Werkstätten selbst zu kaufen.

Wer ein Faible für *Korbwaren* hat, sollte sich einmal in Vigo in der nach diesem Handwerk benannte Gasse Cesteiros umgucken. Vielfach stammt die angebotene Ware dort jedoch aus südostasiatischer Produktion. Unbegründet sind derartige Befürchtungen in dem Dörfchen Vilariño Frío, das für seine *Schuhe aus Birkenholz* bekannt ist.

Um die gesamte Palette galicischen Kunsthandwerks zu begutachten, ist aber nicht immer eine lange Reise nötig. Bei den **Kunsthandwerksmessen** während des *María-Pita-Festes* von A Coruña oder Ende August in Santiago ist von allem etwas dabei. Welche Geschäfte galicisches Kunsthandwerk verkaufen, habe ich auch in den Ortsbeschreibungen angegeben.   ◄

REISEPRAXIS

meist von ehrenamtlichen Helfern und Helferinnen – oder im Falle der Hospize von Geistlichen – geführt werden, ist spärlich: Geschirr ist in der Regel vorhanden, Decken oder einen Schlafsack sollte jeder dabei haben. Manchmal, wie in Cebreiro, besteht die Pilgerunterkunft auch nur aus einer einfachen Hütte, deren Boden mit Stroh ausgelegt ist. Da sich die Adressen der Herbergen vor allem in den Dörfern von Jahr zu Jahr ändern, wird jedes Jahr ein aktuelles Verzeichnis erstellt, daß man bei Antritt der Reise ab spanischer Grenze im Tourismusbüro von *Roncesvalles* und in den meisten Pilgerunterkünften erhalten kann. Eine aktuelle **Liste der Refugios** kann auch angefordert werden bei der:

Deutschen Sankt-Jakobus-Gesellschaft, Harscampstraße 20, 52062 Aachen, ✆ 0241/4790127.

Die Jakobus-Gesellschaft hilft Pilgern nicht nur bei den praktischen Belangen der Reisevorbereitung, sie vermittelt unter anderem auch Adressen von deutschsprechenden Geistlichen, die die Pilger unterwegs seelsorgerisch betreuen. Außerdem gibt die Jakobus-Gesellschaft alle halbe Jahre die Zeitschrift »Sternenweg« heraus, in der Ankündigungen und Veranstaltungshinweise etc. enthalten sind.

Deutsche Jakobsvereinigungen unterstützen bzw. betreiben auch einzelne Refugios wie zum Beispiel in *Azofra* (La Rioja).

Da für die Pilgerreise die Monate Mai bis Mitte Juli sowie der September am angenehmsten sind, muß man in dieser Zeit auch mit einem verstärkten Andrang auf die Refugios rechnen.

✳ **Tip:** Ein **Infotelefon für Pilger** und für Fragen rund um den Jakobsweg ist Mo – Fr 9 – 19 Uhr und Sa 9 – 14 Uhr besetzt: ✆ 902-199 300.

WANDERUNGEN & SPORT

DIE SCHÖNSTEN WANDERUNGEN

Galicien und vor allem seine Gebirge im Osten sind ideal für ausgedehnte Wanderungen, zwar nicht in hochalpinen Verhältnissen, aber dafür nicht weniger abenteuerlich. Sie führen durch einsame und oft kaum erschlossene Gebiete. Die Wege, die man zur eigenen Sicherheit nicht verlassen sollte, sind meistens gekennzeichnet, unsere Karten bieten Ihnen zusätzlich Orientierung.

Außerdem verläuft ein ganzes Netz historischer **Pilger- und Handelswege** durch Galicien – von denen der Jakobsweg der berühmteste ist (Wanderung 2). Die galicische Regierung hat dazu eine recht gute Broschüre mit vielen Wandervorschlägen ausgearbeitet, die sowohl in Spanisch als auch in englischer Sprache erhältlich ist: »Galicia al Paso« bzw. »Galicia on foot«. Fast alle darin aufgeführten Wanderungen sind von ihrem Schwierigkeitsgrad her einfach. Weil aber nicht alle Touristeninformationen diese Broschüre im Regal haben, sollten Sie rechtzeitig die Zentrale von *Turgalicia* kontaktieren und ein Exemplar postalisch anfordern. Die örtlichen Tourismusämter oder Rathäuser verteilen hin und wieder Faltblätter zu den Wanderwegen der Umgebung – daher lohnt es sich in jedem Fall, vor Ort danach zu fragen. Die dazugehörigen Karten sind in den meisten Fällen jedoch unbrauchbar, selbst in den beiden Wanderparadiesen Galiciens, den *Sierras Os Ancares* und *O Courel*.

Für Urlauber an der Westküste ist die **Todesküste** nicht nur ein naheliegendes, sondern auch ein besonders reizvolles Ziel. Meine ersten drei Wandervorschläge machen Sie mit dieser Landschaft bekannt.

In den **Sierras Os Ancares** (Wanderung 4) locken Berge bis zu 2000 Meter Höhe viele Kletterer an, und etliche Wanderwege führen über Hochebenen, durch Schluchten und die zahlreichen Flußtäler. Treffpunkt der meisten Wanderer in den Ancares ist die Herberge *(refuxio)* des Club Ancares in *Degrada*, wo auch Wanderkarten zu haben sind.

Die kaum besiedelte **Sierra O Courel** (Wanderung 5 & 6) ist vor allem für naturverbundene Wanderer eine Offenbarung. Hier überschneidet sich auf kleinstem Raum mediterrane und eurosibirische Vegetation. Der Besuch der abgelegenen, geradezu dem Mittelalter entsprungen wirkenden Siedlungen kommt einer Zeitreise gleich. Im Courel hat sich das Örtchen *Moreda* am Fuße des einzigartigen Waldgebietes *A Rogueira* zu einer gefragten Anlaufstelle gemausert.

Hinweis: Die angegebenen Wanderzeiten beziehen sich immer auf die Gesamtstrecke, sind jedoch nur Richtwerte. Pausen, Fotostops, Abstecher und Besichtigungen verlängern die Wanderzeit natürlich entsprechend. Nehmen Sie auf jeden Fall eine Uhr mit. Feste Wanderschuhe sind selbstverständlich, Trinkwasser, Proviant und Erste-Hilfe-

Für Naturfreunde: Wandern in den Ancares mit Blick auf die Burg von Doiras

Set sollten ebenfalls im Rücksack sein. Die Orte mit den Busverbindungen und Einkehrmöglichkeiten finden Sie jeweils übers Register.

Informationsquellen

Besonders zwei Wandervereine in Galicien haben verschiedene Wanderwege erschlossen und markiert:

Sociedad Montaña Artabros, Sta. Teresa 14 bajo, 15005 A Coruña, ☎ 981-213115, informiert über die *Ruta de Medievo* (Route des Mittelalters), *Ruta de los Ríos* (Route der Flüsse) oder die *Ruta de Finisterre* (Route von Fisterra).

Club Montañeros Celtas, Marqués de Valladares 15 bajo, 32201 Vigo, ☎ 986-438505, gibt verschiedene Wandervorschläge, unter anderem durch den Naturpark Aloia bei Tui.

Allgemeine Informationen: *Federación Gallega de Montañismo,* Celso Emilio Ferreiro 9, 36203 Vigo, ☎ 986-424331. *Turgalicia:* ☎ 981-542500, www.turgalicia.es, ⤴ Reisepraxis.

W1 Von Camariñas zur Playa de Trece

Camariñas → Ermita Virgen del Monte → Windpark Kap Vilán → Playa de Trece → Camariñas

Länge & Gehzeit: ca. 15 km, 4,5 Stunden
Schwierigkeitsgrad: leicht
Orientierung: leicht, markierter Rundweg P.R-G 38
Höhenunterschied: gering, an der Küste etwas hügelig, 60 Meter
Anfahrt: Mit dem Auto oder Bus nach ⤴ Camariñas

Diese als »sendero circular« mit gelben Wegweisern (P.R-G 38) ausgeschilderte Wanderroute ist eine bequeme Rundwanderung, die sich gut mit einem schönen Strandtag kombinieren läßt. Nehmen Sie genügend zu essen und trinken mit, am Strand gibt es keinen Kiosk.

▶ Der Küstenweg beginnt an der Ruine der *Festungsanlage Soberano* am Ortsausgang von **Camariñas,** führt an der *Playa de Lago* vorbei bis zur Kapelle der Bergjungfrau, *Virxe do Monte.* Der Legende nach handelt es sich bei ihr um die Schwester der Schiffsmadonna von Muxía. Sie wird von den Fischern der Region sehr verehrt. Hinter dem örtlichen Fußballplatz dehnt sich ein Küstenstreifen aus, an dem die Leute von Camariñas früher Seeigel sammelten, um damit ihre Felder zu düngen. Der Weg kreuzt schließlich die Straße zum **Cabo Vilán.** Wer bis zum Kap läuft, sieht direkt davor die Insel *Vilán de Fora* liegen, auf der große Kolonien von Kormoranen und anderen Seevögeln nisten. Auf der anderen Seite der Halbinsel führt die Wanderung zu den herrlichen Stränden *Pedrosa* und *Reira,* die meistens menschenleer sind. Immer an der Küste entlang stößt der Weg schließlich auf den *Engländerfriedhof.* Er erinnert an die 172 Toten des englischen Schulschiffes »Serpent«, das 1890 vor der Küste sank. Er liegt am westlichen Ende der **Playa de Trece,** einem einzigartigen Strand.

Der **Rückweg** führt durch das Hinterland (circa 6 km) und ist nicht so spektakulär wie die Küstenroute, auf der man selbstverständlich auch wieder zurücklaufen kann. Dafür gelangt man so erheblich schneller nach Camariñas zurück.

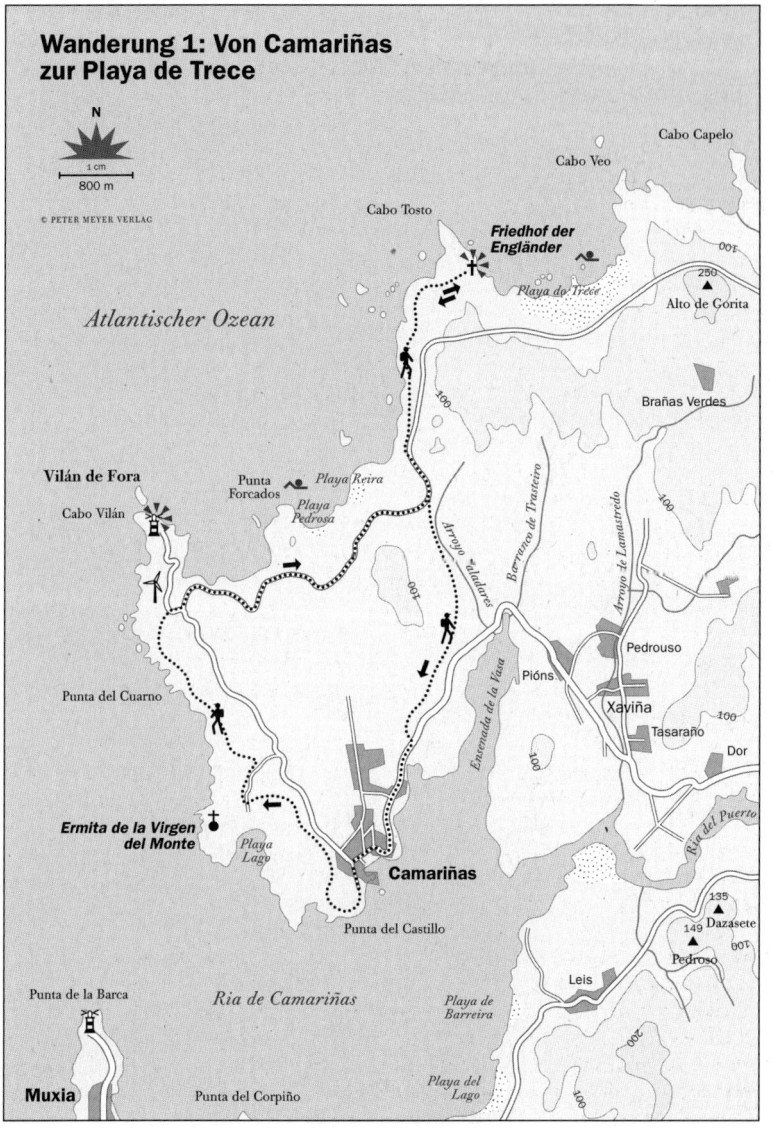

Wanderung 1: Von Camariñas zur Playa de Trece

N

1 cm
800 m

© PETER MEYER VERLAG

Atlantischer Ozean

Cabo Capelo

Cabo Veo

Cabo Tosto

Friedhof der Engländer

Playa do Trece

250

Alto de Gorita

100

Brañas Verdes

Vilán de Fora

Cabo Vilán

Punta Forcados

Playa Reira

Playa Pedrosa

Barranco de Traiteiro

Arroyo de Lamastredo

100

100

Pedrouso

Ensenada de la Vasa

Pións

Xaviña

100

Punta del Cuarno

Tasaraño

Dor

Ermita de la Virgen del Monte

Playa Lago

Camariñas

Ría del Puerto

135

Dazasete

149 Pedroso

Punta del Castillo

Leis

Punta de la Barca

Ria de Camariñas

Playa de Barreira

Muxia

Punta del Corpiño

Playa del Lago

200

100

WANDERUNGEN & SPORT

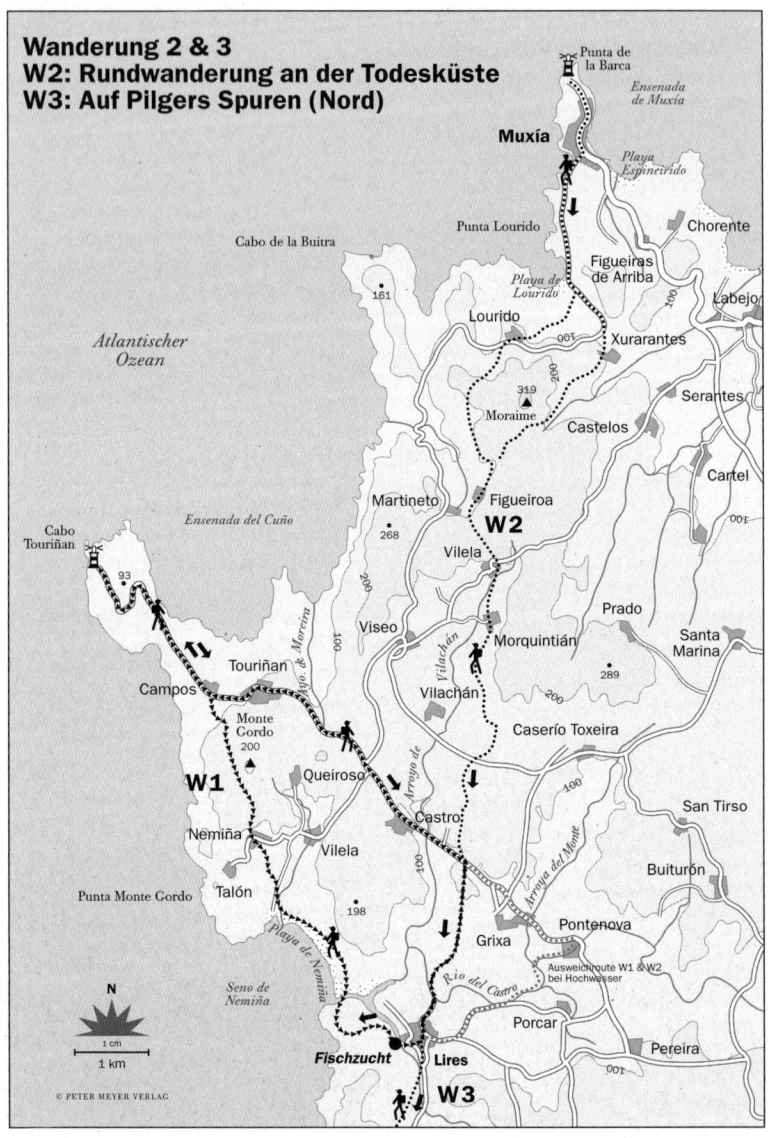

Wanderung 2 & 3
W2: Rundwanderung an der Todesküste
W3: Auf Pilgers Spuren (Nord)

Punta de la Barca

Ensenada de Muxía

Muxía

Playa Espineirido

Punta Lourido

Chorente

Cabo de la Buitra

Figueiras de Arriba

Labejo

Playa de Lourido

161

Lourido

Xurarantes

Atlantischer Ozean

Serantes

319
Moraime

Castelos

Cartel

Ensenada del Cuño

Martineto

Figueiroa

W2

268

Vilela

Cabo Touriñán

93

Prado

Santa Marina

Viseo

Morquintián

289

Touriñán

Campos

Monte Gordo
200

Vilachán

Caserío Toxeira

W1

Queiroso

San Tirso

Castro

Buiturón

Nemiña

Vilela

Pontenova

Punta Monte Gordo

Talón

198

Grixa

Ausweichroute W1 & W2
bei Hochwasser

Porcar

Pereira

Seno de Nemiña

Río del Castro

N

1 cm
1 km

Fischzucht

Lires

W3

© PETER MEYER VERLAG

W2 Rundwanderung an der Todesküste

Lires → Playa Nemiña → Kap Touriñan → Castro → Lires

Länge & Gehzeit: ca. 18 km, 4 Stunden

Schwierigkeitsgrad: leicht bis mittelschwer

Orientierung: Nur mit Karte gehen.

Höhenunterschied: 180 Meter

Anfahrt: Mit dem Auto bis ↗ Lires. Dort gibt es verschiedene Übernachtungsmöglichkeiten des Turismo rural.

Diese Tour ist für den Anfang gerade richtig, nicht zu anstrengend und nicht zu lang führt sie doch zu einem der beeindruckendsten Punkte in Galiciens Westen: An der Todesküste entlang zum Kap Touriñan.

▶ Der Weg führt an der *Fischzucht von* **Lires** (Piscifactoria) und der weiten, einsamen *Playa Nemiña* vorbei.

Etwas anstrengend wird die Ersteigung des *Monte Gordo,* des »dicken Berges« (200 m). In 45 Minuten ist man aber drüber und beim Abstieg sieht man schon das Dörfchen **Campos** auf der anderen Seite des Berges, das gleichzeitig den Anfang der windumtosten Landzunge markiert, an dessen Spitze das **Cabo Touriñan** mit seinem starken Leuchtturm liegt. Von dort bietet sich eine faszinierende Sicht auf die Todesküste.

Auf dem Rückweg zweigt die Route hinter Campos ab und führt ins Hinterland nach **Castro,** verläuft dann parallel zum alten Pilgerweg (↗ W3) zurück nach Lires.

Ausweichroute bei Hochwasser: Der eigentliche Weg quert den *Río del Castro* über eine Furt mit dicken Felsbrocken. Seitdem an der Mündung

Wandern an der Costa da morte: An Land kann man unbeschwert den Blick genießen

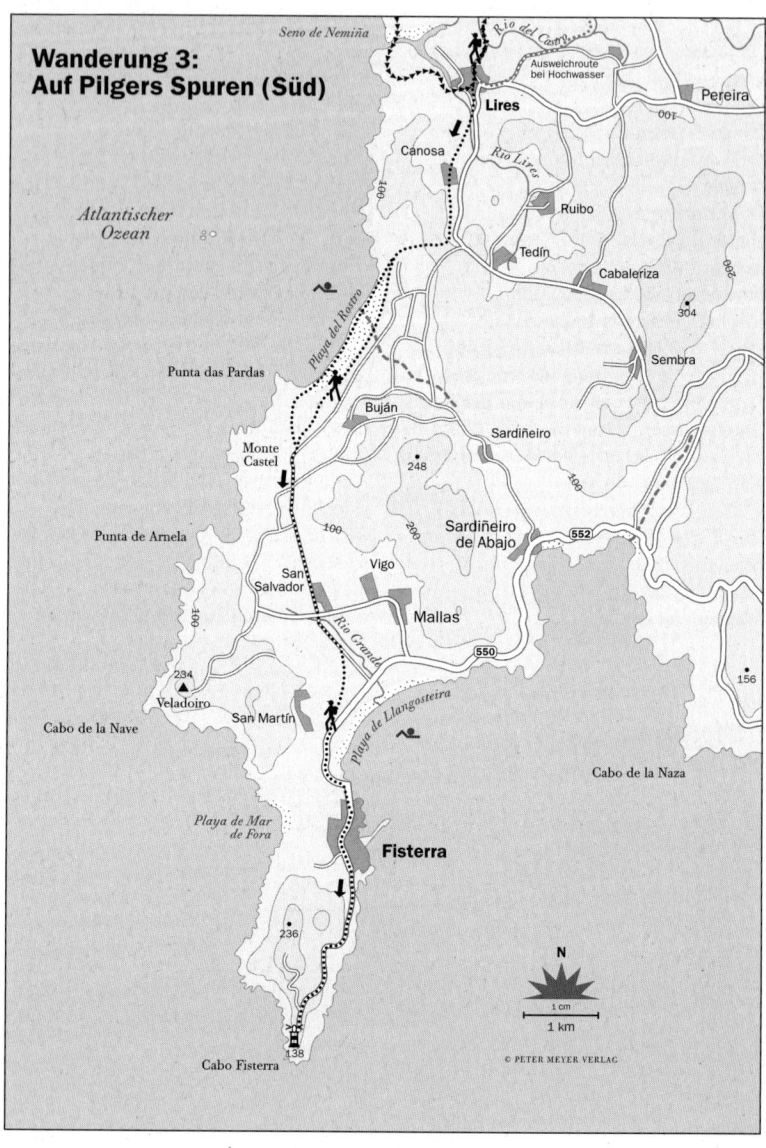

Wanderung 3:
Auf Pilgers Spuren (Süd)

Seno de Nemiña

Rio del Castro

Ausweichroute
bei Hochwasser

Pereira

Lires

Canosa

Rio Lires

Ruibo

Atlantischer
Ozean

Tedín

Cabaleriza

304

Sembra

Punta das Pardas

Playa del Rostro

Buján

Sardiñeiro

Monte
Castel

248

Sardiñeiro
de Abajo

552

Punta de Arnela

San
Salvador

Vigo

Mallas

Rio Grande

550

234

Veladoiro

San Martín

156

Cabo de la Nave

Playa de Llangosteira

Cabo de la Naza

Playa de Mar
de Fora

Fisterra

236

N

1 cm
1 km

© PETER MEYER VERLAG

Cabo Fisterra

138

Baden am Ende der Welt: Am Strand von Fisterra

des Flusses die Fischzucht mit einer kleinen Staustufe angesiedelt ist, fließt das Wasser nach längeren Regenfällen nicht mehr so schnell ab wie zuvor – und die Furt ist dann nicht passierbar. Bis die geplante Fußgängerbrücke gebaut ist, müssen Wanderer in dem Fall die Ausweichroute über *Pontenova* benutzen (gut 2,5 km länger).

W3 Küstenwanderung auf Pilgers Spuren

Punta de la Barca → Muxía → Punta Lourido → Figueiroa → Vilela → Morquintián → (Pontenova) → Lires → Playa del Rostro → Monte Castelo → San Martín → Cabo Fisterra (Finisterre)

Länge & Gehzeit: ca. 24 km, 7 Stunden
Schwierigkeitsgrad: mittelschwer
Orientierung: leicht, ausgeschilderte Pilgerroute (Jakobsweg)
Ausweichroute bei Hochwasser: ↗ W2
Höhenunterschied: 150 – 200 Meter
Anfahrt: Mit dem Bus oder Auto bis ↗ Muxía, von ↗ Fisterra gibt es Verbindungen zurück.

Diese Wanderung an der Westküste führt Sie auf dem Jakobsweg vom Heiligtum der Schiffsmadonna bis zum Ende der Welt – und dafür brauchen Sie noch nicht einmal Siebenmeilenstiefel …

▶ Die Wanderung über die komplette Distanz stellt bereits einige Anforderungen an die Kondition. Man kann die Route natürlich auch in zwei Tagesabschnitte teilen, wobei sich dann anbietet, in dem Ort **Lires** zu übernachten (nach 13 km), wo es mehrere gemütliche Unterkünfte des Turismo rural gibt. Der Weg eröffnet wunderbare Ausblicke auf die wilde Küste, führt aber auch durch das bergige

Hinterland mit malerischen Dörfern. Er ist mit dem Muschel-Symbol der Pilger beschildert, die Orientierung fällt daher leicht. Die Pilger gingen den Weg übrigens umgekehrt von **Fisterra** aus. Er bildet nämlich von Santiago aus die Verlängerung des Caminos. Viele Pilger wollten vor ihrer Rückkehr noch die anderen Heiligtümer Galiciens besuchen, zu denen auch das *Felsensegel der Schiffsmadonna* in **Muxía** zählt.

W4 Zu den »Drei Bischöfen«

Refuxio-Albergue dos Ancares → Monte Camporedondo → Tres Bispos → Refuxio de Brego → Cabanavella → Refuxio dos Ancares

Länge & Gehzeit: ca. 18 km, 6 Stunden
Schwierigkeitsgrad: mittelschwer
Orientierung: schwierig, nur mit Karte.
Anfahrt: Mit dem Auto bis zur Ancares-Herberge bei Degrada. Außer in der Herberge gibt es weitere Übernachtungsmöglichkeiten in ⟋ Degrada, ⟋ Folgoso de Cervantes (Turismo rural) oder im 15 km entfernten ⟋ Piornedo.

Die Rundwanderung zu den Drei Bischöfen (Tres Bispos) ist die bekannteste in den Ancares-Bergen – und auch eine der schönsten. Tres Bispos heißt ein 1763 m hoher Berg, und seine Popularität rührt teilweise daher, daß er besonders gut begehbar ist. Der erste Teil der Wanderung, der zu seinen Ausläufern führt, ist fast ein Spaziergang auf einem gut ausgebauten Weg.

▶ Schon vom Ausgangspunkt, der *Ancares-Herberge*, bietet sich ein grandioser Blick über die Sierra. An einer Schranke vorbei geht es zu-

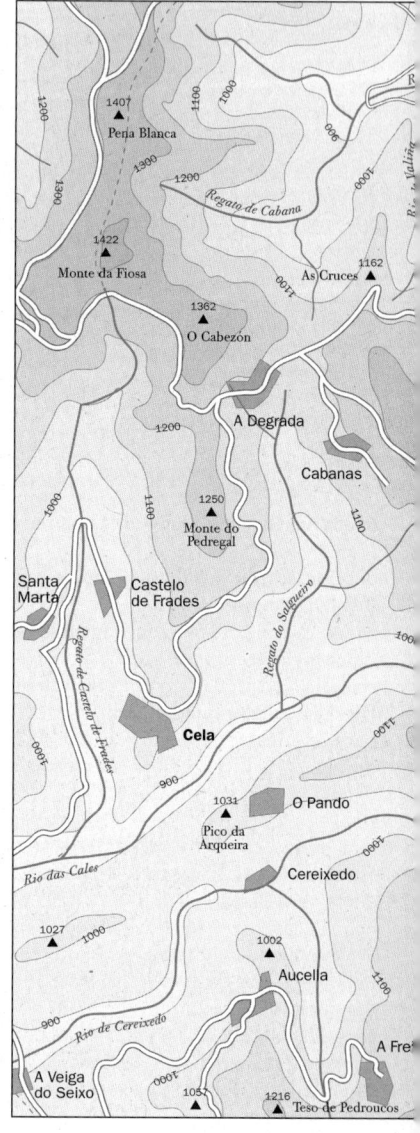

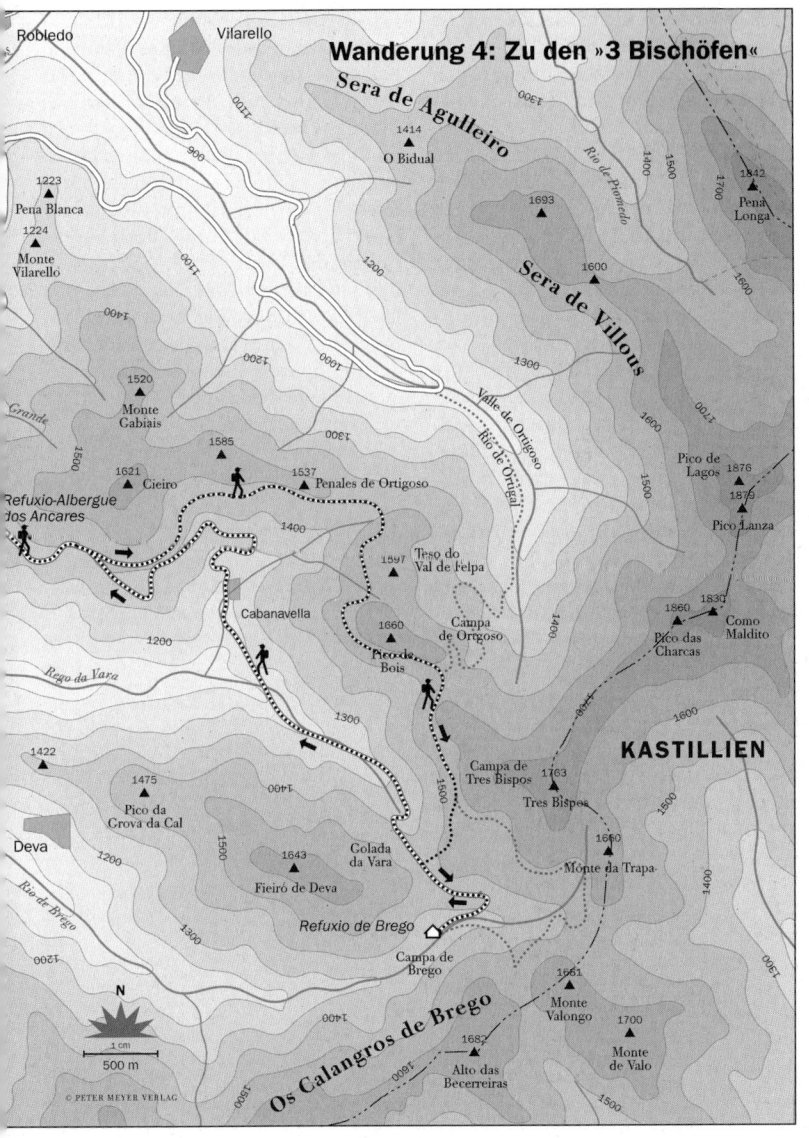

Wanderung 4: Zu den »3 Bischöfen«

nächst auf der asphaltierten Straße bergauf – wo ein Schild darauf hinweist, daß die Kühe der Bauern von Degrada und Cabanas das Recht haben, frei herumzulaufen – was sie auch mit sichtbarem Genuß tun. An der ersten Gabelung ist es besser, den oberen Weg zu nehmen und später über den anderen wieder zurückzukehren. Diese Variante ist weniger anstrengend. Wenig später hört die asphaltierte Strecke auf und verwandelt sich in einen breiten Fußweg. Wer früh morgens losgeht, hat ab hier gute Chancen, Wild zu beobachten. Auffallend ist der wuchernde, gelb blühende Stechginster *(piorno)*, der an manchen Stellen über zwei Meter hoch steht. Mehr und mehr wird das Gebüsch schließlich von Eichenhai-

nen abgelöst. Nach einiger Zeit blickt man in das Tal des Flusses Vara und kann vor sich die Bergkette des *Tres Bispos* (1763 m), *Trapa* (1660 m), *Valongo* (1681 m) und *Becerreiras* (1683 m) sehen. Weiter geht es durch ein kleines Labyrinth aus Stechginster in ein Gebiet, das **Campa de Ortigoso** genannt wird. Hinter einer Kurve führt ein schmaler Pfad nach links in den *Valle de Ortigoso*. Der Abstieg ist leicht, doch der Wiederaufstieg sehr mühselig. Wer es trotzdem wagt, trifft auf die Spuren eines Gletschers, der einmal vom Tres Bispos ausgehend bis weit ins Tal reichte.

Der Wanderweg läßt den *Teso do Val Felpa* (1597 m) und den *Pico de Bois* (1660 m) hinter sich, und mündet bald in die **Campa de Tres Bispos,**

Baukultur wie zu Obelix-Zeiten: Manche Pallozas in den Ancares sind, wie hier in Piornedo, noch in Benutzung, entweder als Speicher oder sogar als Wohnraum

die von einer Steinsäule markiert wird. Hier haben sich der Legende zufolge einst die Bischöfe der drei nordwestlichen Diözesen Spaniens, Asturiens, Leóns und Galiciens getroffen. Denn an dieser Stelle treffen die Grenzen aller drei Sprengel aufeinander. Wer den Tres Bispos besteigen möchte, sollte dem Pfad nun schnurgeradeaus folgen. Von einer Bergterrasse abgesehen geht es immer steil bergauf – eine anstrengende Sache, aber die Aussicht vom Tres Bispos entschädigt für alles. Die Besteigung sollte sich aber nur zumuten, wer körperlich absolut fit ist.

Unser Rundweg führt von der Campa aus über einen schmalen Pfad rechts den Südhang des Berges hinunter. Von ihm zweigen mehrere Wege ab – halten Sie sich immer an den, der nach unten führt, bis Sie zur **Golada da Vara** kommen, einem freien Feld, das ein breiter Weg kreuzt.

(Nach rechts würden Sie den Rundweg direkt fortsetzen, nach links kommt man – an einer Quelle vorbei – zur *Campa de Brego,* auf der eine unbewirtschaftete Schutzhütte steht. An der Campa kreuzen sich fast alle wichtigen Wege, die durch die Ancares führen. Die immer offene Hütte ist Treffpunkt für viele passionierte Wanderer und Kraxler.)

An der Golada da Vara entspringt der Fluß gleichen Namens und begleitet jetzt die Wanderer, die ihm nach rechts ins Tal folgen. Viele Wanderer sagen, dieser Abschnitt sei der schönste des ganzen Gebirges. Er führt durch den *Wald von Cabanavella.* Hier leben die letzten Auerhähne der Ancares, auch Braunbären lassen sich (angeblich) hin und wieder blicken. Am Grund des Tals liegen die Ruinen von Cabanavella, einer alten Holzfällersiedlung, die vor allem Eichenhölzer für den Bau von Eisenbahnenstrecken und Schiffen lieferte. Von den Ruinen aus geht es in Serpentinen wieder den Berg hinauf, bis zwei Säulen signalisieren, daß es nun nicht mehr weit zum Ausgangspunkt des Rundweges ist.

W5 Durchs Tal des Río Lor im O Courel

Vilamor → Vilar → Froxán → Castro Portela → Vilamor

Länge & Gehzeit: ca. 12 km, 4 Stunden
Schwierigkeitsgrad: einfach
Orientierung: relativ leicht, Wanderwegmarkierungen sind teilweise in schlechtem Zustand.
Baden: Im Prinzip spricht nichts gegen ein Bad in dem auch im Sommer eiskalten Fluß. Doch an den meisten Stellen ist die Strömung einfach zu stark, die einen wie ein gigantischer Staubsauger in die Tiefe ziehen kann. Besser nur an wirklich sichtbar seichten Passagen.
Anfahrt: Mit dem Auto bis Vilamor, verschiedene Übernachtungsmöglichkeiten in ↗ Folgoso, Quiroga oder Seoane, Turismo rural auch in ↗ Vilamor.

Einer der wenigen vollständig markierten Wanderwege des Courel. Das erste Schild steht an der Straße in Vilamor, fast gegenüber der Kirche. Wenn man von diesem Punkt aus nach Süden guckt, ist bereits ein großer Teil des Gebietes zusehen, durch das die Wanderung führt, am mäandernden Fluß Lor entlang, bis zu dessen Lauf der Weg hinunter führt. Und

vielleicht ist auch schon der Ort Vilar zu erkennen, versteckt in einem Wäldchen, auf einem Gebirgsvorsprung gelegen, fast auf gleicher Höhe des Ausgangspunktes.

▶ Der Weg führt zunächst durch eingefriedete Felder, bis ein Wegweiser nach rechts auf einen schmalen Pfad zeigt. (Im Sommer sind die Wegweiser oft überwuchert, deshalb sollten Sie aufmerksam sein). Auf diesem Pfad geht es nun ständig bergab bis zum Lor – in Richtung Süden, und das ist vor allem daran zu erkennen, daß plötzlich mediterrane Gewächse auftauchen, wie Erdbeerbäume *(madroños)* oder Oregano. Durch einen Kastanienhain gelangt man schließlich an eine Holzbrücke, die über den Lor führt. Der Fluß ist hier stellenweise bis zu 9 m tief. Und wer genau hinschaut, wird sicher einige Forellen von beachtlichen Ausmaßen darin schwimmen sehen. Im weiteren Verlauf des nun ansteigenden Weges bieten sich immer wieder phantastische Ausblicke auf den Fluß. Die beeindruckenden Kastanienhaine dienten nicht nur lange Zeit als Vorratskammer der Bewohner des Courel (Eßkastanien waren bis zum Siegeszug der Kartoffel ein Grundnahrungsmittel in Galicien). Sie beherbergen auch eine überaus reiche Tierwelt.

Vor dem Dorf **Vilar** weist bereits ein Schild auf die Reste des alten *Keltencastro* in der Nähe hin. Durstige sollten aber zunächst einen Abstecher zur Wasserstelle von Vilar machen *(fuente-lavadero)*. Das kühle Naß fließt aus zwei Röhren und ist herrlich erfrischend, besonders an heißen

Tagen. Das Dorf selbst wirkt wie ein Relikt aus vergangener Zeit – und wegen seiner Abgeschiedenheit wohnen hier nur noch wenige Menschen. Der Weg verläßt den Ort wieder durch Kastanienhaine und wenig später ist in weiter Ferne Vilamor auszumachen, der Ausgangspunkt der Wanderung.

Der Pfad zum Castro endet zunächst an der **Ermita de San Roque**, einer kleinen Kapelle. Weil sie in ihrer Schlichtheit eher an einen Stall erinnert, hat man unmittelbar das Gefühl, ein Zeugnis frühester Christianisierungsversuche entdeckt zu haben. Nur von hier aus gelangt man zum Castro. Die Ruinen liegen auf einer Bergspitze in 547 m Höhe. Es ist die größte Keltensiedlung des Courel, von der noch Grundmauern der Verteidigungsanlagen und die von einem Dutzend runder und ovaler Häuser zu sehen sind. Wie so oft bei Keltencastros ist es vor allem die Lage, die verdeutlicht, wozu es diente: Es war eine quasi uneinnehmbare Fluchtburg. Bei Grabungen hat man dort Keramiken und Werkzeuge gefunden, die u.a. im Provinzmuseum von ↗ Lugo ausgestellt sind.

Zurück, an der Kapelle vorbei, zweigt der Weg rechts ab und führt erneut ins Tal des Lor hinab und schließlich über den *Ponte de Vao* oder auch *Ponte de Froxán*. Ab der Brücke wird der Weg breiter und führt direkt auf die Ortschaft **Froxán** zu. In dieser Gegend stehen die einzigen Korkeichen der Sierra. Einige Exemplare sind außergewöhnlich groß – und wie hier zusammmen mit Kastani-

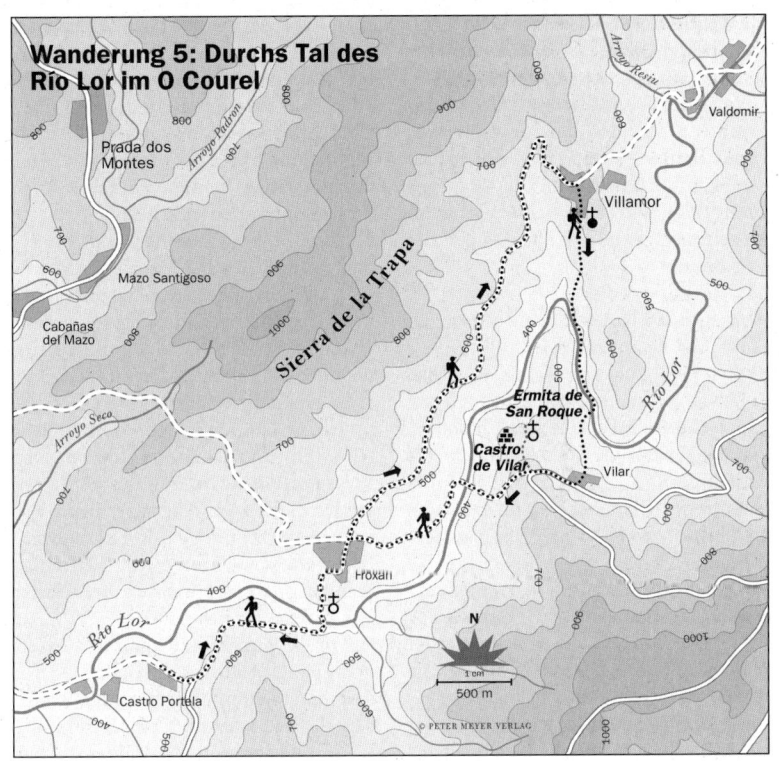

Wanderung 5: Durchs Tal des
Río Lor im O Courel

© PETER MEYER VERLAG

en sieht man sie sehr selten. Der Ort Froxán wurde vor einigen Jahren ausgesucht, um ihn komplett zu restaurieren. Die Arbeiten dauerten fünf Jahre – und jetzt präsentiert sich Froxán als eines der malerischsten Dörfer der Sierra. Es gibt sogar eine kleine Wirtschaft, in der man sich stärken kann. Wer möchte, kann zur Kapelle des Ortes weiterlaufen, von der ein wunderschöner Weg zu einer neueren Flußbrücke abgeht. An einer Biegung des Lor sind Staustufen zu erkennen, die noch in Römerzeit angelegt wurden. Sie gehörten zu einem umfassenden System, mit dem die Römer Gold und Edelmetalle der Gegend abbauten. Sklaven und Kriegsgefangene wurden dafür zum Tunnelbau eingesetzt, um an das begehrte Material heranzukommen – wie hart die langwierige Arbeit damals war, können wir uns heute kaum vorstellen.

Von der Brücke aus ist es noch etwa ein Kilometer bis **Castro Portela,** einem weiteren sehr typischen Dörfchen. Die Reste der alten Keltensiedlung in der Nähe des Ortes sind aber kaum noch zu erkennen.

Von dort bzw. von Froxán aus könnte man nun den gleichen Weg zurücklaufen, aber das ist recht anstrengend. Einfacher ist es, der Straße nach Vilamor zu folgen, die noch einige schöne Ausblicke auf das Tal des Lor bietet.

W6 Zur Lagune von Lucenza

Moreda → Rogueira → Alto de la Devesa → Lagoa de Lucenza (und zurück)

Länge & Gehzeit: ca. 14 km, 7 Stunden
Schwierigkeitsgrad: mittelschwer bis schwer.
Orientierung: Wanderwegmarkierungen vorhanden, aber teilweise in schlechtem Zustand.
Höhenunterschied: rund 900 Meter
Anfahrt: Mit dem Auto von ↗ Seoane aus nach ↗ Moreda. In beiden Orten und der näheren Umgebung Unterkünfte des Turismo rural sowie Campingmöglichkeit.

Diese Rundwanderung ist ein Muß für Naturliebhaber. Sie führt hart ansteigend durch eines der schönsten Waldgebiete Galiciens, der Devesa de Rogueira, und dann weiter zur Lagoa de Lucenza, einem versteckten Kleinod der Natur. Der Weg ist zwar beschildert, aber gelegentlich sind die Markierungen nicht mehr zu erkennen. Die Gegend ist zudem ein Paradies für Höhlenforscher – und vermutlich werden Sie der einen oder anderen Gruppe begegnen. Eines der bekanntesten Höhlensysteme ist die Cova do Tarelo, die zwischen Moreda und Parada liegt.

Kurz vor Moreda ist ein Häuschen eingerichtet worden, das etwas hochtrabend »**Aula de Naturaleza**« heißt. Aber dort kann man sich bestens über alles informieren, was in dem Naturschutzgebiet kreucht und fleucht, und dort gibt man Wanderern gerne Auskunft zu möglichen Routen.

▶ Unser Weg führt zunächst durch einen Kastanienwald am Fuße **Moredas,** mit 700 m der am tiefsten gelegene Punkt der Wanderung. Mit dem Tal des *Río Seco* auf der linken Seite beginnt bald darauf der Aufstieg. In diesem Bereich befinden sind viele, unter Speläologen (Höhlenforscher) zum Teil sehr bekannte Höhlen. Der Weg passiert während des Anstiegs am Río Seco zwei Abzweigungen, die nach links hinunter ins Tal weisen. Die zweite von ihnen führt zu einer Brücke mit einer kleinen Feldhütte; von dort geht einer weiterer Weg zu einem Wiesengelände ab, in dessen oberen Teil die *Cova do Vello* liegt. Auf der rechten Seite unserer Route liegen die *Covas do Oso* (Bärenhöhlen), in denen man Keramiken früher menschlicher Kulturen gefunden hat.

Mit zunehmender Höhe ändert sich auch die Vegetation, die jetzt immer mehr von Eichen und Haselnußsträuchern beherrscht wird. Hier befindet man sich im Herzen der **Devesa de Roguiera,** einem geschlossenen Waldgebiet von außergewöhnlicher biologischer Vielfalt. »Devesa« ist der örtliche Begriff für Wälder mit atlantischer Vegetation, die nach Norden ausgerichtet sind. Die Devesa de Rogueira ist der größte von ihnen, allerdings auch nur mit einem Gesamtum-

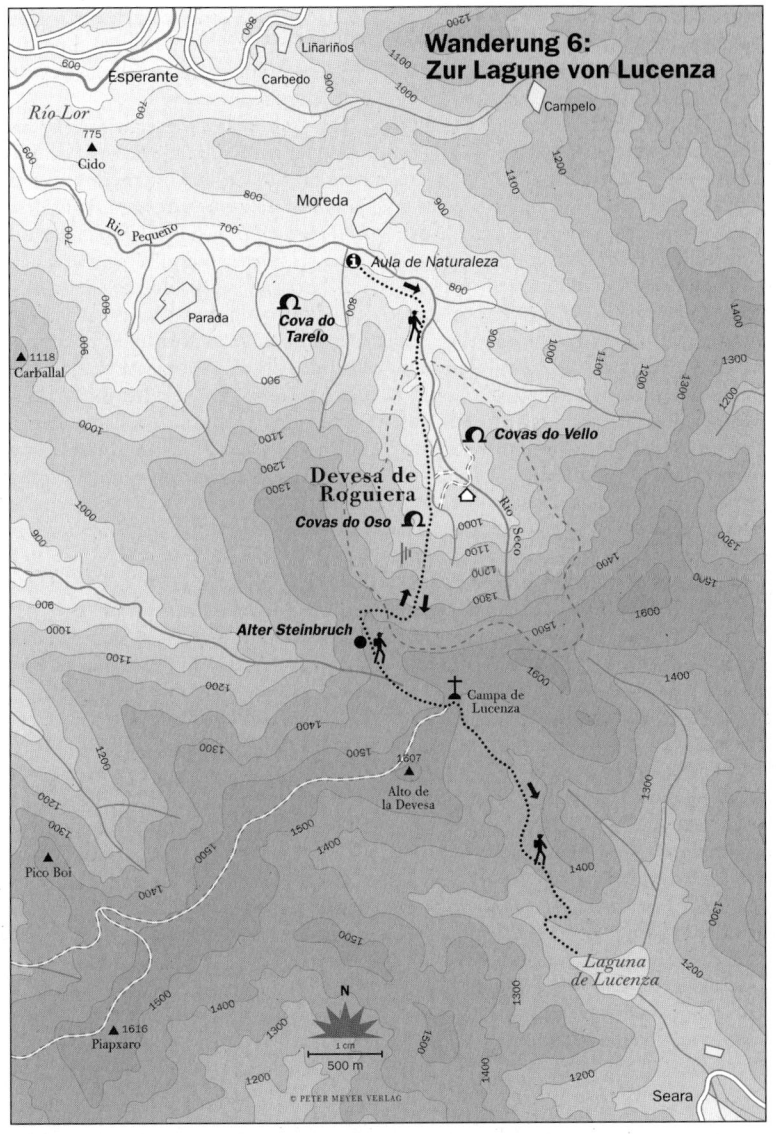

Wanderung 6:
Zur Lagune von Lucenza

Río Lor

Esperante

Liñariños

Carbedo

Campelo

775
▲ Cido

Río Pequeño

Moreda

Aula de Naturaleza

Ω Cova do Tarelo

Parada

▲ 1118
Carballal

Ω Covas do Vello

Devesa de Roguiera

Río Seco

Covas do Oso Ω

Alter Steinbruch

Campa de Lucenza

▲ 1607
Alto de la Devesa

▲ Pico Boi

Laguna de Lucenza

▲ 1616
Piapxaro

N

1 cm
500 m

© PETER MEYER VERLAG

Seara

fang von 3 km². Es ist zudem die ökologisch sensibelste Zone des ganzen Courel. Zunächst dominieren Eichen, aber schon bald tauchen mehr Buchen auf, häufig in Gesellschaft von Haselnußsträuchern. Hinzu kommen Eschen, Eiben, Stechpalmen, Ebereschen und Birken. In dieses kleine Paradies hat sich auch eine der interessantesten Faunen Galiciens geflüchtet, von endemischen Molch- und Krötenarten in den Bachläufen, über Wiesel und Marder bis zu Sumpfmeisen und Sperbern – um nur einige Tiere zu nennen.

Etwa eine Stunde von Moreda aus trifft man auf einen beeindruckenden **Wasserfall**. Die Buchen und Eiben in diesem Gebiet sind riesig. Hier beginnt das schwierigste Wegstück, steil und mit viel lockerem Gestein. Einige Lichtungen bieten sich aber für Pausen an, und von dort kann man den Blick über der Tal genießen. Der Weg trifft weiter oben auf eine Route, die zum *Alto do Couto* führt. Sich rechts haltend, geht es zum oberen Teil der Devesa, wo die Buchen langsam den Birken Platz machen. Der Weg endet schließlich in einem alten Steinbruch, den man durchqueren muß, um auf der anderen Seite auf einen 4 m breiten Forstweg zu treffen.

Weiter geht's sich links haltend zum *Alto de la Devesa* hinauf. Es gibt zwei Wege, die zum gleichen Ziel führen, doch wegen der schöneren Aussicht empfiehlt sich der obere. Der **Alto de la Devesa** ist mit 1600 m der höchste Punkt der Wanderung. Hier wurde seit Urzeiten Eisen abgebaut, und die Wagenspuren sind heute noch in dem Fels zu erkennen.

Einige hundert Meter weiter kennzeichnet ein Kreuz die *Campa de Lucenza* (von hier aus führt ein weiterer Wanderweg zu den Bergen *Piapaxaro* und *Alto do Boi)*. Die Campa liegt auf 1450 m Höhe, weshalb es hier auch im Sommer empfindlich kalt sein kann. In südlicher Richtung gelangt man ins **Tal von Lucenza**, in dessen Grund sich der See befindet, das Ziel der Wanderung. Von der Campa aus ist sie nicht zu erkennen. Gehen Sie in Richtung eines Felsvorsprunges, auf dem zwei Wege ein auffälliges Kreuz bilden. Vielleicht sind mittlerweile auch die Wegweiser zur Laguna erneuert worden. Wenn Sie nicht die Richtung ändern, trifft der Weg auf eine runde Freifläche, von der der Weg leicht ansteigt. Von der Anhöhe ist dann die Laguna zu sehen – und der Pfad, der zu ihr hinunterführt. Die **Laguna de Lucenza** ist der Überrest eines Gletschersystems, in ihr sammelt sich auf 1420 m Höhe das Schmelzwasser der sie umgebenden Berge. Der kleine See ist Zentrum und Lebensquell eines einzigartigen Ökosystems – und bietet eines der beeindruckendsten Landschaftsbilder ganz Nordwestspaniens.

Der Rückweg nach Moreda ist übrigens sehr viel leichter zu laufen – denn es geht fast nur noch bergab.

AKTIV UND SPORTLICH

Ob im Wasser oder an Land, auf einem Pferd entlang der Westküste oder mit dem Boot den Miño abwärts – Galicien bietet viele Möglichkeiten. Weitere Informationen finden Sie in den Ortsbeschreibungen.

Für alle möglichen Arten von Aktivurlaub von Mountainbiken, Reiten, Freeclimbing, Höhlenwandern, Brücken-Bungee, Trekking, Tauchen, Wildwasser-Kanu und Rafting über Fallschirmspringen bis zum Ultraleichtfliegen bieten zwei galicische Agenturen Programme an:

Turisnorte, Rosalía de Castro, 16-2-1°A, 15895 Milladoiro-Santiago, ✆ 981-530009, Fax -522810.

Galiciaventura, Manuel Preira, 10 bajo, 32003 Ourense, ✆ 988-241810, Fax -235374.

Radfahren

Mountainbiking ist zwar inzwischen auch in Galicien verbreitet, aber Radverleihe, besonders für gute Räder, sind äußerst selten. Wer das Land per Pedale erkunden möchte, muß sich seine Ausrüstung schon selbst mitbringen. Ersatzteile gibt es in jeder größeren Stadt, in den vier Provinzhauptstädten ganz sicher.

Gerade in den *Provinzen Ourense* und *Lugo* führen wenig befahrene kleine Straßen durch eine bezaubernde Landschaft, die allerdings ziemlich bergig ist. Es geht bis über 1000 m hoch (z.B. O Courel), was eine berggängige Gangschaltung notwendig macht. Für ausgedehnte Radtouren bieten sich das »Heilige Ufer« der *Sil-Schlucht,* das *Weinanbaugebiet* des *Ribeiro* oder das *Ufer des Miño* von Ribadavia bis Tui an.

Die *Küstenstraßen* der *Rías Bajas* sind zwar leicht zu fahren, angesichts der Automassen gerade im Sommer aber kein sonderliches Vergnügen. Weniger autobelastet ist die – recht leichte – Strecke von Noia über Muros nach Fisterra.

An der *Nordküste* (Rías Altas) herrscht weniger Verkehr, die Strecke ist sehr schön und mit einigen Höhen interessant zu fahren.

Für kürzere Touren ist *Pontedeume* (Provinz Coruña) als Standort zu empfehlen. Die kleine Uferstraße entlang des Eume zum Kloster Caaveiro ist geradezu ideal.

Der Straßenbelag ist manchmal sehr rauh und holprig. Schotterpisten, wie früher an der Todesküste, kommen kaum noch vor. Breite Reifen mit starkem Profil sind trotzdem ratsam. Der Radtransport vor Ort ist in vielen Zügen möglich, bei Aufgabe als Reisegepäck kostenlos. Manche Busgesellschaften verlangen einen Aufpreis für die Fahrradmitnahme.

Reiten

Ein tolles Erlebnis kann ein Ritt durch die Landschaft sein. In Galicien – dem Land der Wildpferde – gibt es dafür viele Möglichkeiten. Ein Ausritt, meist mit einem Führer, kostet pro Stunde ab 12 €.

Allgemeine Auskünfte: *Federación Gallega de Hípica*, der galicische Pferdesportverband hat seinen Sitz in Vigo, Marqués de Valladares 34, 3. Stock, ☎ 986-438887.

Santiago: *Escuela de equitación Barbacena,* Reitsport-Club in Arins, 8 km von Santiago entfernt Richtung Colegiata del Sar.

Ourense: *Hípico Monterrey,* ☎ 988/228347. Reitschule und Ausflüge über das ganze Jahr, geleitet von Arturo Estévez Osorio. Teils mehrtägige Touren für Gruppen mit 8 bis 12 Teilnehmern führen in die Umgebung, etwa zu den Klöstern. Die gleiche Anfahrt wie zum Sportkomplex »Sport Monterrey«, ➚ Ourense.

Baiona: *Chan Da Lagoa,* 5 km in die Berge an der Virgen de la Roca vorbei, 10 – 14 und von 16 Uhr bis in die Nacht. Sechs Pferde, auch für Kinder, von jungen Leuten geführt, die Stunde 11 €.

Picadero, an der Virgen de la Roca links nach 2 km, ☎ 986-419984, 10 – 14 und 16 – 22 Uhr, mit Führung 12 €/Stunde.

Zum Beispiel in Pontevedra

Der *Club Hípica O Castelo* in Puente Caldelas östlich von Pontevedra bietet Reittouren verschiedener Länge auch ohne Vorkenntnisse. Ausflüge ab zwei Personen: Tagesausflug zu den Buchten oder ins Gebirge rund 50 €; zwölfstündige kombinierte Tour per Pferd, Geländewagen und Schlauchboot für rund 80 €. O Castelo organisiert neuerdings auch einen Ritt in fünf Tagen über den 177 km langen galicischen Abschnitt des *Jakobsweges* (780 €) oder über den *Camino Portugués* (900 €), der von Braga (Portugal) über Ponte de Lima, Valença, Arcade und Padrón nach Santiago führt. Große Reiterfahrung ist dafür nicht erforderlich. Dafür kann aber wohl kaum sonst jemand nach seinem Galicien-Urlaub sagen, die Treppen Santiagos im Galopp genommen zu haben.

Anspruchsvoll ist der 5-Tage-Ritt in das Gebirge der *Sierra do Suido* (660 €). Die Etappen zwischen 20 und 40 Kilometern erfordern einen guten Sitz im Sattel, es geht über steile Hänge, durch Flüsse und querfeldein mit der Machete in der Hand. Lohn der anstrengenden Tour sind weite Sichten über herrliche Landschaften und ab und zu ein Bad in kristallklaren Flüssen. Auch Raftingtouren lassen sich zwischendurch arrangieren. Allerdings sprechen die Führer in der Regel nur Spanisch.

Kontakt über: www.galinor.es;

Granja O Castelo, Puente Caldelas, El Castelo 41, ☎ & Fax 986-425937. Die Granja ist im Ort ausgeschildert.

in Vigo: C/Urzaíz 91, 5°A, 36204 Vigo.

Wintersport

Die **Cabeza de Manzaneda** ist eines der sechs spanischen Wintersportgebiete. Die einzige Skistation Galiciens liegt in einer Höhe zwischen 1500 und 1800 Metern und umfaßt ein Areal von rund 2000 Hektar. Die Saison liegt in der Regel zwischen Dezember und April. Ein Sessellift und sechs Schlepplifte bringen Skifahrer auf insgesamt 9 Pisten mit unterschiedlichen Schwierigkeitsgraden. Die Liftbenutzung kostet 17,50 € pro Tag, eine Skiausrüstung kann für 20,50 € geliehen werden. Ski-Unterricht wird in Gruppen ab 4,50 € pro

Stunde erteilt, Einzelunterricht kostet 22 € pro Stunde.

Wer nicht skifahren will, kann sich mit einem Mountainbike (Ausleihgebühr für 3 Stunden 15 €) auf den Berg bringen lassen und auf dem Rad die Hänge herunterpreschen – oder im Hallenbad planschen gehen. Die Skistation bietet zudem Reitausflüge an, die Preise richten sich nach der jeweiligen Dauer.

Spartanisch ist die *Unterkunftsmöglichkeit* in der »Albergue Fontefría«, in Schlafsälen für 12 Personen. Dafür ist sie günstig: 12 € pro Bett. Ein 2er-Apartment kostet dagegen schon 84 € pro Nacht. Ganz interessant ist das Angebot, in kleinen Ferienbungalows zu wohnen. Eine Wohnung mit vier Schlafplätzen kostet beispielsweise 50 € pro Nacht.

Informationen und Reservierung: *Estación de Montaña Manzaneda,* 32780 Pobra de Trives, ✆ 988-309767, Fax -310875, Reservierungen unter: ✆ 988-309747, www.manzaneda.com.

Club Alpino Manzaneda, Rúa Concello 14, Ourense, ✆ 988-372309 (20 – 22 Uhr, Mo, Mi, Fr), calpino@teleline.es. Der Club bietet auch für Nicht-Mitglieder Schlafplätze in seiner Hütte auf 1400 Meter Höhe an. Sehr urig, insgesamt 20 Plätze, mit warmem Wasser, Küche und offenem Kamin. Preis pro Person und Nacht: 8 €.

Baden & Tauchen

Man braucht eigentlich kaum ein Wort darüber zu verlieren, denn die vielen schönen Strände und verschwiegenen Buchten Galiciens bieten Abwechslung satt und verführen

So menschenleer ist er nur in der Nachsaison: Strand an der Mündung des Miño

selbst Bademuffel. Allerdings ist das Wasser des Atlantik an den nördlichen Rías Altas und der Mariña de Lugo auch im Sommer recht kalt, angenehmere Temperaturen – aber dafür nicht immer das sauberste Wasser – führen die Rías Bajas.

Besonders an Stränden zum offenen Atlantik hin (*Playa Lanzada, Carnota*) sollte man nicht zu weit hinausschwimmen. Die gefährlichen Strömungen reißen jedes Jahr ein paar kopflose Megasportler mit – und zwar auf Nimmerwiedersehen. An den meisten Stränden gibt es keine Warnflaggen, es wehen höchstens die blauen EU-Umweltfahnen. An großen Badestränden warnt bei gefährlichem Seegang die Wasserpolizei per Lautsprecher.

Nudisten finden in der Nähe des *Kap Vilán* paradiesische Verhältnisse. Eine ganze Reihe schöner Strände – *Reira, Area Longa, Balea und Pedrosa* – sind wegen ihrer Einsamkeit das galicische Mekka des Freien Körperkults. An der Halbinsel Morrazo liegt der Nudistenstrand *Barra*. Am Strand neben dem *Castro de Baroña* ist ebenfalls Fkk möglich. Textilfreie Zonen gibt es auch auf den *Ons-* und *Cíes-Inseln*. Doch ansonsten schwappt die Fkk-Welle sehr zaghaft in Galicien. Was »oben ohne« anbetrifft, so sollten die Dorfstrände gemieden werden, an denen spanische Familien mit ihren Kindern planschen gehen. An abgelegeneren Gestaden ist es problemlos.

Tauchen

Die galicischen Rías bieten sich natürlich für jede Art von Tauchsport an, vom einfachen Schnorcheln bis zum Tiefseetauchen (Harpunieren ist verboten), Schatzsucher halten sich in der *Ría de Vigo* auf (⌕ Vigo).

Information: *Federación Galega de Actividades Subacuáticas,* Miguel Servet 3, 1.dcha, A Coruña, ℡ 981-210559. Im Internet listet der Verband alle galicischen Tauchclubs auf, unter: www.fedas.es/federac/gal.htm.

Rudern, Rafting & Angeln

Die Stauseen, Flüsse und Rías bieten eine beachtliche Palette von **Rudermöglichkeiten**. Auf dem malerischen *Río Eume* kann man Anfang September an einer Paddel-Talfahrt zwischen Caaveiro und Pontedeume teilnehmen. Kurz danach findet die *Sil-Talfahrt* zwischen Sobradelo und O Barco de Valdeorras statt.

Federación Gallega de Piraguismo, Avda. de Corbaceiras 58, 1. B, 36002 Pontevedra, ℡ 986-842106.

Rafting: Besonders eindrucksvoll ist die Schlauchbootfahrt den *Miño* an der galicisch-portugiesischen Grenze herunter; das teilweise nur vom Wasser aus einsehbare Miño-Ufer ist faszinierend. Aber auch an anderen Flüssen wie dem *Río Ulla* und dem *Río Deza* werden Tagestouren angeboten. Für eine solche Tour inclusive Verpflegung müssen Sie etwa 56 € pro Person rechnen. Günstiger und weniger anstrengend sind halbe Tagesausflüge für 28 € pro Person.

Eine ganztägige **Kanufahrt** in ruhigen Gewässern mit Führer kostet pro

Person 37 €, ein dreitägiger Kayak-Kurs 82 €. Wer es schon kann, dem werden Kayaks und Kanus für 21 € pro Platz vermietet.

Kontakt: *Arrepions,* Avda. Concordia 31, 36700 Tui, ✆ 986-607063 oder -603009, Fax -607528, www.arrepions.com.

Unter deutschen **Wildwasser-Kanuten** hat sich mittlerweile herumgesprochen, welche paradiesischen Verhältnisse für diesen Sport in Galicien herrschen. Die Profis waren absolut begeistert. Deshalb hat eine Kanuschule eine »Wildwasser-Challenge« in Galicien ausgearbeitet. Kostenpunkt: um 1500 €, alles inklusive. Informationen unter ✆ 0201-2454747, www.kanuschule.de.

Wer in Galicien keine **Angler** sieht, reist mit geschlossenen Augen. Die lachs- und forellenreichen Flußläufe vom *Eo* an der Nordküste bei Asturien bis zum *Miño* mit all ihren kleinen Zuflüssen sind ungezählt. Auf Brücken und Stegen, oder auch mitten im Flußbett wird in Galicien dem Angelsport gefrönt. Natürlich ist auch ein hiesiges Petri-Heil-Erlebnis an Lizenzen gebunden:

Die Federación Galega de Pesca erteilt Auskünfte und hilft bei der Erledigung Papierkram: Rúa Horreo 94, 1° B, Santiago de Compostela, ✆ 981-562663, oder Curros Enríquez 43, Ourense, ✆ 988-224913.

Segeln & Surfen

Die rund 40 Sporthäfen Galiciens verfügen in der Regel über alle notwendigen Einrichtungen. Für Segelkurse bietet sich am ehesten der Süden an.

Federación Gallega de Vela, Muelle de Bouzas, Vigo, ✆ 986-237116. Allgemeine Informationen.

Sanxenxo: *Club Náutico,* am Yachthafen. Organisiert Segelkurse: 20 Stunden Unterricht kosten etwa 40 €. Avda. del Puerto, Sanxenxo, ✆ 986-720059.

Vigo: *Escuela Municipal de Vela,* Muelle de Bouzas s/n, ✆ 986-237116 oder 207220. Anfänger- und Fortgeschrittenenkurse in fünf verschiedenen Bootsklassen.

Escuela de Vela, Real Club Náutico, Vigo, ✆ 986-224002, 10 – 14, 16 – 20 Uhr. Wochenkurse mit insgesamt 15 Stunden.

Windsurfing

An den rund 800 Stränden Galiciens gibt es Wellengang und Winde für jeden Geschmack und Erfahrungsgrad. Seit 1988 werden hier auch internationale Wettbewerbe ausgetragen, wie der *Pantin Classic* am Strand von Patos.

Info: *Océano Surf Club,* Aptdo. 543, Ferrol.

Eines der bekanntesten **Surferparadiese** ist die *Ría de Cedeira* nördlich von Ferrol. Surfkurse bietet beispielsweise die *Escuela de Windsurf* an der *Playa Santa Cristina* bei A Coruña an. Ein Wochenkurs kostet etwa 80 €. Täglich zwei Stunden Unterricht, Bretter und Anzüge inklusive.

Escuela de Windsurf, Rúa Linneo 18 (am Strand), ✆ 981-636903.

Ballsport

Tennis: Um einen Tenniskurs zu absolvieren, ist Galicien nicht gerade der richtige Ort. Doch vor allem in den größeren Städten sind Sportzentren oder Clubs zu finden, die stundenweise Plätze vermieten.

Fußball: *Deportivo La Coruña* spielt auch international in der 1. Liga des Fußballs. Die günstigsten Karten für ein Spiel im Stadion Riazor kosten 12 €.

Spanisch lernen an der Küste

Es gibt einige von Deutschen organisierte Privatschulen und auch Sommerkurse an den Universitäten. Dort und in O Grove haben wir selber an Kursen teilgenommen, die anderen Schulen sind uns von Freunden empfohlen worden.

Sommerkurs in der Universität von Santiago de Compostela: *Oficina de Cursos Internacionales,* Facultad de Ciencias Políticas, Campus Universitario, 15706 Santiago de Compostela, ✆ 981-597035, Fax -597036. 2 – 12 Wochen, 4 Stunden täglich Unterricht mit meist jungen Dozenten. In einem Einstufungstest werden max. 15 Teilnehmer pro Gruppe ermittelt und später mit einem Zeugnis der Uni entlassen. Ab 16 Jahren kann sich jeder (nicht nur Studenten) etwa vier Wochen vorher anmelden. Kosten: 150 € pauschal für Krankenversicherung, Bücher, Ausflüge etc. 1 Monat Unterricht rund 480 €, 12 Wochen 1200 €, der Intensivkurs im September rund 390 €. Ein Einzelzimmer im Studentenwohnheim 277 € pro Monat, ein Doppelzimmer 229 €. Auf dem Programm stehen neben Sprachunterricht und Vorlesungen zur Geschichte, Literatur, Musik und Kunst auch Exkursionen, Filme, Stadtbesich-

tigungen und Museumsbesuche. Im September, wenn der Kurs mehr auf Grammatik ausgerichtet ist, kommen in der Regel viele deutsche Studenten, in den Monaten davor besonders Teilnehmer aus den USA. Für Lehrer wird ein Kurs »Spanisch als Fremdsprache« angeboten. Für alle, die mehr als einen kleinen Sprachurlaub planen, bietet die Universität auch **Semesterkurse** über die Dauer von 20 Wochen mit 160 Stunden Sprachunterricht an, die zwischen Januar und Mai stattfinden. Dazu gibt es ausführliche deutschsprachige Informationen im Internet, über das man sich auch direkt anmelden kann: www.usc.es/spanish/deut/html/kurse/

In A Coruña: *Escuela de Idiomas,* Pepín Rivero s/n, ✆ 981-279100, 15011 A Coruña. Vier Wochen im Juli kosten rund 400 €, einschließlich Ausflügen nach Santiago und zu den Cíes-Inseln plus Studienmaterial. Max. 15 Schüler ab 16 Jahren haben 9 – 13 Uhr Unterricht. Einstufungstest in drei Niveaus mit Abschlußzertifikat. Die Schule kümmert sich um Unterkunft und Sprachaustausch mit Coruñensern.

Universidad de A Coruña, Cursos de verano para extranjeros, Casa de la Gallería s/n, Campus de Elviña, 15071 La Coruña, ✆ 981-167000, Fax -167013. Die Uni bietet 20tägige Sommerkurse zum Preis von rund 1000 €, in denen alles inbegriffen ist. Vier Stunden zwischen 9.30 und 13.45 Uhr: Grammatik, Konversation und Konferenzen. Einstiegsexamen und Abschlußdiplom.

In Noia: *Escuela Ibérica,* Calle Colombia 10, 3°, 15201 Noia, ✆ 981-823103. Anmeldung auch im Internet: academia-

Mit den Studenten um die Ecken ziehen: In Santiago de Compostela nennt man das »Rallyo Paris – Dakar« (↗ Santiago Nachtleben)

iberica.com. Zwei- oder dreiwöchige Kurse (Juni – September) mit vier Unterrichtsstunden täglich. Inklusive Unterbringung in Ferienwohnung mit Küche kostet ein dreiwöchiger Kurs je nach Saison 355 – 395 €. Auch Wirtschaftsspanisch und Einzelunterricht. Kinder wohnen kostenlos. Im Programm sind Ausflüge, Fahrradverleih und Kontakte zu Spaniern enthalten. Deutschsprachige Teilnehmer werden nach dem Eingangstest zu acht von jungen spanischen Lehrern unterrichtet, es gibt fünf Niveaus. Die Schule hilft bei der Anreise.

O Grove: *Academía Atlántika,* Corgo s/n, 36980 O Grove (Pontevedra), ✆ 986-732257. In Deutschland: Heegbag 13, 22391 Hamburg, ✆ 040/477587, Fax 465885 (Mo – Fr 15 – 20 Uhr), www.at-lantika.net. Die Academía Atlántika bietet zwei- oder dreiwöchige Kurse (Mitte Juni – Mitte September) mit vier Unterrichtsstunden täglich. Inklusive Unterbringung in Ferienwohnungen zusammen mit mehreren Schülern kostet ein Kurs in O Grove 315 bzw. 435 €. Einen zweiwöchiger Bildungsurlaub in O Grove mit sechs Schulstunden täglich kostet 440 €. Zu Kursbeginn werden die Teilnehmer in mindestens vier Niveaus eingestuft, die Gruppen bestehen aus nicht mehr als acht Schülern. Die Schule vermittelt Mitfahrgelegenheiten für An- und Abreise, organisiert Ausflüge, Feste und stellt Kontakte zu Einheimischen her.

Escuela Internacional de Lenguas Rías Bajas, Concepción Arenal 13, 2°A, 36980 O Grove (Pontevedra). ✆ 986-

WANDERUNGEN & SPORT

Tobias Büscher

732629, Fax 986-733241. Kontakt in Deutschland: Matthias Graubner, Schröderstiftweg 2, 20146 Hamburg, ✆ 040/44809470, Internet: www.interbook.net/educacion/riasbajas. Das Kursangebot, die Art der Unterbringung und auch die Preise der »Escuela Rías Bajas« sind identisch mit dem Programm der Academía Atlántika. Allerdings bietet »Rías Bajas« schon ab Ende März Kurse in O Grove an, zu 295 € (2 Wochen) bzw. 360 € (3 Wochen). Kurse in O Grove können außerdem unter www.spanischlernen.net im Internet gebucht werden.

JAKOBSWEG

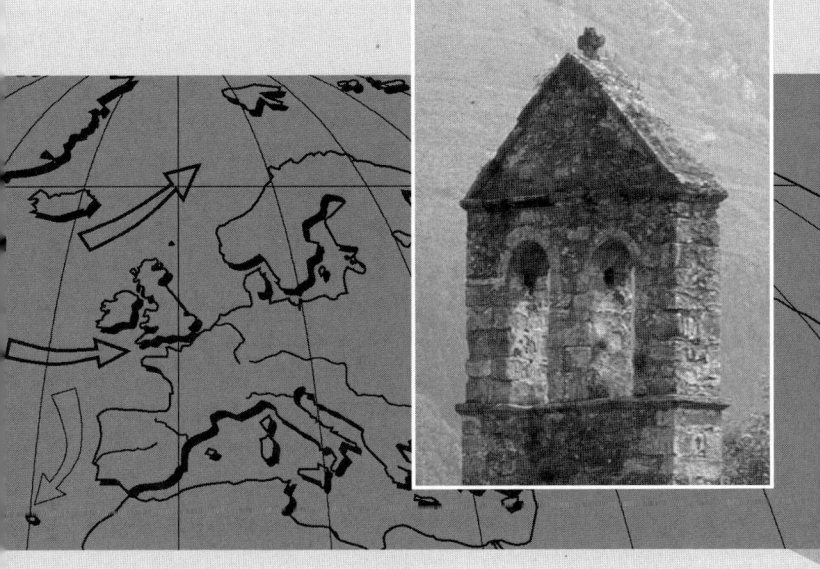

DER JAKOBSWEG DURCH SPANIENS GRÜNEN NORDEN

Wäre die Kirche ein Reiseveranstalter, dann könnte man das Grab des Apostels Jakobus in Santiago als einen ihrer größten Verkaufsschlager bezeichnen. Tausend Jahre bevor es Urlaubsprospekte und Reiserücktrittsversicherungen gab, lockte der Apostel Millionen Menschen an – und die meisten von ihnen kamen zu Fuß. Auf dem Weg nach Santiago traf sich nicht nur ganz Europa, auf ihm waren Menschen aus allen Teilen der mittelalterlichen Welt unterwegs. Ein kultureller Schmelztiegel, der den Jakobsweg selbst zu einem einzigartigen Reiseziel gemacht hat.

Es gibt verschiedene Routen, die nach Santiago führen, je nachdem, woher die Pilger kamen bzw. kommen. Die berühmteste ist jedoch der »Camino francés«, der Weg, der von Frankreich quer durch Nordspanien in den Nordwesten der Iberischen Halbinsel führt. Eine rund 900 Kilometer lange Strecke, die für die europäische Geschichte von größter Bedeutung war – kulturell und politisch. Wer bei seiner Reise nach Galicien diesen Weg nimmt, wird auf die faszinierenden Spuren der Vergangenheit treffen und vielleicht etwas von dem Geist spüren, der Menschen bis heute antreibt, auf dem Jakobsweg zu pilgern. Das folgende Kapitel richtet sich vor allem an Reisende, die auf ihrer Fahrt nach Galicien den Jakobsweg sozusagen en passant erleben möchten. Denn schon die »Highlights« vermitteln etwas von seiner tieferen Bedeutung. Und die lautet: Der Weg ist das Ziel.

Kontemplation: Wer den historischen Pilgerweg durch den Norden Spaniens zu Fuß zurücklegt, findet vielleicht neue Sinnbilder für sich selbst

Geschichte

Die Pilgerfahrt nach Santiago ist untrennbar mit der Geschichte des Christentums verknüpft und steht in direktem Zusammenhang mit der Rückeroberung des maurischen Spanien durch die christlichen Könige. Doch nicht wenige Autoren vertreten inzwischen die These, der Weg habe schon eine spirituelle Bedeutung gehabt, bevor das Christentum auf der Bildfläche erschien – wie viele andere Bräuche aus vorchristlicher Zeit, die von der Kirche nachträglich durch Legenden in den christlichen Glaubens-Orbit integriert wurden. Die Namen einiger Orte, der zum Teil unlogische Verlauf der Route und rätselhafte Petroglyphen aus grauer Vorzeit geben Raum für die wildesten Spekulationen. Manche bringen den Weg sogar mit dem sagenhaften Atlantis oder dem Druidentum, dem Ursprung der Basken und deren eigentümlicher Sprache in Verbindung. Beweise dafür stehen aus. Einen gewissen Reiz hat jedoch die Vorstellung, der Jakobsweg sei schon in vorchristlicher Zeit als eine Art Initiationsweg genutzt worden. Denn die lange Wanderung durch eine schier endlose Weite zwingt den Menschen geradezu, sich dem Rhythmus der Natur anzupassen. Nur im Einklang mit ihr ist die Strecke ohne moderne Verkehrsmittel zu bewältigen. Und wer es geschafft hat, sieht die Welt mit anderen Augen. Von derartigen spirituellen Erfahrungen berichten auch moderne Pilger, die eigentlich nur aus Sportsgeist oder Abenteuerlust losgelaufen sind. »Irgendetwas«, erzählen sie oft, sei unterwegs mit ihnen passiert. Aber manche fügen auch hinzu: Diesen Effekt hätte wohl auch jede andere Wanderung über eine ähnliche Distanz gehabt.

Zwischen Mystik und Wissenschaft

Dennoch: Dem Jakobsweg haftet sicher etwas Mystisches an. Denn er ist das kulturelle Erbe einer Zeit, deren Gedankenwelt den modernen Menschen unbekannt oder wenigstens fremd geworden ist. Man staunt unweigerlich über die tiefe Frömmigkeit, die Pilger des Mittelalters veranlaßte, diese strapaziöse Wanderung an das vermeintliche Ende der Welt zu unternehmen. Immerhin mußte jedem von ihnen klar sein, daß es eine Reise ohne Wiederkehr sein konnte.

Umso ernüchternder wirkt daher die wissenschaftliche Erkenntnis: Der christliche Ursprung des Jakobsweges beruht auf einem schlichten Übersetzungsfehler und einer großen Portion Wunschdenken. Er liegt in der Zeit *Karls des Großen* (742 – 814). Der Islam hatte die Iberische Halbinsel überrannt und im Norden des heutigen Spanien sammelten kleine christliche Königtümer Kräfte für die Reconquista, die Rückeroberung der arabisch besetzten Gebiete. Ein »Heiliger Krieg« mit – aus heutiger Sicht – umgekehrten Vorzeichen. Daß sie dabei dem Willen Gottes entsprachen, führten die bedrängten Christen auf eine lange angezweifelte und vergessene Geschichte aus einer lateinischen Übersetzung der Apostelkataloge zurück: Der Apostel Jakobus der Ältere habe in Spanien das Christentum verbreitet, bevor er in Jerusalem hingerichtet wurde. Seinen Leichnam hätten treue Jünger danach auf wundersame Weise nach Iria Flavia gebracht und in der Nähe bestattet. Es mußte folglich im Sinne des Apostels sein, das Christentum in Spanien zu verteidigen. Auf der Grundlage dieser Legende wurde Jakobus zur Symbolfigur im Kampf gegen die »ungläubigen Muselmanen«. Und es dauerte nicht lange, bis für die Jakobslegende der entsprechende Beweis gefunden wurde: Sein Grab. Genau läßt sich das Datum des Fundes nicht bestimmen. Man geht davon aus, daß der Einsiedler *Pelayo* zwischen 810 und 830 jene folgenreiche Entdeckung machte. Der Legende nach führte ihn eine seltsame Lichterscheinung zu einem Marmorgrab. Er informierte sofort *Teodomiro*, den Bischof von Iria Flavia. Und für den bestand nicht der Hauch eines Zweifels: Es mußte sich um das Grab des Apostels Jakobus handeln. Schließlich hieß es in Berichten aus dem Heiligen Land, die Grabstätte des Apostels liege vermutlich in Mar-

marica. Das ist zwar die geographische Bezeichnung für das Gebiet zwischen Nildelta und der Großen Syrte, doch in der lateinischen Übersetzung aus dem Griechischen war daraus »Marmorgrabmal« geworden. Und Teodomiro reichte der Übersetzungsfehler als Beleg.

Die Forschung hat die Legende längst entzaubert. Der Fundort, an dem sich heute die Markthallen Santiagos befinden, lag mitten in einem alten römischen Gräberfeld. Auch die Meinung, der Name »Compostela« sei unter Berufung auf die wundersame Lichterscheinung aus *campus stellae* (Sternenfeld) entstanden, erscheint in diesem Licht wenig glaubhaft. Die Variante, der Name beziehe sich auf *compostum*, also schlicht Friedhof, klingt einleuchtender. Und so ist wohl davon auszugehen, daß sich der ganze Jakobus-Kult um einen wohlhabenden Römer rankt, der dort in einem Marmorgrab bestattet worden war. Aber da im mittelalterlichen Denken zwischen religiöser Legende und Wahrheit kaum unterschieden wurde, verbreitete sich die Nachricht von der Entdeckung des Apostelgrabes wie ein Lauffeuer in der christlichen Welt. Und sie wirkte wie ein Fanal.

Der Ort *Santiago*, dessen Name nichts anderes als Heiliger Jakobus bedeutet, entwickelte sich schnell zu einem der wichtigsten Wallfahrtsorte des Christentums, gleichrangig mit Rom und Jerusalem. Schon die niedrigsten Schätzungen gehen davon aus, daß im 11. Jahrhundert pro Jahr rund 200.000 Gläubige dorthin pilgerten. Dieser Pilgerstrom hatte eine immen-

Die Jakobsbrüder: Der Holzschnitt zeigt sie mit ihren Insignien Wanderstab, Hut und Kürbisflasche

se politische Bedeutung, denn in seiner Frühphase bildete der Weg nach Santiago eine Ost-West-Achse, von der aus die Rückeroberung der Iberischen Halbinsel vorangetrieben wurde. Und der Apostel übernahm bald endgültig die Funktion, die man sich von ihm erhofft hatte: Im Jahr 844, während der Schlacht von Clavijo, erschien er dem zahlenmäßig unterlegenen christlichen Heer zu Pferde und führte es zum Sieg. Auch das ist eine Legende. Aber mit ihr machte der Apostel post mortem Karriere als »matamoros«, als Maurentöter. Und das Heer der Gläubigen gab der Reconquista die notwendige Rückenstärkung.

Reise ins Ungewisse

Die einfachen Pilger dürften sich selbst weniger als Teil einer solchen geopolitischen Strategie gesehen haben. Sie waren der Überzeugung, durch ihre Wallfahrt die Vergebung ihrer Sünden und ihr Seelenheil zu erlangen. Sie strömten nach Santiago, um Buße zu tun, um sich von einer Schuld zu befreien, von Krankheit geheilt zu werden, den Platz im Paradies zu sichern – oder um sich auf sehr elegante Art aus ihrem alten Leben voller unangenehmer Verpflichtungen oder Verstrickungen zu verflüchtigen. Zwischen dem 11. und 13. Jahrhundert erfaßte die Christenheit ein regelrechter Santiago-Boom, die Pilger kamen aus allen Teilen der Welt, auch aus dem Orient und Afrika. Doch die meisten brachen in Frankreich oder dem Deutschen Reich auf.

Es war eine Reise ins Ungewisse. Davon abgesehen, daß die wenigsten Pilger überhaupt lesen oder schreiben konnten, gab es kaum verläßliche Karten und nur wenige Reisebeschreibungen. Der Bestseller unter den Pilgerführern stammt aus dem 12. Jahrhundert. Verfasser des *Liber Sancti Jacobi*, das offiziell unter dem Titel *Codex Calixtinus* verbreitet wurde, war ein französischer Mönch namens *Aimeric Picaud*. Obwohl sein Werk in vielen Passagen eine Ansammlung übelster Beschimpfungen und Vorurteile gegen Land und Leute ist, veranschaulicht dieser Bericht doch eindrucksvoll, was die Pilger auf ihrem Weg erwartete. Außer Hunger, Kälte und Krankheit stehen auf der Gefahrenliste: falsche Führer, betrügerische Geldwechsler, beutelschneiderische Zöllner, gottlose Dirnen, habgierige Wirte und jede Menge Räuber. Hinzu kam die unerbittliche Natur. Jeder Abgrund, jeder reißende Fluß war auf unbefestigten Wegen ohne Brücken ein lebensgefährliches Hindernis. Bruder Aimeric scheint jedenfalls einige unerquickliche Erfahrungen gemacht zu haben.

Schließlich lag es im Interesse der Kirche, den Jakobsweg zu sichern und die Pilger zu schützen. Kirchen, Klöster und angeschlossene Herbergen entstanden entlang dem Weg und boten Unterschlupf. Brücken führten über gefährliche Flüsse und eine bewaffnete Truppe, der *Santiago-Or-*

Kleine Leseprobe aus dem Codex Calixtinus:

Wenn man (die Navarrer) essen sieht, glaubt man fressende Hunde oder Schweine vor sich zu haben. Wenn man sie reden hört, klingt es wie Hundegebell. Ihre Sprache wirkt durchaus fremd. Es ist ein barbarisches Volk, voller Bosheit, von schwarzer Farbe, unansehnlich, verrucht, schurkisch, falsch, treulos und korrupt, wollüstig, trunksüchtig, gewaltbereit und wild, unehrlich und verlogen, gottlos und von rauhen Sitten, grausam und streitsüchtig. Die Navarrer treiben Unzucht mit Tieren. Auch küßt der Navarrer wollüstig die Geschlechtsteile von Frau und Maultier.

den, übernahm den militärischen Schutz. Die zweckmäßige Tracht des Santiago-Pilgers entwickelte sich bald zu seinem äußeren Erkennungsmerkmal: Weiter Umhang, breitkrempiger Filzhut und der Pilgerstab mit Kürbisflasche und Jakobsmuschel. Allerdings – in dieser Art als Pilger verkleidet, hatten auch Räuber leichtes Spiel. In Frankreich bekamen diese Banditen sogar einen eigenen Namen: *Coquillards,* Muschelbrüder.

Die Pilgerwelle in der Flaute

Mit Beginn der Neuzeit gegen Ende des 15. Jahrhunderts flaute die Santiago-Bewegung merklich ab. Zum einen hatte der Apostel als »Maurentöter« ausgedient. 1492 war mit Granada die letzte maurische Bastion auf spanischem Boden gefallen und die Reconquista abgeschlossen. Zum anderen machten Räuberbanden die Reise gefährlicher als je zuvor und obendrein begann die Reformation die Christenheit zu spalten. Mit der Französischen Revolution, der Säkularisierung und der Industriellen Revolution erstarb schließlich das Interesse an der Wallfahrt nach Santiago.

Zwischendurch verschwand sogar der Apostel selbst. Zu dieser Geschichte existieren zwei Versionen. Die eine besagt, aus Angst vor Überfällen durch den englischen Kronpiraten *Francis Drake* habe der Erzbischof von Santiago die Gebeine verstecken lassen – und zwar so gründlich, daß man sie später nicht wiederfand. In der anderen Version geriet der Aufbewahrungsort der Gebeine im Laufe der Jahrhunderte schlicht in Vergessenheit und war nach den vielen Umbauten der Kathedrale offenbar nicht mehr auffindbar. Erst 1879 tauchten die Gebeine nach einer längeren Suchaktion wieder auf – und bis heute wird bezweifelt, ob es

JAKOBSWEG

sich bei ihnen tatsächlich um die gesuchte Reliquie handelt. Für die Kirche spielt das eine untergeordnete Rolle: 1884 erklärte Papst *Leo XIII.* die Gebeine kurzerhand per Bulle für echt.

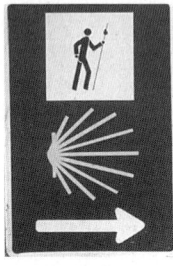

Spirituelle Renaissance

Erst im 20. Jahrhundert erlebte der Jakobus-Kult seine Renaissance. Ausgerechnet Spaniens Diktator Franco entdeckte den Apostel für sich und setzte ihn für sein Zwecke ein. Jakobus machte ab 1937 eine weitere Karriere, diesmal als Patron Spaniens, und sein Geburtstag, der 25. Juli, wurde zum Nationalfeiertag. Zumindest unter den Spaniern war damit die Wallfahrt wieder en vogue.

Heute ziehen – besonders während eines Heiligen Jahres, wenn der 25. Juli auf einen Sonntag fällt – mehr Pilger auf dem Jakobsweg nach Santiago als jemals zuvor. Allein 1999 registrierte man mehr als 460.000. Ihre Beweggründe sind sehr unterschiedlich, mal sind es religiöse, mal sportliche Motive. Und bei vielen spielt das Interesse an der Kulturgeschichte eine Rolle. Wie auch immer, aus dem Pilgerweg ist eine touristische Attraktion geworden und wie schon im Mittelalter ein bedeutender Wirtschaftsfaktor für die Region. 1987 wurde er von der UNESCO zum »Europäischen Kulturweg« gekürt. Und seitdem bemüht

sich auch der spanische Staat, ihn als solchen zu erhalten. Viele Unterkünfte, Kirchen und Klöster waren schon dem Verfall preisgegeben, alte Wege unpassierbar – oder in Schnellstraßen umgewandelt. Zwar müssen sich die modernen Pilger noch heute kilometerweit durch tobenden Straßenverkehr kämpfen, aber immer mehr Teilstücke verlaufen nun wieder jenseits der Straßen. Seit 1996 stehen Wege und Straßen von historischen oder kulturellem Interesse unter besonderem Schutz, werden saniert und dürfen baulich nicht verändert werden. Damit ist der Jakobsweg selbst zum Denkmal einer einzigartigen Synthese abendländischer und arabischer Kultureinflüsse geworden.

DER CAMINO FRANCÉS

Im Mittelalter gab es für die Wallfahrt nach Santiago de Compostela feste Routen. Franzosen und Deutsche zogen über die Pyrenäen, englische und holländische Pilger nahmen oft den Seeweg nach A Coruña, Italiener landeten in Barcelona und wanderten über Zaragoza gen Westen. In ganz Europa gibt es ein weitverzweigtes Netz von Pilgerwegen. Allein durch Frankreich führen vier Hauptwege, die sich vor der Überquerung der Pyrenäen zu zwei Wegen bündeln. Hinter Pamplona treffen diese beiden schließlich in Puente La Reina zusammen.

Der Camino Francés ist die bekannteste Route – und ihr folgt auch dieser Reiseführer. Der Weg verläuft von Roncesvalles über Pamplona, Logroño, Burgos, León, Ponferrada und

Cebreiro nach Santiago. Die Strecke berührt interessante Städte, wunderschöne und historisch bedeutsame Bauten, und durchquert beeindruckende und grundverschiedene Landschaften.

ETAPPE 1: BIS LOGROÑO

Saint-Jean-Pied de Port → Roncesvalles, 23 → Pamplona, 46 → Puente La Reina, 19 → Estella, 19 → Los Arcos, 20,4 → Viana, 18,5 → Logroño, 9/Navarrete 12 km
Länge: 130 km, C 135, N 111
Wanderer: 155 km, 8 Tage
Die spanische Grenze passiert der Pilgerweg in St.-Jean-Pied de Port und führt zunächst nach Roncesvalles, dem »klassischen Sammelpunkt« des Camino francés.

Ausgangspunkt Roncesvalles

Der Ort ist heute der beliebteste Ausgangspunkt für Jakobspilger. Vom französischen Bayonne aus über **Saint-Jean-Pied de Port** führt ein herrlicher Weg durch Pyrenäentäler über den Ibañeta-Paß und Valcarlos dorthin. Roncesvalles ist untrennbar mit dem *Rolandslied* verbunden, jenem mittelalterlichen Heldenepos, das den Tod des stolzen Gefolgsmanns Karls des Großen zum Thema hat. Der Sage nach hatten Mauren 778 der Nachhut von Karls Heer einen Hinterhalt gelegt und sie niedergemetzelt. Allerdings gilt als sicher, daß es Basken und Navarrer waren, die auf diese Weise Rache für die Zerstörung Pamplonas durch Karl den Großen nahmen. Auf jene Schlacht beziehen sich daher auch viele Denkmäler und Kunstwerke des Ortes. Das direkt an der Straße gelegene **Silo de Carlomagno,** eine Grabkapelle, ist angeblich die letzte Ruhestätte Rolands. Sie ist Besuchern nur selten zugänglich.

Beherrscht wird das kleines Roncesvalles vom mächtigen **Hospiz Real Colegiata.** Das im 12. Jahrhundert gegründete Hospital gehörte zu den wichtigsten am Jakobsweg, denn nach der gefährlichen Paßüberquerung waren die Pilger erschöpft.

In seinem Museum sind Sakralkunst, alte Handschriften und Schmiedearbeiten zu sehen. Di – So 11 – 13.30 und 16 – 18 Uhr, Führungen jeweils um 12 Uhr, geringer Eintritt.

Die sehenswerte **Stiftskirche** ist im Stil der frühen französischen Gotik erbaut. Im Altarraum zieht sofort das Ziborium alle Blicke auf sich. Die von ihm beschirmte Figur der Jungfrau von Roncesvalles besitzt eine gewisse Berühmtheit. Der Legende nach soll ein Hirsch die Statue entdeckt haben. Die Arbeit stammt aus dem 13. Jahrhundert. Im Kapitelsaal befindet sich das Grabmal des navarrischen Königs *Sancho des Starken* (1150 – 1234), der die Kirche erbauen ließ. Die Kirche und der Kreuzgang sind täglich 9 – 21 Uhr zu besichtigen, im Winter gelegentlich kürzere Öffnungszeiten.

Unterkunft & Essen
★★ *La Posada,* Colegiata de Roncesvalles, ✆ 948-760266. Solide Pension mit angeschlossenem Restaurant.
Casa Sabina, Ctra. Pamplona-Francia, Km 48, ✆ 948-760012. Einfaches Hostal.

JAKOBSWEG

Weitere Hotels im 2 km entfernten *Burguete* (Richtung Pamplona)

Touristeninformation: *Antiguo Molino* (im Gebäude der alten Mühle, Nähe Museum), ℡ 948-760193. Mo – Sa 10 – 14 und 15 –18 Uhr, So 10 – 14 Uhr.

Pamplona, Stadt der rauschenden Feste

Pamplona – für viele ist das zunächst die Stadt der Fiesta, des weltbekannten sieben Tage dauernden Festes zu Ehren des Stadtheiligen *San Fermín* mit dem allmorgendlichen Stiertreiben durch die engen Straßen, das Ernest Hemingway in einem seiner Romane verewigt hat. Wer gern tagelang ausgelassen feiert, Stierkampf mag, dem Alkohol nicht abhold ist, und wem Hitze und Gedränge nichts ausmachen, für den sind die *Sanfermines* in der 2. Juliwoche genau das Richtige. Wer aber die Stadt Pamplona kennenlernen möchte, sollte lieber zu einer anderen Zeit kommen – während der Fiesta verdreifachen sich die Hotelpreise, und Bars und Restaurants machen mit den Fiesta-Touristen das Geschäft des Jahres.

In der rauschenden Festwoche wird man zudem kaum entdecken, daß das sonst recht ernsthafte Pamplona zu den arbeitsamsten und wohlhabendsten spanischen Städten gehört. Als Industriestandort kommt der Stadt überregionale Bedeutung zu, das große VW/Seat-Werk ist eine der Quellen des Wohlstands. Wichtig für die Stadt sind zudem der Dienstleistungssektor und die größere der beiden Universitäten, die *Universidad de Navarra,* die vom umstrittenen katholischen Laienorden Opus Dei geleitet wird.

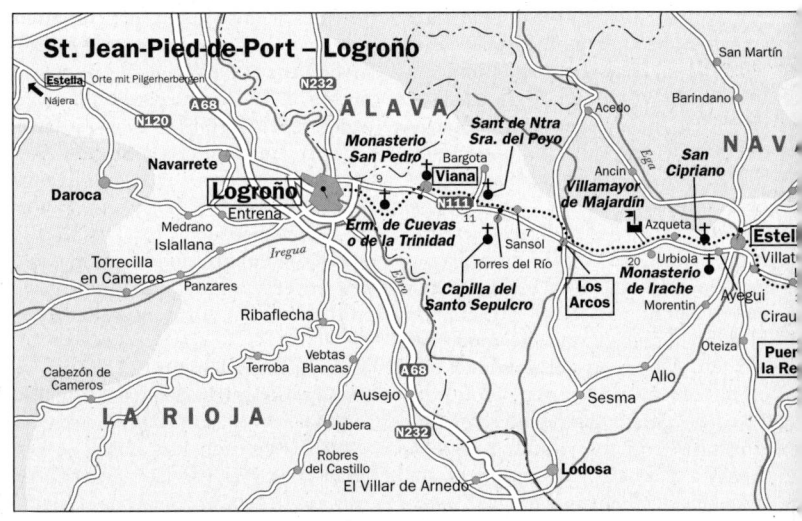

Als 1591 die Sanfermines das erste Mal gefeiert wurden, gab es Pamplona schon über anderthalb Jahrtausende. In der Nähe des Lagerplatzes, dem der römische General Pompejus 74/75 v. Chr. seinen Namen gab, lag ein altes baskisches Dörfchen. Auch heute noch ist Pamplona stolz auf seine baskischen Wurzeln: Wie überall in der *Provinz Navarrer* ist Baskisch zweite Amtssprache. Allerdings sind die Navarresen weniger militante Verfechter der Autonomie als ihre baskischen Nachbarn – wohl auch, weil sie sich im Gegensatz zu diesen im Bürgerkrieg schnell ins frankistische Lager schlugen und Diktator Franco zum Dank ihre alten *fueros,* Privilegien und Sonderrechte, bestätigte.

Diesen weniger rühmlichen Teil der Geschichte erzählen die aufwendig gestalteten Prospekte der Regionalregierung meist nicht. Dafür widmen sie sich um so ausführlicher der wechselvollen mittelalterlichen Geschichte der Stadt, die westgotische, arabische und christliche Eroberer sah und deren Stadtmauern von Karl dem Großen 778 geschleift wurden. Die für die Entwicklung der Stadt wichtigsten Eroberer aber kamen in friedlicher Absicht: die Jakobspilger auf dem Weg zum Apostelgrab in Santiago. Viele von ihnen durch Privilegien zum Bleiben verführt, ließen sie sich als Handwerker oder Händler in den Vierteln *San Nicolás, Santiago* und *San Fernín* nieder – San Fermín war der Heilige vieler Fremder. Lange besaßen die zugewanderten Franken ein Monopol für die einträglichen Geschäfte mit den Pilgern, was häufig zu Streitigkeiten mit den Einheimischen führte. Mit dem Unionsprivileg 1423

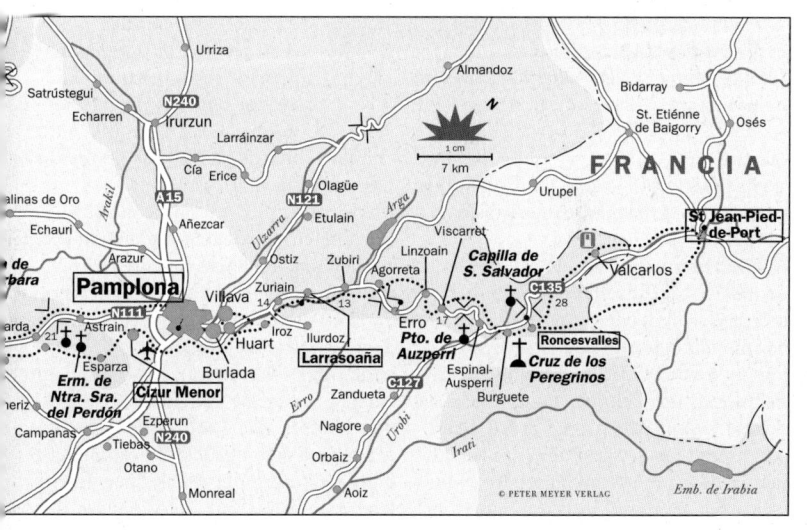

Beim berühmten Stiertreiben von Pamplona bleiben immer welche auf der Strecke

machte dem der navarrische König Carlos III. (1361–1425) ein Ende und verfügte die Gleichheit aller Bürger.

Stadtbesichtigung

Trotz Hochhauszeilen und zubetonierte Geschäftsviertel – die Provinzhauptstadt hat 183.000 Einwohner – fällt bei der Stadtbesichtigung angenehm auf, daß *Iruñea* (Pamplona auf Baskisch) eigentlich eine grüne Stadt ist: Herrliche weite **Parks** zwischen der hübschen *Altstadt* und der *Neustadt*, die während der Fiesta von den

Besuchern als Schlafplätze genutzt werden, laden zum Schlendern ein:

Zitadelle, Parque de la Ciudadela: Von der Befestigung sind nur die Grundmauern geblieben, sie liegt am Rande des Zentrums und grenzt an die Hochhäuser der Neustadt – eine grüne Oase im Großstadtdschungel.

Parque de la Taconera: Der schönste Park der Stadt ist einen erholsamen Bummel wert. Umgeben von Mauern aus dem 16. Jahrhundert leben hier außer Hühnern und anderen Vogelarten sogar Hirsche.

Murallas: Auf den alten Stadtmauern bietet sich ein Spaziergang von den *Jardines de la Taconera,* am Korral vorbei, wo die Stiere vor dem *encierro* (Stiertreiben) warten, bis zum kleinen, schattigen *Parque de Media Luna* an. Die Stadtmauern folgen teilweise dem Flußlauf; da sie erhöht liegen, bieten sie einen weiten Ausblick – allerdings manchmal auf Schnellstraßen und Hochhäuser. Ein wunderschön romantisches Eckchen an den Murallas ist die *Calle del Redín* nahe der Kathedrale. Vor allem nachts, wenn die gekalkten Fassaden der Häuser das Licht der Laternen warm und gelb zurückwerfen, genießt man am besten den Blick über die erleuchtete Stadt auf der Terrasse des

Mesón del Caballo Blanco – bei Drinks und Tapas, begleitet von klassischer Musik – ein Ort hoch über der Stadt so richtig zum Träumen.

An Pamplonas **Kathedrale** (Dormitalería/Plaza San José), deren Fundamente aus dem 14. und 15. Jahrhundert stammen, ist vor allem der *gotische Kreuzgang* sehenswert – die neoklassizistische Fassade aus dem 18. Jahrhundert enttäuscht im Vergleich mit denen der prächtigen Kathedralen von Burgos und León, die noch auf dem Weg liegen. Daran hat auch eine gründliche, mehrjährige Renovierung zu Beginn der 90er Jahre nichts ändern können. Von ihr hat allerdings der prächtige Kreuzgang enorm profitiert.

Im **Diözesanmuseum** können sich Besucher einen ungefähren Eindruck von den Schätzen der katholischen Kirche verschaffen, die hier gehortet werden, seit Pamplona um das Jahr 600 Bischofssitz geworden war. Eingang durch den Kreuzgang der Kathedrale. 15. Mai bis 15. Oktober Mo – Fr 10.30 – 13.30, 16 – 18 Uhr geöffnet, im Rest des Jahres nach Absprache.

Museo de Navarra: Cuesta de Santo Domingo. In einem Hospital aus dem 16. Jahrhundert untergebracht; es ist das am besten ausgestattete Regionalmuseum am Pilgerweg. Di – Sa 10 – 14 und 17 – 19 Uhr, So und Fei 11 – 14 Uhr.

Ein mit bunten Blumen dekoriertes Schmuckstück des Barock ist das **Rathaus** von 1754 an der *Plaza Consistorial*, Mittelpunkt des städtischen Lebens ist die von Bäumen umsäumte **Plaza del Castillo** (Schloßplatz) aus dem 16. Jahrhundert – vom Schloß ist allerdings nichts übrig.

An der **Plaza de Toros**, der Stierkampfarena, steht das Hemingway-Denkmal, das die Stadt ihrem Bewunderer gestiftet hat – künstlerisch eine Geschmackssache, trotzdem ein beliebtes Fotomotiv. Die Schalter für Eintrittskarten in der Calle Amaya sind Sa- und So-vormittag geöffnet.

Zu empfehlen ist der Besuch der alten Stadtteilkirchen **San Nicolás**, 1117 an der *Plaza San Nicolás* erbaut, und **San Saturnino** von 1297 (zwischen Calle *Campana* und *Ansoleaga*), die massiv und wehrhaft einen bildhaften Eindruck von einst kriegerischen Zeiten vermitteln.

Verbindungen

Flug: Der Flughafen *Noain* liegt 6,5 km stadtauswärts Richtung Zaragoza, ✆ 948-317512, -317182. Täglich nach und von Madrid, Barcelona und Santander.

Bus: *Estación de Autobuses*, Conde Oliveto, ✆ 948-223854; mehrmals täglich nach Madrid, Barcelona und Irún.

Teletaxi: Avd. Zaragoza 35, ✆ 948-232300.

Unterkunft

Die Preise klettern während Sanfermines im Juli mächtig in die Höhe. Im Zentrum, vor allem in den Straßen San Nicolás und San Gregorio, liegen einige billige Hostals mit wenig Komfort, aber auch in der Nebensaison gibt es nichts unter 25 € je DZ.

★ *La Perla*, Plaza del Castillo 1, ✆ 948-227706; absolut zentral gelegen, Hemingways Stammhotel.

Camping: *Eusa* in Ecxaba, an der Straße nach Irún, Km 7, ✆ 948-331665, ganzjährig geöffnet, nur teilweise Schatten.

Essen & Trinken

In ganz Spanien sind die *Truchas de Navarra* bekannt, mit Räucherschinken und Kräutern gefüllte Forellen. Sie tauchen auf fast jeder Speisekarte Pamplonas auf und sind meist recht preiswert. Berühmt ist auch der Spargel der Region, deshalb in der Erntezeit auf Angebote in den Restaurants achten.

Hostal del Rey Noble Las Pocholas, Plaza Sarasate 6, ✆ 948-222214, Spezialitäten: *rabo estofado,* Stierschwanz, und *ajoarriero con langosta,* Langusteneintopf. So und im August geschlossen, Luxusklasse.

Alhambra, Bergamin 7, ✆ 948-245007, Spezialität: *Puré de verduras y trufas,* püriertes Gemüse mit Trüffeln, sowie Meeresfrüchte. So geschlossen, mittlere Preisklasse.

Zaldiko, Santo Domingo 39, ✆ 948-222277, Spezialität: *Pierna de cordero rellena de jamón,* Hammelkeule mit Schinkenfüllung. So geschlossen.

Das **Nachtleben** Pamplonas spielt sich vor allem in den Altstadtgassen zwischen der Plaza del Castillo und dem Parque de la Taconera ab. Dort findet man alles von einfachen Tapa-Bars wie in der Calle San Lorenzo über Discos bis zu stilvollen Cafés.

Nützliche Adressen

Touristeninfo: Duque de Ahumada 3, ✆ 948-220741, 10 – 14 Uhr und 16 – 19; im Sommer zusätzlich Infostand an der Plaza del Castillo.

Abstecher zur Ermita de Eunate

Die nächste wichtige Station für Pilger und Reisende ist Puente La Reina. Die N-111 verläßt Pamplona Richtung Südwesten dorthin. Am Ortseingang verweist ein modernes Pilgerdenkmal von 1965 darauf, daß sich hier die beiden Pilgerrouten über die Pyrenäen vereinigen. Doch anstatt den Weg fortzusetzen, empfiehlt es sich, hier links abzubiegen und einen insgesamt 15 km langen Abstecher zur einzigartigen **Ermita de Eunate** zu machen.

Von dieser inmitten Weizenfeldern gelegenen Ermita de Eunate geht eine seltsame Anziehungskraft aus. Der vollendet gegliederte Bau mit Treppenturm und Apsiswölbung ist von einem offenen Arkadengang umgeben, der sich harmonisch in die schlichte romanische Komposition einfügt. Das

Schönes Beispiel der Romanik: Ermita de Eunate

Markus M. Hugo

diffuse Licht im Innern und der achteckige Grundriß lassen Gefühle der Beengung erst gar nicht aufkommen. Ob der geheimnisvolle Bau aus dem 12. Jahrhundert tatsächlich als Grabkapelle gedient hat oder ob ihn der Templerorden in Anlehnung an den Grundriß der Jerusalemer Grabkirche als Stiftskirche erbaute, ist umstritten. Wieder andere behaupten, daß hier schon in vorchristlicher Zeit ein magischer Ort gewesen sei und verweisen auf die rätselhafte Symbolsprache der Darstellungen in den Kapitellen und Dachsparren. Wie dem auch sei, Eunate ist ein grandioses Zeugnis romanischer Baukunst, dessen Zauber nicht nur von gläubigen Menschen empfunden wird.

Info: Di – Fr 10 – 13.30, 17 – 19.30 Uhr, Sa/So 9 – 13.30 Uhr, im Winter 16 – 18 Uhr. Mo und im Dezember geschlossen. Eintritt frei. Weitere Informationen im benachbarten Haus.

Puente La Reina

Der Brückenbau hatte für das Mittelalter eine kaum zu überschätzende Bedeutung. Was uns heute beim Überqueren mit dem Auto als müdes Rinnsal vorkommt, brachte als reißender Fluß manchen Nichtschwimmer damals in arge Bedrängnis. Für einen befestigten Übergang nahmen die Pilgerscharen oft lange Umwege in Kauf. Die **Puente La Reina** über den *Río Arga*, die diesem Ort ihren Namen gab, ließ im 11. Jahrhundert eine navarrische Königin erbauen, wahrscheinlich die Gemahlin Sancho Mayors. Die Brücke hat trotz der Tausenden von Pilgern, die jedes Jahr

Markus M. Hugo

Berühmte Brücke: Puente La Reina

über sie hinwegtrappeln, die Jahrhunderte überstanden.

Der kleine Ort (2200 Einwohner), der auf Baskisch *Gares* heißt, hat aber noch mehr zu bieten: so kann bei einem Spaziergang entlang des schnurgeraden Pilgerwegs über die *Calle Mayor* (parallel zur Durchgangsstraße) so manches spätmittelalterliche Haus bewundert werden. Einen kurzen Besuch sollte man Kirche und Kloster **Santa María del Crucifijo** abstatten. Das Kruzifix in der Kirche soll ein Pilger aus Deutschland bis hierher getragen haben. Ein Teil der Klosteranlage diente früher als Pilgerhospital. Erwähnenswert ist auch die **Santiago-Kirche** als typisches Beispiel der romanischen Baukunst Navarras.

JAKOBSWEG

Verbindungen

Bus: täglich mehrmals nach Pamplona und Logroño, Haltestelle an der Durchgangsstraße N 111.

Unterkunft & Camping

★★ *Mesón del Peregrino,* Carretera Pamplona – Logroño, Km 23, ✆ 948-340075; gediegen, etwas überteuert.

★ *Hostal El Puente,* Paseo de los Fueros (Durchgangsstraße), ✆ 948-340146.

Camping *El Molino,* 6 km südlich in Mendigorría, mäßig Schatten, viel Asphalt, Swimmingpool.

Mehrere **Restaurants** und **Bars** am Paseo de los Fueros (Hauptstraße), z.B. *La Conrada* (Mittelklasse).

▶ Tourbeschreibung

Weiter auf der N 111 Richtung *Logroño* lohnt wenige Kilometer hinter Puente La Reina das malerisch über eine Hügelkuppe verteilte Dörfchen **Cirauquí** einen Halt. Hier kann man durch mittelalterliche Gäßchen schlendern, vorbei an Wegsteinen für Jakobspilger aus dem 17. Jahrhundert. Die beiden *Pfarrkirchen* aus dem 13. Jahrhundert sind teilweise im Original erhalten. An der *Iglesia San Román* ist das in Navarra verbreitete Zackenportal zu sehen.

Estella, Stern des Mittelalters

Estella, die nächste Station, ist ein geschäftiges Städtchen, dem man den Glanz früherer Tage auf den ersten Blick gar nicht ansieht. Dabei stand Estella (baskisch: *Lizarra*) im Spätmittelalter Pamplona an Bedeutung nicht nach, war Sitz der navarrischen Könige und wirtschaftlich gleichrangig mit Burgos. Ihre Entstehung verdankt die Stadt dem Jakobsweg: Um die Pilgerströme zu steuern, verlieh der navarrische König *Sancho Ramírez* (1076 – 1094) der unbedeutenden Ansiedlung im Jahre 1090 Privilegien und den Namen Estella, wahrscheinlich in Anspielung auf den Stern, der das Grab des Apostels Jakobus angezeigt haben soll. Vor allem Franken ließen sich im engen Talkessel am rechten Ufer des *Río Ega* nieder und trugen zum Aufblühen des Ortes bei, der bald *Estella La Bella* (Die Schöne) genannt wurde.

Es gab aber auch Rivalität und Mißgunst, die einheimischen Navarrer versuchten sich gegen die immer mächtigeren Fremden zu wehren. Noch heute läßt sich das prächtige ehemalige Frankenviertel rund um die **Plaza San Martín** deutlich vom Rest der Stadt mit der *Plaza de los Fueros* als Zentrum unterscheiden.

Ein **Rundgang** in Estella ist wegen der Höhenunterschiede eine schweißtreibende Angelegenheit, auf beiden Seiten entstanden hoch überm Fluß Kirchen und Klöster. Der **Königspalast,** *Palacio de los Reyes de Navarra,* aus dem 12. Jahrhundert an der Plaza San Martín ist einer der wenigen romanischen Säkularbauten in Nordspanien. Vorbildlich restauriert, beherbergt der zweistöckige Bau seit 1991 ein **Museum,** das ausschließlich dem recht mittelmäßigen Maler *Gustavo de Maeztu* (1887 – 1947) gewidmet ist. Trotzdem lassen sich noch die interessanten Kapitelle im ersten Stock bewundern.

Schräg gegenüber erhebt sich eindrucksvoll in den Hang gebaut **San Pedro de la Rúa.** An der Südseite der spätromanischen Kirche schließt sich der wunderschöne lichte *Kreuzgang* an. Nur noch zwei Flügel sind erhalten, der Rest wurde im 16. Jahrhundert versehentlich weggesprengt. Weiter oben im Hang liegen noch das **Kloster Santo Domingo** und die **Kirche Santa María de Jus del Castillo,** die zum Teil verfallen und nur von außen zu betrachten ist.

Auf der anderen Seite des Flusses erwarten den Besucher das belebte Stadtzentrum und zwei weitere Kirchen, die Beachtung verdienen: Das Nordportal der **Iglesia de San Miguel** birgt ausdrucksstarke romanische Darstellungen des Evangeliums. Ganz anderer Natur ist die 1954 erbaute **Basílica de Puy,** bei der das Sternmotiv, die *estrella*, in tausendfacher Form bei Bau und Einrichtung der Kirche variiert wurde.

Wieder zurück im Talkessel, kann man sich vorzüglich in einer der Bars in der *Calle Mayor* stärken oder gemütlich im Freiluftcafé auf der *Plaza de los Fueros* sitzen.

Verbindungen

Bus: täglich mehrmals nach Pamplona und Logroño; Information und Fahrkartenschalter Plaza de la Coronación, ℰ 948-550127.

Unterkunft & Camping

★ *Hostal San Andrés,* José Antonio 1, ℰ 948-550772; solide Pension, Zimmer mit Blick auf die Plaza Santiago.

Camping *Lizarra,* Ordoiz s/n, ℰ 948-551733, etwas gedrängt, aber zentral.

Essen & Trinken

Eine Spezialität in Estella ist das Spanferkel, *gorrín asado.* Als Verdauungsschluck empfiehlt sich *Mistela,* eine Art Anisschnaps.

Eine Reihe leicht überteuerter **Restaurants** der Mittelklasse findet sich an der Plaza de los Fueros, z.B. das:

Maracaibo oder *La Cepa.*

Asador La Tasca, Plaza Santiago 15, Spezialität: gegrillte Rippchen, etwas preiswerter.

Tapa-Bars vor allem in den Straßen Estrella und Navarrería.

Nützliche Adressen

Touristeninformation, San Nicolás 2, ℰ 948-554011, direkt neben dem Königspalast.

Post: Paseo de la Inmaculada 5, ℰ 948-550931.

Pilger: Estella ist Sitz der spanischen Freunde des Jakobsweges, *Amigos del Camino,* der sich um die Markierung der Wanderwege und die Pilgerunterkünfte sorgt, Informationsmaterial erarbeitet und die Zeitschrift »Peregrino« herausgibt. Kontakt: Antonio Roa, ℰ 948-551562.

▶ Tourbeschreibung

Beim Anstieg aus der Stadt hinaus taucht kurz hinter Estella auf der linken Seite das **Kloster Irache** auf (Di – Fr 10 – 14 und 17 – 19 Uhr, Sa/So 9 – 14 und 16 – 19 Uhr). Hier finden seit über einem Jahrhundert Treffen der spanischen Karlisten statt, einer monarchistischen Gruppierung, die das

Land im 19. Jahrhundert in zwei schwere Bürgerkriege stürzte, inzwischen aber politisch bedeutungslos ist. Interessanter als die düstere Klosteranlage mit einer frühgotischen Kirche und zwei Kreuzgängen ist das benachbarte *Museo de Viño*, eine zum Museum ausgebauten Weinkellerei, wo man am Wochenende so manchen guten Tropfen probieren und kaufen kann, vor allem der leichte Rosé aus der Umgebung Iraches ist zu empfehlen (nur Sa, So und Fei 10 – 14, 15.30 – 20 Uhr geöffnet).

Über **Los Arcos** (früher eine wichtige Pilgerstation, heute fast nur Durchgangsverkehr) führt der Weg ins verschlafene Dörfchen **Torres del Río** zu einer weiteren romanischen Kostbarkeit. *Santo Sepulcro,* die Heilig-Grab-Kapelle aus dem 12. Jahrhundert, erinnert mit ihrem kleinen achteckigen Grundriß, der schlichten Ausstattung und dem spärlichen, mystischen Licht im Innern an Eunate. Außergewöhnlich ist vor allem die Gewölbekonstruktion des kleinen Raumes, die islamischen Einfluß zeigt. Zur Besichtigung müssen Besucher bei einer der Frauen klingeln, deren Namen und Adressen an der Kirchentür angeschlagen sind. Manchmal sitzen sie aber schon unter den alten Dorfbewohnern, die im Schatten der Kapelle ein Schwätzchen halten.

Ein letzter Halt in der Provinz Navarra könnte **Viana** gelten. Die Stadtmauern des gemütlichen Städtchens sind fast noch komplett erhalten und die Altstadt für den Verkehr gesperrt, so daß man einen beschaulichen Bummel durch die Gassen genießen oder durch die Ruinen der *Kirche San Pedro* schlendern kann.

Logroño, das Tor zur Provinz Rioja

Die Hauptstadt von Provinz und Region *La Rioja* ist eine unspektakuläre, aufstrebende Geschäftsstadt mit 120.000 Einwohnern. An Nordspaniens wichtigstem Fluß, dem *Ebro,* in einer fruchtbaren Ebene (384 m über NN) gelegen, lebt sie seit jeher vor allem von der Vermarktung des Wein- und Getreideanbaus. Die Spanier nennen die Gegend deshalb *Prado de Jesús,* die Wiese Jesu. Aber auch Handwerksprodukte werden exportiert.

Vom berühmten Rioja-Wein abgesehen, erscheint die Stadt fast profillos, ein bißchen langweilig sogar.

Auch Logroño verdankte einen großen Teil seiner Bedeutung im Mittelalter einer Brücke. Da der Ort in weiter Umgebung den einzigen Übergang über den Ebro besaß, strömten die Pilgerscharen über die inzwischen neuerrichtete steinerne **Puente de Piedra** aus dem 12. Jahrhundert in die Stadt am rechten Ebro-Ufer. Für die Könige Navarras besaß Logroño während der Reconquista eine wichtige strategische Bedeutung, denn durch den Besitz der Stadt war das Gebiet nördlich des Ebro vor Überraschungsangriffen der Mauren geschützt. 923 entrissen die Könige von Navarra und León die Stadt den Mauren und trieben von hier aus die Eroberung Kastiliens voran. Mehrere Male wurde Logroño zerstört, zuletzt zündeten im vorigen Jahrhundert die Truppen Napoleons den Ort an.

Die Versuchungen des Teufels können auch auf dem Jakobsweg mannigfaltig sein …

An der Nahtstelle zwischen den gemütlichen alten Vierteln und der modernen Neustadt hat sich das Zentrum rund um die **Plaza del Espolón** entwickelt. Von dort bis zum Flußufer erstreckt sich die **Altstadt,** wo in einigen Gäßchen noch etwas vom Flair eines mittelalterlichen Marktfleckens zu spüren ist. Heute wichtigste Kirche ist die **Catedral de la Redonda** an der *Plaza del Mercado.* Auf ihren mächtigen barocken Westtürmen entdeckt man im Frühjahr und Sommer nistende Störche (*cigüeñas*), die fast überall in Nordspanien die Kirchendächer bevölkern. Tritt man durch das Rokoko-Portal ins *Innere* des düsteren spätgotischen Baus, wird der Blick zu den einzigen Fenstern ins Obergeschoß gelenkt. Kurios ist ein Gemälde an der Südseite des dreischiffigen Langhauses, das die Exhumierung der katholischen Königin Isabel I. (1451 – 1504) zeigt, bei der sich sämtliche Honoratioren die Nase zuhalten. Die Kathedrale ist täglich 8 – 13 und 18 – 20.30 Uhr offen.

Einplanen sollte man einen Spaziergang zum **Palacio de Espartero** an der Calle San Agustín. Der in Logroño 1879 gestorbene General *Joaquín Espartero* regierte Spanien 1840 bis 1843 und wird in der Stadt als Held verehrt. Ein Wohnhaus beherbergt heute ein **Museum,** in dem neben Sakralkunst vor allem Leihgaben des 19. Jahrhunderts aus dem Madrider Prado-Museum zu sehen sind. Di – Sa 10 – 14 und 16 – 21 Uhr, So und Fei 11.30 – 14 Uhr.

Verbindungen

Zug: Bahnhof an der Plaza de Europa, ☏ 941-231737 und -240202. Fahrkarten und Information auch im Büro Calvo Sotelo 13, ☏ 941-258855. Täglich Direktverbindungen nach Madrid, Barcelona und Bilbao, mehrmals täglich in die umliegenden Städte.

Bus: Zentrale Busstation in der Avda. de España 1, ☏ 941-235983. Gute Verbindungen zu allen nordspanischen Städ-

JAKOBSWEG

ten. Busse Richtung Burgos ab 8 Uhr alle anderthalb Stunden. Genaue Bus- und Zugverbindungen auch in der Tageszeitung »La Rioja.«

Taxi: Plaza del Espolón oder Ecke Avda. de España/Avda. de Pío XII; wie überall können freie Taxis aber auch durch Winken angehalten werden.

Unterkunft & Camping

★ *Hostal Sebastián,* San Juan 21, ✆ 941-242800; einfaches Großstadthostal, zentral in der Altstadt gelegen, etwas eng, aber sauber.

Camping: *La Playa* (am linken Ebroufer), ✆ 941-252253. Viel Schatten, Flußschwimmbad, im Sommer meist sehr voll. Vom Campingplatz aus ist die Altstadt bequem über eine Fußgängerbrücke zu erreichen.

Essen & Trinken

In der Rioja gibt es exzellentes Gemüse. Probieren sollte man einmal die berühmten *pimientos rellenos,* rote Paprikaschoten mit Fleisch- oder Fischfüllung, den Spargel (*espárragos*) oder auch *setas a la plancha,* gebratene Austernpilze.

Machado, Portales 49, für gehobene Ansprüche, Geflügelspezialitäten, Gemüse, erlesene Weinkarte.

La Bombilla II, Marqués de San Nicolás, vor allem Fleischspezialitäten, mitten in der Altstadt-Vergnügungsmeile.

Asador La Chata, Carnicerías 3, Geflügel und Lammbraten, Mittelklasse.

La Cueva (Die Höhle), San Juan. Witzige Aufmachung. Menü und *raciones* (einfache Tellergerichte).

Tapa-Bars: In der Calle San Juan gibt es eine stattliche Auswahl an Bars, wo man seinen Hunger mit kleinen Happen zum billigen, aber köstlichen Wein stillen kann.

Bodegas: In einer der zahlreichen *Bodegas* (Weinkellereien) kann man sich informieren, durchprobieren und die eine oder andere Flasche kaufen. Oft sind Besichtigungen aber nur in Gruppen und mit Voranmeldung möglich:

Bodegas Franco Españolas, Cabo Noval 2, ✆ 941-251300, gediegen, am linken Ebro-Ufer.

Bodegas Campo Viejo de Savin, Gustavo Adolfo Becquer 3, ✆ 941-238000.

Ausflüge zu Bodegas auf dem Land werden veranstaltet von:

Bodega Jilabá im Dorf *Lapuebla de Labarca,* ✆ 941-127256; weitere Infos im Touristenbüro.

Nachtleben: Bis Mitternacht vergnügt sich die Mehrheit in der quirligen Altstadt, besonders in der Straße San Juan, in den Pubs an der Calle Marqués de San Nicolás oder in den Cafés an der Plaza del Mercado; danach ziehen vor allem die jungen Leute in ein von ihnen *La Zona* genanntes Viertel in der Neustadt, das sich rund um die Calle Chile erstreckt. Dort reicht das Panorama von Discos verschiedenster Schattierungen bis zu gemütlichen Plüsch-Cafés wie *La Abuela* (Calle Chile), wo es leckere Kaffeevariationen und Drinks gibt.

Nützliche Adressen

Touristeninformation: Miguel Villanueva 10 (direkt an der Plaza del Espolón), ✆ 941-291260, 10 – 14 Uhr und 16.30 – 19.30.

Souvenir: Die *botes* genannten Lederflaschen für den Rotwein werden oft noch von Hand hergestellt. In der Calle Sagasta gibt es einige Läden, wo man den Handwerkern bei der Arbeit über die Schulter gucken und ihre Botes kaufen kann.

🛐 Mit Umzügen und Wallfahrt wird am 11. Juni der Patron der Stadt *San Barnabés* gefeiert.

🍷 Im September fließt bei den *Fiestas de la Vendimia* (Weinlese) eine Woche lang der Wein in Strömen.

Abstecher nach Clavijo

Von Logroño aus bietet sich an, einen Abstecher ins 17 km entfernte Clavijo zu machen. Die Strecke führt über Alberite durch eine intensiv bewirtschaftete Kulturlandschaft zu der imposanten Burgruine von Clavijo. Hier fand 844 die sagenhafte Schlacht zwischen Christen und Mauren statt, bei der kein geringerer als der Apostel Jakobus selbst Attacken geritten haben soll. Die Burg aus dem 10. Jahrundert, geschmückt mit einem überdimensionalen roten Kreuz des Santiago-Ordens, versetzt den Besucher nicht nur zurück in die Zeit mittelalterlichen Eisengeklirrs. Sie bietet auch einen herrlichen Blick auf das buntgescheckte Ebro-Tal bis weit über Logroño hinaus.

ETAPPE 2: BIS BURGOS

Logroño → Nájera, 12 → Santo Domingo de la Calzada, 20,7 → Belorado, 21,7 → San Juan de Ortega, 23,7 → Burgos, 22,8 km

Länge: 110 km, N 120
Wanderer: 101 km, 5 – 6 Tage
Durch das fruchtbare Weinbaugebiet Rioja Alta verläuft der Jakobsweg weiter Richtung Burgos und führt dabei an der

Das Zeichen des kämpfenden Santiago-Ordens auf der Burgruine von Clavijo

Markus M. Hugo

JAKOBSWEG

»Hühnerkathedrale« von Santo Domingo de la Calzada vorbei.

▶ Wir verlassen Logroño auf der N 232, nehmen nach 7 km die N 120 Richtung *Burgos* und gelangen nach **Navarrete**. Sehenswert ist dort vor allem das spätromanische Portal des *Friedhofs* (13. Jahrhundert) direkt an der Durchgangsstraße. Am höchsten Punkt des Dorfes liegt die *Iglesia de la Asunción* (Himmelfahrtskirche) aus dem 16. Jahrhundert mit mächtigen barocken Haupt- und Nebenaltären und einem neoklassizistischen Portal.

Nájera

Rund 15 km weiter folgt das antike Städtchen Nájera, ehemals Hauptstadt der Rioja und Residenz der navarrischen Könige. Autofahrer suchen sich besser am *Río Najerilla* noch vor Erreichen des Ortskerns einen Parkplatz, denn aus dem Zentrum mit seinen engen Gassen und einem komplizierten System von Einbahnstraßen ist nicht immer leicht herauszufinden. In Nájera gruppiert sich rings um die zentrale *Plaza España* ein gedrängtes Gewirr von Gassen, die einen Streifzug lohnen. Herzstück der Stadt ist das **Kloster Santa María La Real** aus dem 11. Jahrhundert. Kapuzinermönche kümmern sich dort auch heute noch um erschöpfte Jakobspilger. Eingehende Betrachtung verdient insbesondere das *Pantheon* der Könige in der gotischen Klosterkirche. Die mit prächtigen Skulpturen versehenen Grabdeckel navarrischer und kastilischer Könige sind beredte Zeugnisse aus der Zeit, in der Nájera den königlichen Hof beherbergte. Einen gemächlichen Rundgang sollte man sich auch im lichterfüllten zweistöcki-

gen *Kreuzgang* mit herrlichen spätgotischen Arkaden gönnen. Im Sommer erzählen hier regelmäßig opulente Historienspiele Episoden der Stadtgeschichte. Termine und Preise sind im Tourismusbüro zu erfahren.

Unterkunft & Camping

Preiswertere Unterkünfte am Paseo de San Julián, zum Beispiel:

★★ *Hotel San Fernando,* Paseo de San Julián 1 (am Flußufer), ℗ 941-363700.

Camping: *El Ruedo,* Carretera Logroño–Burgos, ℗ 941-360102. April – Oktober, mäßige Anlage.

Restaurants findet man vor allem in der Calle Mayor, z.B. *El Mono,* Mayor 43, rund um die Plaza España und am Paseo San Julián.

Tourismusbüro: Calle Mayor, ℗ 941-361625, nahe der Brücke über den Najerilla. Täglich 10 – 13 und 16 – 19 Uhr.

Abstecher nach San Millán de la Cogolla

In den Chroniken wird oft erwähnt, daß viele Pilger hinter Nájera vom Jakobsweg abwichen, um die Eremitage des *heiligen Aemilianus* zu besuchen. Etwa 7 km hinter Nájera führt eine Straße zu der Ortschaft San Millán de la Cogolla. Die beiden hier angesiedelten Klöster haben dem Jakobsweg wichtige Impulse gegeben. In einem bewaldeten Hang 2 km über dem Ort liegt das **Monasterio de Suso,** einer der ältesten Bauten der Rioja und Ursprung des riojanischen Klosterlebens. In der schlichten mozarabischen Anlage finden sich noch Zeugnisse westgotischer Steinmetzarbeiten. Ob sie die Zerstörung des Klosters durch den arabischen Feldherrn Almanzor 1001 überstanden oder später hergebracht und eingefügt wurden, ist un

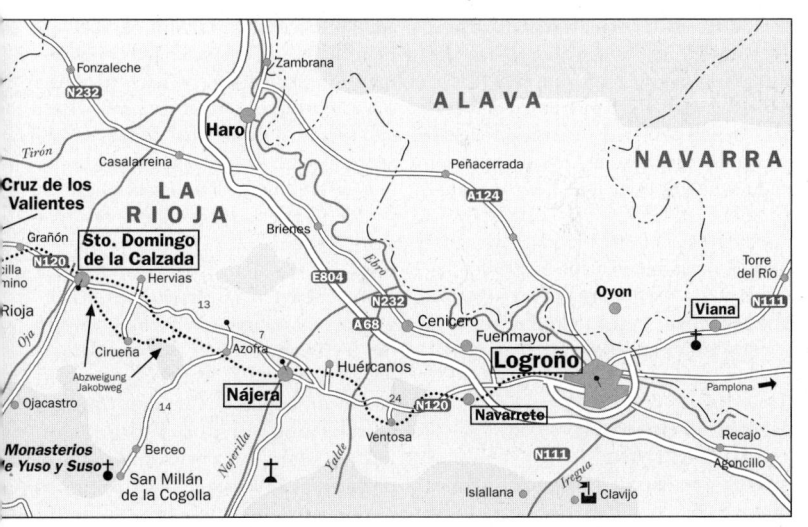

JAKOBSWEG

geklärt. Als sicher gilt jedoch, daß der ursprüngliche Bau die Wohn- und Grabstätte des heiligen Aemilianus (San Millán) war, der im Jahre 574 starb.

Im Tal am Rande des Dorfes liegt das mächtige **Kloster San Millán de Yuso,** manchmal als *Escorial der Rioja* bezeichnet. Wieder begegnet uns hier am Portal eine überlebensgroße Darstellung des *Santiago Matamoros,* Jakobus als Maurentöter. Ursprünglich im 11. Jahrhundert angelegt, hat das Kloster seine heutige Form durch die Erweiterungen des 16. und 18. Jahrhunderts erhalten. In einem Seitenflügel ist seit 1993 eine **Herberge** eingerichtet. Bei der Führung werden die Stiftskirche mit gotischem Kreuzgang, Klosterschätze, alte Handschriften und die Gemäldesammlung gezeigt. Schnitzarbeiten aus Elfenbein zeugen vom Glanz und Reichtum des im Mittelalter mächtigen Klosters. Der *Salón de la Lengua* (Saal der Sprache) erinnert an mittelalterliche Mönche, die als Autoren hervortraten: In San Millán de Yuso finden sich einige der frühesten Dokumente der spanischen Sprache aus dem 12. Jahrhundert. Aus gleicher Zeit stammt auch eine baskische Handschrift.

Info: Öffnungszeiten für beide Klöster täglich außer Mo 10 – 13 und 16 – 19 Uhr.

Verbindungen: Täglich ein Bus von und nach Logroño; Informationen ✆ 941-235983.

Santo Domingo de la Calzada

Von San Millán de la Cogolla geht es über *Berceo, Villar de Torre* und *Cirueña* in etwa einer halben Stunde nach **Santo Domingo de la Calzada.** Da die Nationalstraße am Ortskern vorbeiführt, blieb ein gemütliches Zentrum erhalten.

Die Entstehung verdankt die Stadt ihrem Namenspatron *Santo Domingo,* der sich im 11. Jahrhundert für den Brückenbau und die Befestigung der Straßen – *calzadas* – einsetzte. Als Plastikfigur der Souvenirläden, aber auch in künstlerischen Darstellungen verschiedenster Epochen wird der Heilige zusammen mit einer Henne und einem Hahn gezeigt. Der Hühnerkult in Santo Domingo geht so weit, daß es sogar in der **Kathedrale** gackert und kräht: Wohl einzigartig in der Welt, lebt hier in einem Käfig an der Westwand des Querhauses eine schneeweiße Henne nebst weißgefiedertem Hahn. Die kuriose Geschichte dazu ist schon ein halbes Jahrtausend alt. Eine Wirtstochter soll nämlich einem rheinischen Jüngling, der zusammen mit seinen Eltern nach Santiago pilgerte, aus verschmähter Liebe einen silbernen Becher ins Gepäck geschmuggelt haben. Als bei der Abreise der vermeintliche Diebstahl entdeckt wurde, landete der Jüngling erst vor dem Richter und anschließend am Galgen. Wochen später fanden die gramgebeugten Eltern auf dem Rückweg aus Santiago den Sohn lebend in der Schlinge vor. Der Apostel Santiago, so die eine Version, Santo Domingo, so die andere, habe den Jüngling gestützt und vor dem Tod bewahrt. Als die Eltern nun beim Bischof Gerechtigkeit forderten, fühlte der sich durch die unglaubliche Nachricht beim Mittagessen gestört und erklärte nicht eben zuvorkommend dem Pilgerpaar, daß ihr Sohn so lebendig sei wie das gebratene Huhn vor ihm – worauf sich das Federvieh mit rauschendem Flügelschlag von seinem Teller verabschiedete. Natürlich beeilte sich der Geistliche jetzt, den Burschen vom Galgen zu befreien, statt seiner ließ er – mittelalterliches Rechtsempfinden – die Wirtstochter aufzuknüpfen.

Diese Geschichte – ob wahr oder erfunden – hat dem Ort zu europäischer Berühmtheit verholfen. So beschäftigte sich im Februar 1993 ein internationaler Kongreß in Toulouse eigens mit dem Wunder und seinen Folgen. Die sind heute vor allem im Fremdenverkehr zu sehen. Hunderte von Besuchern durchstreifen im Sommer täglich das Städtchen. Von weitem schon ist der 70 Meter hohe **Glockenturm** aus dem 18. Jahrhundert über dem Dächergewirr auszumachen. Der begehbare Turm befindet sich neben der Kathedrale, die im 12. Jahrhundert begonnen wurde und verschiedene Stilrichtungen in sich vereinigt (10 – 13, 15.30 – 17.30 Uhr, geringer Eintritt). Achten sollte man bei einem Rundgang auch auf das Renaissancekloster *San Francisco* und den gotischen *Bischofspalast.*

Verbindungen & Infos

Bus: Mehrmals täglich nach Burgos und Logroño, Abfahrt an der Durchgangsstraße am Rand des Ortszentrums.

Touristeninformation: *Casa Trastamara,* Mayor 74, ℰ 941-343334, Nähe Kathedrale.

Unterkunft & Essen

★★★★ *Parador Santo Domingo de la Calzada,* Plaza del Santo 3, ℰ 941-340300, Fax 340325. In einem ehemaligen Hospiz aus dem 12. Jahrhundert.

★ *Hostal Río,* Etchegoyen 2, ℰ 941-340085.

Camping: *Bañares,* 4 km nordöstlich an der N 120 Richtung Logroño, ℰ 941-342804, viel Schatten, Schwimmbad, Tennis, bessere Kategorie.

Restaurant: *El Vasco,* General Franco 17, gehobene Klasse, angeblich bestes Restaurant am Ort.

▶ **Tourbeschreibung**

Hinter Santo Domingo verläßt der Jakobsweg die Rioja und führt nach Altkastilien (*Castilla-León*). Die Landschaft ändert sich, allmählich wird das Gelände flacher, auch wenn es bis Burgos noch über einen kleinen Paß in den *Oca-Bergen* geht. Die Wälder lichten sich, die Gegend wirkt trockener. Kurz vor Burgos beginnt schließlich die *Meseta*, die karge kastilische Hochebene. Und hier ändert sich auch das Klima. Die Sommer sind heißer und die Winter kälter als in Navarra und der Rioja.

Über **Belorado** und **Villafranca Montes de Oca** (Bischofssitz bis 1075) verläuft die Nationalstraße parallel zum Jakobsweg, doch traditionell machen Pilger einen kleinen Schlenker nach San Juan de Ortega, das für Autofahrer über eine Abzweigung rund 20 km vor Burgos zu erreichen ist. Dieser traditionelle Pilgertreffpunkt wurde im 11. Jahrhundert von Juan de Ortega, einem Schüler Santo Domingos, gegründet. Dort

JAKOBSWEG

kann man im Schatten einen Plausch mit den Fußpilgern halten, die hier Station machen oder die Siesta genießen. Sehenswert sind in der spätromanischen **Klosterkapelle** vor allem die *Krypta* und das Hochgrab des heiliggesprochenen Gründers. Achten sollte man auch auf die feuerspeienden Drachen, die an den Gewölberippen in der Vorhalle aufgemalt sind. Neben der Kirche befindet sich die **Pilgerherberge.**

Burgos, die Kathedralstadt

In seinem mittelalterlichen Pilgerführer sagt Aimeric Picaud über Burgos: »Gold, Silber und Tuche sind reichlich vorhanden, ebenso Pferde, Brot, Wein, Fleisch, Fisch, Milch und Honig; es fehlt jedoch an Bäumen, und die Menschen sind schlecht und lasterhaft.« Was das letztere angeht, so möge sich jeder Besucher selbst vom Gegenteil überzeugen. Was aber die Reichtümer betrifft, davon können die 162.000 Einwohner von Burgos nur mehr träumen. Längst vorüber sind die Zeiten, als aus Kastilien die Eroberer und Helden Spaniens kamen, die sagenhafte Schätze in ihre Heimatstadt zurückbrachten. Zu Zeiten der Reconquista war das 884 gegründete Burgos die mit Abstand wichtigste Pilgerstation am Weg und entsprechend groß war seine wirtschaftliche und politische Macht. Als aber mit dem Ende der Rückeroberung 1492 die Hauptaufgabe des kastilischen Landadels entfiel, die Entdeckung und Ausbeutung Amerikas vor allem Sache der südspanischen Regionen war und Felipe II. 1561 das Zentrum des Reiches nach Madrid verlagerte, begann der unaufhaltsame Abstieg der kastilischen Stadt. Darüber sind noch heute viele Menschen in Burgos erbittert. Sie, die sich als die Ur-Spanier betrachten, fühlen sich wirtschaftlich, politisch und kulturell an den Rand gedrängt.

Nur ein einziges Mal in den vergangenen drei Jahrhunderten glaubte man an vergangene Größe anknüpfen zu können, als man nämlich zu Beginn des Bürgerkrieges 1936 Franco und seine Militärs mit offenen Armen empfing und das stramm konservative Burgos zur Hauptstadt der Nationalisten ernannt wurde. Damit hatte die traditionsbewußte Stadt zwar auf den späteren Sieger gesetzt, konnte aber nicht verhindern, daß Franco seinen Regierungssitz nach Madrid verlegte, um von dort aus sein zentralistisches Regime zu dirigieren.

Zu seiner nationalistisch-faschistischen Vergangenheit hat die Hauptstadt der Provinz Burgos ein nahezu ungebrochenes Verhältnis. Davon zeugen nicht nur zahlreiche franquistische Denkmäler wie zum Beispiel an der Plaza España, sondern auch Stadtprospekte oder immer wieder Äußerungen der konservativen Stadtführung.

»Es la ciudad de los militares y de los curas« – Burgos sei die Stadt der Priester und Militärs, sagen viele Madrilenen. Damit sind die seit Jahrhunderten führenden Gesellschaftsgruppen genannt, wenn auch ihr Einfluß langsam zurückgeht. Da Burgos kaum über Industrie verfügt, gibt es keine Arbeitertradition. Einfluß haben aber noch die ehemals übermächtigen Schafzüchter. Ihr Zusammenschluß, die *mesta*, war im 15. Jahrhundert der wichtigste Wollproduzent in ganz Westeuropa. Heute gilt Burgos vor allem als Agrar- und Finanzzentrum Kastiliens mit großem ländlichem Einzugsgebiet.

Die Kathedrale von Burgos

Was den Kölnern ihr Dom, ist den Menschen in Burgos ihre trutzige Kathedrale. Mitten im Zentrum gelegen, ist das gotische Monumentalwerk im Stadtbild allgegenwärtig. 1221 wurde der dreischiffige Bau mit Beteiligung französischer und deutscher Baumeister begonnen, seine endgültige Gestalt erhielt er zu Beginn des 17. Jahrhunderts. Deutlich zeigt die Kathedrale die Einflüsse der gesamten westeuropäischen Baukunst jener Zeit. Dem dreischiffigen Bau, der bis auf die 84 m hohen Westtürme von Kapellen umrahmt ist, sind verschiedene Erweiterungsbauten hinzugefügt worden, der mächtigste ist die *Capilla de Condestable* an der Ostseite, deren ungewöhnlicher sechseckiger Grundriß auch von außen ins Auge fällt. Auf geniale Weise gliedern gotisches Maßwerk und Strebepfeiler die mächtige Süd- und Ostfassade. Im dunklen Innern fällt zunächst der wuchtige *Chor* ins Auge, der mit seiner Renaissance-Rückwand den Blick auf den Hauptaltar versperrt. Aufmerksamkeit lenkt im Gewölbe des Eingangsbereichs der *Papamoscas* auf sich, eine Spielfigur aus dem 16. Jahrhundert, die jede Stunde nach imaginären Fliegen schnappt und dabei eine Glocke betätigt. Über die prächtige goldene *Treppe* von Diego de Siloé an der Nordseite betraten dereinst die Könige von der Burg kommend die Kathedrale.

Gegen Eintritt sind der **Kreuzgang** und die Kirchenschätze zu besichtigen. Unter anderem: Kultgegenstände wie eine 14 Kilo schwere goldene Monstranz aus dem Jahr 1926, aber auch alte Bibelhandschriften aus dem 10. Jahrhundert oder das schwarzgerahmte Kabinett von Domherren und Geistlichen in der *Corpus-Christi-Kapelle*. In der *Sakristei*, wo auch Bücher und Postkarten verkauft werden, öffnet der Küster auf Nachfrage einen geheimnisvollen kleinen Wandschrank, in dem ein Bildnis der Maria Magdalena als »reizende Büßerin« hängt. Der Küster jedenfalls ist sicher, daß Leonardo da Vinci sie gemalt hat, in der Fachwelt bleibt dies umstritten. *Öffnungszeiten der Kathedrale:* täglich 9.30 – 13 und 16 – 19 Uhr.

Stadtbesichtigung

Allgegenwärtig ist in der Stadt auch der kastilische Nationalheld **El Cid** (etwa 1043 – 1099). Man begegnet seinem Namen in den zahllosen Hotels, Restaurants oder Straßen, die seinen Namen führen, oder in dem 1955 errichteten Denkmal an der *Plaza Primo de Rivera*, das den mittelalterlichen Helden in Erobererhaltung zeigt. Er gehört zu den herausragenden Figuren der Reconquista, kämpfte als Ritter für verschiedene Herren und eroberte sich schließlich eine eigene Herrschaft bei Valencia. Für die

Kastilier verkörpert er vor allem Beharrlichkeit und unbändigen Freiheitswillen, der in zahlreichen mittelalterlichen Liedern besungen wird und in der Literatur immer wieder auftaucht. Wie unbezwingbar der *Campeador* (der Kriegsgewinner) war, drückt sich in einer Legende aus, derzufolge er seine letzte Schlacht als Toter ausfocht: Man band ihn auf sein Pferd und täuschte Mitstreiter ebenso wie die feindlichen Mauren. Selbst die schärfsten Pfeile konnten ihm nichts anhaben …

Selbst als Toter noch furchteinflößend: El Cid, die Stadt verlassend

Außer an den Plätzen rund um die Kathedrale zentriert sich das Leben in der Altstadt an der **Plaza José Antonio.** Die Hochwassermarken dort am **Rathaus,** *Casa Consistorial,* erinnern an die katastrophalen Überschwemmungen im vergangenen Jahrhundert. Schwer vorzustellen, wenn man heute das Rinnsal des *Río Arlanzón* entlang des schmuck gestalteten Paseo del Espolón dahintröpfeln sieht. Der *Río*

Vena, das zweite Flüßchen, das durch Burgos fließt und schließlich in den Arlanzón mündet, grenzt die Altstadt nach Osten hin ab. Dahinter beginnt die lieblos gestaltete Neustadt. Die Grenzen der mittelalterlichen Stadt markieren einige noch erhaltene oder wiederaufgebaute **Stadttore** wie der *Arco Santa María* am Arlanzón oder der *Arco de San Esteban* im Westen.

Weitere Sehenswürdigkeiten

Neben der übermächtigen Kathedrale gibt es eine Reihe weiterer Kirchen. Sie sind in der Regel morgens und abends zu den Gottesdiensten jeweils 2 – 3 Stunden geöffnet:

Iglesia de San Nicolás: Abajo Fernán (im Hang neben dem Westportal der Kathedrale), spätgotischer Bau aus dem 15. Jahrhundert.

Iglesia de San Gil: San Gil, schlichter gotischer Bau mit Reliquien und einem kunstvollen Altaraufsatz.

Iglesia de San Lesmes: an der gemütlichen Plaza de San Lesmes (östlicher Rand der Altstadt), wo im Sommer oft Freiluft-Konzerte geboten werden; gotische Stiftskirche aus dem 14. Jahrhundert, die zum ehemaligen *Klosterhospital San Juan* gehörte. In einem restaurierten Flügel des ansonsten zerstörten Hospitals ist eines der Stadtmuseen, das **Museo de Marceliano Santa María,** eingerichtet. Dort ist vor allem Malerei des 19. Jahrhunderts zu sehen. Di – Sa 10 – 14 und 17 – 20 Uhr, So 10 – 14 Uhr.

Museo de Burgos: Calera 25 (auf der Südseite des Arlanzón), Di – Fr 10 – 14, 16.45 – 20.15 Uhr, Sa und So 10 – 14. Größtes Museum in Burgos, mit archäologischen Sammlungen von der Frühgeschichte der Region bis zu zeitgenössischer Malerei. Im Zusammenhang mit dem Jakobsweg gibt es interessante Fundstücke aus den Klöstern der Umgebung.

Vom königlichen **Castillo** auf dem höchsten Punkt der Altstadt über der Kathedrale stehen seit einem Brand 1739 nur noch Ruinen. Vor kurzem war der Weg dorthin noch steil und steinig. Außer ein paar Touristen und wenigen Spaziergängern, die die weite Aussicht über die Stadt genießen wollten, trieb es vor allem Drogenabhängige zum Castillo. Mittlerweile ist jedoch der Weg gepflastert, mit »Mirador« und Gartenanlagen ausgestattet, und auch die spärlichen Reste des Castillo wurden etwas aufgemöbelt – eine kleine Attraktion also.

Casa del Cordón: Santander/Plaza Calvo Sotelo. Das 1482 errichtete Sandstein-Gebäude mit der steinernen Kordel (*Cordón*) des Franziskanerordens am Portal mitten im Zentrum steht für wichtige Ereignisse der Stadtgeschichte: 1495 empfingen die Katholischen Könige hier Christoph Kolumbus nach seiner zweiten Amerikareise, 1506 hauchte der spanische König Felipe el Hermoso (der Schöne) dort sein Leben aus. Heute beherbergt das Gebäude ein städtisches Kulturzentrum und eine Bank.

Ausflug zum Stadtrand

Am Rande bzw. schon außerhalb der Stadt liegen zwei der meistbesuchten Klöster am Pilgerweg, die Kartause *Miraflores* und das Kloster *Huelgas Reales*. Kunstliebhaber sollten diese beiden Stationen unbedingt einplanen.

Cartuja de Miraflores, 3 km außerhalb an der Carretera Richtung Vitoria, Mo – Sa 10.15 – 15, 16 – 18 Uhr, So und Fei 11.15 – 12.30, 13 – 15, 16 – 18 Uhr, Eintritt frei. Wegen der Messen und Andachten der Mönche verschieben sich die Zeiten gelegentlich. Die Kartause ist bequem per Bus von der zentralen Plaza am Cid-Denkmal aus zu erreichen.

Beeindruckendstes Kunstwerk in der schlichten einschiffigen gotischen *Klosterkirche* (ab 1454 gebaut) ist sicherlich der wunderschöne Alabaster-Sarkophag (1498) der Eltern Isabelas der Katholischen, der den Blick der Besucher inmitten des Altarraumes fesselt. Links daneben hat der Bildhauer des Grabes, Gil de Siloé (gest. um 1501), einen weiteren, fein zisellierten Altar für den jung verstorbenen Bruder Isabelas, Alfonso, geschaffen (1496). Glaubt man einem alten Mann, der ständiger Besucher der Kartause ist und so manche Geschichte zu erzählen weiß, hat sich der Künstler selbst dort verewigt: ganz unten, in der linken Ecke steht er, ein kleines Alabasterfigürchen mit Zwikker und Winkel als Symbolen seines Berufsstandes.

Las Huelgas Reales (wörtlich: Die königlichen Erholungen), Alfonso VII südlich des Arlanzón am westlichen Stadtrand gelegen, Di – Sa 11 – 13.15 und 15.30 – 17.45 Uhr, So und Fei 10.30 – 14.15, freier Eintritt.

Die oft mehrsprachige Führung durch den ehemaligen königlichen Erholungsort zeigt eindrucksvolle

Reichtümer des 1187 gegründeten Zisterzienserinnenklosters. Im *Museo de Ricas Telas* kann man kostbare Stoffe bewundern, die einst königliche Leiber bedeckten. Besondere Beachtung verdienen auch der romanische und der gotische Kreuzgang. Mehrfach fanden in der gotischen Klosterkirche Königskrönungen statt, und im Kapitelsaal versammelte General Franco zu Beginn des Bürgerkrieges 1936 seine nationalistische Regierung.

Verbindungen & Infos

Zug: Bahnhof am Ende der Avda. Conde Guadalhorce (südlich des Arlanzón am Westrand der Stadt), ✆ 947-203560, Info und Fahrkarten auch Moneda 21 (Nähe Plaza José Antonio). Täglich nach Madrid, Barcelona, Pamplona, Bilbao, auch Fernverbindungen nach Paris, außerdem nach Salamanca und Valladolid. Fahrplan der wichtigsten Züge auch in der Tageszeitung »Diario de Burgos«.

Bus: Busbahnhof Miranda 4, ✆ 947-205575; täglich nach Logroño, Castrojeriz, Covarrubias, auch Fernverbindungen; wichtigste Busverbindungen ebenfalls im »Diario de Burgos«.

Taxi: an der Plaza Primo de Rivera (Cid-Denkmal) und an der Ecke Conde de Miranda/Plaza de Vega.

Unterkunft & Camping

Mehrere Hostals von der Art des Españas im gleichen Viertel wie dieses und rund um die Plaza Alonso Martínez.

★★ *España,* Paseo Espolón 32, ✆ 947-206340, schön im Zentrum am Arlanzón gelegen.

Camping: *Fuentes Blancas,* 3 km außerhalb an der Carretera Richtung Cartuja de Miraflores, ✆ 947-486016, April bis Oktober, viel Schatten.

Essen, Trinken & Unterhaltung

Die kastilische Küche ist nicht besonders vielfältig, es dominieren Lamm- und Hammelbraten (*asado de cordero*) und Eintöpfe (*cocidos*). Große Auswahl an deftigen Würsten. Berühmt ist die *morcilla de Burgos*, eine Blutwurst mit Reis, die kurz angebraten gegessen wird.

Mehrere **gute Restaurants** finden sich in der Calle Hospital de Rey, z.B.

Asador Los Trillos, mit offenem Grillfeuer und leckerem Lammbraten.

Don Jamón, San Pablo (an der Brücke, die zur Plaza Primo de Rivera führt), schick, für gehobene Ansprüche. In der dazugehörigen Bar hängen einige hundert imposante Schinken von der Decke, die man (fast) alle probieren kann.

Rincón de Burgos, Plaza Santa María 4 (Nähe Kathedrale), traditionelle kastilische Küche.

Tapa-Bars: in den Straßen Laín Calvo und San Lorenzo.

Casa Pancho, San Lorenzo 15. Fröhliches Gedränge, ein junges freundliches Team hinter der Theke und die besten tapas der Stadt, z. B. *cojonudos* (sinngemäß: affengeile), gebratene Wachteleier mit scharfer Paprikawurst und Peperoni auf Weißbrot, oder *tigres al jerez,* überbackene Miesmuscheln mit Sherry.

Das **Nachtleben** spielt sich fast ausschließlich im Stadtzentrum zwischen Kathedrale, Fluß und Plaza España ab. Bis tief in die Morgenstunden umlagert sind die Bars und Discos an der Straße Huerta del Rey. Bekannt für seine Lokale mit ausgedehnten Öffnungszeiten ist auch das Vorstadtviertel *Gamonal,* das vor allem von jungen Leuten frequentiert wird.

Nützliche Adressen

Touristeninformationen: Plaza Alonso Martínez 7, ✆ 947-203125 und 201846, kleineres Büro Plaza de Santa María 8 (kein Telefon) gegenüber dem Westportal der Kathedrale

Touristeninfo der Handelskammer San Carlos 1, ✆ 947-201844, -208960, Mo – Sa 10 – 14, 15.30 – 20.30, So 11 – 13.30 Uhr geöffnet.

Post: Plaza del Conde de Castro 1, ✆ 947-262750.

Ausflug nach Covarrubias und zum Kloster Santo Domingo de Silos

Bevor es in die unendlich erscheinende Weite der kastilischen Hochebene Richtung León hinausgeht, bietet sich ein Ganztagesausflug in den Süden der Provinz Burgos an. Dort ist die Landschaft abwechslungsreich: Vorbei an bewaldeten Hängen und Roggenfeldern geht die Fahrt durch enge Täler und erdfarbene Dörfer, bei Covarrubias bilden sogar einige Lavendelfelder bunte Tupfen in der Landschaft.

▶ Burgos verläßt man auf der Ausfallstraße N 1 Richtung Madrid und biegt dann nach etwa 10 km links auf die N 234 Richtung *Soria* ab. Nach rund 40 km gilt der erste Halt dem Dörfchen **Quintanilla de las Viñas** einige Kilometer abseits der Nationalstraße. Rund 500 m außerhalb des Ortes liegen auf einem Hügel die Überreste der westgotischen *Kirche Santa María de Lara.* Obwohl nur der Ostteil der einst dreischiffigen Basilika aus dem 7. oder 8. Jahrhundert erhalten ist, läßt sich doch die Ausgewogenheit und bauliche Perfektion erahnen. In ihren Bann ziehen die kunstvollen Außenreliefs: sie erinnern an byzantinische Vorbilder, manche der Ornamente und Monogramme geben Wissenschaftlern noch heute Rätsel auf. Im Hintergrund der westgotischen Ermita erhebt sich die malerische Ruine des *Castillo de Lara,* wo einer der mächtigsten kastilischen Fürsten der Reconquista, Fernán González (930 – 970), geboren wurde. (Falls die Kirche verschlossen ist, gibt es im Dorf einen Wärter, der den Schlüsseldienst versieht. Der Eintritt ist frei, eine kleine Spende wird aber erwartet.)

Zurück auf der N 234 geht es über *Cuevas de San Clemente* nach **Covarrubias.** Der kleine schmucke Ort am *Río Arlanza,* schon über ein Jahrtausend alt, hat sich in den vergangenen Jahren zum Vorzeigedorf der Provinz gemausert. Der Name Covarrubias stammt wahrscheinlich von den rotbraunen Höhlen der Umgebung. Von der Flußseite her sticht der klotzige *Turm der Doña Urraca* hervor, ein Überbleibsel der Festungsanlagen aus dem 10. Jahrhundert (kann besichtigt werden). Hauptattraktion ist aber die spätgotische *Stiftskirche Colegiata* mit dem Grab des erwähnten Grafen Fernán González. Den rührigen Kämpen ließ selbst nach dem Tod der Kampf gegen die Mauren nicht los.

is heute zweifeln die frommen Benediktiner des Klosters *Santo Domingo de Silos*, ob es eine göttliche Fügung war, die ihnen da im Jahre 1993 widerfuhr. Und auch der spanische Verkaufsmanager des Musik-Riesen EMI wunderte sich sehr, als er bei seiner routinemäßigen Inventur eine seltsame Entdeckung machte: Vier Ladenhüter des Plattenprogramms, zwischen 1973 und '82 gemachte Aufnahmen der gregorianischen Gesänge der Mönche, waren in den letzten Jahren 160.000 Mal verkauft worden! Wie sich später herausstellte, hatten vor allem spanische Discotheken für den unerwarteten Absatz gesorgt: der *Canto Gregoriano* wurde dort Abend für Abend gespielt – als wirkungsvoller Rausschmeißer. Das konnte EMI natürlich zunächst nicht wissen und brachte für das Weihnachtsgeschäft 1993 eine Doppel-CD unter dem Titel *Las mejores obras del Canto Gregoriano* (Das Beste der Gregorianischen Gesänge) heraus. Innerhalb von 24 Stunden waren 20.000 Stück verkauft, nach zwei Monaten waren 300.000 Stück über die Ladentheken gegangen. Hauptsächliche Käuferschicht: 18- bis 25jährige – und nicht nur diese Erkenntnis brachte die Marktgesetze im europäischen Platten-Business ins Wanken. Die spanischen Mönche eroberten innerhalb kürzester Zeit sämtliche Hitlisten, und obendrein

God's Greatest Hits
Das Plattenwunder von Silos

rangierte der Choralgesang des 11. Jahrhunderts pikanterweise unter dem Oberbegriff New Age. Nicht anders auf dem US-Markt: Unter dem Slogan »Prepare for the Millennium« ging dort der Mönchsgesang als »Chant« auf den Markt - mit dem Ergebnis, daß die Mönche mittlerweile über 4 Millionen Kunden mit »God's Greatest Hits« (zit. Washington Post) beglückt haben. Die »Labyrinthe von nicht nachvollziehbarem Singsang« (zit. Rheinischer Merkur) hatten die größte Umsatzexplosion in der Geschichte der ernsten Musik verursacht.

Sämtliche Versuche der EMI-Konkurrenz, andere Mönchschöre am Boom teilhaben zu lassen, verblaßten angesichts der wundersam schwindelerregenden Verkaufszahlen der *fratres* aus Nordspanien, denen übrigens der ganze Rummel schon längst zuviel geworden ist. Mit ihren Tantiemen renovierten sie ihr Kloster, den Rest verteilten sie unter Bedürftige. Die Rechte an den Arrangements interessierten sie schon nicht mehr. Mehrere Millionen Mark seien den Fratres so in aller Bescheidenheit durch die Lappen gegangen, zeterte der Präsident der spanischen Gesellschaft der Autoren. Davon wollen die verbliebenen Benediktiner von Santo Domingo de Silos aber überhaupt nichts wissen. »Wir sind schließlich keine Pop-Idole« – so die letzte Verlautbarung aus den Klostermauern. ◄

Im Dorf wird überliefert, daß bei großen Schlachten gegen die Araber die Knochen des toten Grafen kräftig im Sarg zu klappern anfingen. – Weitere Ruhestätten blaublütiger Vertreter aus mittelalterlichen Tagen sind in der Colegiata zu besichtigen, so das Grab der norwegischen Prinzessin Cristina, die im 13. Jahrhundert mit dem Infanten Don Felipe verheiratet war. Mit Stolz wird den Besuchern auch das *Stiftsmuseum* mit Gemälden berühmter Meister gezeigt (täglich 10.30 – 13.30, 16 – 19 Uhr).

Spaß macht auch ein Spaziergang entlang der Uferpromenade und durch die herausgeputzten alten Gassen rund um den Marktplatz, wo zweistöckige Adelshäuser aus Lehm und Holz ihren mittelalterlichen Charme entfalten. Wer über Nacht bleiben will, findet am Hauptplatz zwei Hotels, auch Restaurants und Bars sind vorhanden. Abkühlung bietet das Schwimmbad am jenseitigen Flußufer.

Santo Domingo de Silos

Letztes Ziel des Ausflugs ist Santo Domingo de Silos, im Mittelalter eines der mächtigsten Klöster Spaniens, dessen Kreuzgang zu den bedeutendsten romanischen Kulturdenkmälern Europas gehört. Von Covarrubias aus dauert die Fahrt in südöstlicher Richtung eine halbe Stunde. Besucher werden über einen Nebeneingang in den zweistöckigen *Kreuzgang* geleitet, der als einziger Gebäudeteil der romanischen Klosteranlage erhalten ist. Die 64 Kapitel der Säulengänge erzählen besonders plastisch und eindringlich biblische Episoden, vor allem die Reliefs an den Eckpfeilern mit Szenen aus dem Evangelium imponieren durch ausdrucksstarke Komposition und perfekte Ausführung. Wenig beachtet, aber ebenfalls sehr interessant sind die farbigen Holzdecken im Mudéjarstil. Das nahe dem Kreuzgang untergebrachte *Museum* und die *Apotheke* mit medizinischen Handschriften belegen den hohen künstlerischen und wissenschaftlichen Standard, den das Kloster im 12. Jahrhundert hatte.

Öffnungszeiten: Mo – Sa 10 – 13 und 16.30 – 18 Uhr, So/Fei 16.30 – 18 Uhr.

✱ **Tip:** Verläßt man Santo Domingo de Silos, kann man links hinter dem Ortsende einen Abstecher zur **Yecla-Schlucht** einschieben. Dort balancieren Wanderer auf Stegen entlang eines Flüßchens, das sich tief in den Felsen eingegraben hat. Am Ende der halbstündigen Wanderung wartet das Yecla-Schwimmbad, täglich 11 – 20 Uhr.

Männergemeinschaft: Mönche beim Mahl

ETAPPE 3: BIS LEON

Burgos → Castrojeriz, 38,3 → Frómista, 25 → Carrión de los Condes, 19,2 → Sahagún, 37,6 → El Burgo Raneros, 17,7 → Mansilla, 18,6 → León, 17 km

Länge: 287 km, N 120, N 601

Wanderer: 173,4 km, 7 Tage

Nun geht es ins »Ohne-Baum-Land«, wo langgestreckte kahle Hügel den Weg säumen. Immer wieder führt der Weg an Höhlenbauten vorbei, die in kleinen Hängen oder Böschungen angelegt sind und Bodegas, Cuevas oder Silos genannt werden. Noch heute dienen sie oft als Wohnungen, viele der Bauten sind aber auch zu Wein- und Vorratskellern umfunktioniert worden. So wie diese Bodegas wirken viele der sandfarbenen Häuser in den unscheinbaren Dörfern wie aus der Erde hervorgezogen. Urwüchsige Lebensformen in einer kargen Landschaft.

Castrojeriz

Castrojeriz, so steht es im Prospekt der Regionalregierung, liegt »wie eine alte Eidechse in der Sonne«. Das stimmt in zweifacher Hinsicht: einmal zeigen die nachmittags wie leergefegten Straßen, daß man wirklich auf der glühend heißen *Meseta*, der kastilischen Hochebene, angekommen ist, zum anderen zieht sich der unter Denkmalschutz stehende Ort tatsächlich weit mehr in die Länge als in die Breite. Ankömmlinge erwartet am Ortseingang zunächst die dämmrige Stiftskirche **Santa María del Manzano.** Deutlich lassen sich einzelne Bauphasen unterscheiden: an das gotische dreischiffige Langhaus aus dem 13. Jahrhundert ist in der Mitte ein mächtiges Querschiff angebaut, welches seit dem 18. Jahrhundert von einer Rundkuppel gekrönt wird. Zwei

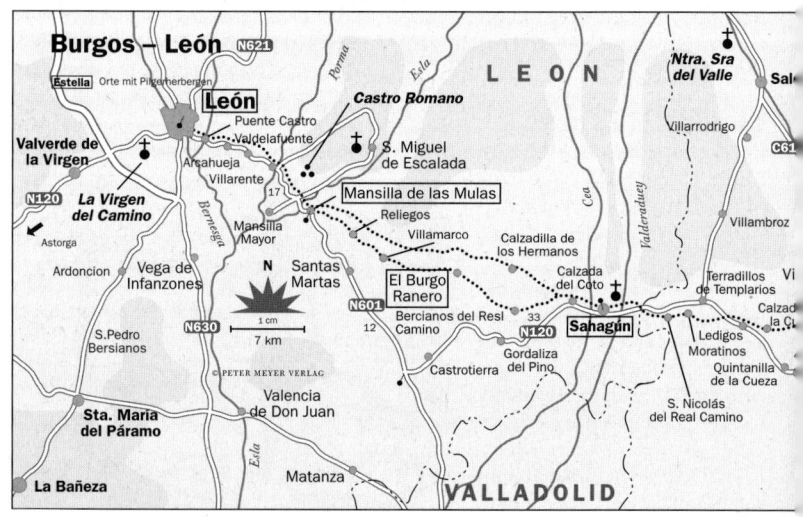

neuere Darstellungen des Santiago Matamoros und eines Jakobspilgers schmücken Haupt- und Nebenaltar. Das ausliegende *Pilgerbuch* am Eingang gibt Auskunft über die Sorgen der Wanderer: je nach Jahreszeit werden der Regen oder die Hitze beklagt, fast immer aber die Gastfreundschaft des Städtchens gepriesen.

Von Santa María del Manzano aus führt die alte Hauptstraße in den Ortskern. Es ist zu empfehlen, lieber einen Spaziergang zu Fuß zu machen, als sich mit dem Auto durch die engen Gassen zu quälen. Im Zentrum stößt man auf die gotische **Iglesia de San Juan** mit einem sehenswerten Kreuzgang aus dem 13. Jahrhundert. Ebenfalls an der Calle Mayor, der Hauptstraße, liegt die **Iglesia Santo Domingo,** in der ein *Museum* eingerichtet ist. Dort sind vor allem wertvolle Über-

reste aus den übrigen, inzwischen zerstörten oder verfallenen Kirchen des Ortes zusammengetragen. Wer sich für die Besichtigung der Kirchen interessiert, fragt am besten in der *Caja de Ahorros* (Sparkasse) nach dem Wärter, der die Schlüssel verwaltet und viel zur Stadtgeschichte zu erzählen weiß (✆ 377034 priv.).

Ein im Sommer äußerst schweißtreibender Fußweg führt hinauf zur **Schloßruine** des westgotischen *Castrum Sigerici,* das schon von weitem das Bild der Stadt prägt.

Unterkunft

El Mesón, Cordón 1, ✆ 947-377400. Einfach.

Camping: *Camino de Santiago,* ✆ 947-377255, -377056. Malerisch unter der Burgruine gelegen, Tennis, viel Schatten, nettes Personal

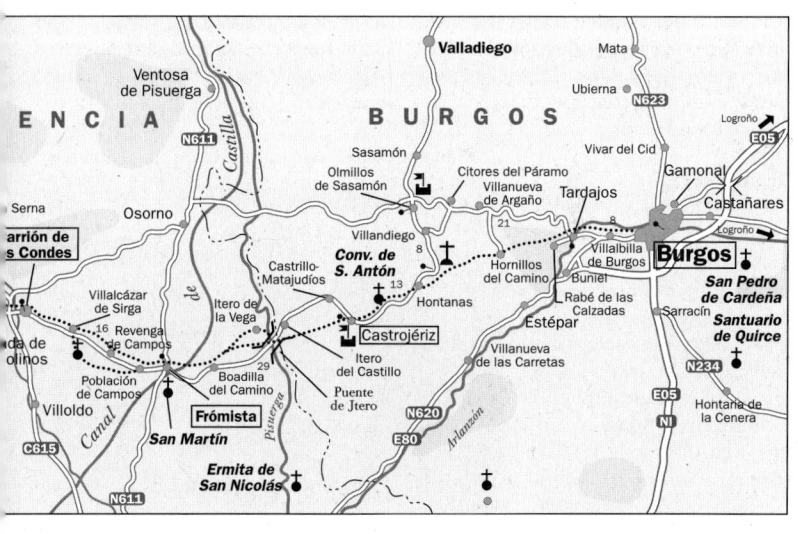

▶ Tourbeschreibung

Hinter Castrojeriz verläßt der Jakobsweg die Provinz Burgos und durchquert den nördlichen Teil der *Provinz Palencia.* Wie schon zuvor auf anderen Etappen, weicht der Camino auch auf der Strecke nach León oft von der heutigen Straßenführung ab. An einem der zahlreichen Punkte, wo beide Wege zusammentreffen, liegt das staubige Dorf **Boadilla del Camino.** Bis vor fünfzig Jahren war hier die Kirche das einzige Gebäude aus Stein, der Rest war weitgehend aus Lehmziegeln oder Fachwerk errichtet. Neben der *Pfarrkirche Santa María* (15. Jahrhundert), deren Außenwände von der Dorfjugend schon mal zum *Frontón* (eine Art baskisches Squash) zweckentfremdet werden, steht eine gotische *Gerichtssäule,* die den Ort berühmt gemacht hat. Der Säulenschaft ist mit Pilgermotiven verziert. Hier standen früher die Verurteilten angekettet, dem Spott auch der vorbeiziehenden Pilger ausgesetzt, und warteten auf die Urteilsvollstreckung.

Frómista

Wenige Kilometer weiter überquert der Weg den *Canal de Castilla,* die wichtigste Bewässerungsader der Region, und führt nach Frómista. Der eher schäbige Ort mit seinem großen Getreidesilos und schmutzigen Straßen verbirgt ein Kleinod, das den Besuch wirklich lohnt. Zwischen Wohnhäusern und Scheunen steht die **Kirche San Martín,** einziges Überbleibsel eines einflußreichen benediktinischen Klosters. Zwar fehlt der Kirche im Zentrum des kleinen Ortes der geheimnisvolle Zauber einer abgelegenen Kapelle wie Eunate, aber sie gehört zweifellos zum Schönsten, was die Romanik in Europa hervorgebracht hat. Der helle, freundliche Sandsteinbau aus dem 11. Jahrhundert zeigt eine außergewöhnliche Harmonie und Ausgewogenheit: die bedachtsam gewählten Proportionen, die durch schlichte Würfelfriese und ebenmäßige Bögen aufgelockerten Fassaden, die zwei schlanken, aber doch gewichtigen Rundtürme sowie die sparsame und akzentuierte Dekoration machen aus San Martín ein in sich geschlossenes Gesamtkunstwerk. Die 315 figürlich gestalteten Dachkonsolen verraten viel über die Bilderwelt der Romanik. Auch das schlichte und lichte Innere wirkt formvollendet und harmonisch. Fast schon zu gründlich wurden die Kapitelle und Bildhauer-

San Martín: Frühromanik aus dem 11. Jahrhundert

Markus M. Hugo

arbeiten Ende des 19. Jahrhunderts restauriert und einzelne Skulpturen ganz ersetzt (ein »R« kennzeichnet diese Arbeiten).

Im Jahr 1066 von *Doña Mayor* gestiftet, der Frau des navarrischen Königs Sancho, steht der frühromanische Bau bis heute für handwerkliche Perfektion.

Info: Geöffnet ist San Martín täglich 10 – 14 und 16.30 – 20 Uhr (1.10. – 30.6. Mo, Di geschlossen). Eintritt frei.

Verbindungen

Zug: *Estación RENFE,* ✆ 979-810060, täglich Verbindungen nach Madrid, Palencia und Valladolid.

Bus: Abfahrt neben dem Tourismusbüro, tägl. nach Palencia und Burgos.

Unterkunft & Restaurant

Hostal Camino de Santiago, Avda. Ejercito 11, ✆ 979-810053.

Pensión Marisa, Plaza Obispo Almaraz 2 (Nähe San Martín), ✆ 979-810023.

Nützliche Adressen

Touristeninformation: Avenida Anibal 2, ✆ 979-810113 und -810957.

Post: Plaza de Tuy 2, ✆ 979-810072.

Schwimmbad: am Ortsausgang Richtung Carrión de los Condes.

▶ Tourbeschreibung

Wie hart das Leben in den trockenen Gebieten Kastiliens ist, zeigen die nahezu verlassenen und halb verfallenden Dörfer, die auf den nächsten Kilometern am Wegesrand auftauchen. Und weil die aufgegebenen Häuser aus dem Material gebaut wurden, die ihre karge Umgebung zu bieten hatte,

scheint es zuweilen, als würden sie sich in ihre Bestandteile auflösen und wieder mit der Erde vereinigen. Hintergrund dieses eher traurigen Panoramas ist die Landflucht, unter der besonders diese Region zu leiden hat. Die jungen Leute können dem ständigen und mühsamen Versuch, den sandigen Boden zu bewirtschaften, nichts mehr abgewinnen. Sie suchen ihr Glück in den Städten.

Bessere Zeiten hat einst auch das Dörfchen **Villalcázar de Sirga** gesehen. Im 12. Jahrhundert ließen sich hier Angehörige des Templerordens nieder. Sie erbauten die spätromanische Kirche *Santa María La Blanca,* deren prachtvolles Gemäuer heute allerdings nur noch mit Stahlbändern zusammengehalten werden kann. Kurios sind an der Südseite die beiden im rechten Winkel aufeinandertreffenden Portale mit reichem Skulpturenschmuck. Im Innern steht in der *Santiago-Kapelle* der prächtige Sarkophag des 1274 verstorbenen Infanten Felipe, einem Bruder des kastilischen Königs Alfonso el Sabio (der Weise, 1221 – 1284). An die Templer erinnern im Dorf mehrere Wappen und Inschriften.

Restaurant: Wer zur Essenszeit in Villalcázar ankommt, dem sei die ausgezeichnete kastilische Küche der *Mesón de Villasirga* gegenüber der Kirche empfohlen (✆ 979-888089).

Carrión de los Condes

Gleich hinter Villalcázar de Sirga ist in einer kleinen Senke als dunkler Flecken das Städtchen Carrión de los Condes erkennbar. Der kleine Ausflugsort ist vor allem wegen seines ausgedehnten Parks am Ufer des *Río Carrión* beliebt. Der Carrión führt selbst im Hochsommer reichlich Wasser, und ein Bad in den recht sauberen kühlen Fluten ist bei 40 Grad im August ein Hochgenuß. Vom Glanz und Wohlstand mittelalterlicher Tage zeugen in Carrión nur noch wenige Bauten. Links hinter dem Ortseingang gewähren gotische *Kirche* und *Museum* Einblick in die Geschichte des *Klosters Santa Clara,* in dem nur noch wenige Klarissinnen leben (Öffnungszeiten Di – So 10.30 – 12.30, 17 – 19 Uhr).

Im Zentrum stößt man dann auf die kürzlich restaurierte Kirche *Santa María del Camino* aus dem 12. Jahrhundert und zweihundert Meter weiter hinter der zentralen Plaza Mayor auf die *Santiago-Kirche* mit einer außergewöhnlich guten romanischen Darstellung des Jüngsten Gerichts über dem Portal. Am Ortsausgang Richtung Sahagún erinnert das im 11. Jahrhundert gegründete *Benediktinerkloster* an Zeiten, in denen französische Mönche aus Cluny Stadt und Region wichtige Impulse gaben.

Unterkunft

In Carrión de los Condes gibt es außer einigen einfachen Restaurants an der Plaza Generalísimo mehrere Hostals und Pensionen, wie etwa:

★ **La Corte,** Santa María 34, ✆ 979-880138.

Camping: *El Edén,* etwas außerhalb im Süden an der C 615 Richtung Palencia, ✆ 979-880185, schattig, am Carrión gelegen.

▶ Wer zu Fuß die Meseta durchquert, hat oft das Gefühl, vier Horizonte zu sehen. Viele Wanderer beschreiben dies als eines der nachhaltigsten Erlebnisse des Jakobsweges. Selbst bei der Fahrt mit dem Auto erscheint der Horizont oft grenzenlos, es kann lange dauern, bis ein dunkler Streifen einen lebensspendenden Bach ankündigt, der über Kanalsysteme extensiv zur Bewässerung genutzt wird. Entlang dieser Käale tummeln sich immer wieder Schafherden. Das Bild der großen Herden, die mit ihren Schäfern über die Ebene ziehen, hat sich seit Jahrhunderten kaum verändert.

Sahagún

Hinter Moratinos passiert die N 120 die Grenze zwischen den Provinzen Palencia und León. Erste Station ist das im Tal des *Río Cea* gelegene Städtchen Sahagún. Schon zu Zeiten der römischen Eroberung existierte hier eine Siedlung, die zwar von den Arabern mehrfach zerstört, aber immer wieder aufgebaut wurde. Im 11. Jahrhundert wurde hier schließlich das bedeutendste Cluniazenserkloster Spaniens errichtet, von dem aus französische Mönche die cluniazensische Reform in Spanien verbreiteten.

Diese Reformbewegung, die Askese und strengere Zucht der Mönche nach der alten Benediktinerregel, unbedingten Gehorsam gegenüber dem Abt bzw. dem Papst und Ausschaltung jeglichen Einflusses durch Laien forderte, wirkte nachhaltig auf die (Neu-)Ordnung der Kirche und bereitete die weltbeherrschende Stellung des Papsttums vor. Die kulturelle Macht der Cluniazenser hatte nicht nur Einfluß auf die mittelalterliche Baukunst, sondern auch auf den frommen Alltag: Die Einführung des Allerseelentages geht auf sie zurück.

In Sahagún lassen sich sehr deutlich die Einflüsse islamischer Kultur auf die christlichen Sakralbauten studieren. Noch lange nachdem die Stadt im 9. Jahrhundert von den Mauren zurückerobert worden war, gab es in Sahagún arabische Architekten und Handwerker, die im Dienste der Christen auch am Kirchenbau mitwirkten. Nach diesen *Mudéjaren* ist der Stil benannt, der die großen Kirchen der Stadt auszeichnet. Herausragendes Merkmal ist die Verwendung von Ziegeln (*ladrillos*), da es in der Region keine Steinbrüche gibt. Die Backsteinkirche **San Tirso** aus dem 12. Jahrhundert ist mit ihrem viereckigen Turm, den dreistöckigen Arkaden, den angedeuteten Hufeisenbögen und der schlichten Ornamentik das besterhaltene Beispiel (Di – Sa 10.30 – 13.30, 16 – 19 Uhr, So 10.30 – 13.30). Im *Innern* kann man die restaurierten Holzdecken betrachten, die für den Mudéjarstil typisch sind.

Auch die weiter oben am Hang gelegene **Kirche San Lorenzo** aus dem 13. Jahrhundert ist mit ihrem mächtigen gotischen Vierungsturm einen Spaziergang wert. Unweit von San Tirso befinden sich die Überreste des Benediktinerklosters **San Facundo,** dessen Fassade heute als Durchfahrtstor dient. In einem kleinen *Museum* sind dort die Gräber des kastilischen Königs Alfonso VI. (1072 – 1109) und

seiner arabischen Frau Zaida zu sehen. Am Ortsrand Richtung Süden bietet sich die Möglichkeit zu einem Streifzug um die Ruinen des gotisch-mudéjaren Franziskanerklosters *La Peregrina* (Die Pilgerin).

Verbindungen & Infos

Zug: Bahnhof in der Avda. de José Antonio, täglich mehrmals nach León und Palencia, außerdem Direktverbindungen nach Madrid und A Coruña.

Touristeninformation: In einem Pavillon an der Avda. Bermejo y Calderón (Nähe San Tirso, nur in den Sommermonaten).

Unterkunft & Camping

★ *Hospedería Benedictina,* Avda. Bermejo y Calderón 8, ✆ 987-780078. Zwischen 8 und 9 sowie 19 und 20 Uhr gibt es wegen der Andacht der Nonnen keine Bedienung an der Rezeption oder beim Frühstück. Eine Spende wird erwartet.

Camping: *Pedro Ponce,* hinter dem Ortsausgang Richtung León, ✆ 987-781112, Swimmingpool, mäßig Schatten, guter Service.

Essen & Trinken

Weitere Lokale an der Plaza Mayor und der Avda. de la Constitución.

★★ *Hostal Alfonso VI,* Antonio Nicolás 6, ✆ 987-781144, leckere und preiswerte Lammkeule (lechazo asado). Hier kann man auch übernachten.

▶ **Tourbeschreibung**

Hinter Sahagún zweigt der alte Pilgerweg rechts ab und kürzt die Strecke bis **Mansilla de las Mulas** ab, während die Nationalstraße weiter nach Westen verläuft und dort auf die N 601 stößt, die ihrerseits über Mansilla de las Mulas auf León zuführt. Hinter den Resten der mittelalterlichen Stadtmauer Mansillas sollten Sie einen Abstecher nach Nordosten zur schönsten mozarabischen Kirche am Jakobsweg einplanen (Hin- und Rückweg durch das Tal des *Río Esla* etwa 25 holprige Kilometer).

Das **Kloster San Miguel de Escalada** erbauten im Jahr 913 mozarabische Mönche, die aus Córdoba vertrieben worden waren. Fast störend neben der schlichten dreischiffigen *Kirche* mit einem herrlichen Arkadengang an der Südseite wirkt der romanische *Wehrturm*, der im 11. Jahrhundert angefügt wurde. Eindeutig maurisch sind die Hufeisenbögen, die bei den Arkaden und im Kircheninneren dominieren. Auch in den *ajimez*, den mozarabischen Fenstern mit Doppelbogen und Mittelsäule, sind sie vertreten. Nicht zufällig erinnert das schlichte und schmucklose Innere von San Miguel de Escalada mit seinem diffusen Licht an eine Moschee. Hier wird eine Synthese christlicher und maurischer Kultur erfahrbar, wie sie uns in Westeuropa sonst völlig fremd ist. Di – Sa 10 – 13, 16 – 19 Uhr, So 10 – 13, der Eintritt ist frei, in dem Häuschen nebenan gibt es Informationsmaterial.

León

Wer die Menschen in León einmal richtig erbost erleben will, muß ihnen nur aus dem Tagebuch eines französischen Pilgers vorlesen, der 1704 no-tierte: »Diese Stadt ist klein und arm, hier gibt es überhaupt nichts Besonderes.« Der Zorn der Leonesen über dieses harte Urteil ist berechtigt, denn die alte Königstadt hat mit ihrer prächtigen Kathedrale und dem alten römischen Viertel seit jeher Sehenswürdigkeiten ersten Ranges beherbergt.

Ein kleines Fünkchen Wahrheit ist wohl aber doch darin, denn als der erwähnte französische Pilger León besuchte, befand sich die Stadt am Tiefpunkt einer jahrhundertelangen Krise. Stärker noch als Burgos hatte die Stadt am Zusammenfluß von *Bernesga* und *Torío* der Bedeutungsverlust Kastiliens im geeinten Spanien ab dem 16. Jahrhundert getroffen. Ihre Blütezeit hatte die von den Römern gegründete Siedlung in der Frühphase der Reconquista. Als Hauptstadt des leonesisch-asturischen Königreichs gingen von ihr entscheidende Impulse zur Rückeroberung und Besiedlung zentralspanischer Gebiete aus. Aber bereits mit der Vereinigung der leonesischen und kastilischen Reiche 1230 verlor die Stadt ihre Führungsrolle. Mißwirtschaft des Adels und fürchterliche Pestepidemien, während der die Pilgerströme die Stadt umgingen, brachten León in der Folgezeit in wirtschaftliche Not.

Anders als in Burgos gelang es in León jedoch seit Beginn der Industrialisierung im vorigen Jahrhundert, verarbeitende Industrie anzusiedeln. Die Erschließung von Kohle- und Erzvorkommen verhalf der Region sogar zu einer Arbeiterschaft, die sich langsam politischen Einfluß erkämpf-

Handarbeit: Mittelalterliche Darstellung vom Bau einer Kathedrale

te. So war León in den dreißiger Jahren unseres Jahrhunderts auch Schauplatz der von Asturien ausgehenden Bergarbeiteraufstände.

Diese verschiedenen Einflüsse haben der Hauptstadt der gleichnamigen Provinz zu einem recht bunten Gesicht verholfen. Zwar fühlt sich León wie Burgos in den letzten Jahrzehnten verstärkt ins Abseits gedrängt, jedoch erträgt man das alles mit einem Stück selbstsicherer Gelassenheit und versucht trotz wirtschaftlicher Probleme, das Leben zu genießen. Davon zeugen das reichhaltige kulturelle Angebot ebenso wie das heitere, rauschhafte Treiben allabendlich im »feuchten Viertel«, dem *barrio húmedo*.

Der Berührungspunkt zwischen Alt- und Neustadt ist die **Plaza San Marcelo,** an der die gleichnamige *Kirche* mit ihrem Backsteinturm an die Mudéjar-Kirchen in Sahagún erinnert. Westlich der Plaza erstrecken sich bis zur Promenade am Ufer des Bernesga die modern gestalteten und lärmenden Geschäftsviertel. Eine Grünzone sucht man im Stadtzentrum vergeblich. Die östlich von San Marcelo gelegene **Altstadt** wird durch die *Calle Generalísimo Franco* geteilt. Das südlich davon gelegene Viertel *San Mi-*

guel mit der *Plaza Mayor* und dem *barrio húmedo* befindet sich in einem deutlich schlechteren Zustand als die nördliche Hälfte mit den römischen Stadtmauern, der Kirche *San Isidoro* und der *Kathedrale*.

»La pulcra leonina«, schönes León, diese Kennzeichnung aus dem Mittelalter war stets auf die **Kathedrale** gemünzt. Im 13. Jahrhundert nach französischen Vorbildern wie etwa der Kathedrale von Chartres errichtet, verkörpert der Bau am Rande der römischen Stadtmauer die reinste Gotik auf spanischem Boden. Nachdem im 19. Jahrhundert das Umfeld der Kirche neu gestaltet und einige benachbarte Gebäude abgerissen wurden, hat man jetzt von Süden und Westen einen fast ungehinderten Blick auf die reich gegliederten Fassaden. Schon von außen wirkt die Pulcra Leonina hell und schlank, nicht so einschüchternd wie die Kathedrale in Burgos. Im *Inneren* des dreischiffigen Baus überrascht die Luftigkeit der Konstruktion: Durch hohe Fenster fällt das Licht in warmen Farbmischungen überreich in das majestätische Kirchenschiff herein. Der freie Blick selbst vom Westportal aus durch die Kristalltüren des Chors öffnet den gesamten Raum den Augen des Betrachters. »Architektur der Herrlichkeit« hat der französische Pilger und Autor Pierre Barret diese reine Gotik zutreffend genannt.

Kathedrale: Täglich 9.30 – 13.30, 16 – 19 Uhr geöffnet.

Kreuzgang und Museum: Die reichhaltigen, gut arrangierten Sammlungen des Kathedral-Museums bieten interessante Einblicke in die Entwicklung der Königsstadt. Geöffnet Mo – Sa 9.30 – 13, 16 – 18.30 Uhr.

Diözesanmuseum: Das *Museo Diocesano de Arte Sacro* neben der Kathedrale zeigt Sakralkunst, vor allem Skulpturen. Täglich 9 – 13 und 16 – 19 Uhr.

Weitere Sehenswürdigkeiten

Älteste Kirche Leóns ist die romanische **Real Basílica San Isidoro,** ebenfalls an der römischen Stadtmauer gelegen. San Isidoro (565 – 636) war Bischof in Sevilla und einer der bedeutendsten Kirchenlehrer Europas im frühen Mittelalter. Eher zufällig gelangten seine Gebeine im 11. Jahrhundert nach León und wurden in San Isidro beigesetzt, das um ein Pantheon erweitert wurde. Heute erstaunt in der romanischen Kirche vor allem das ungewöhnliche Retabel mit 24 kleineren Einzelbildern. Bemerkenswert ist auch die große Zahl von Gläubigen, die sich zu jeder Tageszeit einfinden. Das hängt damit zusammen, daß San Isidoro eine der wenigen Kirchen ist, in denen ständig eine geweihte Hostie ausgestellt ist.

Sehenswerter als die Kirche ist aber das **Pantheon** mit seinen einzigartigen romanischen Gewölbemalereien (täglich 9 – 14, 15 – 20 Uhr, So und Fei nachmittags geschlossen, Besichtigung nur mit Führung). Die bunten, lebendigen Fresken mit biblischen Darstellungen gehören zu den wenigen vor Ort erhaltenen Zeugnissen romanischer Malerei in Spanien. Zweifellos gehört der Besuch dieser Fresken zu den beeindruckendsten Kunsterlebnissen am Jakobsweg. Die Qualität der Malerei ist so hervorragend, daß das Pantheon von San Isidoro gelegentlich als die Sixtinische Kapelle Spaniens bezeichnet wird.

Über das frühere Klosterhospiz **Hostal San Marcos** von 1515 an der Plaza San Marcos schrieb im 18. Jahrhundert ein französischer Pilger: »Man ließ uns auf Holzpritschen in verfaulte Decken eingewickelt schlafen.« Heute ist in dem prächtigen Renaissancebau ein *Parador* mit allen Schikanen eingerichtet; in der Hotelbar können aber auch Besucher zu erschwinglichen Preisen Kaffee trinken. Zum Hotel gehört ein sehenswerter *Kreuzgang* mit einem *Museo Arqueológico,* Di – Sa 10 – 14 und 17 – 19, So/Fei 10 – 13 Uhr, Eintritt frei.

Casa de Botines: gegenüber Plaza San Marcelo. Sie ist ein neogotischer Palast, den Ende des vergangenen Jahrhunderts der berühmte katalanische Modernismo-Architekt Antoni Gaudí (1852 – 1926) erbaute. Heute ist hier eine Filiale der Sparkasse *Caja España* untergebracht.

Palacio de los Guzmanes: Ruiz de Salazar, neben der Casa de Botines. Der mächtige platereske Adelspalast aus dem 17. Jahrhundert ist heute Sitz des Provinzialparlaments.

Verbindungen

Zug: Es gibt zwei Bahnhöfe. Der wichtigere liegt auf der westlichen Seite des Flusses, Astorga 2, ✆ 987-223704, der kleinere mit Nahverkehrsverbindungen an der Avda. Padre Isla 48, ✆ 987-225919.

Information und Fahrkarten auch im Büro Travesía Roa de la Vega, ✆ 987-222625.

Bus: Busbahnhof Cardenal Lorenzana 5, ✆ 987-226200, täglich mehrfach nach Burgos, außerdem nach Lugo, Astorga und andere Städte der Umgebung.

Taxi: Santa Teresa de Jesús 14, ✆ 987-242451, oder rund um die Plaza Santo Domingo.

Unterkunft & Camping

★★★★★ *Parador Hotel de San Marcos* Plaza de San Marcos 7, ✆ 987-237300, Fax -233458, leon@parado-res.es. Außerhalb der Altstadt am Río Bernesga.

★ *Hostal España,* Carmen 3, ✆ 987-236014, einfaches Hostal in der Neustadt. Weitere preiswerte Unterkünfte in der Neustadt in der Avda. de Roma.

Camping: *Ciudad de León,* 3 km außerhalb auf der N 601 Richtung Valladolid, ✆ 987-680233, moderne Anlage.

Restaurants & Unterhaltung

Gut zu Bier oder Rotwein schmeckt in León *cecina,* eine Art Dörrfleisch in hauchdünne Scheiben geschnitten.

Sotomayor, Ramón y Cajal 9, gediegen, Fischspezialitäten und Meeresfrüchte.

Mesón El Tizón, Travesía Carnicerías 3, mit der Leoneser Spezialität Forellensuppe, *Sopa de truchas,* gute Weinkarte, Do geschlossen.

Tapa-Bars vorwiegend an der Plaza San Martín, zum Beispiel *Chivari* mit frittierten Fischen und Meeresfrüchten.

Nachtleben: León verfügt wohl über das turbulenteste Nachtleben entlang des Jakobsweges. Unübertroffen ist die *marcha* (etwa mit Sause zu übersetzen) im *barrio húmedo,* das sich am Wochenende bis in die frühen Morgenstunden in ein Tollhaus verwandelt. Ein wenig ruhiger geht es im römischen Viertel nördlich der Calle Generalísimo Franco zu. Dort dominieren gepflegte Cafés.

Rincón Irlandés, Calle Cervantes. Tolle Cocktails.

Café Victoria, Generalísimo Franco 25, ein klassisches zweistöckiges Café mit Straßenterrasse. Ein Treffpunkt zu jeder Tages- und Nachtzeit.

Nützliche Adressen

Touristeninformation: Plaza de la Regla 3 (gegenüber der Kathedrale), ✆ 987-237082, ungünstige Öffnungszeiten beachten: Mo – Fr 9 – 14, 16 – 18 Uhr, Sa 10 – 13.

Post: Jardín de San Francisco, ✆ 987-234290.

ETAPPE 4: BIS SANTIAGO

León → Villadangos, 21,8 → Astorga, 26 → Rabamal, 19,5 → Ponferrada, 32 → Villafranca del Bierzo, 23,3 → El Cebreiro, 27,8 → Samos (Sarria) 38,5 → Portomarín, 21,5 → Pallas de Rei, 23,9 → Arzúa, 28,6 → Santiago de Compostela, 38,4 km

Länge: 324 km, N 120, N VI, C 533, N 547

Wanderer: 301,3 km, 11 Tage

Statt auf Romanik und Barock trifft der Reisende nun auf Gaudí-Jugendstil und moderne Bronzeplastiken des Bildhauers Subirachs, der heute die Arbeiten an Gaudís unvollendetem Lebenswerk, der Sagrada Familia in Barcelona, leitet.

▶ Die N 120 verläßt León Richtung *Astorga* und stößt nach 6 km auf das Dorf **La Virgen del Camino**. Die dortige *Pfarrkirche* gehört zu den wenigen modernen Kirchen entlang des Jakobsweges. Der funktionale Kirchenbau mit einer eigenwillig nüchternen Innenausstattung wurde 1961 errichtet. Bekannt geworden ist die Kirche vor allem durch ihre überlebensgroßen Bronzestatuen an der Eingangsfassade, die der Bildhauer Josep María Subirachs aus Barcelona (geb. 1927) gestaltet hat.

Gut 20 km weiter kann man kurz die Nationalstraße verlassen, um einen Halt in **Hospital de Orbigo** einzulegen. Dieses kleine Ausflugszentrum ist vor allem durch seine langgestreckte Brücke über den *Río Orbigo* aus dem 13. Jahrhundert bekannt geworden. Im 15. Jahrhundert soll hier der Ritter Suero de Quiñones alle vorbeiziehenden Edelleute zum *Paso Honroso*, zum ritterlichen Zweikampf genötigt haben, weil er einer unerreichbaren Geliebten damit einen Minnedienst erweisen wollte. Erst

León – Villafranca del Bierzo

nach 166 gebrochenen Lanzen, so die Überlieferung, sei sein Kampfesdurst gestillt gewesen und er reuig nach Santiago gepilgert. Sueros groteske ritterliche Ideale haben nachweislich über ein Jahrhundert später Miguel de Cervantes bei der Gestaltung seines weltberühmten Romans »Don Quijote« beeinflußt.

Astorga

Am Fuße der Berge von León liegt die alte Bischofsstadt Astorga. Hier kreuzten sich im Mittelalter mehrere wichtige Verkehrsadern. So stießen zu den Pilgern des *Camino Francés* auch die Wallfahrer aus dem Süden Spaniens, die der Route der *Vía de la Plata,* einer alten römischen Silberstraße, gefolgt waren. Schnell wuchs der Ort, der auf eine römische Siedlung zurückgeht, zu einer wichtigen Pilger-

station. In den 22 Hospizen sammelten die Wallfahrer Kraft für die schwierige Paßüberquerung, die vor ihnen lag, oder erholten sich von den Strapazen der Rückreise.

Die **Sehenswürdigkeiten** der Stadt liegen eng beisammen: Die restaurierten römischen Stadtmauern, die Kathedrale und vor allem der von *Antoni Gaudí* (1852 – 1926) erbaute **Bischofspalast.** Mit diesem neogotischen Palast hat der katalanische Architekt Ende des 20. Jahrhunderts ein faszinierendes Märchenschloß geschaffen, himmlisch schön aus weißem Granit. Der Modernist Gaudí spielt hier auf geniale Weise mit den bekannten Formen der Gotik und des Mudéjar. In konzentrierter Form zeigt sich das im *Innern* des Gebäudes in der kleinen Kapelle: winzige spitzbögige Fensterchen füllen in drei Ebe

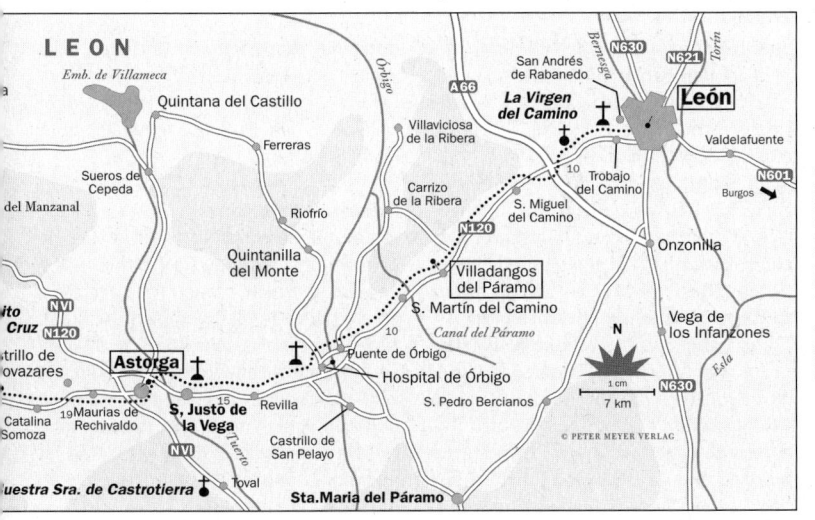

Schräg: Bischofspalast von Antoni Gaudí

nen die Spitzbögen der Fassade aus, die Halbbögen der Apsis und der Mini-Kapellen ruhen auf dünnen Säulen, Maßwerk gliedert die Mauern – eine spielerische, aber perfekte Imitation einer gotischen Kathedrale.

Im Palast ist das Museum der Pilgerwege, **Museo de Caminos**, eingerichtet. Urkunden und Gemälde, aber auch Ausrüstungsgegenstände und Tagebücher erzählen vom Alltag der Santiago-Wallfahrer im Mittelalter.

Die nahegelegene mächtige **Kathedrale** wurde im 15. Jahrhundert begonnen, die Fassade enthält neben spätgotischen auch Elemente der Renaissance und des Barock. Die Türme wurden erst in unserem Jahrhundert nach alten Entwürfen fertiggestellt.

Im *Diözesanmuseum* neben der Bischofskirche sind in erster Linie romanische und gotische Arbeiten ausgestellt.

Palacio de Gaudí und *Diözesanmuseum* sind täglich 10 – 14 und 16 – 18 Uhr geöffnet, So außer im August geschlossen.

Verbindungen & Infos
Zug: Bahnhof Plaza de la Estación, ✆ 987-616444.
Bus: zentrale Haltestelle in der Avenida de Ponferrada, ✆ 987-619100.
Touristeninformation: Plaza de Santocilde, ✆ 987-616838, nur in den Sommermonaten.

Unterkunft & Camping
★★★ *Hotel Gaudí*, gegenüber dem Bischofspalast, ✆ 987-615654, mit Restaurant und Bar.
★ *Pensión García*, Bajada Postigo 3, ✆ 987-616046.
Camping: *Río Tuerto*, im Dörfchen Villamejíl, 13 km nördlich, ohne Telefon; nur Juni – Ende August, sehr einfach, aber idyllisch am Fluß (Bademöglichkeit), viel Schatten.

Essen & Trinken
In ganz Spanien ist der hiesige *Cocido Maragato* berühmt, eine Art Eintopf, dessen Zutaten zwar zusammen geköchelt, aber in drei Gängen gegessen werden: zuerst werden Fleisch, Speck und Wurst serviert, anschließend die Kartoffeln, die weißen Bohnen und das andere Gemüse und zum Schluß die Brühe, die mit Reis, Nudeln oder Brot verdickt wird. Das ist allerdings kein billiges Vergnügen und muß vorbestellt werden:

Casa Maragata, Húsar Tiburcio 2, ✆ 987-618880.

Preiswerte Restaurants finden sich rund um die Plaza Mayor. Dort gibt es als Nachtisch oder zum Café die berühmten *Mantecadas de Astorga,* ein süßes Schweineschmalzgebäck.

▶ **Tourbeschreibung**

Gleich hinter Astorga gelangt man in die **Maragatería,** eine rauhe, aber gleichwohl faszinierende Landschaft. Unter den wenigen Bewohnern haben sich fremdartige Traditionen und Bräuche erhalten, deren Ursprung im Dunkeln liegt und zu Spekulationen Anlaß gab und gibt: Sind die *Maragatos* Abkömmlinge eines versprengten Berberstammes, Nachfahren eines asturischen Bergvolkes oder ein Gemisch aus Mauren und Goten? Oder begegnete man ihnen, die bevorzugt als Fuhrleute in dunklen Kleidern arbeiteten, mit besonderem Mißtrauen und fürchtete deshalb ihre Fremdheit? Wie dem auch sei, der Jakobsweg führt mitten durch diese karge Landschaft auf den *Rabanal-Paß* zu. Von Astorga bis Ponferrada sind es zwar nur gut 50 km, aber wegen der reizvollen Stationen und der schwierigen Sträßchen sollten Sie sich dafür mindestens einen ganzen Tag gönnen.

Gäbe es in der Provinz León den Wettbewerb »Unser Dorf soll schöner werden«, **Castrillo de los Polvazares** würde ihn jedes Jahr gewinnen. Das denkmalgeschützte Dorf mit den gepflasterten Wegen, den schmucken einfachen Häusern und den leuchtend grünen Toren und Fensterläden hat sich fast schon zu sehr herausgeputzt. 97 Einwohner zählt man das Jahr über, fast 1000 im Sommer – wären die Feriengäste nicht, wären viele der roten Natursteinbauten sicher schon verfallen. Inzwischen gibt es sogar zwei **Gasthäuser.** Im älteren der beiden serviert die Wirtin Maruja auf Bestellung den besten *cocido* der Region – behauptet zumindest der Testesser der Tageszeitung »El País«. Trotz aller Popularität gibt es hier selbst im Sommer noch stille Morgen, gestört höchstens vom Gebell der Hunde oder den Glocken einer vorbeiziehenden Schafherde.

In **Rabanal del Camino** verschnaufen die Wanderer gestern wie heute noch einmal, bevor es auf den Paß zugeht, am besten im Gasthof an der Durchgangsstraße bei einer Pilgersuppe, *Sopa de Peregrino,* aus Knoblauch, Brot und Wurst. Der nächste Ort, **Foncebadón,** wirkt mit seinen verfallenen Häusern und streunenden Hunden selbst am hellichten Tag ein wenig gespenstisch. Das Dorf ist fast verlassen.

Nur drei Kilometer weiter steht auf dem Paß (1504 m) das berühmteste Kreuz des Camino. Die **Cruz de Ferro,** ein kleines schlichtes Eisenkreuz, steckt auf einem langen Holzstab auf der Spitze eines Steinhaufens. Einem heidnischen Ritual folgend, trugen die Pilger einen Stein bis hierher, um ihn dann erleichtert abzulegen«.

Der Abstieg gewährt einen weiten Blick in eine fruchtbare Ebene. Das *Bierzo,* so der Name dieser Region mit der Hauptstadt **Ponferrada** am äußersten Rand der Provinz León, ist ein durch seine abgeschirmte Lage klimatisch begünstigtes Tal, das über große Anbaugebiete von Obst und Getreide, Erz- und Kohlevorkommen sowie Industrie verfügt. Der Dialekt seiner Bewohner deutet auf die Nähe Galiciens hin, vor allem ältere Leute sprechen als Muttersprache Galicisch. Manche Bewohner des Bierzo fühlen sich aber weder Castilla-León noch Galicien zugehörig: *Bierzo sin León* liest man als Graffiti auf Wänden Ponferradas, »Bierzo ohne León«. Eine organisierte Autonomiebewegung, wie sie sich manche wünschen würden, gibt es im Bierzo allerdings nicht.

Wer sich als Besucher noch vor der Hauptstadt Ponferrada von der Paßüberquerung erholen will, kann das im romantischen Städtchen **Molinaseca** tun, wo im Sommer der *Meruelo* zum Flußschwimmbad unter der romanischen Pilgerbrücke aufgestaut wird. Von hier aus sind es nur noch wenige Kilometer bis Ponferrada.

Ponferrada

So reizvoll die fruchtbare und urwüchsige Landschaft des Bierzo, so unansehnlich ist die Hauptstadt der Region, geprägt von ihrem Haupt-Wirtschaftszweig, dem Bergbau. Von der Eisenbrücke, der *pons ferrata*, die Bischof Osmundo im 11. Jahrhundert für die Pilger über den *Río Sil* erbauen ließ und die der Stadt ihren Namen gab, sind keine Reste geblieben. Imposant ist allerdings die mittelalterliche **Templerburg** aus dem 13. Jahrhundert, deren Turm einen weiten Blick über die ganze Stadt, den Río Sil

und das Umland bietet. Wie eine Kinder-Spielzeugburg sieht sie aus, mit der Brücke über den Burggraben, den zierlichen Burgtürmen am Tor und den gezackten Zinnen. Ganze Gebäude sind nicht erhalten geblieben, trotzdem lohnt ein Spaziergang über das überraschend große Gelände (etwa 8000 Quadratmeter), zumal der Eintritt frei ist (Di – Sa 10.30 – 13.30 und 16 – 19, So 10.30 – 13.30 offen).

Die **Basilika Nuestra Señora de la Encina** (Unsere liebe Frau der Eiche) an der gleichnamigen Plaza wurde im 16. und 17. Jahrhundert erbaut. Ihren seltsamen Namen verdankt sie der Erinnerung an eine legendäre Marienerscheinung im Baumstumpf einer Eiche, die sich im 11. Jahrhundert zugetragen haben soll. Seither ist die Señora de la Encina die Schutzpatronin des Bierzo. Sehenswert sind auch noch das **Rathaus** und der **Uhrenturm** gegenüber (beides 17./18. Jahrhundert) an der *Plaza del Ayuntamiento*. In einem Wohn- und Fabrikgebiet links an der Straße in Richtung Astorga liegt die kleine mozarabische Kirche **Santo Tomás de las Ollas** (10. Jahrhundert), mit romanischem Portal aus dem 12. Jahrhundert und Hufeisenbögen im Altarraum.

Verbindungen

Zug: Bahnhof Avda. del Ferrocarril, ✆ 987-410067, Direktverbindungen nach Palencia und A Coruña.

Bus: Busstation Avda. del Bierzo, ✆ 987-401065.

Taxi: Camino de Santiago, ✆ 987-411055 oder Ancha 17, 416262.

Unterkunft & Camping

★ *Hostal Santa Cruz*, Marcelo Macías 4, ✆ 987-428351.

Camping: *El Bierzo*, 17 km südwestlich im Dorf Villamartín de la Abadía (von Ponferrada N VI Richtung Lugo, Abfahrt Carracedelo, nach der Abfahrt gleich links, dann hinter der Unterführung rechts ab nach Villamartín).

Essen & Trinken

Einfache Bars und Restaurants gibt es an der Plaza de la Encina und rund um die Plaza del Ayuntamiento.

Mesón Las Cuadras, Gil y Carrasco (neben Touristeninfo), ✆ 987-412250, ein wenig touristisch, aber leckeres Essen.

Casa Juan, Avda. del Bierzo 22, Fischspezialitäten und *revueltos de verdura*, geschmorte Gemüse, mittlere Preisklasse.

Nützliche Adressen

Touristeninformation: Gil y Carrasco 11, (bei der Templerburg), ✆ 987-424236.
Post: General Vives 1, ✆ 987-410319.

Abstecher nach Peñalba de Santiago

In dem abgelegenen Dorf **Peñalba de Santiago** scheint die Zeit seit ein paar Jahrhunderten stehengeblieben zu sein. Von *Ponferrada* aus sind es über *San Estebán de Valdueza* zwar nur 20 km bis Peñalba, aber eine Stunde Fahrt muß man wegen der engen Sträßchen schon rechnen. Abenteuerlich ist die letzte Viertelstunde, während der sich die Straße in Serpentinen den Berg hinaufschraubt – leicht vorstellbar, daß die wenigen Bewohner bei Schnee im Winter tatsächlich abgeschnitten sind und nur über das einzige Telefon im Dorf Kontakt zur Außenwelt halten können.

Der gesamte Ort steht unter Denkmalschutz, das Auto muß vor dem Ortsschild abgestellt werden – und tatsächlich wäre zwischen den geduckten Häuschen weder ausreichend Platz, noch scheint es angemessen, mit dem Fortbewegungsmittel unserer Tage dort einzudringen. Die einfachen Häuser sind aus Steinen und Brettern zusammengefügt, kaum eins der schiefergedeckten Dächer kennt eine Regenrinne. Oft sind die Ställe für das Vieh im Erdgeschoß und die Wohnräume darüber, wie es früher üblich war, um die Körperwärme der Tiere zu nutzen. Auf den unbefestigten Wegen laufen gackernde Hühner, Hunde bellen, eine Ziege meckert in ihrem dunklen Verschlag. Die meist nur noch älteren Leute von Peñalba versorgen sich mit ihrer Landwirtschaft noch weitgehend selbst und verdienen sich ein Zubrot mit den Sommergästen, die zur Erinnerung gern ein paar Gläser des köstlichen herben Honigs mitnehmen, der in den Bienenstöcken am Dorfrand produziert wird. In kleinen Gläsern mit Walnüssen, die im Tal wachsen, können Sie die klebrige Leckerei in der einzigen Bar des Ortes kaufen.

Aus dem Staunen nicht heraus kommen Besucher in der *Dorfkirche*, die seit ihrem Bau um das Jahr 920 fast keine Veränderungen erfahren hat. Sie ist eines der fesselndsten Beispiele mozarabischer Architektur, mit einer einzigartigen geteilten Tür aus zwei Hufeisenbögen. Auch im Kircheninneren sind Hufeisenbögen das prägende Element, denn sie gliedern das Kirchenschiff in Gemeinderaum, Chorraum und Apsis. Schlichtheit und Präzision des Baus sind beeindruckend. Sogar das schmiedeeiserne Tor der Kirchmauer stammt noch aus frühesten Zeiten. Der schwere Schlüssel, mit dem die junge Wärterin das Schloß öffnet, ist gut 20 cm lang.

Geöffnet ist die Kirche normalerweise Di – Sa zwischen 10.30 und 13.30, 16 – 19 Uhr, So 10.30 – 13.30; Eintritt frei, © 987/459164. Unter dieser Nummer gibt es im Sommer auch Informationen zu *Unterkünften* in Bauernhäuschen.

In der Nähe des Dorfes liegt die **Einsiedelei** des Eremiten Genadio, mitten im Tal der Stille, *Valle del Silencio.* Nach ungefähr 45 Minuten Wanderung durch ein malerisches Tal erreicht man die Höhle des Einsiedlers, die mit einem Gitter versehen ist, das meist nur angelehnt wird. Hier soll der Heilige im 9. Jahrhundert einem Bergbach, der mit lautem Getöse seine Andacht störte, gebieterisch das Schweigen befohlen haben – worauf sich der Bach in den Fels zurückgezogen habe. Zumindest soll er daraufhin leiser geflossen sein …

Villafranca del Bierzo

Mit Villafranca del Bierzo endete die zehnte Etappe des mittelalterlichen Pilgerführers von Aimeric Picaud. Endlich war das Ziel greifbar, nur noch ein strapaziöser Paß trennte die Pilger vom ersehnten Land Galicien: der Pedrafita do Cebreiro auf gut 1100 m Höhe. Wie beschwerlich die heute im Auto locker in einer halben Stunde überwundenen 30 km für mittelalterliche Pilger waren und noch heute sind, kann man an den erschöpften Gesichtern der Fußpilger in Cebreiro ablesen, einer der schönsten Stationen des Pilgerweges.

Von Ponferrada führt der Jakobsweg durch fruchtbares Gebiet über *Cacabelos* nach Villafranca del Bierzo. In dem Städtchen, das unter Denkmalschutz steht, befindet sich ein für die Pilger früherer Zeiten langersehntes Ziel: die romanische **Santiago-Kirche** am höchsten Punkt des Ortes auf einem Hügel mit der *Puerta del Perdón,* dem Vergebungstor. Vor allem für kranke und zu Tode erschöpfte Pilger war sie der Rettungsanker, denn hier erhielten diejenigen, die den Weg nach Santiago nicht mehr schaffen würden, schon den gleichen Ablaß für ihre Wallfahrt, den sie auch in Santiago erhalten hätten. Die Puerta del Perdón wird nur in den Heiligen Jahren geöffnet. Gern nennt sich Villafranca deshalb »La pequeña Compostela«, kleines Compostela.

Das Schloß Villafrancas (16. Jahrhundert) ist nicht zu besichtigen, es ist in Privatbesitz. Sehenswert in dem beschaulichen Städtchen sind weiter unten im Tal noch die **Kirche La Colegiata** (16. Jahrhundert) und das Renaissancekloster **San Nicolás.** Fast schon am Fluß liegt die *Calle del Agua,* durch die die Pilger zogen und deren Häuser mit prächtigen Adelswappen geschmückt sind. Weniger offensichtlich und eher versteckt präsentieren sich allerdings die vielen Weinkeller, die der »Wasserstraße«

wohl ihren ironischen Namen verliehen; hier auf einen Schluck kühlen Wein einzukehren, sollte man sich nicht entgehen lassen.

Für die **Weiterfahrt** in *Pedrafita do Cebreiro* nach links Richtung Cebreiro/Samos abbiegen.

Unterkunft & Restaurants

★★★ *Parador y Villafranca del Bierzo*, Avda. Calvo Sotelo, ✆ 987-540175.

★ *Hostal La Charola*, Doctor Aren 19, ✆ 987-540200 (an der Schnellstraße). Daneben gibt es noch weitere preiswerte Unterkünfte.

Camping: *Camping El Bierzo*, 12 km südöstlich im Dorf **Villamartín de la Abadía** (auf der N VI Richtung Ponferrada, Abfahrt Carracedelo, nach der Abfahrt gleich links, dann hinter der Unterführung rechts nach Villamartín), ✆ 987-562515, -562717, nur 1.6. – 30.9, schattig, Bademöglichkeit im aufgestauten Fluß, Restaurant.

Touristeninformation: Alameda Alta (Nähe San Nicolás), ✆ 987-540089.

Cebreiro

Im dem älteren Hostal-Restaurant des urigen galicischen Dörfchens treffen alle zusammen, ob sie mit dem Auto, zu Fuß oder per Fahrrad gekommen sind. Das Essen ist kräftig, reichhaltig und dazu preisgünstig. Wer im Hostal keinen Platz mehr bekommen hat (es hat nur sechs Zimmer), darf auf der Wiese hinter dem Haus zelten. Außer der Gästetoilette im Hotel gibt es für Wildcamper allerdings keine sanitären Anlagen. Fußpilger können in den *pallozas,* alten Steinhäusern übernachten, deren Böden mit Stroh bedeckt

Die ersten Schritte auf galicischem Boden führen über die Brücke von Cebreiro

sind. Manche der Dorfbewohner leben noch heute darin.

Eine der jahrhundertealten *pallozas* ist als **Museum** hergerichtet worden, Besucher können sich darin ein Bild vom harten Landleben und dem engen Beisammensein von Mensch und Tier in den runden Steinhäusern machen (Di – So 11 – 14 und 15 – 19 Uhr, Eintritt frei).

Die unscheinbare kleine **Kirche** neben dem Hostal enttäuscht kunsthistorisch etwas, ist aber Ziel vieler Gläubiger, denn hier sollen sich im 13. Jahrhundert tatsächlich Brot und Wein in Fleisch und Blut verwandelt haben. Kelch und Schale wurden vergoldet und sind an einem Seitenaltar ausgestellt.

Unterkunft & Restaurant

★★★ *Parador,* Avda. Calvo Sotelo 28, ✆ 987-540175, Fax 540010, villafran-

JAKOBSWEG

ca@parador.es. 40 Zimmer in einem
kastilischem Herrenhaus inmitten wil-
der Weinranken. Gutes Restaurant.

★★ *Hostal San Giraldo de Aurillac,* O Cebreiro, ✆ 982-367125.

★★ *Hostal Rebollal,* Pedrafita do Cebreiro, Carretera Nacional VI, ✆ 982-
367115.

▶ Das nächste größere Dorf an der
Landstraße ist **Triacastela.** Von dort
nahmen die Pilger einen Kalkstein mit
nach *Castañeda,* der dort zum Kirchenbau verwendet wurde. Das Gefängnis für Unruhe stiftende Pilger,
den *Pilgerkarzer,* gibt es heute nicht
mehr. In der Nähe gibt es Castros.

Mehr zu sehen gibt es in **Samos,** der
nächsten Station des Pilgerweges: das
Benediktinerkloster **San Julián** gleich
am Ortseingang. Es geht auf eine
westgotische Gründung von 655 zurück, die oft von Mauren überfallen
wurde und mehrmals brannte, zuletzt
im Jahre 1952. Von dem ursprünglichen Bau ist nur die *Capilla San Salvador* erhalten. Die heutige Klosterkirche der Benediktiner wurde 1604
geweiht und erhielt 1779 ihre barocke
Gebäudefassade und den doppelläufi-
gen Treppenaufgang, der an den der
Kathedrale in Santiago erinnert. Der
barocke Kreuzgang mit einem üppi-
gen Garten ist der größte in ganz Spanien. Der schönere *gotische Kreuzgang* des Klosters kann allerdings nur
aus der Ferne betrachtet werden, da er
im Bezirk der Mönche liegt, deren
Klausur nicht gestört werden soll.
(Täglich 10.30 – 13, 16.30 – 19 Uhr
geöffnet, Führung obligatorisch, Eintritt frei.)

Bei einem Spaziergang durch den
kleinen Ort fallen die einfachen, aber
schmucken Häuser entlang der
Hauptstraße auf. Einen Blick wert ist
noch die kleine mozarabische *Kapelle*
aus dem 9. Jahrhundert. Ein kräftiges
und billiges Menü – allerdings auch
nur eines, es gibt keine Wahlmöglich-
keit – bekommt man gleich am Ortseingang im einfachen *Mesón* gegenüber dem Pilgerhospiz.

Von Samos sind es etwa 12 km in
das Städtchen **Sarria.** An der Stelle
der 12.000 Einwohner zählenden
Stadt lag früher ein Römerlager. Heute besteht Sarria zum größten Teil aus
funktionalen, modernen Reihenhäu-
sern. Der interessanteste Teil ist die
Oberstadt, in der sich ein wenig mittelalterliches Flair erhalten hat. Die
Reste der Burg aus dem 13. Jahrhundert am Ende der *Rúa Maior,* die sich
durch die Altstadt zieht, sind im Privatbesitz und deshalb nicht zugänglich. Schräg gegenüber befindet sich
die romanische Kirche *San Salvador,*
wichtigste Station für die durchreisen-
den Pilger. Der Straße folgend, die
rechts an der Burgruine vorbeiführt,
gelangt man zum **Augustinerkloster
La Magdalena,** in dem sich das von
zwei italienischen Pilgern um 1200
gegründete Hospiz befindet, das bis
heute Pilger aufnimmt (18 – 23 Uhr).

🎺 **Fest:** *San Juan* im Juni, eine Woche
lang Konzerte, Stierkämpfe und Stra-
ßenfest.

Verbindungen

Zug: Station am Ende der Calle Calvo Sotelo, etwas außerhalb jenseits des Río
Celeiro Richtung Portomarín, ✆ 982-

530787. Nach Lugo und Monforte täglich mehrere Züge.

Bus: *Estación de Autobuses,* Lama de Gandera s/n. Nach Becarreá, Lugo und Monforte täglich mehrere Busse.

Unterkunft & Infos

★★ *Hostal Londres,* Calvo Sotelo 153, ✆ 982-532456.

★ *Hostal Roma,* Calvo Sotelo 2, ✆ 982-532211.

Information: Die Ortspolizei verteilt ein paar Infos zum Übernachten, Essen und Campen. Rúa Maior, ✆ 982-530850, durchweg geöffnet.

Post: Matías Lopez, ✆ 982-530793.

Portomarín

Schon lange vor Portomarín fällt der ausgedehnte *Stausee de Belesar* auf, den man überqueren muß, um das Städtchen zu erreichen. Auch wenn das klare blaugrüne Wasser zum Baden einzuladen scheint, so gibt es doch kein einziges Seeschwimmbad, keinen Campingplatz am Ufer und keinen Strand: Baden ist streng verboten. Einmal, weil der See als Trinkwasserreservoir genutzt wird, zum zweiten aber, weil das Baden in den künstlich angelegten *Embalses* wegen des schlammigen Untergrundes und unberechenbarer Tiefen sehr gefährlich ist. Auch **Portomarín** hatte schon manches Opfer zu beklagen. In den 60er Jahren wäre fast das gesamte Dorf Opfer des Stausees geworden: es lag früher im Tal, das überflutet werden sollte; die wichtigsten historischen Bauten wurden aber schließlich weiter oben an ihrem jetzigen Standort Stein für Stein wiederaufgebaut.

Einige Ruinen in Ufernähe erinnern noch an diesen spektakulären Umzug.

Das Zentrum des schmucken neuen Dorfes ist die *Plaza Mayor.* Die Straßen hier sind von Arkaden gesäumt, in deren Schatten Bars und Cafés zur Rast einladen. Mitten im Ortskern steht die Kirche **San Nicolás** aus dem 13. Jahrhundert, die an die wehrhaften Kirchen Navarras erinnert und dem Kreuzritterorden gehörte. Innen fällt vor allem auf, daß der einschiffige Bau kein Querschiff besitzt und die Apsis von kleinen Baldachinen gerahmt wird. Ansonsten ist die Ausstattung schlicht.

Von der Plaza aus links an San Nicolás vorbei, erreichen Sie nach wenigen hundert Metern den **Pazo de Berbetoros,** ein blendend weiß gekalktes altes Adelshaus aus dem 17. Jahrhundert und die kleine romanische Kapelle **San Pedro** (12. Jahrhundert). Beide wurden wie San Nicolás vor den Fluten des aufgestauten *Río Miño* gerettet, denen allerdings die alte Pilgerbrücke nicht entging: nur bei extremer Trockenheit ragt sie manchmal aus dem See heraus.

Unterkunft

★ *Hostal Mesón de Rodriguez,* Fraga Iribarne 6, ✆ 982-545054.

Posada del Camino, Lugo 1 (direkt am Dorfplatz); sehr einfach, Bad auf dem Flur.

▶ Weiter geht es auf der C 533, die bei *Ventas de Narón* in die N 540 einmündet. Dort biegt die Pilgerstrecke rechts ab, bleibt ein Stück auf der Hauptverkehrsader und wendet sich

JAKOBSWEG

an der nächsten großen Kreuzung nach links auf die N 547 bis **Palas de Rei** (galicisch *Palas do Rei*). Auch die kleine Kreisstadt hat früher bessere Zeiten gesehen, von denen nur noch die Bildhauerarbeiten am Portal der kleinen romanischen Kirche *San Tirso* zeugen. Spätestens zwischen der »Miño-Brücke (gemeint ist Portomarín) und Palas del Rey«, so berichtet Aimeric Picaud in seinem mittelalterlichen Pilgerführer, häuften sich die Versuche von Dirnen und Halsabschneidern, die zum Teil sogar aus Santiago kamen, den erschöpften Pilgern das wohlbehütete Geld aus dem Beutel zu ziehen.

Info: Im Rathaus, Avda. Compostela 28, gibt es eine *Touristeninformation*, ✆ 982-380001.

▶ Vorbei an der originellen Pilgerherberge an der Landstraße bei dem urtümlichen Dorf **Leboreiro** geht es weiter nach **Melide** *(Mélide)*, der letzten größeren Station vor Santiago. An der verkehrsreichen Hauptstraße am Ortseingang steht die kleine romanische Kirche *San Pedro*, daneben zwischen Palmen und Rosenstöcken ein schlichter *Cruceiro* aus dem 12./13. Jahrhundert. Gemütlich ist der alte Ortskern an der *Plaza do Convento* mit dem Rathaus und der *Iglesia Parroquial*. In der Nähe kann man im **Museum** *Terra de Melide* Herstellungsweise und Geschichte regionaler Produkte und Musikinstrumente, wie der typischen Gaita (Dudelsack) verfolgen (Mo – Sa 11 – 13 und 17.30 – 19.30 Uhr, So 11 – 14 Uhr, Eintritt frei).

Am Ortsausgang steht ein kleines Schmuckstück der Romanik, die **Kirche Santa María** aus dem 12. Jahrhundert mit wunderschönen Malereien in der Apsis. Den Schlüssel bekommt man im Haus oberhalb der Kirche (Hausnummer 23; keine festen Öffnungszeiten, ein kleines Trinkgeld empfiehlt sich).

Unterkunft & Camping in Melide
- ★ *Hostal Estilo II*, Progreso 6, ✆ 981-505153.
- ★ *Hospedaje Xaneiro*, San Pedro 22, ✆ 981-507140; sehr einfach, Bad auf dem Flur. Gutes Essen in der Bar.

Turismo rural: *Casa de los Somoza, Coto, Leboreiro-Melide*, ✆ 981-507372, Fax -507372, DZ 39 €; sehr geschmackvoll.

Camping: *Don Manuel*, 14 km weiter in *Arzúa*, Complejo Casqueiro, ✆ 981-500211, klein, gemütlich, ausreichend Schatten.

Touristeninformation: Plaza do Convento 7, ✆ 981-505275, im Rathaus.

Der Weg ist das Ziel …

… und das Ziel ist bald erreicht. Hinter Mélide liegt nicht mehr viel am Weg, was einen Halt lohnt. Ab jetzt drängt es ohnehin jeden nach **Santiago de Compostela**, der Stadt der Träume und Hoffnungen, auf die der Weg so neugierig macht. Vorbei am Flughafen *Lavacolla* nimmt der eine oder andere sich wohl noch die Zeit, vom *Monte del Gozo* aus ein paar Minuten beim Ausblick auf die Stadt innezuhalten, dann aber locken die Türme der Kathedrale mit Macht.

SANTIAGO DE COMPOSTELA

DAS LICHT AM PILGER-HORIZONT: SANTIAGO DE COMPOSTELA

Gaita-Dudelsackmusik lärmt unaufhörlich in dem Souvenirladen in der Rúa do Franco, kurz vor der Plaza Obradoiro. Neben Bergen von Diafilmen und Aschenbechern stehen Pilgerstäbe, Wasserflaschen und Jakobsmuscheln mit vorgebohrtem Loch zum Verkauf. Glaube zum Anfassen. Auch wenn es regnet, und das tut es hier mehr als irgendwo sonst in Spanien, läuft das Geschäft gut. Auf der Plaza Obradoiro, Zielpunkt eines jeden Santiago-Besuchers, liegen Hobbyfotografen zwischen den Arkaden des Rajoy-Palastes, um die Fassade der Kathedrale von der vergitterten Treppe bis zur Turmspitze ins Bild zu bekommen. In schwarzen Samt gekleidete Studenten versuchen, Musikkassetten mit compostelanischen Studentenliedern unter das Volk der Bustouristen und Pilger zu bringen.

Auf der Plaza Obradoiro trifft alles aufeinander, hier vor den beiden mächtigen Barocktürmen der Kathedrale, die Dreh- und Angelpunkt Santiagos ist. Voll von Kunstschätzen und Anekdoten, ist sie ein Glanzstück romanischer und barocker Architektur und wahrlich keine Ruhestätte für den Apostel. Tausende von Besuchern stehen Schlange vor seinem silbernen Schrein; um zwei Uhr nachmittags kann die Wartezeit Stunden betragen.

Millionen besuchen jedes Jahr die Stadt, und doch sind die bewegten Zeiten Santiagos, als es ein religiöses Zentrum Europas war, längst vorbei. Santiago de Chile scheint heute bekannter zu sein als ihre Namensgeberin. Daß in Santiago Regierung und Parlament Galiciens ihren Sitz haben, wird kaum bemerkt, auch wenn in den galicischen Zeitungen fast keine Ausgabe ohne das Konterfei des Regierungschefs auskommt.

Die vielen, einst mächtigen Konvente und Kirchen sind nur noch stille Zeugen des alten Ruhms. Die dunklen Gassen Santiagos, mit ihren über Arkaden geneigten Häusern und zahllosen Kirchen aus massivem, aber dennoch freundlich wirkendem Granit verströmen Vergangenheit pur. Der ständige Regen, der von den niederschlagsgewohnten Compostelanern schlicht »Kunst« genannt wird, hat die Kanten des Pflasters und der Fassaden gerundet, mit dem ehrwürdigen Stolz der Jahre kleiden sich die alten Mauern mit Flechten und im Sommer mit Blumen, die aus Ritzen sprießen. Daß in der Altstadt so gut wie kein Baum zu finden ist, bemerken die wenigsten auf Anhieb. In Santiago lebt der Stein.

Trotz seiner steinernen Geschichte mit sakralem Ambiente ist das barocke Santiago eine lebendige Stadt geblieben, in der nicht nur Priester, Mönche, Nonnen und zuweilen Parlamentarier spazierengehen, sondern auch rund 30.000 Studenten, die einen erheblichen Teil der 85.000 Einwohner ausmachen. Das *Estudio Viejo* wurde 1501 ins Leben gerufen und

25. Juli: Feuerwerk am Tag des Apostels

bildet den historischen Kern der heutigen Universität. Auch sie hat ihre Traditionen. Nach wie vor sind die *tunos,* eine Studentenverbindung, sehr aktiv, wenngleich auch oft nur als schale touristische Attraktion. Sie singen vor Touristen und gehören daher zu den bestverdienenden Studenten Santiagos. Die Reviere der übrigen Studenten befinden sich in den tiefen Kellergewölben der Altstadt, wo scheinbar seit Generationen Bier ausgeschenkt und verschüttet wird. Dort weht noch ein abgestandener Hauch der 68er-Studentenbewegung. Grüppchen, die sich dort seit Jahren, von Rockmusik der 70er Jahre unterstützt, die Köpfe über galicische Autonomie heiß reden, seien typisch für Santiago, meint eine einheimische Journalistin. Eine Spur von melancholischer Weltfremdheit ist immer zu spüren, taucht man in den Haschischrauch der compostelanischen Studententreffs ein. »Verlorenes Paradies« heißt eine solche Kneipe.

Zweifellos ist Santiago längst nicht mehr nur die ewig alte Stadt mit der *Rúa do Vilar* als Hauptstraße. Mit Macht hat sich ein Neustadtviertel entwickelt, das außer einigen herausragenden Beispielen für architektonische Geschmacklosigkeit nichts besonderes zu bieten hat. Hier liegt das Geschäftszentrum, hier spielt sich das späte Nachtleben ab, und viele seiner Bewohner scheuen bereits den Weg in die Altstadt – für nicht wenige ein Indiz dafür, daß die Altstadt bald zum bloßen Museum wird. Wer jedoch unter den schattigen Arkaden der Rúa do Vilar, Rúa Nova, in den Cafés der

Rúa do Franco oder in einem der vielen Winkel seinen *Café sólo* oder sein Bier schlürft, spürt davon wenig. Und wo, wenn nicht an der Puerta Faxeira, sollte man sich die *Tarta de Santiago,* den süßen Mandelkuchen mit Ordenskreuz aus Puderzucker, servieren lassen, mit Blick auf den Stadtpark Herradura? Die Bank dort im Park, rund um den dicken Eukalyptusbaum, mit Aussicht auf die alles überragende Kathedrale, ist nicht grundlos Treffpunkt für Verliebte und Fotografen. Und wie überall in Santiago hat auch der Park seine Besonderheit. Zwischen Musikpavillon und einem kleinen Parkcafé steht eine riesige, halbrunde, steinerne Bank. Hier kann man sich, fünf Meter voneinander entfernt sitzend, ein Geheimnis zuflüstern und

dennoch alles deutlich verstehen: in Santiago spricht der Stein.

Stadtgeschichte

Die Geschichte der Stadt ist untrennbar mit dem Apostel Jakobus dem Älteren verknüpft. Schon der Name deutet darauf hin: *Sant-Iago* bedeutet nichts anderes als Heiliger Jakobus. Obwohl es Hinweise darauf gibt, daß bereits Kelten und Römer dort gesiedelt haben, wo sich heute Santiago erhebt, ist die Gründung der Stadt auf die Entdeckung des Apostelgrabes zurückzuführen. Der christlichen Überlieferung zufolge hatte sich der Apostel Jakobus der Ältere nach Spanien begeben, um dort das Evangelium zu predigen. Sieben Jahre habe er in Galicien verbracht. Nach Palästina von dieser Missionsreise zurückgekehrt, sei er in Jerusalem geköpft worden. Seine Schüler brachten den Leichnam nach Galicien, um ihn dort zu bestatten. Jahrhunderte später, im Jahr 813, habe ein Eremit das Grab entdeckt – geführt von himmlischer Musik und einem seltsamen Licht. Dieses Licht ist ebenfalls Bestandteil des Stadtnamens: *Compostela* oder *campus stellae* bedeutet Sternenfeld. Jene Stelle, die dem Einsiedler Pelayo der Legende nach gewiesen wurde und wo sich heute die Kirche *San Fiz de Solovio* befindet, war in grauer Vorzeit eine Nekropole. Pelayo berichtete dem damaligen Bischof von Iria Flavia, Teodomiro (gest. 847), von seiner Entdeckung. Unter Gebüsch entdeckte man einen kleinen Marmortempel, in dem sich die Gebeine des Apostels und zweier seiner Schüler befanden. Der König von Asturien, *Alfonso II.* (791 – 842), veranlaßte daraufhin den Bau einer kleinen Kirche.

Als sich die wundersame Entdeckung des Apostelgrabes herumzusprechen begann und der Apostel zur Symbolfigur des christlichen Europa im Kampf gegen die Muselmanen wurde, vergrößerte *Alfonso III.* (866 – 910) die Anlage und baute sie zu einer Basilika um. Verschiedene Könige machten dem Ort in der Folge großzügige Schenkungen, und die Päpste bestätigten die Heiligkeit des Bodens. Auf diese Weise begann eine Stadt um das Grab herum zu wachsen. Bald wurde die Diözese von Iria Flavia, dem heutigen Padrón, nach Santiago de Compostela verlegt. Um die regelmäßigen Angriffe von Normannen und Wikingern abzuwehren, die die galicische Küste verheerten, baute man eine Stadtmauer. Dennoch konnten die Horden des berüchtigten Muselmanen Almanzor die Stadt im Jahr 997 einnehmen und ließen kaum einen Stein auf dem anderen. Auf den Schultern der gefangengenommenen Christen ließ Almanzor die Glocken der Basilika nach Córdoba schleppen, um sie in der *Mezquita* als Lampen zu verwenden. Die Legende besagt, daß bei den schockierenden Verwüstungen das Apostelgrab auf wundersame Weise verschont geblieben sei.

Santiagos Stern steigt empor

Bischof *Pedro de Mezonzo* ließ nach dem Einfall Almanzors die Kirche 1075 durch den Baumeister Bernardo den Älteren wieder aufbauen, Santiago erhielt größere königliche und kirchliche Privilegien. Das Apostelgrab wurde zu einem mächtigen Brennpunkt christlichen Glaubens, Pilger aus der ganzen christlichen Welt machten sich auf den beschwerlichen Weg dorthin. Die Pilgerstraße, der sogenannte Jakobsweg, öffnete sehr bald für die Iberische Halbinsel das Tor für kulturelle Einflüsse wie auch kommerzielle Expansion. Santiago war infolgedessen bereits im frühen Mittelalter eine blühende Stadt, Sitz einer wichtigen Diözese, deren Bischöfe als geistige Führer die Macht innehatten. Der bekannteste jener Prälaten des Mittelalters war zweifellos _Diego Gelmírez_ (1101 – 1140), der die kulturelle, religiöse und politische Entwicklung Santiagos nachhaltig beeinflußte. Gelmírez schuf die Basis für die zukünftige Universität, vergrößerte die Kathedrale und ließ den nach ihm benannten Palast sowie viele andere romanische Bauwerke der Stadt errichten.

Bischof Diego Gelmírez empfängt Pilger

Santiago sollte auch äußerlich den Stellenwert Roms und Jerusalems, zur damaligen Zeit die wichtigsten Wallfahrtsorte, bekommen. Aktiv griff der ehrgeizige Gelmírez in die Politik jener Zeit ein, führte Krieg gegen Normannen und Muselmanen und unterdrückte erfolgreich Aufstände des compostelanischen Bürgertums. Diese Politik des mächtigen Gelmírez behielten viele seiner Nachfolger im 12. und 13. Jahrhundert bei.

Die Bulle _Regis Eterni_ des Pontifex Alexanders III. von 1181 setzte Santiago de Compostela als geistiges Zentrum Jerusalem und Rom gleich. Die wachsende Zahl von Pilgern führte 1175 zur Einrichtung des _Santiago-_

Ordens, der zur Aufgabe hatte, den Wanderern Schutz und Unterkunft zu gewähren. Entlang des Jakobsweges entstanden Hunderte sakraler Bauwerke, die heute zu den schönsten der romanischen Kunst zählen. Eine der bedeutendsten bildhauerischen Leistungen der Romanik, der _Pórtico de la Gloria,_ ist das Hauptportal der Kathedrale von Santiago.

Santiago seit der Neuzeit

Das 15. Jahrhundert bildet ein dunkles Kapitel in der Stadtgeschichte. Die schweren Pressionen der Aristokratie gegenüber Bürgern und Zünften gaben immer wieder Anlaß zu Revolten, die von den Machthabern grausam niedergeschlagen wurden. Die _Irmandiños_ (Bruderschaften), die sich gegen Klerus und Adel erhoben, führten nach verlorenem Kampf nur zu einer Stärkung der großen Familien der galicischen Aristokratie. Eine dieser Familien, die der Fonseca, stellte drei Erzbischöfe Santiagos und regierte die Stadt für 70 Jahre – eine neue Epoche großer kultureller Impulse. Auf sie sind die Fassaden im Plateresken-Stil (in der Altstadt) zurückzuführen sowie die Schaffung der Universität. Alonso de Fonseca II. empfing in Santiago die Katholischen Könige Fernando und Isabella. Als Zeugnis ihres Besuches hinterließen diese der Stadt neben einem offiziellen

Das Stifterpaar
Isabella und Fernando

Verbot der galicischen Sprache das Pilgerhospiz *Hostal Real* (1499 gebaut), das heute als *Hostal de los Reyes Católicos* zu den luxuriösesten Hotels Spaniens gehört.

Die Verbreitung des Protestantismus in Europa führte aber bald zu einer spürbaren Abnahme des Pilgerstroms. Im Jahr 1589 versteckte der Erzbischof aus Furcht vor dem geadelten englischen Seeräuber Francis Drake die Apostelreliquie. Danach blieb sie für fast drei Jahr-

Blick über die Dächer: Santiago vom Herradura-Park aus

hunderte verschollen. Erst 1879 wurden die Gebeine wiederentdeckt.

Dennoch, als eine Metropole mit Eigenleben erfuhr Santiago im 17. und 18. Jahrhundert eine starke architektonische Entwicklung. Die Baustile jener Zeit, vor allem jedoch der galicische Barock, der durch den hellen Granit eine ganz eigene Wirkung hat, haben der Stadt ihren Stempel aufgedrückt. In diesen Jahren entstanden der Treppenaufgang und die filigrane Fassade der Kathedrale, die *Torre del Reloj* (Uhrenturm) sowie die *Casa del Deán*. Die verspielte und lebensfrohe Architektur der reizvollen Landsitze in der Umgebung Santiagos sind ebenfalls Zeugnisse jener Epoche.

Das 19. Jahrhundert hatte in Santiago einen sowohl romantischen wie liberalen Charakter. Während Santiago

1835 die Säkularisierung von Kirchengütern zu spüren bekam, die zur Auflösung zahlreicher religiöser Orden und ihrer Besitztümer führte, erlebte man dort zugleich den Triumph des *rexurdimiento,* der Wiedergeburt galicischer Kultur und Sprache. Das so lange vergessene Galicisch erwachte vor allem mit der verehrten Dichterin Rosalía de Castro zu neuem Leben. Bis in die ersten Jahrzehnte des 20. Jahrhunderts hinein hielt die kulturelle Renaissance Galiciens an. 1916 gründeten sich die *Irmandades de Fala* (Sprachbruderschaften), Vorläufer des modernen galicischen Nationalismus.

Der Ausbruch des Bürgerkrieges und die anschließende Diktatur des Generals Franco beendeten die Zeit des galicischen Nationalgedankens jedoch abrupt. Mit der Wiederherstellung der Demokratie und dem Autonomiestatut von Galicien 1981 wurde Santiago zum Sitz des galicischen Parlaments und offizielle Hauptstadt Galiciens. Von der UNESCO wird die Stadt des Apostels zum kulturellen Erbe der Menschheit gezählt.

DIE KATHEDRALE

Das Ziel alles Pilgerns ist die Kathedrale. Ihre Baugeschichte, die übrigens wunderbar anschaulich im Pilgermuseum Santiagos *(Museo de las Peregrinaciones)* aufgearbeitet wurde, reicht in das Jahr 813 zurück, als *Bischof Teodomiro* von Iria Flavia und König *Alfonso II.* eine Kapelle über dem Grab des Apostels errichten ließen. 889 ersetzte König *Alfonso III.* diese Kapelle durch eine Pfeiler-Basilika von 24 Metern Länge. Dieser Bau fiel 997 dem gefürchteten *Almanzor* zum Opfer, dessen Maurentruppen aus dem Emirat Córdoba kommend Santiago verwüsteten. Diese Basilika wurde zwar noch restauriert, aber 1075 beschlossen Santiagos Bischof und König *Alfonso VI.* den Neubau einer gewaltigen Pilgerkirche. Sie verpflichteten den Meister *Bernhard den Älteren,* der mit 50 Steinmetzen bis 1112 Chor und Querhaus fertigstellte und schließlich die alte Basilika abriß. Es ist anzunehmen, daß für das Vorhaben mehrere hundert Bauarbeiter nötig waren. Der für die Geschichte Santiagos so prägende *Bischof Diego Gelmirez,* seit 1101 in Amt und Würden, ließ deshalb sogar gefangene Piraten als Hilfskräfte beim Kirchenbau einsetzen. Denn für ihn war das gigantische Bauprojekt von großer Wichtigkeit. Die mit der Zahl der Pilger wachsende Bedeutung Santiagos brachte ihm 1024 den Rang eines Erzbischofs ein, kurz darauf wurde er unter *Alfonso VII.* zum Erzkanzler des Kaiserreichs.

Obwohl mit Hochdruck an der Kathedrale gebaut wurde, konnte sie erst 1188 mit dem *Pórtico de la Gloria* vollendet werden.

Ihr heutiges Aussehen bekam die Kathedrale allerdings erst viel später. So ist die weithin sichtbare Fassade

Der Schnitt durch die Längsachse der Kathedrale zeigt ihre imposanten Ausmaße

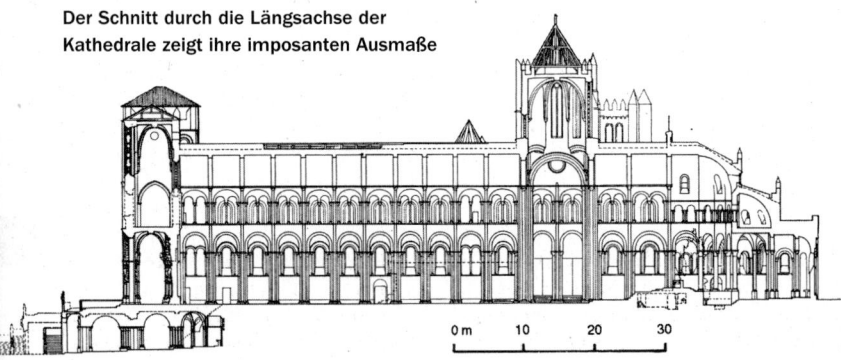

0 m   10   20   30

mit ihren Zwillingstürmen eine Schöpfung des Barock. 1658 bis 1670 errichtete *Domingo de Andrade* die **Torre de las Campañas**, *Glockenturm*. Den Auftrag dazu hatte der Kanoniker *José de la Vega* erteilt, der eigentlich am liebsten die romanische Kathedrale durch eine barocke ersetzt hätte. Doch ihm fehlten glücklicherweise die finanziellen Mittel. So blieb es bei baulicher Kosmetik und es kam zu einer bemerkenswerten Verbindung romanischer und barocker Architektur. Domingo de Andrade ummantelte sozusagen den romanischen Kern des Turms mit kannelierten Pilastern und Säulen, und erhöhte den Turm um das reich verzierte Glockengeschoß. 1725 machte ihm *Fernando Casas y Nóvoa* das Kunststück mit dem Nordturm, der **Torre de la Carraca**, nach. Sein Meisterwerk wurde jedoch die Steilfassade zwischen beiden Türmen (1739–1750). Eine typische Leistung des *Churriguerismus*, des überladenen spanischen Barocks, denn es findet sich daran so gut wie keine Fläche ohne Dekor.

Auch wenn es auf den ersten Blick, bedingt durch die weitläufige *Plaza Obradoiro*, nicht zu erkennen ist, wurde die Kathedrale an einem Hang errichtet. Daher war eine Unterkon-

Tobias Büscher

Blick auf die gewaltige Barockfassade der Kathedrale an der Plaza Obradoiro

struktion samt **Treppe** notwendig. Diese Treppe wurde ebenfalls im barocken Stil erneuert (1626). Der großzügige Aufgang umfaßt den Eingang zum Unterbau, die sogenannte *Alte Kathedrale*, deren massive Pfeiler die Basis der heutigen Kathedrale bilden.

An der Südseite, zur *Plaza de las Platerías* hin, wo man durch das romanische Portal **Pórtico de las Platerías** in die Kathedrale gelangt (1112 vollendet, 1117 durch Skulpturen vom Nordportal ergänzt, u.a. dem musizierenden David), schuf Domingo de Andrade 1676 – 1680 die **Torre de Reloj**, den *Uhrturm,* mit 72 Metern der höchste Turm der Kathedrale.

Der Pórtico de la Gloria

Die im Osten liegende **Puerta Real,** das *Königliche Tor,* stammt aus dem Jahr 1666, und die *Heilige Pforte,* **Puerta Santa,** aus dem Jahr 1611. Bei der Gestaltung dieses Zugangs, der nur im Heiligen Jahr geöffnet wird,

wurden allerdings noch romanische Skulpturen (um 1180) verwendet, die aus der Werkstatt des Meisters *Mateo* stammten, jenes Künstlers, der den **Pórtico de la Gloria** geschaffen hat. Dieses Meisterwerk der Romanik, unbestritten der bedeutendste spanische Skulpturenzyklus seiner Zeit, empfängt heute den Besucher hinter den barocken Portalen Nóvoas, durch die eine relativ enge Vorhalle entstand, die sicher den ursprünglichen Eindruck

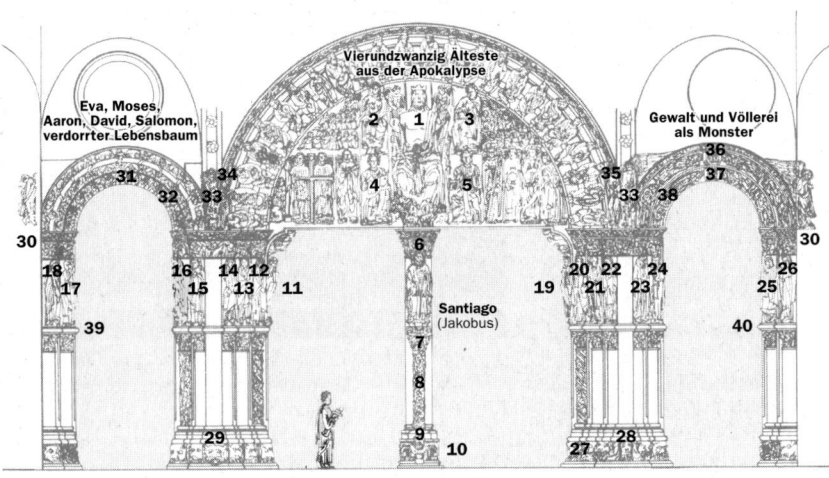

Pórtico de la Gloria Kathedrale von Santiago

© PETER MEYER VERLAG

1	Jesus Christus
2	Johannes der Evangelist
3	Matthäus der Evangelist
4	Lukas der Evangelist
5	Markus der Evangelist
6	Die Versuchungen
7	Heilige Dreifaltigkeit
8	Wurzel Jesse
9	Noah (oder einfach der Mensch?)
10	Rückseite: Santo dos Croques oder Selbstbildnis Meister Mateo
11	Moses mit Gesetzestafeln
12	Prophet Jesaia mit Stab
13	Prophet Daniel, lächelnd
14	Prophet Jeremias mit Bart
15	Prophet Hosea (?)
16	Prophet Joel (?)
17	Prophet Amos (?)
18	Prophet Abdias (?)
19	Apostel Petrus
20	Apostel Paulus
21	Apostel Jakobus, der Jüngere
22	Evangelist Johannes
23	Apostel Andreas
24	Apostel Philippus (?)
25	Apostel Bartholomäus
26	Apostel Thomas
27	Darstellung der Gehorsamspflicht
28	Bär, vier Löwen und evtl. Noah
29	Fünf Adler
30	Engel mit Posaunen
31	Segnender Heiland
32	Adam neben dem Erlöser; Abraham mit Isaak, Jakob und Juda
33	Engel führt Engel (oder Kinder?) ins Gotteshaus
34	Engel mit einer Symbolfigur für die Juden
35	Engel mit einer Symbolfigur für die Nichtjuden
36	Gottvater
37	Christus
38	Engel mit Kindern
39	Vogel mit Frauenkopf
40	Blätterornament

des Portals schmälert. Der Pórtico de la Gloria, entstanden zwischen 1168 und 1188, repräsentiert das Weltgericht und ist das Stein gewordene Versprechen an die Pilger, auf ihrer Suche nach Erlösung ans Ziel gelangt zu sein. Am Mittelpfeiler, der als Wurzel Jesse skulpiert ist und in einer Darstellung Marias und der Heiligen Dreifaltigkeit endet, thront der Apostel, hier nicht als Maurentöter *(matamoros)*, sonders als Missionar für Spanien dargestellt. An der Basis, so wird vermutet, hat sich der Schöpfer des Pórtico selbst verewigt, der Meister Mateo. Bis über die Seitenportale sind die Propheten (links) und die Apostel (rechts) dargestellt. An der gegenüberliegenden Innenseite der Westfassade sind Judith, Esther, Hiob und die Evangelisten Markus, Lukas und Johannes zu sehen. Allen Figuren haftet eine gewisse Lebendigkeit an, oft scheinen sie ins Gespräch vertieft. Dieser Effekt wurde durch die nur noch teilweise vorhandene Bemalung verstärkt. In der *Archivolte*, dem Bogenlauf, musizieren die 24 Ältesten der Apokalypse, die das Tympanon mit dem Erlöser rahmen, den Engel flankieren, die die Werkzeuge der Passion tragen.

Das Innere der Kathedrale

Hinter dem Pórtico erschließen sich dem Besucher die für einen romanischen Bau gewaltigen Dimensionen, geschaffen für einen ständigen Zustrom großer Menschenmengen: Eine etwa 100 Meter lange und etwa 80 Meter breite Basilika auf kreuzförmigem Grundriß mit ausladenden Querarmen und einem halbrunden Chorumgang, an den sich Kapellen wie ein Kranz legen. Der Raum ist klar proportioniert: Langhaus zu Querhaus im Verhältnis 3:2, Langhaus zu Vierung 10:1, Höhe und Breite des Langhauses stehen im Verhältnis 1:1, Mittel- zu Seitenschiff 2:1.

Architektonisch ist Santiagos Kathedrale am ehesten vergleichbar mit St. Sernin in Toulouse. Wohl nicht rein zufällig, schließlich beanspruchte man dort ebenfalls, die Reliquien des Apostels zu besitzen. Diese Auseinandersetzung, die nie zweifelsfrei geklärt werden konnte, hat sich bis heu-

Den Mittelpfeiler des Pórtico zu berühren, bringt Segen …

Die Kathedrale im Grundriß

Hauptportal: barocke *Westfassade,* von Fernando Casas y Novoa 1739 – 1750 entworfen. Dahinter der figurenreiche *Pórtico de la Gloria* von Meister Mateo 1168 – 1188 geschaffen.

Türme: *Torre de la Carraca* (Turm der Klappern, die in der Semana Santa das Glockengeläut ersetzen) und *Torre de las Campanas* (Glockenturm), von Casas y Novoa bzw. Domingo de Andrade entworfen.

Hauptaltar: barocke *Capilla Mayor* mit der Santiagofigur über dem Apostelgrab, im späten 17. Jahrhundert von Peña de Toro entworfen.

Krypta: *Cripta* mit den Gebeinen des Apostels, Santiago Tympanon.

El Pilar: barocke Kapelle und vom galicischen Architekten Domingo de Andrade 1696 begonnen, von Casas y Novoa 1715 vollendet. Prunkvolles Mausoleum des Erzbischofs Monroy.

Mondragón: zwischen 1521 und 1526 entstanden, Leitung: Jacóme García. Kreuzgewölbe, gotischer Balkon, Altar der Kreuzesabnahme von Miguel Ramón.

Puerta Santa: die Heilige Pforte.

El Salvador: romanische *Erlöserkapelle* von 1075, halb zylindrische Kuppel. Platteresken-Retabel des Architekten Juan de Alava von 1532.

San Bartolomé: rein romanischer Baustil, 1102 von Bischof Pedro von Pamplona geweiht. Plateresken-Retabel des Mausoleums des Meisters und Lehrers Diego de Castilla.

La Concepción: eine im 16. Jh. durchgeführte Erweiterung der romanischen Kapelle *Santa Cruz*. Tore im Platteresken-Stil. Grab des Architekten Domingo de Andrade (1639 – 1712).

San Andrés: 1674 erbaut, der Heiligen Jungfrau von Fátima (portug. Wallfahrtsort) geweiht. Die Grabstätten mit liegenden Statuen aus dem 16. Jahrhundert wurden von Juan Bautista Celma geschaffen.

La Corticela: im 4. Jahrhundert von Benediktinern gestiftete Gebetskapelle *Santa María,* heute Pfarrkirche für Ausländer und Pilger.

Santiago Matamoros: tragbare Reiterstatue des Apostels als Maurentöter, 18. Jahrhundert.

Santa Catalina: Kapelle der Heiligen Jungfrau von Lourdes.

Cristo de Burgos: Barockkapelle in Form eines griechischen Kreuzes, Architekt Melchior de Velasco y Agüero, 1664 beendet.

Reliquienkapelle: *Relicario* 1527, gleichzeitig *Panteón Real,* Grablegung der königlichen Familie, Statuen von Santiago als Pilger. Reliquien der Heiligen Paula und Heiligen Ursula aus Köln. Silberbüste von Santiago Alfeo aus dem 14. Jahrhundert. Am Eingang der Kapelle die Grabstätten von Graf Ramón de Borgoña, Ferdinand II. de León, Alfonso IX. Im Vorraum Grabplatte des Bischofs Teodomiro.

Kreuzgang: *Claustro,* 44 m Seitenlänge, im ausgehenden 16. Jh. von Juan de Alava vollendet. Mit *Teppichmuseum,* in der *Bibliothek* ist der Botafumeiro zu sehen. Überm Eingang das romanische *Relief* Santiagos als Schlachtensieger von Clavijo.

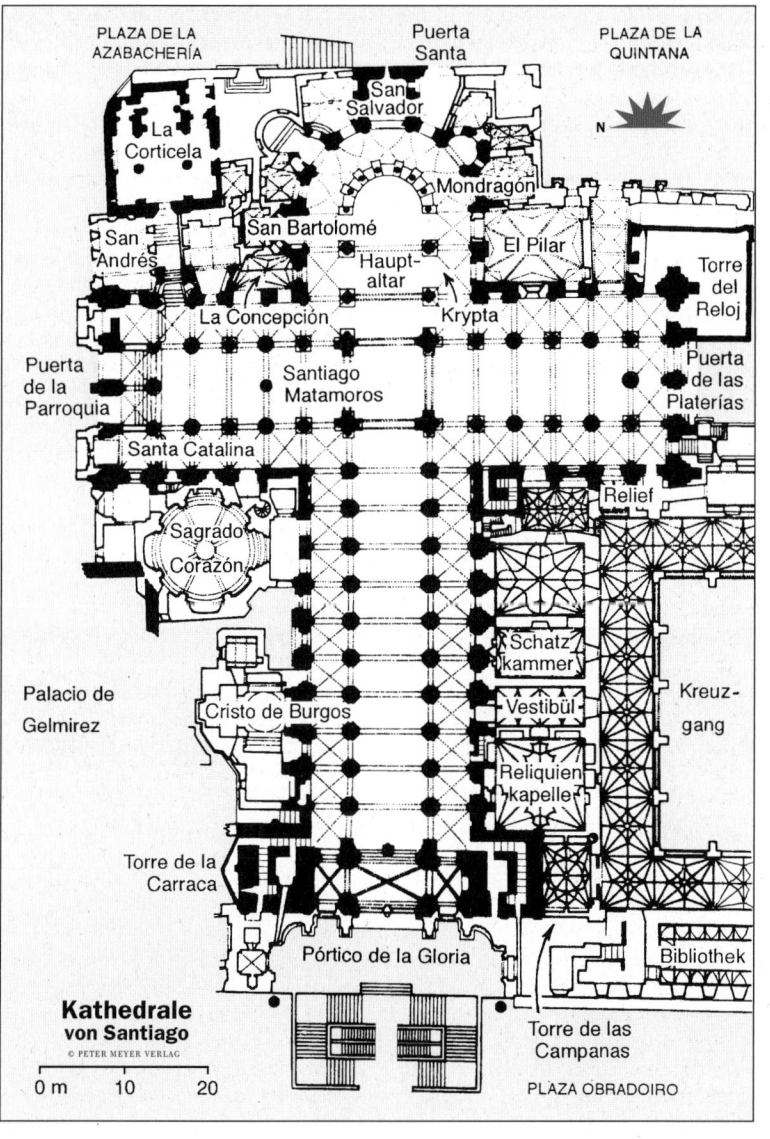

PLAZA DE LA AZABACHERÍA

Puerta Santa

PLAZA DE LA QUINTANA

N

La Corticela

San Salvador

Mondragón

San Bartolomé

El Pilar

San Andrés

Haupt-altar

Torre del Reloj

La Concepción

Krypta

Puerta de la Parroquia

Santiago Matamoros

Puerta de las Platerías

Santa Catalina

Relief

Sagrado Corazón

Schatz-kammer

Kreuz-gang

Palacio de Gelmirez

Cristo de Burgos

Vestibül

Reliquien-kapelle

Torre de la Carraca

Bibliothek

Pórtico de la Gloria

Torre de las Campanas

Kathedrale
von Santiago
© PETER MEYER VERLAG

0 m   10   20

PLAZA OBRADOIRO

te übrigens als Redewendung in der deutschen Sprache niedergeschlagen: Der Spruch »Das ist nicht der wahre Jakob« entstammt dem Reliquien-Streit zwischen Santiago und Toulouse.

Rechts hinter dem Pórtico befindet sich die **Reliquienkapelle,** in der sich unter anderem das *Grabmal von König Fernando II.* befindet, übrigens auch eine Schöpfung des Meisters Mateo. Die angrenzenden Kapellen entstammen sonst zumeist der Gotik und dem Barock. Die barocke Kapelle **Cristo de Burgos** an der Nordseite der Kathedrale ist Ausdruck der Verehrung für das Gnadenbild der Kathedrale von Burgos. Die im Winkel zwischen nördlichem Querhaus und Langhaus gelegene **Capilla de la Communión** stammt aus dem Ende des 18 .Jahrhunderts und ist ein Kuppelbau im klassizistischen Stil. Der **Kreuzgang** (44 x 44 Meter) hingegen wurde 1521 – 1546 von *Juan de Alava* im plateresken Stil erbaut. Die vielen Räume des teilweise viergeschossigen Kreuzgangs beherbergen mehrere Museen.

Eine der auffälligen Besonderheiten der Kathedrale Santiagos ist der **Botafumeiro,** der Weihrauchkessel, der an einer aufwendigen Halterung in der 1445 vollendeten Vierungskuppel befestigt und an hohen Festtagen durch das Querhaus geschwungen wird. Ein Schauspiel besonderer Art, daß man sich bei einem Besuch Santiagos nach Möglichkeit nicht entgehen lassen sollte.

Dahinter erhebt sich der barocke **Hochaltar** aus der Mitte des 17. Jahr-

Sechs Männer sind nötig, um das Weihrauchgefäß in Schwung zu bringen

hunderts, in dessen Mittelpunkt die verkleidete romanische **Skulptur des Apostels** steht. Sie erhebt sich über der eigentlichen Grabstätte. Die Pilger gelangen über zwei Treppen zu ihr hinauf. Ein Kuß auf die Rückseite der Skulptur ist der krönende Abschluß einer Pilgerfahrt. Auch deshalb, weil sich von hier aus ein grandioser Blick durch das Kirchenschiff bietet. Nicht grundlos heißt es bereits im mittelalterlichen Pilgerführer *Codex Calixtinus:* Wer die Schönheit dieser Kirche geschaut hat, wird glücklich und froh, wenn er zuvor traurig war.

Öffnungszeiten

Die Kathedrale ist ganztägig zugänglich; *Kathedralen-Schatz, Archäologisches* und *Teppich-Museum* sind Mo – Sa 11 – 13.30 und 16.30 – 18.30 Uhr zugänglich. So und Fei 10 – 13.30 und 16 – 19 Uhr; ℰ 981-560527; Eintritt 3 €.

STADTRUNDGANG

Dauer: ohne Besichtigungen rund 1,5 Stunden

Wer damals wie heute als Pilger nach Santiago kommt, wird über die alte Einfallstraße *San Pedro* vom Nordosten durch das *Pilgerwegstor,* **Porta do Camiño,** in die Stadt gelangen, das einst zu den sieben Stadttoren gehörte und von dem heute nur noch der Name existiert. In alten Zeiten nannte man es *Porta de Francia,* weil hier die Pilger aus Richtung Frankreich ankamen. Rechts oberhalb der Rúa San Pedro erstreckt sich das ehemalige **Dominikanerkloster** *Santo Domingo de Bonaval,* das der Überlieferung zufolge von Domingo, dem heiliggesprochenen Brückenbauer des Pilgerwegs, bei seinem zweiten Santiago-Besuch im Jahr 1220 gegründet wurde. Von der einstigen Anlage ist kaum etwas erhalten, der heutige Bau stammt aus dem 17. Jahrhundert. Er beherbergt das **Museo do Pobo Galego,** das *Museum des galicischen Volkes,* in dem galicische Kunst sowie archäologische Funde ausgestellt sind. In einer Seitenkapelle der Klosterkirche mit gotischen Bauelementen aus dem 14. Jahrhundert befindet sich ein **Pantheon** berühmter galicischer Persönlichkeiten. Dieser ist auch die letzte Ruhestätte der Dichterin *Rosalía de Castro* (1837 – 1875).

Info: ℰ 981-583620; geöffnet 10 – 13 Uhr, 16 – 19 Uhr, So und Fei geschlossen; Eintritt frei.

Praktisch gegenüber befindet sich das moderne **Museum für zeitgenössische galicische Kunst** mit interessanten wechselnden Ausstellungen.

Info: ℰ 981-546621; geöffnet Di – So 11 – 20 Uhr; Eintritt frei.

Zum Pilgermuseum

Die Pilger setzten gewöhnlich ihren Weg in die Stadt über die heutige Gasse *Casas Reales* fort, die nach einem im 18. Jahrhundert zerstörten Palast benannt ist, in dem 1502 das Königspaar Philipp der Schöne und Johanna die Wahnsinnige wohnten. Der Weg führt bis zur **Plaza de Cervantes,** wo mehrere Gassen aufeinandertreffen. Hier wurde zu Ehren des Benediktinerpatrons im 10. Jahrhundert die kleine **Kirche** *San Benito del Campo*

Lesen Sie bitte weiter auf Seite 229 ▶

Ein für Santiago erstaunlich regenloser Tag um 10 Uhr morgens. Der Kanoniker *Don José María* hat durch das Ostportal gerade sein Archiv betreten, um kostbare Bücher, darunter den mittelalterlichen Pilgerführer *Codex Calixtinus,* zu verwalten. Ein Bettler mit der Aura des Glöckners von Notre Dame sitzt wieder auf der Treppe vor der himmelstürmenden barocken Westfassade an der *Plaza Obradoiro.* Eine Vierzehnjährige bittet in einer Seitenkapelle den Heiligen Judas Thaddäus, jetzt aber endlich mal den richtigen Traumprinzen vorbeizuschicken. Ein Vater in Shorts dreht mit seiner Tochter vor der goldverzierten Hauptkapelle einen Videofilm. Auch die beiden Reinigungsfrauen sind wieder bei der Arbeit. Am Vortag hatten wir uns unterhalten. Für die Frauen ist die Kathedrale täglich der Staub eines 97 Meter langen und 65 Meter breiten Raumes. Unzählige Heiligenfiguren, die poliert werden müssen. »Das ist Streß, weil wir eben nur zu zweit sind.«

Ein Lächeln für die Königin

Allmählich finden sich auch die ersten Reisegruppen ein. Eine junge englische Reiseleiterin beginnt den Rundgang an dem gewaltigen Bildhauerwerk *Pórtico de la Gloria.* 20 Jahre habe der Meister Mateo gebraucht, bis er um 1188 aus galicischem Granit das dreiteilige Portal als Plastik mit den fast 200 Skulpturen fertiggestellt hatte. Auch das Lächeln des *Daniel* auf der linken Seite des Pórtico kommt zur Sprache. Einer Legende nach strahlt der Prophet selig zu dem übergroßen Busen der *Königin Esther* herüber, deren Wangen deshalb bis heute erröten. Nur ist ihr Busen kaum noch zu sehen. Einem Erzbischof war die unzüchtige Vermutung offensichtlich zu erotisch. Er ließ die Brüste abmeißeln.

Die Vertiefung in der Mittelsäule des Pórtico haben unzählige Pilgerhände im Laufe der Zeit hinterlassen. Auch heute berühren die Besucher die *Wurzel Jesse,* um Bitten an den Apostel zu richten. Sein milder, hoheitsvoller Gesichtsausdruck flackert unaufhörlich im Blitzlicht der englischen Touristen auf. Nur die Farbschicht, die bloß noch an wenigen Stellen des Portico zu sehen ist, bleibt unerwähnt. Bei der Abnahme einer Gipskopie für das Londoner Victoria-Museum ist die Veredelung zum Zorn

Ein Vormittag im Haus des Heiligen Jakobus

Der Apostel im »Codex Calixtinus«

der Compostelaner fast völlig zerstört worden.

Franco und der Krummsäbel

Mittelpunkt der Kathedrale ist natürlich die Statue des Santiago, die in der mit Gold und Edelsteinen verzierten *Capilla Mayor* thront – im 18. Jahrhundert mit mexikanischen Steuergeldern bezahlt. Ein Pilger steigt eine schmale Treppe zu dem Heiligen hinauf, umarmt und küßt ihn – Höhepunkt seiner Reise.

Durch die weite Anlage aus dem 11. bis 13. Jahrhundert geht eine Señora vor dem Hauptaltar links zu einer weiteren Plastik des Santiago und zündet eine Kerze an. Hoch zu Roß thront dort *Santiago als Maurentöter,* unter ihm die verendenden Opfer mit Krummsäbel. Weil Franco, erinnert sich die Señora, im Spanischen Bürgerkrieg von marokkanischen Soldaten unterstützt worden sei, habe er, um mit diesem Reiterbild des Matamoros die Mauren nicht zu verprellen, das Standbild so mit Rosen schmücken lassen, daß nur noch die Hufe des Pferdes zu sehen gewesen seien. – Die Kathedrale als Ort der Legenden, als Dreh- und Angelpunkt des Stadtlebens.

Je nach Uhrzeit wechseln die Besucher. Manche verbringen Stunden in ihr, auch wenn sie nicht Eintrittskarten verkaufen, Messen halten, das Archiv verwalten oder Souvenirs anbieten. Der Blick schweift hinauf zur *Vierungskuppel.* Hier hängen sechs Mönche am 25. Juli, dem Tag des Heiligen Jakobus, an einem Flaschenzug ein riesiges Weihrauchgefäß auf und schwenken es durch das mittlere der Querschiffe. Damals hatte dieser *botafumeiro* nicht nur kultischen Sinn. Sein Rauch verflüchtigte auch den Schweißgeruch der lange gewanderten Pilger, füllte die Luft mit desinfizierenden Düften. Das ursprüngliche silberne Weihrauchgefäß saust heute nicht mehr durch die Kathedrale. Die Franzosen haben es während der napoleonischen Besatzung gestohlen.

»Nicht einmal Namensschilder«

Immer mehr Besucher kommen jetzt, immer mehr Videokameras werden erbarmungslos auf Betende wie auf den silbernen Schrein mit den angeblichen Jakobus-Reliquien gehalten. Die Museen der Kathedrale in den oberen Geschossen des Kreuzganges öffnen gerade. Plötzlich wird es im *Teppichmuseum* laut. Rätselraten vor einem der wunderschönen Wandteppiche wegen der fehlenden Namensschilder. »Ist dieser Gobelin nun von Bayeu oder Goya?« Das unüberhörbar schwäbische Ehepaar findet das einfach unglaublich. »Nicht einmal Namensschilder« sagt er. »Die wären doch schnell gemacht, gell« findet sie. »Organisation«, weiß er. Die Aufseherin lächelt. »Goya« sagt sie schmunzelnd.

Kuß für einen Totenkopf

Ein paar Schritte weiter leuchtet die nach Süden gerichtete romanische *Platerías-Fassade* im Sonnenlicht auf (auch Silberschmiede-Portal). Das

Ehepaar aus dem Teppichmuseum sucht am linken Portalpfeiler die berühmte romanische *David-Figur*. Weiter oben ist auch eine *Frauenfigur* zu erkennen, die den Schädel ihres Mannes im Schoß hält. Wieder eine Legende aus Stein: Der Mann soll seiner Frau lange vor seinem Tod befohlen haben, täglich seinen Kopf zu küssen. Dann noch ein Abstecher in den angebauten *Gebetsraum Santa María de la Corticela*. Schulkinder sind gekommen. Prüfungsstreß sei der Grund, verraten sie. Ein Junge legt einen kleinen gefalteten Zettel zu den anderen an eine Statue. Darauf steht: »Jesus, mach', daß ich meine Prüfung in Mathe schaffe«. Gleich hinter dem Gebetsraum liegt die Plaza de la Quintana, wo früher der Friedhof war und man die *Pforte zum Heiligen Tor* findet. Am Tag vor dem Beginn eines Heiligen Jahres wird diese *Puerta Santa* vom Erzbischof geöffnet. Der stößt dazu eine vorher aufgebaute kleine Ziegelmauer um. Es ist noch nicht lange her, da wurden solche Mauersteine anschließend auf der Plaza de la Quintana verkauft.

Und noch einmal durch das Hauptschiff zurück zum *Pórtico de la Gloria*. Die Señora ist nicht mehr da, die Reinigungsfrauen haben Pause und die englische Reisegruppe ist längst bei einer anderen Sehenswürdigkeit. Ihre Leiterin hatte an der Innenseite des Pórtico noch auf den Heiligen *Santo dos Croques* aufmerksam gemacht. Die vielleicht populärste Figur gelte als ein

König David mit der Laute an der Puerta de las Platerías

Selbstbildnis des Meister Mateo. Wer den Kopf gegen den seinen stoße, könne so das Erinnerungsvermögen steigern. Aber diese Kathedrale, meinte sie noch, bleibe wohl auch so für immer im Gedächtnis. ◄

errichtet und zweihundert Jahre später vom Erzbischof Gelmírez erneuert. Ihr klassizistisches Portal erhielt sie im 18. Jahrhundert. Am ersten Altar auf der linken Seite sind romanische Skulpturen aus dem 12. und 14. Jahrhundert zu sehen.

Wieder ein Stück zurück, folgen wir der Gasse **Algalia de Arriba,** die vor dem Platz in nordöstlicher Richtung abgeht und in der sich einige sehr schöne Adelshäuser befinden. Von Algalia de Arriba geht die **Rúa San Miguel** links ab. Hier befindet sich neben dem gotischen *Palacio de Don Pedro* aus dem 14. Jahrhundert auch das **Pilgermuseum,** in dem die Geschichte des Jakobsweges dokumentiert ist. Wer genug Zeit hat, sollte sich einen Besuch des 1996 wiedereröffneten Museums nicht entgehen lassen. Zu sehen sind Zeugnisse von den Ursprüngen des Pilgerweges, Skulpturen des Heiligen, kunsthandwerkliche Gegenstände, Dokumente und Pilgerkleidung.

Info: *Museo de las Peregrinaciones,* Calle San Miguel 4, ✆ 981-581558, Di – Fr 10 – 20, Sa 10.30 – 13.30 und 17 – 20 Uhr, So nur vormittags geöffnet; Eintritt 2,40 €.

Den Berg weiter hinunter endet San Miguel in der **Plazuela San Martín.** Hier erhebt sich die Kirchenfassade des mächtigen **Klosters San Martín Pinario,** für viele neben der Kathedrale die bedeutendste architektonische Sehenswürdigkeit Santiagos. Die Gründung dieses Klosters, dem zeitweilig 30 andere Klöster unterstanden, geht auf das Jahr 912 zurück. Zu Zeiten des bauwütigen Gelmírez errichtete man 1105 eine neue Klosterkirche, die später mehrfach erweitert und vergrößert wurde. Sein barockes Erscheinungsbild erhielt das Kloster zwischen dem 16. und 18. Jahrhundert. Die *Klosterkirche San Martín* ist ein imposantes Beispiel barocker Baukunst compostelanischer Prägung. Ihre großartige Fassade von 1652 ist in Form eines Altarbildes mit Statuen und Reliefs verziert, im Giebeldreieck teilt der Heilige Martin für den Bettler seinen Mantel. Im dreischiffigen Kircheninnern fällt sogleich der enorme *Hochaltar* aus dem 17. Jahrhundert auf. Ein Meisterwerk ist das Bildnis der *Santa Escolástica en éxtasis,* das sich in der Seitenkapelle befindet, die der Heiligen geweiht ist. Das *Chorgestühl* in der Apsis hinter dem Hochaltar stammt aus dem 17. Jahrhundert. Sein Schnitzwerk stellt das Leben der Jungfrau Maria und die Geschichte des Benediktinerordens dar. In der *Sakristei* ist eine Sammlung von Gemälden des 18. Jahrhunderts zu sehen.

Vor der Fassade die Treppen hinunter umrundet die Gasse *Moeda Vella* das Klostergebäude bis zur **Plaza Inmaculada,** die den Blick auf die prächtige Klosterfassade von 1738 freigibt. An ihr führt die **Calle Azabachería** vorbei, benannt nach dem Kunsthandwerk, das hier heute noch ausgeübt wird: die Bearbeitung des schwarzen *Gagatsteins* (Pechkohle). Über sie gelangten die Pilger zumeist durch die *Puerta del Paraíso* in die Kathedrale und an das Ziel ihrer Reise.

Zur Plaza de la Quintana und Plaza de las Platerías

Links der Kathedrale führt eine schmale Gasse zur Plaza de la Quintana, ein in seiner kühlen Strenge und Weite beeindruckender Platz, der durch eine große Treppe zweigeteilt ist. Die obere Hälfte nennt sich *Quintana de los Vivos* (der Lebenden), die untere *Quintana de los muertos* (der Toten), weil sich dort bis zum 18. Jahrhundert ein Friedhof befand. Die verspielte Barockfassade der **Casa de la Parra** mit Traubenspalieren und steinernen Früchten an der Nordseite des Platzes und die wuchtige Fassade des **Convento San Pelayo de Antealtares** scheinen diesen Gegensatz auch architektonisch zu untermauern. Das imposante Klostergebäude entstand zwar erst im 17. und 18. Jahrhundert, der Orden an sich wurde jedoch bereits von Alfonso II. (791 – 842) ins Leben gerufen und sollte dem Schutz des Apostelgrabes dienen. Der riesige Komplex wird heute nur noch von wenigen Benediktinerinnen bewohnt, die das Gebäude kaum verlassen. Ihr Kontakt zur Außenwelt beschränkt sich auf die neugierigen Blicke der Kirchenbesucher, wenn die Nonnen ihr Gebet verrichten – abgeschirmt durch ein schweres Doppelgitter.

Durch die Klosterkirche San Pelayos gelangt man auch zu einem **Museum** mit einigen außergewöhnlichen Exponaten. Vorbei an Vitrinen mit mittelalterlichen Schenkungsurkunden, Meßgewändern aus Goldbrokat, verschiedensten Reliquiaren und einer Art Taschenbuchausgabe der Benediktinerregel von 1610 treffen Besucher schließlich auf eine Figur des gekreuzigten Christus aus dem 13. Jahrhundert, die bis 1625 den Hochaltar

Tobias Büscher

An der kleinen Plaza de las Platerías

der Klosterkirche krönte. In einem Loch im oberen Kopfteil der Figur wurde lange Zeit die wertvollste Reliquie des Klosters verwahrt: ein Rest des Weihrauches, den die Heiligen Drei Könige dem Gottessohn in Bethlehem schenkten.

Info Klostermuseum: ☎ 981-583127; 10 – 13 und 16 – 19 Uhr, Sa 16 – 19 Uhr; Eintritt 0,60 €.

Die südliche Begrenzung der Plaza Quintana bildet die **Casa de los Canónigos,** auch *de la Conga* genannt, 1709 von Domingo de Andrade erbaut. An der Ostseite des Platzes befindet sich schließlich die **Puerta Santa,** das *Heilige Tor* der Kathedrale aus dem 17. Jahrhundert, das nur in der Silvesternacht zu einem Heiligen Jahr geöffnet wird.

Vorbei an der *Torre del Reloj* (Uhrenturm), der Kathedrale und den Trödelständen öffnet sich die **Plaza de las Platerías,** der Platz der Silberschmiede, die sich vor der gleichnamigen Fassade der Kathedrale ihre Werkstätten eingerichtet haben und auch in den angrenzenden Gebäuden anzutreffen sind. Dieser Platz, unverwechselbar durch den kürzlich restaurierten Brunnen *Fuente de los Caballos* von 1829 in seiner Mitte, gehört sicher zu den attraktivsten der Stadt. An seiner Südseite steht die *Casa del Cabildo,* ein 1758 errichtetes Barockgebäude.

Die Plaza Obradoiro

Über die *Rúa de Fonseca* geht der Weg hinunter zur Plaza Obradoiro, die nicht ohne Grund als städtebauliches Juwel gilt und zweifellos der spektakulärste Platz der Stadt ist. Von hier kann man am besten die »Sinfonie aus Stein« bewundern, die einem in Form der Kathedrale gegenübersteht. Auch wenn der galicische Granit in der Sonne golden leuchtet, wird der Name Obradoiro oft falsch mit »Goldenes Werk« übersetzt. Er heißt vielmehr schlicht Handwerksplatz, nachdem ihn über Jahrhunderte Bau- und Kunsthandwerker bevölkerten, die mit dem Bau an der Kathedrale und den verschiedenen Klöstern beschäftigt waren und hier ihre Werkstätten aufgeschlagen hatten.

Der **Erzbischöfliche Palast** grenzt direkt links an die Kathedrale. Der nach seinem Erbauer benannte *Palacio de Gelmírez* zählt zu den bedeutendsten Profanbauten der Romanik und wurde im 12. Jahrhundert begonnen. Über dem *Foyer,* einem zweischiffigen Raum mit reich verzierten Kapitellen, entstand 1266 der *Fest-* oder auch *Speisesaal* mit einer Länge von 32 Metern. Auf den Kapitellen und Kragsteinen sind Szenen eines mittelalterlichen Festmahls zu sehen – angeblich das Hochzeitsbankett des Königs Alfonso IX. von León (1188 – 1230).

Info: *Palacio de Gelmírez* von März bis Mitte Oktober täglich 10 – 13.30 und 16 – 19.30 Uhr geöffnet, Eintritt 1 €.

Die Nordseite der Plaza Obradoiro wird von dem großen Komplex des ehemaligen **Hospital Real** flankiert, 1492 inklusive Friedhof und Kirche von den Katholischen Königen gestiftet, heute das luxuriöse *Hostal de los*

Reyes Católicos. Sein Eingangsportal, 1511 von Enrique Egas im Plateresken-Stil entworfen, ist später in die barocke Gebäudefront von 1678 integriert worden. Die Wappen am Portal erinnern an die königlichen Stifter. Ob der Wasserspeier – in Form eines menschlichen Hinterteils – sich ebenfalls auf das galicische Verhältnis zu diesen Monarchen bezieht und absichtlich über der traditionellen königlichen Suite (zweites Balkonfenster von rechts) plaziert wurde, ist hingegen nicht gesichert. Außer den vier *Innenhöfen* des Hotels ist vor allem die gotische *Kapelle* mit ihrer auf perfekt gearbeiteten Wandpfeilern ruhenden Kuppel zu erwähnen. Sie wird heute zu Ausstellungen und kleinen Konzerten genutzt.

Gegenüber der Kathedrale schließt die klassizistische Fassade des **Palacio de Rajoy** die Plaza Obradoiro ab. Die Nutzung des von Erzbischof Bartolomé Rajoy im 18. Jahrhundert errichteten Gebäudes bestand zunächst aus der recht delikaten Mischung von Seminar für Beichtväter, Wohnräumen für Chorknaben, Sitzungsraum des Konsistoriums und Gefängnis. Auf dem *Giebel* thront der Apostel als berittener Maurentöter, das Relief der Fassade ist eine Darstellung der sagenumwobenen Glaubensschlacht von Clavijo (im Jahre 844), in der der Apostel auf einem weißen Pferd erschienen sein soll, um die Mauren erfolgreich in die Flucht zu schlagen. Der Palast dient heute als Amtssitz des Präsidenten der galicischen Regierung und als Rathaus Santiagos. Gefängnis ist er ebenfalls noch.

Früher Studentenwohnheim, ist der **Colegio de San Jerónimo** an der Südseite des Platzes heute Sitz des Universitätsrektorats. Das Kolleg wurde 1501 gegründet und 1665 an dieser Stelle neu errichtet. Das Portal stammt aus dem 15. Jahrhundert und gehörte einst zu einem Hospital in der Azabachería-Straße, das es heute nicht mehr gibt.

Bummel durch die Altstadt

Die Plaza Obradoiro ist ein guter Ausgangspunkt, um die Altstadtgassen der Stadt zu erkunden. Dort läßt sich schnell feststellen, daß Santiago kein bloßes Architekturmuseum ist. Auf liebenswerte Art verstehen es seine Bewohner, die Zeugnisse der Vergangenheit und die Gegenwart miteinander zu verbinden. Links vorbei am *Colegio de San Jerónimo* gelangt man in die **Rúa do Franco,** die Freßmeile Santiagos, in der sich Restaurants, Bars und kleine Pensionen aneinanderreihen. Hier, an der **Plaza Fonseca,** befindet sich auch der *Colegio Mayor de Fonseca,* ein schönes Renaissance-Gebäude, das im Jahr 1532 begonnen wurde. Sehenswert sind sein *Turm* aus dem Jahr 1601, der platereske *Innenhof* und die Mudéjar-Täfelung der alten *Aula de Grados.* Heute beherbergt es die *Universitätsbibliothek* und Wechselausstellungen.

Der Platz schließt an eine der bekanntesten Gassen Santiagos an: **A Raíña,** übersetzt Königin, wobei man nicht genau sagen kann, ob der Name auf die galicische Königin Urraca (1109 – 1126) oder die pilgerrei-

Idealer Ort für Pausen aller Art: Gasse A Raína

sende Isabel von Portugal zurückzuführen ist. Gleichwohl kann man dort bestens auf das Wohl beider mit einem Gläschen Ribeiro anstoßen.

An schönen Tagen schieben sich Massen durch den Küchendunst und das Geschirrgeklapper der **Rúa do Franco.** Am alten *Postgebäude* schrammeln allabendlich die pfauenhaften Tunos, die die Anwohner der Franco mit ihrem Schnulzengesinge traktieren und bei entzückten Touristen schwer abkassieren. Das Stammhaus dieser traditionsreichen Studentenverbindung ist die *Casa de la Troya* in der gleichnamigen Gasse. Den Schriftsteller Alejandro Pérez Lugín inspirierte es 1915 zu seiner Novelle »La casa de la Troya«, ein unterhaltsames Panorama des compostelanischen Studentenlebens jener Zeit.

Die Rúa do Franco reicht bis zur **Puerta Faxeira,** dem Platz zum Sehen und Gesehen-Werden. Von hier aus ist es nur ein kleiner Sprung zum **Stadtpark Herradura** (Hufeisen),

von dem aus man den wohl schönsten Blick auf das Santiago der 114 Türme hat. Nicht weit von der Puerta Faxeira, über die *Rúa de Bautizados,* liegt die **Praza do Toural** – an Sommerabenden oft eine stilvolle Konzertbühne. Sie wird vom *Palacio del Marqués de Bendaña* beherrscht, einem Barockgebäude aus dem 18. Jahrhundert, das ein die Weltkugel stützender Atlas krönt.

In die Toural und ihre Verlängerung münden die beiden wichtigsten Straßen Santiagos: die **Rúa do Vilar** und die **Rúa Nova.** Erstere ist wahrscheinlich die traditionsreichste Gasse der Stadt, mit ihren charakteristischen Arkaden, zahlreichen Läden, den wichtigen Buchhandlungen, Palästen wie dem *Palacio de Monroy* und Wohnhäusern aus dem 17. und 18. Jahrhundert. Eines der schönsten ist das Barockhaus *Casa del Deán,* das 1752 fertiggestellt wurde und an der Ecke zur Rúa de Gelmírez steht. Hier ist das **Pilgerbüro** untergebracht, die Anlaufstelle für die heutigen Pilger, um ihre Urkunden zu erhalten. Um das Arkadenflair in Ruhe schnuppern zu können, bietet sich eine Pause auf der Terrasse des alten *Pilgerhostals Suso* an.

Am Ende der Vilar folgen wir der **Rúa de Gelmírez** rechts hinauf, die

meuchelte der Ehemann, blind vor Eifersucht, den turtelnden Prälaten und wurde gehenkt. Seine betörende Frau schickte man in ein Kloster. Das Geschehen war den Compostelanern derart peinlich, daß sie die Gasse zumauerten.

Ein Stück weiter zweigt rechts die **Rúa Nova** ab, wo auf halbem Weg die **Iglesia Santa**

Tobias Büscher

Eröffnet neue Perspektiven: Santiago von oben gesehen

nach wenigen Schritten den Blick durch ein grünes Gitter in einen Garten freigibt. Es ist ein Stück der ehemaligen *Calle de la Balconada,* die erst seit 1989 wieder zu sehen ist. In Santiago erzählt man sich, sie sei Schauplatz einer Tragödie um eine schöne Frau gewesen, die auf dem Balkon des Hauses zu wandeln pflegte. Der Erzbischof verliebte sich in sie und machte ihr den Hof. Daraufhin

María Salomé steht, ein romanischer Bau aus dem 12. Jahrhundert mit einem Barockturm aus dem 18. Jahrhundert. Sie diente Erzbischof Gelmírez bei einem Volksaufstand als Zufluchtsstätte.

Entäuschter Witwenfreier

Links an der Kirche vorbei, über die *Calle tras de Salomé*, versteckt sich die schmuddelige Kellerbar *A Reixa*, bekannt für ihren selbstgebrannten Kräuterschnaps. In der **Gasse Huérfanas** (auf galicisch *das Orfas*) liegt der *Convento Nuestra Señora de los Remedios*, der sich karitativen Aufgaben widmet, im Jahre 1600 gegründet wurde und der bei den Compostelanern schlicht *Las Huérfanas* (Waisenkinder) heißt.

Wir setzen unseren Weg aber geradeaus fort, durch die Gasse *Cardenal Payá* zur **Plaza de Mazarelos**, an deren rechter Seite sich das einzig erhaltene *Stadttor Mazarelos* befindet. Das sich anschließende Gebäude aus dem 18. Jahrhundert ist Sitz der philologischen Fakultät. Ein Stückchen weiter oben, neben der barocken *Universitätskapelle*, liegt das alte Hauptgebäude der 1501 gegründeten **Universität**, in dem sich zuvor eine Jesuitenschule befand. Sein Aussehen geht auf Umbauten des ausgehenden 18. Jahrhunderts zurück. Es beherbergt heute die historische und geographische Fakultät sowie das Institut für galicische Sprache.

Das **Haus Nr. 15** an der Plaza Mazarelos, heute Sitz der *Fremdenverkehrsbehörde*, einst aber Privathaus eines enttäuschten Witwenfreiers, ist in gewisser Weise mit dem Kloster verbunden, auf das man durch das alte Stadttor blickt. Der Erbauer des gediegenen Familienwohnsitzes war bei der Planung des Hauses davon ausgegangen, eine Witwe mit Kindern werde seinem Heiratswunsch nicht widerstehen können. Sie allerdings zog das Klosterleben vor. Es heißt, seither blickten die das Haus zierenden Wappenköpfe recht vorwurfsvoll zum Kloster herüber.

Der *Travesía de la Universidad* folgend, trifft man nach wenigen Metern auf die **Plazuela San Fiz**. Vormittags herrscht hier großer Rummel, denn im hübschen **Mercado de los Abastos**, dem Markt Santiagos, wird alles feilgeboten, was frisch ist.

Die rechts davon liegende unscheinbare Kirche bildet den würdigen Abschluß unseres Rundgangs durch Santiago: Die **Iglesia San Fiz de Solovio** bekam erst im 18. Jahrhundert ihr heutiges Aussehen, doch sind in ihrem Innern noch Reste der romanischen Anlage aus dem 12. Jahrhundert zu sehen, die Gelmírez in Auftrag gab. Hier ist der Legende nach der Ort, wo die Geschichte des Jakobsweges und der Stadt ihren Anfang nahm. Die Kirche San Fiz de Solovio wurde über der Stelle errichtet, wo der Einsiedler Pelayo im Jahr 813 das Grab des Apostels entdeckte. Archäologische Untersuchungen ergaben, daß sie inmitten einer alten Nekropole liegt.

San Francisco de Valdedíos

Nahe der Westseite des *Klosters San Martín Pinario* liegen im Nordwesten der Stadt Kloster und Kirche *San Francisco*, deren Entstehungsgeschichte eng mit Franz von Assisi verbunden ist. Es heißt, während seiner Pilgerfahrt 1213 nach Santiago sei dem italienischen Vogelprediger von

Gott befohlen worden, im *Val de Dios* (Tal Gottes), einem Gelände im Besitz des Klosters San Martín, ein weiteres Kloster zu gründen. Die Finanzierung des Klosterbaus sicherte der Legende nach ebenfalls ein Wink Gottes: Auf dem Grund eines Brunnens fand man einen Schatz. Von dem gotischen Bau, der angeblich mit diesem Schatz bezahlt worden ist, sind allerdings nur noch fünf Säulen im Hof des *Kapitelsaals* erhalten.

Der heutige Bau stammt aus dem 17. Jahrhundert, die dreischiffige Kirche wurde 1742 geweiht. Übrigens soll die Kirche *San Payo de Monte* über dem legendären Schatzbrunnen errichtet worden sein.

Santa María la Real de Sar

Ein Besuch der etwas außerhalb im Süden Santiagos gelegenen Kirche (etwa 30 Min. Fußweg), ist fast obligatorisch. Sie wurde bis 1137 am Ufer des *Río Sar* errichtet und ist nicht nur wegen der atemberaubenden Säulenneigung im Innern sehenswert. Vermutlich war das Gewicht des Bauwerks zu groß für den sandigen Untergrund. Man hat das Gefühl, es könnte jeden Augenblick einstürzen, auch mit Seitenblick auf die kolossalen Stützpfeiler, die im 18. Jahrhundert angebracht wurden. Leider verstellen diese Pfeiler die Sicht auf den romanischen Bau mit seinen drei halbrunden Apsiden. Das gilt auch für die verbliebenen romanischen Bögen des Kreuzganges.

Info: Eine Besichtigung von Kirche und Kreuzgang mit weiteren Resten der ursprünglichen Anlage kostet 0,60 €, Mo – Fr 10 – 13 und 16 – 19 Uhr; ☎ 981-583127.

Weitere Museen

Museo de Terra Santa: Archäologische Funde und Dokumente zu Religions- und Kunstgeschichte. Campiño de San Francisco 3, ☎ 981-581600, Di – So 11 – 14 und 16 – 19 Uhr, Eintritt 2 €.

Museo Eugenio Granell: Das Barockgebäude beherbergt ein Museum für surrealistische Kunst und zeigt unter anderem Werke von Granell, Picasso, Miró, Lam, Bretón und Duchamp. Pazo de Bendaña, Praza do Toural, ☎ 981-576394, Mo – Sa 11 – 21 Uhr, So 11 – 14 Uhr, an Feiertagen geschlossen, Eintritt 2 €.

Museo de Historia Natural »Luis Iglesias«: Naturwissenschaftliches Museum mit Beiträgen zur Geologie, Botanik und Zoologie – unter anderem eine gigantische Schildkröte, die 1985 in Cee gefunden wurde. Facultade de química, Avda. de las Ciencias, Campus Sur, ☎ 981-593589, geöffnet 9 – 13 und 16 – 19 Uhr (außer Sa, So und Fei), im Juli 9 – 14 Uhr, im August geschlossen, Eintritt frei.

Casa da Troia: Eine Ausstellung rund um den Roman »La casa de la Troya« von *Alejandro Pérez Lugín* (1870 – 1926), der das compostelanische Studentenleben gegen Ende des 19. Jahrhunderts beschreibt. Das Haus selbst diente zu jener Zeit als Studentenwohnheim, das eine gewisse Doña Generosa betrieb, die selbst im dritten Stock des Hauses wohnte. Rúa da Troia 5, ☎ 981-585159, Di – Sa 11 – 14 und 16 – 20 Uhr, So und Fei 11 – 14 Uhr, Eintritt 1,20 €.

Museo do Colexio Médico: Ausstellung alter medizinischer Gerätschaften und Instrumente. San Pedro Mezonzo 41, ℘ 981-595562, Mo – Fr 9 – 15 Uhr, außer im Sommer Sa 11 – 13 Uhr, Eintritt frei.

Museo Etnográfico: Eine Dependance des ↗ *Museo do Pobo Galego,* beschäftigt sich also vornehmlich mit der galicischen Bevölkerungsgeschichte. Fundación Sotelo Blanco, San Marcos 77 (zu erreichen mit Buslinie 6), ℘ 981-582571, Mo – Fr 11 – 13 und 17 – 19 Uhr, Eintritt frei.

Museo Diocesano: Wechselnde Kunstausstellungen aller Art, dient auch als Veranstaltungsort, zum Beispiel für interaktive Theateraufführungen oder klassische Konzerte. Convento de San Martiño Pinario, Pza da Immaculada, ℘ 981-574502.

AUSFLÜGE

Wenn einmal in Santiago die Sonne scheint, was im Sommer durchaus häufiger vorkommen kann, und die Stadt wie ausgestorben wirkt, haben viele Leute das Badezeug eingepackt und sind Richtung Westen nach **Noia** an den Strand gefahren, rund 40 km über die gut ausgebaute, aber viel befahrene C 543. Die Strecke führt durch eine reizvolle Landschaft, und in weniger als einer Dreiviertelstunde ist die *Ría Noia* in Sicht. Am besten nimmt man bereits die Ausfahrt *Noia-Este* und fährt von Noia aus auf der C 550 weiter (↗ unter der Griffmarke »Rías Bajas«).

Auf der N 525 Richtung Südosten und *Lalín,* vorbei an dem 530 Meter hohen *Pico Sagro,* gelangt man nach 25 km zum berühmten **Pazo de Oca,** wörtlich »Palast der Gans«, dem Ruf nach ein kleines Versailles. Zwischen 10 und 14 Uhr sowie 15 und 19 Uhr lassen sich zahlreiche Besucher für 3 € durch die Innenräume mit Wandmalerei und Barockmöbeln führen, knipsen die Barockkapelle und besichtigen eine aufwendige Parkanlage.

Weniger bekannt ist der **Pazo de Ribadulla** in **Santa Cruz,** der an einer Seitenstraße der N 525 noch vor dem *Río Ulla* liegt. In dem 500 Jahre alten Landsitz wohnt ein Mann, der am 23. Februar 1981 Geschichte machte: General Armanda, neben Bosch und Tejero einer der drei Anführer des fehlgeschlagenen Militärputsches. Sein Landsitz ist hervorragend erhalten. Der Ex-General läßt nicht jeden die Räume betreten, wohl aber die Gartenanlage. Mit etwas Glück zeigt ein Angestellter die riesigen Magnolienbäume, Seerosen, Myrten, Palmen, Rhododendren, eine große Kamelienzucht und viel anderes, teils exotisches Gewächs.

NÜTZLICHE STADT-INFOS
Verbindungen

Flug: Der Flughafen von Santiago de Compostela, *Lavacolla,* liegt 12 km östlich der Stadt, zu erreichen über die Nationalstraße 544.

Flugauskunft ℘ 981-547501.

Iberia, Stadtbüro: General Pardiñas 36, ℘ 981-572024, im Flughafen: 981-597550. Zwischen 6.40 und 22.35 Uhr verkehren Busse zwischen der Stadt und dem Flughafen. Die einfache Fahrt kostet 1,20 €, Abfahrt Santiago von General Pardiñas oder dem Busbahnhof.

Empresa Freire, ✆ 981-588111. Mit dem Taxi kostet die Fahrt mehr als 13 €.

Zug: In alle größeren Städte kommt man besonders mit den Regionalzügen sehr günstig. Eine Fahrt nach A Coruña (71 km) kostet etwa 3 €, nach Vigo (83 km) 5 €, nach Ourense (111 km) 6 €, nach Pontevedra (59 km) 3 €. Für Schnellzüge muß 1 € Zuschlag gezahlt werden. Auch Fernverbindungen nach Madrid (um 36 €).

Estación de RENFE, Hórreo s/n, ✆ 981-520202.

Mietwagen: Direkt am Bahnhof haben die Autoverleiher *Avis* und *Europcar* zwei Filialen eingerichtet. Für einen Kleinwagen muß man pro Woche etwa 420 € zahlen, Versicherung und Steuern inclusive.

Bus: Zwar sind die Fahrpreise in die umliegenden galicischen Städte etwas höher als bei der Bahn, doch sind die Abfahrtszeiten der Busse oftmals günstiger. Alle ein bis zwei Stunden fährt einer in die gewünschte Richtung.

Estación de Autobuses, San Cayetano s/n, ✆ 981-587700.

Fernbusse: Nach Barcelona kommt man täglich außer samstags in 16 Stunden, Abfahrtszeit 13 Uhr. Nach Madrid fahren täglich zwei Busse, die Fahrt dauert 9 Stunden.

Taxis: *Plaza de Galicia,* ✆ 981-561028; *Praza Roxa* (24 Stunden), ✆ 981-59696964; *Hospital Xeral,* ✆ 981-580173; *Alameda,* ✆ 981-585973; *Estación de Renfe,* ✆ 981-598488.

Unterkunft & Camping

In Santiago gibt es zahlreiche Unterkünfte aller Art, nur eine Jugendherberge fehlt bislang. Unter anderen findet man in den Straßen Rúa do Vilar, Rúa Nova und Rúa do Franco eine große Auswahl. Im Juli und August am besten vorher Zimmer reservieren.

★★★★★ *Parador de los Reyes Católicos,* Plaza del Obradoiro 1, ✆ 981-582200, Fax -563094. 160 € berappen eine Menge Gäste, die wenigstens einmal in einem Doppelzimmer des königlichen Hotels übernachten wollen. Das von dem katholischen Königspaar Isabella und Fernando 1499 für die Pilger erbaute Hospital ist heute ein Prachtparador mit kunstgeschichtlichem Ambiente.

★★★★ *Peregrino,* Avda. Rosalía de Castro s/n, ✆ 981-521850, DZ ab 112 €. Das komfortable Hotel liegt am Rande der Altstadt unweit des Universitätscampus. Modern gestylte Räume.

★★ *La Estela,* Raxoi 1, ✆ 981-582796, DZ 18 €. Die idyllische Pension liegt direkt an der Plaza Obradoiro neben dem Rajoy-Palast. Sauber und gemütlich, Bad im Flur.

★ *Hostal Alameda,* San Clemente 32, ✆ 981-588100. Zwei Minuten von der Kathedrale entfernt, mit Restaurant. Die ruhig gelegenen Zimmer haben Blick auf Gärten. DZ ab 33 €.

★ *Hostal Suso,* Rúa do Vilar 65, ✆ 981-586611. Familiäres Hostal, das traditionell von vielen Pilgern besucht wird. Die Wände könnten mal wieder einen Anstrich vertragen, aber dafür ist man »mittendrin«. DZ ab 27 €.

★ *Arzuana,* Calle del Cardenal Paya. DZ 20 €. Die Zimmer in diesem Hostal kann man in der Rúa do Franco 40,

☎ 981-581198, reservieren. Sie sind sehr ruhig und sauber.

★ **Recarey,** Patio de Madres 15, ☎ 981-588194. DZ mit und ohne Bad ab 15 €. Empfehlenswert.

Turismo rural: *Pazo Cibrán.* San Julián de Sales, etwa 10 km außerhalb von Santiago, aber für mobile Reisende unbedingt empfehlenswert. 15885 Vedra, ☎ & Fax 981-511515. Von Santiago aus zunächst 4 km auf der N-525 Richtung Ourense, hinter einer Tankstelle (Km 336) rechts nach San Julián de Sales. Wunderschönes Landhaus mit großem Garten. DZ zwischen 80 und 100 €. Quasi nebenan liegt übrigens das *Restaurant Meson Roberto,* eine der Gourmetadressen Santiagos.

Camping

As Cancelas: an der C-547 Richtung Lugo ist mit 2 km Enfernung der Stadt am nächsten gelegen. Ganzjährig geöffnet, in einem nicht sehr ansprechenden Neubaugebiet. Swimmingpool, saubere, recht neue Toiletten, warme Duschen, Restaurant, Cafeteria und Blick auf den Stadtkern. ☎ 981-580266, 2 PAZ 16 €.

Monte de Gozo, Carretera del Aeroppuerto, Km 2. Von der Stadt aus Richtung Flughafen zu erreichen. Eingerichtet von der galicischen Regierung, mit Pilgerunterkunft und allem, was Camper so brauchen. Leider nur 15.7. – 15.9. sowie zur Semana Santa geöffnet. 2 PAZ 13 €.

Las Sirenas: 10 km von Santiago an der C 545 Richtung Carballo. Hier werden Sie von einem Betoneingang begrüßt, hinter dem sich Swimmingpools, Stehklos, schäbige Münzduschen, ummauerte Campingparzellen und am Ende eine wilde Müllkippe mit schöner Aussicht auf ein Tal befinden – alles stacheldrahtgesichert. 1.7. – 15.9. geöffnet. ☎ 981-698722, 2 PAZ 14 €.

Szenetreffs & Kneipen

Crechas, via Sacra 3, Ecke Azabachería, San Paió. Hier gibt man sich gerne keltisch, Folkmusik und Guiness vom Faß.

Paraíso Perdido, San Paió, das »Verlorene Paradies«, Kellerbar, in der seit Generationen Sprüche in den Wandputz gekratzt werden. Studententreff.

Metate, zwischen San Paió und Preguntoiro, kühles Café in einer ehemaligen Schokoladenfabrik, Spezialität: Trinkschokolade.

Modus Vivendi, Rúa Feijoó, schöne, alte, nicht ganz billige Kellerbar.

Momo, Virgen de la Cerca 23, Übergangskneipe zum Neustadtviertel, Szenekneipe mit Wintergarten, Diashow, voll zwischen 1 und 3 Uhr.

Tumba Deus, Rúa Vilar. Benannt nach dem »Gottesgrab«, einem schnell wirkenden Likörschnaps.

El Porrón, zwischen Rúa Traviesa und Plaza Oliveira. Die Aufschrift der Studentenkneipe an der Tür ist kaum zu erkennen, der *Porrón* ein Likör, dessen Zusammensetzung nur der Wirt kennt. Ausgeschenkt wird er in Schnabelkaraffen, aus denen man sich das Getränk in den Mund spritzt.

Afrekete, Rúa Nova de Abaixo 11, alteingesessener Tanzschuppen, den jeder kennt.

El número K, República Argentina 48. An den Wänden surrealistische Malerei, dazu Musik aus den 70ern.

»Die stehen um vier Uhr nachmittags auf, lümmeln sich zwei Stündchen in der Uni herum, kümmern sich danach um ihr Essen und geben sich schließlich ihrer Hauptbeschäftigung, der Kneipentour, hin: »ir de copas!« – laut einer erfahrenen Zimmerwirtin der übliche Lebensrhythmus eines Studenten in Santiago »ab Mittwochnacht, wenn das Wochenende beginnt«.

»Rallye Paris–Dakar« ist die inoffizielle studentische Bezeichnung für die nächtliche Sause durch die feuchteste Stadt Spaniens, benannt nach den beiden Bars Paris und Dakar. Die Boxenstops in den zahllosen Bars dauern selten länger als eine halbe Stunde, die Rennstrecke verläuft über das Granitpflaster der Altstadt zum Asphalt des neueren Stadtgebietes, wohin sich seit einigen Jahren das Nachtleben verlagert hat. Getankt wird die ganze Palette vom Bier »Estrella Galicia« über den Albariño-Weißwein bis zum Gin – Karambolagen bleiben dabei nicht immer aus.

Santiago de noche: Rallye Paris – Dakar

Zum Leidwesen der Touristen ist es ein beliebter studentischer Randsport, als Siegertrophäe oder zumindest Teilnahmeurkunde Straßenschilder während der Tour abzuschrauben und mitzunehmen. Trotz detailliertem Stadtplan wird daher die Rallye für Nicht-Einheimische oftmals zum Orientierungslauf.

Regelrecht Sommerpause hat die Rallye, wenn die Studenten in den Semesterferien Heimaturlaub machen. Nicht selten trifft man zwischen Juli und September Santiago-Touristen, die schockiert davon berichten, samstagnachts fast mutterseelenallein in der Altstadt herumgelaufen zu sein. Neben allen anderen Merkwürdigkeiten ist die Stadt des Apostels auch eine spanische Stadt mit Sommerschlaf, von den Feiern zu Ehren des heiligen Jakobus zwischen dem 17. und 31. Juli einmal abgesehen. ◄

BODEGAS GALLEGAS
PEARES – ORENSE – (ESPAÑA)

BLANCO "BRILLANTE"　　TINTO TRES-RIOS"

PEDRO ROMERO Y HERMANOS

»Brillanter« Weißwein: 1913 noch beworben, aber wohl längst ausgetrunken …

🎵 **La Ofisina,** Fernando III el Santo 1, Früher d e r Treffpunkt für alles, was sich zur Bohème zählte. Jetzt Refugium für alle über 30.

🎵 **Casting,** Alfredo Breñas 5, (unter dem Hotel Araguaney). Eine Art Designer-Disco, frequentiert von halb Santiago.

🎵 **Dado Dada,** Alfredo Breñas 10, eine der Heimstätten für Jazz-Fans.

🎵 **Guayaba,** Rúa Nova de Abaixo 26, Salsaschuppen.

Tapa-Bars & Cafés

Die Tapa-Kultur ist in Santiago gewissermaßen jahreszeitlich geprägt. Wenn im Sommer die meisten Studenten in den Heimaturlaub fahren und Touristen an ihre Stelle treten, verschwinden auch die sonst gratis zum Getränk gereichten Mini-Snacks aus dem Angebot der meisten Bars und Restaurants. Zum Ärger der Einheimischen läßt man sich zwischen Juli und Oktober die Appetithappchen bezahlen. Zwei empfehlenswerte Bars, die sich auf Tapas spezialisiert haben:

🍴 **Gato Negro,** Raiña, Ecke Plaza Fonseca. Der »Schwarze Kater« ist wohl die bekannteste Tapa-Bar. Von den *Xoubiñas* (Sardinen), *Almejas de marinera* und den *Calamares,* die dort gereicht werden, hört man öfter schwärmen. Von der ausgesprochen ungemütlichen Einrichtung sollte man sich nicht abschrecken lassen. Ab 23 Uhr geschlossen.

🍴 **A Gamela,** Rúa Oliveira, Ecke Callejón de Salsipuedes. Diese Bar liegt in einer Gegend, in die sich nur wenige Touristen verirren, die aber unter den Compostelanern als Weinzone bekannt ist. Insbesondere kleine Fleischgerichte, zum Beispiel *costillas* oder *raxo,* knusprig gebratene Würfel aus Schweinenacken.

🍴 **O Beiro,** Rúa Raiña 3, ✆ 981-581370. Wein und leckere Kleinigkeiten in stilvollerem Ambiente, gut für den Aperitiv oder einen Absacker. Empfehlenswert vor allem für Fußmüde, weil nah an der Kathedrale.

🍴 **La Bodequilla de San Roque,** San Roque 13, ✆ 981-564379. Die Adresse für Schinken. Angenehme Atmosphäre und in der Regel rappelvoll. Am Rand der Altstadt.

☕ **Café Derby,** Plaza de Galicia. Intellektuellen-Studenten-Treff in authentischer 20er-Jahre-Einrichtung, gut für einen Café.

☕ **Café Jacobus,** eine kleine Kette mit drei Läden: Caldererías 42, Azabachería 5, Seura 25. Kaffee und Tee in unterschiedlichen Sorten, hausgemachtes Gebäck, Milchshakes und Schokolade – und dazu ein gemütliches Ambiente.

Restaurants

🍴 **Toñi Vicente,** Rosalía de Castro 24, ✆ 981-594100. Die preisgekrönte Köchin (internationaler Kochpreis) kreiert Ausgefallenes, darunter Jakobsmuschelsalat, alles garniert mit Michelin-Stern. Unter 50 € pro Person bleibt man hungrig.

🍴 **Vilas,** Rosalía de Castro 88, ✆ 981-591000. Eine der angesehensten Küchen Galiciens, Spezialität Fisch in grüner Soße, erstklassige galicische Gerichte ab 30 €.

🍴 **El Fornos,** Hórreo 24, ✆ 981-565721. Eine der Gourmetadressen Santiagos, Spezialität Seehecht mit Herzmuscheln.

Einladend: Der Eingang zum legendären Restaurant Asesino
Bar-Terrasse im Herzen der Altstadt von Santiago

✉ *El Estanco,* Hórreo 26, ℂ 981-563808. Ein paar Meter neben El Fornos, wird vom selben Besitzer geführt. Die Küche im Estanco ist daher auch identisch mit der im El Fornos nebenan. Doch weil es etwas weniger stilvoll zugeht, sind die Preise wesentlich niedriger. 2 Personen speisen in der Regel für 40 €. Auch Paellas zum Mitnehmen.

✉ *Restaurante Roberto,* San Xulián de Sales, Vedra, ℂ 981-511769, etwas außerhalb, sehr edel. Auch Unterkunft möglich, DZ ab 65 €. Für ein Essen für zwei Personen muß man ungefähr 45 € einplanen.

✉ *O Cabaliño do Demo,* Puerta del Camino, ℂ 981-588146, vegetarisches Restaurant, Tagesmenü um 8 €.

✉ *El Hispano,* Plaza de Abastos 7, ℂ 981-561850. Gegenüber dem Markt Santiagos. Die Einrichtung dieses Restaurants hat zwar nichts Spezielles zu bieten, die Küche aber gute galicische Hausmannskost. Zu zweit muß man mit etwa 30 – 35 € rechnen.

✉ *O Asesino,* Praza da Universidade 17, ℂ 981-581568. Ein Muß für Santiago-Besucher. Mit traditioneller Küche, aber vor allem einer langen Tradition. Der Name, »Mörder«, stammt vom er-

sten Besitzer. Dessen aufsehenerregender Versuch, ein Huhn zu schlachten, brachte ihm unter Studenten den Titel ein. Fotografieren ist hier verboten, essen zum Glück nicht.

✉ *Casa Manolo,* Rúa Traviesa Ecke San Agustín, ✆ 981-582950. Mitten in der Altstadt. Hier speist man mit Blick auf die brutzelnden Köche, die es lieber haben, wenn man ihre Töpfe nicht mit Zigarettenrauch traktiert. Was hier auf die Tische kommt, sind reichhaltige Fisch-, Meeresfrüchte- und Fleischgerichte, für die man pro Tagesmenü gerade mal umgerechnet 5 € zahlt. Ab 14 Uhr bzw. 21.30 Uhr wird es schwierig, sofort einen Tisch zu bekommen. Hier lohnt es sich, eine Stunde früher zu kommen. Eine Übersetzung der Speisekarte ins Deutsche gibt es auch.

✉ *A Tulla,* Praciña de Entrerúas, ✆ 981-580889, versteckte Terrasse mitten in der Altstadt, gern von jungen Leuten besucht, weil gut und günstig.

Einkaufen & Souvenirs

Markt: Um Leib und Seele zu erfreuen, bietet Santiago einiges: Auf keinen Fall sollte man sich den *Mercado de los Abastos* zwischen San Augustín und San Fiz entgehen lassen. Dabei ist insbesondere der Donnerstag zu empfehlen, wenn die Restaurants der Umgebung an Straßenständen verschiedene Gerichte anbieten. Einen besseren Überblick über galicische Produkte für den Magen kann man sich kaum verschaffen.

Käse: Die verschiedenen Käsesorten Galiciens – wie San Simón, Arzúa oder die berühmte Tetilla – lassen sich ansonsten gut in der Casa dos Queixos, Bau-

tizados 10, durchprobieren. Das Geschäft kauft direkt bei den Erzeugern.

Spezialitäten: Einen Überblick über die kulinarischen Spezialitäten bietet, wie der Name schon vermuten läßt, *O Gourmet Galego,* Casas Reais 22.

Kuchen: Die Santiago-Torte gibt es fast überall, aber besonders gut sollen sie in den Bäckereien *Casa Mora* (Rúa do Vilar 70) und *Las Colonias* (Orfas 30) sein, wo es auch noch andere Leckereien gibt, wie »croquiños do Apóstolo« oder »caprichos de Santiago«.

Rúa Azabachería: die Straße des Gagatsteins. Hier befinden sich viele Juwelier- und Kunsthandwerkgeschäfte, die sich auf die Verarbeitung des schwarzen Kohlesteins spezialisiert haben. Ein Blick in die Auslagen lohnt sich in jedem Fall.

Sargadelos: Rúa Nova, schräg gegenüber der Kirche Santa María Salomé. Dieses Geschäft verkauft exklusiv die berühmte galicische Keramik, die nach dem Dorf Sargadelos benannt ist.

Bolillo, Rúa Nova 46: In diesem kleinen Geschäft werden die Produkte eines Kunsthandwerks verkauft, das einst in Galicien sehr verbreitet war, jetzt aber nur noch von wenigen beherrscht wird: handgearbeitete Spitzen.

Kinos & Feste

Kinos: Für einen Kinobesuch muß man mit etwas 4 € pro Person rechnen.

Valle Inclán, Fernando III el Santo 12, ✆ 981-597088.

Yago, Rúa do Vilar 51, ✆ 981-582029.

Teatro Pricipal, Rúa do Vilar.

Konzerte: Es lohnt sich, immer einen Blick auf das Programm im *Auditorio de Galicia* zu werfen, wo das galicische

Philarmonie-Orchester regelmäßig Konzerte gibt. Avenida Burgos das Naçións s/n, ✆ 981-573855.

🚶 **Fest:** Im Mai, am 6. Donnerstag nach Ostern, feiern die Compostelaner die *Fiestas de la Ascensión* mit Straßentheater, Viehmarkt, Konzerten etc. Das Fest ist weniger touristisch und überlaufen als die Jakobsfeiern im Juli.

🚶 *Fiestas de Santiago Apostól:* Vom 16. bis 31. Juli zu Ehren des Heiligen Jakobus mit den Höhepunkten am 24. und 25. Juli.

Sport

Für Studenten ist die Benutzung folgender Sportanlagen auf dem *Campus Universitario* kostenlos, alle anderen Besucher Santiagos sollten sich vorher im Sportbüro (s.u.) erkundigen. *Pavellón Polideportivo* (Hallenfußball, Handball, Volleyball, Basketball), Fußballplatz (Fußball, Rugby), Leichtathletik-Stadion.

Reiten: Für Reitsportfreunde gibt es einen Club in Arins, die Reitschule *Escuela de equitación Barbacena,* 8 km von Santiago entfernt Richtung Colegiata del Sar. ✆ 981-515005.

Squash: *Gimnasio Espagat,* Fernando III el Santo 12, ✆ 981-591883. Das Studio bietet außerdem Sauna, Schwimmbad, Solarium, einen recht gut ausgestatteten Fitnessraum und verschiedene Kurse an. Die Preise sind aber wie in Spanien generell üblich sehr hoch.

Tennis: Im Campusgelände der Universität befinden sich mehrere Hartplätze, die von Besuchern benutzt werden können. Allerdings muß man vorher einen Ausweis erwerben. Für Nicht-Studenten kostet er 20 €. Ausgerüstet mit

In Santiago wird ein Restaurator nie arbeitslos ...

Virginia Barros

Paßfoto, Personalausweis und gegebenenfalls Studentenausweis kann man sich den Ausweis im Sportbüro der Uni ausstellen lassen.

Pavillón Polideportivo, Campus Universitario, ✆ 981-584795. Dort müssen auch die Plätze morgens für den jeweiligen Tag reserviert werden.

Schwimmen: Mit dem Sportausweis kann auch das Schwimmbad der Universität benutzt werden.

Nützliche Adressen

Touristen: *Städtisches Tourismusbüro,* Praza de Galicia s/n, ✆ 981-584400 und -573000. Stadtpläne und aktuelles Kulturprogramm Santiagos.

Oficina Central de Turismo, Rúa do Vilar 63, ✆ 981-555129, Fax -554748. 9 – 21 Uhr, an Wochenenden 10 – 14 und 17 – 20 Uhr geöffnet. Gute Informationen, Stadtpläne, Veranstaltungshinweise, Hotelführer. Hier spricht man auch deutsch.

Pilger: Das offizielle Pilgerbüro befindet sich in der Rúa do Vilar 1, an der Ecke zur Plaza de las Platerías. Es ist täglich 10 – 13.30 Uhr sowie 16 – 19.30 Uhr geöffnet und wegen der üblicherweise massenhaft abgestellten Rucksäcke davor kaum zu übersehen. Hier lassen sich die Pilger per Stempel ihre Wanderung bestätigen. Die große Ur-

Gehören zum Stadtbild wie die Kathedrale: Gaita (Dudelsack) spielende Studenten

kunde erhalten alle, die mindestens 100 km zu Fuß oder 200 km mit dem Fahrrad zurückgelegt haben. Zur Öffnung herrscht meistens ein ziemliches Gedrängel, denn die ersten 10 Pilger können mit dem Stempel kostenlos im Hostal de los Reyes Católicos essen gehen.

Veranstalter: *TurGalicia,* eine Organisation des galicischen Tourismussekretariats, bietet diverse Ausflüge an. Speziell für Jugendliche gibt es sechstägige

Touren unter Motti wie »Mensch und Meer«, »Mensch und Umwelt«. Bei Wanderungen oder Schiffahrten lernt man Kultur und Alltag der Galicier kennen. Infos unter ℂ 981-542527, -542500, Fax -571550, -15896 Santiago.

Post: *Oficinas de Correos y Telégrafos,* Travesía de Fonseca (nahe Plaza Obradoiro), geöffnet 9 – 13 Uhr und 17 – 19 Uhr. Abheben vom Postsparbuch 9 – 12 Uhr. Telegramme per Telefon unter ℂ 981-581792.

Geldwechsel: mehrere Banken befinden sich an der Plaza de Galicia am Rande zur Neustadt.

Polizei: ℂ 981-581678.

Krankenhaus: *Hospital General de Galicia,* Calle Galeras, ℂ 981-540000.

Autovermietung: *Europcar* (Flughafen), ℂ 981-888448.

Atesa, Plaza del Obradoiro 1, ℂ 981-565056.

Autos Brea, General Pardiñas 21, ℂ 981-562070.

Avis, República de El Salvador 10, ℂ 981-573718.

Hertz, Avda. de Lugo 145, ℂ 981-583466.

Ital, República Argentina 37, ℂ 981-592769.

Waschsalon: República de El Salvador 21, ℂ 981-590095.

Tips für Studenten

*Austausch- und Tourismusbüro für Jugendliche und Studenten (*TIVE), Plaza del Matadero, geöffnet Mo – Fr 9 – 14 Uhr. Hier bekommen alle unter 30 den Internationalen Studentenausweis gegen Vorlage von Matrikelnummer, Personalausweis und Foto sowie alle unter 26 den Jugendausweis (Carnet Joven), mit dem man mancherorts (Liste erfragen) billiger essen, einkaufen und tanzen kann. Beide Ausweise sind nützlich für verbilligte Fahr- und Flugkarten.

Studentenorganisation: *Mancomun Campus Universitario,* Pavillon de los servicios estudiantiles, ℂ 981-563100. Wer in Santiago einen Job oder ein Zimmer sucht, sollte hier vorbeischauen.

Internet: Informationen zu angeboteten Kursen der Universität unter www.usc.es

RIAS ALTAS – NORDKÜSTE

KLIPPEN, KUTTER & KATHEDRALEN

Die Nordküste Galiciens hat nicht nur so imposante Naturerscheinungen wie den »Strand der Kathedralen« zu bieten, hier steht mit San Martín de Mondoñedo auch die älteste Kathedrale Spaniens. Die rauhe Küste ist noch nicht überlaufen, die Unterkünfte sind preiswert und in Orten wie Viveiro, Ferrol und Betanzos gibt es Überraschendes zu entdecken.

BIS ZUM NÖRDLICHSTEN PUNKT SPANIENS

Die rund 80 Kilometer lange Strecke führt an herrlichen Stränden wie dem der »Kathedralen« vorbei. Die rauhe Küste ist hier noch nicht überlaufen, die Unterkünfte sind entsprechend preiswert. Doch nicht nur Badefans kommen auf ihre Kosten: Wenige Kilometer im sanft hügeligen Hinterland erhebt sich Spaniens älteste Kathedrale, die Keramikfabrik von Sargadelos gehört zu den wichtigsten Zentren galicischen Kunsthandwerks, und der lebendige Fischerort Viveiro bietet sich für einen längeren Aufenthalt an.

Ribadeo

Die *Puente de los Santos,* die Brücke, die Asturien mit der ersten Ansiedlung auf galicischem Boden verbindet, wirkt neben dem Ort Ribadeo geradezu futuristisch. Wo der *Río Eo* in die weite Bucht *Ría de Ribadeo* zum Kantabrischen Meer übergeht, liegt das 9400 Einwohner kleine Nest eher verschlafen in einer zum Inland hin idyllisch grünen Landschaft, auch wenn es am Wochenende nachts in

Beeindruckende Steilküste: Die Sierra de la Capelada thront bis zu 600 m hoch über dem Meer

den Kneipen zu einigem Leben erwacht.

Ribadeo ist der östlichste Küstenort der Provinz Lugo, dessen Wahrzeichen an der zentralen **Plaza de España** ein sehenswertes Gebäude ist: die *Villa der Brüder Moreno,* nach denen auch der Jugendstilturm *Torre de los Moreno* aus Glas und Eisen benannt ist. Ein paar Meter weiter liegt das klassizistische *Rathaus,* ehemaliger Wohnsitz des berühmtesten Einwohners Ribadeos, des Markgrafen Don Antonio Raimundo Ibáñez. Mit dem Gründer der nahen Keramikfabrik von Sargadelos und Bauherrn zahlreicher Häuser in der Stadt hatte sich um 1800 eine wirtschaftlich recht einflußreiche Bourgeoisie angesiedelt. Ibañez, vom König geadelt, war ein erklärter Anhänger der französischen Aufklärung, weshalb er am 2. Februar 1809 ein barbarisches Ende fand. Während der Besetzung Spaniens durch die napoleonischen Truppen bezichtigten die Anwohner Ribadeos ihren reichsten Bürger als Franzosenfreund und Hochverräter. Sie trieben Ibañez nackt an ein Pferd gebunden durch die Gassen bis er verblutete.

Mit diesem Verbrechen verlor Ribadeo als ehemals wichtigste Hafenstadt im Handel mit dem Baltikum noch stärker an wirtschaftlichem Einfluß.

Bis heute lebt der Ort mehr von Viehzucht und Landwirtschaft als von der Fischerei. Dies verdeutlicht ein Besuch des **Hafens,** *Puerto del Porcillán,* den man durch die *Calle de Antonio Otera* erreicht. Wo einst die Schiffe aus dem Baltikum Hanf, Leinen und Likör einfuhren, sieht man heute von einem der schönen Cafés aus neben wenigen Frachtschiffen Segelboote durch die große Puente de los Santos ziehen.

Der sehr kleine **Strand** des Ortes kann mit den vielen schönen Stränden weiter westlich kaum konkurrieren, beispielsweise mit dem »Kathedralen-Strand« *As Catedrais* oder dem *Os Castros* (siehe nächste Seite). Am Ufer durch die Brückenpfeiler hindurch lohnt sich der Weg, vorbei an dem Kastell, zum **Leuchtturm** der Stadt, rund 4 km vom Hafen entfernt. Das **Kastell San Damián** ist seit dem Mord an Ibañez 1809 nur noch eine Ruine. Im Unabhängigkeitskrieg diente die Anlage als Stützpunkt gegen die Franzosen. Das Kastell wurde aber nicht etwa von den Franzosen zerstört, sondern von einigen Ribadensern, die ein Pulverhaus hochgehen ließen. Der Grund dafür ist nie geklärt worden. Offenbar soll die Einwohner jedoch das angeordnete Wacheschieben auf dem Kastell so genervt haben, daß sie diesen verhaßten Arbeitsplatz kurzerhand sprengten. Jetzt ist dort ein Ausstellungsraum eingerichtet mit wechselnden Exponaten. Das Gebäude ist ein Park mit Spielplatz.

Ein weiter Blick auf die Stadt, die Brücke, den Leuchtturm und den Hafen bietet sich von der nahen **Wallfahrtskapelle Santa Cruz.** Auf der Anhöhe stehen neben Pinien und Eukalyptus auch ein paar – nicht unbedingt ästhetische – Standbilder.

Eins der Standbilder, genannt *Monumento al Gaitero,* ist am ersten Augustsonntag Treffpunkt einer *Romería* und eines Festes der *gaita gallega,* des galicischen Dudelsacks.

Verbindungen

Zug: *Estación do Ferrocarril de FEVE,* ℡ 982-130739. Zweimal täglich fahren Schmalspurzüge vom kleinen Bahnhof Richtung Ferrol ab.

Bus: ALSA, Plaza España 9, ℡ 982-131060 oder -130890.

Richtung Asturien zwischen 6 und 18.30 Uhr alle zwei bis drei Stunden. Die Fahrt nach Oviedo dauert vier Stunden und kostet 6,60 €.

Nach Santiago de Compostela fahren Busse um 10 und um 19 Uhr. Die 3 ½-stündige Fahrt über A Coruña kostet rund 12 €.

Arriva, ℡ 982-128042.

Nach Lugo zwischen 7.15 und 18 Uhr 5x täglich, rund 4,50 €.

Nach A Coruña um 14 Uhr und um 18.15 Uhr in 3 Stunden, 6 €.

Unterkunft & Nützliches

Tourismusbüro: Plaza de España.

★★★★ *Parador de Ribadeo,* Amador Fernández 7, 27700 Ribadeo, ℡ 982-128825 Fax -128346. DZ zwischen 90 und 100 €. Neues Gebäude mit öffentlicher Cafeteria und einem schönen Blick auf die Bucht Ribadeos.

Die beiden folgenden Unterkünfte liegen zentral, sind nicht sehr schön, bieten aber saubere Zimmer und einen preislich großen Unterschied zum Parador:

★ *Hostal Presidente,* Virgen del Camino 3, ✆ 982-128092, DZ 42 € mit Bad.

★ *Hostal Galicia,* selbe Straße Nr. 1, ✆ 982-128777. DZ 18 – 30 € mit Bad.

Camping: *Ribadeo,* 2 km Richtung Foz, links der N 634, kaum Schatten, sauber; ✆ 982-131167, 2 PAZ 12 €. Geöffnet 1.6. – 30.9.

Essen & Trinken

An und um die *Plaza de España* liegen mehrere Restaurants.

Oviedo Bar 2 in der Rinconada San Francisco 11. Gehört zu den billigeren Bar-Restaurants.

Casa Foguete, an der Straße Villaframil, 1,5 km Richtung A Coruña, ✆ 981-131026 und 131030. Hervorragende Küche, große Portionen, guter Preis.

▶ Tourbeschreibung

Hinter Ribadeo auf der N 634 Richtung A Coruña sollten sich vor allem Badefans nicht die Gelegenheit entgehen lassen, nach 2,5 km rechts abzubiegen und dem Schild **Playa Os Castros** zu folgen. Die kleine Straße führt parallel zur Nationalstraße direkt am Meer entlang. Der Atlantik hat an diesem Küstenstreifen ganze Arbeit geleistet und überraschende Felsformationen herausgewaschen. Dazwischen breitet sich feiner Sand aus. Nach ungefähr zwei Kilometern erreicht man die **Playa As Catedrais**, den *Strand der Kathedralen,* benannt nach den freistehenden Felssäulen, die ein bizarres Naturschauspiel bieten und bei Ebbe trockenen Fußes durchlaufen werden können. Wer auf das alle 6

Stunden wiederkehrende Ereignis warten muß, kann das neuerdings in einem Restaurant an den Klippen tun.

Jenseits der kleinen Küstenstraße wird das Bild von vereinzelten Häuschen und Kleinst-Bauernhöfen bestimmt. Voller wird es etwas weiter in Richtung **Reinante** und **San Cosme,** wo mehrere Feriensiedlungen und zahlreiche Campingplätze anzutreffen sind. Am Ende des Ferienörtchens San Cosme reicht die Sicht bis zur Silhouette von *Foz* auf der gegenüberliegenden Seite der gleichnamigen *Ría de Foz.*

Camping: *A nosa casa Reinante,* Playa de Reinante, ✆ 982-134005. Der wenig schattige Platz liegt direkt am Strand und ist ganzjährig geöffnet. Neben 275 Parzellen werden zwar Restaurant, Supermarkt und Bar geboten, doch im ganzen wirkt der Platz recht lieblos. 2 PAZ 10 €.

Benquerencia, Abzweigung der N 634 bei Km 566, ✆ 982-124450. Geöffnet vom 1.6. bis 30.9. 200 Meter vom Strand entfernt bietet der schattige Platz mit 318 Parzellen alles vom Supermarkt bis zu Waschmaschinen. Vergleichsweise empfehlenswert, wird allerdings von vielen Dauercampern aus Lugo in Beschlag genommen. 2 PAZ um 10 €.

Foz und Umgebung

Die *tortillas de pisos* sind wahrscheinlich das erste, was einem an Foz auffällt. Der Volksmund meint damit die relativ hohen Betonburgen, die den Strand säumen und ein Indiz dafür sind, daß hier bereits fleißig am Tourismus verdient wird. Der **Stadtstrand Rapadoiro,** neben dem geschichtsträchtigen Hafen gelegen, zieht eine beachtliche Zahl von Urlaubern an.

Seinen Namen verdankt Foz der Tatsache, das die *Ría de Foz,* in die sich der *Río Masma* ergießt, die Gestalt eines Mundes hat. Die römische Bezeichnung *fauce* (Mund) hat sich bis heute, wenngleich etwas modifiziert, erhalten. In dem **Fischerhafen** des Ortes, in dem sich auch kleinere Werftanlagen befinden, sollen bereits Phönizier geankert haben. Dort wird jeden Dienstag ein recht bekannter *Markt* abgehalten.

Fest: Vom 9. bis 15. August feiern die 10.000 Einwohner von Foz ihre Fiesta zu Ehren des Schutzheiligen *San Lorenzo.* Außerhalb dieser Zeit lohnt zumindest die hübsche **Plaza del Conde de Fentoa** eine Kaffee-Pause.

Tip: Am Wochenende füllen sich die Kneipen am Stadtstrand gewaltig. Dann kommen auch die Nachtschwärmer aus dem 20 km entfernten, für einen Abstecher sehr zu empfehlenden *Mondoñedo*. Die eigentliche Attraktion von Foz selber liegt ein paar Kilometer landeinwärts:

San Martín de Mondoñedo

Kurz vor dem Ortseingang von Foz weist ein Schild nach links auf *San Martiño* hin. Eine kleine Straße führt drei Kilometer durch eine sehr ländliche Gegend zu der ältesten Kathedrale Spaniens, *San Martín de Mondoñedo,* die einst zu einem Kloster gehörte.

Lange bevor der Benediktinerorden in Spanien Fuß faßte, hatten hier schon Mönche gelebt. Es wird sogar vermutet, bei San Martín de Mondoñedo handele es sich um das Kloster Maximo, das bereits im Jahr 569 in einer Schrift des Sueben-Königs Teodomiro anläßlich eines Konzils erwähnt wird. Ob San Martín zu dieser Zeit bereits Sitz des Bischofs war, ist unklar. Als gesichertes Datum nimmt man dafür das Jahr 866 an, als sich der Bischof von Braga, Sabarico III., hierher flüchtete. Arabische Invasoren hatten sein Kloster *San Martín de Dumio,* bis dahin Bischofssitz in der Nähe des portugiesischen Braga, in Schutt und Asche gelegt. Von diesem Zeitpunkt an nannte sich das Kloster *Mon Dumeto,* dann *Mindometo,* danach *Minduniense* und schließlich *Mondoñedo.*

Der vorletzte Bischof, Don Gonzalo (1071 – 1112), baute die Kathedrale um; ihr heutiges Erscheinungsbild stammt noch zum großen Teil aus dem Ende des 11. Jahrhunderts, die Hauptfassade aus dem 12. Jahrhundert.

1113 verlegte der Bischof Nuño Alfonso den Sitz des Bistums nach Mondoñedo, etwa 25 Kilometer landeinwärts. San Martín verlor daraufhin seine Bedeutung und verfiel.

Vom **Kloster** ist praktisch nichts mehr erhalten, nur das *Haus des Pri-*

San Martín de Mondoñedo

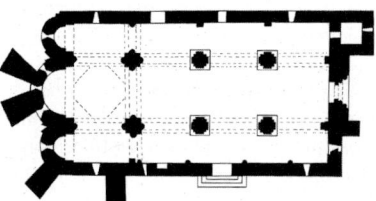

ors ist noch ein Teil des ehemaligen Bischofspalastes. Die dreischiffige **Kathedrale** aus dem 10. bis 12. Jahrhundert präsentiert sich nach außen recht wehrhaft, geht man an den beiden westgotischen Marmorsäulen aus dem 6. Jahrhundert am Hauptportal vorbei ins Innere, zeigen sich jedoch überraschende Details:

Ländlich idyllisch gelegen: die älteste Kathedrale Spaniens, San Martín de Mondoñedo

So besitzen die romanischen *Kragsteine* an den Blendbögen rechts des Eingangs so phantasievolle Figuren, daß manch ein Forscher gar pornographische Szenen ausmachen wollte. Die *Kapitelle* der Vierung sind ebenfalls sehr figurenreich und zeigen acht biblische Szenen. Die linke Außenmauer mit ihren vier runden Säulen fügt sich nicht so recht in das bauliche Konzept, weshalb man annimmt, daß sie zum ältesten Teil der Kirche gehört. Die Seitenschiffe enden in zwei kleinen halbrunden Apsiden, in der Zentralapsis ist die Bodenplatte mit dem Bildnis des portugiesischen *San Martín Daumiens* eingelassen.

Als 1861 das Dach der Kathedrale einstürzte, wurde bereits an einen kompletten Neubau gedacht. Fünf Jahre später begannen aber Restaurierung und Ausgrabungen, die zum Teil erstaunliche Funde zutage förderten, darunter ein *Sueben-Grab*, das in der Seitenwand ausgestellt ist. Seit 1914 sind im kleinen **Museum der Kathedrale** der Bronze-Stab des Bischofs Gonzalo und ein Foto seines wertvollen Ringes zu sehen, die in seinem Grab gefunden wurden. Dem heiliggesprochenen Bischof werden Wundertaten zugeschrieben, wie zum Beispiel die Versenkung einer Normannen-Flotte, die die Küste angriff.

Die Öffnungszeiten der Kathedrale und des Museums richten sich nach den persönlichen Gezeiten des Priors.

▶ Tourbeschreibung

Weiter der N 634 folgend, streift die Straße eine ganze Reihe von Stränden. Zwei Kilometer von Foz entfernt taucht bereits die **Playa de Paixás** auf.

RIAS ALTAS – NORDKÜSTE

Drei Kilometer weiter, am Ort **Fazouro** vorbei, liegt die **Playa Arealonga**. An ihrem östlichen Ende auf einem steil abfallenden Felsen stammen Reste einer Befestigung aus keltischer und römischer Zeit. Um zu diesem *Castro de Fazouro* zu gelangen, muß man rechts zum kleinen Bahnhof von Fazouro abbiegen.

Von Fazouro aus lohnt ganz besonders eine etwa einstündige **Spritztour ins Hinterland**. Die LU 151 führt durch eine fruchtbare Landschaft nach *Bacoi*. Von dort aus geht es zu dem mittelalterlichen Ortskern von **Alfoz**, genannt *Castro de Ouro*, dessen Burgturm schon von weitem zu sehen ist. Der Ort vermittelt den Eindruck, die Zeit sei hier stehengeblieben. Von dem Hügel, auf dem sich ein Burgturm befindet, bietet sich eine reizvolle Aussicht in die Umgebung.

Turismo rural: *Pazo Finca a Galea,* 27773 Castro de Ouro, Alfoz, ✆ & Fax 982-558823, DZ 60 €. Alter Pazo mit Mühle. Die Betreiber haben ein Faible für Wasserspiele – es rauscht überall, auch im angrenzenden Park.

Wieder in Fazouro auf der N 634 verläuft die Küstenstraße durch die Orte *Nois* und *Cangas,* wobei die Küste immer flacher wird. **Burela,** der nächste Ort, ist der zweitwichtigste Hafen der kantabrischen Küste. Fischerromantik ist dort weniger zu finden, Burela hat eher industriellen Charme. Berühmt ist es vor allem für seinen Langustenfang. Bei *Cervo,* einige Kilometer hinter Burela, biegt man links nach Sargadelos ab.

Sargadelos, das Keramikzentrum

Berühmt wurde der Ort durch seinen Markgrafen *Antonio Raimundo Ibáñez* (↗ Ribadeo). Die von ihm gegründete **Real Fábrica de Ceramica de Sargadelos** ist mehr als eine einfache Fabrik, es ist das bedeutendste **Keramikzentrum** Galiciens. Im täglich geöffneten Ausstellungsraum sieht der Besucher außer Kopfkrügen von Picasso, dem Philosophen und Schriftsteller Miguel Unamuno oder der Dichterin Rosalía de Castro für satte 180 Euro auch Karaffen, Kaffee-Geschirr, Embleme und mystische Symbole und Zeichen.

Ibáñez, dessen brutaler Tod die Fabrik nach 1809 in eine Krise stürzte, hatte sich einen Kilometer weiter der Straße folgend einen **Pazo** errichtet. Die große helle Villa, von einem schwarzen Eisenzaun umgeben, ist nur zu besichtigen, wenn die heutigen Besitzer zu Hause sind. Zu den Gästen in dem Pazo zählte auch der Freund des Markgrafen, der Maler Francisco de Goya (1746 – 1828), der für einige Keramik-Kreationen die Motive ersann. Vielleicht hat der Hofmaler des Königs Carlos IV. sich auch auf dem romantischen, aber kurzen **Paseo de los Enamorados** inspirieren lassen. Diesen »Weg der Verliebten« erreicht man nach der Kurve um den schwarzen Eisenzaun des Pazos. An der Kneipe ein paar Meter Richtung *Villaestrofe* taucht linker Hand entlang eines Wassergrabens ein Trampelpfad auf, der an einem Flußwehr in Kaskadenform endet. Nebenbei sei empfohlen, sich bereits vorher verliebt zu haben – der Weg ist mit 300 Metern recht kurz und streckenweise so schmal, daß körperliche Annäherungen schon wieder unmöglich sind.

▶ **Tourbeschreibung**

Zurück auf der N 642 finden Sie auf der Stecke nach *Viveiro* mehrere sehr schöne Strände. Die Abzweigung nach *Moras* führt zum Beispiel zu den **Playas Lago** und **Portoselo**. Den ersten größeren Strand nach Cervo im Ort *San Ciprián* sollten Sie besser meiden. So schön der kleine Fischerort auch ist, die Aussicht auf den Schlot der Aluminiumfabrik und die vermutliche Wasserverseuchung machen hier das Baden zu einem zweifelhaften Vergnügen.

Weiter in Richtung Viveiro liegt vor der Stadt zunächst das Strandgebiet **Area,** das ein bekanntes Urlaubsparadies und nicht nur unter den Bewohnern Viveiros beliebt ist.

Unterkunft & Essen in Area

Wer schon hier und nicht erst in Viveiro übernachten möchte, dem bieten sich zahlreiche Unterkünfte und eine **Bus**verbindung zur Stadt (9.25, 15.25 und 19 Uhr).

★★★ *Hotel Aguadoce,* ✆ 982-550642, Fax -550648, DZ/HS 83 €, DZ/NS 64 €.

Camping: *Aguadoce,* ✆ 982-550282, an der Carretera Ribadeo – Ferrol. Sehr klein, etwas laut, mit Cafeteria, 2 PAZ 11 €.

Restaurant: Feinschmeckern ist Playa de Area vor allem wegen des *Restaurants Nito,* ✆ 982-560986, geläufig, das den Ruf der besten Küche der lucensischen Küste genießt. Vor allem fangfrische Meeresfrüchte *(mariscos)* stehen hier auf der Speisekarte.

Viveiro

Von dem Hafenstädtchen Viveiro am *Río Landro* aus führt eine schmale, steile Straße den *Monte de San Roque* (357 Meter) hinauf. An seiner Spitze steht die **Capilla San Roque,** umringt von zahlreichen Picknick-Bänken, die den Gipfel als beliebten Ausflugsort kennzeichnen. Es bietet sich ein weiter Blick auf Viveiro und die nach ihm benannte größte kantabrische Ría.

»Die Stadt ist kein Traum, sie ist Wirklichkeit«, versichern die Broschüren über den Ort. »Das kleine Venedig«, fügen sie hinzu. Nur prahlerische Werbesprüche? Auf jeden Fall lohnt es sich, das 15.000 Einwohner große Viveiro nicht nur zu streifen, sondern in einem **Rundgang** zu überprüfen, ob nicht doch etwas dran ist:

Die schöne, breite **Uferpromenade** wird gesäumt von den verglasten Balkonen der typisch galicischen Fassaden. Die anliegenden Fischerboote sind Zeichen für traditionellen Fischfang und eine blühende Fischindustrie. Ausgangspunkt für einen Stadtrundgang ist das Stadtsymbol und eines der drei alten Stadttore, die **Puerta de Carlos V.** Während manche in dem Tor aus dem Jahre 1548 die schmale Treppe zum *Tourismusbüro* hinaufklettern, um mit sehr spärlichen Infos versorgt zu werden, gehen andere gleich zu dem *Hauptplatz,* der **Praza Maior.** Hinter dem schönen *Rathaus* aus dem 16. Jahrhundert stehen die Türme einer ausgebrannten und nie restaurierten *Kirche.* Das größte Haus am Platz ist eine durchsichtige Ruine, stellvertretend für auffällig viele verfallene Bauten. Auch das ist kein Traum. In Wirklichkeit haben viele dieses »kleine Venedig« verlassen, um in den großen Städten A Coruña und Ferrol, oder gleich weiter in der Schweiz, Deutschland und Frankreich Arbeit zu finden. Auch der nicht gerade üppige *Markt* um die Statue des Dichters und Politikers aus Viveiro, Pastor Díaz, zeugt davon.

Dennoch leben nach wie vor auch noch junge Leute in der Stadt. Am Wochenende belagern sie die Straßen der Altstadt mit ihren zahlreichen Bars bis zum Umfallen. »Viveiro: A toda marcha«, was so viel heißt wie »Immer Vollgas« klebt als Motto auf vielen Autos.

Weiter die *Calle Teodoro Quiros* hinauf liegt rechts die romanische **Iglesia Santa María del Campo** mit ihrem Renaissanceportal. Während der Karwoche ist sie Ausgangspunkt für eine der aufwendigsten und berühmtesten Prozessionen der Küste.

Nördlich von der Iglesia Santa María liegt das **Monasterio de las Concepcionistas** aus dem Jahre 1701. An seinem Marienaltar hängen ganze Bündel wächserner Arme, Beine und Figuren. Sie stehen stellvertretend für gläubige kranke Menschen, ihre Gliedmaßen und Köpfe – Weihgeschenke zur erwünschten Heilung.

Die *Calle Irmáns Vilar Ponte* nach Osten stößt auf die **Plazuela de Juan Donapetry** mit dem *Restaurant Serra.* Ein paar Meter weiter unterhalb liegt die große gotische Kirche *San Francisco.*

Die urtümlichen, typischen Gassen Viveiros mit den vielen Bars, gemütlichen Mesones und Restaurants verlaufen weiter östlich um die **Plaza de Fontenova,** in den Straßen Pastor Díaz oder Almirante Chicarro. In der Gasse *Meliton Cortiñas* treffen sich die **Nachtschwärmer** ab 22 Uhr grüppchenweise im rustikalen *Mesón de Pepe* oder in sterileren Stehkneipen, um sich auf die Movida der Nacht einzustimmen. Die geht dann in einer der fünf Discos weiter und endet am Wochenende in der »Weinstraße« *Perez de las Mariñas,* wenn der Hahn schon heiser ist.

Strände

Neben der **Playa Area** wird der Strand des Ortes **Covas,** von Viveiro aus Richtung *Ortigueira,* viel besucht. Er heißt auch »Os Castelos«, und tatsächlich haben die Felsen hier kastellähnliche Formen.

Verbindungen

Zug: Bahnhof vom Zentrum Richtung Lugo. Unter der Brücke durch, dann rechts.

Nach Ferrol über Espasante täglich um 7.53, 12.21, 19.22 Uhr, nach Ribadeo täglich um 10.01, 17.10, 20.41 Uhr.

Bus: Der Busbahnhof liegt am Ortausgang Richtung Ribadeo, ✆ 982-560103.

A Coruña über Ferrol um 6.30, 11, 15 und 19.30 Uhr.

Ferrol um 8 und 13 Uhr.

Santiago um 6.30 und 18.15 Uhr.

Lugo um 6.45, 9 und 15.15 Uhr.

Ribadeo um 9.15 und 15.45 Uhr.

Windgeschützte Aussicht: Galerías (Glasveranden) in Viveiro

Unterkunft & Camping

★ *Hostal Serra,* Antonio Bas 2, ✆ 982-560374, DZ um 20 € mit Bad. Restaurant angegliedert.

★ *Fonda Nuevo Mundo*, Teodoro de Qurós 14, ✆ 982-560025, DZ 18 €, gutes Bad.

★ *Hostal García,* auf dem Hauptplatz Praza Maior 18, ✆ 982-560675, DZ 20 € mit Bad. Hier bekommt man ein kleines EZ in der HS auch schon für 13 €. Sauber, sehr zentral und etwas laut.

Turismo rural: Pazo da Trave, 27867 Trave, Galdo-Viveiro, ✆ 928-598163, Fax - 598040. Etwa 4 km außerhalb gelegenes Herrenhaus mit einem Turm aus dem 15. Jahrhundert, einer Bibliothek, einem Billardraum, Tennisplatz und Pool. Leider auch mit stolzem Preis: 90 € pro DZ.

Camping: *Vivero,* ✆ 982-560004, 500 Meter vom Stadtkern, von Juni bis Ende September geöffnet, sauber, schattig, nahe der Playa Covas, 2 PAZ 12 €.

Essen & Ausgehen

Im Stadtkern gibt es für den kleineren Hunger eine Menge Bars und Bodegones, die als Tapas Sardinen, Champignons in Knoblauch bis hin zu Fleischspießchen oder auch relativ günstigen Tagesmenüs anbieten.

La Casa de las Tortillas, Cantarrana s/n, ✆ 982-563191, Mo geschlossen. Üppige Tortillas für wenig Geld. Mit Bring-Service: Viveiros Antwort auf Pizza-Expressdienste!

Restaurant Serra, Antonio Bas 2, ✆ 982-560374 an der Plazuela de Juan Donapetry. Ein Tip für Genießer von Meeresfrüchten und anderen leckeren Sachen, bietet mit knallroter Laufschrift das Tagesmenü für rund 6 € an, innen dagegen hat der Speisesaal durchaus Stil.

Laurel, Melitón Cortiñas 26, ✆ 982-560023, empfehlenswert. Es gehört zu den besseren Restaurants.

Disco: *Verxeles,* an der Plaza de Lugo vorbei durch die Avenida Navia Castrillon in der gleichnamigen Straße am Wasser. Beliebte Disco mit großer Tanzfläche, Terrasse, Bars drinnen und draußen, Eintritt rund 6 € plus Getränk; geöffnet Fr, Sa, So ab 22 Uhr bis 4 Uhr morgens.

Feste in Viveiro

Viveiro ist eine lebhafte Kleinstadt. Das beweist sie auch während ihrer Feste: Die *Fiesta zu Ehren der Carmen* veranstaltet der Fischerort wie überall an der Küste am 16. Juli.

Rapa das bestas: Am ersten Augustsonntag werden aus den nahen Bergen eingefangene Wildpferde in **Boimente** teilweise gezähmt, bekommen Mähne und Schweif gestutzt und werden im Rodeo geritten.

Am letzten Sonntag diesen Monats beginnt an der Pfarrkirche *San Pedro* eine der typischsten *Romerías* als religiöses Fest mit Folklore.

Vom 14. bis 18. August werden die Schutzpatrone mit einem besonderen Aufstieg auf den 375 Meter hohen Berg *San Roque* geehrt. Bei diesem Fest, genannt *Fiesta de las Cabezudas con Cachelos* (Fest der Sardinen mit galicischem Eintopf), verteilen die Bewohner kostenlos gebratene Sardinen, Kartoffeln und ihren Landwein an alle Gäste.

Tourismusbüro: Avenida Dársena Ramón Canosa, ✆ 982-560486.

▶ Tourbeschreibung

Die C 642 führt von Viveiro aus Richtung Ortigueira weiter bis nach **Estaca de Bares,** dem nördlichsten Punkt Galiciens, wo der Atlantik wild und tosend auf eine steile Felsküste trifft. Am Ende der *Ría de Viveiro* liegt die *Illa Coelleira,* ein Vogelschutzgebiet auf 26 Hektar, das nicht betreten werden darf. Zugvögel machen dort Station auf ihrem Weg von Europa nach Afrika. Aus einem spanischen Reisebuch erfuhren wir, daß die Insel im 11. Jahrhundert Schauplatz eines grausigen Verbrechens gewesen sein soll. Demnach soll dort ein Kloster existiert haben, das Truppen des Stadtherrn von Viveiro aus ungeklärtem Grund zerstörten und alle Mönche bis auf einen niedermetzelten. Dieser sei mit mit einem Bild des Heiligen Stefan geflohen, vielleicht deshalb heute Schutzheiliger des kleinen Nestes *Vicedo* an der Grenze zwischen der Provinz Lugo und A Coruña. Der *Río Sor* erweitert sich an dieser Grenze zur *Ría del Barqueiro,* über die eine Brücke nach **Porto de Barqueiro** führt, einem idyllischen Fischerdorf, das einen Besuch lohnt.

Hier zweigt die LC 100 zunächst zu dem Dorf **O Porto de Bares** mit seinem *Steinwall* ab, der auf das 7. Jahrhundert v. Chr. datiert wird und sehr wahrscheinlich von Phöniziern erbaut wurde. Der Ort mit seinen engen Gassen hat einen wunderschönen **Strand,** der auch während der Hochsaison nicht überlaufen ist. Außer einigen Wildcampern und Einheimischen finden nur wenige Leute den Weg hierhin. Weil der Strand zur Ría hin geöffnet liegt, ist das Wasser sehr ruhig. Auf der Felspitze steht der ehemalige Leuchtturm *Semáforo de Bares*, dessen Ruine in 200 Meter Höhe mit dem tosenden Meer im Hintergrund ein faszinierendes Bild abgibt. Am nördlichsten Punkt *Faro de Bares* wurde in unmittelbarer Nähe des neuen Leuchtturms vor 25 Jahren ein Versuchszentrum für Windenergie errichtet.

DIE WESTLICHE NORDKÜSTE

Dieser rund 170 km lange Küstenabschnitt bietet Abwechslung satt: Von *Estaca de Bares* ist es nicht weit bis zur rauhen *Sierra de la Capelada* mit ihrer 620 Meter hohen Steilküste, den Wildpferden und dem Wallfahrtsort *San Andrés de Teixido*. Über die Ría de Cedeira, vorbei am Surferparadies Valdoviño, führt die Tour in den Geburtsort Francos, das militärische *El Ferrol*. Von dort geht es weiter zu so mittelalterlichen Städtchen wie *Pontedeume*, von wo aus sich eine ganze Reihe von Ausflügen zu Klöstern und romanischen Kirchen anbietet. Das ritterliche *Betanzos* wartet mit seiner sehenswer-

ten Altstadt und dem »Pasatiempo« auf, einer Art Disneyland der Jahrhundertwende.

Ría de Santa María de Ortigueira

Wo der *Río Sor* die Grenzlinie zwischen den Provinzen Lugo und A Coruña markiert, liegen nach Westen hin zahlreiche Strände und einige Fischerdörfer. **Barqueiro** ist eines von ihnen. Am Hafen unter hölzernen Balkonen liegen Bodegas und Kneipen, in denen die Fischer nach oft 20stündiger Schwerstarbeit vor Anker gehen. Eines der kleinen Fischerboote mit der Aufschrift »Manchester« gehört Kapitän Suso, wir haben für eine Nacht bei ihm angeheuert. Vor der Küste holt der Käpt'n mit seinen fünf Männern bis zu 10 Kilometer lange Netze ein. Statt Seeromantik knallharte stupide Knochenarbeit. Dafür bleiben in den groben Maschen Seeteufel und der teure Steinbutt hängen,

Nichts für schwache Nerven: Mit solchen Nachen wagen sich die Fischer täglich aufs Meer

Tobias Büscher

in den kleinen hauptsächlich Seehechte. Suso erzählt von Sturm und Pleiten. Sein Großvater hieß auch Suso, dessen Boot ebenfalls »Mancheste«. Er starb, als vor der Todesküste der Motor explodierte. Fischer zu sein, sei früher schon gefährlich gewesen, dafür aber besser bezahlt. Dagegen habe 1991 jeder seiner Mannschaft umgerechnet kaum 7500 Euro nach Hause gebracht. Wenn Suso nachts rausfährt, hört er volle Dröhnung *Radio Gallego*. Wenn er zurückkommt, sind die Brandy-Flaschen leer wie der Magen seiner beiden Zuhörer, die sich während der Fahrt mehrmals über die Reling lehnten…

In den Bodegas von Barqueiro erzählt dann jeder die Geschichte vom deutschen U-Boot Kapitän: Im Zweiten Weltkrieg hätten englische Bomber vor *Estaca de Bares* bei Barqueiro ein deutsches U-Boot getroffen. Der Kapitän habe überlebt und sich »von der Schönheit Barqueiros verzaubern lassen«. Seither sei der Kapitän bis zu seinem Tod 1989 jeden Sommer gekommen. Ihm gehörte die Kneipe *La Forxa,* die heute sein Sohn leitet.

Verbindungen

Bushaltestelle gegenüber dem Restaurant Relojes an der Durchgangsstraße. Nach Ferrol und Viveiro 4x täglich. Eine Busverbindung nach Estaca do Bares gibt es nicht.

Porto de Espasante

Bis Espasante gibt es entlang der Ría auf 12 km einige der wenig besuchten, aber nichtsdestotrotz schönen Strände der Nordküste.

Porto de Espasante ist ein sehr ruhiges Nest mit einem feinkörnigen Sandstrand und netten Anwohnern. Wer ohne Rummel Urlaub machen möchte, ist hier goldrichtig. Das Dorf bietet allen Service von der Apotheke über Restaurants bis zum Supermarkt. Außerdem einige Hostals:

Hotel Orillamar, Plaza de San Antonio s/n, ℡ 981-408050, Fax 426033, DZ 48 €.

Ortigueira

… ist bis vor wenigen Jahren alljährlicher Treffpunkt eines wüsten Keltenfestes mit Musik, Folklore und Raufereien gewesen. Den 16.000 Bewohnern hat es schließlich gereicht. Das Fest wurde verboten – und mit ihm verlor Ortigueira seine einzige wirkliche Attraktion. Deshalb hat man das Fest wieder eingeführt, allerdings tourismusverträglich mit internationalen Gästen von Schweden bis Kanada. Die Keltenfest steigt immer Mitte Juli.

Was in Ortigueira sonst bleibt, ist ein schöner, drei Kilometer langer Spazierweg zu den Stränden der anliegenden *Halbinsel Miñado*, ein kleiner Markt jeden Donnerstagvormittag am Hafen und am Wochenende – immerhin – das lebendigste Nachtleben der Umgebung.

Verbindung & Unterkunft

Zugstation am Ortsausgang Richtung Viveiro. Dorthin und nach Ferrol 3x täglich.

Busse halten neben der Polizei vor der Bar Avenida. Dort weiß man die Abfahrtszeiten der täglichen Verbindung nach Ferrol und Viveiro.

★★ *La Perla,* Avda. de la Penela s/n, ℂ 981-400150, DZ 35 €.
★ *Monterrey,* General Franco 105, ℂ 981-400135, DZ 24 €.

Playa del Forno

Weiter entlang der C 642 geht es ab *Ponte de Mera* über *Pedra* Richtung **Cariño**. Das schönste an Cariño (»Liebling«) ist die vier Kilometer entfernte **Playa del Forno** in einer kleinen Bucht mit dunklem, feinem Sand und einer winzigen Bar. Hier, am Ende der *Ría de Santa María de Ortigueira,* beginnt die *Sierra de la Capelada.* Weder von Pedra noch von Cariño aus ist sie mit öffentlichen Verkehrsmitteln zugänglich.

Sierra de la Capelada

Wildpferde und Ochsen grasen frei in der Sierra de la Capelada, einer mit Pinien bewachsenen Hochebene, deren Steilküste bis zu 620 Meter hoch ist. Die tosende Küste, die karge Hochebene und die weite Aussicht sind ein wunderbares Naturerlebnis.

Rapa das bestas: Jeden vierten Sonntag im Juni findet das Wildpferdetreiben westlich von San Andrés de Teixido statt. Das Dorf selbst ist ein Wallfahrtsort, um den sich die wunderlichsten Geschichten ranken.

Die Untoten von San Andrés de Teixido

San Andrés de Teixido liegt 12 Kilometer von Cariño entfernt. An den Häusern aus weißgestrichenem Zement zwischen den Granitsteinen verkaufen die Bewohner Glückskraut, bunte San-Andrés-Figuren aus Brotkrumen und Ringe aus Anis, Mehl und Zucker als Liebesmedaillons. In der Kirche des Heiligen werfen Kunden von Busgesellschaften Peseten ein, damit die Elektrokerzen aufleuchten. Ein fast dreißig Jahre alter Kaktus soll mystische Kräfte besitzen, und im Brunnen des Heiligen schwimmen Brotstücke. Bleiben sie an der Oberfläche, erfüllen sich Wünsche, sinken sie, dann hat man eben Pech gehabt.

Die Ameisen, Schlangen und Katzen vor Ort verkörpern Seelen der Toten, die zu Lebzeiten den Wallfahrtsort nicht besucht hatten. So jedenfalls will es der Ursprungsmythos des Wallfahrtsortes: San Andrés – der Legende zufolge – war sehr unglücklich, weil die Pilger das Heiligtum des Apostels Santiago unter schweren Mühen aufsuchten, das seinige dagegen vernachlässigten. Andrés beklagte sich bei Jesus. Der wußte Rat: »Du hast recht, Andrés, Du bist nicht weniger wert als Santiago. Von heute an verspreche ich dir, daß niemand mehr in den Himmel kommt, der nicht vorher wenigstens einmal im Leben Dein Heiligtum besucht hat. Und wer es nicht lebend tut, muß es als Toter tun«.

Cedeira

… ist auf den ersten Blick mit seinen langweiligen Neubauten keine Schönheit. Dahinter verbergen sich aber verwinkelte Altstadtgassen, ein schöner, vor Brandung geschützter Stadtstrand und Promenaden entlang dem Meeresarm *Río Condomiñas.* Die verkehrsberuhigten Zonen, Spielplätze

RIAS ALTAS – NORDKÜSTE

Ausreichend Platz zum Spielen: Strand von Cedeira

und der Strand sind ideal für einen Familienurlaub und im August entsprechend voll. Spanier mieten sich in Cedeira dann gerne für mehrere Wochen ein. Eine Unterkunft ist also schwer zu bekommen.

Verbindung & Unterkunft

Bus: Bushaltestelle an der *Bäckerei Santos,* Ezequiel López 30, nach Campo de Hospital mit Verbindung nach Ferrol und Ortigueira mehrmals täglich.

★★★ *Avenida,* Cuatro Caminos, ✆ 981-480998, DZ 54 €. Nicht sehr zentral, ohne Klimaanlage in einem scheußlichen Neubau.

★★ *Chelsea,* Plaza Sagrado Corazón 15, ✆ 981-481111, DZ 33 € mit Bad und Fernseher. Gleich am Strand. Besser als das Avenida.

★ *El Puente,* Ortigueira 1, ✆ 981-480087, 15 € mit Bad im Flur. Ruhig und zentral

gelegen, schöne Aussicht.

★ *Brisas,* Arriba da Ponte 19, ✆ 981-480085, DZ 30 € mit Bad, in der HS bis 27 €.

Essen & Trinken

Empfehlenswerte Restaurants für Fisch und Meeresfrüchte:

El Náutico, Almirante Moreno 7, ✆ 981-480011. Gut besucht, abends geschlossen.

La Calexa, Tras da Eirexa 7, bietet Tapas und Weine sowie eine Terrasse auf einem verwinkelten Altstadtplatz.

Nützliche Adressen

Infos: *Oficina de Turismo,* Ezequiel López 22, ✆ 981-482187, Mo – Fr 11 – 14 und 18 – 20 Uhr, Sa & So 11 – 14 Uhr. Gute Infos, schlechter Stadtplan.

Telefon: *Telefónica,* José Pascual López Cortón.

Briefmarken: Buchladen *La Pan,* Generalísimo 1.

🐎*Rapa das bestas:* Mitte Juni findet das Pferdetreiben *Curro de Capelada* statt.

🎇 Um den 14. August herum feiert Cedeira das *Patronatsfest* mit einer Meeresprozession.

Strände & Campings an der Ría de Cedeira

Die Strände zwischen Cedeira und Ferrol erstrecken sich auf rund 40 km entlang der Eukalyptuswälder. Wegen starker Strömungen ist das Baden hier nicht ungefährlich. Gleichwohl ist die *Ría de Cedeira* wegen des starken Wellengangs ein bekanntes Surferparadies. Bei **Valdoviño** füllt sich jeden Sommer der Strand *Frouxeira* mit seinem ebenso vollen Mosaik-Campingplatz. Am Strand *Santa Comba* ist der Leuchtturm vom *Cabo Prior* militärisch scharf bewacht. Die nächsten Ausflugsstrände von Ferrol schließlich sind die *Playa San Xorxe* und *Playa de Domiños.*

Camping

Valdoviño, Atios, ℰ 981-487076, Fax -486131, geöffnet 1.4. – 30.9. 2 PAZ 15 €.
Weniger belebt sind Strand und Camping in **Meirás**:
Fontesín, Meirás, ℰ 981-485028, geöffnet 15.6. – 15.9. 2 PAZ 9,50 €.

FERROL, DIE MARINE-FESTUNG

Wenn Ferrolaner ihren Stadtplan erklären, machen sie es anschaulich: »Sieht aus wie eine Tafel Schokolade«. Nicht quadratisch, aber praktisch hatte Carlos III. (1759 – 1788) das Viertel *Magdalena* neben dem alten Stadtkern bauen lassen. Die sechs langen Parallelstraßen aus jener Zeit, von neun anderen vertikal durchschnitten, bilden das heutige Zentrum der Stadt; einer Stadt, die seit jeher mit dem Meer verbunden und Spaniens bedeutendster Marinestützpunkt ist. Der Name *Ferrol* ist wohl auf die lateinische Bezeichnung für *Leuchtturm* zurückzuführen.

Im 12. Jahrhundert erhob Alfonso VII. (1126 – 1157) den Ort zur Stadt, deren ursprüngliche Anlage noch an den gewundenen Gassen in der Nähe des Hafens zu erkennen ist. Im 14. Jahrhundert wurde Ferrol von der Familie Andrade beherrscht, später von den Grafen Lemos. Die Habsburger machten die Stadt im 18. Jahrhundert zu dem, was sie ist: Werft und Kriegshafen, mit stärksten Festungsbauten, die selbst für die Engländer im Jahr 1800 uneinnehmbar waren. Die Landstreitmacht Napoleons hatte dagegen acht Jahre später leichtes Spiel – Ferrols Kanonen zeigten in die falsche Richtung.

Noch immer teilen sich hauptsächlich Marinesoldaten und Werftarbeiter das angenehme Klima Ferrols. Letztere gehen heute in der Mehrheit stempeln – infolge der weltweiten Krise im Schiffsbau verloren bisher 17.000 ihre Arbeit. Das Militär hat der Stadt hingegen seinen Stempel aufgedrückt.

Promenade und *Alameda* geben den Blick lediglich auf eine drei Meter hohe Mauer frei, hinter der sich die Marine auf einer riesigen Fläche im sogenannten *Arsenal* verschanzt hat. Klosterähnliche Militärakademien, Admiralspalast und administrative Dependancen sind auch außerhalb des – mittlerweile zugänglichen – Arsenalbereichs angesiedelt. Die Grünanlagen haben einen unverkennbar militärischen Zuschnitt, die vorwiegend klassizistischen Sakralbauten wirken leicht kasernenhaft, selbst Alleebäume wurden mit Marineweiß verputzt. Bei diesem Anblick klingt Ferrols Beiname »del Caudillo« nach. Auch jetzt noch gebräuchlich, bezieht

Das Meer ist sein Sujet: Student der Marine-Akademie

sich der Name auf Spaniens Diktator Francisco Franco, der hier 1892 als Sohn eines Marinezahlmeisters geboren und 1936 zum Führer der aufständischen Truppen gegen die damalige Republik wurde. Sein Geburtshaus steht in der Calle María 136.

Auch nach seinem Tod beherrschte der Generalísimo noch 27 Jahre lang als reitender Feldherr mit grüner Patina den Verkehr rund um die *Plaza de España.* Erst im Juli 2002, nach endlosen Diskussionen, regelmäßigen Farbattacken und sogar Bombenanschlägen auf den Bronze-Caudillo, ließ die

Stadtverwaltung das Standbild abmontieren und ins Marine-Museum bringen. Auch manche Straßen Ferrols tragen erst seit wenigen Jahren wieder die Namen, die sie vor dem Putsch Francos hatten.

Das schöne an Ferrol sei die nähere Umgebung, sagen sogar seine Bewohner; wer ausgehen wolle, tue das in *Pontedeume.* Kaserniert fühlt man sich in der Stadt aber nicht unbedingt. In den vielen Bars des »Schokoladenviertels« *Magdalena* geht es eher unmilitärisch zu. Das nimmt der Stadt den zartbitteren Beigeschmack.

Stadtrundgang

An kunsthistorischen Sehenswürdigkeiten hat Ferrol wenig zu bieten. Nehmen wir den zivilen **Hafen Dársena** als Ausgangspunkt, ist links des alten Stadtkerns die **Iglesia del Socorro** zu sehen, im griechisch-römischen Stil des 19. Jahrhunderts erbaut. In ihr befindet sich das Standbild »Christus der Seefahrer«. Vom Hafen aus bietet sich ein Bummel durch die schmalen Gassen der **Altstadt** an, die bis zum **Kloster San Francisco** reicht, einem im 14. Jahrhundert gegründeten Franziskanerkonvent, der im 18. Jahrhundert seine heutige klassizistische Gestalt bekam. Einen Teil des einstigen Klosters nimmt heute der luxuriöse *Parador* ein. Links oberhalb weist ein schmiedeeisernes Tor den Eingang zum städtischen **Park**. Zwischen zum Teil exotischen Gewächsen stolzieren dort Pfauen frei herum.

Gegenüber dem Parador, von zahlreichen aufgerichteten Kanonen umstanden, befindet sich der *Admiralspalast*. Kommt man ihm zu nahe, wird der Personalausweis verlangt. In dem kleinen Park davor gibt jeden Donnerstag zwischen 16 und 18 Uhr eine Militärkapelle ein Platzkonzert.

Weiter Richtung Innenstadt beginnt Ferrols *Ensanche*, das planmäßig angelegte **Viertel Magdalena**, dessen Erscheinungsbild von den schönen Glasveranden der Häuser geprägt wird. Zur *Alameda* hin erhebt sich die **Concatedral San Xulián**, ein klassizistischer Bau, der eine Kirche aus dem 13. Jahrhundert ersetzte, die auf dem Gelände des Arsenals stand. Von der Alameda aus kann man das **Arsenal** durch die *Puerta Reina Sofia* betreten, ein schönes Tor, ebenfalls klassizistisch. Es lohnt sich, nach dem Vorzeigen des Personalausweises am Tor, das Schiffahrtsmuseum **Museo Naval** zu besuchen, das erst seit wenigen Jahren der Öffentlichkeit zugänglich ist. In der interessanten Sammlung sind unter anderem Fundstücke des im 18. Jahrhundert in der Ría gesunkenen Schiffes »Magdalena« ausgestellt, von den Gabeln des Kommandanten bis hin zu Navigationsinstrumenten.

Unzugänglich ist der *Castillo San Felipe* an der Ría-Mündung, etwa 4 km außerhalb Ferrols. Das wuchtige Bollwerk stammt aus dem 16. Jahrhundert. In Ferrol überlegt man, es zu einem Luxushotel umzugestalten.

Verbindungen

Alle Abfahrtzeiten sind auch auf der zweiten Seite der Ferrol-Ausgabe der Tageszeitung »Voz de Galicia« abgedruckt.

Zug: *Estación de ferrocarril,* Avenida Compostela s/n. RENFE © 981-314655. Fahrkartenverkauf auch in der Calles Dolores 14, © 981-351485.

Nach A Coruña 6.55, 14.45, 20.10 Uhr.

FEVE (Schmalspurzüge) © 981-371304. Richtung Ribadeo und Oviedo.

Bus: *Estación de Autobuses,* Paseo de la Estación s/n, © 981-324751. *Arriva,* © 981-311370.

Santiago: 6x tägl. zw. 8 und 19 Uhr.
Ourense: 6x tägl. zw. 6.30 und 17.30.
Coruña: stündl. zw. 6.30 und 22.30.
Vigo: 4x tägl. zw. 7.30 und 17.30.
Viveiro: 6x tägl. zw. 8 und 21 Uhr.

Unterkunft

Einige günstige Unterkünfte befinden sich im Bereich der Straßen Pardo Bajo und Ruanel. Allerdings jongliert man dort gerne mit den Preisen, die Regel sind etwa 15 €.

★★★ *Parador de Ferrol,* Almirante Fernandez Martín s/n, © und Fax 981-356720. DZ 81 €. Ehemaliger Teil des *Klosters San Francisco,* das direkt daneben liegt. Schöne Sicht auf die Ría.

★★ *Hostal Aloya,* Pardo Bajo 28, © 981-351231. DZ 31 €. Zimmer mit Dusche, in einem anderen Haus als das Restaurant, zentral gelegen.

★ *Hostal Toki-Alai,* Magdalena 98, © 981-355615, DZ mit Bad 23 €, ohne Bad 17 €. Zentral, einfache saubere Zimmer, nette Wirtin.

Essen & Trinken

Pataquiña, Dolores 35, ✆ 981-352311. Obwohl von der Einrichtung her unscheinbar, eines der besten Restaurants Ferrols. Bekannt für seine Marisco-Platten und den Seehecht (*merluza*) mit Jakobsmuscheln. Man bekommt auch ein Tagesmenü für 8 €.

Casa Moncho, Dolores 44, ✆ 981-353994. Nicht ganz so gediegen wie das nahe Pataquiña, auf Mariscos spezialisiert.

Caserio Vasco, Pardo Bajo 11 B, ✆ 981-351189. Einfache Küche zu niedrigen Preisen, von den Einheimischen gern besucht. Menü um 6 €.

Gran Muralla, Dolores 11, ✆ 981-356926. Chinesisches Menü 6 €.

Tapa-Bars: Die meisten Tapa-Bars befinden sich im Bereich der Calle Sol, wo sich auch das Nachtleben Ferrols abspielt.

Taberna de Pepe, Sol 85. Sehr leckere Appetithäppchen.

Mesón Galego, ein paar Häuser weiter in der Calle Sol. Ribeiro vom Faß.

Unterhaltung & Kultur

Theater: *Teatro Jofre,* Plaza Galicia s/n, ✆ 981-352955. Der betagte Saal wird auch als Kino benutzt.

Kino: *Cine Azul,* Castilla 15; *Cines Goya,* Sol 164; *Cine Avenida,* Dolores 54.

Schiffahrtsmuseum: *Museo Naval,* innerhalb des Arsenal, geöffnet Mo – Fr 9 – 14 Uhr, Sa 10 – 14 Uhr. Eintritt frei.

Kunst: *Museo Municipal Bello Piñeiro,* Plaza de España, ✆ 981-355438. Wechselnde Kunstausstellungen, zeitweilig geschlossen.

Weitere Informationen: *Oficina de Turismo,* Magdalena 12, ✆ 981-311179.

▸*San Xulián* am 7. Januar. Während der Feier werden von der Stadtverwaltung Unmengen Milchreis (*arroz con leche*) spendiert.

▸*San Xosé:* In der Nacht zum 19. März steht die Ferrolanerin im Vordergrund. Auf der Plaza de Amboage wird der »Pepita« mit Gesängen und Blumen gehuldigt.

Ausflug nach Mugardos

Vom Hafenbecken Dársena aus setzt im halbstündigen Rhythmus eine **Fähre** zu dem reizvollen Fischerort Mugardos auf der anderen Seite der Ría über. Interessant für Reisegruppen: Die Fährboote können auch für eine eineinhalbstündige Kreuzfahrt über die Ría bis zu den Festungsbollwerken an ihrer Mündung gemietet werden, ↗ Informationen.

Mugardos ist der größte Ort auf der schönen Landzunge zwischen der *Ría de Ferrol* und der *Ría de Betanzos.* Wer nicht mit dem Schiff von Ferrol aus herkommen mag, kann ihn auch über den Ort **Fene** (hier gibt es ein *Humor-Museum* in der *Casa de Cultura*) erreichen.

Ein Touristenort ist Mugardos sicher nicht. Denn die einzige **Unterkunft,** die wir entdeckten, ist als solche gar nicht deklariert, hat nur Einzelzimmer, liegt in der Calle de la Paz 10 (ohne Schild) kostet 10 € und hat kein Telefon.

In den **Tavernen** des Hafens wird insbesondere Seekrake serviert.

Promenadenspaziergänger blicken auf die gegenüberliegende **Burg La Palma** aus dem 16. Jahrhundert, die 1893 restauriert wurde. Sie ist ein Militärstützpunkt mehr in der Gegend um Ferrol. Nach 3,4 km von Mugardos aus gelangt man an eine bewachte Schranke vor dem Castillo. Sie öffnet sich zwischen 9 und 22 Uhr und gibt den Weg entlang der Küste bis zum Ort Chanteiro frei.

Informationen

Fähre: Ab 6.30 bis 21 Uhr alle 30 Minuten, So und Fei bis 22.30 Uhr. Die viertelstündige Bootsfahrt kostet 1,50 €.

Organisierte Bootstour: *Dieste Gomez,* ℭ 981-354564, -357716 und -470339, organisiert für etwa 160 € Kreuzfahrten, Reservierung noch einen Tag vorher möglich.

Verbindung: Busse fahren ab Avenida de Galicia 37 stündlich um Halb nach Ferrol, um 15 Uhr nach Chanteiro.

Chanteiro & Ares

Der Küstenort hat einen kleinen Strand, an dem Campen erlaubt ist. Eine der Bars mit Namen *La Merced* wirkt wie eine Markthalle und bietet im Innern statt Flipperautomaten Bogenschießen: 20 Minuten 3 €.

Verbindung: Busse fahren abends vom Strand aus nach Mugardos, Ares und Ferrol. Abfahrtszeiten wissen die Barkeeper.

Ares ist ein sehr ruhiger Ferienort. Billigbauten rahmen die älteren Häuser um *Plaza de la Constitución* und Dorfkirche. Am Hafen wird in den Tavernen Billard gespielt, es gibt einen kleinen Strand und selbst im August wenig Touristenrummel.

Verbindung & Infos

Bus: Avda. de Mugardos.

Unterkunft: Privathaus am Hauptplatz, Real 27, DZ 20 €, Dusche im Flur.

Camping: *El Raso* am gleichnamigen, schönen Strand neben Ares. ℭ 981-460676, PAZ 12 €. Wer sich das Gedrängel auf den Campings weiter südlich (Perbes u.a.) ersparen will, sollte lieber hier übernachten.

Restaurant: *Mesón Corbalán* am Hafen, Saavedra Menenses 8, ℭ 981-448328; gute Tapas, Menü 5 €.

Pontedeume

Der Name bedeutet soviel wie »Brücke über den Eume«, und diese ist eines der Wahrzeichen der Stadt zwischen den Bergen *Breamo* und *Leboreiro.* Die im Mittelalter vom Grafen Andrade errichtete Brücke hatte ursprünglich 79 Bögen, heute fahren die Autos über 15 Bögen.

Im Sommer staut es sich nicht selten auf der Puente, denn die 1270 gegründete **Altstadt** am Hang mit den schönen Straßenzügen ist beliebt. Jeden Samstag wird vor dem Turm der Grafen Andrade **Markt** gehalten. Aus der Umgebung verkaufen die Pontedeumer dann Brot, Käse, Schinken und Früchte. Der **Andrade-Turm,** *Torreón Condes de Andrade,* ist eines der wenigen Überbleibsel zweier großer Brände im 16. Jahrhundert. Sie haben auch Teile der *Iglesia de Santiago* zerstört, die im 18. Jahrhundert klassizistisch wiederaufgebaut wurde.

Verbindung

Züge: *Estación de Trenes* am nördlichen Stadtrand. Nach Ferrol und A Coruña 4x täglich.

Bushaltestelle: vorm Hotel Eumesa an der Avenida de la Coruña. Mehrmals täglich nach Ferrol und A Coruña.

Unterkunft & Camping

★★ *Hotel Eumesa,* Avda. de La Coruña s/n, ✆ 981-430925, DZ 57 €.

Camping: Die Campingplätze sind in der Regel sehr voll und liegen zahlreich entlang der Küste zwischen Pontedeume und Miño. Geöffnet von Juni bis September:

Ber, ✆ 981-431500, 2 PAZ 12 €, mit Schwimmbad, schattig.

Ber-Door, ✆ 981-438610, 2 PAZ 12 €, mit Bar, ebenfalls schattig.

Rocamar, ✆ 981-783029, 2 PAZ 9 €, mit Restaurant.

Perbes, ✆ 981-783104, 2 PAZ 11 €, Supermarkt, Restaurant, Blick aufs Meer.

Miño con dos Playas in Perbes, ✆ 981-782595, 2 PAZ 9 €, sehr sauber, gepflegt, Restaurant, Supermarkt, Bar.

Essen & Infos

Rio Covés, 1 km Richtung Caaveiro, ✆ 981-434057. Schönes Lokal in einem alten Steinhaus, mit Garten und Terrasse. Regionale Küche mit kreativem Touch.

Yoly, José Antonio 8, ✆ 981-430186, So geschlossen, Spezialität Seezunge.

Tourismusbüro: im Andrade-Turm gegenüber dem Marktplatz, ✆ 981-430270, Mo – Sa 11 – 13 und 19.30 – 20.30.

Fest: Am 7. September feiert man die *Virgen das Virtudes.*

Ausflüge ins Hinterland

Der erste Ausflug führt über eine kurvige Küstenstraße 12 km bis **Miño.** Zahlreiche Campings, Restaurants und Ferienbungalows weisen darauf hin, daß hier einer der Lieblingsurlaubsorte der Galicier liegt. Das gilt auch für den Regierungschef, der seinen Sommerurlaub am Strand von **Perbes** verbringt. Hier quillt es über.

Ein anderer Trip geht zu der **Iglesia San Miguel de Breamo,** einem romanischen Bau auf dem 300 Meter hohen *Monte Breamo* mit einer weiten Sicht auf die *Ría de Betanzos.* Auf der N 651 weist kurz vor *Campolonga* ein Holzschild den Weg zur geschlossenen, romanischen Kirche, die 1187 kreuzförmig angelegt wurde.

Zu den Resten der **Andrade-Burg** führt ab **Campolonga** die AC 151 Richtung **Loureiros.** Dort weiter Richtung *Taboada* und nach 2,5 km zu der Burg, die Graf Fernán Pérez de Andrade 1396 bauen ließ. Geblieben ist eine schwer zu erklimmende Ruine mit dicken Mauern und ein Turm, der nur etwas für Schwindelfreie ist.

Noch verfallener wirkt das gewaltige **Monasterio de Monfero.** Anfahrt: In Pontedeume an der Campsa-Tankstelle dem Schild »Monfero« und später »Monasterio« nach; rund 20 km. (Nach *Betanzos* geht's über *Irixoa* weiter, 22 km.) – Bis zur Enteignung 1834 lebten im Monasterio de Monfero Zisterziensermönche. Danach stand das ehemals romanische Kloster (1114 – 1142), das später in der Renaissance erheblich verändert wurde, leer. Zu Beginn des Spanischen Bürgerkrieges 1936 brannte es acht Tage lang. Bislang fehlt das Geld für eine Ausbesserung. Fast gespenstisch wirken die verfallenen Mauern, um die sich der Müll häuft. Im Kreuzgang ist es bloß noch eine Frage der Zeit, bis die Bögen einstürzen. Selbst die Kirche aus dem späten 18. Jahrhundert (Fassade) mit den Gräbern einiger

Im Kloster Caaveiro wuchert das Efeu

Tobias Büscher

Andrade-Grafen zeigt Risse. Der Sakristan, seit 1959 hier angestellt, hat einen schummrigen Raum am Rande des Monasteriums in eine Kneipe umgewandelt. Wenn er Lust hat, ist sie geöffnet.

Der landschaftlich wohl schönste Ausflug geht zum **Kloster Caaveiro.** Von Pontedeume die LC 152 an der Campsa-Tankstelle, dann Richtung *Hombre* am Río Eume entlang. Den 12 km langen, schattigen Weg ins Hinterland nutzen Fahrradfahrer und Spaziergänger zum Picknick an einer der Hängebrücken. Eichen, Birken und Stechpalmen verdichten sich zur *fraga,* zum typischen galicischen Mischwald. Schließlich taucht die Bar *Caaveiro* auf, und weiter über die Brücke an der Müllhalde links führt ein Holperweg hinauf zum 934 gegründeten Kloster, heute Ruine. Efeu wuchert an eingestürzten Wänden, Gräbern, dem Glockenturm und an der romanischen Apsis. Der Blick schweift zum Wappen von Kastilien und León am Torbogen und weiter über ein fruchtbares Tal, in dem einmal Bären hausten.

BETANZOS, BÄUERLICHE RITTERSTADT

Die vorteilhafte Lage der Stadt, auf einem Hügel an der Ría und von den zwei Flüssen *Mandeo* und *Mendo* umspült, wußte man schon seit frühester Zeit zu schätzen. Hier erhob sich einst die Keltensiedlung *Untia.*

Das heutige Betanzos entstand 1219 an dieser Stelle. Mit ihrem einst bedeutenden Hafen seien seine Bewohner »die Genovesen Spaniens« gewesen, schreibt ein Chronist des 14. Jahrhunderts. 1487 besuchten die Katholischen Könige Betanzos und ernannten es zur Hauptstadt der gleichnamigen Provinz, die den ganzen Norden der heutigen Provinz Coruña umfaßte. Seine Glanzzeit erlebte Betanzos im 15. und 16. Jahrhundert, als hier viermal soviel Menschen gelebt haben wie heute und fast jede der großen galicischen Adelsfamilien hier einen Palast besaß. Keine Ausnahme bildete das mächtige Geschlecht der Andrade, das Betanzos zu seinem bevorzugten Aufenthaltsort erkor. Diesem Umstand verdankt Betanzos den Beinamen »de los caballeros«, Stadt der Ritter.

RIAS ALTAS – NORDKÜSTE

Ein Gang durch die mittelalterliche Stadtanlage mit Toren, Wehrmauer, von Arkaden gesäumten Plätzen, wappengeschmückten Häusern und Palästen vermittelt immer noch einen Eindruck ritterlichen Gepränges. Die Brände und Zerstörungen durch Engländer und Franzosen zwischen dem 17. und 19. Jahrhundert ließen genug übrig, um die Altstadt 1970 zum kunsthistorischen Denkmal zu erklären.

Am 24. April 1834 verlor Betanzos seinen Status als Provinzhauptstadt an A Coruña. Seitdem gibt sich die Stadt der Ritter bäuerlich, genießt in provinzieller Abgeschiedenheit, was der fruchtbare Boden und die fischreichen Flüsse hergeben. In der Altstadt oder auf der anderen Seite des Río Mandeo verstecken sich zahlreiche Bodegas, in denen ab September der schwere Landwein aus großen Fässern fließt; Bars und Restaurants bieten hauptsächlich deftige lokale Kost. Hektik scheint hier unbekannt, am liebsten sitzt man unter den Arkaden der *Plaza O Campo* und betrachtet das Gedrängel der ankommenden Bustouristen, die von hier aus den mittelalterlichen Stadthügel erklimmen und die glanzvolle Geschichte von Betanzos erkunden.

Außer den meist gotischen Zeugnissen ist nicht viel geblieben vom Reichtum der großen Adelsfamilien; die Emigration war und ist oft für die Einwohner von Betanzos eine wirtschaftliche Notwendigkeit. Auch die beiden hochverehrten Söhne der Stadt, die Brüder García, mußten ihr Glück in Argentinien machen, bevor sie später als reiche philanthropische Mäzene zurückkehrten. Der vom älteren Bruder initiierte Bau des einst riesenhaften Parkes *Pasatiempo* am Stadtrand war keine bloße Spinnerei eines Neureichen, sondern auch eine Arbeitsbeschaffungsmaßnahme für die bitterarmen Leute von Betanzos. Dennoch vermittelt die Stadt stets das Gefühl, daß es sich hier gut leben – und feiern – läßt.

In der Altstadt

Der zentrale Punkt der **Altstadt** ist die heutige **Plaza de la Constitución,** wo sich einst die keltische Siedlung *Untia* befand. Das *Rathaus* ist ein klassizistisches Gebäude aus dem 18. Jahrhundert. Die **Iglesia Santiago** direkt daneben ist ein schönes Beispiel galicischer Gotik, im 14. Jahrhundert von Fernán Pérez de Andrade (gest. 1397) in Auftrag gegeben. Der dreischiffige Bau besitzt drei kurioserweise asymmetrische Apsiden, weil in früheren Zeiten der Rathausturm den Platz verstellte. Das *Hauptportal* mit vier Säulenpaaren zeigt, wie lange die Romanik die galicische Architektur noch beeinflußte: wie in diesem Fall bis zum Beginn des 15. Jahrhunderts. Gegenüber der Kirche erhebt sich der **Pazo de Lanzós,** 1621 vollendet und kürzlich restauriert. Auffallend sind sein Balkon und das große Wappen mit den fünf Lanzen als Zeichen der Familie Lanzós.

Eine der bemerkenswertesten Stellen von Betanzos ist das Areal der beiden gotischen *Kirchen Santa María* und *San Francisco,* die recht nah beieinander stehen. **Santa María** ist eine

Konstruktion aus dem Ende des 14. Jahrhunderts. Fernán Pérez de Andrade ließ sie über einer alten romanischen Kirche errichten, von der noch einige Bauelemente übernommen wurden. Das *Hauptportal* stammt noch aus dem 12. Jahrhundert und zeigt neben dem Jüngsten Gericht und den 24 Ältesten eine Anbetung der Heiligen Drei Könige in dem halbrunden Tympanon. In ihrem *Innern* lassen sich 14 flämische Holz-Skulpturen von großem kunsthistorischem Wert betrachten, die zu Beginn des 15. Jahrhunderts nach Betanzos kamen und in einen Barockaltar integriert sind. 1981 wurden sie von »Eric, dem Belgier«, einem Kunstdieb, geraubt und erst vor kurzer Zeit wieder gefunden.

Das **Kloster San Francisco** geht auf eine Gründung von 1292 zurück und wurde vom großen Pérez de Andrade 1387 wiedererrichtet. Es beherbergte einst ein wichtiges Zentrum für theologische Studien. Vom Kloster selbst ist nur wenig erhalten geblieben, wohl aber die zugehörige **Kirche.** Sie ist einschiffig mit drei gotischen Apsiden, deren Grundriß mehreckig ist. Das *Hauptportal* mit vier Säulenpaaren zeigt die Anbetung der Heiligen Drei Könige. Am Seiteneingang ist der Erzengel Gabriel im Habitus eines Franziskaners dargestellt. Das Hauptinteresse gilt jedoch sicher dem *Grab* des Stifters Fernán Pérez de Andrade. Der monumentale Sarkophag wird von den beiden Wappentieren der Familie Andrade getragen: Bär und Keiler. An den Seiten ist der Steinsarg mit Jagdszenen geschmückt,

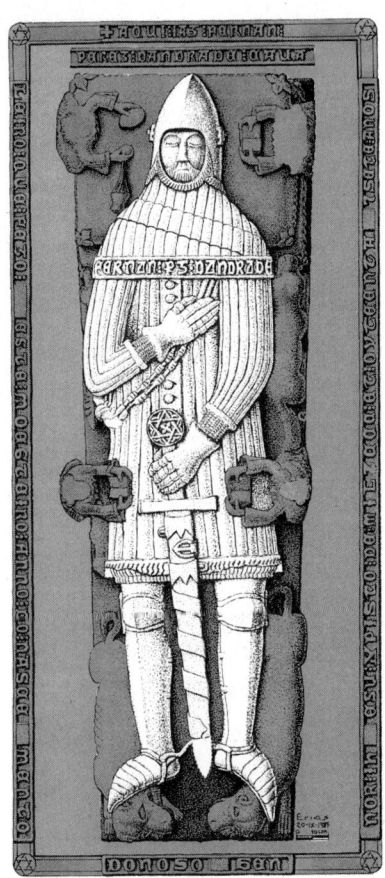

Ritterlicher Kirchenstifter mit Platzbedarf: Fernán Pérez de Andrade

obenauf liegt das offenbar recht originalgetreue Abbild des Ritters in voller Rüstung. Sein Kopf wird von einem Engel gehalten, zu seinen Füßen ruhen drei Jagdhunde. Das Grabmal wurde innerhalb der Kirche mehrmals umgesetzt, weitere zugehörige Jagdszenen finden sich an verschiedenen Stellen der Kirche. Außer diesem Grab sind in San Francisco noch zahlreiche andere Gräber von Rittern aus dem Spätmittelalter zu sehen.

Ein Disneyland der Jahrhundertwende: Der Parque El Pasatiempo

Etwas außerhalb von Betanzos, auf der anderen Seite des Río Mendo direkt an der Nationalstraße nach Santiago, liegt eine der größten Attraktionen der Stadt, die lange Zeit in Vergessenheit geraten war: Der wunderliche Park *Pasatiempo* (Zeitvertreib) war bei meinen ersten Recherchen in Galicien noch unzugänglich und von Gestrüpp überwuchert. Er ist das Werk von *Juan García Naveira* (1849 – 1933), der im Alter von 20 Jahren nach Argentinien ausgewandert und 1893 als reicher Mann in seine Heimatstadt Betanzos zurückgekehrt war.

Wie viele der wiederkehrenden Emigranten Galiciens betätigte sich Don Juan als Philantrop, stiftete Schulen, Heime, öffentliche Waschhäuser. Sein spätes Lebenswerk sollte jedoch dieser Park werden, eine 90.000 m² große Anlage, die er um den einzigen Landbesitz seiner Familie herum anlegen ließ – einer sumpfigen, mückenverseuchten Parzelle am Ufer des Mendo. Bis zu 200 Arbeitslose rekrutierte er täglich vor seinem Haus an der Plaza O Campo für sein Lieblingsprojekt, eine mäzenatenhafte Arbeitsbeschaffungsmaßnahme und sein Zeitvertreib bis in die 20er Jahre

hinein. Der spätgebildete García wollte darin den Besuchern die Welt erklären – beseelt von Fortschrittsglauben und besessen von der Idee, globale Kunst, Geschichte, Naturkunde und Mythologie an einem Ort versammeln zu können, in der tiefen Provinz des zurückgebliebenen Galicien. Dabei entstand ein Disneyland der Jahrhundertwende, von Zeitgenossen als Ausgeburt des Kitsches beschimpft oder als »Werk von größtem pädagogischen Wert« gepriesen.

Der so einzigartige wie finanziell ruinöse Privatpark erregte Aufmerksamkeit. Die Michelin-Führer der 20er Jahre erwähnten ihn als eine der Hauptattraktionen Spaniens, der begeisterte König Alfonso XIII. schenkte dem kleinen Zoo ein Yak, »eine Art Büffel mit Pferdeschwanz«, wie ein Parkbesucher notierte. Die gestalterischen Ideen lieferten zumeist Don Juans Auslandsreisen. Der Pasatiempo ist ein Sammelsurium zementierter Reisesouvenirs, »touristische Missionen« nannte sie um 1900 sein Freund und Reisebegleiter Rogelio Borondo.

Eines der Glanzstücke der Kollektion wurde der *Estanque de los papas*, der Teich der Päpste, eingerahmt von 265 Zementbüsten aller Stellvertreter Christi von Petrus bis Pius X. Als Vorlage der Kopisten von Betanzos diente das kleine Synoptikum der Päpste, das auch heute noch Vatikan-Touristen kaufen können. Ebenso Andenken aus dem Vatikan waren die beiden *Löwen* aus Carrara-Marmor, die einst den Eingang des Parks flankierten – originalgetreue Kopien der schläfrigen Gesellen, die seit 1792 das

Grab Papst Clemens XIII. bewachen. García gab sie, ebenso wie zwölf *Kaiserbüsten*, während einer Romreise in Auftrag; die tonnenschweren Andenken gelangten per Schiff nach der galicischen Hafenstadt A Coruña. Der Transport muß ein Spektakel für sich gewesen sein. Eine Brücke auf dem Weg nach Betanzos drohte unter dem Gewicht der Löwen einzustürzen.

Heute noch sichtbar ist die Reise Don Juans nach Ägypten, die er 1910 mit seiner Familie unternahm. Hoch zu Kamel posierten die Garcías im Tal der Könige einem Fotografen. Später ließen sie dieses Foto als lebensgroßes Mauerrelief im Pasatiempo festhalten, angereichert durch ein Postkartenmotiv der Cheops-Pyramide. Nicht fehlen durfte da offenbar das damals für García noch sensationelle Flugzeug. Der die Pyramide im Pasatiempo anfliegende Doppeldecker war schon zu bewundern, als es noch Jahre dauern sollte, bis das erste richtige Flugzeug über Galicien kreiste.

Ohne Rücksicht auf ästhetische Verluste bezog García von überall her Anregungen, aus romantischen englischen Parks wie französischen Gärten. Als großes Vorbild diente der »Ideale Palast« von Hauterives, den sich der französische Briefträger Ferdinand Cheval zwischen 1879 und 1912 erbaute und der 1968 zum kunsthistorischen Denkmal ernannt wurde, weil es sich um die »einzige naive Architektur der Welt« handele. Das Gesicht des Hades, der Eingang zur Hölle, ist eine Kopie der Figur im »Heiligen Wald« des italienischen Bomarzo.

Das alles verschlingende Maul des Hades

Die vielen künstlichen Grotten und die Unzahl von Ziermuscheln des Pasatiempo entsprechen dem Geschmack der Zeit. Von einem venezianischen Händler erwarb García solche Mengen von Muschelschalen, daß dieser sich nach dem Geschäft zur Ruhe setzte. Vorbei an der Cheops-Pyramide führt ein dunkles Loch in ein Höhlenlabyrinth, eine Nachahmung der Katakomben Roms. Um dem ganzen eine gruselige Note zu verleihen, ließ Don Juan noch ein paar authentische mittelalterliche Steinsärge hineinstellen – davon waren in Betanzos immerhin mehr als genug zu finden. Das ganze Grotten-Arrangement ist aber auch nicht ohne Vorbild – wichtige Impulse gab sichtbar der berühmte Park Güell in Barcelona.

1933 starb Don Juán, 84 Jahre alt, in seinem Haus an der Plaza O Campo, die heute Plaza García Hermanos heißt. Eine Statue der beiden Brüder wurde aus dem Park dorthin umgesetzt. Dort, wo sie einst gestanden hatte, blieb nur noch ein wüstes Schottergelände und der städtische Fußballplatz. Denn für den schöngeistigen Park war im Spanien des Bürgerkriegs kein Platz mehr, der Verfall setzte schon bald nach dem Tod seines Erbauers ein. Was von Wert war, verkaufte seine verarmte Familie. Anderes stahlen die hungernden Bewohner löwen aus Rom liegen heute vor dem Heiligtum des asturischen Ortes Covadonga. Reste des kunstvoll geschmiedeten Gitters, das einmal den ganzen Park umgab, schirmen nun ein entferntes Herrenhaus von der Außenwelt ab. Pavillons, Figuren und der chinesische Aussichtsturm verschwanden irgendwie, niemand kümmerte sich darum. Einen gewissen Nutzwert besaßen allerdings stets die Katakomben: sie waren Zufluchtstätte für die von der spießigen Moral der Franco-Zeit verfolgten Liebespärchen.

Was nach dem jahrzehntelangen Verfall unter wild wuchernder Vegetation erhalten blieb, ist nur der oberste Teil des Parks, der seit 1993 wieder zugänglich ist. Die futuristische Stahlbrücke in den Pasatiempo und der maschendrahtumzäunte neue

Jules Vernes Phantasien in Zement gegossen: Der Taucher

von Betanzos. Während des Krieges in Betanzos stationierte Soldaten suchten ihre geistige Erbauung im Abschießen der Papstbüsten, köpften die Statuen, verwüsteten die Gärten. Den Rest übernahm die Stadtverwaltung, indem sie dem Bau einer Nationalstraße nach Santiago zustimmte – quer durch den Park. Die Marmor- Teil des Parks sind allerdings eine architektonische Entgleisung, der viel vom skurrilen Charme des Parks zum Opfer gefallen ist. Daß es aber überhaupt noch zu dieser späten und rund 19 Millionen Euro teuren Rettungsaktion zum 100. Geburtstag des Pasatiempo kommen konnte, verdankt man dem Umstand, daß Juan García

Naveira für sein Park-Projekt ein sehr haltbares, seinerzeit neuartiges und mißtrauisch beäugtes Material verwenden ließ: Der Pasatiempo war das erste galicische Bauwerk aus Zement.

Verbindungen & Infos

Zug: Bahnstation Betanzos-Cidade, Rúa do Arxentina, ✆ 981-772402. Nach Ferrol 7x täglich, nach A Coruña 9x täglich.

Bus: Nach Coruña alle halbe Stunde bis 22.30 Uhr, So und Fei stündlich, Haltestelle Plaza del Campo (*IASA* ✆ 981-770660).
Nach Santiago: 7.15 (Mo – Fr), 9.15 (Mo – Sa), 11 (Mo – Fr), 12 (Sa), 12.15 (Mo – Fr), 16, 18 (Mo – Fr), 20.15 (außer Sa). (*Castromil* ✆ 981-582723).
Nach Sada täglich alle halbe Stunde (*Autos Calpita,* ✆ 981-620060).

Infos: Die *Touristeninformation* an der Plaza O Campo macht täglich zwischen 8 und 22 Uhr Kaffeepause. Das städt. *Tourismusbüro* befindet sich in Museo das Mariñas, Emilio Romay s/n, ✆ 981-771946.

Unterkunft

★★ *Hotel Los Angeles,* Los Angeles 11, ✆ 981-771511. DZ 47 €. Modernes Gebäude mit komfortlosen Zimmern, unangemessener Preis.

★ *Hostal Barreiro,* Rúa do Rollo 6, ✆ 981-772259. DZ ab 12 € (um den 16. August Reservierung ratsam). Empfehlenswerte Adresse mit gemütlichen Zimmern.

★ *Hostal El* 17, Travesía Progreso 17, ohne Telefon. Kleine, familiäre Pension ohne Luxus, beim Mesón o Progreso. DZ ohne Bad 18 €.

Essen & Trinken

In Betanzos gibt es eine Vielzahl einfacher Restaurants, in denen man die traditionelle galicische Küche ausprobieren kann.

Bar Paxeira, Castro de Unta 43. Preisgünstige und deftige Hausmannskost (keine Karte), man sitzt draußen unter Arkaden auf Holzbänken.

Mesón Os Arcos, Rúa do Rollo 6, ✆ 981-772259. Ansprechendes Restaurant, das zum Hostal Barreiros gehört. Galicische Küche. Bekannt auch für seine guten Tapas. Tagesmenü um 6 €.

Mesón Pulpeira, Valdoncel 3, direkt an der Plaza O Campo. ✆ 981-772703. Reichhaltige Fisch- und Fleischgerichte zu zivilen Preisen.

Bar Palucho, Roibeira, ✆ 981-771657. Etwas außerhalb von Betanzos im Vorort *Roibeira.* Die Küche des unscheinbaren Lokals, vor dem zu späterer Stunde Einheimische Schlange stehen, ist auf Forellen spezialisiert. Sehr günstig.

Feste

Seit 1998 findet in Betanzos in der letzten Juliwoche ein *mittelalterliches Marktfest* statt. Der überwiegende Teil der Einwohner trägt zeitgenössische Kostüme, die sich auch sonst jeder Besucher vor Ort leihen kann. Zu sehen gibt es Kunsthandwerk und Ritterspiele, Delikatessen werden feilgeboten und als besondere Gaudi treibt ein Priester auf dem Ochsenkarren die »Leprakranken« aus der Stadt.

Jedes Jahr am *16. August* steigt nachts der größte Papierballon der Welt in die Luft, bemalt mit historischen Szenen.

In keinem Galicienprospekt fehlen Fotos der *Romería Os Caneiros* (18. und

Im Juli geht's in Betanzos hoch her: Folklore und Tanz zu mittelalterlicher Musik

25. August), zu der auf den geschmückten Flußbooten des Mandeo und Mendo geschmaust und gefeiert wird.

Von Sada nach Coruña

Über Sada nach Coruña ist die Strecke gespickt mit Stränden, zahlreichen Campingplätzen, zwei Jugendherbergen und Restaurants. Im Einzugsbereich von A Coruña staut es sich dementsprechend.

Hinter *Bergondo,* am Qualm einer Go-kart-Bahn vorbei, taucht der Ort **Sada** auf. Hier tummeln sich die Coruñenser zwischen Spielhöllen, Verkehrsstau und internationalen Restaurants.

🚶 **Fest:** Am Sonntagabend nach dem 16. Juli – dem *Tag der Carmen* – feiert Sada am Hafen eine sehenswerte Meeresprozession.

Wohltuend vom Strandrummel hebt sich der Ort **O Castro** ab, von Sada aus Richtung A Coruña. Ein Schild weist zur **Keramikfabrik** und dem *Museum für Galicische Kunst.* Die Fabrik ist zwischen 8.30 und 13 Uhr, 14.30 und 18 Uhr zu besichtigen, der dazugehörige Laden mit Geschirr, Schmuck und Figuren aus Sargadelos und Castro öffnet täglich außer Sonntag von 8.30 bis 21 Uhr. Das modern eingerichtete **Museum** *Carlos Maside* von 1986 zeigt zeitgenössische Werke galicischer Maler und Karikaturisten, darunter Aquarelle von Carlos Maside und bissige Zeichnungen von Castelao (↗ Galicien im 20. Jahrhundert, »Verfechter der galicischen Sache«), dazu Masken, historische Wahlplakate und vieles mehr (10 – 14 und 16 – 30 Uhr, So/Fei geschlossen).

Auf dem Weg nach **Lorbé** mit seiner Miesmuschel-Fabrik liegt die **Playa San Pedro** mit einer schönen Bucht und guten Campingplätzen. Von da an bestimmt A Coruña die Atmosphäre der Strand- und Disco-Dörfer **Mera** und **Santa Cruz**.

Campings & Jugendherbergen

Camping: *Santa Marta,* ℂ 981-795826, 2 km vom Strand und 6 von Betanzos Richtung Sada, 2 PAZ 15 €, Freibad, Fußballplatz, Supermarkt, Restaurant, schattig, sauber und voll. 1. April bis 30 September.

Jugendherberge *Gandarío,* am gleichnamigen Strand, ℂ 981-791005 (besser zwei Tage vorher anmelden). 4 € pro Nase.

Camping: *Green Village,* gegenüber der JH, klein und völlig überlaufen, ℂ 981-791453, 2 PAZ 12 €.

Jugendherberge *Marina Española,* Corbeiroa s/n in Bergonda, ℂ 981-624202, 4 € die Nacht, Schwimmbad, Restaurant, Pingpong.

Camping: *San Pedro,* ℂ 981-617778, 2 PAZ 11 €. Schön an einer Bucht mit Miesmuschelzucht gelegen. Gleich am Meer. 15 Mai bis 15. September geöffnet.

Velo Mar, ℂ 981-617076, 2 PAZ 11 €, in der Nähe des Strandes Cirro mit Blick auf den Hafen von Lorbé. Duschen 1 €, ganz jährig geoffnet.

Campings in und bei Santa Cruz:

Los Manzanos, in Oleiros, ℂ 981-614825, 2 PAZ 16 €, mit Schwimmbad, Restaurant, schattig und ruhig gelegen. Empfehlenswert. 5.4. – 30.9. geöffnet.

Bastiagueiro verwaltet ein alter Mann mit weißem Bart, ℂ 981-614878, 2 PAZ 13 €, am Strand Bortigueiro mit Blick auf A Coruña. 1.6. – 30.9. geöffnet.

Santa María de Cambre

Ein zweiter, kürzerer Weg nach Coruña geht an der romanischen **Kirche von Cambre** vorbei. *Santa María* geht auf eine ritterliche Stiftung von 942 zurück; der Bau aus dem frühen 13. Jahrhundert genießt den Ruf, einer der wichtigsten der galicischen Romanik zu sein. Er ist zum größten Teil restauriert. Die Kirche gehörte zu einem Monasterium, das erst im Krieg gegen die Engländer 1589 beschädigt und dann von den Franzosen 1809 fast völlig zerstört wurde. Mit ihren Säulen an Fenstern und Portal und dem *Agnus Dei* im Giebelfeld ist die Kirche falls verschlossen auch von außen sehenswert. Das eigentlich Ungewöhnliche für romanische Architektur sind aber die fünf Apsiden am Chorumgang.

Der dreischiffige Bau wurde in seinen wesentlichen Teilen um 1194 fertiggestellt, worauf eine Inschrift des Baumeisters hindeutet (im ersten Südbogen in der Vierung). Der Chorgang um den länglichen Altarraum und die fünf Chorkapellen wurden in der ersten Hälfte des 13. Jahrhunderts hinzugefügt; ihr Grundriß ähnelt damit dem der Kathedrale von Santiago.

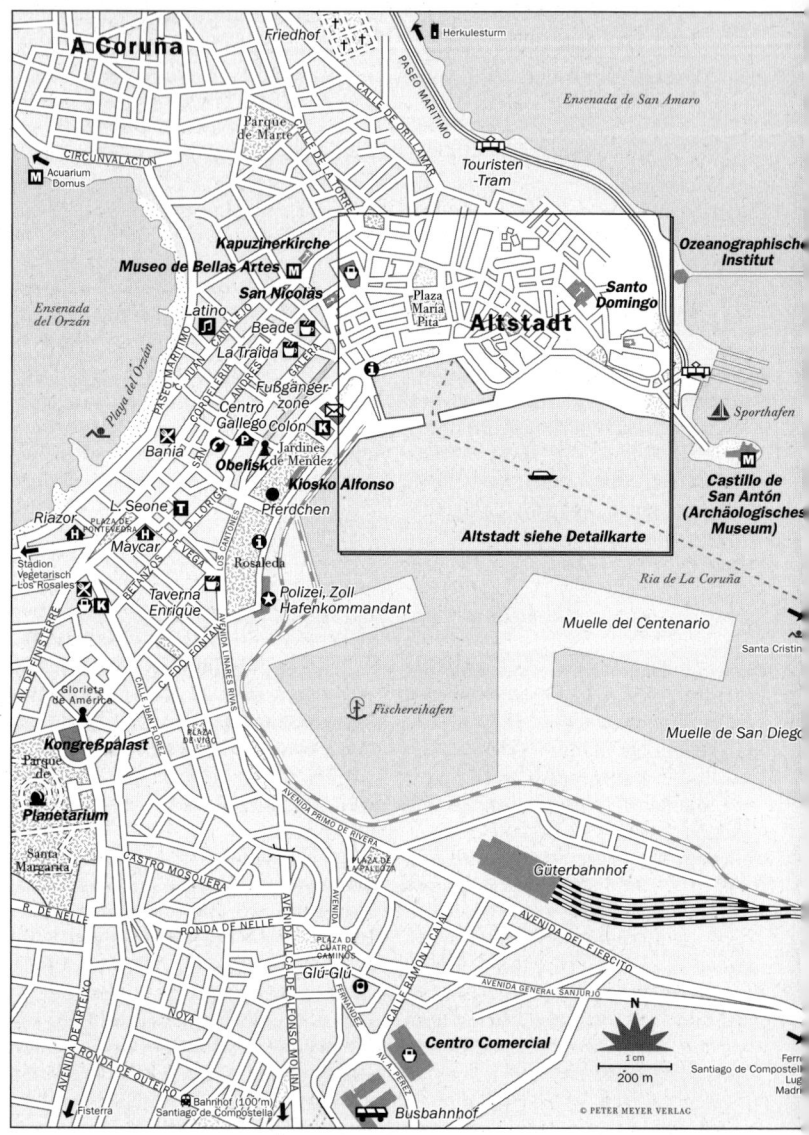

A Coruña

Friedhof

Herkulesturm

PASEO MARITIMO

CALLE DE ORILLAMAR

Ensenada de San Amaro

Parque de Marte

CIRCUNVALACION

Acuarium Domus

Touristen -Tram

Ozeanographische Institut

Kapuzinerkirche

Museo de Bellas Artes

San Nicolás

Plaza Maria Pita

Altstadt

Santo Domingo

Latino

Beade

La Traída

Fußgänger- zone

Centro Gallego

Colón

Jardines de Méndez

Banía

Obelisk

Kiosko Alfonso

Pférdchen

Séone

Riazor

Maycar

Rosaleda

Stadion Vegetarisch -Los Rosales

Taverna Enrique

Polizei, Zoll Hafenkommandant

Altstadt siehe Detailkarte

Sporthafen

Castillo de San Antón (Archäologisches Museum)

Ria de La Coruña

Muelle del Centenario

Santa Cristina

Fischereihafen

Muelle de San Diego

Glorieta de América

Kongreßpalast

Parque de

Planetarium

Santa Margarita

AV. DE FINISTERRE

CASTRO MOSQUERA

RONDA DE NELLE

R. DE NELLE

PLAZA DE PALAVEA

AVENIDA PRIMO DE RIVERA

Güterbahnhof

AVENIDA DEL EJERCITO

PLAZA DE CUATRO CAMINOS

Glú-Glú

AVENIDA GENERAL SANJURJO

N

Centro Comercial

1 cm
200 m

Ferro
Santiago de Compostell
Lug
Madri

AVENIDA DE ARTEIJO

RONDA DE OUTEIRO

NOYA

Fisterra

Bahnhof (100 m)
Santiago de Compostella

Busbahnhof

© PETER MEYER VERLAG

A CORUÑA – DIE GLÄSERNE STADT

Einer galicischen Redensart zufolge wird in Vigo geklotzt, in Santiago gebetet und in A Coruña gelebt. Das stellen die fast 300.000 Einwohner der Provinzhauptstadt besonders im August unter Beweis: mit einem 30 Tage dauernden Spektakel aus Musik, Stierkampf, Kunsthandwerk, Buchmarkt, Freilichtkino und vielem mehr.

Wie eine Axt liegt die Stadt des Herkulesturms flach im Wasser, von allen Seiten vom Atlantik umspült. A Coruña sticht unter den galicischen Städten strahlendweiß hervor. Stellenweise ist sie weißer als die zahlreichen, kreischenden Möwen, denn die Glasgalerien sind hier so prägend wie sonst nirgends. Weder um eine Kathedrale gebaut, noch vom Adel tyrannisiert, ist sie schon immer eine Stadt der Handwerker, der Fischer, aber auch des Militärs gewesen.

A Coruña ist weltoffen, nur bei ihrem Fußballverein »Deportivo« kennt sie kein Pardon. Schon gar nicht, wenn dieser im Stadion *Riazor* am Rande des Strandes und in den vielen Bars gegen den »Celta de Vigo« spielt. *Celta* ist der Verein der großen Rivalin, mit der Coruña sich die Rolle als wichtigste Industrie- und Hafenstadt teilen muß.

An Coruñas engster Stelle sind es zwischen Meer und Meer kaum vier Minuten zu Fuß: im Westen liegen im Halbkreis die schönen, belebten *Strände* vor eiskalten Betonbunkern, im Osten der lebhafte *Hafen* vor den so berühmten Glasveranden aus der Jahrhundertwende. Dazwischen zwängen sich gepflasterte Gassen voller Tapa-Bars, Tavernen, Restaurants und Läden, die ebenfalls zum großen Teil hölzerne Veranden besitzen. Wer nur wenig Zeit mitbringt, bekommt mit einem Bummel durch die Sträßchen *Olmo, Galera, Riego de Agua, Franja* und *Torreiro* schon einen ganz guten Eindruck von der Stadt. Doch auch nach drei Tagen hat man von ihr bestimmt noch nicht genug.

Ob zu Fuß, per Fahrrad oder Straßenbahn – ein zweiter längerer Bummel umrundet die auf einer Halbinsel gelegene Stadt immer am Meer entlang auf der neuen Uferpromenade. Die fünf Kilometer lange Strecke fuhrt vom riesigen Handelshafen an der Altstadt vorbei bis zum Herkulesturm im äußersten Nordwesten, einem noch funktionierenden römischen Leuchtturm. Auf der anderen Seite der Stadt geht es weiter bis zum neuen **Acuarium Finisterrae** mit seiner Krankenstation für Fische.

Info: ✆ 981-217191, 10 – 19 Uhr, im Juli und August 11 – 22 Uhr; Eintritt 6 €.

Mit Blick auf die Stadtstrände gelangt man zum segelförmigen **Museum des Menschen »Domus«,** das von dem japanischen Architekten *Areta Isozaki* entworfen wurde. In diesem Museum ist Anfassen erlaubt. Besonders spannend für Kinder: Mit anschaulichen Versuchen wird der menschliche Körper erklärt. Man kann dort beispielsweise seine Kraft durch die Geschwindigkeit messen lassen, die ein

Fußball bei einem Elfmeterschuß entwickelt.

Domus – Casa del Hombre: ℭ 981-217000, 10 – 19 Uhr, im Juli und August 11 – 22 Uhr; Eintritt 1,80 €.

Paseo Marítimo

Die **Promenade** oder der »Paseo Marítimo« gehört zu den Lieblingsprojekten des sozialistischen Bürgermeisters, der nicht ohne Grund sehr angesehen ist. Schließlich hat er schon zahlreiche alte Häuser vor den Maklern gerettet, riesige Livekonzerte am Strand und im *Coliseo* genauso wie unbekanntere Künstler gefördert und den schmucken *Hauptplatz María Pita* vor seiner Residenz vom Verkehr befreit, indem er eine Parkhalle darunterschob. Östlich dieses Platzes liegt die *Altstadt* mit ihren kleinen romanischen Kirchen, Herrenhäusern, Resten einer Stadtmauer und einer Burg, die gemeinsam die bis ins Mythische reichende Geschichte dieser alten Stadt erzählen. So wird der Halbgott Herkules als Gründer angeführt, der den König Gerion im Kampf besiegt und an der Stelle A

☀ **Tip:** Für Besucher bietet die Stadt die »Coruña Card« an. Die 2 Tage gültige Karte erlaubt den unbegrenzten Besuch von Museen und Kulturveranstaltungen, teils gratis, teils zum halben Preis. Ein Elektro-Chip in der Karte erspart das Schlangestehen. Sie kostet 12 € pro Person, 25 € als Familienkarte. Zu haben im ↗ Tourismusbüro.

Coruñas, genauer gesagt unter dem Herkulesturm, begraben haben soll.

Schon in der Antike hatte Coruña für die Navigation eine Rolle gespielt und wurde später von den Römern *Flavium Brigantium* getauft. Im 5. Jahrhundert kamen die Sueben, 300 Jahre später die Mauren. Im *Codex Calixtinus* von 1180 taucht zum ersten Mal der Name *Cruña* auf.

Coruñas Geschichte dreht sich vor allem um den Hafen, der immer wieder angegriffen wurde: besonders grausam 1598 von den Engländern und Anfang des 19. Jahrhunderts von napoleonischen Truppen. Noch heute zeugen die vielen Militärgebäude der Altstadt vom strategischen Stellenwert der Stadt. Oft müssen Rekruten Graffitisprüche abwaschen, die sich mit der gewaltigen Präsenz nicht einverstanden erklären. Von hier aus zogen die Schiffe im 16. Jahrhundert nach Amerika. 1588 entsandte Felipe II. gegen das England der Elisabeth II. die »Armada«, deren Niederlage am Ärmelkanal das Ende der spanischen Weltmacht einläutete. Damals lebten kaum 4000 Menschen in Coruña, deren ummauerte Altstadt ab dem 4. Mai 1589 ein Ex-Pirat mit 160 englischen Schiffen fünfzehn Tage lang unter Beschuß nahm: der damals 44jährige Sir Francis Drake. Seine große Gegnerin, so die romantische Geschichtswissenschaft des 19. Jahrhunderts, sei María Pita gewesen, die Frau eines Fleischers, die A Coruña schließlich endgültig vor den Engländern gerettet haben soll. Tatsächlich hieß die 25jährige Señora Mayor Fernández da Cámara Pita und war

Moderne Hafenstadt:
Blick auf A Coruña

wohl doch nur eine von vielen energischen Frauen, die mit ihren Männern die Stadt verteidigten. Dennoch, diese nach der des Herkules wichtigste Stadtlegende hat dem Hauptplatz und dem Augustfest bis heute den Namen *María Pita* gegeben. Und seit 1998 ist sie dort auch gegenwärtig: Als Statue mit hocherhobenem Speer in der Hand und einem erstochenen Engländer zu ihren Füßen.

»La Ciudad« – Die Altstadt

Östlich der *Puerta Real* am Hafen, auf einem Felsvorsprung, beginnt die **Altstadt.** Sie ist ein Gemisch aus Herrenhäusern, Militärgebäuden, Antiquitätenläden, kleinen Plätzen mit Gedenktafeln und Läden entlang der kopfsteingepflasterten Straßen. Möwen flattern zwischen den Glasveranden, deren Fenster die schönsten Kirchen Coruñas widerspiegeln. In kaum einer Gasse fehlt eine Kneipe oder Taverne als Treffpunkt bei Nacht. Die Bewohner nennen sie schlicht »La Ciudad«, die Stadt.

Vom Hafen aus an der Puerta Real teilt sich die Calle Santiago am *Café Matelo's.* Rechts liegt in der *Tabernas 11* das ehemalige Wohnhaus der Schriftstellerin Emilia Pardo Bazán (1851 – 1921). Der Bau aus dem 18. Jahrhundert ist **Bazán-Museum** und Sitz der *Königlichen Akademie* mit über 25.000 Büchern. 2001 war es wegen Umbauarbeiten geschlossen, doch gibt es zwischen 10 und 12 Uhr täglich eine kurze Führung durch die Wohnräume der Emilia Pardo Bazán (im 2. Stock nachfragen); leider nur auf spanisch und ohne jegliches Informationsmaterial. Und dies, obwohl die Autorin weit über A Coruña hinaus den Ruf als eine der besten – und auch provokativsten – Autorinnen des 19. Jahrhunderts genießt. 1887 etwa schokkierte sie die erzkatholische spanische Gesellschaft mit dem Buch »Die Mutter Natur«, das die Inzucht thematisierte.

In der Nähe, wieder in der *Calle Santiago,* liegt die **Iglesia Santiago.** Als älteste in A Coruña war sie einst den Pilgern gewidmet, die vom Meer kamen. In einem Dokument von 1217 wird sie erstmals erwähnt. In schöner Regelmäßigkeit brannte sie und ließ dabei besonders 1501 und 1779 Federn: anstelle der dreischiffigen Basilika ist nur noch das zentrale Schiff mit

RIAS ALTAS – NORDKÜSTE

drei Apsiden und einem Turm geblieben, in dem Schießpulver aufbewahrt wurde. Ansonsten ist der romanische Bau mit der gotischen Rosette gut erhalten. Im Giebelfeld am *Hauptportal* reitet eine romanische Santiago-Statue, im Giebel des Nordportals ist das Agnus Dei (Lamm Gottes) über Stierköpfen angebracht.

Hinter der Kirche wachsen Magnolien, Palmen und Sträucher um den *Wunschbrunnen*. Die Anwohner tragen Einkaufstüten, die Militärs (vor der klassizistischen Hafenbehörde) Maschinengewehre und die Touristen Eiswaffeln aus dem *Café Mani*. In der angrenzenden **Calle Las Damas** werden Bikinis, Keramik und alte Möbel

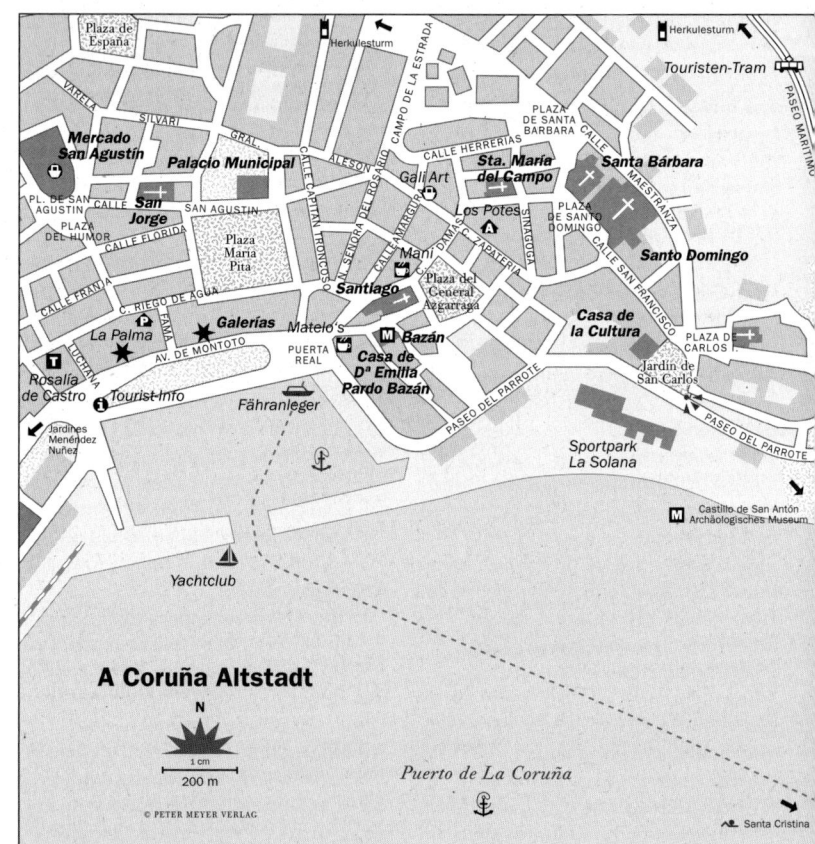

A Coruña Altstadt

N

1 cm
200 m

© PETER MEYER VERLAG

Puerto de La Coruña

verkauft sowie Schuhe repariert. Oberhalb liegt die **Plaza de Santa María**. Ein Lehrer lehnt am gotischen Steinkreuz und läßt seine Schüler das Portal der **Iglesia Santa María del Campo** mit der Anbetung der Könige im Giebel abzeichnen (Mal- und Zeichenmaterial in der Nähe: *GaliArt*, Travesía de Zapatería 1). Die spätromanisch-gotische Kirche mit Resten einer ehemaligen Basilika liegt an der höchsten Stelle der *Ciudad*. Die *Calle Santa María* kreuzt die **Sinagoga**, womit kein jüdisches Gotteshaus, sondern *sinagonus* als Grenzlinie einer Finca gemeint ist. Tatsächlich hat es innerhalb der Stadtmauer wohl nie eine Synagoge gegeben. Das Viertel der Juden lag, bis die Katholischen Könige sie auch hier vertrieben, in der Nähe der *Plaza Pontevedra* in der heutigen Neustadt.

Nach Westen öffnet sich ein weiterer kleiner Platz: die **Plazuela Santa Bárbara** mit einem spätgotischen *Konvent des Klarissenordens*. An der Fassade des wohl stillsten Ortes der Ciudad zeigt ein Relief das Jüngste Gericht. In der Seitenstraße *Herrera* lebte Coruñas Heldenfigur María Pita, die 1589 Francis Drakes Angriffe abwehren half. Drake zerstörte allerdings große Teile der Stadt, etwa den Konvent, an dessen Stelle heute die barocke **Kirche Santo Domingo** neben einem weiteren Militärdomizil an der *Plaza Santo Domingo* steht.

Ein ganz anderes Kapitel spanischenglischer Beziehungen begegnet dem Besucher am Ende der *Calle Francisco:* Im etwas kargen **Jardín San Carlos** ist ein Gedicht von Rosalías Castro dem Grab des Generals John Moore gewidmet, der die Stadt vor seinem Tod 1809 gegen die Napoleonischen Truppen verteidigte. Vom Garten aus blickt man auf die Reste der Stadtmauer, auf Coruñas Sportanlage und auf die *Burg San Antón* aus dem 16. Jahrhundert, in der das **Archäologische Museum** mit sehenswerten prähistorischen Funden aus der Zeit der Keltendörfer untergebracht ist.

Info: Di – Sa 10 – 21 Uhr, So und Fei 10 – 14.30 Uhr, Mo zu; Eintritt 1,80 €.

Die Hafenpromenade

Das Viereck der **Plaza María Pita** mit seinen charakteristischen Glasveranden und Rundbögen ist bei diesem Spaziergang sicher ein guter Ausgangspunkt. An der nördlichen Seite des Platzes steht das große neoklassizistische **Rathaus** (Palacio Municipal) vom Beginn des 20. Jahrhunderts. Im Gebäude gibt es *Wanderausstellungen* und ein *Uhrenmuseum*. Diese, wie auch der Sitzungssaal, *sala de sesiones*, sind Montag bis Freitag 17 – 19 Uhr geöffnet.

Von dem Platz zweigt nach Süden die Straße *María Barbeito* zur **Puerta Real** ab. Gegenüber am Hafen fahren stündlich buntgestrichene Boote zum nahen *Strand Santa Cristina*. An der Puerta Real beginnt die **Hafenpromenade** mit den **Glasveranden** aus dem Ende des letzten Jahrhunderts, den *galerías*. Diese nach Süden ausgerichteten Vorbauten aus Glas und Holz sind in Nordspanien entstanden, um im Winter Wind und Regen abzuwehren. Sie haben A Coruña den Bei-

Die drei Symbole A Coruñas: Seeleute, ihre Schutzheilige Carmen und das Rathaus

Tobias Büscher

namen »die Gläserne« gegeben. Auch die zierlichen Konstruktionen an der Hafenpromenade *Dársena de la Marina* stammen aus der Jahrhundertwende. Baltische Pinienhölzer und hartes, schweres kubanisches Guajakholz fassen die Glasfronten in unterschiedliche Formen ein. Weitere solcher Veranden finden sich hinter der Promenade in den Gassen *Riego de Agua*, in der »Freßgasse« *La Franja*, sowie in *Real, Olmos* und *Galera*. Sie alle bilden eine lebhafte Fußgängerzone voller Kneipen, Läden und Restaurants. Vorbei am *Tourismusbüro*, der Post und dem großen *Teatro Colón* (gleichzeitig das schönste Kino) öffnet sich linker Hand der Promenade die **Gartenanlage Menéndez Nuñez.** Spielzeugpferde traben vor kleinen Tretwagen um den Pavillon zwischen Palmen und Denkmälern. Die »Pferdchen von A Coruña« hat vor einem Vierteljahrhundert der Kunsthand-

werker Luis M. Santamaría aus Fiberglas und Polyester gebastelt. Oft steht er in Baskenmütze dabei und dirigiert das Geschehen. Erst unlängst wieder mußte er einen reichen Hamburger abwimmeln, der ihm Unsummen für die Fahrzeuge bot.

Neben dem Sitz des *Staatlichen Fernsehens* liegt hier auch der Jugendstilbau **Kiosko Alfonso,** einst Künstlercafé und Kino, heute *Ausstellungsraum* besonders galicischer (zeitgenössischer) Maler (Eintritt frei, 12 – 14 und 18 – 21 Uhr).

Weiter südlich schließen sich die schattigen **Jardines Rosaleda** bis zur *Plaza Orense* an. Kurz davor liegt in der **Calle Compostela** die alte *Taverne Enrique*, wo kleine Sardellen (*anchoas*) und Oliven zum Weißwein gereicht werden.

Hier entfernen wir uns von der Hafenpromendade in Richtung Wissenschaftsmuseum. Weiter oben wird schon der verspiegelte *Kongreßpalast* am Rande des Parks sichtbar. Auf dem Weg, an der **Plaza de Lugo** mit seiner *Markthalle*, finden wir einige der schönsten Beispiele der **Galerías** (Hausnummern 9 – 14), zum Teil an Jugendstilhäusern. Der Weg führt steil hinauf bis zur **Glorieta de America** am Rande des **Parque de Santa Margarita**. Das Zentrum des Parks ist das *Wissenschaftsmuseum*. Im 1983 fertiggestellten Gebäude sind um das Focaultsche Pendel herum auf mehreren Stockwerken Ausstellungen zu sehen: Technologie, Computer, eine Sammlung von Fossilien, Mineralien und Insekten, galicische Hölzer und im vierten Stock ein Planetarium, in dem – auf spanisch – zu Musik von Vivaldi das Universum erklärt wird. Die Besucher malen Sandbilder, komponieren Melodien, prüfen Gewichte und können mit der Kamera ein Chamäleon anzoomen.

Casa de las Ciencias: geöffnet 10 – 19 Uhr, im Juli und August 11 – 21 Uhr; Eintritt 1,80 €.

Bummel zu den Stränden

Von der **Plaza María Pita** empfehlen wir einen weiteren Bummel, diesmal zu den Stränden. Er führt zwischen der *Calle La Florida* mit ihren eindeutigen, schummrigen Bars und dem Rathaus zu der **Kirche San Jorge** hinauf. Sie ist ein weiteres Beispiel des regionalen Barocks des Architekten Domingo Antonio de Andrade (1639 – 1712), dem Santiagos Kathedrale den Glockenturm verdankt. Jesuiten haben Coruñas größte Kirche im 18. Jahrhundert im andradischen Stil konstruiert. Aber besonders groß ist sie wahrlich nicht. Die Kirche ist Ausgangspunkt der Meeresprozession, *procesión del mar*. Um den 16. Juli – *Tag der Carmen* – tragen Matrosen die Jungfrau mit viel Geböller und Getrommel aus der Kirche über die Plaza María Pita zur Hafenanlage, von wo aus sie in Begleitung des Bischofs, verschiedener Kapitäne und der Bewohner, gefolgt von Fischerbooten, eine Runde übers Meer geschippert wird.

Hinter der Kirche liegt der **Platz des Humors** vor einer großen Markthalle. Jeder nannte ihn *Plaza de Agustín*, bis die Ratsherren ihn vor wenigen Jahren leicht verändern ließen. Auf einer Steinbank fleetzt sich jetzt der bebrillte *Alvaro Cunqueiro* (Mondoñedo 1911 – Vigo 1981), Genießer und Journalist, zuletzt für den »Faro de Vigo« tätig. Neben ihm ist noch Platz. Dort sitzt manchmal ein Coruñenser mit identischer Brille und liest Zeitung. Ihnen gegenüber rutscht *Alfonso Castelao* (1886 – 1950) fast von der Bank. Der große Verfechter des *galeguismo* war politischer Denker und Karikaturist. In Marmor schwarz eingeritzt und auf gußeiserne Sockel gestellt finden sich weitere ganz unterschiedliche Persönlichkeiten. Um nur einige zu nennen: der französische Zeichner Honoré Daumier, Snoopy, Oscar Wilde, der Rosarote Panther und Cervantes mit ritterlichen Gebärden, Stan und Ollie, der spanische Autor Quevedo (1580 – 1645) und der Graus jeden römischen Comic-Legionärs: die schlagkräftigen Gallier Asterix und Obelix.

Gegenüber ist im **Markt** außer sonntags zwischen 9 und 15 Uhr Hochbetrieb. Der Mercado ist einer Bahnhofshalle nicht unähnlich; in den oberen Geschossen bieten Verkäuferinnen mit weißen Käppis weichen Käse, frisches Gemüse und Brot, Krabben, Blumen und Orangen an, während am Ausgang ein Blinder sein langgezogenes *para hoy* ausruft, die Lose der ONCE »für heute«.

Die Marqués de Pontejos führt an Banken und Schmuckläden vorbei auf die Calle San Nicolás, die rechter Hand in der sehr belebten **Plaza del Pintor Sotomayor** endet. Tauben sitzen in den Fenstern einiger verfallener Bauten. Hier befindet sich im ehemaligen, klassizistischen Kapuzinerinnen-Konvent das **Museo de Bellas Artes**. Gezeigt werden neben einigen romanischen Skulpturen Gemälde aus den flämischen, englischen, französischen und italienischen Schulen des 17. und 18. Jahrhunderts, außerdem galicische Bilder sowie Sargadelos-Keramik des 19. und 20. Jahrhunderts. Die Zeichnungen Goyas – unter anderem die »desastros de la guerra« – sind leider nicht immer ausgestellt .

Museum der Schönen Künste: geöffnet Di – Fr 10 – 20 Uhr, Sa 10 – 14 und 16.30 – 20 Uhr, So 10 – 14, Mo und Fei geschlossen; Eintritt 2,40 €. ℰ 981-223723.

Ebenfalls in der Straße Panaderas prunkt ein Kapuziner-Konvent aus dem 18. Jahrhundert mit einer Barockfassade des Galiciers Casas y Novoa, dessen Hauptwerk die Fassade der Kathedrale in Santiago ist. Gegenüber dem Kunst-Museum am Image Center rechts zweigt die kleine Gasse **Travesía San Andrés** ab. In der *Bodega O'Viñedo* gibt es ein paar gute Weine und Tapa-Häppchen, darunter scharfe Wurstscheiben (*chorizo*), Tortilla und Kroketten. Und etwas weiter rechts liegt in der **Calle Fito** das phantasievolle *Atlantis* mit allem möglichen Kunsthandwerk. Am Ende links und wieder rechts führt die Straße der Sonne, **Calle del Sol**, zu den kilometerlangen **Stränden Orzán und Riazor**. Wenn die Sonne scheint, liegt dort an warmen Sommertagen halb Coruña und guckt den Wellenreitern beim Umfallen zu. Das Wasser ist relativ sauber (Duschen vorhanden), bei Wellengang allerdings nicht ganz ungefährlich.

Der Herkulesturm

Anfahrt mit den Linien 3, 5 und 17 ab der *Puerta Real.* Die Busse fahren bis auf den mit der Aufschrift »Hérkules« nicht ganz bis zum Turm, der Fahrer gibt auf Anfrage ein Zeichen, wo man am besten aussteigt.

Als ständig abgelichtetes Postkartenmotiv am äußersten, nordwestlichen Ende der Halbinsel ist die **Torre de Hércules** das Wahrzeichen der Stadt. Und der ewig wiederholte Satz dazu heißt: »Das älteste Bauwerk aus dem 2. Jahrhundert ist der einzige noch funktionierende römische Leuchtturm der Welt«. Sein Äußeres stammt allerdings aus dem Jahr 1791, und römisch sind nur noch einige wenige der 242 Stufen. Der Legende nach baute ihn Herkules, nachdem er dem Tyrann Gerion den Kopf abgehackt und ihn hier begraben hatte.

Wer die schmalen Treppen 50 Meter hinaufsteigt, ist insgesamt mehr als 150 Meter über dem Meeresspiegel und hat einen weiten Blick auf Strand und Innenstadt. Früher waren von hier aus auch die Elendshütten Coruñas zu sehen. Sie wichen dem neuen Paseo Marítimo. Rund um den Turm befindet sich heute ein Park mit moderner Kunst.

Herkulesturm: im Juli und August 10 – 21, Fr und Sa bis 24 Uhr; Eintritt 1,50 €.

Verbindungen & Infos

Aktuelle Abfahrtszeiten bietet die »Voz de Galicia« – liegt in allen Cafés und Bars aus – auf Seite 2.

Flug: *Aeropuerto Alvedro,* 8 km südlich vom Zentrum, ℗ 981-232240, täglich nach Madrid und Barcelona.

Bahn: *Estación San Cristóbal,* San Cristóbal s/n, ℗ 902-240202. Vom Zentrum dorthin mit der Buslinie 14. Regionalzüge fahren mehrmals täglich in alle größeren Städte Galiciens. Schnellzüge und Talgo nach Santiago, Pamplona, Bilbao, Barcelona und Madrid.

Bus: *Estación de autobuses,* Caballeros s/n, ℗ 981-239099 für Fernverkehr.

Vom Hafen fahren stündlich Busse in die nähere Umgebung nach Sada, Santa Cruz und Betanzos.

Santiago (Schalter 16) über die Autobahn (65 km) täglich zwischen 8 und 22 Uhr zur vollen Stunde, 50 Minuten Fahrzeit.

Muros über Noia in drei Stunden (Schalter 18) um 10, 12, 14, 15, 16, 18 Uhr.

Hamburg *(Empresa Saia)* über Aachen, Köln, Wuppertal, Dortmund, Hannover und Frankfurt Di und Fr 12 Uhr, zwei Tage Fahrt, 150 €, siehe Seite 81.

Stadtbusse: Mit ihnen erreicht man jeden Winkel Coruñas.

Zum *Bahnhof* entweder direkt mit der Linie 14 oder zum besser verbundenen Busbahnhof und von dort wenige Schritte zu Fuß.

Zum *Flughafen* ab Hotel Atlántico Mo – Fr 7.30, 15.50 und 19.45, Sa und So 15.45 und 19.45 Uhr.

Feierabendstimmung: Am Stadtstrand von A Coruña

Tobias Büscher

An der Puerta Real, Avda. dc Montoto 5 vor einer Apotheke hält die Linie 3A zum *Herkulesturm* und Linie 1 zum *Busbahnhof.*

Fähre: Vom Hafen nahe der Puerta Real fahren Boote zur Playa Santa Cristina (hin und zurück 3 €).

Taxi: Stand an der Puerta Real, zwischen Hafen und Plaza María Pita, ✆ 981-243333.

Mietwagen: *Europcar,* Avda. de Arteixo 21, ✆ 981-2143536.

Avis, Plaza de Vigo, local 5, ✆ 981-121201.

Unterkunft

Im Juli, besonders aber im Fest-Monat August, sind Unterkünfte schwer zu bekommen. Besser vorher anmelden. Im Zentrum links des Hauptplatzes María Pita gibt es in den Straßen Riego de Agua, Franja, Florida und weiter in den Straßen Real, Olmo und Estrella zahlreiche Hostals und Hotels. Campingplätze und Jugendherbergen liegen außerhalb.

★★★ *Riazor,* Avda. Barrié de la Maza 29, ✆ 981-253400, Fax -253404. DZ mit Bad 100 €. Zentral mit Garage und allem Luxus.

★★ *Maycar,* Calle San Andrés 159, ✆ 981-225600. DZ 45 €.

★ *Centro Gallego,* Calle Estrella 2, ✆ 981-222236. DZ 30 – 36 €. Zentral und mit Garage.

★ *La Palma,* Riego de Agua 38, 5. Stock, ✆ 981-229694, DZ 20 €. Sehr zentral, sauber, familiär und freundlich. Falls belegt, liegen in den unteren Stockwerken drei weitere Unterkünfte der selben Preisklasse.

Los Potes, Zapatería 15, ✆ 981-205219, Mobil 629-994199. Private Unterkunft mitten in der Altstadt, gut und sauber. Zimmersuchende sollten sich in der Bar *Los Potes* melden (Santiago 10).

Essen & Trinken

In den Straßen um die Plaza María Pita liegen viele Tavernen und Restaurants für die unterschiedlichsten Geschmäcker. Hier ein paar Tips für Restaurants, die nicht sofort auffallen:

O'Picoteo, Avda. de Navarra 53, ✆ 981-224953. Täglich geöffnet. Das unter Coruñensern bekannte Restaurant ist auf Fisch und Meeresfrüchte spezialisiert. Nicht besonders geschmackvoll eingerichtet, liegt nahe dem Herkulesturm. Eine Platte u.a. mit Entenmuscheln, Kronenhummern und Schwimmkrabben kostet rund 30 €, war gut, aber so außergewöhnlich nun auch wieder nicht.

Restaurante Bania, Calle Cordillera 7. Vegetarisches Restaurant mit Gerichten zwischen 3 und 6 €. Sonntags geschlossen. Empfehlenswert: Gefüllter Kohl mit Walnußsoße *(Col rellena con salsa de nuez)* oder das Tofu-Schnitzel Arume *(Escalope Arume).*

Beade, Barrera s/n, eine beliebte Tapa-Kneipe. Weine und Snacks servieren die Töchter und der Wirt selber mit seinen ungewöhnlich großen Händen in einem etwas schmuddeligen Raum mit Holzboden. Empfehlenswert die kleinen Sardinen, die hier *xoubas* heißen.

La Traida, Torreiro 3, Parallelstraße von Barrera. Hinter einer weißen Graffiti-Wand ohne Schild verbirgt sich eine alte Taverne. Die Kunden sind besonders mittags zwischen 50 und 70 Jahre alt, lieben Fußball und Weißwein aus Porzellanschälchen.

✳ Tip: Als Aperitif sollte man sich am Anfang der Straße Compostela in der kleinen *Taverne Casa Enrique* einen Likör oder Weißwein gönnen. Es ist eine der wenigen noch erhaltenen alten Tavernen, wo die eingesessenen Coruñenser seit jeher ihren Wein mit einer Tapa aus *queso* und *anchoas* genießen.

Cafés: *La Barra,* Calle de Riego de Agua nah am Hafen. Geräumiges, altes Spieler-Café.

Bonilla, Calle de la Galera. Berühmt für seine dickflüssige Schokolade mit Ölkringeln (*chocolate con churros*).

Nachtleben

Zwischen der Plaza de Pontevedra und Plaza María Pita spielt sich das Nachtleben besonders in den Straßen Barrera, Franja, Orzán und deren Seitengassen am Wochenende schon ab 22 Uhr ab. Eine weitere Ausgehzone ab Mitternacht ist die Altstadt. Weit nach Mitternacht verschiebt sich die Szenerie in die teurere Gegend um die Straße Juan Flórez.

Jazz: *Filloa,* Rúa Ciega, täglich bis 3 Uhr geöffnet. Hier tritt auch die Jazzband *Clunia* aus Coruña auf.

Salsa: *Latino,* Pazadizo del Orzán, in einer Gasse, in der vor 1 Uhr gar nichts läuft. Christusbilder und Stierplakate geben die Kulisse. Das Latino ist eine der berühmtesten Tanzbars der Stadt.

Billard: *El Pasot,* Principe 17, in der Altstadt.

Vela, Calle Costa Rica, mit großem Billardtisch und Wettbewerben.

Szenekneipe: *Orzán* 199 nahe Plaza Pontevedra, für Coruñas Hippies.

Punto 3 am Markt San Agustín, und

Soweto, Magistrado Manuel Artime 16. Ab drei Uhr morgens.

Disco: Herzstück des Nachtlebens ist der *Playa Club,* gegenüber dem Stadion Riazor, am Paseo Marítimo. Ebenfalls viel los ist immer im nahegelegenen *Green,* Paseo de Ronda.

Vertieft in ihre eigene Welt: Kinder in A Coruña

Feste & Unterhaltung

Das **Augustfest** *María Pita* bietet vom 1. bis 31.8. Konzerte am Riazor-Strand, im Kongreßpalast am Park Santa Margarita (✆ 981-279092), und in der Südstadt im *Coliseo* (✆ 981-103195). Das Coliseo wird dann zur einzigen überdachten Stierkampfarena der Welt umfunktioniert. Karten dort und beim Kaufhaus Corte Inglés.

Theater & Kino: *Theater-Kino Colón,* Avenida de la Marina s/n, ✆ 981-224495.

RIAS ALTAS – NORDKÜSTE

Das größte Theater und gleichzeitig schönes Kino.

Teatro Rosalía de Castro, Riego de Agua 37, ℰ 981-224775.

Palacio de la Opera, Glorieta América s/n, ℰ 981-252021.

Multicines los Rosales: 12 verschiedene Kinosäle im Centro de los Rosales s/n, ℰ 981-128092.

Freilichtkino im Sommer ab und an im Garten Menéndez Nuñez am Hafen.

Einkaufen & Sport

Eine große **Markthalle,** *Mercadeo de San Agustín* (Supermarkt im Erdgeschoß), liegt an dem gleichnamigen, sehenswerten Platz, auch als *Plaza del Humor.*

Feinkost: *Casa Martínez,* Marcado Pl. de Lugo. Spezialitäten Galiciens.

Keramik & Antiquitäten: in der Altstadt unter anderem in der Calle Las Damas und am Platz Santa María.

Foto: *Artus,* Riego de Agua 58, kompetent.

Schreibwaren: *La Super,* Plaza Pontevedra 4. La Ciudad, Plaza General Azcarraga.

Bücher & Zeitungen: *Colón,* Real 24, große Buchhandlung mit deutschen Zeitungen vom Vortag.

Surfkurse bietet die *Escuela de Windsurf* am Strand Santa Cristina bei A Coruña an. Ein Wochenkurs Mo – Fr kostet rund 70 €. Täglich zwei Stunden Unterricht, Bretter und Anzüge inklusive. Rúa Linneo 18 am Strand, ℰ 981-636903.

Schwimmen und Sauna: Sportgelände *Solana* am Hafen beim Hotel Finisterre, 6 €.

Badminton und Squash: Im Club des Fußballstadions *Riazor* am gleichnamigen Strand, ℰ 981-260380. Pro Stunde 8 €.

Fußballstadion Riazor: Die billigsten Karten kosten 12 €, Spielbeginn um 17 Uhr. ↗ »Wanderungen & Sport«.

Nützliche Adressen

Touristenbüro: *Turismo de La Coruña,* Jardines Mendez Núñez, Edificio Atalaya, ℰ 981-184344, Fax -184345. Hier gibt es die Coruña Card, die 2 Tage lang freien Eintritt bei Museen und Kulturveranstaltungen ermöglicht.

Infobüro der Xunta: Dársena de la Marina s/n, ℰ 981-221822, geöffnet 9 – 14 und 16 – 18 Uhr, Sa 10.30 – 13 Uhr, So und Fei geschlossen.

Post: *Correos y Telégrafos,* Alcalde Manuel Casas, Ecke Dársena de la Marina, ℰ 981-221956. Geöffnet Mo – Fr 9 – 21 Uhr, Sa 9 – 14 Uhr.

Postsparkasse, direkt daneben, Mo – Frei 9 – 14 Uhr. Eine weitere Caja postal in der Calle Juan Flórez.

Telefon, Fax, Kopieren: An der Straße Real 38 in die Alcalde Canuto Berea.

Notruf: *Polizei* ℰ 091, *Rotes Kreuz:* ℰ 981-205975.

Autovereih: *Avis,* Plaza de Vigo, ℰ 981-226955. *Don Rent,* am Bahnhof, ℰ 981-153702.

Parkhäuser: *aparcamiento subterráneo,* Plaza de Pontevedra, Plaza de Vigo und María Pita.

Waschsalon: *Glú Glú,* Alcalde de Marchesi.

ZU DEN SISARGAS-INSELN

Das Gebiet westlich von A Coruña bis zu den Sisargas-Inseln bietet einige schöne, teils versteckte Sandstrände, wo das Wasser allerdings sogar im August recht kalt ist. Es ist bekannt für seine schwefelhaltigen Heilbäder, die Wolfram-Minen und die Töpferei des Dorfes Buño. Weit interessanter als die Stadt Carballo etwas im Landesinnern ist der Fischerort Malpica, etwa 50 km von A Coruña, der sich nicht nur wegen der Campingplätze als Übernachtungsort anbietet. Sein Strand, der Hafen und die Entenmuscheln sind einen Besuch wert.

Von A Coruña aus erreicht man auf der LC 410 durch ein sehr industrielles Gebiet nach etwa 10 km **Arteixo**. Den Ort charakterisieren seine Heilbäder für Haut- und Rheumakranke.

Fest: Den Kranken ist ein Volksfest kirchlicher Tradition am 16. September gewidmet, bei dem sich die Teilnehmer »von dem Dämonen befreien und den Feind aus dem Körper vertreiben«.

Von hier aus geht rechts eine Straße nach **Sorrizo** ab, von wo aus ein Schild den **Strand** und Campingplatz Balcobo anzeigt. Der kleine und relativ belebte Sandstrand ist in einer schönen Bucht mit oft hohem Wellengang gelegen.

Camping: *Valcobo*, ✆ 981-601040, 2 PAZ 11 €, 1.4. – 30.9. geöffnet, Duschen, Supermarkt, sauber.

Von Arteixo aus geht der Weg entweder an der Küste weiter zu dem Ort **Caión**, wo am 8. September um die *Iglesia San Xorxe* aus dem 16. Jahrhundert das Kirchenfest *Os Milagros de Caión* gefeiert wird. Oder es geht rechts ab auf die C 552 nach Carballo in rund 20 km Entfernung.

Carballos »Römerbrücke«

Viel verpaßt nicht, wer die 25.000 Einwohner-Stadt gleich Richtung Buño und Malpica oder zur sehenswerten *Puente Lubiáns* durchquert. Erwähnenswert sind allenfalls der **Holz- und Viehmarkt** dienstags und jeden 2. bzw. 4. Sonntag sowie die Thermalbäder.

Die Römer haben in der Gegend um Carballo seit dem 1. Jahrhundert nach Mineralien gesucht. Ihnen wird auch die etwas versteckt gelegene **Puente Lubiáns** zugeschrieben. Wegbeschreibung zur Brücke: Richtung Fisterra taucht nach 2 km eine Renaultwerkstatt auf. Zwischen dieser und dem Roten Kreuz biegt nach links eine holprige Stichstraße ab. An der nächsten Gabelung ist rechter Hand die 40 m lange, gut erhaltene Brücke über den *Río Lubiáns* zu sehen. Obwohl sie offiziell als Römerbrücke beschrieben wird, haben Studien diese Bruchstein-Brücke auf das 16. Jahrhundert datiert.

Verbindungen

Es gibt keinen Bahnhof, wohl aber eine **Busstation** *Trolebuses Coruña-Carballos,* an der Busse nach A Coruña zwischen 6 und 21.15 Uhr circa alle halbe Stunde fahren. Nach:

Buño: Mo-Fr zwischen 10.15 und 20.15 Uhr 9x, am Wochenende jeweils 6x pro Tag.

Fisterra: Mo – Sa 8.45, 13.15 und 16.25 Uhr. So und Fei 8.45 und 16.45 Uhr.

Muros über Cee: Mo – Sa 8.45 und 17 Uhr, So und Fei 13.30 und 20 Uhr.

Malpica: Mo – Fr 7x täglich (7.30, 9.45, 11, 13.40, 15, 18.30 und 20.15 Uhr),

Sa 4x täglich (13.40, 18.30 und 20.15 Uhr), So und Fei nur 2x täglich (13 und 19 Uhr).

Unterkunft & Feste

★★ *Hotel Río* 1, Prol. Desiderio Varela 3, ℂ 981-701907, DZ ab 21 €. Nicht immer freundlich.

★ *Hostal Puñal,* Poniente 13, ℂ 981-700915, DZ ab 24 €.

🏃 **Fest:** *San Juan* am 24. Juni und *San Cristóbal* am 18. Juli sind die größten Ereignisse des Örtchens.

▶ Tourbeschreibung

Nördlich von Carballo liegt der kleine Ort **Razo**, von dem sich nach Osten hin die 6 km lange **Playa de Baldaio** erstreckt.

Die LC 414 geht 18 km nordwestlich bis nach **Buño**, bekannt für seine Töpferwaren. Im Ortskern links von der Durchfahrtsstraße weisen schon die getöpferten Straßen- und Hausschilder auf die Rolle der *alfarería* (Töpferei) hin. Außer in die Geschäfte, die an der Hauptstraße liegen, lohnt sich ein Blick in die Werkstätten. Hinter der Kirche rechts in der *Rúa da Pedreira* arbeitet beispielsweise Manuel Nieto. Seinen Rohstoff bekommt er direkt aus der Umgebung und beliefert mit seinen meist glasierten Produkten die umliegende Region. Es ist ein echtes Erlebnis, zu sehen, wie kunstfertig er eines der ältesten Handwerke der Welt betreibt. Mittlerweile werden nicht mehr nur traditionelle Gefäße und Teller in Buño hergestellt. Besonders jüngere Töpfer haben ihr Programm auf modernes Design umgestellt. Buños Keramik ist bei den Kunsthandwerkausstellungen in Santiago und A Coruña eine feste Größe.

Playa de San Miró

Wer Lust auf einen etwas abenteuerlich-holprigen Abstecher (keine Busverbindung) zu einem kaum bekannten und nicht leicht zu erreichenden Strand hat, kann auf dem Weg weiter Richtung Malpica unserer Routenbeschreibung zur *Playa de San Miró* folgen. Kurz hinter Buño taucht links eine Tankstelle auf, die letzte Möglichkeit, Getränke für den Strand einzukaufen – denn danach kommt kein Laden mehr. Gleich hinter der Tankstelle geht rechts vor der Bushaltestelle der Weg Richtung *Cambre* ab. Dort vor der Kirche links. Nach der ersten Weggabelung wieder rechts, an der darauffolgenden wieder links. Schließlich taucht ein Haus auf (mit einer Wasserspeicher-Säule), an dem ein Schotterweg nach rechts abbiegt. Nach 3,6 km auf dieser abschüssigen Piste öffnet sich eine schöne Aussicht auf Malpica, die Sisargas-Inseln und die wahrhaft nicht übervölkerte Playa de San Miró.

Dolmen Pedra da Arca

Weiter Richtung Malpica steht vier Kilometer vor dem Fischerort das Schild *Camping Sisargas* (siehe Malpica). Ein 300 Meter langer Spaziergang geht vom Campingplatz bis zu dem über 4000 Jahre alten *Dolmen Pedra da Arca.* An der ersten Weggabelung rechts durch die Steinpfosten und gleich wieder links, sieht man schon den Felstisch aus der Megalithkultur.

Er ist ziemlich beschädigt, die großen Felsbrocken des Grabinneren sind allerdings noch gut zu sehen.

Touristeninformation: An der Straße nach Malpica liegt das Gebäude der regionalen Touristeninformation *Expo Bergantiños*, ℂ 981-707300, Fax -707399. Man hält viele Infos zu Unterkünften, Veranstaltungen, Touren etc. bereit. Täglich geöffnet.

Malpica

Der besuchenswerte Ort, wie A Coruña auf einer windumtosten, aber viel kleineren Halbinsel gelegen, wird ganz und gar vom Fischfang geprägt. Von einer Anhöhe geht es bergab in das Zentrum hinein und dort links zum Strand Malpicas, der zur Hälfte von einer Promenade mit Cafés und Bars gesäumt ist. Hier spielt sich auch der wesentliche Teil des Nachtlebens ab. Auf der gegenüberliegenden Seite dümpeln bunte Fischerboote im Hafen, Fischer flicken ihre Netze und die Restaurantbesitzer begutachten den Fang.

Besonders für eine Meeresfrucht interessiert man sich in Malpica, der »Stadt des Lebens an der Küste des Todes«: die *Percebes,* zu deutsch Entenmuschel, obwohl ihr Aussehen beim besten Willen nichts mit einer Ente gemein hat. Für diese Muschelart ist Malpica berühmt, denn hier beginnen die Riffe der sich nach Westen ausdehnenden Todesküste, *Costa de*

Hafen von Malpica

la muerte, an denen sie wächst. Für die seltsam aussehende Meeresfrucht hat schon mancher Fischer sein Leben gelassen. »Die Witwen von Malpica« lautete im Herbst 1991 der Titel einer Reportage in der Madrider Tageszeitung »El Mundo«. Unterzeile: »Fast alle Frauen dieses Ortes haben einen Toten im Meer«. Und einige davon sind nicht auf hoher See, sondern an den Klippen gestorben. Bis zu 30 Meter tief muß ein Percebesfischer tauchen, um die Muscheln von den Riffen zwischen den Strömungen abzupflücken. Wird er nicht rechtzeitig am Seil hochgezogen, kann er von der Strömung und den Wellen an die Felsen geschleudert werden. Wegen der risikoreichen Ernte werden außerhalb dieser Zone für die Percebes geradezu astronomische Preise bezahlt.

Malpica selbst besticht nicht gerade durch seine drei- bis vierstöckige Viereck-Beton-Architektur, von der sich allerdings die **Kirche** *San Juan de Malpica* wohltuend abhebt. Das Kircheninnere ist deutlich dem Fischfang und der Seefahrt angepaßt: Luken in der Decke, Modellschiffchen an der Wand.

Ein Spaziergang lohnt sich auch zur Spitze der **Halbinsel Atalaia,** von der aus man nach Westen auf die *Kapelle San Adrián del Mar* blickt, sowie auf die drei **Sisargas-Inseln:** *Große Sisarga, Malante* und *Kleine Sisarga.* Die drei Inseln sind ein Vogelparadies und normalerweise nicht zugänglich.

Fest: Es sei denn, Sie nehmen am letzten Augustsonntag an der Meeresprozession *Nosa Señora do Carmen* teil oder fragen an jedem beliebigen Sonntagmorgen einen Bootsbesitzer im Hafen, ob er Sie mitnimmt. Zwischen 9 und 10 Uhr morgens machen viele einen Ausflug dorthin. Telefonisch kann man auch nachfragen: *Cofradía de Pescadores,* ✆ 981-720011.

Die interessanteste Zeit für einen Besuch der Illas de Sisargas ist das Frühjahr, wobei allerdings sehr darauf zu achten ist, die Vogelkolonien nicht aufzustören. Außer verschiedenen Möwenarten brüten hier Lummen, Kormorane, Sturmschwalben, Alpensegler und Alpenkrähen.

Verbindungen

Von Malpica fahren **Busse** nach Carballo und A Coruña. Abfahrt nach

A Coruña: 7 Uhr (Mo – Fr), 8 Uhr (Werktags), 10.30 (Mo – Fr).

Carballo Mo – Fr 7x täglich (7, 8, 10.30, 14, 16, 17.30, 19.30 Uhr), Sa 8.15, 17.30, 19.30 Uhr, So und Fei 9.15, 18.15 Uhr.

Richtung Fisterra: 4x täglich.

Unterkunft & Camping

★ *Hostal Panchito,* Plaza Villar Amigo 6, ✆ 981-720307. DZ 38 €. 13 sehr saubere, aber auch oft ausgebuchte Zimmer. Ein vorheriger Anruf ist besser.

Bar Novo, Emilio Gonzalez 28, ✆ 981-720017, DZ 42 €.

Camping: *Sisargas,* 4 km von Malpica Richtung Buño entfernt, ✆ 981-721702. 2 PAZ 12 €. Der neue, für 600 Leute konzipierte Zeltplatz bietet neben Schwimmbad und Restaurant saubere Sanitäranlagen. Vergleichsweise ist er sogar luxuriös. 1.6. – 15.9. geöffnet.

Essen & Trinken

O Burato, mit Blick auf den Hafen. Im vielleicht empfehlenswertesten Restaurant Malpicas sind die Preise mäßig hoch, die Portionen groß und die gute Küche auf Meeresfrüchte spezialisiert. Der beste Ort, die berühmten Entenmuscheln zu probieren. Dabei allerdings nicht zu üppig bestellen – sonst wird es richtig kostspielig.

San Francisco, in der nach dem galicischen Dichter benannten Straße Eduardo Pondal. Das Restaurant mit seiner guten Auswahl an *Mariscos* ist recht einfach. Für 9 € wird ein Tagesmenü serviert.

O Pescador, in einer Parallelgasse zum O Burato. Geräumig-schmuddelige Fischerkneipe, preiswerte Tapas.

ENTLANG DER TODESKÜSTE ZUM ENDE DER WELT

Die rund 130 km lange Strecke führt von Malpica bis Fisterra, dem antiken Ende der Welt. Neben einigen Sehenswürdigkeiten macht vor allem die Landschaft den Reiz der Tour aus. Fast menschenleere Traumstrände, die aber wegen der gefährlichen Strömungen vorsichtiges Baden erfordern, liegen zwischen zerklüfteten Steilküsten, seltsam geformten Felsen und Klippen. Wer das Auto stehen läßt und die Costa da Morte per pedes erkundet, sieht natürlich mehr davon. Wanderbeschreibungen ↗ »Wanderungen & Sport«.

Den galicischen Heimatkundler *Otero Pedrayo* (1888 – 1975) erinnerten die Formen, die der tobende Atlantik hier aus dem Granit herausgewaschen hat, an riesenhafte Zyklopen. Nur von zwei Rías unterbrochen, ist die Todesküste schroff und wild. Die gegen die Felsen anrollenden Wassermassen haben schon so manchen Seefahrer unter sich begraben. Die vielen Schiffskatastrophen gaben schließlich dem nordwestlichen Zipfel der Iberischen Halbinsel seinen unheilvollen Namen. Immer wieder erinnern Granitkreuze entlang der Küste an diejenigen, die dort ihr Leben lassen mußten. In einer der einsamsten Felsbuchten liegt ein Friedhof zum Gedenken an 300 englische Matrosen, die 1890 vor der Todesküste Schiffbruch erlitten.

Allerdings ist diese Küste gleichzeitig auch für ihren Reichtum an Meeresfrüchten berühmt. Auf der einen Seite wild und abweisend, barg sie schon für die frühesten menschlichen Kulturen eine Lebensgrundlage. Doch nicht nur die Fischer fühlen eine Haßliebe zu ihr. Auch Literaten und Poeten ließen sich immer wieder gern von der eigentümlichen Verbindung von herber Schönheit und Tod am »Ende der Welt« inspirieren.

Ermita San Adrián

Auf der Straße von Malpica nach *Ponteceso* zweigt etwa 1 km vor der nächsten Siedlung ein Weg nach rechts zur *Kapelle San Adrián* ab. Nach weiteren 2 km auf dieser Straße, die zum *Monte San Adrián* hinaufführt, geht ein Schotterweg rechts hinunter zu der Kapelle aus dem 16. Jahrhundert, die einmal im Jahr Ziel einer Prozession von Malpica aus ist. Eine Legende besagt, daß der Heilige, dem dieser Ort geweiht ist, einst die Bauern von der Schlangenplage befreit habe. Eines der Tiere soll sich beim Anblick San Adriáns derart erschrocken haben, daß es zu Stein wurde. Der »Schlangenstein« ist allerdings nur bei Ebbe zu sehen und liegt versteckt zwischen den Felsen unterhalb der Kapelle. Leichter zu finden ist die kleine Quelle, deren Wasser Wunder gegen Warzen wirken soll.

Von der Kapelle aus hat man einen sehr schönen Blick auf Malpica und seine Halbinsel. Wem eine kleine Kletterpartie nichts ausmacht, kann rechts unterhalb der Kapelle, wo von oben einige klcine Hütten zu sehen sind, zu einem winzigen Hafen bis an das Meer hinunterkraxeln. Von der Kapelle den Weg weiter hinauf hat man eine schöne Sicht auf die nahen Sisargas-Inseln.

Costa da morte: Die Kreuze sprechen für sich   Ch. Landler

▶ **Tourbeschreibung**

Wieder auf der Straße Richtung Ponteceso liegen rechter Hand die **Strände Beo, Xeiruga** (Mündung des *Río Chancas*) und **Barizo**. Die idyllische Bucht von Barizo mit einem kleinen Hafen lohnt zumindest einen Kurzbesuch.

Gleich 1 km hinter der Abzweigung zum Barizo-Strand taucht der Ort **Mens** auf, wegen der auf der linken Seite liegenden *Torres de Mens* aus dem 15. Jahrhundert kaum zu übersehen. Leider ist die Festung unzugänglich. Wer einen Blick in den schönen Innenhof werfen will, muß durch das Tor hindurchlinsen. Von der Burg aus sind die romanischen Apsiden der *Kirche* von Mens zu erkennen, die aus dem 12. Jahrhundert stammt und deren Portal und Kapitelle sehenswert

sind. Angeblich mußten die Burgherren von Mens nicht über die Straße laufen, um zur einige hundert Meter entfernten Kirche zu gelangen. Zwischen den beiden Gebäuden soll sich ein Tunnel befunden haben.

Ponteceso

Fast an der Mündung des *Río Anllóns* gelegen, ist Ponteceso dennoch kein Fischerort. Die rund 8800 Einwohner leben vor allem von Landwirtschaft und einer kleinen Holzindustrie.

Der wohl berühmteste Einwohner von Ponteceso war der Dichter *Eduardo Pondal* (1835 – 1915), der in seinen Gedichten vor allem die Landschaft dieser Gegend beschrieb. Sein schönes Geburtshaus steht am Ortsausgang Richtung Corme, mit Blick auf die Brücke über den Fluß Anllóns.

🎆 **Fest:** Am 1. August feiern sie die *Romería de San Fiz do Castro*.

▶ **Tourbeschreibung**

Folgt man in Ponteceso der Straße rechts an der Brücke vorbei Richtung *Corme*, zweigt nach 1,5 km ein Weg zur **Playa Balarés** ab. Die kleine Straße führt einige Kilometer durch die Berge, die die *Ría* von Corme und Laxe umgeben. Begrenzt wird die erste Ría der Todesküste von *Roncudo* im Norden und dem *Cabo Laxe* im Süden. An ihrer Spitze liegt die gewundene Mündung des Río Anllóns.

Der Strand Balarés war lange Zeit Zielpunkt vieler einheimischer Wochenendcamper. In dem Pinienwald direkt am Strand war Wildzelten geduldet. Polizisten regelten sogar den Anreiseverkehr, und Badende sind immer im Blickfeld eines Rettungsdienstes.

Die Hafenmole an der rechten Seite des Strandes, die heute von jugendlichen Mopedfahrern gern als Beschleunigungs-Teststrecke benutzt wird, schrieb im Zweiten Weltkrieg ein eher trauriges Kapitel Geschichte. Hier wurde das seltene Metall Wolfram, das in galicischen Minen gewonnen wurde, nach Nazi-Deutschland verschifft – Francos Dank für die deutsche Hilfe im Spanischen Bürgerkrieg.

Zum Baden sehr viel attraktiver als Balarés ist die **Playa de la Hermida** einige Kilometer weiter in Richtung Corme. Eine kleine Straße biegt dorthin nach links ab. Nach etwa 1,5 km gabelt sich der Weg. Nach rechts endet er direkt am Strand. Nach links trifft er nach genau 1 km auf ein Steinkreuz. Am Fuß dieses Kreuzes befindet sich der **Schlangenstein**, *Pedra da Serpenta*, **von Gondomil**, dem nächsten Dorf. Die Schlangendarstellung stammt vermutlich aus römischer Zeit. Sie bezieht sich auf die Taten des Heiligen Adrián (siehe Ermita San Adrián). Die Legende besagt, der Stein sei als Erinnerung an das Wunder der Schlangenvertreibung geblieben.

Corme

Wieder zurück auf der Straße von Ponteceso kommt man nach etwa 2 km in das Fischerörtchen Corme. Es besitzt eine recht große Fischfangflotte und ist besonders auf die Entenmuschelernte spezialisiert. Am 16. Juli, wenn die Fischer zu Ehren der Heiligen *Nuestra Señora del Carmen* feiern, wird davon reichlich serviert.

Corme ist ein lebendiges Örtchen, bei dem es sich lohnt, während eines Rundgangs etwas von seinem Flair zu schnuppern. Am äußersten, nördlichen Ende des Hafens von Corme führt eine Straße durch einen schmalen Tunnel zum **Cabo Roncudo.** Zur Zeit ist der Tunnel gesperrt, aber über eine schmale Straße gelangt man auch zum Kap. Bereits die Römer hatten dort einen *Leuchtturm* errichtet, mit dem der heutige allerdings nichts mehr gemein hat. Die vielen Kreuze auf den Felsen erinnern an die Fischer, die hier ihr Leben gelassen haben. Von Roncudo aus überblickt man die ganze Ría. Wer am Ortseingang von Corme dem Wegweiser rechts den Berg hinauf nach Roncudo folgt, es kaum bereuen. Am Ende des Weges gelangt er zu einer Siedlung mit einigen alten Maisspeichern. Dort scheint sich seit Jahrhunderten nichts verändert zu haben. Das Dorf trotzt wildromantisch den Atlantikstürmen.

▶ **Tourbeschreibung**

In Ponte-Ceso führt die Straße über den *Río Anllóns* und entlang der Ría bis zum südlichen Nachbarort **Laxe.** Fünf km hinter Ponte-Ceso, auf der Höhe des Dorfes **As Grelas**, geht es links Richtung *Baio* zum Dolmen ab.

Dolmen de Dombate

4,5 km nach der Abzweigung weist bereits ein Schild nach rechts auf dieses Relikt aus megalithischer Zeit, das zu den sehenswertesten Galiciens zählt. Rund 4500 Jahre soll die Grabstätte alt sein. Über Jahrhunderte bestatteten die damaligen Bewohner Galiciens ihre Angehörigen unter diesem Dolmen, den sie mit Erde bedeckten. Außer ihrem Totenkult ist nichts über die Kultur dieser Menschen bekannt. Die Grabhügel sind die einzige Spur, die sie hinterließen. Die Bezeichnung *Dolmen* stammt aus der keltischen Sprache der Bretonen und bedeutet übersetzt *Felsentisch.*

Ursprünglich war die heute freiliegende Grabkammer aus massiven Felsplatten von einem Erdhügel überdeckt, der im Laufe der Zeit der Erosion zum Opfer fiel. Durch einen winzigen Gang mußte man in die Grabkammer kriechen.

Ganz in der Nähe des Dombate-Dolmens befindet sich eine Sehenswürdigkeit aus keltischer Zeit, das erst vor kurzem ausgegrabene Keltendorf nahe Borneiro:

Castro A Cida

Von der Abzweigung zum Dolmen exakt 500 Meter auf der Straße zurück Richtung As Grelas, führt rechts ein zehn Minuten langer Fußweg zum Wald hinauf. Wer darauf achtet, erkennt bereits im Wald eine Wallanlage, die die äußere Umrandung einer befestigten Siedlung bildete. Vermutlich im 6. Jahrhundert v. Chr. gegrün-

Konstruktionsweise eines Megalithgrabes

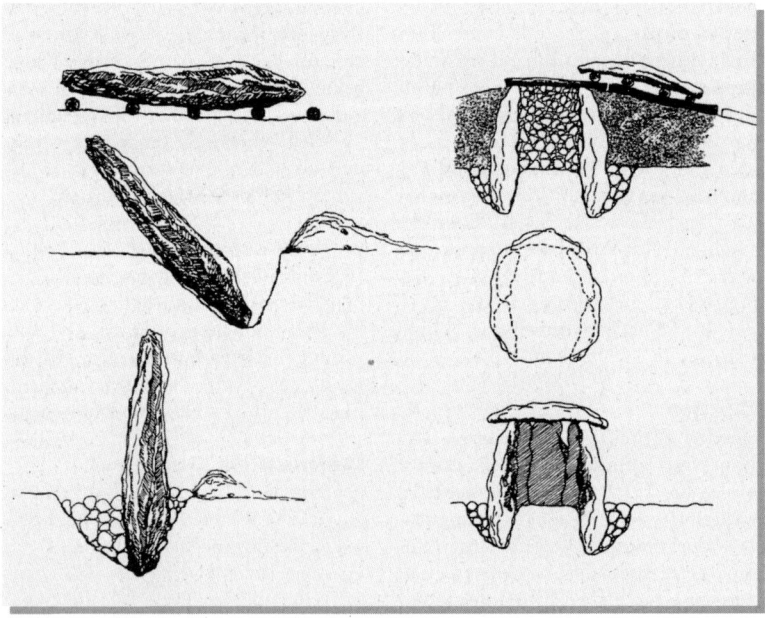

det, zählt das Dorf zu den ältesten Galiciens. Im Innern des Walls sind die Grundmauern der keltischen Rundhütten sehr gut erhalten. Zum Teil wurden sie während der Ausgrabungsarbeiten seit Anfang der 8oer Jahre restauriert.

Auffällig ist die Aufteilung der Siedlung. Offensichtlich bauten die einzelnen Familien ihre Hütten im Verbund, so daß die Gesamtanlage aus mehreren Komplexen besteht. Im unteren Teil des Dorfes lag das bewachte Eingangstor, weiter unterhalb schließt sich ein jüngerer Siedlungsring an. Die archäologischen Untersuchungen sind hier noch längst nicht abgeschlossen; der östliche Teil des Dorfes, das erst in den 5oer Jahren entdeckt wurde, ist bis jetzt noch nicht freigelegt.

Laxe

Das Auffälligste an diesem Ort ist der langgezogene, breite Strand bis zum Hafen. Besonders der **Playa de Laxe** hat er es zu verdanken, daß seit einiger Zeit vermehrt Touristen hier Urlaub machen. Ansonsten gibt es aber nicht besonders viel zu sehen. Lediglich die *Kirche Santa María de Atalaia* aus dem 14. Jahrhundert direkt oberhalb des Hafens und die *Casa do Arco*, ein mit Wappen verziertes mittelalterliches Haus mit einer Tordurchfahrt, sind einen Besuch wert. Das Leben des Ortes spielt sich entlang dem Strand bis zum Hafen ab. Hier befinden sich die meisten Bars, Restaurants und Hotels.

Fest: Am 17. August, während der *Fiesta Virgen del Camino,* veranstalten die Fischer mit ihrer Madonna eine Meeresprozession. Dabei erleidet ein Kutter einen Schein-Schiffbruch und wird auf wundersame Weise von der Heiligen gerettet.

Verbindungen

Die Busse fahren von der Hafenmole ab. Nach Carballo: 7, 8, 12.30, 14.30 Uhr (Mo – Fr); 8, 12.30 Uhr (Sa); 9, 18 Uhr (So). Nach Coruña: 8 Uhr (Mo – Sa), 8.45 Uhr (So und Fei).

Unterkunft & Essen

★ *Bar Sardiñeira,* Calle Rosalía de Castro (Strandpromenade), DZ 18 € ohne Bad.

★ *Beiramar,* Calle Rosalía de Castro 30, ✆ 981-728109, DZ 36 €. Sauber, mit Bad im Zimmer.

Casa do Arco, Plza. Ramón Juega 1, ✆ 981-706904. Alter Adelssitz mitten im Ort, pittoresk u. komfortabel. DZ 60 €

Bar Zürich, auf der linken Seite am Ortseingang, etwas teurer, aber gut. Auf Meeresfrüchte spezialisiert.

▶ **Tourbeschreibung**

Fünf Kilometer hinter Laxe in Richtung *Camariñas* liegt der weitläufige **Dünenstrand von Traba.** Die beeindruckenden Felsbrocken entlang dem Strand sollen einst Gegenstand heidnischer Verehrung gewesen sein. Nehmen Sie am besten eine Abzweigung nach rechts Richtung Pedreira.

Der Ort *Traba,* der seinen Namen im 12. Jahrhundert vom Grafen Pedro de Traba erhielt, besitzt eigentlich keinen Ortskern. Die Häuser liegen einzeln verstreut in der Bucht.

Vimianzo

Mitten im Stadtzentrum erhebt sich eine Burg, die zwischen dem 13. und 15. Jahrhundert erbaut wurde. Sie war die bedeutende Stammburg der Familie Moscoso, die im Mittelalter die Region beherrschte. Der Ort Vimianzo hat sich um die Festung herum gebildet. Vor kurzem wurde sie sorgfältig restauriert und beherbergt jetzt ein kleines Museum mit galicischen Trachten. Ein Laden verkauft Klöpplerware.

Links am Orteingang von Vimianzo befindet sich das Herrenhaus *Pazo de Trasaríz*. Seine Fassade aus dem 17. Jahrhundert mit Renaissance-Verzierungen und den Säulen ist so romantisch, daß sich Brautpaare gerne davor ablichten lassen. Eine Besichtigung der Innenräume ist leider nicht möglich, weil der Pazo in Privatbesitz ist.

Unterkunft:

★ *O'Castillo*, Torre 37, © 981-716015, DZ 27 €.

Zum Cabo Vilán (Küstenstraße)

Vimianzo → Ponte do Porto, 10 km → Santa Mariña, 5,5 km → Cabo Vilán, 18 km → Camariñas, 5 km; für Radler bietet sich die Weiterfahrt an: Ponte do Porto, 9 km → Playa Lago, 8 km → Molinos, 3 km → Muxía, 3 km.

Bei meinen ersten Reisen durch Galicien war die im folgenden beschriebene Strecke kaum mit dem Auto befahrbar. Doch weil sich gerade hier die Todesküste in ihrer ganzen Vielfalt und Schönheit zeigt, hat die Regierung mittlerweile eine kleine Straße ausgebaut. Sie ist aber noch immer nur wenig befahren und deshalb auch für Wanderer und Radfahrer interessant:

▶ Auf der Straße Richtung Camariñas geht kurz vor dem Ort *Ponte do Porto* eine Straße nach rechts ab in Richtung **Camelle** und **Arou**, zwei winzigen und scheinbar weltfernen Fischerdörfchen. In Camelle ist übrigens seit Jahren ein deutscher Aussteiger zu Hause, der es als der »verrückte Deutsche« zu einer gewissen Berühmtheit in Galicien gebracht hat. Am Ende des Hafens von Camelle liegt sein Reich aus buntbemalten Steinen und Skulpturen. Der Eintrittspreis für eine Besichtigung ist von seiner Tageslaune abhängig (um 1 €).

Nach 3,5 km folgt man der Straße Richtung *Arou*. Weitere 2 km hinter dieser Gabelung, kurz vor Arou, führt der Weg links den Berg hinauf. Hier beginnt eine 18 km lange Strecke, die bis zum Cabo Vilán führt. Nach 4,5 km liegt steilabwärts am Meer gelegen das kleine Dörfchen **Santa Mariña** mit seinem Hafen. Eine gute Gelegenheit, bei einem Kaffee oder kühlen Bier Fischeridylle pur zu genießen. Läßt man aber Santa Mariña rechter Hand liegen und folgt dem Sträßchen, geht es ohne Unterbrechung weiter bis zum Cabo Vilán.

Schönere Ausblicke als von diesem Weg bieten sich selten auf die Todesküste. Zudem führt er zu den schönsten und einsamsten Stränden der Region. Der erste ist die **Playa Porto do Aceite**. Ein Stückchen weiter, zwischen dem *Cabo Veo* und dem Felsmassiv des *Cabo Tosto*, liegt die traumhafte Dünenlandschaft der **Playa de Trece**, einer der eindrucksvollsten Strände der Todesküste, dessen große Sanddünen bis in die Pinienwälder hinaufreichen.

Anschließend fällt der Weg bis auf Meeresniveau ab. Dort liegt der **Engländerfriedhof**, der an 300 Seeleute eines englischen Schulschiffes erinnert, die 1890 an dieser Stelle Schiffbruch erlitten und ums Leben kamen. Weiter Richtung Cabo Vilán folgt eine ganze Reihe von schönen **Stränden** – *Reira, Area Longa, Balea* und *Pedrosa* – die wegen ihrer Einsamkeit auch gern von Nudisten besucht werden. Unterhalb des Forschungszentrums für Windenergie führt der Weg zur asphaltierten Straße nach Camariñas. Auf der Felsspitze davor liegt das **Cabo Vilán.**

Mit seiner Reichweite von 40 Seemeilen ist der **Leuchtturm** der lichtstärkste an der galicischen Küste. Nachts schwenkt sein Lichtkegel über die ganze *Ría Camariñas.* Durch seine Position auf einem Felsmassiv und seine Höhe von 125 Metern gibt er ein beeindruckendes Bild ab. In seiner Umgebung befindet sich eines der letzten Refugien des *arao ibérico,* eines Wasservogels, der den Fischern besonders nützlich ist, um reiche Fischgründe auszumachen. Die bis 45 cm großen Lummen gehören zur Gattung der Alke und erinnern im Aussehen entfernt an Pinguine: auf der Oberseite schwarz, auf der Brust weiß, sind sie wie diese sehr gute Schwimmer und Taucher. Lummen können – zwar schlecht, aber immerhin – fliegen, und nisten am liebsten in Kolonien auf Felseninseln oder Klippen.

Die Klöpplerinnen von Camariñas

Camariñas, vier Kilometer vom Cabo Vilán entfernt, gilt als das Zentrum der Klöppelspitzenherstellung. Noch immer sieht man die behenden Frauen von Camariñas vor ihren Häusern Spitzendecken knüpfen, obwohl das

Für Laien verwirrendes Handwerk: Spitzenklöppeln

Tobias Büscher

schwierige Kunsthandwerk von immer weniger Menschen beherrscht und ausgeübt wird. Bei dem mageren Tagesverdienst einer hiesigen *palilleira* (Spitzenklöpplerin) von etwa 6 Euro wundert das wenig. Vermutlich aus diesem Grund wurde in Camariñas vorsichtshalber schon jetzt ein Denkmal errichtet, das an das aussterbende Kunsthandwerk erinnern soll. Noch lohnt es aber eher, den flinken Fingern der Frauen zuzusehen, als das ausgesprochen häßliche Denkmal zu umrunden. Wer Glück hat, dem erklären die meist älteren Frauen gerne den einen oder anderen Kniff bei ihrer komplizierten Arbeit, die beim ersten Hinsehen eine Wissenschaft für sich ist – ein undurchschaubares Gewirr von Nadeln, Fäden, Knoten und flinken Handgriffen.

In den letzten Jahren haben sich verschiedene Initiativen erfolgreich darum bemüht, die alte Tradition wiederzubeleben. Wunderschöne Arbeiten zeigt das **Klöppelspitzen-Museum**, Plaza de Ayuntamiento, ✆ 981-736340, Di – Do 10 – 14, Fr/Sa zusätzlich 18 – 20, So 11 – 14 Uhr. Wer etwas kaufen möchte, tut das am besten in den Läden *Encajes* oder *Encaixa* am Hafen. Ein Duftkissen ist bereits ab 4 € zu haben.

Die Männer von Camariñas knüpfen stattdessen Netze, denn Camariñas ist vor allem ein Fischerort. Der Großteil der Einkünfte seiner 8000 Einwohner entstammt dem Fischfang und der fischverarbeitenden Industrie. Der Ort, nach dem die zweite Ría der Todesküste benannt ist, hat sich sein typisches Gesicht erhalten

können. Die teilweise kleinen, weiß verputzten Häuser in den verwinkelten Gassen, mit bunten Türen und Fensterrahmen, verstrahlen eine angenehme Atmosphäre, die viele veranlaßt, hier einige Urlaubstage zu verbringen.

Fest: Besonders voll wird es um den 16. Juli herum, wenn die Dorfbewohner die *Fiesta Virgen del Carmen* mit einer Meeresprozession quer über die Ría nach Muxía feiern. Während der Fiesta wird auch die Tradition des typischen *danza de los arcos* (Tanz der Tore, eine Art Reigentanz) gepflegt.

Verbindungen

Bus: Abfahrt vom Hafen.

Nach A Coruña: 6.30 Uhr (Mo – Sa), 7.45 Uhr (So und Fei, über Vimianzo), 14.45 Uhr (Mo – Fr), 16.30 Uhr (Mo – Sa, über Vimianzo), 18.30 Uhr (So und Fei), 19.15 Uhr (Sa, über Vimianzo).

Nach Santiago: 6.30, 14.15 Uhr (Mo – Fr), 16.30 Uhr (Mo – Sa), 18.30 Uhr (So und Fei).

Unterkunft

★★ *Scala*, Tras Playa 6, ✆ 981-737109. DZ 33 €. Ein neues Haus mit modernen Zimmern mit Bad und Fernseher.

★ *Hostal Plaza*, Real 12, vom Hafen etwa 100 Meter im Ortskern, ✆ 981-736103. DZ ab 21 € mit Bad. In dem gepflegten Hostal, in dem sich auch das beste Restaurant von Camariñas befindet, sollte man frühzeitig reservieren.

★ *Hostal O Pincho*, Curros 53, ✆ 981-730250, 22 € mit Frühstück.

★ *La Marina*, Miguel Feijoo 3, ✆ 981-736030. DZ ab 23 €. Saubere, recht gemütliche Zimmer, direkt am Hafen.

Sie sollten auf ein Zimmer mit Hafenblick bestehen.

Restaurants

Gutes Essen gibt es in fast allen Lokalen am Hafen.

Restaurant Plaza im gleichnamigen Hostal. Genießt den besten Ruf.

Catro Ventos, rechts oberhalb des Ortseinganges, Molino del Viento 81, ✆ 981-736064. Von Einheimischen empfohlen, und auch eine Leserin war von der Küche sehr angetan.

▶ Tourbeschreibung

Die Straße nach Muxía umfährt die ganze *Ría Camariñas.* An ihrer engsten Stelle, der Mündung des *Río Grande,* überquert sie den Fluß in dem malerischen Dorf **Ponte do Porto.** Am Ortsausgang sollte man darauf achten, am Fluß entlangzufahren und sich nicht bei der Gabelung am Ortsausgang links zu halten (Schilder fehlen hier, die linke Straße führt zum Dorf *Carnés*). In 2 km Entfernung erheben sich am Flußufer die **Torres de Cereixo.** Der *Pazo* stammt aus dem 17. Jahrhundert und sieht nicht nur militärisch-abweisend aus. Das »Betreten verboten«-Schild ist unübersehbar. Zu besichtigen ist allerdings die schöne romanische **Jakobus-Kirche** daneben, die im 12. Jahrhundert erbaut wurde.

Zwar gelangt man, der Straße weiter folgend, schnell nach Muxía, doch gibt es eine sehr viel reizvollere Strecke, die diesmal auch durchgehend asphaltiert ist. Hinter Cereixo, kurz vor der nächsten Ortschaft, führt eine unbeschilderte Straße rechts in den Wald hinauf. Nach etwa 4 km erreicht sie das Dörfchen **Leis,** dessen kleine *Pfarrkirche San Pedro* besonders sehenswert ist. Der romanische Bau aus dem 12. Jahrhundert ist sehr gut erhalten. Seine im wahrsten Sinne des Wortes herausragende Besonderheit ist das *Agnus Dei* (Lamm Gottes, das heißt der von Johannes so getaufte Jesus) auf dem hinteren Dachgiebel.

Nach weiteren 2 km taucht eine Bucht auf. In ihr liegt die Playa Lago.

Playa Lago

Ein wirklich paradiesisches Fleckchen Erde. Sauberer, von Wald umgebener Dünenstrand, von dem aus man eine herrliche Sicht auf die ganze Ría hat und der genau zwischen ihren Begrenzungen Camariñas und Muxía liegt. Die traumhaft schöne Bucht war lange ein beliebtes Ziel für Wildcamper. Diese Zeiten sind vorbei, doch mit dem Campingplatz und dem kleinen Hostal ist man auch gut bedient.

Einige Kilometer weiter in dem Dorf **Molinos** kommt man wieder auf die Straße nach Muxía. Kurz vor dem Ortsausgang von Molinos Richtung Muxía zweigt rechts ein kleiner Weg hinunter zum schönen Strand des Ortes ab.

Unterkunft in Playa Lago

★ *Playa de Lago,* ✆ 981-750793. 12 Zimmer ohne großen Komfort, aber sauber. Nur vom 1.7. – 30.9. geöffnet, DZ 33 €.

Camping: *Playa Borreira Leis,* ✆ 981-730304. Der schönste Platz in der Bucht. Vom 1.6. – 20.9. geöffnet, 2 PAZ 9,50 €.

Cruceiros

Überall liegen diese Wegkreuze aus Granit in Galicien verstreut. Das älteste, so meinte der Denker und Karikaturist Castelao in seinem Buch »As cruces da pedra na Galiza«, sei der *Cruceiro von San Andrés de Melide* 50 Kilometer vor Santiago auf dem Jakobsweg. Andere, wie in *Baiona* und *Noia*, sind mit einem Altarhäuschen überdacht. Seit dem 13. Jahrhundert sind diese Steinmetzarbeiten dort aufgestellt worden, wo Wunder, Verbrechen und Tragödien geschahen. Und so sind die Wegweiser für die vielen Wanderpilger hauptsächlich, aber nicht nur, mit Marien- und Christusfiguren geschmückt. Im galicischen Volksglauben vollstrecken Hexen ihren Zauber besonders an solchen Kreuzwegen. Wenn es um einen Cruceiro nach Wachs rieche, so heißt es, sei der Tod nahe. ◄

Kreuze mahnen und erinnern: Cruceiro in Laxe

Lago Mar, ✆ 981-750628. Oberhalb des Strandes gelegen. Vom 1.6. – 30.9. geöffnet, 2 PAZ 10 €.

El Paraiso, ✆ 981-750790. Der komfortabelste Platz, mit allem, was Camper so brauchen. Vom 1.6. – 30.9. geöffnet, 2 PAZ 14 €.

Moraime

Kaum zu übersehen und in jedem Fall eine Besichtigung wert ist die links der Straße liegende **Kirche San Xián,** die zu einem Benediktinerkloster gehörte, das 1105 von Normannen zerstört wurde. Aus der Entfernung weniger attraktiv, ist die dreischiffige Basilika mit drei Apsiden aus dem 12. Jahrhundert besonders gut erhalten. Wegen ihrer eigenartigen Überdachung hat der Zahn der Zeit den schönen Reliefarbeiten des Hauptportals nur wenig anhaben können, es zeigt die 24 Ältesten der Apokalypse und andere biblische Figuren zu beiden Seiten des Erlösers. Etwas verwittert, aber ebenso sehenswert ist das Nordportal. Im *Innern* der Kirche sind Reste der ursprünglichen Wandmalereien noch sehr gut zu erkennen und trösten über das sonst außerordentlich kitschige Mobiliar hinweg. Die mittlere Apsis ist nach Umbauten rechteckig geworden.

Fest: Wer am zweiten Augustsonntag in der Nähe ist, sollte sich die lebhafte *Fiesta San Roque* nicht entgehen lassen. Sie findet rechts der Straße einige hundert Meter im Wald rund um die *Capilla San Roque* statt.

Muxía, Fischerort mit Flair

Hier ist es fast nie windstill. Der Fischerort, der sich noch einiges von seinem ursprünglichen Flair erhalten hat, liegt auf einer sturmumwehten Landzunge. Trotz des ewigen Windes hält sich in den schmalen Gassen der Geruch von im Freien gegrilltem Fisch – mittelalterlicher Charme in einem Ort, den die Mönche von Moraime im 12. Jahrhundert gründeten.

Auf den ersten Blick wirkt Muxía allerdings nicht sonderlich einladend. Was die übel hausenden Truppen Napoleons im vergangenen Jahrhundert übriggelassen hatten, wird auch hier zunehmend mit scheußlich-modernen Zweckbauten reich wiedergekehrter Emigranten überbaut. Ein Besuch Muxías ist allerdings doppelt gerechtfertigt. Neben den Meeresfrüchten wird besonders die *caldeirada,* ein Gericht aus Kartoffeln und Fisch, in den Bars entlang dem Hafen sehr schmackhaft zubereitet.

In Muxía steht eines der berühmtesten Heiligtümer Galiciens, der **Sanctuario de Nosa Señora da la Barca.** Die Kirche an der äußersten Spitze der Landzunge ist bis heute Ziel etlicher Wallfahrer. Wahrscheinlich war dieser mystische Platz bereits vor dem Siegeszug des Christentums ein kultisch-magischer Ort für die Bewohner der Gegend. Die christliche Legende besagt, daß an dieser Stelle die Schiffsmadonna mit ihrem steinernen Schiff an Land gegangen sei, um den Apostel Jakobus aufzusuchen und ihn beim Missionieren zu unterstützen.

Der Beweis für den Wahrheitsgehalt der Legende liegt direkt vor der Kirche: der **Pedra da abalar,** ein seltsam geformter, neun Meter breiter Fels und angeblich das steingewordene Segel jenes Madonnenschiffes.

Die Romería von Muxia

Er ist jedes Jahr am ersten Wochenende nach dem 8. September Schauplatz einer beliebten *Romería.* Die Festteilnehmer tanzen dabei traditionsgemäß auf dem »Felsensegel«. Es heißt, nur ein wirklich Unschuldiger sei in der Lage, den Stein wackeln zu lassen, und so einen Wunsch frei zu haben. Leider hat die Unschuld Muxía im Jahr 1978 verlassen. Eine sehr unschuldige, aber kräftige Atlantikwoge bewegte den Felsen gleich einige Meter weiter an eine Stelle, wo kein Wackeln mehr möglich ist. Getanzt wird aber immer noch.

Verbindungen

Bus: Vom Hafen täglich nach A Coruña, Abfahrt 7 Uhr, So um 18 Uhr.
Nach Cee Di, Fr, So um 11 und 15.45 Uhr.
Nach Santiago 7.30 und 14.30 Uhr, So 17.45 Uhr.

Unterkunft & Essen

★★ *La Cruz,* ✆ 981-742084, unübersehbar am Ortseingang, DZ 48 €.

★ **O'Cabaciño**, in der Parallelgasse zur Hafenstraße. DZ um 20 €. Fragen Sie nach der offiziellen Preisliste, falls Ihnen der Ihnen genannte Preis zu hoch vorkommt. Saubere Zimmer mit Bad.

Essen: *El Cordobés,* direkt am Hafen, ✆ 981-742202. In der Küche des gemütlichen Bodegón regiert die einheimische Frau des Chefs aus Córdoba und bereitet ein reichhaltiges Menüangebot zu. Preiswert und sehr gut.

▶ **Tourbeschreibung**

Von Muxía führt eine kleine, verhältnismäßig gut ausgebaute Straße (CP 5201) an der Küste entlang zum westlichsten Zipfel der Iberischen Halbinsel, dem **Cabo Touriñan** (↗ Wanderung 2). Zu den eindrucksvollen Klippen und einsamen Stränden kommt hier noch die sichere Chance hinzu, galicische Wildpferde zu beobachten. Kurz hinter Muxía grasen sie schon auf den Bergen. Wer genauer hinschaut, wird allerdings feststellen, daß die Bezeichnung Wildpferd relativ zu sehen ist. Den meisten Tieren sind Holzlatten unter die Hufe gebunden, die ihre Bewegungsfreiheit erheblich einschränken.

Entlang der ganzen Strecke zweigen Stichstraßen zu den Felsklippen ab. Wer sich am modernen *Leuchtturm* des Kaps den Wind um die Ohren wehen lassen will, muß hinter dem Dorf **Viseo** nach rechts abbiegen. Eine kleine, nicht ausgeschilderte Straße mit stellenweise recht abenteuerlichen Schlaglöchern führt von Viseo direkt nach *Fisterra*. Einige hundert Meter hinter der Kreuzung weist ein Schild nach rechts zur **Playa Nemiña**, einem idyllischen kleinen Strand mit Fischerambiente.

Weiter fährt man Richtung **Lires** und von dort nach links in Richtung **Toba**. Nach ungefähr 2 km, hinter dem Dörfchen **Camosa**, wieder rechts in eine nicht beschilderte Abzweigung. Von dieser Straße gibt es gleich mehrere Zugänge zur berühmten **Playa do Rostro,** einem der schönsten und wildesten Stränden der Todesküste.

In diesem Gebiet ist eine Vielzahl prähistorischer Reste gefunden worden; Hinweise auf eine Kultur, die vermutlich aufgrund gravierender geologischer Änderungen buchstäblich unterging. Sie sind das Körnchen Wahrheit an der Legende, die von einer untergegangenen Stadt namens *Dugium* berichtet. An der Playa entlang führt die C 552 nach Fisterra.

Unterkunft in Lires

Der Ort ist so klein und überschaubar, daß alle **Turismo-rural-Häuser** sehr leicht zu finden sind:

Casa Raúl, 15139 Lires, ✆ & Fax 981-748156. Ehemaliger Bauernhof in herrlicher Umgebung, sehr familiär und mit einem behindertengerecht eingerichteten Apartment. DZ 24 €, Apartment 48 €.

Casa Jesús, ✆ & Fax 981-748158, modernes Landhaus, DZ ab 30 €.

Casa Lourido, ✆ 981-748203, Fax -748348, neues Landhaus mit 8 DZ und einem Apartment für 4 Personen, DZ ab 24 €.

Casa Enrique, 2 Apartments ab 35 €, ✆ 981-748170.

Frischer als hier sind Fisch und Meeresfrüchte kaum zu haben: Straßenverkauf an der Costa da Morte

Am Ende der Welt: Fisterra

Der mystische Name des Ortes stammt von den Römern: *Finis terrae*, Ende der Welt, nannten sie ihn. Seit jeher ziehen die Mythen und Legenden, die sich um den Ort ranken, Neugierige, Pilger und Romantiker an. Wer kann schon von sich behaupten, im Urlaub mal eben bis ans Ende der Welt gefahren zu sein? Entsprechend lebhaft geht es in dem eigentümlichen Fischerort mit seinen 5500 Einwohnern zu. Der ertragreiche Fischfang macht Fisterra (kastilisch: *Finisterre*) zudem zu einem kulinarischen Zentrum für Fisch und Meeresfrüchte. Beim Verdauungsspaziergang gerät nach dem Essen fast jeder in eine der vielen Bars rund um

den Hafen, in denen sich ein reges Nachtleben abspielt.

Fernab von diesem Treiben liegt die beschauliche **Plaza del Ara Solis.** Ara Solis bedeutet *Sonnenaltar* und weist auf Fisterras religiöse Bedeutung hin, bevor ihn das Christentum mit der Santiago-Legende verknüpfte. Dies geht auch aus zahlreichen Spuren vorchristlicher Kulturen hervor, die bei archäoligischen Grabungen gefunden wurden. Zwischen dem 12. und 17. Jahrhundert war Fisterra schließlich die letzte Station vieler Santiago-Pilger (↗ Wanderung 3). Für sie war der Besuch der **Kirche** *Santa María das Areas de Fisterra* obligatorisch. Sie befindet sich rechts am Ortsausgang von Fisterra in Richtung Kap. Die ursprünglich romanische Kirche wurde im 15. und 16. Jahrhundert stark verändert.

Vier Kilometer hinter Fisterra gelangt man schließlich über eine Landzunge zum **Cabo de Fisterra,** das tatsächlich den Eindruck vom Ende der Welt vermittelt. In Wahrheit ist es nicht einmal der westlichste Punkt Spaniens, doch die unendliche Weite ist beeindruckend und erklärt die mythische Bedeutung dieses Ortes. Um die Zeit des Sonnenunterganges lassen sich daher auch gerne Massen von romantisierenden Fotografen und Liebespärchen in Stimmung versetzen und bevölkern das Areal. Wer dem Rummel mit Souvenirkiosk entgehen will, kann die letzte Straße vor dem Leuchtturm rechts den Berg hinauffahren. Dort geht es ruhiger zu und die Sonne trotzdem unter.

Verbindungen

Busse fahren vom Hafen ab. Nach Coruña: 7.30, 13, 16 und 18.45 Uhr, sonntags 7 und 18 Uhr.
Nach Santiago: 7,11,13.45 und 16 uhr, sonntags 18 Uhr.

Unterkunft & Camping

★ *Mariquito,* Santa Catalina 42 – 44, ✆ 981-740375 oder -740084. DZ 36 €. Zimmer mit Bad.

★ *Casa Velay,* A Cerca s/n, am hinteren Teil des Hafens, ✆ 981-740127. Einfache Zimmer mit schöne Aussicht, DZ um 22 €.

★ *Hospedaje Lopez,* Carrasqueira s/n, ✆ 981-740449. DZ um 25 €. Freundliche, saubere Pension.

★ *Rivas,* Estrada do Faro, ✆ 981-740027. DZ 20 – 25 €. Nicht ganz zentral gelegen, an der Straße zum Kap, wirkt aber nett.

Colegio Nuestra Señora del Carmen, am Hafen Richtung Kap, ✆ 981-240193. Nicht sonderlich komfortable DZ für rund 12 €. Billigste Unterkunft in Fisterra in einem sonst als Schule genutzten Gebäude. Pensionsbetrieb nur während des Sommers.

Camping: *Ruta Finisterre,* 7 km Richtung Corcubión, ✆ 981-746302. Geöffnet 1.6. – 15.9. Komfortabler, von großen Pinien beschatteter Campingplatz, wo alles bis hin zum Kinderspielplatz vorhanden ist. Nur durch die Nationalstraße von einem akzeptablen Strand getrennt. 400 Plätze, 2 PAZ 10 €.

Essen & Trinken

Fisterra hat eine Vielzahl an Restaurants, doch wirklich gut, typisch und billig ißt man im hinteren Hafeneck in drei etwas schmuddelig wirkenden Lokalen: *Bar O'Delfin, Bar Puerto* und *Bar Gaviota.* Spezialität ist hier die Navaja-Muschel, die wie ein altes Klapprasiermesser (span. *navaja*) aussieht und im Geschmack der Miesmuschel ähnlich ist.

RIAS BAJAS – WESTKÜSTE

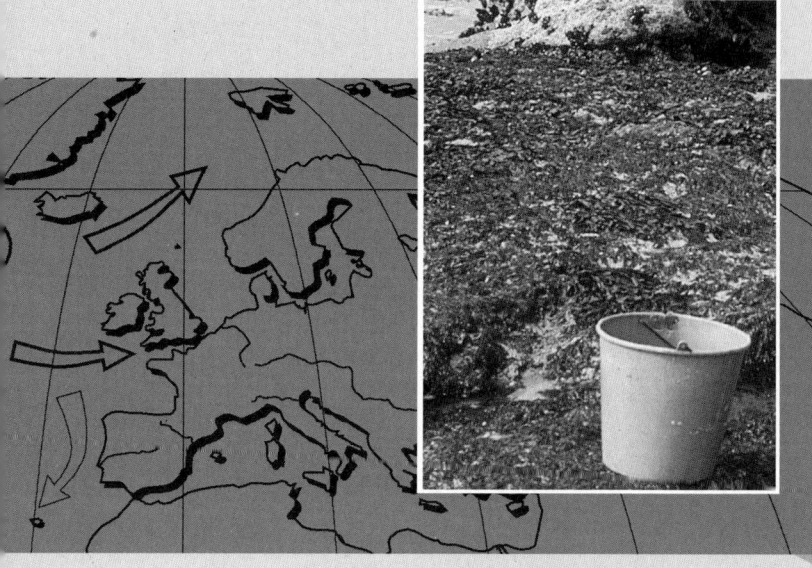

WO DIE KÜSTE SANFTER WIRD

Südlich von Fisterra beginnt Galiciens sanfte Küste, unverwechselbar durch weit in das Landesinnere reichende Rías, die das Zentrum für Muschelzucht, Schmuggel und Badetourismus sind.

ZUR RIA DE AROUSA

Zunächst verläuft die Strecke noch 59 km am offenen Atlantik entlang, vorbei am riesigen Strand von Carnota bis zum denkmalgeschützten Fischerort Muros. Von dort umrundet die Küstenstraße auf 32 km die schöne Ría de Muros y Noia bis zum ehemaligen Pilgerhafen Noia mit seinem rätselhaften Friedhof. In einem weiten Bogen von 90 km geht es weiter am Rand der herben Sierra de Barbanza mit dem Castro de Baroña, dem großen Dünenstrand bei Corrubedo und dem Dolmen de Axeitos bis zur berühmten Ría de Arousa.

Corcubión

Der nächste größere Ort hinter Fisterra ist gemütlicher als die lebhafte Nachbarstadt *Cee* und bietet sich zum Übernachten an.

Corcubión, dessen baskischer Name »Ort des guten Wassers« bedeutet, lebt von seinem Hafen und hat einen kleinen Strand. Auf der CP 2801 gelangt man zum **Castillo del Cardinal,** einer Verteidigungsanlage aus dem 18. Jahrhundert, von Hunden bewacht und nur von außen zu betrachten. Eine romanische **Kirche,** 1430 restauriert, ist nach dem Schutzpatron San Marcos benannt.

Einst Arme-Leute-Beschäftigung: Herzmuschelsammeln am Castro de Baroña

Verbindungen

Bus: Vom Stadtkern die Avda. Constitución Richtung Cee, vorbei am Café O'Balcon, liegt eine Apotheke (Farmacia). Im Fenster klebt ein Zettel mit Abfahrtszeiten ab Cee (nicht ab Corcubión) nach Fisterra bzw. Muros und A Coruña. Der Bus braucht zwischen Corcubión und Cee rund fünf Minuten, kommt also immer ein paar Minuten früher oder später als auf dem Zettel angegeben.

Unterkunft & Essen

★★★★ *El Hórreo,* Santa Isabel s/n in Richtung Cee, ✆ 081-745500, Fax -745563. DZ ab 60 €. Blick aufs Meer, sehr komfortabel.

★★★ *Hortensias,* Praia de Quenxe s/n, vom Stadtkern Richtung Fisterra, Abzweigung CP 2801 und gleich wieder links, ✆ 981-745029, Fax -746125, DZ 45 €.

★ *La Sirena,* Antonio Porrúa 15. DZ 15 €. Sehr einfache Unterkunft mit Bad im Flur, Café und einem kleinen, preisgünstigen Restaurant.

Hortensias, Restaurant des gleichnamigen Hotels über dem Strand *Praia de Quenxe.* Am schönsten gelegen. Menü um 7 €.

Feste

Die rund 1800 Einwohner feiern *San Marcos* zu Ehren am 25. April ein Stadtfest.

🚶 29. Juni, kirchliches Volksfest *San Pedro de Redonda*.

🚶 16. Juli Fest der Schutzheiligen der Seeleute, *Carmen*.

🕯 24. September *As Mercedes*, Fest mit Stierkämpfen und Folklore.

Feste feiern in Cee

Cee mit seinen knapp 8000 Einwohnern liegt auf der anderen Seite der *Ría de Corcubión*. Ein wichtiger Wirtschaftsfaktor der Stadt ist die Metallverarbeitung. Die qualmenden Schornsteine prägen deutlich das Stadtbild. Schön ist das Stadtzentrum um die **Plaza de Constitución** mit seinen engen Gassen und einigen sehenswerten Gebäuden wie der *Casa de Cotón*, einem Bürgerhaus aus dem 18. Jahrhundert in der *Rúa Magdalena*.

🕯 Vor ein paar Jahren ist eine Gruppe von Anwohnern auf die Idee gekommen, einmal im Jahr die ganze Stadt mit einem Eintopf zu verköstigen. Seither ist die **Fiesta do Cocido** um den 15. August zum Publikumsmagneten in ganz Galicien geworden: In einem riesigen Topf werden stundenlang fast 8000 Liter Wasser erhitzt und dann in rund zwölf Stunden 700 Kilo Fleisch, 700 Kilo Würste, 600 Kilo Kartoffeln, 80 Kohlköpfe, 75 Kilo weiße Bohnen und 50 Hühner gekocht. Dieses typische galicische Eintopfgericht ist Auftakt zu einem Stadtfest bis tief in die Nacht.

Verbindungen

Bus: Avda. de Fernando Blanco. Nach Muros 10 x täglich zwischen 7.25 und 20 Uhr. Nach Fisterra 7x täglich zwischen 10.45 und 21.15 Uhr.

Unterkunft

★★ *La Marina*, Avda. Fernando Blanco 26, ✆ 981-746511. DZ 36 €. Zentral.

★ *Galicia*, Finisterre 85, ✆ 981-746057, DZ 29 €. Das billigste Hostal.

Essen & Trinken

Kleinere Rationen und Tapas gibt es um die Plaza de la Constitución und in der Straße la Pena, zum Beispiel bei *Mesón as Viñas*.

Mesón a Parrilla, Campo do Sacramento, ✆ 981-746804. Wohl beste Küche in Cee, gute Auswahl unter anderem an Meeresgetier, das Tagesmenü für 5 €.

🚶 Zwei weitere große Feste in Cee sind am 25. Juli *San Cristóbal* und am 16. August *San Roque*.

▶ Tourbeschreibung

Von Cee führt die sehr gut ausgebaute Straße an dem mit Granitfelsen übersäten Küstenstreifen entlang. Immer wieder zweigen kleine Wege zu einem der vielen großen Atlantikstrände ab, an denen das Wasser zwar sauber, aber auch im Sommer sehr kalt ist.

Wer Lust auf eine kleine Bergtour hat, sollte 10 km hinter Cee in dem Ort **O Pindo** anhalten. Hier erhebt sich der sagenumwobene Olymp der Kelten (*Olimpo Celto*), der **Monte A Moa,** 641 Meter über dem Meer. Einige der großen Granitblöcke dieser Kultstätte sollen Monster und merkwürdige Tiere darstellen, angeblich von Menschen behauen. Auf jeden Fall bietet sich von dort eine wunderbare Sicht über die steinige Sierra und die Küste. Der Aufstieg von der Kirche Pindos aus (zunächst links des kleinen Baches entlang) dauert gut eineinhalb Stunden, der Weg ist mit roten Pfeilen markiert. Festes Schuhwerk ist unerläßlich.

Der Hórreo von Carnota

Der Ort, in einem fruchtbaren Tal gelegen, ist vor allem für seinen **Maisspeicher** (*hórreo*), bekannt, der einer der größten in Galicien ist. Der 35 Meter lange Granitbau von 1768 steht auf 22 Stelzenpaaren ganz in der Nähe der hübschen *Kirche Santa Colomba.*

An der Kirche vorbei führt auch der Weg zum beeindruckenden **Strand von Carnota,** mit sieben Kilometern Länge und wenigen Badegästen. Hier zu weit in den Atlantik raus zu schwimmen, kann wegen der Strömungen allerdings gefährlich sein.

Unterkunft & Camping

★ *Hotel Miramar,* Plaza del Generalisimo 2, ✆ 981-857016, DZ 36 € mit Bad.

★ *Pensión Fandiño,* Calvo Sotelo 23, ✆ 981-857020. DZ um 15 € mit Bad im Flur. Familiäre Pension, in der man auch gut essen kann.

Camping: *Ancoradoiro,* ✆ 981-878897 (hinter dem Ort Lira). Direkt am Strand gelegen, neben einer Apartmentsiedlung, sauber, 15.3. bis 15.9. geöffnet. Deutscher Besitzer. 2 PAZ 11 €.

Louro

Die reizvolle Bucht mit dem türkisblauen Wasser an der windgeschützten **Playa San Francisco** beschert dem winzigen Ort im Sommer bereits eine stattliche Anzahl von Badeurlaubern, darunter auch viele Deutsche. In einigen Restaurants kann man sehr preisgünstig essen.

Unterkunft & Camping

★ *Montelouro,* an der Ortsdurchfahrt, ✆ 981-826505. DZ mit Bad 27 €. Kleines Hostal mit einem ausgezeichneten Restaurant, das sich auf Paella spezialisiert hat.

★ Wer ein ganz spezielles Ambiente sucht: In dem kleinen *Franziskanerkonvent* von Louro (ausgeschildert) werden seit 1984 Zimmer vermietet. Sie verfügen über modernen Komfort und liegen im holzgedeckten oberen Stockwerk des kleinen Kreuzganges aus dem 17. Jahrhundert, von dem man auch in den Chor der Klosterkirche gelangt. Ein *Restaurant* bietet preiswerte Menüs an. Mit dem Pensionsbetrieb finanzieren die hier lebenden Mönche den Erhalt ihres Klosters. DZ mit Bad 27 €, ✆ 981-826146.

Camping: Die pfiffigen Mönche haben im ehemaligen Klostergarten einen *Campingplatz* der 1. Kategorie eingerichtet. 2 PAZ 15 €, ✆ 981-816148; 20.6. – 20.9. geöffnet.

A Bouga, am Strand San Francisco, ✆ 981-826284. Supermarkt und Restaurant dabei, halbwegs sauber, 2 PAZ 12 €, ganzjährig geöffnet.

Muros und seine Frauen

Ist die *Punta Carreira* umfahren, zeigt sich schon ein verändertes Landschaftsbild, bestimmt von der ersten der sanften Rías Bajas, der *Ría de Muros y Noia.* Das kurz danach auftauchende Muros ist einer der schönsten Fischerorte Galiciens, mit seinen auf mittelalterliche Arkaden gestützten Häusern und verwinkelten Gassen mit Namen wie »Geduld«, »Hoffnung«, »Gesundheit«, »Bitternis«.

Auch die Frauen von Muros, heißt es in einem Lied, sollen die schönsten Galiciens sein. Besonderen Spaß macht es, eine Fischauktion in der *lonxa* am Hafen mitzuerleben. Den dort mit den Fischern feilschenden Frauen geht es sichtbar mehr um Umsatz als um Schönheit. Was schließlich von ihnen ersteigert wurde, kommt frisch in den vielen kleinen Restaurants und Tascas auf den Tisch.

Bei einem Gang durch die *Calle Real* trifft der Besucher immer wieder auf reizende Winkel und Plätze wie die **Pescadería Vella,** gesäumt von den typischen Arkaden und mit einem modernistischen Brunnen aus den ersten Jahren des 20. Jahrhunderts, auf dem eine Echse hockt. Wegen seines besonderen Charmes wurde der Kern des im 13. Jahrhundert auf einer prähistorischen Siedlung gegründeten Ortes 1970 unter Denkmalschutz gestellt. Von der **Plaza de la Constitución** aus führt die *Rúa da Igreixa* zur spätgotischen **Iglesia San Pedro,** zu Beginn des 15. Jahrhunderts über einem romanischen Vorgängerbau errichtet, dessen Portal erhalten blieb. Die Seitenkapellen sind bis in das 17. Jahrhundert hinein angebaut worden, der barocke Turm stammt aus dem 18. Jahrhundert. Ungewöhnlich ist das hölzerne Vordach, das auf vier Granitsäulen ruht. Älter als San Pedro ist die **Iglesia Virgen del Camino** am Ortsausgang Richtung Noia, die im 14. Jahrhundert erbaut wurde.

Hórreos: Vorratskammern der Heiden und Christen

Besonders in Galicien begegnen sie einem auf Schritt und Tritt, die eigenartigen *Maisspeicher.* Mal als langgezogener Granitbau, mal aus Ziegeln, und manchmal auch nur aus Holz stehen sie überall in der Landschaft und sollen die Ernte vor gierigen Nagern, Fäulnis und

Verbindungen

Nach Noia–Santiago–Coruña 6.15 (Mo – Fr), 7 (Mo – Sa), 8.15 (Mo – Sa), 11, 13, 16, 17.30, 20 (nur bis Santiago), 20.30 Uhr (So, nur bis Santiago). Bushaltestelle vor der Hospedaje Vianda (*Castromil*).

Nach Cee über Carnota 6.45 (Mo – Sa), 7.15 (Mo – Sa), 8.45, 11.15, 12.15 (Mo – Sa), 14.05, 15.15, 17.15, 20.45 Uhr. Haltestelle am Hotel Muradana (Firma *Finisterre*).

Unterkunft & Feiern

★★ *Hostal Lago,* Avda. Calvo Sotelo 3, ✆ 981-827503. DZ ab 45 €. Komfortable und recht gemütliche Zimmer.

★★ *Hotel La Muradana,* Avda. de la Marina 107, ✆ 981-826885. DZ um 42 €. Moderne Zimmer mit dem Preis entsprechendem Komfort.

★ *Hospedaje La Vianda,* Calvo Sotelo 47, ✆ 981-827464. DZ 20 €. Die Pension befindet sich im ersten Stock. Zimmer mit Bad auf dem Flur.

Fest: Besonders beliebt ist die *Fiesta del Carmen* am 16. Juli mit einer Schiffsprozession über die Ría. Gegen Mitternacht erinnert Muros mit einem Feuerwerk an eine Seeschlacht zwischen Spaniern und Franzosen, die sich 1544 vor dem Hafen zutrug und bei der Muros tapfer mitkämpfte.

Noia, der alte Pilgerhafen

Für die Pilger, die über das Meer nach Santiago kamen, war Noia der »Schlüssel nach Galicien«. An dem heute versandeten Hafen gingen im Mittelalter niederländische und englische Pilger an Land. Die Anfänge Noias liegen jedoch viel weiter zurück, eine Sage erzählt sogar vom biblischen Noah, der hier gestrandet sein soll. Die Arche ist Bestandteil des Stadtwappens.

– in gewissen Fällen – vor bösen Geistern schützen. Die Größe des Speichers, der in seltenen Fällen sogar mehrstöckig ist, gibt Auskunft über den Reichtum der Familie.

Häufig ziert neben dem christlichen Kreuz auch eine pyramidenförmige *fica* das Dach eines *hórreo*: ein Symbol der Fruchtbarkeit.

Diese Speicher hat es sicher schon gegeben, bevor Mais in Galicien angebaut wurde – das geschieht nämlich erst seit dem 16. Jahrhundert, denn Mais ist ein südamerikanisches Gewächs. Vermutlich sind die Speicher eine keltische Erfindung. Die Vorläufer der Hórreos, die heute zu Tausenden in Miniatur über Souvenirtische gehen, sind am ehesten in den entlegenen Bergregionen anzutreffen. Strohgedeckte, quadratische Holzaufbauten auf groben Granitstützen dienen in den Ancares oder dem Courel auch heute noch zur Aufbewahrung der Ernte – und das kann auch Obst und Gemüse sein. Die Weiterentwicklung zu dem klassischen Souvenir-Hórreo ist aber dennoch auf den Mais zurückzuführen. Denn er muß nach der Ernte noch eine gewisse Zeit an einem luftigen Platz ausreifen. ◄

RIAS BAJAS – WESTKÜSTE

Mit Sicherheit weiß man von der Siedlung jedoch erst seit dem 12. Jahrhundert, als Noia Bischofssitz war. Durch seine strategisch günstige Lage erlangte der Hafen große militärische wie wirtschaftliche Bedeutung, was der Stadt vor allem im 15. Jahrhundert ansehnlichen Reichtum verschaffte. Sie war von mächtigen Stadtmauern mit zwölf Toren umgeben, von denen aber keines mehr erhalten ist. Sichtbare Relikte jener großen Zeit sind jedoch die vielen herrschaftlichen, wappengeschmückten Häuser der **Altstadt.** Besonders der Bereich um die **Rúa do Cantón** mit dem *Pazo Dacosta* vermittelt einen Eindruck vom alten Glanz Noias. Diese Gasse führt auch zur **Iglesia San Martiño,** die 1434 geweiht wurde. Die spätgotische Wehrkirche mit ihren Zinnen auf der Apsis geht auf einen romanischen Vorgängerbau zurück, von dem das *Hauptportal* San Martiños stammt. Dieses Portal, an dem die zwölf Apostel und die musizierenden Ältesten des Jüngsten Gerichts zu sehen sind, ist wohl die größte Sehenswürdigkeit der Kirche und erinnert an den Pórtico de la Gloria der Kathedrale Santiagos. Die Gesamtfassade wird von der großen Rosette beherrscht, die vier Engelsfiguren umringen. Der rechte Turm San Martiños wurde nie fertiggestellt.

Auf der **Plaza del Tapal** vor der Kirche ist ein **Wegkreuz** (*cruceiro*) des 14. Jahrhunderts aufgestellt, das ursprünglich auf der *Ponte Nafonso* über den Río Tambre stand. Links der Apsis der Kirche begegnen wir der *Casa dos Xorba* mit gotischen Bögen aus dem 14. Jahrhundert. Ein weiteres Beispiel für die Adelshäuser Noias ist die nicht weit entfernte ehemalige *Grammatikschule* und die *Casa Forno do Rato* mit mehreren Familienwappen.

Eine gewisse Berühmtheit besitzt die **Iglesia Santa María la Nueva** und ihr Friedhof an der Calle Ferreiro. Santa María wurde 1327 erbaut (zu besichtigen Mo – Fr 11 – 13.30 und 18 – 20 Uhr), romanisch mit gotischen Einflüssen. In ihr und überall auf dem Friedhof mit dem Wegkreuz *Humilladoiro* unter einem Baldachin aus dem 16. Jahrhundert liegen rund 500 rätselhafte Grabsteine, in die anstelle von Namen Zunftzeichen, Jakobsmuscheln und schematische Bilder gemeißelt wurden. Über den Sinn und Zweck dieser Grabmäler aus dem frühen Mittelalter, denen die zugehörigen Leichen fehlten, wird viel spekuliert. Eine esoterisch angehauchte These bringt die Grabsteine mit dem Jakobsweg in Zusammenhang. Handwerker hätten ihn als eine Art Initiationsweg benutzt und bis Noia – der natürlichen Verlängerung des Jakobsweges von Santiago aus – abgelaufen, um ihre Handwerkskunst mit der Natur in Einklang zu bringen. Am Meer, dem Ziel ihrer Reise, hätten sie schließlich eine neue Identität angenommen und die alte symbolisch begraben.

Verbindungen

Der Busbahnhof liegt unterhalb der Alameda am Hafen, ℂ 981-824774.
Nach Santiago: 6.45 – 20.45, jede Stunde.

Nach Coruña: 7,9, 12, sonntags 19 Uhr.
Nach Pontevedra – Vigo : 8.15 Uhr.
Nach Padrón: 7.30, 13.30 Uhr.
Nach Ribeira: 6.50 – 21.30 stündlich.

Unterkunft & Camping

★★ *Ceboleiro,* Galicia 15, ✆ 981-820531, Fax 824497. DZ mit Bad, Telefon und TV 58 €, Zimmer ohne Bad auch für 25 €.

★ *Sol y Mar,* Avda. San Lazaro s/n, ✆ 981-820900. Zentral gelegen, ohne Schnickschnack, DZ 24 €.

★ *La Marina,* Ferreiro 27, ✆ 981-820081. DZ ohne Bad 18 €. Die Zimmer liegen in einem neuen Gebäude gegenüber der Bar.

Turismo rural: *Casa do Xan,* Fruime-Lousame, ✆ 981-877988. 130 Jahre altes Steinhaus in einem Bergdorf, nobel mit allem Komfort eingerichtet. Von Noia Richtung Santiago, dann auf die AC 301 Richtung Rois, nach einigen Kilometern rechts nach Ardeleiros/Fruime. DZ 42 €, sehr zu empfehlen.

Camping: *Punta Batuda,* einige Kilometer von Noia Richtung Ribeira, ✆ 981-766542. Luxuriöse, neue Anlage direkt am Meer, terrassierte Parzellen, Tennisplatz, Swimmingpool. 2 PAZ 15 €.

Essen & Feiern

Restaurant Ceboleiro, Galicia 15, ✆ 981-820531. Das zum Hotel gehörige Restaurant genießt einen sehr guten Ruf. Tagesmenü um 8 €.

Tasca Típica, Rúa do Cantón 7, unter gotischen Arkaden in der Altstadt, nahe San Martín im Pazo Dacosta. Der Treff in Noia.

Fest: Am Ostersonntag wird in Noia, früher Zentrum der Spitzenherstellung, immer noch die Tradition des *Klöppelspitzentanzes* gepflegt.

Nützliche Adressen

Touristeninformation: im Kreuzgang des ehemaligen Klosters San Francisco, das als *Rathaus* dient. Geöffnet Mo – Sa 10 – 14 Uhr, ✆ 981-823802.

Sprachschule: ⬈ »Aktiv & Sportlich«.

▶ **Tourbeschreibung**

Entlang der Küste auf der C 550 Richtung *Ribeira* liegen zahlreiche Strände und einige Campingplätze, die wenigen Hostals verlangen allerdings relativ hohe Preise für ihr Angebot. Reizvoll ist der *Strand* des kleinen Dorfes **Boa**, von dem aus die *Insel Quebra* zu sehen ist. Einige km weiter bietet die **Playa Ornanda** mit Strandbars und Disco regelrechtes Rimini Flair mit jungem Publikum.

Viel Badebetrieb herrscht auch um den Fischerort **Porto do Son** herum. Die Strände sind von alters her wegen des hohen Jodgehaltes im Wasser bei Menschen mit Schilddrüsenunterfunktion beliebt. Vom hübschen Hafen des Ortes aus sind es nur wenige Minuten zum *Mirador Atalaia* mit einer schönen Sicht über die Ría.

Fünf Kilometer von Porto do Son entfernt liegt der **Castro de Baroña**, eine der beeindruckendsten *Keltensiedlungen* Galiciens. Auf einer Felsspitze im tosenden Atlantik lebten hier die Vorfahren der Galicier bis zum 5. Jahrhundert, von mehrfachen Mauerringen und dem Meer vor Angreifern gesichert. Die stark befestigten Eingangstore und die Grundmauern der typischen Rundhütten sind noch sehr gut zu erkennen. Von der Bar *O Castro* aus ist es ein etwa zehnminütiger Fußweg dorthin, über einen felsigen Pfad mit uralten Spuren von Ochsenkarren.

Unterkunft:

★ *Bar O Castro*, ✆ 981-767430, DZ ohne Bad um 20 €.

Im weiteren Verlauf der C-550 gehen mehrere Wege zu den **Stränden** *Queiruga, Sieira* und *Furnas* ab. Am Ende des Dorfes **Xuño** führt eine Straße über Seráns, vorbei an einer Reihe von Stränden, bis zum äußersten Punkt der Halbinsel, dem **Cabo Corrubedo**. Zwischen diesem abgelegenen Punkt und der südlichen *Punta de Couso* erstreckt sich der größte Dünenstrand Galiciens, der weit ins Landesinnere reicht. Wer einsame Strandwinkel liebt, wird hier garantiert fündig.

Zu dieser ehemaligen Lagune gibt es wieder die Sage von einer versunkenen Stadt namens *Valverde,* allerdings mit einem weiteren Detail: Die Tochter des Herrschers über jene Stadt soll in dem Moment verzaubert worden sein, als eine enorme Flutwelle die Stadt unter sich begrub. Aus den Tiefen des Meeres, so heißt es, sei immer noch ihr Rufen zu hören. Die Erzählung ähnelt auffallend der über die versunkene Stadt *Dugium* am *Cabo Fisterra,* deren Kirchengeläut ebenfalls noch zu vernehmen sein soll. Sicher ist, daß diese Gegend die Heimat früher menschlicher Kulturen gewesen ist.

Das belegt auch der sehenswerte **Dolmen de Axeitos,** zu dem man von Corrubedo aus über die LC 303 Richtung Oleiros gelangt (Hinweisschild). Seine abdeckende Felsplatte mißt 4,5 mal 3,5 Meter. 50 Meter von diesem steinzeitlichen Grab entfernt fand man einen Felsen, der an zwei Seiten mit Tierdarstellungen versehen war, heute jedoch zerstört ist.

Camping: *La Cascada*: Abgelegener Platz am Fuß eines Berges, 4 km vom nächsten Strand entfernt, zu erreichen über den Ort Oleiros. Tennisplatz, Pool, sauber und garantiert nicht überlaufen. 15.6. – 15.9. geöffnet. 2 PAZ 12 €, ✆ 981-878955.

Santa Uxia de Ribeira

Die von Fischereiindustrie geprägte Stadt Ribeira hat für einen längeren Aufenthalt wenig zu bieten. Der Hafen ist einer der wichtigsten Umschlagplätze für Fische in Spanien, tonnenweise wird hier Thunfisch angelandet. Seiner industriellen Bedeutung entsprechend ist Ribeira groß und nicht gerade schön gewachsen. Ganz reizvoll sind seine Bars am Hafen und um die *Kirche Marí Carmen* herum: Plaza Otero Gayanes, Rúa Ramón y Cayal, Diego Delicado. Seinen touristischen Zulauf verdankt die Stadt jedoch den großen Stränden in der Umgebung.

Verbindungen & Infos

Bus: Vom Hafen aus fahren neunmal täglich Busse Richtung Santiago.

Infos: Die *Touristeninformation* ist unübersehbar in einem Häuschen am Hafen untergebracht. Geöffnet Mo – Fr 10 – 14 und 18 – 21 Uhr.

Gemeinsame Sache: Die Netze
der Fischer müssen immer wieder
geflickt werden

Ch. Landler

Unterkunft & Camping

★★ *Hostal Villa,* Diego Delicado 4,
✆ 981-871075. DZ mit Bad 30 €.
Zentral gelegen.

Camping: *Coroso,* 3 km von Ribeira
Richtung Padrón entfernt, ✆ 981-
838002. Herrlicher, großer Platz,
direkt an einem schönen Strand
mit Blick auf Ribeira. Geöffnet
vom 1.4. – 30.9., 2 PAZ 14 €. Es
können auch sieben kleine *Bungalows* gemietet werden. 14 Tage
kosten allerdings um 360 €,
Strom und Gas inklusive. Ein Bun-
galow sollte zwei Monate vorher
reserviert werden.

Essen: Zu dem Campingplatz gehört eine zweihundert Jahre alte
Strandtaverne, wo es recht günstiges Essen gibt.

▶ Tourbeschreibung

Bei Ribeira beginnt die *Ría de Arousa,*
vielfach als die schönste Galiciens bezeichnet und sicher eines der großen
touristischen Zentren. Sie bietet auch
ideale Bedingungen für die Muschelzucht. Die schwimmenden *bateas*
nehmen hier oft riesige Wasserflächen
ein. Die an ihnen herabhängenden
Seile werden zunächst mit kleinen
Muscheln besetzt, die innerhalb kurzer Zeit so groß werden, daß nur
Schwimmkräne die tonnenschwere
Ernte bergen können. Gleichzeitig ist
die Ría de Arousa das Zentrum des
galicischen Schmuggels (↗ »Galicia
Connection«).

Bis *Padrón* führt die Küstenstraße
durch mehrere Fischerorte, die leicht
vom Strandtourismus berührt werden, sich aber hauptsächlich auf
Fischfang und Muschelzucht konzentrieren. Die Hostals sind für das, was
sie bieten, arg überteuert. Der Ort
Pobra do Caramiñal ist Schauplatz
einiger Werke des Schriftstellers
Ramón María del Valle-Inclán (1869
– 1936), weshalb man ihm hier wohl
auch ein Museum gewidmet hat, das
in dem Renaissance-*Pazo Bermúdez*
aus dem 16. Jahrhundert untergebracht ist.

Der Ort **Boiro** erlangte seine größte
Bedeutung in der Zeit der Habsbur-

ger in Spanien. Von hier aus wurde der Hof mit Austern versorgt. Vom Ortskern Boiros führt eine Straße nach **Barraña** mit einem recht schönen *Strand* und einem Campingplatz:

Camping: *Barraña*, von Boiro aus Richtung Barraña, ✆ 981-847613, geöffnet 1.6. – 15.9. Sehr kleiner Platz mit einer Bar und warmen Duschen, in Strandnähe. 2 PAZ 14 €.

Vier Kilometer hinter Boiro, vor der Brücke über den *Río Grande*, zweigt nach rechts eine Straße zu den **Castros** von *O Neixón* ab. Zwei Kilometer hinter der Kirche *San Vicencio* führt ein rund zehnminütiger Fußweg auf den Hügel. Die Castros werden in das 6. Jahrhundert v. Chr. datiert und gehören damit zu den ältesten Galiciens.

Rianxo

Der Fischerort ist vor allem dadurch bekannt, daß er die Heimat des kritischen Karikaturisten, Schriftstellers und Politikers *Alfonso Castelao* (Portrait ↗ »Geschichte«) ist. Das Haus, in dem er 1866 geboren wurde, steht in der Calle Abaixo 42. Durch seinen Kampf für galicische Sprache und Kultur wurde Castelao eine der bekanntesten Persönlichkeiten des Landes. 1950 starb er in Buenos Aires.

Im Ortskern seiner Heimatstadt sind einige typische Straßenzüge mit wappengeschmückten Häusern erhalten geblieben, reizvoll ist der Platz um die gotische *Iglesia Santa Comba* mit dem barocken *Pazo de Martelo* aus dem 17. Jahrhundert.

Die Strände des Ortes *Tanxil* und *Salgueiriña* sind nicht die schönsten, das gastronomische Angebot ist ausgesprochen bescheiden.

Camping: *Rianxo,* ✆ 981-860151, geöffnet vom 15.6. – 15.9., 150 m bis zum Strand, wenig Schatten 2 PAZ 10 €.

VON PADRON NACH PONTEVEDRA

Von der geschichtsträchtigen Hauptstadt der kleinen Pfefferschoten geht es nun direkt in die touristischen Fluchtburgen der Ría de Arousa und Ría de Pontevedra. Die 90 km lange Strecke führt durch die Hauptstadt des Albariño-Weins Cambados zur Halbinsel von O Grove mit dem berühmten Strand Lanzada. Vom mondänen Sanxenxo aus bietet sich eine Tour zu den Ons-Inseln an. Kurz vor Pontevedra liegen Combarro mit seinem idyllischen Dorfkern und der Konvent von Poio mit seinen singenden Mönchen.

Padrón, das einstige Iria Flavia

Schenkt man der Legende Glauben, so begann in Padrón die Geschichte der Pilgerfahrt nach Santiago. Das alte *Iria Flavia*, einer der wichtigsten römischen Stützpunkte in Galicien, war der Ort, an dem das Schiff mit dem Leichnam des in Jerusalem enthaupteten Apostels ankam. Man will sogar genau wissen, wo das Boot festmachte: nämlich an einer römischen, eigentlich dem Meeresgott Neptun geweihten **Säule,** die damals am Ufer des *Río Sar* stand, und sich heute unter dem Hauptaltar der *Iglesia Santiago* befindet. Sie wird sichtbar, wenn der Pfarrhelfer zwei Holztüren aufklappt und zum tausendsten Mal die Legende zum besten gibt – gegen eine kleine Spende, versteht sich (9.30 – 13 und 15 – 19 Uhr).

Diese heidnische Säule ist auch die Namensgeberin Padróns, sie wird als *piedra* (Fels) oder *pedrón* bezeichnet. Doch nicht nur die Römer nutzten den geschützen – heute nicht mehr existierenden – Flußhafen, den sie Iria Flavia nannten, denn schon vor 3000 Jahren kannten ihn phönizische Kaufleute. Der berüchtigte Almanzor verwüstete 997 Stadt und Hafen, im 11. Jahrhundert war Iria Flavia eine beliebte Beute normannischer Horden. Zu Beginn des 12. Jahrhunderts ließ Santiagos umtriebiger Bischof Gelmírez schließlich im Hafen Schiffswerften anlegen, in denen die erste spanische Flotte gebaut wurde.

Einen Eindruck von den **Befestigungsanlagen** des einstigen Hafens vermitteln jedoch nur noch die *Torres del Oeste* in der Nähe *Catoiras,* die Gelmírez zum Schutz vor Überfällen der Wikinger an der Mündung des Ulla über vermutlich phönizischen Bollwerken errichten ließ.

Zu Zeiten von Gelmírez nannte man Iria Flavia bereits Padrón. Der kleine Vorort 2 km nördlich des Stadtkerns heißt aber bis heute **Iria.** Hier liegt auch die **Colegiata Santa María a Dina.** Sie war die Kirche des Bischofssitzes, der 899 nach Santiago de Compostela verlegt wurde. Übrigens genehmigte der Papst diesen Umzug erst fast 200 Jahre später, im Jahr 1095. Von der frühen bischöflichen Residenz ist nichts mehr erhalten. Santa María ist ein spätromani-

Ch. Landler

Lange Tafel beim Fest der Pfefferschote am 1. August

scher Bau und wurde im 18. Jahrhundert weitgehend umgestaltet und restauriert. Das Hauptportal stammt noch aus dem 11. Jahrhundert. Ein Hinweis auf die Gräber von 28 Bischöfen, die sich nach Iria Flavia flüchteten, als Almanzor Santiago verwüstete, und in der Kirche begraben sind, fehlt. Rechts neben ihr liegen die Trümmer einiger mittelalterlicher Grabmäler.

Vor dem Friedhof, direkt an der Durchgangsstraße N 550, ist der Kopf des Literatur-Nobelpreisträgers von 1989, *Camilo José Cela,* als moderne Plastik zu sehen. Der Autor von »Pascual Duartes Familie« und »Der Bienenkorb« wurde 1916 hier geboren

(↗ Reiselektüre in »Reisepraxis«). Ein Platz ist bereits nach ihm benannt, eine lokale Stiftung mit einem *Museum* seines Namens gibt es ebenfalls schon. Hier kann Mo – Fr die Bibliothek des berühmten Galiciers besichtigt werden. Padrón war auch für einige Jahre die Heimat der größten Dichterin Galiciens, *Rosalía de Castro*. Ihr Gedichtband »An den Ufern des Sar« spiegelt einiges von ihrem Leben in Padrón wider. In der *Alameda Espolón*, just am Ufer des Sar, steht ein ihr gewidmetes Denkmal.

Von dort aus bietet sich ein Spaziergang über die Sar-Brücke zur berühmten **Fuente del Carmen** an, aus der angeblich Wasser sprudelt, seitdem der Heilige Jakobus sie während seiner Missionsreise durch Spanien dreimal mit seinem Stab berührt hat. Ein Relief an dem schönen Brunnen zeigt das Boot mit dem Leichnam des Apostels, dessen Kopf von einem Engel gehalten wird. Oberhalb des Brunnens erhebt sich die strenge Fassade des **Convento del Carmen** aus dem 18. Jahrhundert. Am Klostergarten führt eine Treppe zu dem beliebten Heiligtum *Santuguiño* hinauf. Dort steht eine Figur des Apostels zwischen merkwürdig gespaltenen Felsblöcken. Es heißt, hier sei Jakobus auf der Flucht vor Räubern sein Stab zerbrochen.

Museum der Rosalía de Castro

In dem hübschen Bauernhaus, wo die Dichterin de Castro bis zu ihrem Tod 1885 mit ihrem Mann, dem Historiker *Manuel Martínez de Murguía*, und ihren sechs Kindern lebte, sind vor allem Fotografien und Porträts der Familie zu sehen. An der kleinen Verkaufstheke im Eingang des Museums ist keine deutschsprachige Literatur zu bekommen, Führungen durch das Haus gibt es überhaupt nicht. Einige wenige handschriftliche Aufzeichnungen, frühe Editionen und persönliche Gegenstände sind zwar ausgestellt, doch fast nie näher erklärt. Ansonsten ist das Museum ein Sammelsurium des Rosalía-Kultes von japanischen Widmungen bis hin zu amerikanischen Doktorarbeiten.

Casa Museo Rosalía de Castro, Hinweisschild am Stadtpark, gegenüber dem Bahnhof, geöffnet 9.30 – 14 und 16 – 20 Uhr, Mo geschlossen. Eintritt 1 €.

Verbindungen

Zug: Ein Fahrplan hängt an einer Fensterscheibe der kleinen Bahnstation. Nach Santiago und A Coruña zwischen 7.12 und 23.07 Uhr 8x täglich, nach Vigo zwischen 6.47 und 22.24 Uhr 11x täglich.

Bus: Der Busbahnhof liegt am Ortausgang Richtung Santiago.
Zwischen 7.40 und 21.25 Uhr fahren stündl. Busse nach Santiago.
Nach A Coruña stündl. zwischen 8 und 19.15 Uhr.
Nach Pontevedra und Vigo 10x täglich zwischen 6.45 und 20.30 Uhr.
Nach Cambados und Grove um 11, 12, 14, 17, 19 und 21Uhr.
Nach Noia um 9.45 und 11.45 Uhr.

Unterkunft

★★ *Hotel Chef Rivera*, Enlace del Parque 7, ✆ 981-811454, DZ 42 €. Komfortable Zimmer mit Bad und Telefon.

★ **Hostal Xardín,** Salgado Araujo 3, an der Abzweigung zur Casa Museo Rosalía de Castro, ✆ 981-810950, DZ um 30 €. Sehr schöne Zimmer in einem alten Haus, familiär.

Hostal La Ponderosa, Calvo Sotelo 2, ✆ 981-811511. Zentral, etwas laut gelegen; sehr schöne, saubere Zimmer. DZ 27 €, ohne Bad 18 €.

Essen & Trinken & Feiern

Der Name Padrón taucht von Ende Juni bis September in fast allen Bars Galiciens auf, aber immer nur in Zusammenhang mit *pimientos*, kleinen Pfefferschoten, die während der Saison leicht angebraten und mit Salz überstreut kiloweise verzehrt werden. Padrón und das nahe Herbón sind das Hauptanbaugebiet der Pimientos. Gerade hier sollte man sie also einmal probieren.

Restaurant Chef Rivera, Enlace Parque 7, ✆ 981-810413. Spezialitäten des bekannten, nicht ganz billigen Lokals sind Seeteufel (*rape*) und Seehecht

mit Herzmuscheln. Hier ließ sich auch der Schriftsteller Camilo José Cela gerne blicken. Menü ab 9 €.

Taverne Os'Carissos, versteckt zwischen modernen Gebäuden an der großen Kreuzung der Avenida Pontecesures. Serviert gute Tapas, Pimientos und einen ausgesprochen süffigen Landwein (*Ulla*).

Bar Capilla, Gasse Generalísimo Franco. Besonders urig.

Fest: Am 25. Juli ist das Gelände Schauplatz einer gut besuchten **Romería**.

Catoira, Schauplatz der Wikinger-Fete

Die Heilquellen, deretwegen der kleine Ort einmal halbwegs bekannt war, sprudeln schon seit langem nicht mehr. Das alte Badehaus steht zwar noch zwischen Fabrikanlagen in der Nähe des Bahnhofes, die Badewannen sind aber von einer jahrzehntealten Staubschicht überzogen.

Heute wird Catoira hauptsächlich im Zusammenhang mit der **Wikinger-Fete** genannt, die sich alljährlich an der Festungsruine *Torres*

Wie die wilden Wikinger: Alljährlich wird am 1. August Catoira unsicher gemacht

Tobias Büscher

de Oeste abspielt, die Erzbischof Gelmírez im 12. Jahrhundert zum Schutz des Hafens von Padrón errichten ließ und seit einigen Jahren im Schatten einer wenig schönen Betonbrücke liegt. Am Mittag des ersten Augustsonntages belagern mehrere tausend Schaulustige die Festung, um die martialische Landung der johlenden Nordmänner – zum größten Teil Studenten aus Santiago – mitzuerleben. Gemäß der Spielregeln wird die Schlacht zwar immer von den katholischen Verteidigern gewonnen. Die Tageshelden sind jedoch die pappbehelmten und kuhgehörnten Barbaren, die nicht davor zurückschrecken, sogar die Leibwächter des Regierungschefs Fraga, der auch manchmal kommt, mit blutrotem Wein zu besudeln. Die spektakuläre Gaudi dauert etwa zwei Stunden, danach fahren die meisten Wikingerfans wieder ab.

Nachdem das einst nur lokal bekannte Spektakel nationalen Ruf erlangt hat, strebt der Stadtrat Catoiras nun auch eine Städtepartnerschaft mit dem dänischen Ort *Frederikssund* an, dessen Wikinger seit 1993 an dem Spektakel teilnehmen. Denn in ihrem Heimatort fallen – unter ähnlichen Umständen wie in Catoira – die Wikinger schon seit 40 Jahren ein.

Wer nicht zu dem Jahresereignis in Catoira ist, kann zumindest den Hügel links am Ortsausgang Catoiras erklimmen. Dort hat man zwei für die Gegend einst typische **Windmühlen** rekonstruiert, die heute in Galicien nur noch ausgesprochen selten zu sehen sind.

Verbindungen

Zug: Nach Santiago 8.03 und 23.01 Uhr, Coruña 5 x täglich, Vigo 6 x täglich
Bus: Die Bushaltestelle liegt am Rathaus gegenüber der *Bar Vikingo*. Täglich 5x nach Santiago, 5x täglich nach Cambados über Vilagarcía.

Unterkunft & Camping

★★ *Hostal Hipólito,* Puente 3, ☏ 986-546107. DZ mit Bad 23 €.

★ *Casa Emilio,* direkt an der kleinen Bahnstation, ☏ 986-546013. DZ um 12 €. Über dem sehr preiswerten Restaurant der Casa Emilio (Spezialität: *Neunauge*) werden günstig Zimmer vermietet.

Camping: *Río Ulla,* Richtung Villagarcía, ☏ 986-505997, 2 PAZ 13 €, geöffnet 1.4. – 15.9. Zwischen Fluß und Bahnlinie gelegen, kein Schatten, Cafeteria, Supermarkt, im Ganzen lieblos.

Vilagarcía de Arousa

Zwar wird die rund 32.000 Einwohner zählende Stadt im Herzen der *Ría de Arousa* gern als Sommerfrische gepriesen, doch entstammt diese Bezeichnung wohl noch der Zeit der mondänen Grand-Hotels, als das Wort Tourismus nur denen geläufig sein konnte, die sowieso das ganze Jahr Urlaub machten. Die Promenade Vilagarcías wird von Villen gesäumt, in denen bis heute vor allem reiche Familien aus Santiago ihren Sommer verbringen. Dazwischen tauchen jedoch viele kleine Sommerpaläste auf, die seit Jahrzehnten nicht mehr bewohnt werden. Besonders oberhalb des Hafens an der Straße Richtung Vilaxoán verfallen die altmodischen und unbezahlbar gewordenen Villen. Das Urlaubsgeschäft wird heutzutage woanders gemacht.

Die »Perle der Rías« lebt hauptsächlich von ihrem Fischerei-Hafen, der einer der wichtigsten der wohlhabenden Provinz Pontevedra ist. Sie ist aber auch eines der Schmugglerzentren Galiciens.

Freilichtmuseum: Rekonstruierte Windmühlen bei Catoira

Das Stadtbild wird von ansehnlichen Bürgerhäusern und einigen Adelspalästen geprägt, deren eindrucksvollster der *Palast Vista Alegre* aus dem 16. Jahrhundert ist. In ihm ist heute eine Schule untergebracht. Der gleichnamige *Konvent*, durch eine Straße vom Palast getrennt, wurde 1648 von dem Bischof Fernando Andrade y Soutomaior gestiftet.

Einen phantastischen Blick über die ganze Ría de Arousa ermöglicht der **Mirador Lobeira,** etwa 5,5 km von Villagarcía entfernt. 1896 wurde er als Denkmal für die Toten des Meeres errichtet, 1991 restauriert.

Verbindungen

Abfahrtszeiten sind täglich auf Seite 2 der Vilagarcía-Ausgabe der Zeitung »La Voz de Galicia« abgedruckt.

Zug: *Estación de Ferrocarril,* Lopéz Ballesteros s/n, © 986-501001.

Richtung Vigo: 7.04, 8.18, 8.51, 9.51, 11.20, 12.21, 13.20, 14.04, 14.45, 15.21Uhr.

Richtung Coruña: 6.47, 7.41, 8.18, 9.47, 11.16, 11.47, 12.47, 13.44, 14.47 Uhr.

Bus: *Estación de Autobuses,* Avda. Lopéz Ballesteros s/n, © 986-507723.

Cambados – Grove: 7.20 (Mo – Sa), 9.30, 10.45, 11.30 (Mo – Sa), 12, 13 (Mo – Sa), 14 (Mo – Sa), 16.30, 18, 20, 22 Uhr (nur So und Fei).

Santiago: 7.25, 8.25, 9.15, 13.25, 15.25, 19.25 Uhr.

Pontevedra – Vigo: 8.40, 14.15 Uhr.

Pontevedra: zwischen 7 und 20 Uhr stündl.

Unterkunft

★★★★ *Hotel Pazo O Rial,* 3 km Richtung Cambados, © 986-507011, Fax -501676. DZ 80 €. Ein zum luxuriösen Hotel umgestalteter Pazo aus dem 17. Jahrhundert mit allem erdenklichen Komfort.

★★ *Esmeralda,* Avda. Marina 7, © 986-506383. DZ bis 30.6. 24 €, in der Hauptsaison stattliche 72 €! Schönes Hostal mit kühlen Zimmern, angenehme Atmosphäre, am Hafen gelegen.

RIAS BAJAS – WESTKÜSTE

★ **Hostal Cantabria,** Avda. Marina 110, ✆ 986-503859. DZ ab 21 €. Gemütliche Zimmer mit Blick auf den Hafen.

Essen & Trinken

Obwohl auch in Vilagarcía selbst gute Restaurants zu finden sind, empfehlen wir den Hafen des Vorortes **Carril,** wo man ganz ausgezeichnet – und preiswert – essen kann:

Loliña, Alameda 1, ✆ 986-501281. Spitzenlokal der gehobeneren Preisklasse, geschmackvoll eingerichtet.

Furruxa, Alameda, ✆ 986-501645. Günstiger als das Loliña, aber ebenso gut. Ein Menü mit Herzmuscheln aus eigener Zucht kostet etwa 8 €.

Bars: Zu späterer Stunde füllen sich die Bars vor allem um den Hafen von Vilagarcía. Es lohnt sich, zwischendurch mal einen Blick in den:

Pub Museo, Avda. Marina 66, zu werfen, der sich wohltuend vom galicischen Pub-Einerlei abhebt. Gemischtes Publikum.

Weitere Informationen

Oficina de Turismo, Praza da Ravella 1, Casa do Cocello, ✆ 981-501008, geöffnet 9 – 14 und 16.30 – 18.30 Uhr, Sa 10 – 14.30 Uhr. Hier bekommt man u.a. einen brauchbaren Stadtplan.

Vilanova de Arousa

Der Fischerort hat sich, trotz des ständig anschwellenden Touristenstroms, einiges von seinem alten Flair erhalten können. Im Ortskern sind noch viele der alten Häuser bewohnt.

Aus Vilanova stammt der Schriftsteller *Ramón del Valle-Inclán.* Sein Elternhaus, die *Casa do Cuadrante,* wird noch zu einem Museum umgebaut. Die Hinweisschilder auf das Museum hat man aber schon angebracht.

Die Sommerurlauber tummeln sich etwas außerhalb von Vilanova entlang der **Playa As Sinas,** sie wohnen vornehmlich in Apartmenthäusern.

Unterkunft & Camping

Jugendherberge: *As Sinas,* ✆ 986-554081, Playa As Sinas. Unter 26 Jahren 4 €, darüber 6 €. 144 Betten, 15.6. – 15.9. geöffnet.

Eine ganze Reihe **Campingplätze** hat sich auf der anderen Seite Vilanovas, an der Brücke zur *Insel Arousa,* in einem Eukalyptuswald angesiedelt:

Arco Iris, Playa del Terrón, ✆ 986-555444. Ganzjährig geöffneter kleiner Platz mit Schatten, 2 PAZ 13 €. Die Nacht im Hotel kostet mit Frühstück 45 €.

Paisaxe, auch an der Playa O Terrón, ✆ 986-555262, ganzjährig geöffnet. Neue und sehr saubere Sanitärinstallationen, im oberen Teil im Schatten eines Eukalyptuswalds. 2 PAZ 16 €.

El Terrón, Playa O Terrón, ✆ 986-554394. Der schattige, schon ein bißchen ältere Platz ist sehr gut besucht. Ganzjährig geöffnet. 2 PAZ 13 €.

Illa de Arousa, Insel der Miesmuscheln

Obwohl seit einigen Jahren über eine imposante Brücke mit dem Festland verbunden, ist die langgezogene Insel an ihren beiden äußeren Enden immer noch ein beliebter Urlaubsort für Camper. Wildcampen ist unter Androhung hoher Strafen allerdings streng verboten. Die schönen, insge-

Valle-Inclán: Bürgerschreck und Bohèmien

Im Schatten: Denkmal für Valle-Inclán in Santiago

Manche Literaturkenner zählen ihn zu den bedeutendsten spanischen Schriftstellern des 20. Jahrhunderts – oder bezeichnen ihn schon mal als den genialsten spanischen Dramatiker seit Calderón. In Deutschland blieb *Ramón del Valle-Inclán* (1866 – 1936) lange unbekannt, denn viele seiner Texte und Bühnenstücke galten als unübersetzbar.

Als *Ramón Simón del Valle Peña* in Vilanova de Arousa geboren, studierte er zunächst Rechtswissenschaften in Santiago. Nach dem Tod seines Vaters ging er nach Madrid, arbeitete als Journalist und kam mit der spanischen Literaten-Szene in Kontakt. Er wurde bald zu einer Institution der spanischen Bohème. Mit seinen langen Haaren, der Nickelbrille, dem Ziegenbart und seiner schwarzen Kleidung waren seine Auftritte in den literarischen Cafés und Zirkeln schon äußerlich ein Ereignis. Dabei ging er wohl hin und wieder etwas aufbrausend zur Sache – seinen linken Arm, heißt es, habe er in Folge eines hitzigen Streitgesprächs verloren. Die über den »Bürgerschreck« Valle-Inclán verbreiteten Anekdoten sind zahlreich – eine schrille Persönlichkeit, die gewissermaßen ihr literarisches Werk nachlebte.

Denn darin macht er sich auf makabre Weise und mit abgrundtief schwarzem Humor über die gesellschaftlichen Zustände Spaniens und Lateinamerikas lustig, seine grotesken Satiren sind ein Zerrspiegel der Wirklichkeit – eine eigene literarische Form, die er *Esperpentos* nannte. Dabei bediente er sich eines riesigen und teilweise herzlich obszönen Sprachschatzes, der manchen zeitgenössischen Lesern die Schamesröte ins Gesicht getrieben haben dürfte. Seine Figuren sind keine Helden, sondern hilflos zappelnde Marionetten, die Schauplätze sowohl Madrid (»Glanz der Bohème«) wie auch seine Heimat Galicien (»Adega«). Sein »Tyrann Banderas« gilt als Urvater der lateinamerikanischen Diktatoren-Romane.

Valle-Inclán starb 1936 verarmt in Santiago de Compostela. ◄

samt acht **Strände** der Insel sind verhältnismäßig schwach besucht.

Typisches Fischerflair erwartet den Besucher im Inselort **Illa de Arousa.**

Fest: Wer um den 25. Juli hier ist, sollte sich keinesfalls das *Miesmuschelfest* entgehen lassen, zu dem sieben Tonnen dieser Meeresfrucht gratis verteilt werden. Entlang dem Hafen zeigen dann über zwanzig Stände, wie vielfältig Miesmuscheln zubereitet werden können.

Unterkunft & Camping

Es kann sich durchaus lohnen, in den kleinen Bars des Ortes nach Privatunterkünften zu fragen. Die Hostals sind recht teuer.

★ *Benalua,* ✆ 986-551335. DZ mit Bad 29 €.

Camping: *Salinas,* Playa Xastelas (2. Straße links hinter der Brücke), ✆ 986-527444, 1.6. – 30.9. geöffnet. Kleiner, fast schattenloser, etwas schmuddeliger Platz, dafür aber direkt an wenig besuchten Stränden gelegen. 2 PAZ 11 €.

Cambados, Stadt des Albariño

Der eigentlich aus drei Dörfern bestehende Ort, nämlich *Cambados, Fefiñans* und *Santo Tomé,* wird gerne als der schönste der Ría bezeichnet, woran man auch gar nicht zweifeln mag, wenn sich plötzlich die **Plaza Fefiñans** öffnet, vom gleichnamigen *Pazo* und der *Iglesia San Benito* gerahmt. Die zwei Terrassencafés unter schattigen Bäumen machen hier einen Halt fast obligatorisch.

Bei einem etwas längeren Rundgang läßt sich schnell feststellen, daß Cambados geradezu überquillt vor kleinen und größeren Palästen. Der eindrucksvollste ist sicherlich der **Pazo Fefiñans,** im 17. Jahrhundert von dem illustren José Pardo de Figueroa, dem spanischen Botschafter beim russischen Zaren, im klassizistischen Stil erbaut. Die verspielte Brücke über die heutige *Avenida de Rosalía de Castro* ist eine von vier, die ehemals den Platz einfaßten. Der **Pazo Bazán** aus dem 17. Jahrhundert gehörte einst der Schriftstellerin und Gräfin Emilia Pardo-Bazán aus A Coruña. Heute können auch Leute dort wohnen, die nicht blaublütig sind – in den 6oer Jahren wurde dort der *Parador del Albariño* eingerichtet (heute *de Cambados).* Ein weiteres Beispiel gehobener galicischer Lebensart begegnet dem Besucher an der **Plaza del Rollo** mit dem *Pazo Fajardo,* oder in der *Calle Hospital* mit dem *Pazo de los Couto.*

Sehr viel älter als die Adelshäuser ist der **Turm Saturniño,** der vom Hafen aus sichtbar auf einer kleinen Insel steht. Die im 10. Jahrhundert erbaute Befestigung diente dem Schutz des Hafens, aber auch als Zufluchtsort für Juana de Castro, nachdem König Pedro I. der Grausame (1350 – 1369) sie nach eintägiger Ehe verlassen hatte.

Ein dagegen sehr romantischer Ort ist die Ruine der **Iglesia Santa Marina d'Ozo,** die 1943 zum Nationaldenkmal erklärt wurde. Die verbliebenen freischwingenden Gewölbebögen stammen aus dem 15. Jahrhundert. Mitten in der spätgotischen Anlage mit einigen Stilelementen der Renaissance werden bis heute

Gräber angelegt. Ganz das Gegenteil solcher Vergänglichkeitsromantik ist der unbeschreibliche Betonfriedhof daneben. Vom *Aussichtspunkt* oberhalb Santa Marinas hat man einen schönen Blick auf Cambados.

Wer es nicht vorher wußte, wird spätestens in einer der vielen Weinhandlungen darauf aufmerksam gemacht, daß er sich in der »Hauptstadt des Albariño-Weins« befindet. Der **Albariño** ist ein sehr guter Weißwein, dem man gerne ein edles Image verpaßt – in den »Ritterorden« des Albariño werden auch die letzten Weinbanausen aufgenommen, solange sie nur berühmt sind. Mönche aus dem französischen Cluny brachten die edle Traube in die galicischen Rías Bajas.

Tip: Eine Kostprobe bietet sich am ehesten zum ersten Augustwochenende an, wenn während der bekannten *Fiesta del Albariño* unzählige Flaschen entkorkt werden.

Weniger publikumsträchtig ist ein anderes Geschäft in Cambados: der **Schmuggel**. Bis zu den großangelegten und erfolgreichen Razzien der letzten Jahre war Cambados eine der Hochburgen der unverzollten Ware (↗ »Galicia Connection«). Unverzollte Zigaretten raucht man in Cambados immer noch am liebsten – der staatliche Tabakladen verkauft nebenher Albariño.

Unterkunft

★★★ *Parador de Cambados,* Paseo de Cervantes, ℂ 986-542250, Fax -542068. DZ ab 70 €, in HS 90 €. Für die gebotene Leistung eine eigentlich günstige Unterkunft. Mit Swimmingpool und Tennisplatz.

★ *Hotel Carisan,* Eduardo Pondal 3, ℂ 986-520108 oder -542470. DZ mit Bad 42 €.

Onoso Bar, Xesteira-Castrelo, ℂ 986-543941, DZ 26 €. Die günstigste Unterkunft im noblen Cambados.

Essen & Trinken

Gute Restaurants sind in Cambados reichlich zu finden. Sie sind aber auch der Noblesse des Ortes entsprechend recht teuer.

O'Arco, Real 14, ℂ 986-542312. Das in einem Nebengebäude des Pazo Fefiñans gelegene Restaurant ist zwar kitschig eingerichtet, serviert aber ausgezeichneten Fisch zu angemessen hohen Preisen.

Casa Rosita, Calle Isabel II. 11, ℂ 986-542039. Eines der preisgünstigsten Restaurants von Cambados, Menü ab 5 €.

Nachtleben gibt es in Cambados nur am Wochenende und spielt sich dann zwischen der Straße Isabell II. und der Plaza do Rollo ab. Dort verstecken sich auch einige gemütliche Tapa-Bars.

Weitere Informationen

Geführte Stadtrundgänge mit einem Besuch einer Albariño-Weinkellerei können unter ℂ 986-524678 vereinbart werden.

TurGalicia bietet auf der Albariño-Weinroute von O Salnés (Cambados, Meaño, Sanxenxo, Caldas, Vilagarcía) geführte Touren zu 28 Kellereien: ℂ 981-542520, Fax -537588.

Informationen: *Expo Salnés,* ℂ 986-524011, direkt neben dem Parador gelegenes Info-Zentrum. Mo – Fr 10 – 20, Sa, So und Fei 11 – 20 Uhr. Sehr viel Informationsmaterial zur Umgebung, teilweise sogar auf deutsch.

O Grove und die Isla A Toja

Eine Schönheit ist das an der Spitze einer Landzunge liegende »Paradies der Meeresfrüchte« wirklich nicht, kunsthistorische Sehenswürdigkeiten sucht man vergeblich. Der vielleicht einmal vorhanden gewesene Charme eines Fischerdorfes hat sich längst verflüchtigt, die geschmacklose galicische Kastenarchitektur der Moderne prägt eindeutig den Charakter O Groves. O Grove war einer der ersten Orte Spaniens, in denen das Tourismusgeschäft betrieben wurde.

Bereits um die Jahrhundertwende zog es die Reichen auf die vorgelagerte Insel *A Toja* (auch *Toxa),* um dort zwischen Grandhotel, Spielcasino und Thermalbad die Sommerlangeweile zu überbrücken. Daran hat sich bis heute wenig geändert, denn es kommt nie aus der Mode, Geld zur Schau zu stellen. Sogar Spaniens Diktator Franco verbrachte in dem Snob-Mekka Galiciens am liebsten seinen Urlaub. Zwischenzeitlich sind lediglich etliche überteuerte Appartmentbunker sowie ein Golfplatz hinzugekommen. Tagsüber fallen ganze Horden von Souvenirhändlern über das Luxuseiland her und versuchen, Kitsch unter das besichtigende Fußvolk zu bringen. Nicht weniger kitschig als die unsäglichen Muschelarrangements ist die ganz mit Jakobsmuscheln verkleidete *Kapelle* im Park der Insel – angeblich die meistfotografierte Galiciens. Eine Seifenfabrik auf der Insel versprüht nicht nur wohlriechende Düfte.

Von diesem Rummel ist im festländischen O Grove nur wenig zu spüren, allerdings bescheren ihm die Nähe des *Lanzada-Strandes* und der gute Ruf seiner Fischrestaurants enorm viele Sommergäste. Dabei geht es in O Grove im Vergleich zu Sanxenxo eher familiär und ruhig zu, denn trotz allem konzentrieren sich die Einheimischen mehr auf Fischfang und Muschelproduktion sowie natürlich deren Zubereitung. Die zahlreichen Restaurants machen das deutlich.

Über den ungewöhnlich hohen Anteil deutscher Urlauber muß man sich übrigens nicht wundern, denn seit einigen Jahren locken zwei recht preisgünstige Sprachschulen eine ganze Menge vor allem junger Deutscher an.

Aquarium & Unterwassertouren

Seit kurzem ist die Halbinsel O Grove um eine Attraktion reicher: Sie heißt *Aquariumgalicia* und zeigt in 18 Becken die Lebensgewohnheiten von mehr als 150 Arten und mehr als 15.000 Tieren der galicischen Küsten, des Mittelmeerraums und der Tropen. Hautnah lassen sich dort Haie, Torpedofische und Wasservögel beobachten. Aquariumgalicia liegt am Nordende der Halbinsel O Grove.

Aquariumgalicia: Im Sommer täglich geöffnet 10 – 21.30 Uhr, im Winter 11 – 14 und 16 – 20 Uhr. Der Eintritt kostet 7 €, für Kinder 5,50 €. ✆ 986-731515, ✆ & Fax -732968.

Unterwassertour: Ein schönes Erlebnis ist die Fahrt mit einem Katamaran mit verglastem Rumpf. Fast 2 m unter der Wasseroberfläche kann man die Meeresfauna betrachten. Die Boote starten vom Hafen O Groves.

Acquavisión, ℂ 986-731246. 80 Min. kosten 10 €, 150 Min. 14 €.

Verbindungen

Die Bushaltestelle O Groves befindet sich am Hafen, schräg gegenüber der Bar Corgo, in der auch ein Fahrplan hängt. Nach Pontevedra 15 x täglich, Vilagarcía 4 x täglich.

Vigo täglich 8, 15 und 19.45 Uhr (*La Unión,* ℂ 986-730355).

Unterkunft

In Grove gibt es etliche Hotels, die zur Hochsaison aber relativ teuer sind,

★★★★★ *Gran Hotel de La Toja,* Isla de La Toja, ℂ 986-730025. DZ 203 €. Eine Nacht in dem blitzweißen Hotelklassiker ist wohl die teuerste ganz Galiciens.

★★★ *Bosque Mar,* Reboredo el Grove 93, ℂ 986-731055. DZ 86 €. Zwar ein bißchen außerhalb, dafür mit allen Annehmlichkeiten.

★★ *La Noyesa,* Praza d'Arriba 5, ℂ 986-730923. DZ 51 €. Angenehmes Hostal, zentral gelegen.

★ *Casa Maruja,* Agueira 30, ℂ 986-731018, DZ mit Bad 30 €, ohne 22 €. Hier gibt es auch günstiges Essen.

Bar Antoxo, Castelao 88, ℂ 986-730210. DZ mit Bad 18 €.

Marisquería Lusán, Castelao 65, ℂ 986-730353. DZ mit Bad nebendran 15 €.

Sehr preisgünstige und dazu noch schön gelegene **Zimmer** vermietet *Maria José*

Mascato, ℂ 986-730261, Praza d'Arriba 1 (im Zeitschriftenladen fragen). DZ mit Bad im Flur um 14 €.

Durchaus lohnend kann es sein, in den beiden in Grove ansässigen *Sprachschulen* nach Zimmern zu fragen. Auch wenn alle eigenen Schülerwohnungen belegt sind, kennt man dort die eine oder andere Privatunterkunft.

Camping

Der erste Platz nach Grove befindet sich in Richtung San Vincente und heißt:

Camping Moreiras, 2 PAZ 14 €, ℂ 986-731691. Er liegt am gleichnamigen, schattigen Strand, Bar.

Sol y Mar, unter Mischbäumen, ℂ 986-738136, 2 PAZ 16 €. Mit Restaurant und einem kleinen Spielplatz. 1.4 – 12.10. geöffnet.

Essen & Trinken

Gute Meeresfrüchte bekommt man in fast allen Restaurants, doch einen besonders guten Ruf genießt die:

Casa Pepe, Castelao 149, ℂ 986-730235.

Taberna Arauxo, Pablo Iglesias 11, ℂ 986-731727, und

Taberna O Pescador, Pablo Iglesias 9, mit gemütlicher Terrasse im Hinterhof. Beide preisgünstiger als Pepe und zünftig.

Ristorante Amalfi, Beiramar 40, ℂ 986-732624. Empfehlenswerte Adresse für alle, die von Mariscos genug haben. Gute italienische Küche.

Nachtleben: Obwohl Grove oft in einem Atemzug mit Sanxenxo und Baiona genannt wird, ist das Nachtleben nicht sonderlich ausgeprägt. Der letzte Kaffee des Tages wird zumeist in den Cafés der Rúa Castelao geschlürft, die ersten Copas in Pubs wie *Bao Bar, Xe-*

cas, K.tres oder *Edición llmitada* bestellt.

Tanz: Die letzten Nachtschwärmer treffen sich in den Discos *Wind* oder *Scorpio*.

✷ **Tip:** Wer dem Trubel in O Grove entgehen möchte, ist in den Hafenbars von *Meloxo,* dem Nachbarort, besser aufgehoben.

Nützliche Adressen

Informationen: Die *Oficina de Turismo,* Praza do Corgo, ✆ 986-731415, ist ein kleines Häuschen am Hafen in der Nähe des Fischerdenkmals.

Post: Castelao 58, ✆ 986-731433.

Telefon: Mehrere Telefonkabinen an der Praza d'Arriba. Der Kiosk davor verkauft auch deutsche Presse.

🐎*Rapa das bestas:* Mitte Juni findet das Pferdetreiben *Curro de Morgadanes* statt.

▶ Tourbeschreibung

Zwischen O Grove und San Vincente liegt nach 2 km der Aussichtspunkt **Monte Siradela.** Der Blick schweift über die Miesmuschelflöße und die silbrig glitzernden Autoreihen an der sieben Kilometer langen Playa Lanzada. Sobald der Bräunungseffekt der Sonne nachläßt, stauen sich diese Wagen bis nach Pontevedra.

Die Strecke zwischen O Grove und Sanxenxo ist mit etlichen Hotels, einigen Discos, einem Dutzend Campingplätzen und Stränden gepflastert, die nicht immer die gleiche Qualität haben. So ist die **Playa Moureiras** am gleichnamigen Camping sauber, der *Mexilloeiro-Strand* gleich daneben oft veralgt und dreckig. Sein Name weist auf die Miesmuschelzucht hin, die

sich an den Flößen im Blickfeld der Badenden abspielt.

Auch am Ort **San Vicente del Grove** liegen kleine Strände: *Area Grande* und *Carreiro.* Hinter dem Bungalowklotz von *San Vicente del Mar* geht es dann richtig rein ins Getümmel. Dabei hat Galiciens berühmtester Strand, die **Playa Lanzada,** kälteres Wasser als die durch Buchten geschützten Strände. Und die Strömungen reißen jedes Jahr ein paar Badende mit, die sich zu weit hinaus getraut haben. Am östlichen Ende der Playa Lanzada liegt die Ruine eines *Wachturms,* von dem aus einst Wikingerschiffe gesichtet wurden.

Dahinter feiert man an der spätromanischen **Capilla Santa María de Lanzada** am letzten Augustsonntag die berühmte *Wallfahrt der neun Wogen.* Die hat einen heidnischen Hintergrund: Frauen, die am Lanzadastrand um Mitternacht zu *San Juan* (24. Juni) neunmal von Wogen überspült werden, sollen dadurch fruchtbar werden.

Portonovo

Der 1 km entfernte Nachbarort Sanxenxos bietet schon einen Vorgeschmack darauf, was Touristenrummel »a la galega« ist: um Strand und Hafen türmen sich etagenweise Ferienzimmer, Restaurants und Bars.

Bar *O'Buraco* am Hafen. Serviert wird »Super Meeresgetier«, so ein Leser.

Segelschule: *Club Náutico Rías Bajas,* fünf Tage, je vier Stunden rund 90 €. Segelausflüge.

Tennis: *Club Portotenis,* Adigna Pombal s/n, ✆ 986-691052. 3 Plätze, 6 €/Std.

Isla de Ons

Mit den kleinen Sandstränden, Felsformen wie die der »Höllenhöhle« *Buraco do Inferno*, dem Leuchtturm und den Spazierwegen zwischen Disteln und Sträuchern ist die Ons-Insel ein schönes Ausflugsziel an der *Ría de Pontevedra*.

Die wenigen Inselbewohner leben hauptsächlich von den Tavernen am Anlegesteg. Sie bitten die Besucher, nicht vom Weg abzugehen und besonders beim Picknick keinen Müll zu hinterlassen. Denn auf der fünf Kilometer langen Insel und der kleinen südlichen *Isla de Onza (Onceta)* leben Seevogelkolonien.

Infos: Ein *Tourismusbüro* verteilt Übersichtspläne. Wer hier seinen Ausweis vorlegt, kann kostenlos auf einem der beiden *Campingplätze* zelten. Dort trifft sich vor allem junges Volk.

Fähre: Boote ab Portonovo, Sanxenxo, Marín. Hin und zurück 9 €, Anfahrt etwa 45 Minuten, mit dem Katamaran 20 Minuten. Das letzte Schiff nach Sanxenxo über Portonovo fährt um 19.30 Uhr von der Insel zurück.

Von Portonovo ab Hafenmole: 10.15, 11, 12, 12.30, 13.15, 16.30, 17.15, und 18.15 Uhr.

Die Fähre verkehrt nur vom 10.7. bis 12.9.

Sanxenxo

In den 50ern war das höchste Gebäude Sanxenxos die Dorfkirche. Heute fällt sie zwischen den hohen Hotels und Ferienbungalows im Einheitsstil kaum noch auf. Der Fischerort hat einen schönen Yachthafen und den halbrunden, gepflegten Silgar-Strand mit warmem Wasser ohne Strömungen. Das hat Sanxenxo neben A Toja und Baiona zu Galiciens Touristenmetropole gemacht. So ziemlich jedes dritte Auto hat zur Hochsaison ein Madrider Kennzeichen. Ihre Besitzer fliehen vor der madrilenischen Sommerhitze besonders gern in dieses »Marbella Galiciens« mit den sündhaft teuren Supermärkten, Hotels und Restaurants. Relativ günstig ist da höchstens noch die Segelschule im *Club Náutico*. Dahinter am Hafen liegt die attraktive Bar *El Templo del Sol*, die sich in eine Vielzahl von Discotheken und Bars einreiht. In Sachen Nachtleben schlägt das kleine Sanxenxo die Provinzhauptstadt Pontevedra um Längen.

Verbindungen

Bus: Haltestellen entlang der Calle Progreso. Nach Pontevedra und O Grove sogar an So und Fei 10x täglich

Fähre: Ab dem Hafen nach O Grove 10, 12, 16.15 und 18 Uhr,

Portonovo 10.15, 12.15, 16.30 und 18 Uhr.

Zur Insel Ons 10, 10.45, 11.45, 12.15, 13, 16.15, 17, 18.30 Uhr.

Unterkunft & Restaurants

Die Hotels sind zahlreich und teuer. Abgesehen vom nahen Campingplatz kosten die beiden billigsten Unterkünfte pro Nacht und Doppelzimmer schon 30 €.

★★★ *Rotilio*, Avda. del Puerto s/n, ✆ 986-720200, Fax -724188, DZ 80 – 95 €, das luxuriöseste vor Ort, schön eingerichtet mit Blick vom Balkon auf Hafen und Strand. Das dazugehörige Restaurant gilt als besonders gut.

RIAS BAJAS – WESTKÜSTE

★ *Venezuela,* Carlos Casas 6, ✆ 986-720086. DZ ab 30 €, dazu ein einfaches Restaurant, Menü 6 €.

★ *Casa Román,* Carlos Casas 2, 986-720031, DZ ab 30 €.

Camping

Paxariñas, ✆ 986-723055, 2 PAZ 16 € am gleichnamigen Strand in 3 km Entfernung kurz hinter Portonovo. Von Sanxenxo aus der erste der zahlreichen lauten, überfüllten Plätze um den Lanzada-Strand zwischen Discos und Straße.

Monte Cabo, Punta Faxilda, ✆ 986-744141 (Voranmeldung ratsam), 2 PAZ 13 €. Ist unter allen Zeltplätzen eine schöne Ausnahme. Ein Belgier, der deutsch spricht, hat vor wenigen Jahren einen hier ungewöhnlich ruhigen Platz 800 Meter von der Carretera nahe dem Lanzada-Strand eingerichtet: 45 Stellplätze, davon 20 mit Strom, warmes Wasser, Dusche im Preis inbegriffen, ein gemütliches, kleines Restaurant mit guter Küche zwischen Wald und Felsen am Meer. 1.6 – 15.9 geöffnet.

Airiños do Mar, am Strand Ares 1,5 km von Sanxenxo Richtung Pontevedra, ✆ 986-723154, 2 PAZ 14 € mit Dusche. Für 112 Personen, daher oft belegt. 1.6 – 30.9 geöffnet.

Nützliche Adressen

Touristeninfo: Hütte am Strand Silgar, ✆ 986-720285.

Telefon: Telefónica-Häuschen am Hafen.

Segelschule: *Club Náutico de Sangenjo,* Avda. del Puerto s/n, ✆ 986-720059. Fünf Tage, je vier Stunden rund 50 €. Segelausflüge.

▶ **Tourbeschreibung**

Hinter Sanxenxo auf dem Weg nach Pontevedra ist neben dem *Areas-Strand* besonders der Fischerort **Combarro** einen Besuch wert. Seine *Maisspeicher* zwischen den winzigen, unebenen Gassen im alten Dorfteil sind so auffallend wie die Miniatur-Maisspeicher auf den Souvenirtischen.

Zwei Kilometer entfernt liegt das alte **Benediktiner-Monasterium von Poio.** Auf der Anhöhe (*Poio*) war die Abtei im 7. Jahrhundert von dem Heiligen Fructuoso gegründet worden. Die Kirche ist nach mehreren Umbauten 1000 Jahre später im Renaissance-Stil mit barocken Elementen entstanden. Der Kreuzgang mit Brunnen ist im Plateresken-Stil geschmückt. Im Kircheninnern singen samstags die Mönche des Ordens der *Barmherzigen Brüder* das Dankgebet an die Heilige Maria. Zum Monasterium gehört eine übergroße *Herberge* (↗ Unterkunft Pontevedra).

PONTEVEDRA

Pontevedra teilt sich in eine lärmende, industrielle Neustadt und eine historische, stille Altstadt. Der griechische Held Teukros soll sie gegründet haben, als er nach dem Trojanischen Krieg um 1200 v. Chr. über die Meere irrte. Die Sage hat einem der vielen schönen Altstadtplätze den Namen Teucro gegeben. Die Römer nannten die Siedlung »Ort der zwei Brücken«, *Ad Duos Pontes,* und später »Alte Brücke«, *Pontis Veteris,* was dann zu *Pontevedra* wurde. Sie ist seit 1841 Provinzhauptstadt. Ihre 70.000 Einwohner an der Mündung des *Río*

Lérez bezeichnen sich selbst als sauber, verschwiegen und reich. Sauber sind die gefegten Gassen um die alten Patrizierhäuser, verschwiegen wirkt die Bucht im September, wenn dort bei Ebbe die Muschelsucher im Nebel arbeiten, und reich ist Pontevedras Kunstmuseum, das schon für sich allein einen Besuch lohnt.

Stadtbesichtigung

Die weite, verkehrumtoste **Plaza de España** mit ihrer länglichen Alameda-Allee bietet sich als Ausgangspunkt eines Bummels durch die **Altstadt** an. Gerahmt wird sie neben dem *Rathaus* und der *Provinzverwaltung* von einer Ruine, nämlich der der **Iglesia Santo Domingo**. Im 14. Jahrhundert gebaut, hat man sie so lange verfallen lassen, bis inzwischen nur noch die fünf hohen Apsiden übriggeblieben sind. Im Schatten der zugigen Mauern hat das Provinzmuseum Steinmetzarbeiten aus dem Mittelalter, Adelswappen und frühgeschichtliche Funde untergebracht (Di – Fr 10 – 14 Uhr).

Von hier aus zweigt die *Calle Marqués de Riestra* zu den palmenbewachsenen **Jardí-**

nes de Vicente ab. Zum Quietschen der Schaukeln und dem Klappern auf den Terrassencafés gesellt sich das Stiefelknallen vor der Kaserne mit der albernen Portalverzierung: lackierte Geschütze und gestapelte Kanonenkugeln. Nach Norden zweigt die Bänkerstraße **General Mola** ab, wo das *Tourismusbüro* alles über aktuelle Veranstaltungen weiß, und mündet in die **Calle Michelena**. Die steht immer kurz vor dem Verkehrskollaps, was den Läden sehr bekommt: die *Heladería Ibense* verkauft selbstgemachtes Eis, im Buchladen *Michelana* steht Agatha Christie auf deutsch im Regal und die Konditorei *Solla* in der Nummer 7 hat die »tarta rusa« im Schaufenster, Pontevedras üppige Tortenspezialität aus Mandeln und Butter. An der **Plaza de la Peregrina**, wo der *Kiosk Lito* deutschsprachige Zeitungen führt, steht die schlanke **Peregri-**

Konkurrenten in Sachen Lautstärke: Unbeabsichtigtes Straßentheater in der Altstadt

Tobias Büscher

na-Kirche mit dem Grundriß einer Jakobsmuschel. Antonio Souto legte 1778 den hohen Rundbau mit dünnen Türmen an.

Die Pilgerin (*Peregrina*) ist Pontevedras Schutzheilige, und das wird jeden August ausführlich zelebriert: während der 20tägigen *Fiesta de la Peregrina* treten dann bekannte Rockmusiker im Fußballstadion auf, Toreros kommen in Galiciens einzige Stierkampfarena, Kunsthandwerk gibt es auf den Altstadtplätzen und Jahrmarktgeböller überall. Besonders aber auf der **Plaza de Herrería** neben der Iglesia Peregrina. Der weite Altstadtplatz ist fast immer belebt, auf den weißen Bänken gucken alte Leute den raufenden Kindern zu, während auf dem Nachbarplatz *La Estrella* Kellner Tabletts unter buntgestreiften Markisen balancieren.

Durch die Altstadt

Oberhalb der **Plaza de Herrería** liegt als Kontrast zur Peregrina-Kirche die **Iglesia San Francisco** einschiffig und schwerfällig wie auf der Lauer. Sie stammt aus dem 14. Jahrhundert, hat eine große Rosette und ein frühgotisches Portal von 1229. 1994 brannte das Dach ab und mußte ersetzt werden. Im *Innern* unter Holzdecke und Kreuzrippengewölbe liegt an der Apsis das Grabmal von Paio Gómez, der 1248 das maurische Sevilla für Kastilien erobern half.

Von der Plaza La Estrella geht die schmale **Gasse Figueroa** ab. Am Mauerrand sind Holztische aufgestellt, gegenüber werden Muscheln, Sardinen und Tortillas zubereitet.

Hier befindet sich Pontevedras Tapa- und Weingasse. Selbst der Schuster *Martínez* in der Nummer 5 verkauft neben handgemachtem Schuhwerk aus leichtem Holz und Kuhleder noch Albariño-Wein aus eigenem Anbau. Am Ende der Gasse liegt die **Plaza de la Leña** als Pontevedras Bilderbuchecke mit kleinen Palästen, Torbögen, grünen Fensterläden und einem Steinkreuz in der Mitte. In dreien dieser Adelshäuser ist ein Großteil des Provinzmuseums untergebracht.

Das Provinzmuseum

Das Museum hat seit 1927 von vorgeschichtlichen Funden bis zur modernen Malerei eine Sammlung zusammengestellt, die von keinem Museum Galiciens übertroffen wird. Die Einrichtung ist originell, die Konzerte und Ausstellungen unbekannter Künstler jedes Jahr im August sind sehr angesehen. Gleichzeitig ist das Museum Studienort mit Bibliothek und einem großen Fotoarchiv. Die Sammlungen verteilen sich auf vier Gebäude, Besucher mit wenig Zeit beschränken sich am besten auf den Rundgang durch die Häuser *Monteagudo* und *García Flórez*.

Castro Monteagudo: Im Erdgeschoß sind archäologische Funde von der Altsteinzeit über Schmuck aus der Bronzezeit bis zu bleiernen Ankern aus der Zeit des römischen Imperiums ausgestellt. Die einzelnen Vitrinen zeigen Funde aus den nahen Keltensiedlungen *A Guarda* und *Catoira*, römisches Glas, iberische Figuren und griechische Vasen. Etruskischen Votivbildern in Form von Masken und

Nur die Mode hat sich verändert: auf der Plaza de la Leña 1960

Füßen sind sehr ähnliche aktuelle galicische Wachsbilder vorangestellt, wie sie oft an Kirchenaltaren hängen.

Im oberen Stockwerk mit sehr schöner Holzdecke und Holzfußboden hängen spanische und flämische Gemälde aus dem 16. und 17. Jahrhundert, etwa von Francisco de Ribalta (1565 – 1628) die »Vision des Heiligen Franziskus vom Musikengel«. Im kleinen Italienischen Saal gibt es Gemälde von Giovanni Battista Tiépolo (1696 – 1770) und Luca Giordano (1632 – 1705). Verschiedene Möbel runden das Bild der jeweiligen Epoche ab.

Wieder im Erdgeschoß führt durch einen Seitenausgang eine Steinbrücke in den **Palacio García Flórez:** Hier, so jedenfalls der Direktor, sei die größte *Azabache*-Sammlung der Welt zu sehen. Dieser Schmuck wird aus pechschwarzer, glänzender Gagatkohle gefertigt. Neben romanischen Heiligenfiguren sind dort mehrere Schiffsmodelle untergebracht. Eines stellt die Fregatte *Numancia* des galicischen Admirals Méndez Nuñez dar. Mit ihr hat er 1863 erfolglos die ehemalige spanische Kolonie Peru bombardiert. Eine schmale Treppe führt in die nachgebaute Kajüte des Admirals. Ein anderes Modell zeigt die *Gallega,* die angeblich in Pontevedra konstruiert wurde und als »Santa María« eines der Schiffe des Kolumbus war. Das allerdings ist fast so fraglich wie die hier gängige Behauptung, Pontevedra sei Kolumbus Geburtsort.

Im zweiten Stock sind in drei Räumen bissige Zeichnungen des Politikers Castelao zu sehen.

Casa Fernández López: Das dritte Museumshaus am Platz zeigt ein paar finstere Originalgravuren Francisco Goyas (1746 – 1828) im ersten Stock. Neben einigen Gemälden aus der Romantik, ein paar Lokalmatadoren aus Katalonien und Impressionisten fällt ein Bild von Alfredo Palmero de Gregorio (1901 – 1991) auf, der eine Tischszene des ehemaligen madrilenischen *Cafés Pombo* malte: mit dem Dichter García Lorca und anderen illustren Besuchern dieses Cafés.

Casa Sarmiento: Dieser Bereich des Museums liegt ganz in der Nähe, neben der barocken Kirche *San Bartolomé* in der Calle Sarmiento.

Die Casa Sarmiento beherbergt im Keller Petroglyphen, Reproduktionen von Felszeichnungen und einen Raum zur Geschichte der Keramik, in den oberen Zimmern Gravuren und Gemälde galicischer Künstler, darunter von Ovidio Murguío de Castro, dem Sohn der Dichterin Rosalía de Castro.

Im August gibt es Ausstellungen noch unbekannter zeitgenössischer Künstler aus Galicien, die das Provinzmuseum zu einem Wettbewerb einlädt.

Öffnungszeiten & Eintritt:

Der Eintritt ist für EU-Bürger frei. Ansonsten 2 €, Ticket-Schalter im Monteagudo-Haus. Geöffnet Di – Sa 10 – 14.15 und 17 – 20.45 Uhr, So und Fei 11 – 13 Uhr, Mo geschlossen.

Casa Fernández López: geöffnet im August 11.30 – 13.30 Uhr.

Casa Sarmiento: geöffnet 12 – 14 und 16 – 20 Uhr.

Weiter durch die Altstadt

Ebenfalls an der Calle Sarmiento liegt die **Plaza Armesto.** Hier und in den Seitengassen balancieren Verkäuferinnen Salatkisten auf ihren Köpfen, ein Apotheker erklärt jedem Kunden stolz, daß das Barockbild an der Decke original von 1782 sei, es gibt Läden mit Kruzifixen, Pantoffeln und dem *Roscón de Reyes:* Das ist die zweite kulinarische Spezialität Pontevedras, eine Süßigkeit aus Eiern, Butter, Anis und Zucker. Auf den Terrassen unter den Arkaden werden hier und in der Calle San Sebastián die ersten Tapas gereicht.

Der Nachbarplatz heißt **Plaza Méndez Nuñez,** benannt nach dem Admiral, den man aus dem Provinzmuseum kennt. Im gleichnamigen *Zentrum* werden bei Nachfrage Spanischkurse gegeben (℗ 986-850251). Schließlich liegt am Ende der **Calle Isabel II.** mit der verwinkelten *Plaza de las Cinco Calles* die **Basílica Santa María,** die von Seeleuten im 15. Jahrhundert gestiftet wurde (9 – 13 und 17 – 21 Uhr). Die dreischiffige Säulenbasilika mit Kreuzrippengewölbe und einer prächtigen, mit Reliefs dekorierten Hauptfassade steht am Rande des Fischerviertels. Zwischen den Skulpturdekorationen tauchen die Seeleute immer wieder auf. Über dem Rundbogenportal der mit Plastiken bespickten Fassade ruht die Gottesmutter auf dem Totenbett. Davor fragen Pontevedras Drogensüchtige jeden Besucher nach ein paar Peseten.

Die *Avenida de Santa María* führt von hier aus wieder zur zentralen Plaza de España.

Verbindungen & Infos

Zug: *Estación de Tren,* Alféreces Provisionales s/n, ✆ 986-851313. Stadtbüro RENFE, Conde de Gondomar, ✆ 986-854543. Nach:

Santiago mehrmals täglich für 3,20 € in 90 Minuten.

Ourense direkt um 21.30 Uhr für 12 €, sonst mehrmals täglich über Redondelo.

Vigo mehrmals täglich für 2,10 € in 30 Minuten. Nach Lugo schlechte Verbindung, besser mit dem Bus.

Bus: *Estación de Autobuses,* Alféreces Provisionales s/n, ✆ 986-852408.

Cangas über Bueu in einer Stunde 12x täglich zwischen 6.50 und 21.30 Uhr, 2,30 €.

Lugo in drei Stunden täglich um 7.30, 10, 12, 15.30, 18.45, 20 Uhr für 10 €.

O Grove (31 km) in einer Stunde über Playa Lanzada mit *La Unión,* ✆ 986-850849, alle 40 Minuten zwischen 7.45 und 22 Uhr, 2,80 €.

Santiago (57 km) zwischen 8 und 21Uhr in 90 Minuten, Abfahrt stündlich, 4 € einfache Fahrt.

Vigo (34 km) stündlich ab Busbahnhof oder Avenida Uruguay, halbe Stunde Fahrtzeit, 2 €.

Vilagarcía mit *Nuñez Barros,* ✆ 986-542203, stündlich in 45 Minuten zwischen 8 und 21.45 Uhr für 2,30 €.

Nach Ourense zwischen 7 und 19.30 Uhr 7x täglich, für 7,80 €.

Taxi: Haltestelle an der Plaza España, ✆ 986-851285.

Unterkunft

★★★ *Parador Casa del Barón,* Barón 19, ✆ 986-855800, Fax -852195, DZ 90 €. Renaissancepalast in der Altstadt.

★★★ *Rúas,* Padre Sarmiento Ecke Figueroa, ✆ 986-846416, Fax -846411, DZ 48 €. Komfortabel und sehr schön gelegen. Im Sommer besser vorbuchen.

★★ *México,* Andrés Muruáis 10 an der Plaza de Galicia, ✆ 986-859006, Fax -845939, DZ 49 € mit Bad und Telefon.

★ *La Lanzada,* Charino 9, ✆ 986-851893, DZ 12 €. Pontevedras wohl billigste Unterkunft. Akzeptabler Familienbetrieb, zu dem auch eine Bar gehört.

★ *Monasterio de Poio,* 4 km Richtung Sanxenxo, ✆ 986-770000, DZ 30 €. Der Bau aus den 60ern mit 237 Zimmern liegt neben dem Benediktinerkloster. Lautsprecher an den breiten Gängen kündigen scheppernd Telefonanrufe für Kunden an. Eine preiswerte Mahlzeit im großen Speisesaal muß an der Rezeption gebucht werden. Flair einer Jugendherberge, saubere Zimmer mit Bad. Im August wegen der guten Lage besser reservieren.

Chaparrita, Rúa do Areal 5, ✆ 986-881716, DZ 18 €. Einfach, aber gemütlich.

Essen & Trinken

Zahlreiche Tapa-Bars für den kleineren Hunger liegen in der Calle Figueroa und an der Plaza de la Verdura. Für den großen Hunger empfehlen sich folgende Restaurants:

Doña Antonia, Soportales de la Herrería 9, 1. Stock mit Blick auf den Herrería-Platz, ✆ 986-847274. Sehr vornehm, gilt als eine der besten und gleichzeitig teuersten Küchen Pontevedras.

Taberna de San Juan, San Sebastián 18, ✆ 986-846720, gutes, gemütliches Restaurant in der Altstadt, Menü um 5 €, Spezialität: Tapa-Häppchen.

O Novo Bar, San Sebastián 23 an der Plaza de la Verdura, © 986-858321. Klein, einfache Küche, freundlich. Spezialität sind Rippchen (*churrasco*). Mi geschlossen.

Restaurant Agudelo 2, Isabel II 16, © 986-840436. Im 1. Stock mit Blick auf schönen Altstadtplatz. Mariscos, Tortillas, Fleisch und Hauswein. Besonderheit: kein Fernseher im Speiseraum.

Unterhaltung & Nachtleben

Gemessen an der Größe der Stadt ist das Nachtleben nicht gerade ausschweifend. Treffpunkte in der Altstadt sind die Plaza Herrería mit der Seitenstraße Figueroa und die Straße Isabel II. Am Wochenende schwärmen viele nach Sanxenxo aus.

Tanz: In der Calle Sagasta liegt die Discothek *Shiva.*

Kino: *Teatro Malvar,* García Camba 12.

Fest: Eintrittskarten für Konzerte während des Augustfestes *La Peregrina* verkauft das *Teatro Principal,* zwischen den Straßen Filiberto und Tetuán. Geöffnet zwischen 11 und 14, 18 und 21 Uhr.

Einkaufen

Bücher: *Michelena,* Michelena 22. Gut sortiert, Landkarten, auch ein paar deutsche Bücher. Sollte er ihn nicht vorrätig haben, kann Ihnen der Buchhändler unter der Angabe der ISBN-Nr. auch diesen Peter Meyer Reiseführer bestellen.

Markthalle: *Calle de la Sierra* gegenüber der Einkaufsstraße Cesar Boente.

Deutsche Zeitungen: *Lito,* Plaza de la Peregrina.

Blumenladen: *El Clavel,* Marques de Riestra 22.

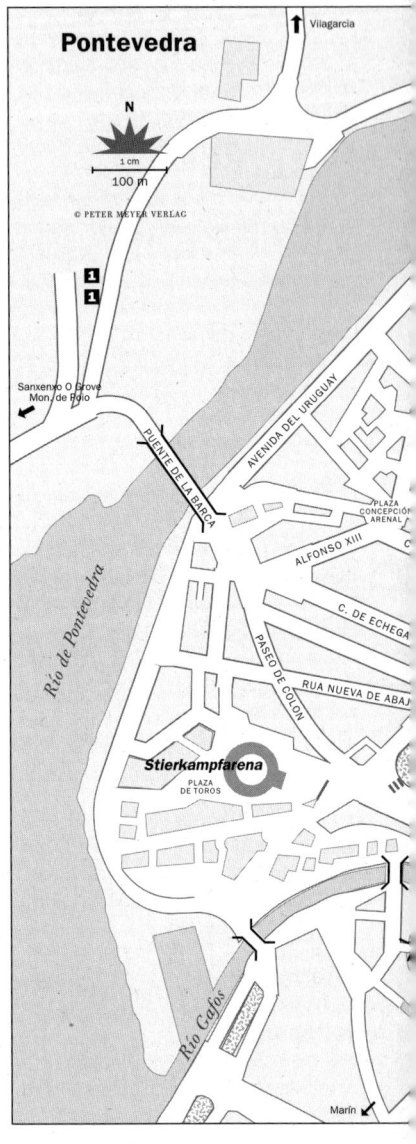

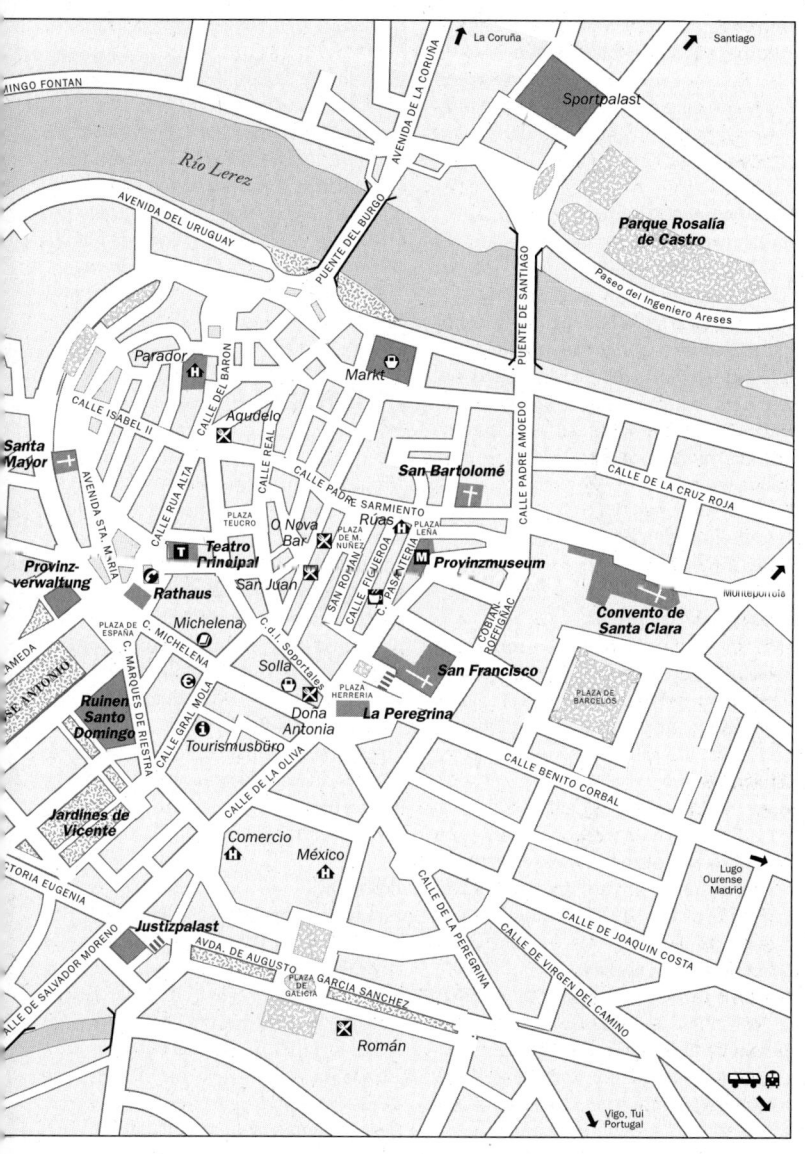

La Coruña

Santiago

Sportpalast

Río Lerez

AVENIDA DE LA CORUÑA

AVENIDA DEL URUGUAY

PUENTE DEL BURGO

Parque Rosalía
de Castro

Paseo del Ingeniero Areses

PUENTE DE SANTIAGO

Parador

Markt

CALLE DE BARON

CALLE ISABEL II

Agudelo

Santa
Mayor

AVENIDA STA. MARIA

CALLE RUA ALTA

CALLE REAL

CALLE PADRE SARMIENTO

San Bartolomé

CALLE PADRE AMOEDO

CALLE DE LA CRUZ ROJA

O Nova
Bar

PLAZA
TEUCRO

Rúas

PLAZA
DE M.
NUÑEZ

PLAZA
LEÑA

Provinz-
verwaltung

Teatro
Principal

Rathaus

San Juan

C. d. I. Sportillos

CALLE SAN ROMAN

CALLE CICUEROA

C. ZAPATERIA

Provinzmuseum

Monteporreta

PLAZA DE
ESPAÑA

C. MICHELENA

Michelena

Solla

CALLE MARQUES DE RIESTRA

ALAMEDA

S. ANTONIO

CALLE GRAL. MOLA

Ruinen
Santo
Domingo

Tourismusbüro

Doña
Antonia

La Peregrina

PLAZA
HERRERIA

San Francisco

COBIAN
ROFFIGNAC

Convento de
Santa Clara

PLAZA DE
BARCELOS

Jardines de
Vicente

CALLE DE LA OLIVA

CALLE BENITO CORBAL

VICTORIA EUGENIA

Comercio

México

CALLE DE LA PEREGRINA

Lugo
Ourense
Madrid

CALLE DE SALVADOR MORENO

Justizpalast

AVDA. DE AUGUSTO

PLAZA
DE
GALICIA

GARCIA SANCHEZ

CALLE DE JOAQUIN COSTA

CALLE DE VIRGEN DEL CAMINO

Román

Vigo, Tui
Portugal

Souvenirs: *Canaval,* Padre Sarmiento 5. Körbe, Masken, Hüte, Figuren.

Weine: *La Navarra,* Princesa 13. Gemütliche Bar, die Sidre, Essig und Weine aus Galicien, Aragón, Rioja und Navarra verkauft.

Nützliche Adressen

Tourismusbüro: General Mola 3, Mo – Fr 9 – 14 und 17 – 19 Uhr, Sa 19 – 13. 30 Uhr. Geführte Stadtrundgänge für Gruppen ab 30 Teilnehmer können unter ☏ 986-850814 vereinbart werden.

Telefon: *Telefónica,* Alhondiga 1 nahe Plaza España, Mo – Sa 9 – 21 Uhr. Auch in General Mola 5 von 8. 30 – 13. 30 Uhr.

Notruf: *Polizei,* Joaquín Costa, ☏ 986-851309.

Rotes Kreuz ☏ 986-852077.

Wäscherei: *El Cisne,* Calle Salvador Moreno 34.

Ponte Caldelas

Der Ort Ponte Caldelas ist nicht unbedingt einen 15 Kilometer weiten Abstecher über die C-531 wert, gäbe es nicht wie erwähnt die Möglichkeit, von dort aus sehr schöne Touren zu Pferde zu unternehmen (siehe auch Seite 110).

Flußaufwärts etwa 400 Meter vom Ort entfernt befindet sich ein herrliches **Naturbad** im aufgestauten Fluß. Folgen Sie dem Schild *Piscina fluvial.*

Unterkunft & Essen

Granja O Castelo, El Castelo 41, ☏ & Fax 986-425937. DZ ab 30 €.

Essen: *Verdugo,* Avda. de Vigo 23, ☏ 986-750172. Sehr gute Fischgerichte, aber häufig geschlossene Gesellschaften. Deshalb besser vorher anrufen.

Currasquería A Fonte, Avda. Galicia s/n, ☏ 986-750321, preiswert und gut, vor allem die Meeresfrüchte, dient gelegentlich wohl auch als Disco.

Reiten & Ausflüge: *Club Hípica O Castelo,* ☏ 986-425937. Reittouren verschiedener Länge auch ohne Vorkenntnisse. Tagesausflug zu den Buchten oder ins Gebirge 50 €, zwölfstündige, kombinierte Tour (Pferd, Geländewagen, Schlauchboot) 80 €; Ausflüge ab zwei Personen.

DIE HALBINSEL MORRAZO

Die 60 Kilometer entlang der Küste auf der C 550 und ein Abstecher von Moaña in die Berge bieten viel Abwechslung: Dazu gehören zahlreiche schöne Strände, eine 3000 Jahre alte Labyrinthgravur in Mogor, vielleicht ein Reitausflug am Kap Udra, ein ungewöhnliches Granitkreuz in Hío und auch das geschmackvolle Restaurant Balcón im ehemaligen Hexenzentrum Cangas. Manche nennen die Morrazo-Halbinsel *gran morro,* und tatsächlich sieht sie auf der Landkarte einer »dicken Lippe« etwas ähnlich. Riskieren sollte man für sie mindestens zwei Tage.

Marín

Nach Coruña und Vigo hat das 22.000 Einwohner zählende Städtchen den drittgrößten Marinehafen. Er entstand, nachdem der Hafen des sieben Kilometer entfernten Pontevedra im letzten Jahrhundert versandet war. Besonders viel Charme kann man dem Ort wirklich nicht nachsagen, der eindeutig von den Kadetten aus der Marineschule dominiert wird. Den alten Stadtkern haben die Neubauten auf ein paar Gassen reduziert.

Immerhin gibt es wenige Kilometer entfernt einen Fund aus der Urgeschichte: die **Petroglyphen von Mogor.** Von der C 550 Richtung *Bueu* geht gleich hinter dem Militärhospital eine Stichstraße zu den zwei Kilometer entfernten, meist vollen *Stränden Portocelo* und *Mogor* und zu den Petroglyphen von Mogor. Eine schmale Treppe gegenüber dem Strandrestaurant von Mogor führt zu den Steingravuren. Sie werden auf 900 bis 2000 v. Chr. geschätzt. Am besten erhalten ist eine kleine Labyrinth-Zeichnung, die denen in Syrien oder auch im englischen Tintagel ähnlich sein soll. Auch hier sind um eine kleine Vertiefung mehrere kreisförmig ineinandergeschlossene Linien sichtbar.

Ein zweiter der »schwierigen Wege zu einem heiligen Ort«, die *Pedra dos Campiños*, ist wenige Meter weiter oberhalb wegen der Erosion schlechter zu erkennen.

Weitere Labyrinthe sind auf den Bergen *Castrove* und *Tecla* in der Provinz Pontevedra gefunden worden.

Verbindungen & Unterkunft

Bushaltestellen an der Avenida de Orense. Täglich mehrmals nach Pontevedra und Vigo.

- ★ *Marín,* Salvador Moreno 2, ✆ 986-880107, DZ ab 21 €.
- ★ *El Merendero,* Bastarreche 29, ✆ 986-880086, Fax -890869, DZ ab 21 €, Menü für 7 €.

🕴 **Fest:** 16. Juli, Patronatsfest zu Ehren der *Carmen.*

Strände

Die 12 km bis Bueu bieten mehrere schöne Bademöglichkeiten. Etwa die drei Strände von **Aguete,** deren mittlerer unter dem *Restaurant A'Goleta* in einer kleinen Bucht mit feinem Sand an hohen, schattenspendenden Bäumen liegt. Am Yachthafen organisiert der *Club de Mar* Windsurf- und Segelkurse (✆ 986-702373).

Wie ein flacher Sandhügel liegt weiter südlich der **Loira-Strand** regelrecht im Wasser. Kinder können hier an vielen flachen Stellen gefahrlos planschen. Dazu gehört das nette, gleichnamige Dorf mit ein paar Cafés und Restaurants.

Länglich und immer belebt ist die **Playa Lapamán** mit ihren Bars. Kurz vor Bueu liegen die (noch) etwas weniger belebten Strände **Agrelo** und **Portomaior.**

Die Fischbörse von Bueu

Bis zum letzten Jahrhundert lebte der Fischerort an einer langen Hafen- und Strandpromenade noch fast abgeschnitten von der Umgebung. Das änderte sich 1808 mit der Gründung einer Fischfabrik, wodurch erste größere Zufahrtswege entstanden. Die große **Fischbörse** am Hafen ist Zentrum der Stadt und ein sehenswertes Spektakel. Dabei werden die Fischwaren genau umgekehrt wie beispielsweise bei einer Kunst-Auktion versteigert: der Preis sinkt, bis der Zuschlag kommt. Händler mit schlechten Nerven müssen einen eventuell hohen Preis bezahlen, wer zu lange abwartet, bis die Preise sinken, geht unter Umständen leer aus.

Gegenüber liegt die Konservenfabrik *Massó.* Am Wochenende kann man dort gegen 16 Uhr die Sammlung des **Meeresmuseums** mit alten Seemannskarten, Schiffsmodellen und Kompassen besuchen. (Anmeldung zwei Türen links von der Fabrikhalle).

Verbindungen & Infos

Bushaltestelle neben Fischmarkthalle und Telefonhäuschen: Cangas über Aldán Mo – Sa 11 x, So 6 x täglich; Pontevedra 10 x täglich.

Info: Im *Rathaus,* Rúa de Eduardo Vincenti.

Strände: Die Strände hier und 500 Meter weiter südlich sind schmal mit sehr grobkörnigem Sand.

Fest: Bueus Feste sind am 16. Juli, dem *Tag der Carmen,* und am 7. August, *Wallfahrt San Mamade.*

Unterkunft & Camping & Essen

★★ *Incamar,* Montero Ríos 147, ✆ 986-320067, Fax -320784, DZ 42 €, komfortable Zimmer. Tagesmenü im Restaurant ab 8 €.

Camping: *Aldán,* 8 km Richtung Cangas in Aldán, ✆ 986-329468, 2 PAZ 16 €, mit Duschen, Basketballplatz, Wäscherei, Supermarkt, Bar-Restaurant, Zeitungen, schattig, sauber, schön gelegen, 300 Meter zu den Stränden *Area Coba* und *Francón.*

Restaurant *Estrella,* Xoan Carballeira, ✆ 986-320675, preiswert und einfach.

Reiten am Cabo Udra

Vier Kilometer hinter Bueu Richtung Cangas taucht das Schild *Cabo Udra* auf. An der ersten Gabelung links und weiter bis zum Meer ist auf einen Felsen mit großen weißen Lettern PICADERO geschrieben. Dahinter verbirgt sich eine kleine Pferderanch. Zwischen 17 und 21 Uhr vermietet der Besitzer Ramón fünf Pferde – eins extra für Kinder. Die Stunde kostet pro Person 9 €. Ein Ausflug mit dem Pferd durch die Brombeerbüsche, an den nahen Stränden und leider auch an Müll vorbei, aber mit Aussicht auf die Ons- und Cíes-Inseln lohnt sich bestimmt. Selbst im Galopp erkennt man vielleicht die winzigen Felsenbehausungen, von denen eine bis heute bewohnt ist. In den 60er Jahren war das Cabo Udra manchem Aussteiger eine steinige und unbequeme Unterkunft – aber in guter Lage.

Das Kreuz von Hío

Die C 550 weiter Richtung Cangas kommt zwei Kilometer hinter dem Camping Aldán das Schild *Cruceiro do Hío.* Hier steht gegenüber dem romanischen Portal der *Iglesia San Andrés* Galiciens berühmtestes **Steinkreuz**. Ein Steinmetz aus Pontevedra, Xosé Cerviño, hat im letzten Jahrhundert die Kreuzabnahme Christi mit zahlreichen biblischen Figuren aus einem einzigen Granitklotz gemeißelt. Daneben steht ein Engelchen mit Laterne, die nachts leuchtet.

Der winzige Ort **Hío** feiert am zweiten Augustsamstag ab 21 Uhr ein internationales *Folklorefest* auf dem Sportplatz. Zwei km entfernt liegen die **Playa Nerga** und der Nudistenstrand *Barra* und dahinter das **Cabo de Home,** mit seinem *Leuchtturm* an der äußersten Spitze der Halbinsel.

Verbindungen & Unterkunft

Busse nach Cangas 5 x täglich.

★ **Stop,** Iglesario 71, ✆ 986-329475, Rezeption im Café nebenan. Das billigste Zimmer 18 €, mit Bad 38 €.

★ **O'Pereiro,** La Unión 86, ✆ 986-329477, DZ 30 € mit Bad.

Camping: Oasis, ✆ 986-302927, pro Person und Zelt 2 €, 2 km von Hío an der **Playa Nerga,** Duschen und Restaurant, klein, ungemütlich, aber mit Blick auf die Cíes-Inseln.

▶ **Tourbeschreibung**

Zwischen Hío und Cangas liegt die barocke **Iglesia Darbo** aus dem späten 17. Jahrhundert etwas schief auf einem stillen Platz mit einem Friedhof und einem leise plätschernden, barocken Brunnen.

Fest: Das ändert sich alljährlich zwischen dem 7. und 9. September, wenn es in der kleinen Pfarrei auf dem Festplatz vor der Kirche lebendig wird: während der **Wallfahrt** zu Ehren der Heiligen Jungfrau von Darbo.

Cangas

... gilt als die Hauptstadt der Morrazo-Halbinsel. Neben dem Strand, dem **Alameda-Platz** mit seinem Markt am Freitagmorgen und der **Dorfkirche** mit dem Jakobsbrunnen fällt hier zunächst einmal der ständige Verkehrsstau auf. Einer der Gründe für diesen sind die beliebten Strände in der Umgebung.

Cangas hängt noch der Ruf eines Hexenzentrums nach. Tatsächlich sollen hier, im nahen Moaña und in Coiro einige Hexen und Hexer wohnen, die davon leben, Fischerboote mit mystischen Zeichen und Wässerchen vor Unheil zu bewahren.

Cangas Bewohner sind wie viele Galicier von der guten wie bösen Kraft der **meigas** überzeugt (↗ »Hexen, Hostien, Hokuspokus«).

Als die Türken 1619 den Fischerort überfielen, erschlugen sie die meisten Männer und vergewaltigten die Frauen. Viele Witwen, darunter María Soliño, haben darauf den Verstand verloren – die Inquisition wertete dies als Hexenwahn, ließ María und die anderen Frauen verbrennen und »verwaltete« in Folge deren Vermögen.

Im 3 km entfernten **Coiro** ist nahe der hoch gelegenen Kirche und den Wassermühlen in der **Calle Boubeta** Nr. 20 noch das Wappen mit Feder, Kreuz und Schwert – den Symbolen der sich selbst als heilig bezeichneten Inquisition – an dem niedrigen Haus der damaligen Richter zu sehen.

Verbindungen

Fähre: Zu den Cíes-Inseln, im Juli und August, um 12.20 Uhr, zurück 19 Uhr. Karten in der **Estación Marítima** neben der Touristeninfo, 4 € hin und zurück.

Nach Vigo alle 30 Minuten, Fahrtzeit 25 Minuten. Keine Autofähren.

Bus: Haltestelle vor der Hafenmole in der Calle Eugenio Saqueiro. Kartenschalter der Firma **Unión** für die blauweißen Busse nach Vigo und Pontevedra neben der Bank Hispano Americano.

Nach Pontevedra stündl. zwischen 6.45 und 20.30 Uhr. Nach Vigo alle 45 minuten zwischen 6 und 21 Uhr.

Nahverkehrsbusse nach Bueu Mo – Sa 15 x zwischen 6.55 und 20.30. Zum Nerga-Strand außer So um 8.30 Uhr.

Unterkunft & Camping

★★ *Playa*, Avda. de Ourense 78, ✆ 986-301363, Fax -301363, DZ 35 – 45 €. Saubere Zimmer, Blick auf Strand.

★ *Belén*, Antonio Nores s/n, ✆ 986-300015, DZ 22 – 32 €.

Camping: Westlich von Cangas machen sich an der **Playa Liméns** zwei gute Campingplätze mit Duschen, Restaurants, Kaufladen, Bars, Telefon usw. Konkurrenz:

Playa de Liméns, ✆ 986-304645, 2 PAZ 15 €, 1.6. – 30.8. geöffnet.

Cangas, ✆ 986-304726, 2 PAZ 16 €, 1.6 – 9.9 geöffnet.

Camping Tirán liegt 2 km östlich am gleichnamigen Strand, ✆ 986-310150, 2 PAZ 15 €, Apartment DZ/HS mit Bad, Küche im Gang, 30 €. Ebenfalls empfehlenswert.

Restaurants

Balcón, Rúa Alfredo Saralegui 11, ✆ 986-303295. Gute Küche, ungewöhnliche Einrichtung mit französischem Esprit, Blick aufs Meer und sehr klein. Fisch- und Fleischgerichte ab 9 €, Di geschlossen.

Casa Juan, Rúa de Hío 2, ✆ 986-300014, nahe Kirche und Rathaus, Tapas und Mariscos, Tagesmenü 5 €.

Celta, Alfredo Saralegui 28. Haus von 1917 mit kleiner Terrasse in Hafennähe. Sehr einfach und preiswert. Spezialitäten Paella und Seekrake.

Simón, 1 km vom Zentrum Richtung Aldán, ✆ 986-300016, gilt in Galicien als eine der besten Küchen für Meeresfrüchte, was man dem Restaurant von der Einrichtung her aber kaum ansieht. Spezialitäten: Jakobsmuschel-Pastete (*empanada de vieira*) und Ve-

nusmuscheln mit Nudeln (*almejas con fideos*).

Feste & Nachtleben

Fest: Am letzten Augustsonntag *Patronatsfest* mit Straßentheater, Sportwettbewerben und Feuerwerk.

Anschließend Anfang September die *Internationale Theater- und Kinowoche* im Kino *Galaxias*.

Tanz: Das Nightlife spielt sich samstags nach Mitternacht in den Pubs und Discos um die Avenida de Marín ab.

Nützliche Adressen

Touristenbüro: Nahe Anlegesteg am Hafen.

Buchladen: Vilafer, Real 13. Zahlreiche Karten, große Bücherauswahl, auf galicisch, kastilisch und auch englisch, der beste Laden vor Ort.

Zum Cotorredondo

In **Moaña** beginnt die PO 313 nach *Marín*. Nach drei km zweigt eine Straße zur **Parroquía de San Martiño Eirexa** ab. Vorbei an den Blumenverkäuferinnen vor einem sehenswerten Friedhof kommt man zur romanischen Kirche aus dem 12. Jahrhundert mit *San Martiño* im Tympanon.

Fest: In Moaña spielt sich Ende Juni das *Internationale Keltenfestival* ab. Dann kommen Theater- und Musikgruppen aus Galicien, Schottland und Irland auf den örtlichen Fußballplatz und spielen vorwiegend verrockte Folklore.

Zurück auf der PO 313 bietet sich eine Exkursion links in die Berge der Morrazo-Halbinsel und zum **Cotorredondo** hinauf an (auch Coto Reton-

Muschelflöße in der winterlichen Ría de Vigo

do): dort gibt es Grill-
plätze, schöne Spazier-
wege, Dolmen, einen
Bergsee und eine phan-
tastische Sicht bis zu
den nördlichen Bergen
Portugals. Der höchste
Aussichtspunkt heißt
Monte Faro Domaio,
von Moaña aus rund 14
km entfernt. In 622 m
Höhe ist neben der
Empfangsstation des
galicischen Fernsehens
ein *Wachturm* wegen
der Waldbrände errich-
tet worden. Von hier
aus sehen Sie ganz Vi-
go, die Bucht von Pon-
tevedra und die Inseln
Ons und Cíes. Pferde
laufen frei durch den
Mischwald, in dem
kurz vor der Abzwei-
gung zur TV-Station
der gut erhaltene
Dolmen Chan da Arquiña steht, der
auf 1500 v. Chr. datiert wird.

Den Weg zurück taucht nach drei
Kilometern das Schild *Lago Castiñei-
ras* auf. Auf der CF 401 zu diesem See
liegt rechter Hand die 536 Meter hohe
Anhöhe des Cotorredondo mit fast
ebenso weiter Sicht auf die Buchten
von Vigo und Pontevedra und auf die
Morrazo-Halbinsel selber. Sie war bis
1927 kaum bewaldet. Damals pflanz-
ten die Bewohner über zwei Millionen Pinien, die nach den Waldbrän-

den oft durch schnellwachsenden Eukalyptus ersetzt werden.

Verbindung

Keine Linienbusse. *Fahrradfahrer* haben
bei der Anfahrt eine steile, teils holprige
Tour vor sich. Die Beschilderung ist nicht
besonders, notfalls einfach durchfragen.

▶ Tourbeschreibung

Wieder auf der C 550 kommt 15 km
hinter Moaña die 700 Meter lange *Autobahnbrücke* nach Vigo, mit der sich

die Entfernung zwischen Cangas und Vigo auf nur 22 km beschränkt. Der Umweg (rund 30 km) entlang der *Bucht von Vigo* führt in **Pontesampaio** über eine ehemals *römische Brücke* über den *Río Verdugo*, die bei dem galicischen Aufstand 1809 gegen die napoleonischen Truppen zerstört und später originalgetreu wieder aufgebaut wurde. Auf der anderen Brückenseite ist der Ort **Arcade** berühmt für seine Austern. Von hier aus geht ein Weg ab zum:

Schloß Soutomaior

Umgeben von Gartenanlagen und sorgfältig restauriert, liegt das Schloß im Besitz der Provinz Pontevedra in einer fruchtbaren Weingegend. Manche Legende versetzt den Ursprung der damaligen Wehrburg bis in die Zeit vor der islamischen Invasion, wahrscheinlich aber stammt sie aus dem 12. Jahrhundert. Im Spätmittelalter war sie Schauplatz des Irmandiño-Aufstandes der Bauern gegen den Adel und ging dabei 1467 halb zu Bruch (⤴ »Geschichte«). Unmittelbar danach restaurierte sie der mächtigste Graf der Soutomaiors, *Pedro Madruga*. Aus dieser Zeit sind noch der Mauerrundgang mit den Zinnen und die Kapelle erhalten.

In das politische Blickfeld geriet das Castillo erst wieder im 19. Jahrhundert, als *Markgraf de la Vega de Armijo* (1824 – 1908) hier seine Sommerresidenz einrichtete. Der Marquis war Direktor der Historischen Akademie, Botschafter, Inhaber mehrerer Ministerposten und für kurze Zeit Regierungschef. Aus der Burg wurde ein Schloß mit *Damengalerie* und *Ziergärten*.

Info: Geöffnet 11 – 14 und 17 – 21 Uhr, Mo geschlossen.

Unterkunft: Im Schloß gibt es in 16 Zimmern auch die Möglichkeit zu übernachten. *Pousada Castillo de Soutomaior,* ✆ 986-705105, Fax -705253. Komfortabel und nicht gerade alltäglich. DZ 61 – 74 €.

Gegenüber Richtung *O Viso* liegt der Aussichtspunkt **Monte de Penedo.** Auf seiner baumbedeckten Spitze steht eine kleine Kapelle. Wieder auf der Straße nach Vigo (N 550) sind gegenüber der **Playa Cesantes** mit einem kleinen *Campingplatz* vor der Silhouette der Autobahnbrücke die *Inseln San Antonio* und *San Simón* zu sehen. Bis zum 14. Jahrhundert lebte darauf ein Templerorden, dann Franziskaner und Benediktiner aus Poio. 1830 entstand ein Lazarett für Seefahrer, die auf den Reisen an Lepra erkrankt waren. Von **Redondelo** aus sind es dann noch 14 km bis Vigo.

VIGO — DAS GALICISCHE LIVERPOOL

Wie eine Krake aus Stahl und Beton umschließt die größte Stadt Galiciens den südlichen Rand der nach ihr benannten Ría, räkelt sich über die angrenzenden Berge ins Uferlose der achtstöckigen Vorstadtkasernen ohne Gesicht. Hinter langen Hafenmolen verbergen sich die Umschlagplätze des sechstgrößten Fischereihafens der Welt. Gegenüber dem Stadion Balaídos, wo der Real Club Celta seine Fußballschlachten austrägt, erstrecken sich die spanischen Werke von Citroën. Schon sein Erscheinungsbild bestätigt, was als Schlagwort in Galicien kursiert: in Vigo wird geklotzt – die 20.000 Studenten seiner seit 1991 unabhängigen Universität fallen da wenig ins Gewicht. Doch erst in den letzten 150 Jahren ist die über 300.000 Einwohner zählende Stadt zu dem geworden, was sie ist.

Um 1840 lebten hier kaum 5500 Menschen. Vigo ist jung, lärmend, elegant und geschäftig – eine industriell geprägte Hafenstadt mit allen dazugehörigen Attributen, die nur noch wenig von dem verkörpert, was die Reste der Keltensiedlung an dem Stadthügel O Castro bezeugen – eine lange Geschichte.

Der Name der Stadt ist römischen Ursprungs; *Vicus Spacorum* diente vermutlich als Sprungbrett für Julius Cäsars Feldzug in Britannien, lieferte Öl, Fisch und Wein in sein Imperium. Die spätere mittelalterliche Siedlung befand sich am Fuße des Berges *O Castro* und schloß das heutige Altstadtviertel *Berbés* mit ein. Ende des 10. Jahrhunderts fiel Maurenherrscher Almanzor über sie her, und erst 1170 konnte Fernando II. (1157 – 1188) Vigo neu besiedeln. Doch ständige Raubzüge der Normannen ließen seinen Bewohnern wenig Ruhe. Im 14. Jahrhundert starb zudem fast die gesamte Bevölkerung an der Pest.

Erst nachdem Carlos V. die Stadt 1529 mit Privilegien ausstattete, blühte Vigo vor allem durch den Südamerika-Handel auf. Der Wohlstand lockte allerdings auch Freibeuter an. Kronpirat Sir Francis Drake legte das unbefestigte Vigo 1589 gründlich in Schutt und Asche, so daß von der gotischen Kollegiatskirche *Santa María* kaum etwas übrig blieb, nur das Tympanon ist noch im Provinzmuseum Pontevedras zu betrachten. 1619 plünderten türkische Piraten in der *Ría de Vigo*. Erst danach bekam Vigo seine Stadtmauern, die sich aber als nicht sonderlich nützlich erwiesen. 1702 endete eine Seeschlacht zwischen einer spanisch-französischen Goldarmada und englisch-niederländischen Geschwadern mit einem Raubzug der siegreichen Engländer durch Vigo (↗ »Der legendäre Schatz in der Ría de Vigo«). Auch Napoleons Truppen sparten 1808 die Stadt nicht aus, doch wurde die französische Besatzung schon drei Monate später von den beherzten Viguesen wieder vertrieben. Diesen Sieg symbolisiert die Christusfigur in der Nebenkathedrale Santa María, die seitdem »Cristo de la Victoria« genannt wird.

Angesichts der zerstörungsreichen Stadtgeschichte ist es nicht verwunderlich, daß Vigo kunsthistorisch kaum etwas zu bieten hat. Die verbliebenen engen Gäßchen des Altstadtviertels *Berbés* mit einigen Bürgerhäusern und Arkaden zum Hafen hin sind der kümmerliche Rest. Mitte des letzten Jahrhunderts gab sich Vigo schließlich mit Inbrunst der Industriellen Revolution hin, die zunächst katalanische Unternehmer in Form von Konservenfabriken zündeten. Moderne Schiffswerften und bedeutende Handelsniederlassungen folgten. Bereits 1853 erschien der *Faro de Vigo*, einer der ältesten Zeitungen Spaniens. Während die Stadt zu einer bewegten Metropole aufstieg, legten von ihrem Hafen zweimal wöchentlich Auswandererschiffe nach Amerika ab.

In jüngerer Zeit wird die von Schwerindustrie und Fischverarbeitung abhängige Wirtschaft jedoch von Krisen gebeutelt, krasse soziale Gegensätze ziehen sich durch die Stadt. Die Stahlkrise und Massenarbeitslosigkeit der späten 70er Jahre bildeten den Nährboden der Movida, dem grell-schockigen Aufstand der Szene gegen das Normale. Mit *Siniestro Total*, *Os Resentidos* und anderen Musikgruppen, Designern, Schauspielern und Schriftstellern geriet die Industriestadt Vigo als die nach Madrid wichtigste spanische Metropole der Subkultur in die Schlagzeilen. Zu Szenetreffs umfunktionierte Garagen und Bühnen waren die Blüten des »kreativen Frühlings« von Vigo.

Seit 1989 ist die Movida mehr oder weniger Geschichte. Die Stars von einst haben sich etabliert, der Rest ist offensichtlich vom jahrelangen Nachtleben ermüdet. Die Gegensätze und Krisen sind freilich geblieben. Fast ein Viertel der Vigueser ist arbeitslos. Der in einem phallusartigen Turm hoch über der Stadt thronende Bürgermeister verspricht sich von der Atlantischen Achse, einer Kooperation mit vor allem portugiesischen Hafenstädten, einen Ausweg aus dem ökonomischen Tief.

Dennoch läßt es sich Vigo nicht nehmen, für Kultur eine Menge Geld auszugeben. Nicht immer zum Vorteil, denn die monumental-kitschigen Denkmäler, mit denen die breiten Boulevards und Plätze ausstaffiert wurden, verursachen bei Fremden eher einen Kulturschock mit Gänsehaut. Das Glanzstück Vigos ist das Kulturzentrum *Caixavigo*, ein aufwendig gestalteter Kulturpalast in einem Gebäude aus der Jahrhundertwende mit Theater- und Konzertsaal, Ausstellungs- und Konferenzräumen sowie einer frei zugänglichen Bibliothek. Und die Stadt schnürt alljährlich ein dickes Veranstaltungspaket (außer für den heißen August).

Noch ein Zukunftsprojekt ist der 470.000 m² große *Botanische Garten*, in dem alle Vegetationsarten der Welt vertreten sein werden. Er soll gleich der größte Spaniens werden. In Vigo wird eben geklotzt.

Stadtrundgang

Um vielleicht zuerst einen kleinen Überblick zu bekommen, bietet sich ein Spaziergang durch Grünanlagen und einen kleinen Vergnügungspark zum **Castillo O Castro** an, das auf dem gleichnamigen Hügel mitten in der Stadt liegt. Zwar ist die Festung weder sehenswert noch verdienstvoll, ermöglicht aber eine schöne Aussicht über Stadt und Hafen. Am unteren südlichen Teil des Hügels wurden einige Reste einer alten *keltischen Siedlung* freigelegt; um den Park zu erhalten, hat man jedoch auf weitere Ausgrabungen verzichtet. Auf halber Höhe zwischen

Austern: Das wahre Gold der Ría de Vigo

Rathausklotz (*Ayuntamiento Concello*) und Festung stehen drei rostige *Anker* vor einem müden Springbrunnen. Sie gehörten einst zu den versenkten Goldgaleonen in der Ría und erinnern an die Seeschlacht von 1702.

Den Weg in die **Altstadt** kann man über den *Paseo Alfonso XII.* nehmen, an dessen Ende ein alter **Olivenbaum** steht. Er ist auf Bitten der Viguesen anstelle einer Muschel seit 1813 Bestandteil des Stadtwappens. Der Baum war einst von Mönchen des Templer-Ordens im Atrium der Kirche Santa María gepflanzt worden. Nach ihrer Zerstörung wurde der Baum zunächst auf dem Platz Porta

do Sol, später an den heutigen Ort umgesetzt.

Von hier aus ist es nur ein Steinwurf zur **Porta do Sol,** die die Grenze zur Altstadt bildet. Von der dahinter liegenden **Plaza de la Constitución,** auf der sonntags jedweder Trödel verkauft wird, zweigt die kleine Gasse *Cesteiros* ab, in der Korbflechter ihr Revier haben.

Das Herz des alten **Fischerviertels Berbés** ist die *Calle Real*, an deren Anfang die klassizistische Nebenkathedrale **Santa María** steht. Von den romanischen und gotischen Vorgängerbauten blieb nichts übrig, der Bau stammt aus dem Jahr 1816. Über dem

RIAS BAJAS – WESTKÜSTE

Altar der dreischiffigen, massiv wirkenden Kirche ist die Figur des *Cristo de la Victoria* angebracht. Vielfach wird er auch »Cristo do Sal« genannt, weil die Figur angeblich in der Salzladung eines Schiffes gefunden wurde.

Die **Calle Real** wird in Vigo auch gerne die »Calle de los viños« genannt. Mit einigem Recht, angesichts der Reihe von Tapa-Bars, Bodegas und Pubs, die bis zu den Arkaden der Hafenfront reichen, die von überteuerten Restaurants belagert wird. Wer nicht der Real folgt, sondern geradewegs dem *Hafen* zustrebt, trifft unweigerlich auf den **Mercado de la Piedra,** der in den letzten Jahren viel von seinem alten Charme verloren hat. In dem Dutzend Läden des Marktes gehen amerikanische Sonnenbrillen und alle Arten von High-Tech zu Schwarzmarktpreisen über den Tisch. Luxus ganz anderer Art findet man direkt neben La Piedra: frische Austern warten appetitlich drapiert auf genußsüchtige Käufer. Dieser kulinarische Exkurs lohnt sich eher vormittags.

Die *Calle Carral* führt direkt zum **Yachthafen,** den das Gebäude des *Real Club Náutico* markiert, in den 40er Jahren als Spätprodukt des Bauhaus-Stils in der Form eines Ausflugsdampfers errichtet. Die hier entlanglaufende Promenade **As Avenidas** und die **Calle Areal** bilden die Flaniermeilen Vigos, mit teuren Restaurants und Edeldiscotheken. Die Einkaufs- und Bummelstraßen *Príncipe, Policarpo Sanz, Colón* und *Gran Vía* liegen weiter oberhalb im Zentrum der Stadt.

Castrelos-Palast und Stadtmuseum

Zu dem **Pazo de Castrelos,** in dem das Stadtmuseum Vigos untergebracht ist, nehmen Sie am besten einen der Stadtbusse bis zur *Plaza América* (ab Porta do Sol: Linie 20. Öffnungszeiten: Außer Mo im Sommer 9 – 20 Uhr, im Winter 10 – 19, So & Fei 10 – 14 Uhr. Eintritt frei).

Der Palast wurde im Jahr 1670 errichtet, nachdem portugiesische Truppen 1665 den Vorgängerbau zerstört hatten. Mit der Auflage, dort ein Museum einzurichten, vermachte sein letzter Bewohner, *Fernando Quiñones de León,* spanischer Botschafter in Paris, 1924 den stattlichen Besitz samt Park und Gärten der Stadt Vigo.

Der riesige *Parque Municipal Quiñones de Leon* ist heute die grüne Lunge der Stadt; mit einem kleinen See und einem Hecken-Labyrinth. In seiner Mitte liegt ein **Amphitheater,** das *Auditorio,* dessen Plätze besonders im Sommer dicht an dicht besetzt werden, wenn Theateraufführungen oder Konzerte bis zu 20.000 Zuschauer anlocken (Programme in der Touristeninformation oder im Rathaus erhältlich).

Das **Stadtmuseum,** *Museo Municipal Quiñones de Leon* an der Nordostflanke des Parks, setzt sich aus drei verschiedenen Ausstellungen zusammen. In den *unteren Stockwerken* ist eine Sammlung archäologischer Funde zu sehen: römische Stelen, Münzen sowie Utensilien aus keltiberischer Zeit, die vor allem in der keltischen Siedlung am Fuße des Berges O Castro ausgegraben wurden. Das *Erdge-*

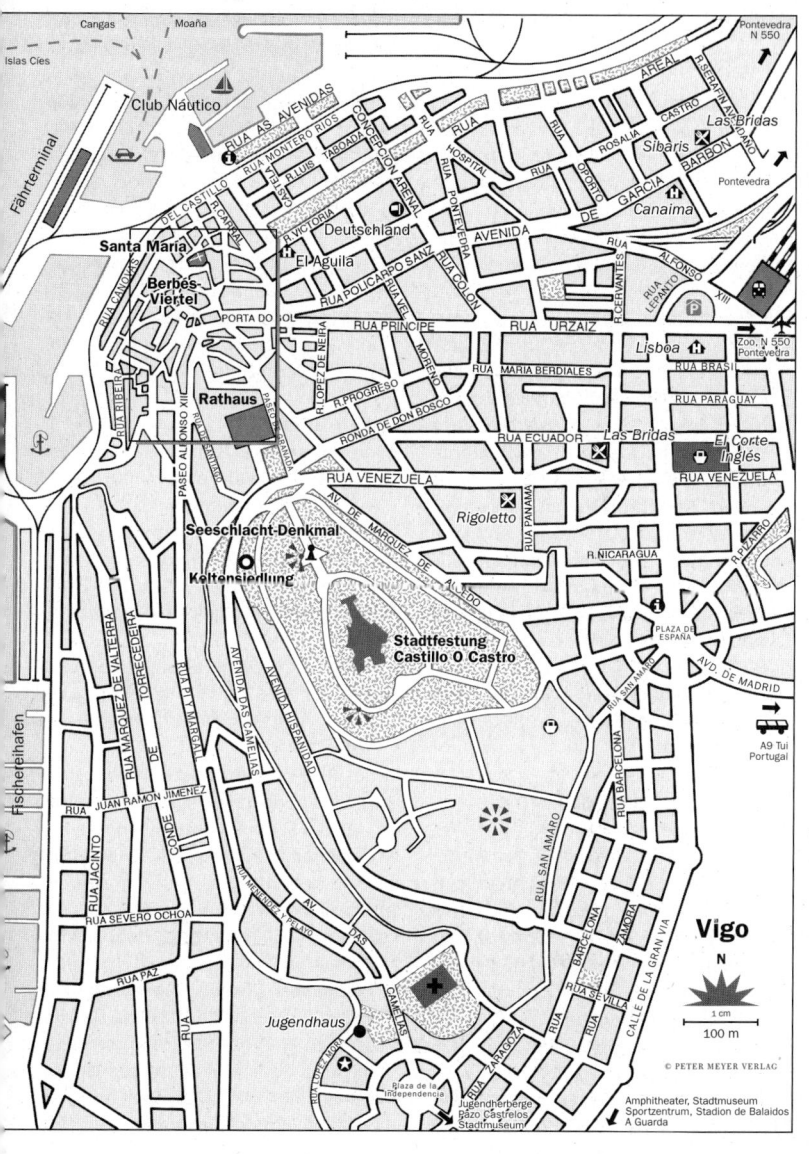

Vigo

N

1 cm
100 m

© PETER MEYER VERLAG

schoß gewährt unter anderem Einblicke in den Lebensstil der Bewohner des Pazos, beispielsweise in das Büro und den Salon.

In den *oberen Stockwerken* ist die größte Sammlung zeitgenössischer galicischer Maler und Bildhauer untergebracht; neben Gemälden von Louxeiro und Souto sind Originalzeichnungen Castelaos zu sehen.

Ein Besuch im Zoo

Vigo besitzt den einzigen Zoo Galiciens. Der 45000 m² große *Parque Zoológico de Vigo* liegt auf dem 240 m hohen Berg *A Madroa*, 10 km vom Stadtkern in Richtung Flughafen entfernt. Rund 600 Tiere sind hier zu sehen, darunter Löwen, Pumas, Schwarzbären, Bisons, Wildschweine und Reptilien. Für die kleinen Besucher wird Ponyreiten angeboten.

Info: Vom 1. Mai bis 15. Oktober 10 – 14 und 15 – 21 Uhr geöffnet, im Winter 11 – 14 und 15 – 19 Uhr, Mo geschlossen. Kinder zwischen 6 und 14 Jahren 0,70, ältere Besucher 1,40 €. ✆ 986-275150 oder -810188.

Verbindungen & Infos

Unter der Rubrik »Servicios« sind alle Abfahrtszeiten auf den letzten Seiten der Tageszeitung »Faro de Vigo« abgedruckt.

Flug: *Aeropuerto de Vigo,* Avda. del Aeropuerto s/n, ✆ 986-487412. Vom Flughafen Vigos täglich Inlandsflüge nach Barcelona und Madrid, wochentags nach Bilbao und Valencia.

Iberia, ✆ 986-227005; *Aviaco*, ✆ 986-487625.

Zug: *Estación de Ferrocarril,* Plaza de la Estación s/n, ✆ 986-431114 (RENFE).

Mehrmals täglich Züge nach Coruña, Santiago und Ourense. Nach O Porto: 8.25 und 14 Uhr.

Fähre: *Naveira Mar de Ons,* Estación Maritima de Ría s/n, ✆ 986-437777. Bietet Rundfahrten und Queimada-Feste auf dem Boot an.

Zwischen 9 und 19 Uhr, Sa/So 11 und 13 Uhr Fähren zu den Cíes-Inseln, Hin- und Rückfahrt 14 €. Auch Boote nach Cangas (3 €), Moaña (2,50 €).

Bus: *Estación de Autobuses,* Avda. de Madrid s/n, ✆ 986-373411. Bus 9 fährt alle 30 Minuten zum Flughafen.

Unterkunft

★★★★ *Gran Hotel Samil,* Avda. de Samil 15, ✆ 986-240000, Fax -241900, DZ 110 – 122 €. Hält so ziemlich das, was man für den Preis erwarten kann.

★★ *Hotel El Aguila,* Victoria 6, ✆ 986-431398. DZ mit Bad, Telefon 36 €. Älteres, sehr gepflegtes kleines Hotel, an Vigos Alameda gelegen.

★★ *Hostal Continental,* Bajada a la Fuente 3, ✆ 986-220764. DZ 48 €. Direkt an der »Austernmeile« des Marktes La Piedra, neu.

In der *Altstadt,* besonders um die *Calle Real* werden überall **Zimmer** angeboten. In vielen Fällen stimmt das Preis-Leistungsverhältnis aber nicht. Zwei Adressen, wo es stimmt:

★ *Hostal Mendez,* Real 4, ✆ 986-436007. DZ um 20 €. Preiswerte, saubere Unterkunft.

★ *Pensión San Vicente,* San Vicente 6, 2. Stock, ✆ 986-222331. DZ ohne Bad um 20 €. In einem alten Haus zwischen Porta do Sol und dem Berbés-Viertel. Die Zimmer machen einen sehr gepflegten Eindruck, gemütlich.

Camping: *Canido,* Playa de Canido, ✆ 986-491920, geöffnet von Juni bis September, 2 PAZ 13,50 €.

Playa Samil, Avda. de Samil 71, ✆ 986-240210, 1.5. – 30.9., 2 PAZ 15 €.

Essen & Trinken

Gute Restaurants gibt es reichlich in Vigo. Das Spitzenlokal heißt:

Sibaris, García Barbón 168, ✆ 986-221526. Ausgefeilte Gerichte wie mit Austernfleisch gefüllter Seehecht, Steinbutt in Safran, Lachs mit Spinatsoße. Das Sibaris repräsentierte auf der Weltausstellung in Sevilla 1992 die galicische Küche. Unter 40 € pro Person sollte man nicht rechnen.

Puesto Piloto, Avda. Atlántica 194, ✆ 986-297975, weniger teuer als Sibaris, aber mit einem sehr guten Ruf.

Mosquito, Plaza Villavicencio 4 (nahe La Piedra), ✆ 986-433570. Ebenfalls Fischspezialitäten.

Amarante, Roupeiro 84, ✆ 986-224048. Halb portugiesische Küche, zum Beispiel mit Gambas gefülltes Fleisch, Crêpes mit Spargel und Käse. Galicische, spanische und portugiesische Weine. Handgeschriebene Karte, klein und gemütlich. Sa-mittag, So und Fei geschlossen.

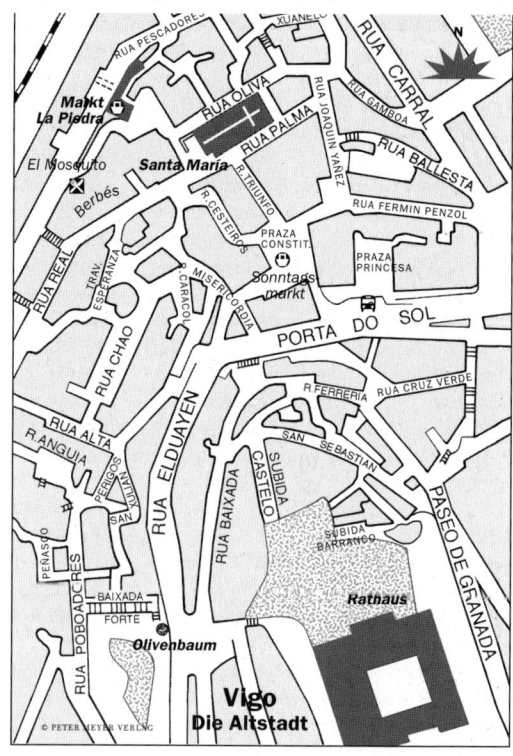

Vigo
Die Altstadt

© PETER MEYER VERLAG

Mesón A Videira, Celso Emilio Ferreiro 11, ✆ 986-412787. Einfaches Restaurant mit einer ausgezeichneten Küche und erträglichen Preisen.

Rigoletto, Venezuela 74, ✆ 986-470657. Gute Pizza, Pasta, Salate, preisgünstig. Kitschig eingerichtet.

El Paladar de Habana, Tercio de Afuera 11, ✆ 986-224250. Kubanisches Essen zu guten Preisen.

✳ **Tip:** Bocadillos und Lacón nimmt man am besten im *O Porco* (Real 13), Tapas im *Chavolas* (Cesteiros) und das frühe

Bier im *Metropol* oder *Joaquín* (Areal) zu sich.

Cafés: In der *Calle Roupeiro* finden sich außerdem noch einige Cafés und Bars mit Terrassen und gemütlicher Hinterhofatmosphäre.

Nachtleben: Die *marcha* Vigos rotiert zwischen der Calle de los viños (Berbés-Viertel), der Zone um die Calle Lepanto (am Bahnhof) wie in den Disco-Pubs *Ruralex, El Manco, Betonwerck.* Die Schickeria treibt sich in der Areal-Zone herum, in Edelschuppen wie *Gaultier* oder *Tsunami.* In den frühen Morgenstunden verlagert sich das Geschehen an die umgebenden Strände ins *B.O.E* (Samil) oder das *Vanitas Vanitatis* (Nigran).

Sport

Squash: *Pabellón de Balaídos* (Piscina cubierta Municipal), 4 € für 45 Minuten. Reservierungen am Tag vorher zwischen 11 und 20 Uhr im Pabellón Central unter ℡ 986-239997. Am gleichen Tag persönlich vor Ort anmelden, ℡ 986-293208.

Tennis: *Complejo Deportivo de Samil.* Etwa 4 € pro Stunde. Auch hier vorherige Reservierung im Pabellón Central (℡ 986-239997) oder am gleichen Tag vor Ort, ℡ 986-299160.

Frontón (baskisches Ballspiel): *Complejo Deportivo de las Traviesas.* Zwischen 3 und 5 € pro Stunde. Reservierungen am Tag vorher im Pabellón Central, ℡ 986-239997, oder am gleichen Tag vor Ort, ℡ 986-235901 oder -236809.

Segeln: *Escuela Municipal de Vela,* Muelle de Bouzas s/n, ℡ 986-237116 oder 207220. Anfänger- und Fortgeschrittenenkurse in fünf verschiedenen Bootsklassen. Die Unterrichtswoche mit 20 Stunden kostet 50 €, die Ausstellung der Lizenz 8 €.

Escuela de Vela (Real Club Náutico), ℡ 986-224002 (10 – 14 und 16 – 20 Uhr). Wochenkurse mit insgesamt 15 Stunden kosten für Jugendliche 55 €, für Erwachsene 65 €. Im Winter werden Kurse nur am Wochenende angeboten.

Schwimmen: *Piscina Descubierta de Samil* (Freibad), geöffnet ab 1. Juli. Eintritt für Erwachsene 3 €, für Kinder 2 €.

Strände: Zum Stadtstrand *Samil* fahren die Busse 10, 16 und 27. Zu dem weniger überlaufenden Strand *O Vao* die Linien 10 und 11.

Unterhaltung & Kultur

Kino: *Fraga,* Uruguay 3, ℡ 986-436571.

Multicines Centro, María Berdiales 7 – 9, ℡ 986-226366.

Multicines Norte, Vía Norte 22, ℡ 986-439645.

Ronsel, Ecuador 102, ℡ 986-414046.

Plata, Urzaiz 91, ℡ 986-432094.

Vigo, López de Neira 22, ℡ 986-432406.

Theater: *Centro Cultural Caixavigo,* Policarpo Sanz 13, ℡ 986-221668. Während der Sommermonate laufen nur wenige Veranstaltungen. Dafür Open-Air im Amphitheater im Castrelos-Park, Info über das Touristenbüro.

Museum: *Museo Municipal Quiñones de Leon,* Parque de Castrelos, ℡ 986-471066. Im Sommer von 9 – 20 Uhr, im Winter 10 – 19 Uhr geöffnet, So und Fei 10 – 14 Uhr, Mo geschlossen. Eintritt frei. Anfahrt: Buslinie 20 ab Porta do Sol.

Tanzen: In Vigo gibt es einen der größten Tanzsäle Spaniens, das *Nova Olimpia,*

Im Gegensatz zum übrigen Vigo ist das alte Fischerviertel Berbés richtig gemütlich

Uruguay 3, ✆ 986-223595, direkt neben dem Kino Fraga.

Nützliche Adressen
Touristeninfo: *Información Turística Municipal,* ✆ 986-810144. Außer dem Tourismusbüro im *Rathaus* stehen am Hafen an der *Calle As Avenidas* und an der *Plaza España* Informationshäuschen bereit. Das kostenlose Infomaterial mit allen wichtigen Adressen, aktuellen Veranstaltungskalendern und Stadtplänen ist außergewöhnlich gut, allerdings nur auf Spanisch erhältlich.

Geldwechsel: mehrere Banken und Sparkassen mit Geldautomaten auf der Avenida Canovas del Castillo, der Gran Vía, in der Calle Venezuela und Principe Urzáiz.

Notruf: *Ambulanz* ✆ 986-420650, *Polizei* ✆ 092.

Deutsches Konsulat: García Barbón 1, ✆ 986-437879, -435699. Im 2. Stock, Mo – Fr 9 – 13 Uhr. In dringenden Fällen telefonisch immer zu erreichen.

Bootsvermietungen: *Ronautica,* Puerto Deportivo de Vigo, ✆ 986-431402.

Viajes Botafumeiro, Plaza de Compostela 9, ✆ 986-223535.

Yatesport, Arenal 42, ✆ 986-223504.

Mietwagen: *Avis,* Uruguay 12, ✆ 986-374884.

Hertz, Areal 104, ✆ 986-224374.

Autos Brea, Urzaíz 71, ✆ 986-431603.

Furgo Rent, Avda. Camelias 49, ✆ 986-420679.

Ausflug zu den Cíes-Inseln
Sobald von den *Islas Cíes* die Rede ist, taucht sehr schnell das Wort Paradies auf. Zweifelsohne haben die drei herausragenden Wächter der *Ría de Vigo*

Virginia Barros

etwas Paradiesisches an sich. Wenn man sich nicht gerade einen Augustsonntag ausgesucht hat und die Fähre von Vigo nach einer Dreiviertelstunde die kleine Hafenmole anläuft, ist von der Großstadthektik nicht mehr das Geringste zu spüren. Von den drei Inseln sind nur die **Illa do Norte** (auch *de Monte Agudo*) und die sich südlich anschließende **Illa do Faro** (auch *del Medio*) zu erreichen, für die kleinere **Illa do Sur** (auch *de San Martiño*) benötigt man schon ein eigenes Boot. Die meisten Besucher der Cíes bleiben direkt am schönen Strand neben der Anlegestelle mit seinem überteu-

Der legendäre Schatz in der Ría de Vigo

Am 22. September 1702 segelt eine große Flotte in die *Ría de Vigo*. Die rund 40 Schiffe sind mit den größten Reichtümern beladen, die jemals den Atlantik überquert haben. Im Bauch der spanischen Galeonen lagert alles, was die überseeischen Kolonien Spaniens in drei Jahren hergaben: schätzungsweise 108 Millionen Goldstücke. Die Schatzschiffe sind auf der Flucht.

Zwei Jahre lang waren sie in Südamerika von Piraten und Stürmen festgehalten worden. Eine bis an die Zähne bewaffnete Eskorte französischer Schiffe sollte sie schließlich bis zu ihrem Zielhafen, dem andalusischen Cádiz geleiten. Doch der 1701 ausgebrochene Spanische Erbfolgekrieg hatte das Vorhaben durchkreuzt, der Hafen von Cádiz war von feindlichen Kriegsschiffen blockiert. Aus Furcht vor einem Angriff entschied Kommandant Manuel de Velasco y Tejada, stattdessen die galicische Küste anzusteuern.

Doch die Handelshäuser von Cádiz, eifersüchtig auf ihre Privilegien bedacht, wollen das Anlanden verhindern – und der galicische Generaloberst Príncipe de Barbanzón möchte sich zwischen den Fronten nicht die Finger verbrennen. Er rät dem Kommandanten, in das geschützte Ferrol auszuweichen, da macht die Nachricht von einem vor der Todesküste kreuzenden englischen Geschwader den Plan zunichte. Schließlich bekommen auch die englisch-holländischen Belagerer von Cádiz Wind von der Sache. Am 23. Oktober 1702 erobern 4000 an Land gesetzte englische Soldaten die schwachen Befestigungen von Vigo. Zwei Schlachtschiffe durchbrechen unter vollen Segeln die französische Verteidigungslinie der Goldflotte, die vor der Isla San Simón im hintersten Bereich der Vigo-Bucht vor Anker liegt. Nach zwölfstündigem Gefecht ist die spanische Niederlage besiegelt. Kommandant de Velasco befiehlt, die verbliebenen Schiffe zu versenken, damit keines in englische Hände falle.

Von der glanzvollen Flotte war am Tag darauf nichts mehr übrig, der schießpulverhaltige Goldrausch hatte 2000 Spaniern und 800 Engländern das

erten Restaurant hängen. Für die, die mehr sehen wollen, verteilt ein *Informationshäuschen* Karten, auf denen die Spazierwege eingezeichnet sind, und mit Naturschutz-Hinweisen, die man beachten sollte. Obwohl das 433 Hektar große Archipel seit Jahren ein Naturschutzgebiet ist, gerät das bei den sommerlichen Besuchermassen gerne in Vergessenheit – zu Hunderten picknickt man da im Herzen der Natur.

Zwei kleine Wanderungen
Der **interessanteste Spazierweg** über die Inseln *do Faro* und *do Norte* führt

Leben gekostet. Die Beute der Engländer und Holländer war vergleichsweise gering – allerdings doch ausreichend, um eine Straße Londons voller Siegesstolz »Vigo-Street« zu nennen. Der spanischen Krone blieben »nur« einige Millionen Goldstücke. Der überwiegende Teil ging mit den Schiffen der Goldflotte unter.

Seitdem hat der in der Ría versunkene Reichtum immer wieder Schatzsucher und Spinner angelockt. Den letzten großen Versuch startete 1978 der New Yorker John S. Potter vor den Cíes-Inseln. Mister Potter, Ingenieur mit Harvard-Abschluß, hatte wahrscheinlich nie Jules Verne gelesen. Dieser schrieb schon 100 Jahre zuvor, daß der legendäre Schatz längst gehoben wurde – von Kapitän Nemo und seiner »Nautilus« (Jules Verne, »20.000 Meilen unter dem Meer«). ◀

Strandidylle an der Ría de Vigo

Tobias Büscher

zum 173 Meter hohen *Monte Faro* mit seinem Leuchtturm. Vorbei an dem *Campingplatz* und der *Playa Nuestra Señora* gelangt man auf ihm zum *Faro do Príncipe*, neben dem sich die Reste eines keltischen **Castro** befinden. Die Zeugnisse menschlicher Besiedlung auf der Faro-Insel reichen bis in das Paläolithikum zurück. Ihren widerspenstigen Bewohnern stattete 55 v. Chr. kein geringerer als Julius Cäsar einen kriegerischen Besuch ab. Heute sind die Inseln offiziell unbewohnt – vom Leuchtturmwärter einmal abgesehen, von dessen Arbeitsplatz aus sich ein großartiger Ausblick bietet.

Die **zweite Wanderroute** führt vom Anlegesteg an herrlichen Stränden vorbei bis zum nördlichen Ende der Insel, wo von mehreren Punkten aus verschiedene Seevogelarten zu beobachten sind. Die hier nistenden Möwen, Kormorane und Fischreiher stehen unter besonderem Schutz.

Verbindung & Camping

Fähre: *Naveira Mar de Ons*, Estación Maritima de Ría s/n, ✆ 986-437777. Von März bis September zwischen 9 und 19 Uhr (Hin- und Rückfahrt 14 €, 45 Minuten Fahrzeit). Letzte Rückfahrmöglichkeit 20 Uhr, So und Fei 21 Uhr.

Camping: *Islas Cíes*, ✆ 986-278501 oder 434655. 1.6. bis 15.9. geöffnet. 2 PAZ 15 €. Vor allem im August derart überfüllt, daß die Fährgesellschaft *Vapores* im Ticketschalter eine Warteliste führt, in die sich jeder Inselcamper zunächst eintragen muß, Reservierung ✆ 986-438358.

GALICIENS SÜDWESTLICHER ZIPFEL

Von Vigo aus bis zur Mündung des Río Miño, der Grenze zu Portugal, sind es rund 65 km. Die Küstenstraße führt durch das vielbesuchte Baiona mit seiner mächtigen Festung und verläßt das El Dorado des sommerlichen Baderummels in Richtung A Guarda und der beeindruckenden Keltensiedlung auf dem Berg Santa Tecla. Die letzte größere Station dieser Tour ist, 28 km im Landesinnern am Ufer des Miño, das gotische Tui mit seiner burgähnlichen Kathedrale, das sich als Ausgangspunkt für verschiedene Ausflüge anbietet.

Baiona

Für einen der beliebtesten Ferienorte Galiciens halten sich die Dimensionen der Chalets und Apartmenthäuser sogar noch in Grenzen. Sie drängeln sich um eine Altstadt mit wappengeschmückten Pazos, schmalen Gassen, Klöstern und Restaurants. Im August ist der Fischerort kaum 20 km von Vigo allerdings heillos überlaufen.

Seine 10.000 Bewohner feiern jeden 1. März die Ankunft der Karavelle »La Pinta«. An diesem Tag im Jahre 1493 erfuhr Baiona als erste Stadt Europas von Kolumbus Entdeckung der neuen Welt Amerika. Das Schiff ist heute in Miniaturform vor dem Rathaus in einen Monolithen eingemeißelt. Seit die Kelten von Julius Cäsar besiegt wurden, hatte das mittelalterliche *Erizana* (Baiona) einen wertvollen Seehafen. Die Handelsprivilegien reichten bis zum französischen La Rochelle, was Portugiesen

und Engländer wiederholt zu Überfällen verleitete. Vier Jahre nach der
Ankunft der Pinta entschieden sich
deshalb die Katholischen Könige, für
die Bewohner auf der Halbinsel *Monte do Boi* (Ochsenberg) eine Befestigung anzulegen. Der Name Boi konvertierte zu Baiona und die **Burg** zur
Residenz der Grafen von Gondomar.
Seit 1967 ist innerhalb der meerum-
spülten Festungsmauer ein *Parador*
untergebracht. Ein Spaziergang über
die Mauer (10 – 22 Uhr, 1 €) gibt den
Blick frei auf die feinsandige *Playa de
América*, auf vorgelagerte Inseln und
den Stadtkern.

Darüber thront massiv Baionas äl-
testes Gebäude, die romanische **Iglesia Santa María** an der *Plaza Santa
Liberata*, auf der auch eine gleichnamige *Kapelle* steht. Um die Santa
María sind einige *Cruceiros* gruppiert,
das schönste Wegkreuz allerdings
liegt östlich – am Brunnen *Ceta* vorbei – nahe dem Auditorium auf der
Plaza Santísima Trinidad. Der *Cruceiro* aus dem 15. Jahrhundert ist –
wie auch in Noia – in einen Renais-
sance-Baldachin eingefaßt.

Ein Weg in die Berge führt schließlich zur **Virgen de la Roca** (ausgeschildert), einer 15 Meter hohen Geschmackssache aus Beton, Stein und
Marmor mit einem Schiff in der
Hand, in das man hineinklettern
kann. An der »Jungfrau des Felsens«
vorbei führt ein Weg fünf Kilometer
zum pinien- und eukalyptusbewach-
senen Aussichtsplatz *Chan Da Lagoa*
mit einem Reitstall, wo junge Leute
Pferde für einen lohnenswerten
Rundritt vermieten.

Verbindungen

Fähre zu den Cíes-Inseln: 1.7 bis 15.9 ab
der Hafenmole um 9, 10.45, 12.45,
15.45, 17.30 und 19.30 Uhr. Letzte
Rückfahrt 20.15 Uhr. 14 € pro Person.

Bus: Haltestelle in der Calle Alférez Barreiro an der Hafenmole.

A Guarda täglich um 19.30, Mo – Fr auch
um 11 und 12.30 Uhr.

Vigo über Playa Nigran jede volle Stunde,
Fahrtzeit 60 Minuten.

Unterkunft & Camping

★★★★ *Parador Conde Gondomar,* Monterreal, ✆ 986-355000, Fax -355076, DZ
120 €.

★★ *Tres Carabelas,* Ventura Misa 72,
✆ 986-355441, DZ 48 – 56 €.

★★ *La Pinta,* Carabela la Pinta s/n,
✆ 986-355107, Fax -355921, DZ 33 –
45 €.

★★ *Hotel Rompeolas,* Luis Calleja s/n,
✆ 986-355130, DZ 57 €.

Camping: *Baiona Playa,* am Strand Ladei-
ra-Sabaris, ✆ 986-350035. 2 PAZ 17 €.
Erste Kategorie mit Platz für 1500 Menschen, ganzjährig geöffnet.

10 km entlang der C 550 Richtung A Guarda in **Mougas** liegen:

O Muiño, 2 PAZ 17 €, ✆ 986-361600, und

Pedra Rubia, 2 PAZ 14 €, ✆ 986-361562.
Beide mit Schwimmbad, Tennisplatz,
Spielplatz, Supermarkt, Restaurant,
groß und schattenlos. Keine Bade-
strände in der Nähe.

Essen & Feiern

Die Calle Ventura Misa und ihre Seiten-
straßen sind voller Marisco-Restaurants,
Tapa-Bars und Kneipen.

Konzerte: *Auditorio,* Santísima Trinidad
s/n. Dort auch eine *Disco.*

Feste: 1. März *Kolumbus-Fest*, 20. Juli *Santa Liberata*, 27. September *Wallfahrt* der Heiligen Cosme und Damián.

Rapa das bestas: Im wenige Kilometer im Landesinneren gelegenen Gondomar findet Mitte Juni der *Curro de San Cibrán* statt.

Sport

Reiten: *Chan Da Lagoa,* 5 km in die Berge, vorbei an der Virgen de la Roca, 10 – 14 und 16 Uhr bis in die Nacht. Sechs Pferde, auch für Kinder, von jungen Leuten geführt, die Stunde 9 €.

Picadero, an der Virgen de la Roca links nach 2 km, ✆ 986-419984, 10 – 14 und 16 – 22 Uhr, mit Führung die Stunde 9 €.

Segeln: *Pavillón de Desportes de Baiona,* ✆ 986-356558. Die städt. Segelschule bietet Kurse für alle möglichen Bootstypen an. Auch Windsurfing und Tauchen sind im Program.

Nützliche Adressen

Oficina de Turismo, Ventura Misa 17, ✆ 986-385055. Mo – Sa 10 – 15 Uhr, So 10.30 – 19 Uhr. Stadtpläne und Kulturprogramm. Im Sommer auch ein Häuschen am Paseo de Ribeira.

Post: *Correos,* Avda. Monterreal.

Telefon: *Telefónica* an der Hafenmole und vor der Festung Monterreal.

Oia und die Wildpferde

Auf halbem Wege entlang der 32 Kilometer langen, strandlosen, schroffen Atlantikküste liegt der Fischerort Oia. Die wilden Pferdetreibjagden seiner Bewohner sind galicienweit bekannt.

Während der **Curros** am zweiten Wochenende im Mai, *Curro de la Valga,* und am ersten Wochende im Juni, *Curro de Torroña,* werden die Wildpferde von den kargen Bergen in die nahen Dörfer getrieben und in ei-

Wild West at it's best: Die Curros von Oia sind legendär

Tobias Büscher

nem Pferch eingeschlossen, um sie anschließend im Rodeo zu reiten (↗ »Auf die Pferde: Rapa das bestas«).

Das alte Zisterzienser-Monasterium **Santa María** mit dem brausenden Meer im Hintergrund ist eine zweite Attraktion. Seine Mönche vertrieben 1624 die Türken, man nennt sie auch die *monjes artilleros*, im Bürgerkrieg diente das Klostergemäuer als Gefängnis. Heute kann es im Gegensatz zur Kirche nicht mehr besichtigt werden. Im 19. Jahrhundert wurde das Monasterium, wie so viele, enteignet.

Unterkunft & Essen

Im Santa María de Oia gibt es ein kleines gemütliches Hostal, mitten im Ort:

Casa Puertas, Vicente Lopez 7, ✆ 986-362144. DZ 42 €.

Casa Henriquota, Vicente Lopez 3, ✆ 986-362316. Mo geschlossen. Tapas und traditionelle Kost in angenehmer Atmosphäre.

A Guarda und die Keltensiedlung Monte Sta. Tecla

Der Name der südlichsten Stadt Galiciens gibt bereits Auskunft über ihre frühere Bedeutung: die »Wache« kontrollierte den Handelsverkehr an der Mündung des Miño. Im 15. Jahrhundert eroberte der Graf von Soutomaior, *Pedro Madruga,* die strategisch wichtig gelegene Stadt, die bis dahin im Einflußbereich des Bischofs von Tui stand. In den darauffolgenden Jahrhunderten machte A Guarda als Seeräubernest immer wieder von sich reden, weil die Piraten den Handel zwischen Portugal und England empfindlich störten. Heute lebt der Ort

von der Fischerei und nennt sich selbst »Hauptstadt der Langusten«.

Die Keltensiedlung

Seine größte Attraktion ist die Keltensiedlung auf dem **Monte Santa Tecla,** die jährlich über eine Viertelmillion Touristen anzieht. Beim Bau eines Forstweges entdeckte man hier 1913 die riesenhafte prähistorische Siedlung mit rund 1000 Häuserresten, die von den Römern *Albobriga* genannt wurde. Sechs Grabungen legten daraufhin Felszeichnungen und Petroglyphen aus der Bronzezeit, Rundbauten, Mauern und Küchen aus der Castro-Kultur sowie Reste römischer Bauten frei. Offenbar hatten keltische Stämme im 6. Jahrhundert v. Chr. die hiesigen Ureinwohner verdrängt. Zur Zeit des Kaisers Augustus begann die Romanisierung der keltischen Bevölkerung, die zwischen dem 3. und 5. Jahrhundert die Siedlung aufgab (↗ »Geschichte«).

Bis heute ist der Berg als archäologische Fundstätte nicht erschöpft. Auf zweien der Grundmauern hat man versucht, die keltischen Rundhütten zu rekonstruieren. Allerdings ist nicht sicher, wie sie wirklich ausgesehen haben. Links unterhalb des freigelegten Teils der Siedlung befinden sich Petroglyphen, von denen die Labyrinthdarstellungen noch am ehesten zu erkennen sind. Angeblich ist auf einem der Felsen der schematische Plan der Siedlung und ihrer Umgebung eingeritzt. Weil das Hinweisschild aber nur zufällig entdeckt werden kann, latscht jeder Besucher erstmal drüber hinweg.

Seit 1953 ist auf der Bergspitze ein sehr schönes **Archäologisches Museum** eingerichtet. Zu sehen sind zahlreiche Skulpturen, Grabsteine, Eisenwerkzeuge und Waffen, Zierrat aus Bronze, römische Münzen und ein keltischer Schwertknauf aus Gold. Eine römische Herkulesstatue aus Bronze wurde 1965 gestohlen und nicht wiedergefunden (die Spuren führten bis in das Britische Museum Londons und in die Dominikanische Republik).

Info: Von A Guarda führt ein Fußweg auf den 341 Meter hohen Berg, von dem man bei klarem Wetter eine grandiose Aussicht hat. Wer mit dem Auto hoch will, zahlt 100 Pts.

Museum: geöffnet 11 – 14 Uhr und 15 – 19 Uhr, Mai bis September, Eintritt frei.

Fest: Die der Santa Tecla geweihte Kapelle aus dem 15. Jahrhundert ist am Tag vor Christi Himmelfahrt Ziel einer *Wallfahrt,* der sich in früheren Zeiten ein dreitägiges Fasten anschloß.

Verbindungen

Bus: Die Haltestelle liegt an der Plaza Avelino Vicente. Zwischen 5.45 und 20 Uhr fahren stündlich Busse nach Tui, So und Fei 8.30, 10, 14 und 20 Uhr.
Nach Baiona 7.30, 14.30 und 17 Uhr, So und Fei 9 und 14.30 Uhr (*Atsa*).

Unterkunft & Camping

★★ *Hotel Convento San Benito,* Plaza de San Benito, ☎ 986-611166, Fax -611517. DZ 55 – 64 €. In einem ehemaligen Benediktinerinnenkloster, das 1558 von der Familie Soutomaior gestiftet wurde. Seit 1990 sind die Gebäude um den kleinen Kreuzgang ein komfortables Hotel mit Parador-Qualität, direkt am Hafen A Guardas.

★ *Pazo Santa Tecla,* Monte Sta. Tecla, ☎ 986-610002. DZ 29 – 45 €. Das Hostal erinnert bei seinem geringen Komfort zwar kaum an einen Pazo, dafür ist die Lage auf der Spitze des Berges Santa Tecla einzigartig.

★ *Hostal Celta,* Oliveira Salazar 38, ☎ 986-610911. DZ 27 €.

Camping: *Sta. Tecla,* Salcidos circa 3 km außerhalb Richtung Tui, ☎ 986-613011. Gepflegte, großzügige Anlage am Miño. Mit Swimmingpool, Supermarkt, Restaurant und Disco. Im Sommer oft so sehr von Mücken geplagt, daß abends großflächig Insektizide versprüht werden. 2 PAZ 13 €.

Essen & Trinken

Eine ganze Reihe von Restaurants liegt direkt am Hafen A Guardas und versucht, dem Ruf der Langustenhauptstadt gerecht zu werden, unter anderem das *Xeito* und das:

Gran Sol, Malteses 32, ☎ 986-610552. Etwas teuer, aber sehr typisch.

Mesón O'Enxebre, Trans. Ramón Sobrino s/n, ☎ 986-610488. Ein bißchen versteckt in einer Sackgasse, sehr gemütlich.

Café Oasis, José Antonio 18. Zum Frühstücken gut geeignet.

Weitere Informationen

Tourismusbüro: im *Rathaus,* Mo – Sa 10.30 – 14 und 17.30 – 18.30 Uhr. Hier gibt es einen kopierten Stadtplan und mehrsprachige Broschüren.

Fest: *Langustenfest,* letzter Samstag im Juni.

Baden in Camposancos

Der schöne Strand von Camposancos an der Mündung des Miño liegt von A Guarda aus auf der anderen Seite des Berges Santa Tecla und ist zu Fuß in 25 Minuten zu erreichen.

Unterkunft: *Novo Muiño,* ☎ 986-627279, direkt am Strand, recht komfortabel, DZ 45 – 57 €.

0 Muiño, ☎ 986-627233, ein bißchen angejahrtes Hotel, dafür mit Blick auf die Mündung des Miños und nach Portugal. DZ 42 – 54 €.

Das mittelalterliche Tui

Wie eine mittelalterliche Festung erhebt sich die Stadt auf einem Hügel am Ufer des Miño, beherrscht von seiner alles überragenden und zinnenbewehrten *Kathedrale.* Die Bischofsstadt Tui mit ihren 15.000 Einwohnern wirkt wie versunken in einen provinziellen Dämmerschlaf, den nur gelegentlich die Ausläufer der sich über die Brücke nach Portugal quälenden Autoschlangen stören. Tui erlebt momentan die ruhigste Zeit seiner Geschichte, in der es stets ein begehrtes Eroberungsobjekt gewesen ist. Einer Sage zufolge soll bereits Diomedes, Kampfgefährte des Odysseus in Troja, an dieser Stelle einen Handelsplatz gegründet haben. Der Beweis dafür steht noch aus, Tui ist ein Name keltischer Herkunft.

Die Römer nannten den strategisch wichtigen Ort *Castellum Tude.* Später, im 4. Jahrhundert, wurde Tui zu einem der frühesten Bischofssitze. Zu Beginn des 5. Jahrhunderts war es Hauptstadt der germanischen Sueben, und auch Westgotenkönig Witiza (702 – 710) hatte hier zeitweilig seine Residenz. Unmittelbar darauf von Mauren besetzt, im 9. Jahrhundert befreit und in den folgenden Jahrhunderten immer wieder von Wikingern heimgesucht, blühte Tui erst zu Zeiten der Doña Urraca auf, einer Schwester Alfonso VI. (1065 – 1109), die der Bischofsstadt großzügige Schenkungen machte.

Dennoch geriet Tui durch seine Position zwischen den Einflußsphären Portugals und Kastiliens oft buchstäblich zwischen die Fronten und war mehrfach Opfer portugiesischer Angriffe. Der Anblick der *Valença-Festung* auf der anderen Uferseite verdeutlicht dieses prekäre Schicksal einer Grenzstadt.

Die Kathedrale & ihre Museen

Durch die an Kriegen reiche Geschichte erklärt sich auch das äußere Erscheinungsbild der Kathedrale Tuis, die mehr einer Burg als einem Gotteshaus gleicht. Irgendwann stößt man unweigerlich auf ihr mächtiges *Hauptportal* aus dem frühen 13. Jahrhundert – für einige das vollkommenste der galicischen Gotik. Unter den acht Archivolten empfängt Moses mit Aposteln und Propheten den Besucher; die zweite Figur von rechts zeigt Doña Urraca in der Gestalt der *Reina de Saba,* rechts außen neben ihr steht Fernando II. als König Salomon. Das dreiteilige Tympanon darüber zeigt Herodes, die Verkündigung, Maria im Kindbett und die Anbetung der Heiligen Drei Könige. Zuoberst ist die Silhouette Jerusalems zu sehen.

Im **Innern der Kathedrale** fallen sofort die steinernen Stützverstrebungen auf, die bis 1715 angebracht wurden. Denn der so massiv wirkende Bau warf schon während seiner Fertigstellung statische Probleme auf. Die lange Bauzeit von 1120 bis 1232 führte dazu, daß schließlich auf der ursprünglich rein romanischen Basis eine hochstrebende gotische Konstruktion errichtet wurde. Schon bald drohte die Kirche in sich zusammenzustürzen, weshalb zusätzliche Verstrebungen weitere Säulenneigungen verhindern mußten. 1755 erschütterte ein Erdbeben (infolgedessen eine gigantische Flutwelle das portugiesische Lissabon verwüstete) auch die Kathedrale von Tui. Die Folgen sind noch am Gewölbe der Seitenschiffe des Langhauses erkennbar.

Die Besonderheit der Kathedrale ist das nach dem Typus der Pilgerkirchen *dreischiffige Querhaus,* das es nur mit der von Santiago de Compostela gemeinsam hat. Bis zum Bau der Stützstreben schwang man auch hier einen *Botafumeiro* (Weihrauchkessel). Die verzierten Aufhängungen der einstigen Metallkonstruktion sind noch in der Vierungskuppel aus dem 16. Jahrhundert zu erkennen.

Das *Chorgestühl* von 1699 ist ein Werk von Francisco Castro Canseco. Seine Schnitzereien zeigen Szenen aus dem Leben des Heiligen Telmo, der in Tui lebte. Das Gestühl unterhalb der desolaten Barockorgel von 1714 ist mit Darstellungen anderer Heiliger verziert.

In der *Capilla Santa Catalina* ist das **Kathedralenmuseum** untergebracht, in dem sakrale Kunstwerke wie Monstranzen, Talare und Figuren ausgestellt sind. Das interessanteste Stück ist ein Meßkelch aus dem 15. Jahrhundert, der aus einer kunstvoll verarbeiteten Kokosnuß gefertigt wurde. Sie muß mit einem der ersten Schiffe aus Amerika nach Spanien gelangt sein.

Der Eintrittspreis des Museums berechtigt auch zum Besuch des frühgotischen **Kreuzganges,** vermutlich der schiefste Galiciens. Über ihn gelangt man in den romanischen *Kapitelsaal* und auf einen *Wehrturm* aus dem 15. Jahrhundert, der eine herrliche Sicht auf Tui bietet.

Nicht versäumen sollten Sie einen Besuch des **Diözesanmuseums,** schräg gegenüber dem romanischen *Nordportal* der Kathedrale. Die Hauptsehenswürdigkeiten sind Fundstücke aus römischer Zeit, darunter ein Marmorsarkophag, und ein keltischer Bronzehelm, den man neben einigen Waffen im Ufersand des Miño entdeckte.

Öffnungszeiten: *Kathedrale* 9 – 13 Uhr und 16 – 20 Uhr.

Kathedralenmuseum 10.30 – 13.30 und 16 – 20 Uhr, Eintritt 1,50 €.

Diözesanmuseums Mo – Fr 10 – 13.30 Uhr und 16 – 19 Uhr.

Die Altstadt

Vom **Rathaus** an der Ostseite der Kathedrale führt eine steile Treppengasse hinunter in die verwinkelte **Altstadt** und zur **Capilla San Telmo,** die mit ihrem portugiesischen Konditorei-Barock des 18. Jahrhunderts so überhaupt nicht in das gotische Tui paßt. Die von der *Calle Corpo Santo* aus einsehbare *Krypta* soll aus den Mauern des Hauses bestehen, in dem der heiliggesprochene Dominikaner Pedro González Telmo lebte.

Vom hübschen Altstadtplatz **Armada** die *Calle Obispo Lago* wieder hinauf gelangt man zur **Plaza de Diomedes,** dem Treffpunkt der Tuienser zum gepflegten Nachmittagsplausch. An schönen Samstagvormittagen schmettert dort die Stadtkapelle Operetten-Potpourris und sonstiges Musik-Allerlei vom dazu passenden Pavillon herab. Der Platz liegt direkt an der *Calle Calvo Sotelo,* mit der Tui an einen weiteren Sohn der Stadt erinnert (1893 geb.), und dessen Name zu Francos Zeiten ebenso geheiligt wurde wie der des Dominikaners Telmo. Die Ermordung José Calvo Sotelos, eines Gefolgsmannes Primo de Riveras, im Jahre 1936 wurde zum Märtyrertod für die rechtskonservative Falangisten-Bewegung hochstilisiert und zu einem mitauslösenden Ereignis des Spanischen Bürgerkrieges.

Vorbei an der *Iglesia San Francisco* von 1727 und dem *Bischöflichen Seminar* verläuft die breite Flaniermeile mit Terrassencafés zur *Glorieta de Vigo,* von der ein Fußweg in einen kleinen **Park** führt. Außer dem unterhalb vorbeifließenden Miño sind hier auch die drei gotischen Apsiden der einschiffigen Kirche des ehemaligen **Klosters Santo Domingo** zu sehen, eine Gründung aus dem Jahr 1330. Die Fassade wurde im 18. Jahrhundert umgestaltet, doch blieb die einschiffige gotische Konstruktion von 1524

weitgehend bestehen. Recht kurios ist der eigentlich der *Virgen del Rosario* (Jungfrau vom Rosenkranz) geweihte Seitenaltar von 1738, der aber auch als das Retabel der *Schlacht von Lepanto* bekannt ist. Der obere Teil hält Szenen jener historischen Seeschlacht von 1571 gegen die türkische Flotte fest, die ausnahmsweise einmal die Spanier gewannen.

Etwas weiter vom heutigen Stadtkern Tuis entfernt befindet sich das **Altstadtviertel San Bartolomé,** benannt nach der romanischen **Iglesia San Bartolomé de Rebordanes.** Sie ist eine der ältesten Kirchen Galiciens, was die unter dem Fußboden entdeckten Gräber aus dem 6. Jahrhundert belegen. Die dreischiffige Basilika aus dem 10. und 11. Jahrhundert, die bis zur Fertigstellung der Kathedrale Bischofskirche war, gehörte zu einem Benediktinerkloster, dessen Existenz seit 1024 belegt ist, von dem aber keine Reste vorhanden sind. Besonders sehenswert sind die *Kapitelle* im Kircheninnern, die noch präromanische Stilelemente aufweisen. Bei Restaurierungsarbeiten entdeckte man am Gewölbe der *Zentralapsis* die herrlichen Wandmalereien des 16. Jahrhunderts, die nun wieder das Halbrund mit Kreuzigungsszenen unter einem Sternenzelt zieren. Den Schlüssel für die meist geschlossene Kirche bekommt man in der Calle San Bartolomé 23.

Verbindungen

Zug: Der Bahnhof von Tui, ✆ 986-600813, liegt an der Avda. de la Concordia Richtung Vigo. Nach Portugal um 9.14 und

14.45 Uhr, nach Vigo um 11.19 und 22.25 Uhr.

Wesentlich besser an das Streckennetz angeschlossen ist der Bahnhof des 3 km Richtung Vigo liegenden **Guillarei** (✆ 986-601255). Von dort fahren auch Langstreckenzüge nach Madrid oder Barcelona. Monforte um 15.10 Uhr, Ribadavia und Ourense 7 x täglich, Nach Portugal (O Porto) 3 x täglich. Zum Bahnhof Guillarei fährt kein Bus, ein Taxi kostet 4 €

Bus: Die Haltestelle liegt an der Calle Calvo Sotelo, gegenüber der Bar Nuevo. Stündlich verkehren hier Busse zwischen Vigo und A Guarda. Die nächsten Abfahrtszeiten weiß der Kioskinhaber neben der Haltestelle.

Unterkunft & Camping

★★★ *Parador de Tui,* Avda. de Portugal s/n, ✆ 986-600309, Fax -602163, 30 Zimmer, DZ 70 – 90 €. Schön gelegen mit Blick auf die Altstädte von Tui und Valença. Tennisplatz und Swimmingpool gehören dazu.

★ *Pensión Otilia,* Generalísimo 8, ✆ 986-601062. In einem alten Haus mit enorm schiefen Wänden, Bad im Flur, beste Lage und Zimmer mit toller Aussicht, leider nicht ganz sauber. DZ 15 €.

Camping: *Estanque Dorado,* ✆ 986-633652, im Ort *Carregal,* 7 km von Tui Richtung A Guarda. Ganzjährig geöffnet, mit Schwimmbad, direkt am Miño-Ufer, empfehlenswert. 2 PAZ 13 €. 3.4. – 30.9. geöffnet.

Essen & Trinken

O Caballo Furado, Plaza Generalísimo, gegenüber der Kathedrale, ✆ 986-601215. Gut besuchtes Lokal mit ausgezeichnetem Fisch, Menü ab 5 €.

O Gaucho, Placer 19, ✆ 986-603005. Nett eingerichtetes Restaurant in der Nähe der Plaza Armada, gute Bocadillos, preisgünstig.

O Miño, Ordoñez 11, ✆ 986-600401. Menü 6 €.

Nachtleben: Für das frühe Bier oder den späten Kaffee bieten sich die Terrassenbars an der Calle Calvo Sotelo an. Die Altstadtbars mit Flair, in denen ab Mitternacht geschwoft wird, liegen in den Straßen Placer und Corpo Santo (auch San Telmo), z.B. der *Pub Tres Tempos,* die *Disco ZM* oder die *Res-Bar* mit einer kleinen Terrasse mit Blick auf den Miño.

Weitere Informationen

Tourismusbüro, Avenida Portugal, ✆ 986-601789. Geöffnet 9 – 14 Uhr und 16.30 – 18.30 Uhr, Sa 10 – 14.30 Uhr. Schlechte Information, Faltbroschüren mit einem Stadtplan sind Glückssache. Am besten direkt im *Rathaus* nachfragen, Plaza Generalísimo 1, ✆ 600200.

Rafting: *Arrepions,* Apartado 119, ✆ 986-630009. Mit dem Schlauchboot den Miño herunter. Ein Tutor ist immer dabei, Schwimmwesten werden gestellt. Badestops an Uferstellen, die zu Fuß nicht zu erreichen sind. Halbtagesausflug von rund 9 km, pro Person etwa 20 €. Ab sechs Teilnehmern auch Tagesausflüge mit Mittagessen, pro Person 40 €.

Tennis: Der Hartplatz des Parador San Telmo kann gemietet werden. Reservierung ratsam.

Ausflüge ...

... nach Portugal

Nur einen Katzensprung von Tui entfernt liegt **Valença do Miño,** eine im

17. Jahrhundert zur Mammutfestung ausgebaute Stadt, zu der es vor allem mittwochs eine spanische Blechlawine zieht. Für die Galegos ist der *Markt* die Hauptattraktion von Valença, wo es vor allem eines relativ günstig zu kaufen gibt: Frottee. Weil die Nachfrage groß ist, sind fast alle Hausfassaden Valenças mit Pyjamas, Bademänteln und Handtüchern zugehängt. Die doppelstöckige Eisenbrücke von 1884 über den Miño verkraftet schon seit langem nicht mehr den normalen Grenzverkehr, geschweige denn den Massenansturm auf den Baumwollflausch. Inzwischen ist zwar auch eine modernere Brücke fertiggestellt, doch wer Staus aus dem Wege gehen möchte, fährt besser mit dem Zug oder nimmt die Fähre von *Goian* (Richtung A Guarda).

Fähre: verkehrt vom 1.4. – 30.9. setzt sie zwischen 10.10 und 13.40 sowie zwischen 15.10 und 20.10 Uhr alle 30 Minuten über. Pro Person 0,50 €, Auto 1,80 €, Fahrrad 0,80 €, Wohnmobil 3,50 €.

Läßt nichts Gutes vermuten: Das Haus der Heiligen Inquisition in Ribadavia

... per Bahn nach Ribadavia

Auch wenn Sie mit dem Auto unterwegs sind, ist eine Zugfahrt nach Ribadavia eine Überlegung wert. Die Eisenbahnstrecke Richtung Ourense folgt dem Verlauf des Miño, der sowohl im Gebirge als auch hinter der Staumauer von Pontedeva ein ausgesprochen romantisches Bild abgibt. Neben der wunderschönen Landschaft sieht man vom Zugfenster aus die alten Wehre, Mühlen und Burgen entlang dem Fluß. Die einstündige Fahrt zum selbst sehenswerten ↗ Ribadavia kostet 3,20 € und ist somit billiger als das Taxi von Tui zum Bahnhof *Guillarei,* von dem mehrmals täglich Züge abfahren.

... nach Mondáriz-Balneario

Von Tui zweigt von der N 550 Richtung *Porriño* nach 2 km die Straße nach **Caldelas de Tui** ab, das bekannt ist für seine Heilbäder. Nach weiteren 13 km erreichen Sie entlang dem

Miño-Fluß *Salvaterra de Miño,* die Hauptstadt des *Condado-Weines* **Salvaterra.** Durch das Weinanbaugebiet, in dem auch Albariño-Reben stehen, geht es von hier aus 15 km nach **Ponteareas.** Die N 120 Richtung Ourense führt von dort nach 2 km zum – schlecht ausgeschilderten – **Monte Picaraña,** wo die Steine *Oscilante* und *Piedra dos Namorados* (Stein der Verliebten) stehen. Letzterer hat die Form einer Brücke, zahllose Legenden ranken sich um ihn. Männer, die hier zwei Steinchen raufwerfen, haben Glück mit den Frauen – aber nur, falls die Steine oben liegenbleiben.

Fünf Kilometer dahinter taucht linker Hand die **Burg Sobroso** auf. Hoch und uneinnehmbar wirkt sie. Doch beim Volksaufstand der Irmandiños im 15. Jahrhundert gegen die Adligen und später beim Kampf zwischen den Grafen García Sarmiento und Pedro Madruga (siehe Schloß Soutomaior) ist sie stark beschädigt worden. 1983 wurden die Falltür, das Wappen der Sarmientos, die hohen Mauern, die Gemächer und der Turm sorgfältig restauriert. Von den Turmzinnen aus sind ganz im Nordosten schon die Ruinen des Hotels von Mondáriz-Balneario zu erkennen.
Info: Mo – Fr 16 – 20 Uhr, Sa, So und Fei 9 – 13 und 15 – 20 Uhr.

Als in **Mondáriz-Balneario** 1862 die *Fuente Troncoso* mit seinem Heilwasser entdeckt worden war, entstand bald darauf ein Grandhotel für die galicische Crème de la Crème aus Politik und Aristokratie. Doch 1973 fingen die Gebäude Feuer. Geblieben ist ein skurril wirkender, sehr ruhiger Ort, an dessen hohen, verkohlten Mauern in der Nacht des 16. Juli eine Prozession zu Ehren der *Carmen* vorbeiführt.

Die 600 Einwohner glauben, in der kleinsten Gemeinde Spaniens zu leben. Einer ihrer Treffpunkte ist das *Café Barbanda* mit seiner hohen Kuppel, dem Springbrunnen in der Mitte und der Kachelwerbung von 1900 für das örtliche Mineralwasser. Oder nebenan der Balneario, wo ein Heilwasserbad 7 € kostet. Oder der kleine Flußstrand mit einem kleinen Café, in dessen Nähe einige schöne Spazierwege abgehen.

Einen Kilometer weiter liegt das Dorf **Mondáriz** mit seiner schönen *Plaza de España.*

Verbindungen
Nach Vigo über Mondáriz-Balneario und Porriño Mo – Sa 8, 10, 14 und 15.30 Uhr. So und Fei 7.45 Uhr.
Nach Pontevedra täglich um 8 Uhr.

Unterkunft
Zu den vielen Häusern aus der Jahrhundertwende gehört:
★★ *Hostal Villa Flora* in der Calle Calvo Sotelo 6, ✆ 986-656108. DZ ab 27 €. Hinter einem winzigen Park mit einer verrosteten Laterne, die den Kopf hängen läßt, und rotgestrichenen Bänken liegt die ebenso rotgestrichene Unterkunft.

Fest: 16. Juli, *del Carmen.*

DAS LANDESINNERE

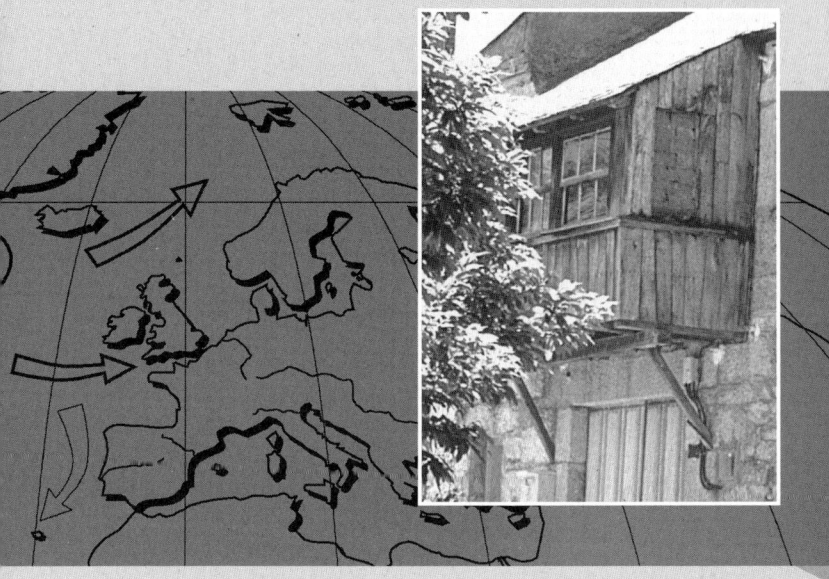

DIE WEINBAU-PROVINZ OURENSE

Touristen verirren sich selten in die einzige der galicischen Provinzen ohne Zugang zum Meer. Dabei ist dieser Landstrich wohl einer der landschaftlich abwechslungsreichsten Spaniens: Weinberge und weite Wälder, sanfte Täler und tiefe Schluchten, schroffe Felsen und karstige Hochebenen, fischreiche Flüsse und Lagunen. Kaum zu zählende Klöster, Kirchen und Burgen weisen auf die lange Kulturgeschichte der Region hin. Der hier angebaute Ribeiro-Wein wird nicht nur exportiert, sondern auch in beachtlichen Mengen selbst getrunken, was ein recht preiswertes Vergnügen sein kann. Wer gerne wandert oder mit dem Fahrrad unterwegs ist, der findet in der Provinz Ourense sicher ein interessantes Reiseziel, auch wenn die diesbezügliche Infrastruktur in Form von Wanderrouten und einem breiten Netz von Übernachtungsmöglichkeiten nicht gegeben ist.

OURENSE – STADT DER HEISSEN QUELLEN

Die Römer nannten die Siedlung *Auria,* die Goldene. Hier, an dem Ufer des *Miño,* schürften sie Gold und Silber. So gar nicht dem Namen entsprechend gilt Ourense heute als eine der ärmsten Städte Spaniens. Stadt wie Provinz sind am stärksten von der Emigration betroffen; es heißt, 37 % der Bevölkerung lebten unterhalb der Armutsgrenze. Und besonders in großen Städten hat die Armut ein häßliches Gesicht. Scheinbar plan- und willenlos ist das 90.000 Einwohner starke Ourense über die alten Stadtgrenzen hinausgewuchert. Die Vorstadt ist ein gräßlich graues Gewimmel von eintönigen Betonkästen, wo die stets überfüllten grünen Müllcontainer die einzigen Farbtupfer sind.

Es kostet schon Überwindung, noch bis in die Altstadt vorzudringen, wo man allerdings erleichtert aufatmet: Immerhin steht die Altstadt

Ländliche Idylle: Madame weiß um die Vorteile der Geruhsamkeit

noch, ein bißchen wackelig manchmal, wirkt dafür aber nicht wie ein Museum, sondern ist nach wie vor die Lebensader der Stadt. Unter Arkaden aus Granit durch die engen, oft steilen Gassen mündet das abgetretene Pflaster in kleine reizvolle Plätze, wie die *Plaza del Trigo* oder *de Hierro,* die sich besonders zur Nacht mit Menschen füllen. In dem Gassengewirr wimmelt es von kleinen Bars, lautstarken Pubs, und mittendrin liegt die kolossale *Kathedrale,* die aus der Ferne kaum auszumachen ist.

Es läßt sich also doch aushalten in der Stadt der heißen Quellen *As Burgas,* die seit undenkbaren Zeiten schier unerschöpflich sprudeln und am Anfang der Geschichte von Ourense stehen. In Stein gehauene römische Gruß- und Dankesworte an der *Plaza As Burgas* erinnern daran, daß schon vor 2000 Jahren Hände und Füße in das 70 Grad heiße Schwefelwasser getaucht wurden.

Das Rad der Geschichte hat sich lange um Ourense gedreht, ist aber schließlich irgendwann davongerollt, so daß seine Bewohner woanders ihr Auskommen suchen müssen. Es ist keine Seltenheit, einen Bar- oder Restaurantbesitzer zu treffen, der Orte wie Duisburg, Hamburg oder Frankfurt gut aus jahrelanger Anschauung kennt.

Die einstige Bedeutung Ourenses läßt sich jedoch an der monumentalen *Römerbrücke* ermessen, die über den Miño führt. Zusammen mit Lugo und Iria Flavia (dem heutigen Padrón) gehörte Ourense zu den bedeutendsten römischen Städten Galiciens. Nach dem Zerfall des römischen Imperiums machten es die Sueben im 6. Jahrhundert zur Hauptstadt ihres Reiches, ihr Palast stand an der Stelle des Bischofspalastes. Während ihrer Herrschaft konvertierte Galicien zum Katholizismus. Der bedeutendste Suebenkönig, Teodomiro (gest. 570), baute die erste Kathedrale von Ourense.

Mehrere Überfälle der maurischen Eroberer unter Abdelaziz und dem gefürchteten Almanzor sowie normannische Horden verwüsteten die Stadt so gründlich, daß sie über Jahrhunderte entvölkert blieb. Erst 1071,

unter dem Schutz von Sancho II. (1038 – 1072), gelang der endgültige Wiederaufbau. Ourense erlebte eine

Ourense gibt sich jung: Im Straßencafé

Blütezeit. Vor allem seine große jüdische Gemeinde, deren Viertel sich im Bereich der heutigen *Calle Lamas Carvajal* befand, machte die Stadt zu einem bedeutenden Handelszentrum. Der wirtschaftliche Niedergang setzte direkt nach der Vertreibung der ourensanischen Juden durch die Katholischen Könige ein.

Bis zur letzten Jahrhundertwende, während derer Ourense noch einmal stark anwuchs, dämmerte die Stadt in provinzieller Bedeutungslosigkeit vor sich hin. Mit Intellektuellen wie den Schriftstellern *Lamas Carvajal* (1849 – 1906) und *Curros Enriquez* (1851 – 1908) sowie der Gruppe »Boletín de la Comission de Monumentos« war sie zu jener Zeit ein wichtiges Zentrum der galicischen Literaturbewegung, was der Stadt zeitweilig den Beinamen »Galicisches Athen« einbrachte. Von diesem Geist ist aber kaum etwas geblieben; auf der in Ourense stattfindenden Buchmesse im Juni sind nur wenige der eigenen Schriftsteller und Dichter vertreten.

Den Ruf der Stadt tragen hingegen seit einigen Jahren Leute in die Welt, die man hier in diesem abgelegenen und etwas altmodischen Winkel Nordspaniens gar nicht vermuten würde: Modedesigner. Der wohl bekannteste unter ihnen ist Adolfo Domínguez, der mit dem Leitspruch *la arruga es bella,* die Falte ist schön, zu neuen spanischen Modehorizonten aufbrach. Er verkauft seine Kreationen in New York, Tokio, Paris, London und …

Ourense, einer eigensinnig charmanten Stadt, in der die Häuser neben der Kathedrale in sich zusammenfallen, die Müllabfuhr in einem gotischen Kloster parkt und man offenbar dennoch viel Wert auf das Äußere legt.

Stadtrundgang
Die romanische Kathedrale

San Martín gehört zu den letzten großen romanischen Kirchenbauten des Abendlandes. Die Bauarbeiten an der Stelle eines Tempels aus der Suebenzeit begannen 1188, die erste Bauphase endete zu Beginn des 13. Jahrhunderts mit der Vollendung des *Pórtico del Paraiso,* einer der herausragenden Sehenswürdigkeiten der Kathedrale. Obwohl sicher eine bemerkenswerte künstlerische Leistung, verbildlicht das Paradiestor am Hauptportal die Bedeutung der ourensanischen Kathedrale. Es ist eine getreuliche Kopie des *Pórtico de la Gloria* in Santiago de Compostela, und vermutlich von einem Schüler des Meisters Mateo geschaffen. Dieser Schüler, dessen Name unbekannt ist und der offenbar auch an der Ausgestaltung des *Gelmírez-Palastes* in Santiago beteiligt war, blieb im Schatten seines Meisters – in gewisser Weise stellvertretend für die gesamte Kathedrale von Ourense, die stets im Schatten von Santiago stand. Die religiöse Aussage des Paradies-Portals litt unter dem künstlerischen Kompromiß, den Schutzpatron von Ourense, *Martin von Tours,* in das Bild integrieren zu müssen. So ist hier der Heilige Martin an der Stelle zu sehen, wo in Santiago Weltenrichter Jesus seinen Platz hat: unter dem Reigen der 24 Ältesten. Jedoch blieb die polychrome Beschichtung des Pórtico del Paraiso im Gegensatz zu Santiago, wo die Farbschicht einem Gipsabdruck zum Opfer fiel, erhalten. Allerdings wurde auch sie im 19. Jahrhundert erheblich nachgebessert.

Ein schönes Beispiel für romanische Bildsprache ist die *Höllendarstellung* auf der rechten Seite des Paradiestors: Teufel fressen die Seelen der Sündigen, die die Größe von Kindern haben.

Die mittelalterliche Konzeption einer Festungskirche ist an der **Südfassade** der Kathedrale zur *Plaza del Trigo* hin gut zu erkennen. Das mächtige Portal wird hier von zwei *Türmen* flankiert. Auch die **Nordfassade** vermittelt diesen Eindruck, ist aber gleichzeitig ein schönes Beispiel spanischer Romanik, der schon einige gotische Elemente hinzugefügt sind.

Im **Innern** ist eine der hervorstechenden Besonderheiten von *San Martín* schwerlich zu übersehen. Über dem **Hauptaltar** nahm man Ende des 15. Jahrhunderts ein Stück des Dachgewölbes heraus und setzte einen lichtdurchfluteten Turm mit drei Stockwerken darauf. Diese oktogonale gotische *Laterne* mit einigen Renaissance-Elementen sollte die sonst sehr dunkle Kathedrale besser ausleuchten, durchbricht aber die klaren Linien der ursprünglichen Anlage. Dem Turm von Juan de Badajóz verdankt man jedoch eine bessere Sicht auf ein weiteres bemerkenswertes Kunstwerk San Martíns: das *Altarbild* des flämischen Künstlers Cornelius de Holanda, ebenfalls aus dem 15. Jahrhundert, in dessen Mitte das Leben Jesu dargestellt ist. Doch die Bildergeschichte beginnt kurioserweise mit der Geburt Marias statt mit der des Erlösers.

Rechts des Hauptaltars liegt der Bischof Pérez Mariño begraben – seine Ruhestätte ist eine perfekte Grabausgestaltung der Gotik.

Wer für Barockkunst einige Cent übrig hat, sollte sich von einem der ourensanischen Kathedralenwächter die Tür zur berühmten **Capilla Santo Cristo** hinter dem Hauptaltar aufschließen lassen. Die überreiche Ausgestaltung jener Kapelle ist den Eintrittspreis wert und der Anblick, wohl ganz im Sinne der Erbauer, überwältigend. Besondere Beachtung wird dort dem *Kruzifix* des Santo Cristo geschenkt, das angeblich im 14. Jahrhundert in Fisterra angeschwemmt wurde und dem Wundertaten nachgesagt werden. So sollen beispielsweise der Christusfigur Haare und Nägel wachsen.

Sehr interessant ist auch ein Besuch des **Kathedralenmuseums** (11 – 14 und 17.30 – 21.30 Uhr geöffnet), das in dem gotischen Kreuzgang aus dem 13. Jahrhundert untergebracht ist. Zu sehen sind dort unter anderem der *Tesoro de San Rosendo* mit einem Altar aus grünem Porphyr (12. Jahrhundert), ein Hirtenstab aus Elfenbein, acht Schachfiguren aus Felskristall (10. Jahrhundert) und ein Exemplar der *Misal Auriense de Monterrei*, erstes Druckwerk Galiciens von 1494.

Im Umkreis der Kathedrale

Nur einen Steinwurf von der Kathedrale entfernt, oberhalb der *Plaza Mayor,* liegt die **Iglesia Santa María la Mayor,** die 1722 über einer Suebenkirche aus dem 6. Jahrhundert errichtet wurde. Ihre Besonderheit ist nicht nur, daß die Türme vom Mittelteil der Fassade überragt werden. In die *Fas-*

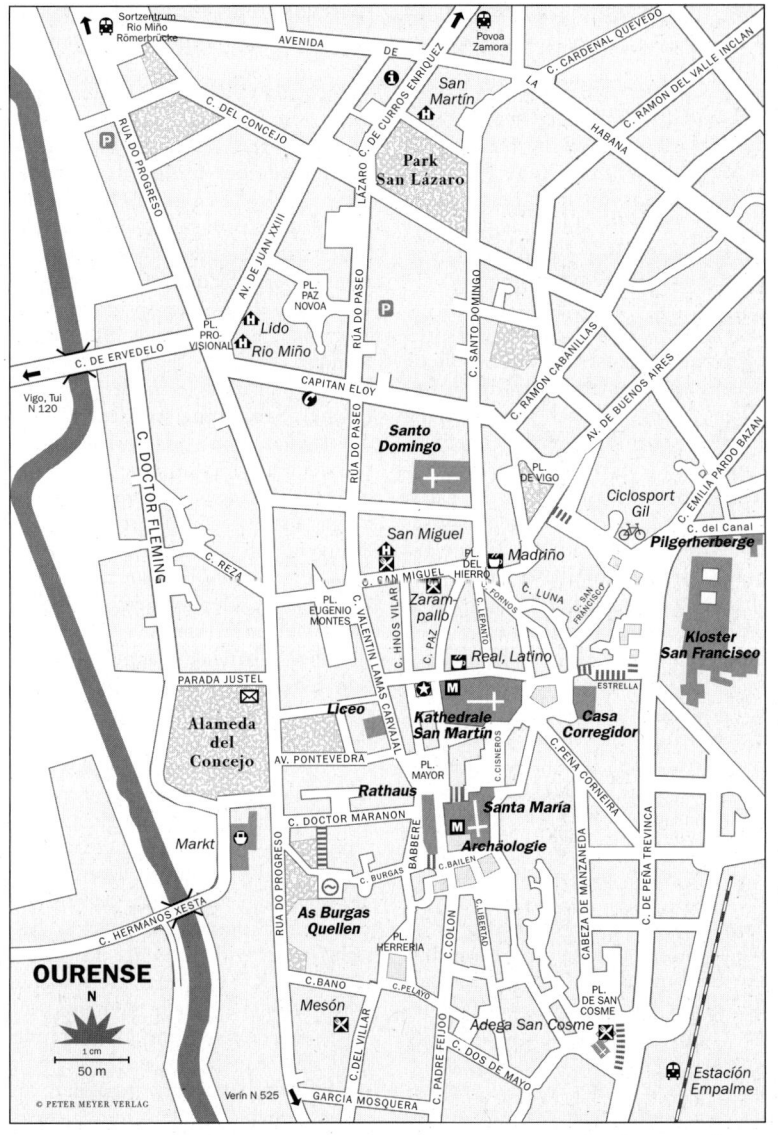

OURENSE

N

1 cm
50 m

© PETER MEYER VERLAG

Map labels:

Sortzentrum
Rio Miño
Römerbrücke

AVENIDA   DE

C. DEL CONCEJO

C. DE CURROS ENRIQUEZ

San Martín

Povoa Zamora

C. CARDENAL QUEVEDO

LA   HABANA

C. RAMON DEL VALLE INCLAN

Park San Lázaro

RUA DO PROGRESO

AV. DE JUAN XXIII

LÁZARO

RUA DO PASEO

C. SANTO DOMINGO

PL. PAZ NOVOA

PL. PRO-VISIONAL

Lido
Rio Miño

C. DE ERVEDELO

CAPITAN ELOY

C. RAMON CABANILLAS

AV. DE BUENOS AIRES

Vigo, Tui
N 120

C. DOCTOR FLEMING

RUA DO PASEO

Santo Domingo

PL. DE VIGO

Ciclosport Gil

C. EMILIA PARDO BAZAN

C. del Canal

Pilgerherberge

C. REZA

San Miguel

PL. DEL HIERRO

Madriño

C. SAN MIGUEL

Zaram-pallo

C. LUNA

C. SAN FRANCISCO

Kloster San Francisco

PARADA JUSTEL

PL. EUGENIO MONTES

C. HNOS VILAR

C. PAZ

C. LEPATO

C. FORNOS

Real, Latino

C. VALENTIN LAMAS CARVAJAL

Liceo

ESTRELLA

Alameda del Concejo

Kathedrale San Martín

Casa Corregidor

AV. PONTEVEDRA

Rathaus

PL. MAYOR

C. CISNEROS

Santa María

C. PEÑA CORNEIRA

C. DOCTOR MARANON

Markt

BABBERE

Archäologie

C. DE MANZANEDA

C. DE PEÑA TREVINCA

C. BURGAS

C. BAILEN

As Burgas Quellen

RUA DO PROGRESO

PL. HERRERIA

C. COLON

C. LIBERATO

CABEZA DE MANZANEDA

C. HERMANOS XESTA

C. BAÑO

Mesón

C. DEL VILLAR

C. PELAYO

C. PADRE FEIJOO

C. DOS DE MAYO

Adega San Cosme

PL. DE SAN COSME

Estación Empalme

Verín N 525

GARCIA MOSQUERA

sade selbst sind vier Marmorsäulen eingearbeitet, die wie die Kapitelle einst zu der alten Suebenkirche gehörten. Mauerreste jener alten Kirche sind auch noch an der *Nordseite* von Santa María zu sehen, die zur **Plaza de la Magdalena** zeigt. Dieser Platz war früher der Markt von Ourense und in der Zeit davor Friedhof. Heute gibt er ein trauriges Bild ab und ist von baufälligen Häusern umgeben.

Unterhalb von Santa María la Mayor liegt eines der markantesten Gebäude Ourenses. An dieser Stelle befand sich der Amtssitz des römischen Prätors, danach die Residenz der suebischen Könige. Später errichteten sich die ourensanischen Bischöfe hier ihren Palast. In diesem Palast ist heute das **Archäologische Museum** untergebracht, in dem Funde aus prähistorischer, römischer und mittelalterlicher Zeit ausgestellt sind. Trotz der schlechten Beschilderung – darüber hinaus gibt es keine Führung – lohnt sich ein Besuch des Museums, schon allein des Gebäudes wegen. Der romanische Palast ist gewissenhaft restauriert worden, sehenswert sind vor allem der Innenhof mit einem kleinen Brunnen und die bischöfliche Küche.

Info: geöffnet 9.30 – 14.30 und 16 – 21 Uhr, außer So. Mo geschlossen.

Zum Kloster San Francisco

Wenige Meter oberhalb der Kathedrale trifft man auf die **Casa del Corregidor** an dem gleichnamigen Platz. Dieses Haus, am Wappen erkennbar zu Zeiten der Katholischen Könige errichtet, steht an der Stelle eines ehemaligen Franziskanerklosters, des ersten von Ourense. Bischof Pedro Yáñez de Novoa ordnete seinerzeit den Abriß des Klosters an, weil die Mönche ihm nicht den Mörder seines Schwagers ausliefern wollten, der sich in das Kloster geflüchtet hatte. Eine Beschwerde des Ordens beim Papst hatte jedoch Erfolg: Pedro Yáñez mußte auf päpstliche Weisung hin ein neues Franziskanerkloster bauen, weiter oberhalb am Ende der heutigen *Calle Estrella*. Ourense erwies sich aber nicht unbedingt als glücklicher Standort für die Franziskaner. Im letzten Jahrhundert mußten sie ihr **Kloster San Francisco** dem Militär übereignen. Ein Infanterieregiment war seitdem dort untergebracht, das die Anlage seinem Geschmack gemäß umgestaltete: Generalporträts an den Wänden, mit Glasbausteinen zugemauerte Innenhöfe, Wachhäuschen auf der alten Friedhofsmauer, mit Stacheldraht verstärkte Klostermauern. Zu allem Überfluß brannte die gotische Kirche des Klosters aus. In den 50er Jahren rekonstruierte man sie am *Parque San Lázaro*.

Dennoch blieb ein bedeutender Kunstschatz innerhalb der Kaserne erhalten, den man sich bei einem Ourense-Besuch keinesfalls entgehen lassen sollte. Der gotische **Kreuzgang** des ehemaligen Klosters, der aus 63 Bögen mit romanischem Dekor besteht, ist der wohl schönste der galicischen Gotik. Keines der 120 romanischen Kapitelle gleicht dem anderen, jedes einzelne ist eine Betrachtung wert. Das Kloster ist mittlerweile in städtischen Besitz übergegangen, in einem Nebengebäude ist nun auch ei-

Machtdemonstration in Stein: Kreuzgang des Klosters San Francisco

ne *Pilgerherberge* untergebracht. Lange Jahre waren die Gebäude jedoch dem Verfall preisgegeben. Lediglich ein altes Klostergebäude neben dem Friedhof wurde schon früher von der Stadt genutzt – als Parkhaus für die Müllabfuhr.

Info: Der Zugang zum Kreuzgang ist nur über das Tor am Camino del Canal, der Nordseite des Geländes, möglich. Der Eintritt ist frei, 11 – 14 und 18 – 21 Uhr, Sa/So nur morgens geöffnet.

Durch die Altstadt bis zur Römerbrücke

Nördlich der Kathedrale finden Sie die kleine **Plaza de Hierro,** wo man sich unter alten Arkaden zum Aperitif trifft und die an der »Weinstraße« der Altstadt liegt. In der Platzmitte steht ein schöner Brunnen, der aus dem berühmten ↗ *Kloster Oseira* stammt.

Nicht weit entfernt liegt die Pfarrkirche **Santo Domingo** aus der Mitte des 16. Jahrhunderts in der gleichnamigen Gasse. Sie besitzt einen interessanten *Barockaltar,* der sich sehr harmonisch in das Gesamtbild der Kirche einfügt.

Bei einem Gang durch Ourenses Altstadt gerät man sicher in die *Calle Lamas Carvajal.* In das Haus Nr. 9 sollten Sie einen kurzen Blick werfen. Das schöne Renaissance-Gebäude aus dem 16. Jahrhundert ist seit 1957 Sitz des **Liceo** von Ourense. Die knarrende Drehtür schwingt den Besucher geradewegs in einen sehenswerten Säulenhof mit einem hübschen Marmorbrunnen in seiner Mitte. Obwohl eigentlich nur Mitgliedern zugänglich, wird Besuchern ein Blick in die *Bibliothek* und den *Schachsaal* gerne gestattet.

Über die *Plaza Mayor* und dann die Straße *Doctor Marañón* hinunter führt der Weg zu den **Schwefelquellen As Burgas.** So gar nicht ihrer Bedeutung entsprechend sprudelt das heiße Wasser, dem Ourense seine Existenz verdankt, im Schatten der Brücke, über die die Rúa do Progreso führt. Etwa 300 Liter schwefelhaltiges Wasser, zwischen 60 und 70 Grad

DAS LANDESINNERE

heiß, gelangen hier pro Minute an die Erdoberfläche. An drei Stellen kann man sich auf der *Plaza das Burgas* die Hände verbrühen: *La de Arriba, la de Abajo* oder an der *Fuente Hervidero* heißen die drei gefaßten Quellen. Mehrere auf dem Platz ausgestellte Repliken römischer Hinterlassenschaften vermerken Danksagungen an die Heilkräfte des Wassers.

Ganz am anderen Ende der Einkaufsstraße Rúa do Progreso führt der **Ponte Vello** (*Puente Romano*) über den Miño. Die alte Römerbrücke dient als Wahrzeichen Ourenses. Sie wurde bereits zu Zeiten des römischen Kaisers Augustus angelegt und wies seinerzeit einige Superlative auf. Die sieben Bögen haben eine Länge von 370 Metern, an ihrer höchsten Stelle führt sie 38 Meter hoch über den Fluß. Der mittlere Bogen mit einer Spanne von 47,6 Metern ist der größte romanische Brückenbogen der Welt. Als wichtigen Verkehrsweg für Pilger wie für Transporte entlang der *Ruta de la Plata* (Silberweg) erweiterte man die Brücke im frühen Mittelalter. Die Fundamente und der gesamte, der Stadt am nächsten liegende Brückenpfeiler sind seit der Römerzeit nicht verändert worden.

Verbindungen & Infos

Abfahrtszeiten von Bus und Bahn druckt die Tageszeitung »La Región« unter der Rubrik »Servicios«. Zur Bus- und Bahnstation außerhalb des Zentrums fahren die Stadtbuslinien 3, 6 und 12.

Zug: *Estación Empalme,* Carrero Blanco s/n, ☎ 988-210202. Info und Reservierung: ☎ 902-240202.

Nach Vigo: 5.40, 8.40, 9.06, 15.35, 18.12, 20, 21.13 (Mo, Mi, Fr).

Nach Santiago: 8.46 (außer So), 14.20, 20.30 Uhr. Vom zentraler gelegenen Bahnhof San Francisco: 6.50 (Mo), 8.39, 14.15, 20 Uhr.

Nach Coruña: 5.12, 18.04, 19.55 (So).

Bus: *Estación de Autobuses,* Carretera de Vigo s/n, ☎ 988-216027. Stündl. Verbindungen in alle Richtungen.

Unterkunft

Wegen der wenigen Touristen sind die Preise in Ourense nicht nach HS bzw. NS unterteilt, sondern das ganze Jahr über gleich. Das Angebot ist groß, Reservierungen sind nicht notwendig.

★★★★ *Gran Hotel San Martín* im höchsten Haus der Stadt. Curros Enríquez 1, ☎ 988-371811, Fax -372138, DZ 112 €. Die luxuriösesten Zimmer Ourenses zeigen sämtlich nach außen. Mit Cafeteria, Parkplatz etc., nahe der Touristeninformation.

★★ *Río Miño,* Juan XXIII 4, ☎ 988-217594, DZ mit Bad 32 €. Zentraler geht's kaum.

★★ *Zarampallo,* Hermanos Villar 31, Ecke San Miguel, ☎ 988-220053, mitten in der Altstadt, sauber und frisch renoviert. DZ 42 €.

★ *Irixo,* Hermanos Villar 23, ☎ 988-220035, DZ mit Dusche 21 €, an der kleinen Plaza Cid in der Altstadt gelegen. Einige Leser waren sehr zufrieden.

★ *Lido,* Juan XXIII 6, ☎ 988-213600, DZ mit Dusche und Fernseher 27 € an einer belebten Einkaufsstraße.

★ *Hostal San Miguel,* Calle San Miguel 12 – 14, ☎ 988-239203, Fax -242749, DZ ab 20 €. Einfach, aber mit Heizung. Rezeption im Restaurant.

Essen & Trinken

Mehrere Restaurants liegen in der Straße San Miguel. Das beste, Hausnummern 12 – 14, heißt auch *San Miguel*. Ourenses Top-Restaurant für Fisch, Fleisch und Meeresfrüchte ist gediegen, teuer und gut. Dienstags zu.

Zarampallo, San Miguel 9, ✆ 988-227045. Modern eigerichtet, gute Küche, für 8 € bekommt man das Menü.

Adega San Cosme, Praza San Cosme 2, ✆ 988-248800. Stilvoll, gehobene Küche, Tagesmenü um 10 €.

El Catedor, Fornos 4, ✆ 988-222891. Große Portionen, traumhaft gute Meeresfrüchte, nette Atmosphäre.

Casa de Maria Andrea »Mesón«, Villar 1, ✆ 988-227045. Landhausähnliche Dekoration. Bodenständige, üppige Küche zu günstigen Preisen.

☀ **Tip:** Die besten Bocadillos soll es bei *Madriño* an der Praza de Hierro geben. Und da ist natürlich noch der *Markt* unterhalb der Alameda, gegenüber den Burgos-Quellen: Bis 20 Uhr sind an den Ständen gigantische Empanadas und andere gehaltvolle Leckereien zu haben. Eigentlich ein Muß.

Cafés, Bars, Discos

Die schönsten **Cafés** im alten Stil, *Real* und *Latino* (im Winter häufig Jazzkonzerte), liegen in der Calle Coronel Ceano.

Herzstück des ourensanischen **Nachtlebens** ist die Calle Santo Domingo, von der vier Straßen abgehen, in denen sich die Bars aneinanderreihen: *San Miguel, Viriato, Lepanto* und *La Paz.* In diesen Straßen gibt es noch viele der klassischen alten Lokale.

Moderneres findet man in der Nähe der Plaza del Trigo, zum Beispiel den *Mesón do Queixo e do Viño.*

Discos: *Nexus,* Valle Inclán; *La Bamba,* Ctra. San Ciprián; *Res Publica,* Ramón Cabanillas; *3 A,* Bedoya.

Einkaufen & Sport

Die meisten Läden liegen um den Parque San Lázaro und in den Straßen Rúa do Paseo (auch Calvo Sotelo) und Rúa do Progreso.

Mode: Kreationen des berühmten *Adolfo Domínguez* verkaufen seine Eltern in der Straße Habana 56.

El Garaje, Rúa do Paseo s/n. Hier findet ein jüngeres Publikums Jeans und andere Klamotten.

Fahrradladen: *Ciclosport Gil,* Plaza Arturo Pérez Serantes 7, ✆ 988-245308.

Sport: Diverse Sportarten im städtischen *Pabellón Municipal de Deporte,* Campo de los Remedios s/n, ✆ 988-242242. Der Mitgliedsausweis für das Schwimmbad und andere Einrichtungen lohnt bei längerem Aufenthalt. Büro geöffnet 10 – 13 und 17 – 20 Uhr.

Squash, Tennis: *Finca Bamio,* ✆ 988-249678. Von Ourense auf der C-536 nach 3 km links dem Schild *Mende* nach. Schläger zum Ausleihen, pro Person und Stunde um 4 €, Licht extra.

Tennis & Schwimmen: *Complexo Recreativo Deportivo Monterrey,* ✆ 988-259390. Pro Stunde 2 €, im Sommer geöffnet von 12 – 21 Uhr. Schönes Freibad ebenfalls 2 €. Von Ourense 7 km auf der C-536, links ab 1 km Richtung Monterrey/San Ciprián de Viñas.

Reiten: *Hípico Monterrey,* ✆ 988-228347. Reitschule und Ausflüge über das ganze Jahr, geleitet von Arturo Estévez

Osorio. Teils mehrtägige Touren für Gruppen von 8 – 12 Personen führen in die Umgebung, etwa zu den Klöstern. Selbe Anfahrt wie zum Sportkomplex Monterrey.

Feste

🚹 Fiesta de Los Mayos: 3. Mai. Feier zu Ehren des Santo Cristo und zum Einzug des Frühlings. Volkstümliche Gesänge und Tänze in den Straßen der Stadt.

⚓ Fiestas de Ourense: In der zweiten Hälfte des Juni. Zahlreiche kulturelle Darbietungen, Ausstellungen und Sportwettbewerbe.

🚹 Fiesta de los Magostos: 11. November. Feier zu Ehren des Schutzpatrons San Martín. Dudelsackspieler ziehen durch die Straßen und laden die Leute ein, mit in die umliegenden Berge zu kommen, wo Familien und Nachbarschaften sich um Lagerfeuer versammeln. Rundherum werden geröstete Kastanien, Empanada, Chorizo-Wurst gegessen, abgerundet vom Ribeiro-Wein und der Queimada. Mit Einbruch der Dämmerung zieht die Jugend mit geschminkten Gesichtern in die Stadt, um dort zu feiern und die *magostos,* die Kastanienfeuer anzuzünden.

⚓ San Martín: Gleichzeitig ist der 11. November ein großes Schlachtfest. Ein galicischer Volksspruch besagt: »Zu jedem Schwein kommt sein Sankt Martin«.

Nützliche Adressen

Infos: *Información turística,* Curros Enríquez 1, ℡ 988-234717, Mo – Fr 9.30 bis 14 und 16.30 bis 18.30 Uhr, Sa 10 – 13 Uhr, So und Fei geschlossen.

Tagesveranstaltungen in der Zeitung *La Región.* Über die Kulturszene schreibt auch das Magazin *Or,* das in Buchläden ausliegt.

Telefon: Capitán Eloy 15, 9 – 14 und 16 – 21 Uhr, So geschlossen.

Post: *Corrreos,* Rúa do Progreso 63.

Geldwechsel: in der Calle do Progreso gibt es mehrere Banken.

Notruf: *Polizei,* Polígono de las Lagunas, ℡ 988-241315.

Rotes Kreuz, Fuente del Rey 1, ℡ 988-221462.

Mietwagen: *Budget,* Emilio Ferreiro 3, ℡ 988-229215.

Auto Brea, Avda. Habana 23, ℡ 988-242678.

Avis, Saénz Díaz 50, ℡ 988-250844.

Hertz, Paz Nóvoa 3, ℡ 988-211478.

Ausflug: Ein lohnender Ausflug führt nicht weit Richtung Süden zu einem Staat, der auf Landkarten nur selten zu finden ist: zum Kinderstaat *Bemposta.*

DIE RIBEIRO-ROUTE

(Ourense → Barbantes) → Ribadavia → Beran → Leiro → Carballiño → Monasterio Santa María de Oseira → Ourense

Anfahrt: Die Beschreibung der folgenden Tour ist mit einem eigenen fahrbaren Untersatz leicht nachzuvollziehen. Die Busverbindungen oder Trampmöglichkeiten sind hier im Landesinneren besonders dürftig.

Diese Fahrt kann als Rundtour von Ourense aus gestartet werden oder, von Vigo kommend, in Ribadavia, dem frühmittelalterlichen Weinstädtchen. Quer durch die Weinlandschaft führt die Tour zu Klöstern und versteckten Winkeln. Einen ganzen Tag sollten Sie sich dafür Zeit nehmen.

Ohne ihren Wein ist die Provinz Ourense undenkbar. Beim Anblick der sanft hügeligen Weinberge und der überall verstreut liegenden kleinen Dörfer, wo in fast jedem Haus eine alte Weinpresse steht, drängt sich dem Reisenden schnell der Eindruck auf, es handle sich um eine jahrtausendealte Kultur. Doch der *Ribeiro,* der

Knochenarbeit sein Leben lang: Weinbauer bei der Kelter

so intensiv rot sein kann, daß man meint, er verfärbe die weißen *cuncas,* die Porzellantassen, aus denen er getrunken wird, wird hier erst seit dem 15. Jahrhundert gekeltert. Alt darf er auch nicht sein. Er wird als *vino joven,* als junger Wein getrunken. Flaschen, die vor mehr als drei Jahren abgefüllt wurden, gelten als ungenießbar. Die Galicier nehmen das sehr ernst: Von den rund 16 Mio Litern, die jährlich produziert werden, gehen nur 10 % in den Export, den Rest gönnt man sich selbst.

▶ Tourbeschreibung

Direkt in das Herz des Ribeiro führt die N 120 Richtung *Vigo* entlang dem *Río Miño.* Zwar benötigt es seine Zeit, bis die unansehnlichen Ausläufer Ourenses mit ihrem Verkehrsgewühl hinter einem liegen, doch dafür entschädigt schon nach wenigen Kilometern eine Bilderbuchlandschaft. Das Dorf **Untes,** 8 km von Ourense entfernt, markiert den Übergang in das Anbaugebiet des Ribeiro. Zu beiden Seiten des Miño reihen sich nun kleine Weindörfer aneinander.

Um einen Panoramablick über das Flußtal zu erhaschen, bietet sich 4 km hinter Untes ein Abstecher Richtung **Trasalba** zum *Pazo Museo de Otero Pedrayo* an. Der malerische Landsitz aus dem 18. Jahrhundert ist zu besichtigen (Öffnungszeiten: Oktober bis April 11 – 14 und 16 – 18 Uhr, ℗ 988-281139).

Weiter in Richtung *Vigo* tauchen in dem Ort **Barbantes** die ersten Bodegas auf, in denen Wein probiert und gekauft werden kann. Eine der größten Weinkooperativen der Gegend, *Pazo Ribeiro,* liegt kurz hinter der Abzweigung zum Ort Castrelo auf gleicher Höhe mit dem Stausee, *Embalse de Castrelo do Miño.* In der Woche werden hier zu den üblichen Geschäftszeiten die Rebensäfte günstig zum Kauf angeboten.

Die Straße an der Staumauer vorbei nach **Castrelo** bietet die Aussicht auf die *Pfarrkirche* des Ortes, die romantisch auf einem Felsen am See steht. Sie wurde zu Zeiten der galicischen Königin Urraca erbaut, worauf die erhaltene romanische Apsis hindeutet. Von dem Stausee aus sind es nur noch wenige Kilometer bis Ribadavia.

Ribadavia

Der auch als »Hauptstadt des Ribeiro« bezeichnete Ort liegt verträumt am Ufer des Miño-Zuflusses *Avia*. Einst war Ribadavia ein Fixpunkt in der politischen Landkarte Galiciens, Sitz des Hofes von García I. von León (910 – 914). Fernando II. (1157 – 1188) verlieh Ribadavia 1164 das Stadtrecht, das seinen Bürgern zu ansehnlichem Wohlstand verhalf. Allerdings blieb das nicht so, und heute ist der einzig bedeutende Wirtschaftszweig neben der Weinherstellung die Produktion von Särgen. Die Prosperität erstarb – wie meistens – mit der großen jüdischen Gemeinde Ribadavias, die zeitweilig 1500 Mitglieder hatte.

Ribadavia und seine Juden

Den wenigen Quellen zufolge müssen sich schon in den frühen Jahren des 11. Jahrhunderts die ersten Juden in Ribadavia angesiedelt haben. Vermutlich war es die günstige Lage als Handelsplatz, die sie anlockte. Aber der Hauptgrund war wohl der Umstand, daß König García 1063 Ribadavia zur Hauptstadt Galiciens erklärt hatte. In dem Hofstaat des Königs befanden sich viele Juden, die mit den königlichen Finanzen und der Verwaltung des Reiches betraut waren. Die jüdische Gemeinde wuchs beträchtlich, im Jahr 1386 soll sie rund 1500 Mitglieder gehabt haben. Das jüdische Viertel erstreckte sich über die gesamte westliche Hälfte der heutigen Altstadt Ribadavias. Es waren die jüdischen Händler, die begannen, den Weinanbau in der Region zu kommerzialisieren. Fast alle wichtigen Weinhandlungen der Stadt befanden sich im jüdischen Viertel. Die Gemeinde existierte über Jahrhunderte, auch noch einige Zeit über die Vertreibung der spanischen Juden durch die Katholischen Könige hinaus. Die verbliebenen Juden sahen sich allerdings bald gezwungen, zum Christentum zu konvertieren. Einige Generationen später erinnerten dann nur noch die Straßennamen und Gebäude an die hiesige jüdische Kultur.

Beim Schlendern durch Ribadavias mittelalterliche Gassen ist sie zum Greifen nahe. Doch erst vor einigen Jahren haben die Leute von Ribadavia begriffen, daß diese Vergangenheit ihren Wert hat – auch touristisch gesehen. Abgesehen von den Historien-Festen verleiht man neuerdings Souvenirshops voller Stolz jüdische Namen und verkauft an Besucher jüdische Kopfbedeckungen. Das Informationsmaterial zur Geschichte der Juden Ribadavias ist so üppig wie oberflächlich, auch wenn man sich mit dem **Museo Sefardí de Galicia** (über der Touristen-Information an der Praza Maior) sehr viel Mühe gegeben hat. Gerade auf deutsche Besucher wirkt es mitunter naiv bis befremdlich, wie die Juden Ribadavias gewissermaßen zu historischen Heinzelmännchen verklärt werden, die Ursache ihres Verschwindens aber weniger wichtig genommen wird. In Spanien geht man unbefangener mit diesem Thema um – und das hat vielleicht auch seine guten Seiten.

Stadtrundgang

Die Stadt hat sich bis heute einen bezaubernden mittelalterlichen Charme bewahrt. Weil sie wohl eine der schönsten Galiciens ist, wurde die Altstadt Ribadavias 1947 zum kunsthistorischen Denkmal erklärt. Um davon einen Eindruck zu gewinnen, ist die **Praza Maior** der beste Ausgangspunkt. Von hier sind es ein paar Meter hinauf zum **Castillo de los Sarmiento,** der im 15. Jahrhundert

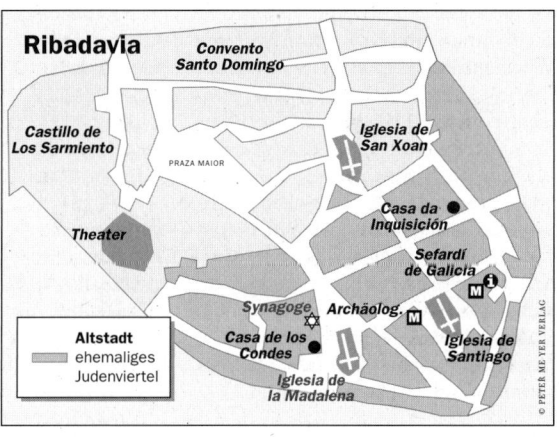

auf einer älteren Burganlage errichtet wurde und besichtigt werden kann. Über dem Eingang ist noch das alte Familienwappen der Sarmientos zu sehen. Innerhalb der Festung befindet sich das kleine *Freilufttheater* der Stadt, in dem von Ende Juli bis Anfang August internationale Theatergruppen Gastspiele geben.

Schräg gegenüber dem Castillo liegt der **Convento Santo Domingo,** dessen Kirche zu den schönsten Beispielen der galicischen Gotik zählt. Einige der Kragsteine am Dach der Kirche mit Darstellungen von Weinfässern und Trinkern lassen keinen Zweifel daran, wo man sich befindet.

Wieder zurück auf der Praza Maior ist das **Rathaus** kaum zu übersehen, da es direkt an einen hübschen Glockenturm aus dem 16. Jahrhundert gebaut wurde. Die Gasse *Merelles Caula* führt zur kleinen **Plaza Magdalena,** dem Zentrum des alten jüdischen Viertels. Rechts neben der *Magdalena-Kirche,* die derzeit als unkonventioneller Klassenraum für Lateinunterricht dient, steht die **Casa de los Condes,** erkennbar an den beiden Wappen an der Fassade. Hier befand sich auch die alte Synagoge Ribadavias, heute ist dort eine Weinhandlung.

Von dem Platz durch die *Calle Santiago* sind es nur wenige Schritte bis zur unscheinbaren **Iglesia de Santiago,** einer gegen Ende des 12. Jahrhunderts erbauten romanischen Kirche.

Sehenswert sind vor allem die Ikonographie ihres Portals, die Rosette und, wegen seiner recht eigentümlichen Form, der Seiteneingang. Um die Kirche betreten zu können, muß man sich im direkt neben der Kirche gelegenen *Archäologischen Museum* melden (Hausnummer 10), das allerdings nur vormittags geöffnet ist.

Ein Stück weiter unterhalb, an einer Ecke der **Plaza García Boente,** hatte die gefürchtete Inquisition ihr Quartier bezogen. Mit der gotischen Pracht des Hauses und den fünf Wappen über dem Portal muß sich der »Santo Oficio« ausreichend Respekt verschafft haben. Dagegen ist der Schuster, der heute die *Casa de la Inquisición* bewohnt, bescheiden.

Die Straße *San Martino* wieder hinauf und die erste Gasse nach rechts, ist bereits die Apsis der zweiten romanischen Kirche von Ribadavia zu sehen. **San Juan** (*Xoan*) wurde von dem Malteserorden gegen Ende des 12. Jahrhunderts errichtet und ist seither kaum verändert worden.

Ohnehin schon den Sehenswürdigkeiten Ribadavias auf der Spur, sollte man sich nicht das präromanische Kirchlein *San Xes* aus dem 9. Jahrhundert entgehen lassen, das zwei Kilometer außerhalb der Stadt Richtung Figueira in dem Dorf **Francelos** steht. Die außergewöhnliche Ornamentik der Fassade des sonst schlichten Tempels wurde kürzlich durch ein Vordach geschützt. Eine nähere Betrachtung verdient das in einen Steinblock gearbeitete Gitterfenster. Bis Francelos ist San Xes ausgeschildert, dann verliert sich die Spur im Gassengewühl. Doch von der Straße aus ist es nicht weit zu laufen. Die hilfsbereiten Einheimischen zeigen gern den Weg zur »iglesia«.

Verbindungen

Zug: Vom Bahnhof fahren zwischen 6 und 20.19 Uhr 5x täglich Züge nach Vigo. Nach Ourense 6x täglich zwischen 8.20 und 23.49 Uhr.

Bus: Haltestelle am Ortsausgang Richtung Sampaio.

Auto Industrial, ✆ 988-470955.

Nach Ourense: 7.20, 8.15, 9, 10.30, 12, 14.30, 15.30, 16.30, 18.30, 19.30, 21 Uhr (2,20 €).

Nach Vigo: 7.30, 8.30, 9.30, 11, 13.30, 15.30, 17.30, 18.30, 20 Uhr (5,40 €).

Unterkunft

★★ *Hostal Evencio,* Avda. Rodriguez Valcarcel 30, ✆ 988-471045, DZ 30 €. Große Zimmer mit Bad und Fernseher. Im Preis inbegriffen ist die Benutzung des gepflegten Schwimmbads mit Terrasse. Etwas außerhalb der Stadt gelegen. Für Übernachtungen während der Weinfeste frühzeitig reservieren.

Plaza, Praza Maior s/n, ✆ 988-470576. Zentral in der Altstadt, gemütlich und gepflegt, DZ 27 €.

Essen & Trinken

Die ältesten Bodegones, in denen man abends reichlich vom Ribeiro probieren kann, liegen im *Barrio Judío,* dem alten jüdischen Viertel der Stadt. Doch wenn die Stadt nicht gerade eine ihrer Fiestas feiert, geht es nachts eher ruhig zu.

Hostal Evencio (s.o.) hat auch ein Restaurant, das Menü kostet um 5 €.

Adega do Vedugo, Rúa Progreso 33, gute Küche, gern von Einheimischen besucht.

Wein & Tapas: *O Xudío,* Merelles Caula 10, urige Bodega in der Altstadt mit guten Tapas.

O Lagar, Merelles Caula 1, eine nette Vinothek mit sechs verschiedenen offenen Weinen.

Gebäck: *Herminia,* Porta Nova de Arriba 2, ✆ 988-471004. Hier wird im ältesten Ofen der Stadt (von 1512) nach alten hebräischen Rezepten gebacken.

Feste & Infos

Feira do Viño: Um den 28. April strömen Tausende von Besuchern nach Ribadavia, um an der *Weinmesse* teilzunehmen, die natürlich nur ein Thema kennt: Ribeiro.

Festa da Istoria: Am letzten Augustwochenende feiert Ribadavia sein »Geschichtsfest«. Die Bevölkerung flaniert in mittelalterlichen Kostümen durch die Stadt und gibt sich zeitgenössischen Gelagen hin. Dieses Fest hat eine lange Tradition und wurde bis 1868 zelebriert. Erst 1989 entdeckte man den Reiz der Sache neu.

Fiestas del Portal: Von 7. bis 11. September feiert die Stadt zu Ehren ihrer Schutzpatronin, der Virgen del Portal. Im Mittelpunkt stehen Musikveranstaltungen und folkloristische Darbietungen.

Informationen: Die *Touristeninformation* liegt direkt an der Praza Maior. Rundgänge durch Burg, Judenviertel und Inquisitionspalast sind möglich, auch organisierte Weinproben. Geöffnet von 10 – 14.30 und 16 – 18.30 Uhr. ✆ 988-471275, Fax -470191.

▶ Tourbeschreibung

Die Straße von Ribadavia Richtung *Carballiño* führt geradewegs durch kleine Weindörfer, in denen fast jedes Häuschen noch seinen eigenen Garten mit Weinkulturen besitzt. Um einen Abstecher in die Weinberge zu machen, bietet sich die Abzweigung nach *Beade* an. Der Weg schlängelt sich kilometerweit durch die grüne Landschaft, durch Wälder und Rebstöcke. Wenn es heiß ist und eine Erfrischung gut tun würde, achten Sie auf das Hinweisschild rechts nach **Beran.** Dort gibt es einen kleinen *Balneario,* der bereits den Römern bekannt gewesen und dessen Wasser gegen Hauterkrankungen gut sein soll. Zwar ist die Anlage nicht gerade ein Komfortschwimmbad, dafür aber wunderschön gelegen; geringe Eintrittsgebühr.

An der Abzweigung nach Beran stehen auch Wegweiser zu den weit abgelegenen Ortschaften *Avión* und *Bearíz,* inmitten einer der ärmsten Gegenden Galiciens. Kurioserweise sorgen zahlreiche heimgekehrte Emigranten dafür, daß die Konzentration von Luxusautos dort die angeblich höchste des Landes ist.

Wieder auf der Straße Richtung Carballiño, führt kurz vor der Ortschaft *Leiro* auf der rechten Seite die gotische **Brücke San Clodio** über den *Río Avia.* Sie wurde im 15. Jahrhundert gebaut und gehört zum **Kloster San Clodio,** das gegenüber von Leiro liegt. Die Benediktiner von San Clodio waren vermutlich diejenigen, die die Bevölkerung seit dem 9. Jahrhundert in der Kultivierung des Weines

DAS LANDESINNERE

Innenhof des Klosters San Clodio

menteiro (5 km) mit einer kleinen romanischen *Kirche* und zahlreichen Häusern mit Wappenschmuck. Eine herrliche Strecke führt von Leiro nach **Serantes** (5,5 km), dessen bezaubernde *Pfarrkirche San Tomé* aus dem 12. Jahrhundert stammt und gut erhalten ist.

Unterkunft & Camping

Turismo rural: *Viña Mein,* Lugar de Mein – San Clodio, 32420 Leiro, ✆ 988-480622, ✆ & Fax -488400. Herrliches, neu hergerichtetes Weingut im Herzen des Ribeiro, wo man komfortabel die Seele baumeln lassen kann. Von der Straße Richtung Carballiño kommend ein kurzes Stück hinter dem Kloster San Clodio. Schon der Wein des Hauses ist den kurzen Abstecher wert. DZ 54 €.

Camping: *Leiro,* ✆ 988-488036. Ein schöner, baumbestandener Platz, idyllisch direkt am Río Avia gelegen und über eine Hängebrücke leicht von Leiro aus zu erreichen. Saubere Sanitäranlagen mit warmem Wasser, Restaurant, Disco. Ganzjährig geöffnet. 2 PAZ 13 €. *Mini-Bungalows* mit jeweils zwei Schlafzimmern, einem Salon, Küche, Bad und kleiner Terrasse. 7 € pro Tag und Person. Die sechs gemütlichen Häuschen sind immer frühzeitig ausgebucht, weshalb man schon im April/Mai für den Sommer reservieren sollte.

▶ Tourbeschreibung

Hinter Leiro verläßt die Straße dann Richtung *Carballiño* das Avia-Tal und folgt dem Tal des Avia-Zuflusses *Volvón.* Immer mehr Maisfelder weisen darauf hin, daß man sich wieder aus

unterrichteten. 1986 verließen die letzten Mönche das Kloster. Nach jahrzehntelangem Verfall ist San Clodio auf das Feinste renoviert worden. Seit 2000 beherbergt es ein luxuriöses Hotel, das mit einem einzigartigen Ambiente aufwarten kann. Restaurant und Cafeteria sind frei zugänglich.

★★★ *Mosteiro de San Clodio,* Leiro, ✆ 988-485601, Fax -485604. DZ ab 100 €, die Suite für 160 €.

Leiro selbst ist eine der reizvollsten Ortschaften Ribeiros. Von hier aus lassen sich besonders gut Ausflüge in die Umgebung machen. Besonders für Wanderungen oder Radtouren ist die Gegend ideal, zum Beispiel zu dem mittelalterlichen Dorf **Pazo de Ar-**

dem Ribeiro-Gebiet entfernt. **Carballiño,** 9 km von Leiro entfernt, ist wegen seines Klimas und seiner Heilquellen beliebter Kurort. Unverständlich, denn Carballiño ist wahrhaft scheußlich.

Wer hier trotzdem einen Halt einlegen möchte, sei auf den 32 Hektar großen *Stadtpark* und das *Heilbad* am *Río Armenteiro* hingewiesen. Die Kirche *Templo de Veracruz,* zwischen 1943 und 1952 erbaut, ist wegen ihrer faschistischen Note nicht nur reine Geschmackssache. Sie ist ein protziges Gebäude, in dem präromanische, romanische, byzantinische und gotische Baustile vermischt wurden.

Wellness: Das örtliche Tourismusamt lockt mit Aktionswochenenden: Für rund 80 € pro Person kann man ein Heilbad-Weekend inklusive Hotelunterkunft und Vollpension in Carballiño verbringen. Infos und Reservierung unter ✆ 988-274757.

Fest: Sehr bekannt ist das *Seekraken-Spektakel* von Carballiño jeden 2. Sonntag im August.

▶ Von Carballiño aus führt eine Straße zum 10 km entfernten Ort **Cea,** der dafür bekannt ist, das hier besonders gutes Brot gebacken wird. Über die N 525 sind es von hier aus noch 28 km bis Ourense. Geradeaus gelangt man jedoch nach zehn Kilometern durch eine urwüchsige Gegend zum Kloster Santa María de Oseira.

Monasterio Santa María de Oseira

Gibt die letzte der vielen engen Kurven endlich den Blick auf den riesigen Komplex frei, erscheint es nicht mehr übertrieben, daß Oseira der »Escorial von Galicien« genannt wird. 1137 gründeten vier Benediktinermönche mitten in der Wildnis ein winziges Kloster. Offenbar beeindruckt von dieser Pioniertat, schenkte König Alfonso VII. den mutigen Mönchen ausgedehnte Ländereien in der Umgebung. Der Name des Klosters zeugt noch heute davon, wie sich die Nachbarschaft der Klostergemeinschaft zusammensetzte: *oso* ist der spanische Name für Bär, das Wappen des Klosters zeigt zwei aufrechtstehende Bären unter einem Baum (überm Eingangsportal zu sehen).

Einige Jahre nach der Gründung ging das Kloster in den Besitz des *Zisterzienserordens,* eine nach strengeren Regeln lebende Abspaltung der Benediktiner, über. In den folgenden Jahrhunderten war die Abtei ein Zentrum theologischer und anderer wissenschaftlicher Studien. 1552 zerstörte ein Großbrand viele der Klostergebäude. Bei dem Wiederaufbau sparten die Mönche nicht: Der Gesamtkomplex, in dem fast alle architektonischen Stile anzutreffen sind, mißt rund 40.000 Quadratmeter und ist in sechs Baukörper aufgeteilt: Kirche, drei Kreuzgänge (*Claustro de los Caballeros,* Claustro *de los Medallones, Claustro de los Pináculos*), das Schlafhaus der Alten im Südflügel (*Dormitorio de Ancianos,* heutiger Wohnraum der Klostergemeinschaft) und der Nordflügel mit Bibliothek und Gästehaus.

1835 wurden die Mönche von Oseira Opfer der Säkularisationsgesetze und mußten die Abtei verlassen. Erst

DAS LANDESINNERE

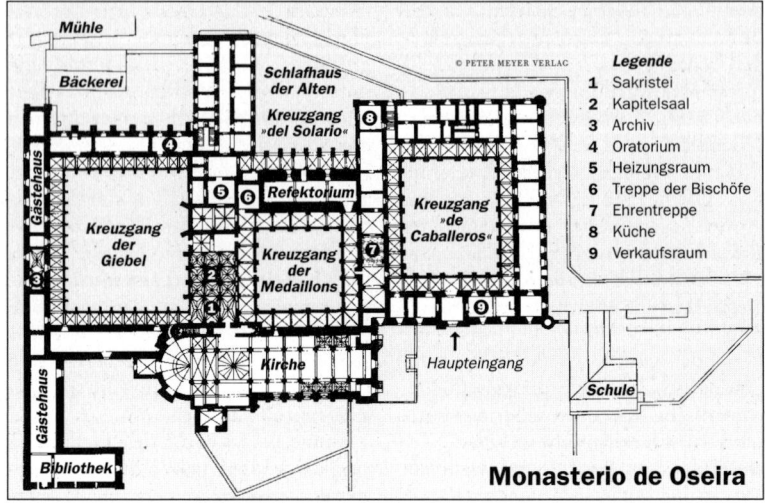

Legende
1 Sakristei
2 Kapitelsaal
3 Archiv
4 Oratorium
5 Heizungsraum
6 Treppe der Bischöfe
7 Ehrentreppe
8 Küche
9 Verkaufsraum

Monasterio de Oseira

1929 durften sie wieder zurückkehren und hatten dennoch kein Dach über dem Kopf. In den 94 Jahren ihrer Abwesenheit war das Kloster fast vollständig verfallen. Steine und Dachziegel hatten sich etliche private Bauherren unter den Nagel gerissen, sogar die Stadt Ourense hatte sich mit vier stattlichen Brunnenanlagen bedient. Mit wenig Geld, aber mit viel Energie und Engelsgeduld konnten die Mönche Oseira wieder restaurieren und führen nun mit berechtigtem Stolz Besucher durch die Abtei. Sie bieten auch den einzigartigen Service, sich für einige Zeit ganz in sich selbst zurückziehen zu können und am Klosterleben teilzunehmen. Der bisher bekannteste Gast war der Schriftsteller *Graham Greene,* der jedes Jahr für einige Tage in einer Mönchszelle wohnte. Hier verfaßte er auch den

Roman »Monsignore Quixote«, der vor einigen Jahren in Oseira verfilmt wurde (↗ »Reiselektüre« im Abschnitt Reisepraxis).

Die stark gegliederte **Klosterfassade** stammt aus den Anfängen des 18. Jahrhunderts. Vier gedrehte Säulen mit korinthischen Kapitellen stützen das barocke Portal, das mit Wappen, Girlanden, Muschel- und Fruchtmotiven geschmückt ist. Im rechten Winkel zum Kloster liegt die Abtei-Kirche. Die dreischiffige **Kirche,** mit deren Bau im 12. Jahrhundert begonnen wurde, ist in der Form eines lateinischen Kreuzes angelegt. Der schönste Teil der Kirche ist ihr einzigartiger romanischer *Chorumgang* aus dem 13. Jahrundert mit gotischen Einflüssen; ihm und einer bereits bestehenden Chorkapelle sind in späterer Zeit vier weitere hinzugefügt worden. Im Zentralbogen ist eine romanische Statue der stillenden *Santa María la Real de la Oseira*, auch die »Milchjungfrau« genannt, aufgestellt.

Die Höhe des durch Obergadenfenster erhellten *Hauptschiffes* wird durch durchgehende zarte Pilaster betont, die sich im Längsschiff mit den Arkadenbögen abwechseln; in der *Capilla Mayor* wird das Linien-Prinzip über den kräftigen Säulen des Zentralbogens mit ihren starken Kapitellen durch sechs schlanke Halbsäulen, die in den Gurtbögen des Chores enden, wieder aufgenommen. Strenge, klare Linien sind ein Hauptmotiv in der zisterziensischen Architektur, die die Regeln des Ordens widerspiegeln sollen.

In der *Sakristei* ist ein Meßaltar zu sehen, der aus nur einem Steinblock gehauen wurde. Die Schranktüren sind im Mudéjar-Stil bemalt. Eine Tür weiter gelangt man in den **Kapitelsaal,** der in seiner Gesamtheit ein einzigartiges Kunstwerk ist und auch der »Palmensaal« genannt wird. Die vier stützenden Säulen sind offenbar dem natürlichen Wachstum von Bäumen nachempfunden. Die Säulen besitzen je vier unterschiedlich stark verdrehte Mini-Pilaster, zwischen denen sich florale Ornamentik hochwindet. An der Krone breitet sich das Rippenwerk palmblattförmig aus und verflicht sich im Gewölbe. Der Erbauer dieses Meisterwerks scheint vom arabischen Stilempfinden beeinflußt worden zu sein.

Zu den weiteren Sehenswürdigkeiten des Klosters zählen die sechs Meter breite *Ehrentreppe,* der vollständig rekonstruierte *Speisesaal* aus dem 17. Jahrhundert sowie die **drei Kreuzgänge.** Der *Claustro de Caballeros* ist erst im 18. Jahrhundert entstanden und hat einen auffallend italienischen Charakter. Nach dem Brand von 1552 gebaut, ist der *Kreuzgang der Medaillons* nach seiner Besonderheit, den vierzig Portraits damals bekannter Persönlichkeiten (unterhalb des Daches), benannt. Der *Kreuzgang der Giebel* im strengen gotischen Stil hat seinen Namen durch die auf den Strebepfeilern wie kleine Dächer sitzenden Giebelchen erhalten.

Info: Das Kloster kann nur mit einem begleitenden Führer besichtigt werden. Öffnungszeiten 9.30 – 12.30 Uhr und 15.30 – 18.30 Uhr, So und Fei nur eine Führung um 12.30 Uhr. Am Ende des Rundganges bietet der kleine Souvenirladen Hausgemachtes zum Kauf an: Die Spezialität der siebzehn noch in Oseira lebenden Zisterzienser ist *Eukalyptus-Schnaps*, die Flasche zu 6 €.

ÜBER GALICISCHE HÖHEN ZUM HEILIGEN UFER DES SIL

Ourense → Kloster San Pedro de Rocas →Castro Caldelas →Alto de Cedeira →Povoa de Trives → A Teixeira → Kloster San Esteban de Ribas de Sil

Über Berge, durch Wälder zu Klöstern und Burgen führt uns die C 536 nach Osten Richtung Monforte von Ourense aus: bis zum Skigebiet Cabeza de Manzaneda und wieder zurück geht es in einem Bogen entlang der atemberaubend schönen Schlucht des Río Sil. Sie wird auch »ribeira sagrada«, das Heilige Ufer genannt, weil sich hier Klöster und Hei-

ligtümer buchstäblich aneinanderreihen. Eine Rundtour, die besonders in der Sil-Schlucht per Rad zu einem besonderen Erlebnis wird (die gesamte Strecke mißt etwa 120 km, mit allen Abstechern 250 km).

▶ Nach etwa 8 km auf der C 536 führt rechts eine Straße zu der Strafvollzugsanstalt **Cavelle.** Dieses Gefängnis ist natürlich keine touristische Attraktion, verdient jedoch eine Erwähnung. Der Strafvollzug innerhalb der von mehreren ourensanischen Künstlern bemalten Mauern soll möglichst viel »Freiheit in der Unfreiheit« gewähren. Schon die Architektur folgt diesem Konzept, und da der Gefängnistrakt auf einem Hügel liegt, haben die Insassen eine Rundumsicht auf die Landschaft. Die 550 Gefangenen mit Strafen von sechs Monaten bis zu 30 Jahren können sich die Freiheit erarbeiten: ein Tag Arbeit wird mit einem Tag weniger Strafe entlohnt. Und Arbeit gibt es genug. Alle Renovierungen übernehmen die Insassen selbst, ebenso die Küche, Cafeteria und die Wäscherei. Sogar der neue Sicherheitstrakt des Gefängnisses wird von Gefangenen gebaut. Sie geben eine eigene Zeitung heraus, machen ein Radioprogramm und veranstalten interne Theateraufführungen.

Keineswegs in Zusammenhang mit dem Gefängnis steht der Ruf des Dorfes **Folgoso,** zu dem nach 3 km eine Abzweigung führt. Im Volksmund ist es das Dorf der Werwölfe. Der spektakulärste Fall hat sich Ende des letzten Jahrhunderts zugetragen, als dort ein Mann in einer Nacht dreizehn Menschen zerfleischt haben soll …

Weiter Richtung *Esgos* ist nach wenigen Metern das **Kloster San Pedro de Rocas** (5 km) ausgeschildert. Der Weg dorthin verläuft durch bizarre Felsformationen, die wie Türme in die Landschaft ragen und vermutlich dem Kloster seinen Namen gaben. Eine Inschrift im Boden der Klosterkirche datiert seine Gründung auf das Jahr 573, als in suebischer Zeit drei Kapellen in den Fels gehauen wurden. Im 9. Jahrhundert entdeckte man diese Kapellen, und mit der Unterstützung des Königs Alfonso III. (838 – 912) bauten Benediktiner das Kloster, das sie im 17. Jahrhundert wieder aufgaben. In der romanischen Kirche sind noch immer die miteinander verbundenen Felskapellen zu sehen. Der Boden innerhalb wie außerhalb der Kirche ist übersät mit mittelalterlichen Felsgräbern. Kurios ist der Durchgang aus dem 15. Jahrhundert zum hinteren Teil der Klosterruine, in den ein Felsblock integriert ist. Die Ruine wurde übrigens von den Muchachos aus Bemposta (siehe Seite 346) instandgesetzt und wird auch von ihnen gepflegt.

▶ Zurück auf der C 536 biegt nach 3 km eine Straße zum 6 km entfernten **Maceda** ab, wo die *Burgruine* der Grafen von Maceda besucht werden kann, in der Alfonso X. der Weise (1221 – 1284) seine Kindheit verbrachte. Die Anlage wird zu einem Hotel umgebaut. In den ersten Augustwochen findet hier eine »Fiesta Medieval« statt, bei der – wie ein Leser berichtet – heftig gezecht wird.

Die C 536 führt schließlich an dem kleinen unscheinbaren Keramikdorf

Niñodaguia vorbei. In fast jedem Haus dort befindet sich eine Töpferwerkstatt, in Richtung der Tongrube steht ein örtliches *Keramikmuseum.* Einen kurzen Stop ist auch der Ort **Xunqueira de Espadañedo** wert, dessen heutige *Pfarrkirche* ein ehemaliges Kloster aus dem 12. Jahrhundert ist. Die Fassade der Kirche ist zwar klassizistisch, und auch die Apsiden haben unter späteren Veränderungen gelitten, doch der Rest ist rein romanisch. Ein Teil des Kreuzganges aus dem 16. Jahrhundert wird derzeit restauriert. Besonders schön sind die drei dort angebrachten Sonnenuhren.

Hinter Xunqueira geht es dann weiter bis zum **Alto de Rodicio** mit einem Aussichtspunkt an seiner höchsten Stelle (943 m) über dem *Arnoia-Tal.* Der Ort **Vilariño Frío**, der nach 5 km auftaucht, ist berühmt für die Schuhe aus Birkenholz, die hier hergestellt werden. Nur ein Stück weiter führt eine Straße nach rechts Richtung **Montederramo**, das am *Embalse de Leboreiro* liegt.

Die Geschichte dieser Gegend ist eng verknüpft mit dem **Monasterio Santa María**, an einer Biegung des *Río Mao* gelegen. Es wurde 1124 von Teresa von Portugal, einer Tochter von Alfonso VI. (1040 – 1109), gegründet. Die heutige Gestalt von Kloster und Kirche geht auf einen Neubau von Juan de Tolosa zurück, der in seiner Jugend am Bau des madrilenischen Escorial beteiligt war und den streng wirkenden, schnörkellosen Herrera-Stil des späten 16. Jahrhunderts nach Galicien mitbrachte. Die Kirche besitzt ein Chorgestühl aus dem 17. Jahrhundert und eines der ersten Barock-Retabel Galiciens. Einer der Kreuzgänge ist im Renaissance-Stil erbaut worden, der zweite spätgotisch. Lange befand sich der gesamte Klosterkomplex in einem halbwegs desolaten Zustand, Mopeds und Autos parkten in den Innenhöfen, eine Bäckerei hatte im Kreuzgang ihr Vorratslager eingerichtet, die abenteuerlichsten Konstruktionen sollten einige Mauern vom Zusammenbrechen abhalten. Mittlerweile ist das Gebäude zu einer Schule umgebaut.

▶ Wieder auf der Hauptstraße, ist schon von weitem die Burg von **Castro Caldelas**, einem schmucken mittelalterlichen Örtchen, zu erkennen. Die Häuser des alten Stadtkerns gruppieren sich um eine alte *Festung* der *Grafen Lemos.* Die Umfassungsmauern, drei Festungstürme sowie der Uhrenturm sind vollständig erhalten. Die Burg, in der sich auch die Insignien des Templerordens finden, beherbergt jetzt eine Kunstakademie. Von den begehbaren Zinnen bietet sich eine einzigartige Aussicht.

(Von Castro Caldelas geht bereits die Straße ab, die Richtung Monforte zu der Sil-Schlucht und an dem Fluß entlang zurück nach Ourense führt.)

Essen & Unterkunft

★ *Hostal-Restaurante Blanco*, José Antonio 4, © 988-203050. DZ 13 €. Einfache, saubere Zimmer mit zum Teil sehr schöner Aussicht. Die Chefin des Hauses, Josefa Sotelo, ist auch zugleich die Köchin. Ihre Spezialität sind Lammkoteletts. Tagesmenü 4,50 €.

▶ Tourbeschreibung

Nächste Station auf der C 536 von Castro Caldelas aus ist zunächst der **Alto de Cedeira** (890 m). Dort stehen am Straßenrand die Reste von vier *römischen Säulen*, die einst an der Römerstraße von Braga nach Astorga standen. Die Inschriften sind sehr verwittert, so daß sie kaum noch zu entziffern sind. Die beiden Säulen auf der linken Seite sollen den Kaisern Constantinus Augustus und Flavius Claudius Julian gewidmet sein.

Eine sehr wenig bekannte römische Hinterlassenschaft befindet sich nur 5 km entfernt. Die *Brücke* über die *Navea* liegt versteckt in einem kleinen Tal und ist nur zu Fuß zu erreichen.

Beeindruckend: Römerbrücke über den Río Bibei

Ihre wildromantische Lage zwischen alten, verlassenen Gehöften und einer verfallenen Kapelle rechtfertigt die Kletterpartie jedoch allemal.

Von hier aus sind es noch 17 km bis zu der wesentlich bekannteren und eindrucksvollen **Römerbrücke** über den *Río Bibei*. Sie war eine der wichtigsten Konstruktionen der Römerstraße XVIII und wurde wahrscheinlich zu Zeiten des römischen Kaisers spanischer Herkunft, Trajan, errichtet. Die Brücke ist 75 Meter lang und 6 Meter breit, komplett aus losen Steinen gefügt und seither kaum verändert worden. Direkt hinter der Brücke steht noch ein römischer *Meilenstein,* 94 römische Meilen von Astorga entfernt.

▶ Auf dem Rückweg nach Castro Caldelas durchquert die Straße wieder den Ort **Pobra** (Povoa) **de Trives.** Von dort aus geht eine Straße ab zur 18 km entfernten **Cabeza de Manzaneda,** der einzigen Skistation Galiciens auf einer Höhe von über 1700 Metern (↗ »Wanderungen & Sport«). Das landschaftlich reizvolle Manzaneda-Gebiet bietet sich auch im Sommer besonders gut für ausgedehnte Wanderungen an.

Unterkunft in Pobra de Trives

★★★ *Casa Grande*, Marqués de Trives 17, ✆ 988-332066, Fax -332066. DZ 48 €. Liebevoll restaurierter Pazo in Privatbesitz aus dem frühen 18. Jahrhundert mit dazugehöriger Kapelle und Barockretabel. Innenhof mit Säulen und Steinbrunnen in der Mitte. 5 DZ mit Badezimmer und Fernseher.

Camping: *Nieves*, Avda. de América s/n, ✆ 988-330126, das ganze Jahr geöffnet, 2 PAZ 8 €.

Wieder in Castro Caldelas geht es nun rechts ab Richtung Monforte 5 km den Berg hinunter bis zur Abzweigung nach **A Teixeira**. Die Straße windet sich von hier aus durch eine saftig grüne Landschaft, führt durch kleine Dörfer und gibt immer wieder den Blick frei auf den *Río Sil* in einer tiefen Schlucht. (Bei *Piedra del Sol* der Straße Richtung *Parada do Sil* folgen, bei einer unbeschilderten Gabelung in dem Dorf *Cristosende* links halten).

In **Parada do Sil** geht eine schmale Straße nach rechts zu dem 5 km entfernten **Kloster Santa Cristiña**, das weit abgelegen und schwer zugänglich fast direkt am Fluß steht. Die Benediktinerabtei war eines der wichtigsten Klöster an der *Ribeira Sagrada*. Im Jahr 876 wurde es erstmals erwähnt, die ältesten Reste stammen aus dem Jahr 969. Offensichtlich wurden der Abtei viele Schenkungen gemacht, die ihr wachsenden Reichtum bescherten. Im 12. Jahrhundert begannen die Mönche einen Neubau, zu dem unter anderem die sorgfältig restaurierte romanische *Kirche* gehört. Sie besitzt eine der schönsten romanischen Rosetten Galiciens. 1518 geriet Santa Cristiña in Abhängigkeit zu San Esteban de Ribas de Sil und verlor seine ursprüngliche Bedeutung. Dennoch war man hier im 16. Jahrhundert noch in der Lage, den wunderschönen, zum Teil erhaltenen *Kreuzgang* zu schaffen.

Auf dem Rückweg vom Kloster lohnt sich eine Stippvisite in dem Dorf **Castro**, in dem noch viele der typischen alten Bauernhäuser dieser Gegend stehen und bewohnt werden.

Weiter geht es hinter Parada do Sil Richtung *Luintra*. 5 km vor Luintra führt eine ausgebaute Straße zum letzten Halt der Rundreise, zum **Kloster San Esteban de Ribas de Sil**, das auf einer Terrasse der Sil-Schlucht liegt. Schon im 6. Jahrhundert wußte man von dieser Einsiedelei. Im 10. Jahrhundert flüchteten sich neun Bischöfe vor den Arabern hierher, woran mit den neun Mitren (Bischofsmützen) über dem Klosterwappen der Fassade erinnert wird. Zu dieser Zeit wurde das Kloster auch erweitert. 1184 begannen die Benediktiner mit dem Bau der Kirche, die bis heute besteht. Die dreischiffige Konstruktion der *Kirche* ist romanisch, jedoch finden sich schon einige gotische Elemente. Sehenswert sind die romanischen Apsiden und die fein gearbeitete Rosette. Der größte der drei *Klosterkreuzgänge* ist in seinem unteren Stockwerk romanisch, der erste Stock wurde in der Zeit der Renaissance aufgesetzt. Romanische und gotische Stilelemente vereint der »Kreuzgang der Bischöfe«. Im 16. Jahrhundert war das Kloster ein bedeutendes Zentrum für Studien, Gymnasium, Bibliothek und Schule der Künste. Im vergangenen Jahrhundert wurde es aufgegeben, 1984 restauriert und wird zur Zeit einem luxuriösen Parador mit 80 Zimmern umgebaut.

Von **Luintra** aus Richtung *Castadón* trifft die Straße nach 14 km wieder auf die C 536, die zurück nach Ourense führt.

ÜBER DEN FLUSS DES VERGESSENS

Ourense → Bemposta → Allariz → Baños de Molgas → Castillo Monterrei → Verín

In den Süden der Provinz Ourense führt die N 525 Richtung Allariz und darüber hinaus über den Río Limia, den Fluß des Vergessens, bis Verín. Als erstes kommen Sie am Staat der Muchachos vorbei – Bemposta ist etwas ganz Besonderes.

Allariz …

… liegt, 25 km von Ourense auf einer Anhöhe am *Río Arnoia* und läßt die Zeit verstreichen. Die Geschichte des mittelalterlichen Städtchens reicht ins 5. Jahrhundert zurück, vermutlich war *Villa Allarica* eine Gründung der Sueben. Über Jahrhunderte spielte Allariz in Galicien eine wichtige Rolle. Alfonso VI. (1040 – 1109) befahl

A n der alten Nationalstraße 525 Richtung Madrid taucht sechs Kilometer hinter Ourense eine Tankstelle auf. Sie gehört bereits zu Bemposta, dem Staat der 4- bis 26jährigen *Muchachos de Bemposta,* den Bemposta-Kindern. Eine Kurve weiter am Schlagbaum wartet der »Grenzbeamte« mit dunkler Haut und Krusselkopf im Vorschulalter. Der Kleine bittet den Besucher freundlich zu warten und sucht nach der Delegierten für Öffentlichkeitsarbeit. Anne heißt sie, Anne Wolf aus Hamburg, die bislang einzige Deutsche hier. Die Muchachos haben die junge Frau ins Amt gewählt, nachdem sich die freie Journalistin nach einer Bemposta-Recherche entschieden hatte, für immer hier zu bleiben.

Das ehemalige Weingebiet südlich Ourenses ist seit fünfunddreißig Jahren »Nation der Kinder«. Sie hat ein eigenes Parlament mit einem zwölfjährigen Bürgermeister und Wahlkampf alle zwei Jahre, eine selbstgebaute

Bemposta: Kinder an der Macht

Schule, eine grün-orangefarbene Flagge, ein eigenes Tonstudio, Handwerksläden, einen Friseursalon, ein Zirkuszelt und sogar eine eigene Währung. Die *corona* kann in der Bank gegen Euro getauscht werden. Auf den selbstgedruckten Geldlappen sind junge, gelockte Köpfe abgebildet. Diese Scheine verdienen sich die 150 Jungen und Mädchen aus 15 Nationen für ihre Arbeit in der Bäckerei, in der Küche, auf dem Feld oder in der Schule für das Lernen. Wer schwänzt, ist schnell pleite. Die Kinder kommen vorwiegend aus Spanien, Portugal und Lateinamerika, wo Bemposta Dependancen hat. In der Gegengesellschaft mit dem Ambiente eines Abenteuerspielplatzes leben kolumbianische Diplomatensöhne, japanische Arzttöchter, Straßenkinder aus Lissabon oder Marokko.

Für all diese Kinder hat der Gründer, Jesuitenpater Silva, das Sorgerecht übernommen. Silva hatte mit neun Jahren den Film »Boy Town« mit Spencer Tracy in der Hauptrolle gesehen.

den Bau einer Festung, deren Spuren aber fast ganz verschwunden sind. Alfonso IX. (1171 – 1230) residierte dort eine Weile, sein Enkel Alfonso X. der Weise (1221 – 1284) stellte hier die *Cantigas de Santa María* zusammen, eine der bedeutendsten Sammlungen mittelalterlicher Lyrik.

Die einschiffige **Iglesia de Santiago** wurde 1136 errichtet. Die Skulpturen der Kapitelle erinnern stark an keltische Motive. Den **Convento Santa Clara** gründete Doña Violante, die Frau Alfonsos X. Das heutige Gebäude stammt aus dem 18. Jahrhundert und besitzt einige schöne Stücke gotischer Kunst, die einst König Fernando III. (1201 – 1252) gehörten, darunter eine Jungfrau aus Elfenbein aus dem Ende des 13. Jahrhunderts und

Seitdem habe er eine Stadt für Kinder im Kopf gehabt. Sagt er. Noch als Theologiestudent organisierte Silva im Haus seiner Mutter eine Art Wohngemeinschaft für fünfzehn verwahrloste Waisenkinder. Mit einem klapprigen Lastwagen zogen sie durch die Provinzhauptstadt auf der Suche nach Lumpen und Flaschen. Schon ein Jahr nach der Gründung gewannen die Bengel völlig überraschend die spanische Hockey-Jugendmeisterschaft. Später siedelte die langsam anwachsende Gemeinschaft nach Bemposta um, wo der Pater (sein Onkel leitete den Madrider Zirkus

Kein Spielgeld: Bempostas Kinder haben ihr eigenes Geld

Price) den heute berühmten Zirkus »Los Muchachos« aufbaute. Mittlerweile gehen die Kinder mit Trapez, Menschenpyramide und Friedenstaube auf internationale Tourneen. Der *circo* ist ihre Haupteinnahmequelle, daneben verdienen sie Geld mit getöpferten Don Quijotes, der Restaurierung von Klöstern und in Zukunft mit einem selbstgebauten Hotel für die (erwachsenen) Besucher. Die Delegierte für Öffentlichkeitsarbeit spricht von einem autarken, gut funktionierenden Staat, ein Lokaljournalist aus Ourense dagegen von hoher Verschuldung.

Der Padre hat bereits über 25.000 Kinder betreut. Ab dem fünfzehnten Jahr können sie sich freiwillig zum großen Abenteuer melden. Das heißt neuerdings auch ein Jahr Entwicklungshilfe in Lateinamerika. Schon länger gibt es das mehrwöchige, asketische Leben in einer Klosterruine, eine Betteltour durch das Land und Arbeit im Krankenhaus und auf See. Früher einmal sollen die Jugendlichen sogar Fahrräder geklaut haben, um das Gefängnisleben zu erfahren. – Wie eine christliche Urkommune nach Grundsätzen der Befreiungstheologie liegt Bemposta versteckt im galicischen Hinterland, um von dort aus die Welt zu verändern. ◄

ein Kristallkreuz. Ein Stadtrundgang gleicht einem Museumsbesuch.

Fest: Doch einmal im Jahr, im Juni um Fronleichnam herum, erwacht Allariz aus seinem Schlaf. Während der dreitägigen *Festa do Boi,* der Ochsenfete, wird im Pamplona-Stil gefeiert – mit einem Stiertreiben durch die Gassen, viel Wein und Teilnehmern, die dort schlafen, wo sie umfallen.

Verbindungen & Infos

Bus: *Estación de autobuses,* Emilia Pardo Bazán, ℘ 988-270812. Zwei Busfirmen unterhalten Linien in alle größeren Städte: *Autos Ampián,* ℘ 988-213240, *Autos Villalón* ℘ 988-217771.

Weitere Informationen: *Oficina de Turismo,* Alameda s/n, & 988-442008. Einige Broschüren.

Unterkunft & Essen

★ *Hostal-Restaurante Alarico,* Emilia Pardo Bazán 4, ℘ 988-440790. DZ 36 €. Das Hostal liegt etwas außerhalb der Altstadt und ist ein modernes Gebäude. Das Essen ist preiswert und reichhaltig.

Turismo rural: *Pousada Torre Lombarda,* Alfredo Nar s/n, ℘ 988-554005, Fax -554197, beim Ortsausgang Richtung Celanova. Teil der alten Burg von Allariz und nach den Lombarden benannt, die bei der Renovierung gefunden wurden. Die *lombarda*s sind Feuerwaffen, die Ende des 15. Jahrhunderts in der Lombardei erstmals im Krieg eingesetzt wurden. Die Pousada ist äußerst geschmackvoll eingerichtet, mit Restaurant, DZ ab 36 €.

Muíño de Briñal, Rúa Portela 4, ℘ 988-442248, Fax -442206. DZ 60 €. Wun-

derschön am Fluß gelegenes Landhaus, 2,5 km von Allariz auf der OR-300 Richtung Celanova.

Restaurants: *Casa Fandiño,* Vilanova 1, ℘ 988-440002. Das beste Restaurant der Stadt, traditionelle Küche und Wildgerichte nach Saison. Menü nicht unter 20 €.

Portovello, Mueseo de Cairo, ℘ 988-442329. Wegen seiner Lage am Fluß und der schönen Einrichtung ein Muß für Romantiker.

Acea da Costa, Parque Portovello, ℘ 988-442288. Alte Mühle am Fluß Arnoia mit herrlicher Terrasse. Junge Küche mit tollen Desserts.

Camping & Reiten

Camping: *Os Invernadeiros,* 3 km Richtung Celanova, ℘ 988-442006. 2 PAZ 12 €. Am Fluß gelegen, nicht sonderlich komfortabel. Es gibt auch Bungalows zu mieten.

Aktiv: *Ruatur,* ℘ 988-442006, am Campingplatz, bietet für Gruppen Ausritte, Wanderungen und Führungen an. 2 Tage mit Bungalow-Übernachtung, VP und Aktivitäten kosten bsp. 36 €.

▶ **Tourbeschreibung**

Zurück an der N 525, lohnt es sich, statt nach rechts zunächst weiter geradeaus zu fahren zum 7 km entfernten **Xunqueira de Ambía,** wo sich das *Kolleg Santa María* befindet, ein ursprünglich romanischer Bau aus dem 12. Jahrhundert. Besonders schön ist der Innenhof mit einem spätgotischen Kreuzgang aus dem 15. Jahrhundert, in dem noch einige romanische Reste verblieben sind. Die Kirchenorgel aus dem 16. Jahrhundert wird seit ihrer

Restaurierung oft für Konzerte benutzt.

3,5 km weiter Richtung *Baños de Molgas* empfiehlt es sich, nicht zu schnell zu fahren, denn das wunderschöne präromanische Kirchlein **Santa Eufemia** aus den Anfängen des 9. Jahrhunderts steht unscheinbar zwischen den anderen Häusern des Dorfes. Seine Vorder- und Südseite mit mozarabischen Zwillingsfenstern sind noch erhalten. Der Baustil ist asturisch. Um das Innere zu besichtigen, muß man sich von den Bewohnern des Hauses rechts der Kirche die Holztür aufschließen lassen.

Baños de Molgas

Bereits den Römern ist dieser Ort mit seinen 28 und 50 Grad warmen Quellen bekannt gewesen, er lag auch direkt an der Römerstraße XVIII, von der noch die erhaltene Brücke über den Río Arnoia zeugt. Das Wasser soll Heilkräfte gegen Nervenkrankheiten, Rheumatismus und Hauterkrankungen besitzen. Die Badeeinrichtungen befinden sich in dem kleinen *Kurhotel*, sind aber nicht nur für Hotelgäste zugänglich. In der HS wird jedem für etwa 6 € zwischen 6 und 12 sowie zwischen 17 und 20 Uhr ein Bad eingelassen, in der NS zwischen 8 und 11 Uhr.

Von Baños de Molgas führt eine Straße zu dem 3 km entfernten **Santuario de los Milagros,** der am 8. September Schauplatz einer vielbesuchten *Romería* ist. Um die schön gelegene Kirche aus dem 18. Jahrhundert herum ist ein Kreuzweg mit kleinen Kapellen angelegt worden.

Verbindungen & Unterkunft
Zug: Zweimal täglich, 8.12 und 16.03 Uhr, fahren von der kleinen Bahnstation Züge nach Ourense.
Von Ourense nach Baños de Molgas fahren Züge außer Sa um 12.40, 14.30 und 19.30 Uhr.
Bus: Die Bushaltestelle liegt an der Hauptstraße. Nach Ourense fahren täglich Busse um 7.45 und 14 Uhr.
★★ *Hotel Balneario Baños de Molgas,* Samuel Glez. Movilla 26, ✆ 988-430246, Fax -430405. DZ 42 €.

▶ **Tourbeschreibung**
Zurück Richtung *Xinzo de Limia* passiert die N 525 die legendenbeladene *Laguna de Antela,* von der allerdings nichts mehr zu sehen ist. Mit ihren Ausmaßen von sieben mal sechs km war sie einmal der größte Süßwassersee der Iberischen Halbinsel. Eine Legende erzählt, an ihrer Stelle habe sich einmal eine Stadt mit hartherzigen Bewohnern befunden. Gott wollte sie bestrafen, doch Jesus wandte ein, er solle wenigstens den gerechten Menschen der Stadt ihr Leben lassen. Als Bettler verkleidet ging Jesus darauf von Haus zu Haus, doch niemand hatte Mitleid mit ihm. Er wollte schon die Stadt verlassen, da bot ihm eine alte Frau die Milch ihrer einzigen Ziege und ihre zerlumpten Kleider als Bett an. Am nächsten Morgen stand das Wasser eines riesigen Sees bis zur Schwelle des Hauses der alten Frau. Die Stadt und alle anderen Bewohner aber waren verschwunden.

Die Laguna ist heute trockengelegt, das Wasser fließt kanalisiert in den *Río Limia,* vom dem es heißt, er sei der »Fluß des Vergessens«. Wer ihn überquert, so dachten die von Süden vordringenden römischen Invasoren, vergesse seinen Namen und seine Heimat.

Wer dennoch weiter will, trifft in der Ebene auf **Xinzo de Limia,** das vor allem für die Qualität seiner Kartoffeln berühmt ist. Ansonsten ist Xinzo ein staubiges Nest mit dem Charme eines Durchgangsortes. Seine romanische *Pfarrkirche* ist im Laufe der Jahrhunderte verbaut worden, besitzt aber noch ein schönes romanisches Portal mit verzierten Archivolten.

An der Praza Maior liegen einige Cafés, auf deren Terassen vor allem Motorradgruppen beobachten, wer auf der Straße unterwegs ist. Das Café *Rudi* verkauft sogar Bitburger Bier.

Fest: Die *Karnevalsfeiern* von Xinzo sind bei Galegos sehr beliebt. Die verkleideten, hinter Masken steckenden Junggesellen hauen dabei mit Schweinsblasen auf die Zuschauer ein.

Castillo Monterrei

Etwa 5 km nordöstlich von Xinzo im Ort **A Pena** steht die *Torre de Pena.* Der gut erhaltene Turm diente im 18. Jahrhundert vermutlich als Gefängnis. Zu ihm führt ein schöner Fußweg hinauf.

Zurück auf der Hauptstraße 525 sieht man nach einer 30 km langen Fahrt durch eine bergige Ginsterlandschaft, die immer wieder von Waldbrand-

schneisen durchzogen ist, schon von weitem die Türme des *Castillo Monterrei* aufragen. Am besten folgen Sie den Parador-Wegweisern und lassen Ihr Gefährt auf dem Parkplatz des herrlich gelegenen Hotels stehen. Zu der Burg führt eine alte 1 km lange Römerstraße hinauf. Allein der großartigen Aussicht wegen lohnt sich ein Ausflug hierher (10.30 – 13.30 und 17 – 20 Uhr, Mo und Di geschlossen).

Monterrei mit seiner *Iglesia Santa María de Gracia* ist eine der monumentalsten Festungsanlagen Galiciens und wurde wahrscheinlich an der Stelle eines alten keltischen Castro errichtet. Ein dreifacher Mauerring schützt Kirche, Hospital und Palast. Die erste Festung aus dem 12. und 13. Jahrhundert wurde im 15. Jahrhundert weitgehend erneuert. Pedro I. der Grausame von Kastilien (1334 – 1369) hielt sich längere Zeit als Verfolgter in der Festung auf. In Monterrei stand auch die erste Druckerpresse Galiciens. Die »Misal Auriense«, von der

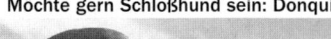
Möchte gern Schloßhund sein: Donqui

sich noch ein Exemplar in der Kathedrale von Ourense befindet, ist hier 1494 gedruckt worden.

Wer schwindelfrei ist, kann die 22 Meter hohe *Torre de las Damas* aus dem 14. Jahrhundert erklimmen. Die Reste des *Palastes* mit einer Galerie im Renaissance-Stil werden derzeit restauriert. An seiner Südseite erhebt sich die *Torre Nueva* aus dem 16. Jahrhundert. Das *Hospital,* von dem fast nichts erhalten blieb, stammt aus derselben Zeit.

Besonderes Augenmerk verdient die romanische **Iglesia Santa María de Gracia** aus dem 13. Jahrhundert, die Alfonso X. errichten ließ. Ihr ursprüngliches Hauptportal ist verschwunden, doch das Nordportal ist von einzigartiger Schönheit. Die zum Teil präromanischen Verzierungen stellen vermutlich das Paradies dar. Zu beiden Seiten des Eingangs sind mittelalterliche Gräber in die Mauer eingelassen. Kunsthistorischer Glanzpunkt des *Kircheninnern* ist eine Kreuzigungsdarstellung aus dem 9./10. Jahrhundert. Gleich daneben ein steinernes Altarbild aus dem 12./13. Jahrhundert mit 12 Passionsszenen.

Verín — das Selters von Galicien

Direkt am Fuße der Burg gelegen, ist die Geschichte Veríns eng mit Monterrei verknüpft. Bekannt ist die Stadt jedoch wegen ihrer zahlreichen Quellen und Bäder, von denen heute die meisten geschlossen sind. Das Wasser aus den Quellen *Sousas* oder *Cabreiroá* trinkt man aber in ganz Spanien und in einigen anderen Ländern. Gali-

cier bekommen fast kein anderes Wasser auf den Tisch.

Alle der insgesamt fünf Mineralquellen Veríns beziehen ihr Wasser aus der selben geologischen Bruchstelle, dem *corgo.* Von den umliegenden Bergen aus kann man sehr gut erkennen, wie das Tal von Verín regelrecht eingebrochen ist. Obwohl weiterhin mehr Wasser sprudelt, als die Abfüllanlagen bewältigen können, hat Verín sichtbar bessere Zeiten erlebt – selbst das durch die Nähe Portugals traditionelle Schmuggelgeschäft läuft nicht mehr so richtig.

In der **Altstadt** finden sich viele reich verzierte Häuser, oftmals leider in erbärmlichem Zustand. Einen melancholischen Eindruck einstiger, wenn auch provinzieller Noblesse vermittelt das leerstehende **Kurhotel** an der Abfüllanlage Cabreiroá, etwas außerhalb der Stadt. Hin und wieder dient das Gebäude als Kulisse für Filmdreharbeiten; das letzte Mal mußte es als Irrenanstalt herhalten.

Keineswegs melancholisch wirken die – besonders zum Karneval – feierfreudigen Veríner, haben doch auch sie einen **Modedesigner** internationalen Ranges in ihrer Mitte, der mit seinem Markennamen *Roberto Verino* seiner Heimat alle Ehre macht. Sein bürgerlicher Name lautet Roberto Mariño, seine Kreationen hängen im wesentlichen an den Kleiderstangen der spanischen Kaufhauskette *Corte Inglés.*

Verbindungen & Infos
Bus: *Estación de autobuses,* Flores s/n.
Verín-Ourense: Mo um 7 Uhr direkt, sonst zwischen 7.30 und 17.45 Uhr 9x

DAS LANDESINNERE

täglich über Xinzo de Limia für 5 €, Fahrzeit 90 Minuten.

Nach Santiago/Coruña: um 5.10 und 17.45 Uhr.

Zwischen 8 und 20.45 Uhr 8x täglich nach Portugal (Grenze, von dort Umsteigemöglichkeit).

Weitere Informationen: *Casa de Cultura,* Avda. de Portugal s/n, hält touristische Infos bereit.

Unterkunft

★★★ *Parador de Verín,* direkt an der Burg Monterrei, ✆ 988-410075, Fax -412017, DZ ab 69 €. Großartiges Panaroma, sehr komfortabel mit Schwimmbad, ruhig.

★ *Hotel Dos Hermanas,* Avda. de Sousas 106, ✆ 988-410280, Fax -410280. DZ 24 €. Saubere Zimmer mit Bad und Fernseher. Ruhig. Die Doppelzimmer für Ehepaare sind wesentlich schöner.

★ *Hostal O'Augueiro,* Avda. de Sousas 117, ✆ 988-411026. DZ 20 €. Sauber, mit Bad.

Essen & Trinken

Mesón do Río, Luis Espada 2, ✆ 988-410936. Mit schöner Terrasse am Fluß. Gute Küche, netter Wirt. Zu Gast ist manchmal Galiciens Mode-Equipe. Sehr empfehlenswert.

Casa do Pulpo, Avd. de Portugal 24, ✆ 988-410886. Wie der Name schon sagt, auf Pulpo spezialisiert. Empfehlenswert, wenn auch spartanisch.

Restaurante Lugano, Amaro Refajo 14, ✆ 988-410391 oder -410540. Für den schmalen Geldbeutel, aber recht gut, besucht von Angestellten der Modefabrik von Roberto Verino nebenan. Etwas ungemütlich.

Casa Araujo, Rúa Maior 40, ✆ 988-411785. Hausmacherschnäpse und Liköre vom Allerfeinsten.

▶ **Tourbeschreibung**

Bei der Rückfahrt nach Ourense bietet es sich an, einen Abstecher in den Ort **Celanova** zu machen und über die N 540 nach Ourense zurückzukehren. Celanova ist vor allem wegen seines **Benediktinerklosters San Salvador** bekannt, das vom Heiligen Rosendo im Jahr 936 gegründet wurde. (Besichtigung zwischen 16 und 19 Uhr zu jeder vollen Stunde mit Führung, 1,50 €). Die heutigen Klostergebäude stammen jedoch aus dem 16. Jahrhundert, die *Barockkirche* baute man 1681 und stattete sie mit drei Retabeln im besonders verzierungsreichen churrigueresken Stil aus. In silbernen Schreinen bewahrt die Kirche Reliquien Rosendos und des Heiligen Torcuato auf. Der kleine *Kreuzgang* wurde im 18. Jahrhundert von einem Klosterbruder errichtet. Im kleinen Klostergarten steht ein architektonisches Juwel aus dem 10. Jahrhundert. Die *Capilla San Miguel* hat eine rechteckige Apsis mit Kreuzgewölbe und ist mit den für den mozarabischen Stil typischen überzogenen Hufeisenbögen ausgestaltet.

Beim Schlendern durch die Stadt Celanova, vor allem in der *Rúa Abaixo,* fällt auf, wie niedrig die ältesten Häuser der Stadt sind. Das Kuriosum ist auf ein Privileg zurückzuführen, auf dem die Mönche in Celanova bis 1920 bestanden: Die Häuser der Stadt durften nur bis zur Höhe der Fenster des Kloster reichen.

STREIFZÜGE DURCH DIE PROVINZ LUGO

Lugo, so die Tageszeitung »El País«, ist die am wenigsten industrialisierte Provinz der Europäischen Gemeinschaft. Allerdings ist sie sehr fruchtbar. Ihre Hauptstadt Lugo mit der römischen Rundmauer ist die älteste Stadt Galiciens. Lugos Stadtkern ist wie der des kleinen Mondoñedo zum kunsthistorischen Nationaldenkmal erklärt worden. Einen Besuch wert sind daneben auch die Küstenstädte Ribadeo und Viveiro und die Naturschutzgebiete O Courel und Los Ancares als nahezu unbewohnte Wanderparadiese (↗ »Wanderungen & Sport«).

LUGO – VERTRÄUMTE STADT IM RÖMERRING

»Lugo ist die ideale Stadt zum Ausspannen für einen kranken Poeten«, notierte in den 50er Jahren Autor *Cunqueiro* (1911 – 1981). Gesunde Künstler nennen das Langeweile und flüchten in größere, weniger provinzielle Städte. Melancholisch liegt die Altstadt 465 Meter über dem Meeresspiegel. In Galicien ist sie die höchste, die älteste und die ärmste.

Innerhalb des einzigartigen, vollständig erhaltenen römischen Mauerrings, der die Stadt umschließt, hat der Regen den grauen Granit an einigen Stellen grün gefärbt. Der schöne Weg auf der 2 km langen Schiefermauer ist den Lugensern Spazierpfad und Joggingpiste. Einst schützte die Stadtmauer vor Überfällen der Germanen und Piraten. Heute, meinen böse Zungen, blocke sie jeden Zeitgeist ab. Von »Fortschritt« – so heißt die Lokalzeitung – merke man wenig.

Die Stadt lebt vom Handel, von der Landwirtschaft und der Provinzverwaltung. Im Vergleich zu Ourense wird wirtschaftliche wie kulturelle Initiative kleingeschrieben. »Ruhig bis apathisch« seien die Bewohner, meint der hier lebende Schriftsteller Julio Giz. »Dafür aber freundlich, gesellig und genießerisch«. Auf der *Plaza Mayor*, dem Poet Luis Pimentel (1895 – 1958) zufolge Lugos »Wohnzimmer«, kennt man sich. »Der scheint nicht aus Lugo zu sein« ist dann auch der typische Satz, wenn ein Unbekannter vorbeikommt.

Gleichzeitig gelten die Lugenser als tolerant gegenüber allem, was nicht in ihrer Familie oder ihrem Haus passiert. Unlängst wurden sie auf die Probe gestellt. Eine Prostituierte mit dem griechischen Unheilsnamen Pandora war aus Andalusien gekommen, hatte ein Bordell eröffnet und Erotikstreifen produziert. Mit ihrem Lieblingshund Yema, einem der Hauptdarsteller in den Filmen, spazierte sie halbnackt durch die Altstadtgassen. Erst als ihr Handel mit Kinderprostitution aufflog, platzte den Bewohnern der Kragen. Sie gingen – für Lugo ungewöhnlich – auf die Straße. Pandora kam ins Ortsgefängnis.

Lugo ist fein säuberlich in zwei Bereiche eingeteilt. Außerhalb der Stadtmauer entstanden in den 60ern schnell und chaotisch billige, häßliche Wohnblocks. Für die Landbevölkerung war das eine bessere Alternative als fehlende Arbeit, Schulen und Kommunikation. Innerhalb des Mauerrings liegen Lugos Kathedrale, Märkte und Plätze, Weingassen, ein Museum und Kirchen. Straßennamen sind vielfach nach Franco-Generälen und Bischöfen benannt. Dieses Lugo ist steinalt.

Lug kommt aus dem keltischen und heißt so viel wie heiliger Berg. Wie im attraktiven *Provinzmuseum* zu sehen, haben die Kriegerstämme Spuren hinterlassen. Die Legionäre des Feldherrn Augustus vertrieben sie und gründeten 25 n. Chr. das Militärlager *Lucus Augusti.* Der Ort wurde römischer Stützpunkt für die Soldaten und die Plünderung der galicischen Bevölkerung. Mehr als in anderen Städten

außer der *Mauer* die *Thermen* am Miño, eine *Römerbrücke* und Mauerreste des *Forums,* eines *Tempels* sowie eines *Aquädukts.*

Später gründeten die Sueben hier ihren Hauptsitz im 5. und 6. Jahrhundert, gefolgt von den Mauren, die 714 außer dem Steingürtel von Lugo nichts übrigließen. 40 Jahre später eroberte Alfonso I. von Asturien (etwa 693 – 757) die Stadt und gründete die Vorgängerkirche der heutigen *Kathedrale Santa María.*

Gegen Ende des Mittelalters verlor Lugo an Bedeutung, nicht aber an Bevölkerung. Erste Häuser entstanden jenseits der Mauer. Und wieder wurde die Stadt überfallen. Diesmal von den Franzosen, die erst Lugos Aufstand von 1808 vertrieb. Eine erneute Revolte des liberalen Kommandanten Solis y Cuetos wurde 1846 von der Zentralregierung in Madrid niedergeschlagen.

Heute wählen die Lugenser bei den Provinzwahlen vorwiegend konservativ. Hauptthemen im Rathaus wie in

Auf dem Römerring kann man die Altstadt Lugos umrunden

© Tobias Gerecht

im Nordwesten der Halbinsel haben die Caligulae, die römischen Soldaten-Sandalen, Spuren hinterlassen:

den Kneipen sind Vorstadtchaos und Verschmutzung des Miño-Flusses, Drogen und auch die vor sich hin

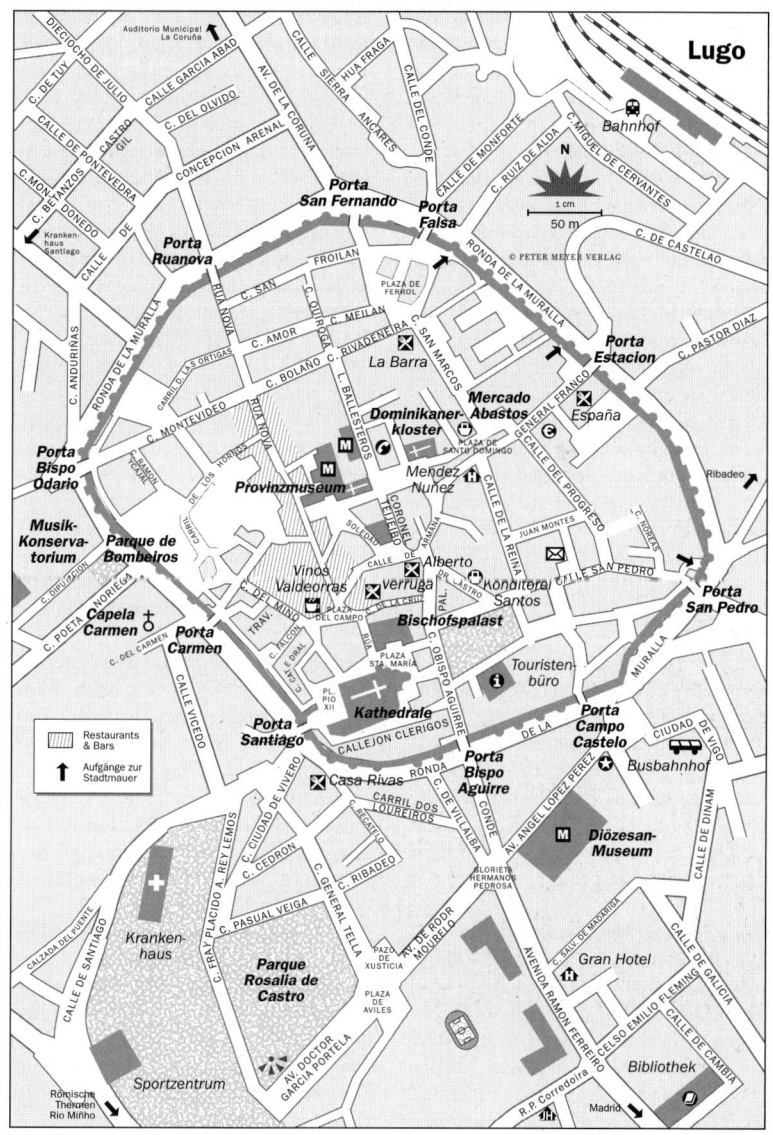

Lugo

Bahnhof

Auditorio Municipal
La Coruña

DIECIOCHO DE JULIO
CALLE GARCIA ABAD
CALLE SIERRA
HUA FRAGA
CALLE DEL CONDE
C. DEL OLVIDO
AV. DE LA CORUÑA
CALLE DE MONFORTE
C. MIGUEL DE CERVANTES
C. RUIZ DE ALDA
C. DE CASTELAO
C. DE TUY
CASTRO GIL
CONCEPCION ARENAL
C. MON... DONEDO
C. BETANZOS
Krankenhaus Santiago
DE CALLE
C. ANDURINAS

N
1 cm
50 m
© PETER MEYER VERLAG

Porta San Fernando
Porta Falsa
RONDA DE LA MURALLA
C. PASTOR DIAZ

Porta Ruanova
FROILAN
PLAZA DE FERROL

Porta Estacion
C. SAN
C. OURROA
C. MEILAN
C. AMOR
C. BOLAÑO
C. RIVADENEIRA
C. SAN MARCOS
RUA NOVA
CARRIL DE LAS ORTIGAS
La Barra
España
GENERAL FRANCO
Ribadeo

Porta Bispo Odario
C. MONTEVIDEO
C. RAMON FERME
C. BALLESTEROS
Dominikaner kloster
PLAZA DE SANTO DOMINGO
Mercado Abastos
CALLE DEL PROGRESO

Musik-Konservatorium
CARRIL DE LOS NORIEGA
Provinzmuseum
M
Méndez Nuñez
CALLE DE LA REINA
JUAN MONTES

Parque de Bombeiros
C. DIPUTACION
C. POETA NORIEGA
CORONEL TEIJEIRO
SOLEDAD
DR. CASTRO
Alberto
verruga
Konditerea Santos
CALLE SAN PEDRO

Capela Carmen
Porta Carmen
C. DEL CARMEN
TRAV. DEL MIÑO
C. DEL MIÑO
Vinos Valdeorras
CALLE PROGRESO DEL CAMPO
Bischofspalast
Porta San Pedro
MURALLA

CALLE VICEDO
C. CAT FELIX
C. FALCON
PLAZA STA. MARIA
Touristenbüro
i
DE LA

PL PIO XII
Kathedrale
CALLEJON CLERIGOS
PLAZA AGUIRRE
OBISPO AGUIRRE
Porta Campo Castelo
CIUDAD DE VIGO

Porta Santiago
Casa Rivas
RONDA
Porta Bispo Aguirre
C. DE VILLALBA
CONDE
AV. ANGEL LOPEZ PEREZ
Busbahnhof

CARRIL DOS LOUREIROS
CALZADA DEL PUERTE
C. CIUDAD DE VIVERO
C. CEDRON
C. RIBADEO
Diözesan-Museum
M
CALLE DE DINAM

CALLE DE SANTIAGO
C. FRAY PLACIDO A. REY LEMOS
C. PASUAL VEIGA
C. GENERAL TELLA
LLORIETA HERMANOS PEDROSA
CELSO EMILIO FLEMING
CALLE DE GALICIA
CALLE DE CAMBIA

Krankenhaus
PAZO DE XUSTICIA
AV. DE FODOR MOUBELO
Gran Hotel

Parque Rosalia de Castro
PLAZA DE AVILES
AVENIDA RAMON FERREIRO

AV. DOCTOR GARCIA PORTELA
Bibliothek

Sportzentrum
Römische Thermen Rio Miño
R.P. Corredoira
Madrid

□ Restaurants
& Bars
↑ Aufgänge zur
Stadtmauer

bröckelnde Stadtmauer. Aber längerfristige Pläne, so sagen die Lugenser von sich selbst, sind nicht ihre Sache. Lugo, die Verträumte.

Stadtrundgang

Ausgangspunkt kann das *Jakobstor* sein, das die Pilger von jeher auf dem Weg nach Santiago durchqueren. Zur Kathedrale hin zeigt das berühmteste der zehn Stadttore ein Bildnis des Apostels als Maurentöter. Eine Rampe führt hier auf den Römerring aus dem 2. und 3. Jahrhundert, zu dessen alten Eingängen die Tore *Miñia* (vollständig erhalten), *Carmen, San Pedro, Nova* und *Porta Falsa* zählen. An der **Porta Santiago** beenden viele Bewohner den insgesamt halbstündigen Rundgang auf der 2117 Meter langen Schiefermauer. Auch unsere Wegbeschreibung wird hier enden.

Die Stadtmauer ist vier bis sieben Meter dick, acht bis zwölf Meter hoch und hat 50 halbrunde Türme. Regen und Verkehr haben dem Nationaldokument so kräftig zugesetzt, daß es stellenweise reichlich heruntergekommen ist. Das gilt auch für einige Gebäude rings um die *Plaza Pio XII* zwischen Jakobstor und Kathedrale, in deren Schatten sich ein paar kleine Läden verstecken.

Die Kathedrale Santa María

Die Hauptfassade der *Santa María* aus dem Jahre 1763 ist streng, steif und klassizistisch. Auf den Besucher blicken die Statuen der Evangelisten, die des Glaubens über dem zentralen Giebel und an den Türmen links *San Capritón* als erster Bischof Lugos und

rechts San Froilán. Letzteren begleitet ein Wolf, der, so die Sage, einst des Bischofs Esel gefressen hat und die Last von da an selbst tragen mußte. San Froilán wird außer in seinem Geburtsort Lugo auch in León als Patron verehrt, wo seine Reliquien aufbewahrt werden.

Ein anderer Bischof, *Pedro Peregrino,* hatte schon 1129 den Bau der Kathedrale befohlen, namhafte Architekten engagiert und eine Kathedrale von der Pracht Santiagos im Auge. Doch die bekam er nie zu sehen. Auch seinen Nachfolgern ging in den über 600 Jahren, die die Vollendung noch dauern sollte, ständig das Geld aus. Die zahlreichen Baumeister probierten in der Zwischenzeit ihre Stile aus, veränderten, erweiterten, erneuerten. Noch zu Lebzeiten des Bischofs Peregrino entstanden die romanischen Seitenschiffe und der Chor nach dem Vorbild Santiagos. Das mittlere *Längsschiff* war im 15. Jahrhundert fertig. Der *Altarraum* kam hundert Jahre später zustande, um wiederum 200 Jahre später 1662 von dem Franzosen Charles de Lemaur umgebaut zu werden. Statt in einheitlichem Stil ist das Projekt des Gründungsbischofs auf diese Weise ein interessantes gestalterisches Durcheinander geworden.

In seinem vorwiegend barocken **Innern,** das durch den mittleren Chor seine Weite einbüßt, wird vor der Kapelle der *Jungfrau der großen Augen* am meisten gebetet. Sie ist ein Werk von Fernando Casas y Novoa, dem Erbauer der Westfassade der Kathedrale in Santiago. Diese wichtigste

Kathedrale Santa María

1 Capilla de la Virgen
   de los Ojos Grandes
2 Ehemaliges Hauptretabel
3 Capilla Ecce Homo Oscuro

PLAZA STA. MARIA

CALLE BUEN JESUS

Capilla de San Juan

Capilla de Santiago

Nord-portal

Altar de San José

Hauptaltar

Capilla del Pilar

Capilla de San Froilán

Chor

Capilla de Nuestra Señora

Capilla del Buen Jesús

Capilla de San Miguel

Westportal

Sakristei

Schatzkammer

Kapitelsaal

Kreuzgang

PLAZA PÍO XII

N

1 cm
10 m

© PETER MEYER VERLAG

und größte Kapelle entstand 1726 in farbigem Alabaster. In ihr steht die mittelalterliche Darstellung der *Seño-ra de los Ojos Grandes* als Schutz-patronin Lugos mit dem Jesuskind.

Barock gestaltete Meister Casas y Novoa auch den *Kreuzgang* der Santa María an deren Südseite. Dem Patron Lugos, *San Froilán*, ist die gleichna-mige Kapelle aus dem 15. Jahrhundert seitlich links hinter dem Westportal geweiht. Das Giebelfeld des *Nord-portals* (12. Jahrhundert) zeigt über der eisenbeschlagenen Doppeltür Christus im Heiligenschein; an sei-nem unteren Rand ist die Abend-mahlszene zu sehen.

Hier von der kleinen **Plaza Santa María** aus setzen wir unseren Rund-gang fort. Schräg links an der Plaza wirkt der barocke **Bischofspalast** wie ein galicischer *Pazo* (Herrenhaus). Links von ihm geht es durch die **Rúa Bispo Basulto** gleich mitten in Lugos schönste Altstadtgäßchen. In der Rúa selbst liegen kleine Tavernen, das billige, aber etwas ungemütliche *Restaurant Troula,* Antiquitäten- und Kleiderläden. Nach ein paar Metern öffnet sich linker Hand die dreieckige **Plaza del Campo** wie ein kleines Juwel. Den Römern war sie Forum und Marktplatz, heute ist sie Freßzone. Im Zentrum des mittelalterlichen, gepflasterten Platzes thront auf einem Brunnen der versteinerte Dominikaner-Prediger *San Vicente Ferrer* (1350 – 1419). Darunter speien Engelsgesichter neben Teufelsfratzen Wasser. Unter Rundbögen liegen Musikläden, Restaurants und eine Apotheke. Alte Männer treffen sich im kühlen *Vinos Valdeorras,* sitzen an der Theke oder zwischen den dunklen Weinfässern und nippen galicischen Ribeiro aus Porzellantäßchen. Die Wirtin reicht ihnen dazu auf einem Tablett Tapas aus Schinken, Käse, Oliven und Sardinen. Noch kulinarischer wird es in der anliegenden **Rúa da Cruz** mit Lugos teuren *Restaurants Verruga* (die Warze) und *Alberto.* Am Ende der Gasse geht es rechts die *Rúa Conde* zurück zur *Plaza Mayor.* Gleich am Rande des Platzes verkauft ein Laden ausländische – aber keine deutsche – Presse. Geradeaus schweift der Blick zum neueren Stadttor *Puerta del Obispo Aguirre.*

Die **Plaza Mayor** ist ein Rechteck mit drei Namen: *Plaza España, Alameda* und *Cantones.* Die Lugenser haben hier ihr Wohnzimmer mit Straßenterrassen, einem barocken Rathaus, schattigen Bänken, Musikanten und Läden unter den Arkaden, einem *Kloster der Franziskanerinnen* und das Kunstzentrum *Círculo de las Artes.*

In der abzweigenden **Rúa Doutor Castro** (auch »Straße der Süßigkeiten«) stellt die Konditorei *Santos* neben Mais- und Mandelkuchen Schokoküsse als Froschmäuler aus. Wie an vielen Ecken der Stadt wird der Besucher unweigerlich an den Spruch erinnert: »Und zum Essen: Lugo«.

Aber die Stadt bietet auch Kunst: die Einkaufsgasse herunter, am Ende rechts bis zur *Caja de Madrid.* Dort links und die zweite wieder rechts gelangen wir durch die *Rúa de Soidade* auf den gleichnamigen Platz. Hier steht das Provinzmuseum.

Museo Provincial

Der Bau ist teilweise in den ehemaligen **Convento San Francisco** integriert. Zum Konvent gehörte der *Kreuzgang* aus dem 15. Jahrhundert, die galicische *Küche* und der *Speisesaal.* Im romanisch nachgebauten Kreuzgang sind Kapitelle, Wappen, Statuen und Sonnenuhren ausgestellt. Das Museum präsentiert vor allem galicische Kunstrichtungen. Weiterhin gibt es im Erdgeschoß religiöse Malerei, Wanderausstellungen und eine Bibliothek.

Im ersten Stock ist neben einer *archäologischen Abteilung* mit Funden aus der Region moderne galicische Kunst, *arte galego,* untergebracht: modernistische Gemälde von Arturo Souto (1901 – 1964), Gravuren nach Fischmotiven des Xulio Prieto Nespereira (1896), düstere, teils an El Greco erinnernde Malerei des Xesús Corredoyra de Castro (Lugo 1887 – 1939), Statuen und auch älteste Keramik aus Sargadelos.

Museo Provincial de Lugo, Praza da Soidade s/n, ✆ 982-242112. Mo – Fr 10.30 – 14 und 16.30 – 20.30 Uhr geöffnet, Sa 10.30 – 14 und 16.30 – 20 Uhr, So 11 – 14 Uhr. Freier Eintritt für EU-Bürger bei Vorlage des Personalausweises.

Auf der Römermauer zurück

Vom Haupteingang des Museums in die **Iglesia San Francisco** sind es rund fünf Sekunden Fußweg. Ab 1230 bauten Franziskaner diese gotische Kirche. Auf hohen, schmalen Säulen mit einfachen Kapitellen ruht ein Holzdach, die Fenster in den drei Apsiden brechen das Licht farbig.

Schon in Sichtweite liegt die **Plaza de Santo Domingo.** Ihr Wahrzeichen ist eine simple Säule mit einem arroganten Adler drauf. Er soll verkünden, daß Lugo 2000 Jahre alt ist. Vor dem **Mercado Abastos** lädt man gerade Fleisch ab. Hier wird auch für die 22 Augustinernonnen eingekauft, die ihr Kloster niemals verlassen. »Sie haben sich für Gehorsam, Armut und Buße entschieden«, erklärt die greise Pförtnerin des Klosters. Sie wäre gerne selber Augustinerin geworden. Die Gesundheit hat es ihr verboten. Den schwarz-weiß gekleideten Nonnen ist der Chor der *Iglesia Santo Domingo* reserviert. Abends um 19.15 Uhr singen sie lateinische Kirchenlieder und

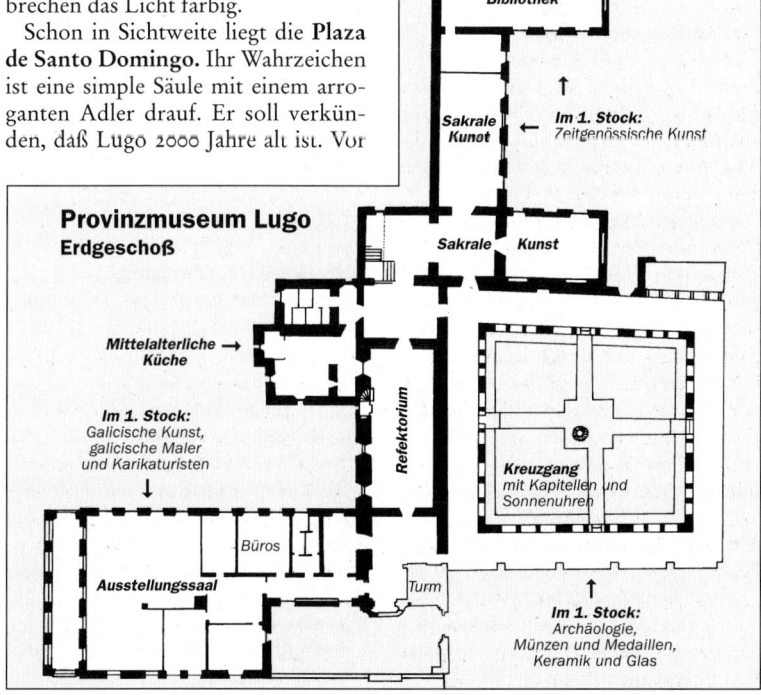

Provinzmuseum Lugo
Erdgeschoß

Bibliothek

Im 1. Stock:
Zeitgenössische Kunst

Sakrale Kunst

Sakrale Kunst

Mittelalterliche Küche

Im 1. Stock:
Galicische Kunst, galicische Maler und Karikaturisten

Refektorium

Kreuzgang
mit Kapitellen und Sonnenuhren

Büros

Ausstellungssaal

Turm

Im 1. Stock:
Archäologie, Münzen und Medaillen, Keramik und Glas

DAS LANDESINNERE

manche schielen dabei neugierig auf die Besucher der gotischen Kirche.

An der Plaza (Hausnummer 4) ist die *Galerie Lugo* auf Keramik und Bücher spezialisiert. Die *Rúa do Xeneral Franco* geht bis zum römischen Mauerring. Eine Treppe an der **Puerta de la Estación** führt auf den Mauerring. Nach rechts gelangen wir in knapp 15 Minuten zu unserem Ausgangspunkt, der **Puerta de Santiago,** zurück. Ein Weg zunächst mit Hinterhofambiente; später schmiegen sich alte, verfallene Häuser an die Mauer, bis schließlich der Blick auf die Kathedrale und die Plaza Mayor fällt.

Außerhalb der Mauer

Ein kleiner **Park,** benannt nach der Dichterin *Rosalía de Castro*, der zu Fuß fünf Minuten vom Santiago-Tor entfernt liegt, bietet Cafés, Spielplätze und eine weite Sicht auf die Umgebung hinter dem Miño-Fluß.

Zwischen Miño und Nationalstraße liegen 900 Meter vom Zentrum die **römischen Thermen** unter einem Hotel. Das 48 Grad heiße Heilwasser benutzen heute vor allem die Hotelgäste. Nahe der alten, oft restaurierten *Römerbrücke* sind die drei römischen Schiefergewölbe mit Umkleideraum und Rauchöfen auf Anfrage noch zu besichtigen.

Balneario de Lugo, ℡ 982- 221228.

Verbindungen & Infos

Zug: *Estación de ferrocarril,* Plaza del Conde Fontao, ℡ 982-222141.

Verbindungen morgens und abends nach Barcelona gegen 8 und 20 Uhr, nach Madrid abends gegen 20 Uhr.

Monforte: 10.15 und 20.21 Uhr.

Coruña: 8.22, 9.23, 19.46 und 21.39 Uhr.

Bus: *Estación de autobuses,* Plaza de la Constitución, ℡ 982-223985.

Nach Santiago und Coruña: 6.15, 13.45, 15, 16.45, 18, 20, 20.15, 21.30, 22 und 0.30 Uhr.

Fonsagrada 10.15 und 13.15 Uhr.

Mondoñedo täglich 9.15 und 17.45 Uhr; Monforte 4 x täglich.

Ourense (94 km) 3 x täglich.

Portomarín Mo – Fr 19.30 Uhr, So und Fei 11 Uhr.

Sarria 3 x täglich.

Vigo (184 km) 7 (außer So und Fei), 9.30, 11.30, 15, 18, 19.30 Uhr (Fr, So und Fei).

Viveiro über Villalba täglich um 9.30 Uhr.

Fernbusse nach Madrid täglich um 8.45, 10, 13.30, 16.30, 17.45 und 24 Uhr (Firma *Alsa*). Ticketschalter auch an der Plaza España 27, ℡ 982-223050.

Taxi: Stände an der Plaza Angel Fdez. Gómez und Plaza Santo Domingo, ℡ 982-225652 und -241900.

Unterkunft & Camping

★★★★★ *Gran Hotel,* Avda. Ramón Ferreiro 21, ℡ 982-224152, Fax -241660, DZ 113 €. Sehr umfangreicher Service, mitten in der Ausgeh-Zone.

★★★★ *Hotel Méndez Nuñez,* Reina 1, ℡ 982-230711, Fax -229738, DZ 55 €. Sechs Stockwerke hoch, mitten im Zentrum, ohne Restaurant, mit einem Salon, in dem galicische Nationalisten 1918 ihre Manifeste verfaßten.

★★ *Buenos Aires,* Commandante Manso 17, ℡ 982-225468, DZ 27 €.

★★ *Mar de Plata,* Ronda Muralla 5, ℡ 982-228910, DZ ab 29 € mit Bad. Empfehlenswertes Hostal-Restaurant.

- ★ *511,* Ronda Muralla 36, 1. Stock, ✆ 982-227763, DZ mit Bad 24 €, gleich am Mauerring, etwas laut, aber sauber.
- ★ *Alba,* Calvo Sotelo 31, ✆ 982-226056, DZ mit Waschbecken 19 €, Bad extra. Durchgelegene Betten und ganz schön muffig, dafür zentral. Gleich an der römischen Stadtmauer Lugos.

Camping: *Beira-Río,* Saamasas 9, ✆ 982-211551, 3 km vor Lugo, für Autofahrer geeignet; 15 Fußminuten zur Innenstadt. 2 PAZ 12 €.

Essen & Trinken

Alberto, Cruz 4, ✆ 982-228310. Wie ein kleiner Palast-Speisesaal, Schiefermauer, Leder-Holz-Sessel. Eine gute, teure Auswahl von Salaten über spanische Crêpes (*Filloas*) bis hin zum Hummer. Tagesmenü um 18 €, So geschlossen.

Verruga, Cruz 12, ✆ 982-229855, zu deutsch »die Warze«, eines der besten Restaurants und entsprechend teuer. Galicische Speisekarte von Meeresfrüchten über Fleisch bis zu den galicischen Eintöpfen. Das billigste Tagesmenü ab 20 €, Mo geschlossen.

Mesón O Muiño, eine Mühle aus dem 16. Jahrhundert am Río Miño, 2 km von Lugo auf der Carretera de Madrid, ✆ 982-230550.

Mancer, Recatelos 6, ✆ 982-228921. Außerhalb der Mauer nahe dem Jakobstor, gut besucht, einfach und preisgünstig.

Troula, Rúa Obispo Basulto 2, ✆ 982-223504, Menü 6 €, Di geschlossen. Phantasielos eingerichtet, dafür billige, ganz gute Küche.

Casa Rivas, Ronda Muralla 177, ✆ 982-221058. Einfache, billige Küche.

Casa María, Tolda de Castilla, ✆ 982-223528, empfehlenswert die Empanadas.

Tapas: In wenigen Städten gibt es eine ähnliche Tapa-Vielfalt wie in Lugo. In der Altstadt sind die *bodegones* kaum zu zählen, am meisten los ist in den Straßen Nova, Cruz und an der Praza do Campo.

Bogeda do San Vicente, Rúa Nova 6, hier kann man sich zwischen Schinken, Wurst, Empanadas und Käse gar nicht entscheiden.

Unterhaltung, Feste & Nachtleben

Lugo hat kein eigenes Theater. Gastspiele gibt es im *Auditorio Municipal* an der Avda. de la Coruña s/n und gelegentlich im Kino *Gran Teatro.*

Kinos: *Paz* und *Victoria* liegen in der Calle García Abad. *Kursal,* Nicomedes 7. *Gran Teatro,* Franco, gleich an der Mauer. Zwei weitere Kinos sind in der Ronda de Castelao.

🚶 **Fest:** Im März Wallfahrt zu Ehren des *San Lázaro.*

🚶 In der Nacht vom 23. auf den 24. Juni *San Juan* und ebenfalls im Juni *Corpus Cristi.*

🚶 Im September *Milagrosa* und vom 4. bis 12.10 *San Froilán.*

Bars: Die typischen Weinstraßen liegen um die *Rúa Nova,* wo sich die Bars ab 20 Uhr füllen. Um die *Plaza Mayor* liegen Straßencafés und Terrassen. Am Wochenende ist die *Calle Ramón Ferreiro* westlich der Stadtmauer beliebter Treffpunkt vor allem der jungen Leute. Dorthin fährt vom Zentrum der Bus Nummer 7.

Nahe der Kathedrale liegen die *Bars Farmacia de Guardia, Débora* und *Anagra-*

ma, später wechseln die Nachtschwärmer in die Zone um *Marina Española.*

Dos de Copas nahe der Plaza Sto. Domingo, Carril do Soido s/n. Musiker-Treff mit Billard. Besitzer ist der Bassist *Fito,* der eine keltische Dudelsackband, »Brath«, und Lugos berühmteste Rockgruppe »Los Contentos« begleitet.

Clavicémbalo ist ein Pub vorrangig für Jazz mit Livemusik außerhalb der Mauer, Ancares 48, ab 21 Uhr, So geschlossen.

Kino: *Gran Teatro,* Rúa do X. Franco 11, bei der Puerta de la Estación.

Einkaufen

Markthalle: *Mercado Abastos,* geöffnet 8 – 20, Sa 8 – 14 Uhr.

Kunsthandwerk: *Galería Lugo,* Plaza Santo Domingo 4, Keramik aus Sargadelos.

Kunsthandwerker haben Stände auf der Plaza Mayor (Plaza España, Alameda, Cantones).

Keramik und Geschenke aller Art hat die **Casa Cómoda,** Rúa Cruz.

Bücher: *Librería Balmes,* Plaza Anxel Fernández.

Blumen: Fento, Clérigos 29 nahe dem Santiago-Stadttor.

Fahrradzubehör: Ronda Muralla 33. Kein Fahrradverleih.

Sport

Complejo Deportivo de Frijso, Avda. de Coruña s/n. In dem Sportkomplex stehen 4 *Tennisplätze* kostenlos zur Verfügung. Das beheizte *Schwimmbad* kostet für Erwachsene 2 €, für Kinder 1 €, und das städtische *Freibad* für Erwachsene 1,50 €, für Kinder 0,75 € (nur im Sommer geöffnet).

Palacio Municipal de Deportes, Carretera Santiago. In der großen Wettkampfhalle gibt es Einrichtungen für *Ballsport* von Basketball bis Handball.

Polideportivo de Palomar in der Nähe des Fußballplatzes. Unter anderem gibt es hier drei kostenlose *Tennisplätze.*

Nützliche Adressen

Auskunft: *Oficina de Turismo,* Plaza de España 27, ✆ 982-231361.

Patronato Municipal de Deportes, Aptdo. Correos 639 (Enrique Rozas López), ✆ 982-216512, Fax -216808.

Sprachkurs: *Colegio Universitario,* am Stadtrand, ✆ 982-223996, bietet Sommerkurse an.

Autovermietung: *Autos Goya,* Ruiz de Alda 3, ✆ 982-231510.

Post: *Correos,* San Pedro 5.

Telefon: Quiroga Ballesteros.

REISEZIELE IN DER NÄHE
Santa Eulalia de Bóveda

An der Pfarrkirche *Santa Eulalia* ist 1926 eine erstaunliche Entdeckung gemacht worden: Unter ihr hatte sich offenbar seit Jahrhunderten ein *römischer Tempel* mit einem kleinen rechteckigen Bad (etwa 3 mal 4 Meter) und vier Granitsäulen befunden. Schnell wurde der gewölbte Raum über einer Quelle freigelegt. Die Innenwände sind farbig mit Vögeln, Girlanden, Blattwerk und geometrischen Ornamenten bemalt. Dieser Wandschmuck ist sehr gut erhalten, doch konnte er bislang weder endgültig als christlich noch als heidnisch interpretiert werden. Auch das 3. bis 4. Jahrhundert als Entstehungszeit ist ungewiß. Verschiedene **Fresken** sind an den Au-

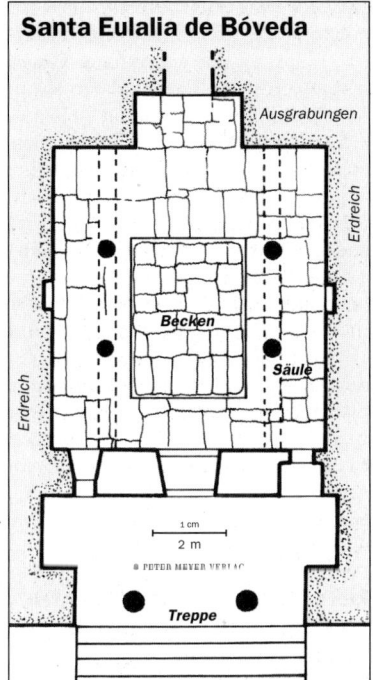

Santa Eulalia de Bóveda

Ausgrabungen

Erdreich

Erdreich

Becken

Säule

1 cm

2 m

© PETER MEYER VERLAG

Treppe

Anfahrt: Von Lugo Richtung Santiago 5 km bis zur Abfahrt nach Friol. Nach 1 km Richtung Friol ist Santa Eulalia links ausgeschildert. Der 10 km lange Weg führt durch mehrere pittoreske Dörfer.
Öffnungszeiten: 10 – 14 und 15.30 – 19.30 Uhr; Sa, So, Fei 11 – 14 Uhr; Mo geschlossen.

Castro de Viladonga

Der Castro de Viladonga ist eines der Keltendörfer, die im Nordwesten der Halbinsel zwischen dem 6. Jahrhundert v. Chr. bis in die Zeit der römischen Besatzung bewohnt waren. Dieser Castro liegt wie viele strategisch auf einer Anhöhe, von Mauern und Gräben umgeben. Funde wie Münzen, Waffen und Broschen sind im 1983 gegründeten *Museum* ausgestellt (10.30 – 13.30 und 16 – 19 Uhr, 2 C). Dazu gehört eine Einführung in die Welt der Castros mit Photos, Text und Videos, leider nur auf Kastilisch und Galicisch.

Anfahrt: von Lugo die N 640 nach Nordosten Richtung Oviedo nehmen; nach 23 km links dem Schild folgen.

A Fonsagrada

Notiz aus der Tageszeitung »ABC« Mitte April 1992: »Mehr als Tausend Nachbarn aus A Fonsagrada nahmen gestern mit Spitzhacken, Schaufeln und Schubkarren am Beginn der Arbeiten an der Landstraße teil, die den Ort mit Lugo verbindet. Die Straße nennen sie ›die Erotischste‹, weil sie auf 62 Kilometern 360 Kurven hat«.

Die höchste Stadt Galiciens, deren Name von einem Brunnen mit einem Bild der Jungfrau – *fuente sagrada* –

ßenwänden zu sehen. Neben anderen Figuren könnte jene rechter Hand des Eingangs in 1,5 Meter Höhe eine Szene beim Arzt oder Schuster darstellen. Linker Hand des Eingangs gegenüber dem Fenster sieht das Fresko einem noch nicht fertig ausgeschlüpften Vogel ähnlich.

Es gibt die nicht unlogisch klingende Vermutung, wonach Santa Eulalia de Bóveda ursprünglich ein heidnisches Quellheiligtum war, das christianisiert in eine Krypta umgewandelt wurde, die aber im 8. Jahrhundert verschüttete und vergessen ging.

stammt, liegt 1000 Meter hoch zwischen Äckern, Forellenflüssen, Dolmen und den Wäldern am Rande zu Asturien. Ihre 7000 Bürger gelten als die rebellischsten aller Galicier. Auf die Landesregierung pfeifen sie, weil diese ihrer Stadt nie bei der Instandsetzung ihrer Straßen und Häuser half. Und den konservativen Bürgermeister Mario Arias bewarfen sie einen Monat nach der Straßenausbesserung wegen angeblicher Korruption mit Steinen und filmten das Geschehen, um die Familien der daraufhin Inhaftierten mit dem Verkauf der Videokassetten zu unterstützen.

Unterkunft: *Alameda,* Calle Rosalía de Castro 17, ℡ 982-340203. DZ mit Bad 22 €.

Fahrt durch den Nationalpark Los Ancares

»Es war einmal ein schönes Mädchen, das verschwand eines Tages aus ihrem Elternhaus. Nach langer Suche des Bruders und des Vaters wurde sie für tot erklärt. Die Zeit verstrich, als der Bruder wieder einmal auf die Jagd ging, eine weiße Hirschkuh erlegte und eine der vorderen Klauen als Trophäe mitnahm. Zu Hause angekommen lag im Beutel eine blutige Hand mit dem Ring der Schwester. Der Bruder rannte zum Berg zurück und fand die tote Schwester, die eine Hexe zur Hirschkuh verzaubert hatte.«

Hirsche – darauf weist die Legende hin – gibt es zahlreich in diesem zerklüfteten Naturschutzgebiet, das 42 km hinter Lugo in **Becerreá** an der N VI nach Madrid beginnt. Sein Symbol aber ist der Auerhahn, und von dem werden nur noch dreißig gezählt. Auch Wölfe leben hier, Rehe, Forellen, Wildschweine und ganz im Osten vereinzelt sogar Bären. Aber kaum Menschen.

Los Ancares sind ein Gebiet zwischen 1000 und 1900 Metern Höhe, abgeschieden und wenig erschlossen, und daran wird sich auch nicht viel ändern. Es ist ein idealer Ort für Wanderer und Bergsteiger, die die Einsamkeit suchen – aber am besten selbst mobil sind; Busverbindungen sind selten. Seine Berge liegen am Rande der nach Galicien hin auslaufenden Kantabrischen Gebirgskette zwischen Lugo und León. Auf der tonhaltigen Erde der 2060 Hektar großen Sierra wachsen Eichen, Kastanienbäume, Birken und Haselnußsträucher, aber auch Farnkraut, Stechpalme und Pfriemkraut *(piorno),* wonach der Ort **Piornedo,** ein kunsthistorisches Denkmal, benannt ist. Besonders dort begegnen die – hier allerdings zahlreichen – Besucher dem zweiten Symbol des Parks, den *pallozas.*

Pallozas sind in Nordspanien einzigartige, prähistorische, ovale Wohnbauten keltischen Ursprungs. Auf einer niedrigen Steinmauer erhebt sich ein hohes Gerüst aus Holzstreben, das mit Roggenstroh bedeckt ist. Einst Wohnhäuser, werden sie heute fast nur noch zur Viehhaltung genutzt. Einige der Pallozas sind *Unterkünfte* für Naturliebhaber und Bergsteiger. Hier in Piornedo leben sechzehn Familien vom Eigenanbau, von Viehzucht und den Touristen in 1200 Metern Höhe. Die Nachbarn haben ein kleines *Museum für Kunsthand-*

werk in einer der Pallozas eingerichtet. Wer rein will, kann das jederzeit für 60 Cent, © 982-151717 und -245540.

▶ Nordöstlich von Becerreá liegt **Pontes de Gatín,** ein mittelalterliches Dorf mit einer römischen *Brücke* auf einem Spitzbogen, die der Legende nach der Teufel gebaut haben soll. Man erreicht sie von Becerreá aus dem Schild *Os Ancares/Navia* auf der LU 722 folgend. Nach 8 km geht es rechts ab auf die LU 723 am Río Cervantes entlang Richtung (Mazo de) Doiras. Hinter der ersten Brücke tauch das »Teufelswerk« auf der rechten Seite auf. Warum der Teufel Pontes de Gatín gebaut haben soll, weiß allerdings keiner so genau.

Auf der LU 723 weiter erscheint nach 22 km **Doiras** auf einer steinigen Anhöhe. Hier serviert die *Dorfgaststätte* gebratene Forellen. Eine *Unterkunft* gibt es auch. Das *Schloß* von Doiras, bis heute Privatbesitz, thront klotzig über dem Dorf, umgeben von acht Meter hohen Mauern.

Vier Kilometer hinter Doiras am Schild *Vilarello* geht links eine Straße nach **Vilarello e Eireixa** ab. Hier soll das Geschlecht des Miguel Cervantes Saavedra gelebt haben, und tatsächlich

taucht der Name Saavedra schon vor der Geburt des Autors im Taufregister auf. Ein anderer Beweis wird aus einem Kapitel im »Don Quijote« herangezogen. Dort steht der Satz eines Gefangenen, den einige mit dem damals wegen Betrugs eingebuchteten Autor Cervantes identifizierten: »In einem Ort in den Bergen von León hatte mein Geschlecht seinen Ursprung«.

Das ehemalige, längliche Haus der Cervantes liegt gleich am Ortseingang am Ende der ersten Abzweigung links. Die freundliche Familie Gon-

Das angebliche Anwesen der Cervantes

zález hat es gepachtet. Das Dach des steinalten Baus hält nicht mehr lange … Im Hinterhof steht ein für die Sierra typischer, runder *Palloza-Speicher* mit Strohdach auf hölzernen Stelzen, der sich in Form und Baumaterial von seinen rechteckigen Hórreo-Kollegen (Maisspeicher) unterscheidet.

▶ Zurück in *Doiras,* zweigt nach Nordosten eine 22 km lange Gebirgsstraße nach *Piornedo* ab. Auf dem Weg liegt **Degrada,** noch 15 km von Piornedo entfernt. Es ist Treff- und Ausgangspunkt für Wanderer und vor allem Kletterer, denn in der Umgebung liegen von Norden nach Süden die Berge *Peñarrubia* (1821 m), *Tres Bispos* (1792 m), *Lanza* (1876 m) und weiter entfernt *Mustallar* (1924 m) und *Cuiña* (1987 m).

Campa de Barreiro liegt nahe Degrada (2,5 km) in Richtung Piornedo. Campas Legende sprudelt aus dem Brunnen der Verliebten, *Fonte dos Namorados.* Also: wer sich verlieben will, dreimal kurz hintereinander das Quellwasser schlucken.

🕯 **Fest:** Am 3. Sonntag im Juli versammeln sich die Bewohner der Umgebung zum *Bergfest Ancares.*

🥾 Berg- & Wandertouren

Bergtouren gehen vom Refugio des *Clubs Ancares* aus. Dort und in zwei weiteren Hostals kann man essen und schlafen.

Informationen: Club Ancares, Dr. Castro 18, Lugo, ✆ 982-360159.

Zwei empfehlenswerte, leichtere **Wandertouren** gehen ebenfalls von der Herberge Os Ancares aus. Die eine führt über einen Waldweg zum *Monte Tres Bispos* (Drei Bischöfe) und dauert rund 6 Stunden hin und zurück (genaue Beschreibung und Karte ↗ »Wandern & Sport«). Die andere Tour dauert bloß eine Stunde hin und zurück und geht entlang der Straße nach Piornedo zum 2,5 km entfernten Brunnen der Verliebten.

Kartenmaterial gibt es auch im Rathaus von Becerreá, ✆ 982-360014.

Verbindungen

Bus: Von Lugo nach Becerreá wochentags um 9 und 15.30 Uhr, nach Navia Mo – Fr um 12.30 und 18.15 Uhr, Sa und So 10.30 Uhr. Der Bus nach Navia um 18.15 Uhr hält in Liber. Von dort wochentags um 19.30 Uhr Anschluß nach Doiras.

Von Doiras nach Lugo, Haltestelle *Mesón O Lar,* Mo – Fr um 7.15 Uhr. Piornedo bis Becerreá um 7 Uhr. Degrada bis Becerreá um 7.30 Uhr. Von Becerreá nach Lugo, Haltestelle Carlos III 30, *Bar Villamane,* täglich 10.25 und 21.35 Uhr.

Unterkunft & Turismo rural

Piornedo: *Hostal Piornedo,* ✆ 982-615587. DZ mit Bad 33 €.

Cantina Mustallar, ✆ 982-151717, DZ ab 18 €. Schöne Zimmer in einem Landhaus.

Casa Casoa, Cervantes, ✆ 982-151643. DZ 24 €. Gehört wie das Mustallar zum Turismo rural.

Doiras: *Mesón O Lar,* Puente de Doiras s/n, ✆ 982-368275 oder -368295. Sieben Zimmer mit Bad im Flur.

Degrada: *Club Ancares,* Falda de Fieiró, ✆ 982-368314. DZ ohne Bad 10 €, Vierbettzimmer mit Bad 25 €, im Keller ein naßkalter Schlafsaal, wo man auf eng beieinanderliegenden Hochbetten im Schlafsack für 2 € eine Erkältung bekommt. Großer Speiseraum, Restaurant. Auf der Wiese neben dem Club kann man kostenlos zelten. Nur ankündigen sollte man sich vorher.

Mesón O Novo, ohne Telefon. DZ ohne Bad 12 €.

Mesón Campa da Braña, kein ✆, DZ ohne Bad 12 €.

Folgoso de Cervantes: *Casa do Canto,* Cereixedo, ca. 4 km von Doiras, 7 km von Degrada, ✆ 982-151633, 3 DZ mit Bad, es wird sehr günstiges Essen angeboten (Abendessen um 7 €), heimelige Atmosphäre, DZ 35 €.

Camping: *Os Ancares,* Mosteiro, ✆ 982-364556. Klein, gemütlich, mit Pool. Ganzjährig offen. 2 PAZ 12 €.

MONFORTE DE LEMOS

Der erste Eindruck von Monforte: die Anhöhe *San Vicente* mit ihrem viereckigen Turm aus dem 16. Jahrhundert, dem Benediktinerkloster, einem ruinösen Palast der Grafen von Lemos und Resten einer Burgmauer. Darunter die Altstadt mit ihrer Brücke über den *Río Cabe,* einem Konvent mit dem Aussehen des Escorials und etwas weiter der scheußlichen Atmosphäre des Bahnhofsviertels. Besonders dank dieses Bahnhofs ist Monforte allerdings nach Ourense und Lugo die wirtschaftlich drittwichtigste Stadt Ostgaliciens.

Sie ist ein Verkehrsknotenpunkt, aber auch eine Stadt, in der es sich gut leben läßt. Das beweist der Rummel am Wochenende in der *Calle Duquesa de Alba* genauso wie die Straßencafés in der *Rúa del Cardenal* und die vielen Feste.

Etwas weit entfernt vom Jakobsweg ist Monforte wahrlich kein Touristenort. Zu bieten hat die 20.000 Einwohner große Stadt aber eine Menge. Der Name Monforte kommt von den einflußreichen Condes de Castro y Monforte, die als Grafen von Lemos bis in das 18. Jahrhundert ihre Feudalherrschaft ausübten. Lemos dagegen soll vom keltischen *Lemavos* stammen, was so viel heißt wie »fruchtbarer und feuchter Boden«. Und fruchtbar ist das Lemos-Tal geblieben.

Vorbei sind dagegen die Zeiten, als sich Benediktiner und Grafen um die Macht stritten und im 15. Jahrhundert der Bauernaufstand der Irmandiños blutig niedergeschlagen wurde. Zweihundert Jahre später lebte hier der Graf Pedro Fernández de Castro, den die Bewohner bis heute für die wichtigste Persönlichkeit der Stadt halten. Als siebter der Lemos war er eine politisch feste Größe am Madrider Hof, Mäzen der Dichter und Schriftsteller Miguel Cervantes, Lope de Vega und Francisco Quevedo und schließlich Stifter zahlreicher Gebäude in Monforte selbst, darunter die Klöster *Santa Clara* und *San Vicente.*

Stadtrundgang

Das **Convento San Vicente** bietet sich als Ausgangspunkt an. Wahrzeichen der steilen Anhöhe ist der **Turm** aus dem 16. Jahrhundert mit dem Wappen der Grafen am Eingangsportal. Den Schlüssel verwahrt die Pächterin des halb verfallenen ehemaligen Palastes (im 18. Jahrhundert an der Stelle des zerstörten neu gebaut). In den vier Stockwerken des Turms gibt es außer einer Fotoausstellung Waffen und alte Möbel zu bestaunen. Aus 30 m Höhe blickt man auf den Benediktinerkonvent und die ganze Stadt.

Die Fassade des Klosters aus dem 18. Jahrhundert ist klassizistisch, über dem Balkon sieht man die Statue des

Heiligen Benedikt. Heute leben hier noch fünf Mönche. Sie zeigen den Besuchern (Klingel am Hauptportal benutzen, Besuchszeiten 11 – 12 Uhr und 18 – 19 Uhr) den *Kreuzgang* und die um 1539 gebaute *Kirche* mit der Renaissance-Fassade. Die Anlage wird zur Zeit zu einem Parador umgebaut.

An der Anlage liegt auch das mehrstöckige *Restaurant La Fortaleza* mit Terrassen, einer der Treffpunkte der Anwohner besonders am Wochenende. Unterhalb dieser Anlage lohnt sich ein Streifzug durch die Gassen am Río Cabe mit ihren kleinen Kaufläden, den Bars und Cafés. Die alte *Brücke* römischen Ursprungs führt über den Fluß zum **Convento Santa Clara** (oder *de las Clarisas*) mit über 200 religiösen Kunstobjekten (geöffnet 13 – 14 und 16 – 18 Uhr).

Richtung Stadtausgang liegt das **Stift Nuestra Señora de la Antigua.** Der Kardinal Don Rodrigo de Castro hatte um 1590 die Idee, in Monforte ein Gebäude ähnlich dem des Escorial zu errichten. Wie das Monasterium in Oseira bei Ourense wird das Stift daher *Escorial Galego* genannt. Im steifen, strengen Juan de Herrera-Stil hat es der Jesuit Juan de Tolosa gebaut. Hinter der 110 Meter langen Fassade sind vor allem das Holzretabel des Franzosen de Moure und im Konviktsraum zwei frühe Bilder El Grecos (1541 – 1614) sehenswert, *San Lorenzo* und *San Francisco*.

Glänzende Augen bekommt er bei einem der Feste von Monforte

Verbindungen

Zug: Praza Estación, ℰ 982-402096 oder -402146.

A Coruña zwischen 6.25 und 20.05 Uhr 6x täglich.

Lugo zwischen 6.20 und 17.40 Uhr 5x täglich sowie 20 Uhr (Di, Do, Sa).

Ourense zwischen 10.56 und 19.04 Uhr 7x täglich.

Vigo zwischen 6.20 und 20.15 Uhr 5x täglich.

Santiago täglich 17.15 Uhr.

Barcelona: 9.55, 21.10 Uhr,

Madrid: 0.06 Uhr.

Bus: San Pedro s/n, ℰ 982-404950. Fernverbindungen nach Madrid, Vigo, Pontevedra, Bilbao.

Lugo 6.40 (Mo – Fr), 7.20 (Mo – Fr), 8.05, 9.15 (Mo – Fr), 10.20, 12.20, 14.15 (Mo – Fr), 15.05, 18.15 (Sa, So), 18.35 (Mo – Fr), 20, 22.05 Uhr. 4 €.

Ourense 8.15 und 17 Uhr. 18 Uhr (Sa) und 19 Uhr (So).
Santiago 8.05, 10 Uhr (Mo – Fr); So und Fei: 18.15 und 20 Uhr. 8 €.

Unterkunft

★ *Castillo,* Huertas 36, ✆ 982-402150, DZ 29 €.

★ *Puente Romano,* Pl. Dr Goyanes 6, ✆ 982-411168, DZ 23 €. Zentral gelegen an der im 16. Jahrhundert restaurierten Römerbrücke.

★ *Río,* R. Baamonde 30, ✆ 982-401850, DZ 21 € mit Bad. Zentral und empfehlenswert.

Restaurants

Gastronomische Spezialitäten der Monfortes sind Fleisch, Forellen, Empanadas und Eintöpfe.

La Fortaleza, Campo de la Virgen s/n, ✆ 982-400604. Täglich geöffnetes Restaurant mit den Spezialitäten der Region.

Alba, Rúa do Cardenal. Preiswert.

O Bon Gusto, Rúa de Tecelanes. Italienische Küche.

Río, R. Baamonde, ✆ 982-401850. Tagesmenü 6 €.

Unterhaltung & Nachtleben

Kino: *Teatro Lemos,* Roberto Baamonde Ecke Avda. de Galicia

Fest: Am 13. Juni *San Antonio* im gleichnamigen Viertel.

12. bis 17. August beliebtes Fest zu Ehren von Monfortes Patronin **Nuestra Señora de Montserrat** mit Feuerwerk, Markt und Kulturprogramm.

21. September *Romería San Mateo,* das populärste, wüsteste Fest. Es wird am Fluß ausgetragen.

Bars & Discos: Die Weinzone und Terrassen-Cafés liegen in den Straßen Cardenal und Rúa das Hortas. Pubs und Discotheken, wo am Wochenende die Hölle los ist, in der Straße Duquesa de Alba.

Nützliche Adressen

Oficina de Turismo, As Casitas s/n nahe Nuestra Señora la Antigua, Mo – Sa 10 – 14 und 17 – 21 Uhr, So 11 – 14 und 17 – 18 Uhr. Sehr informativ.

Expo Lemos, an der N-120 Richtung Ourense, ✆ 982-416046, 10 – 20 Uhr. Erstklassige Informationen zu Sehenswürdigkeiten der Umgebung.

Einkaufen: Markt ist jeden Monat am 6., 16., 24. und 30.

Sport: Schwimmbad und Tennisplätze im *Club Fluvial,* Caneiro, ✆ 982-404202.

Naturschutzgebiet Sierra O Courel

Die sich am westlichsten Zipfel der *Kantabrischen Kordilleren* nach Südosten bis an das Tal des *Río Sil* ausdehnende *Sierra O Courel* ist nur wenig bekannt. Im Vergleich zu ihr sind *Los Ancares,* deren entlegene Dörfer schon als weltvergessen gelten können, ein touristischer Rummelplatz. Entsprechend dürftig sind die gastlichen Angebote. An dem Courel ging die Zeit wohl schon immer vorbei – im Bürgerkrieg vergaßen sogar die Greifer Francos, hier Rekruten einzusammeln. Man vermutete offenbar kaum noch Menschen hier, nachdem die meisten der Bewohner mit der großen Emigrationswelle um 1900 ihre Heimat verlassen hatten. Die einzige Industrie ist der Schieferabbau.

DAS LANDESINNERE

Schwer zugänglich, bis heute nur von zwei schmalen und streckenweise ungesicherten Landstraßen durchzogen, birgt das Gebiet jedoch einen landschaftlichen Reiz, der seinesgleichen sucht. Die fast menschenleere Gegend ist von atemberaubender Schönheit, mit enormen Höhenunter-

Kettenhund, der einen der wenigen noch bewirtschafteten Höfe im O Courel hütet

schieden zwischen sich hoch auftürmenden Bergen wie dem *Formigueiros* (1643 m), der *Pia Paxaro* (1607 m) oder dem *Monte Mourelo* (1530 m) und dem tief eingeschnittenen Lauf des *Río Lor*. Das steile, oft vertikale Gefälle läßt das Sonnenlicht erst mit Stunden Verspätung in viele der Schluchten dringen. Die 36 km lange Straße von *Quiroga* nach *Seoane*

schraubt und windet sich in kürzesten Abständen durch Höhen und Tiefen, durch strenges Gebirge hinab in saftig grüne Flußgründe. Immer wieder Panoramablicke auf üppige baumbestandene Hügel mit winzigen Getreidefeldern, umringt von dunklen felsigen Bergen, an glänzenden Schieferdächern erkennbare winzige Dörfer, die wie hineingewürfelt in die uralten Kastanienhaine wirken und oft nicht einmal einen Telefonanschluß besitzen. Viele der Ortschaften sind verlassen, wie die Ruinen der runden *Pallozas*, die einsam an den Berghängen stehen (siehe auch »Los Ancares«, Seite 375).

Die enormen Höhenunterschiede – in *Vilarbacú* gibt es sogar Gletscherformen – bescheren dem Courel auf engstem Raum sehr unterschiedliche Klimabedingungen und verschiedene Vegetationszonen. Herrschen in den Höhenzügen noch das gelbe Pfriemkraut und vereinzelt kleinwüchsige Kiefern vor, wachsen unterhalb von 1400 Metern die ausgedehntesten Buchenwälder Galiciens, vor allem in den **Naturschutzgebieten** *A Rogueira* und *Fontefermosa*.

Insgesamt sind 21.000 Hektar des Courel unter Naturschutz gestellt. Bis auf 1000 Meter Höhe wachsen Haselsträucher, Birken, Eiben, Eichen, die typischen Kastanienbäume und vor allem Stechpalmen. Auf den kalkhaltigen Böden der Sonnenhänge um 450 Meter Höhe fallen die Steineichen auf, an wechselhaften Stellen mischen sich Ginster, Erdbeerbäume und Heidekraut. Die Ufer der Flüsse *Lor, Soldón, Selmo, Lóuzara* und ihrer

zahllosen Zuflüsse werden von Erlen-
gehölzen, Kastanien und auch Pappeln bevorzugt.

Ebenso vielfältig ist das Tiervor-
kommen des Courel. Hier sagen sich
nicht nur Fuchs und Hase gute
Nacht, sondern auch Wölfe, Wildschweine, Dachse, Marder, Hermeli-
ne, Wildkatzen, Rehböcke, Rebhühner und Königsadler. Den vielen Forellen und Aalen leisten Fischotter
Gesellschaft.

Von dem *Keltencastro bei Vilar,* das
auf einem vom *Alto do Boi* gut sichtbaren Felsen lag, sind nur wenige
Mauerreste erhalten.

Der einzigartige **Naturpark A
Rogueira** mit einer reichen Flora
zwischen 700 und 1300 Höhenmetern
kann vom Dorf *Moreda* aus erwan-
dert werden. Dorthin führt eine Straße Richtung Parada, kurz vor Seoane.

Verbindungen
Bus: von Monforte nach Quiroga mit *Empresa Courel,* ✆ 982-428211.
Von Quiroga aus fährt Mo – Fr ein Bus
um 18 Uhr über Folgoso nach Seoane.
Von Seoane aus über Folgoso kommt
man Mo – Fr um 7.30 Uhr zurück.
Wandern: Tourbeschreibungen und Karten ↗ »Wandern und Sport«.

Unterkunft & Turismo rural
Folgoso: *Hostal Mirador,* Rua Nova 2,
✆ 982-433064, ab 30 €, 6 Zimmer.
Vilamor: *Casa Carlos,* Vilamor, ✆ 982-
155618, gemütliches Bauernhaus, DZ
ab 22 €, bietet auch komplette Mahl-
zeiten an, ein Abendessen kostet rund
10 €.

Casa Comerciante, ✆ 982-155618, ural-
tes Häuschen, so schief gebaut wie
gemütlich, 2 DZ mit Gemeinschafts-
bad, Küchenbenutzung, Fahrräder kön-
nen ausgeliehen werden, DZ ab 23 €,
Mittagessen kostet um 10 €.
Casa Dosinda, ✆ 982-155618, kleines
Häuschen mitten im Dorf, 2 DZ und 1
EZ mit Gemeinschaftsbad, DZ 26 €, das
EZ kostet übrigens nur 7 €. Auch hier
werden Frühstück (3 €), Mittag- und
Abendessen (10 €) angeboten.
Seoane: *Casa Valín,* ✆ 982-155388, Seoane do Courel, Nogaredo 5. Ein DZ mit
Bad für 46 € in einem kleinen alten
Bauernhaus, das komplett vermietet
wird. Tiere sind gestattet, Küchenbenutzung und Garten inklusive. Romantischer geht es wohl kaum.
Camping O Caurel, Espletante s/n, ✆ 982-
433101, geöffnet vom 15.06. – 15.09.,
baumbestandenes Areal mit 200 Plätzen an einem Fluß, Bar und Cafetería, 2
PAZ 11 €
Moreda: *Devesa de Rogueira,* ✆ & Fax
982-155623, hübsches altes Häuschen, DZ 29 €. Das Haus mit seinen
insgesamt 3 DZ kann auch für 92 €
komplett gemietet werden, die Küchenbenutzung kostet 6 € extra.

NÖRDLICHE
PROVINZ LUGO
Zum Schluß unserer Galicien-Rund-
fahrt geht es von Lugo Richtung Küste erst ins 34 km nördlich liegende
Villalba und nach Mondoñedo, das eine sehenswerte Kathedrale mit beeindruckenden Fresken und einem originellen Pfarrer besitzt. Den Abschluß
unseres Buches wird die Unterwelt
von »König Cintolo« bilden.

DAS LANDESINNERE

Vilalba

Die Hauptstadt der fruchtbaren *Terra Chá* (Ebene Erde) hat außer dem achteckigen *Turm* aus dem 15. Jahrhundert der mächtigen Herren von Andrade nicht viel zu bieten. Im Turm des ehemaligen Schlosses ist der sehr schöne und kleinste Parador Galiciens untergebracht.

Ebenfalls klein und sehenswert ist noch das *Archäologische Museum* mit prähistorischen Funden aus der Umgebung Villalbas (10 – 13 und 16 – 20 Uhr, So 11 – 13 Uhr, Mo geschlossen).

Nur im Dezember verwandelt sich Villalba in einen Rummelplatz, wenn zur Weihnachtszeit die galicischen Händler auf dem berühmten *Kapaun-Markt* ihre kastrierten Hähne anbieten.

Fest: Jeden 13. August feiert man das Stadtfest **San Ramones.**

Verbindungen

Bus: Haltestelle an der Avda. General Franco.

Lugo Mo – Sa 10x zwischen 7.45 und 18.45 Uhr, So 9, 9.30, 15.45 und 18.45 Uhr.

Mondoñedo zwischen 10 und 20.45 Uhr 7x täglich.

Unterkunft & Camping

★★★★ *Parador de Vilalba,* ✆ 982-510011, Fax -510090, DZ ab 90 €. Acht Zimmer. Spezialitätenrestaurant.

Hostal Anduriña, General Franco 5, ✆ 982-510203. DZ 30 €, ohne Bad 24 €. Über einem verführerischen Delikatessenladen mit Bar.

Turismo rural: *Casa Comerciante,* 27325 Folgoso do Courel, ✆ 982-155618, kleines uriges Steinhaus, DZ 21 €.

Casa Valín, Nogaredo 5, 27324 Seoane do Courel, ✆ 982-155388. Ein einziges, aber hübsches Apartment zum Preis von 45 €.

Camping: *O'Courel,* Espetlante s/n, ✆ 982-433101, geöffnet vom 15.6. – 15.9., 2 PAZ 10 €.

Freut sich über eine Gesprächsgelegenheit: Postbote in einem der Dörfer bei Mondoñedo

Mondoñedo

… ist neben dem Stadtkern Lugos das mittelalterliche Juwel der Provinz. Selbst die rauchenden Fabrikschlote am Stadtrand können ihren Reiz kaum schmälern. Die *Kathedrale Asunción* wurde mit den umliegenden Häuschen zum kunsthistorischen Denkmal deklariert. Weißgetünchte Wände der wappengeschmückten Bauten geben der Stadt ein fast südländisches Flair. Hinter Glasveranden und in den kleinen Gassen mit Kaufläden und Konditoreien leben kaum 1500 Bewohner, darunter allein 16 Pfarrer. Denn Mondoñedo ist seit 1112 Bischofssitz.

Gegen Ende des Mittelalters war Mondoñedo Schauplatz einer dramatischen Auseinandersetzung zwischen den Katholischen Königen und dem Marschall Pardo de Cela. Von dem *Castillo Val d'Ouro* aus versuchte Cela, Mondoñedo gegen die Inbesitznahme des Königspaares zu verteidigen. Dafür wurden er und sein Sohn auf dem Hauptplatz geköpft. – Heute ist der Marschall neben Bettlern und Hexen während des mittelalterlichen Festes zu sehen, das die Bewohner seit 1992 Mitte Juli veranstalten. An diesem Tag werden auf dem Markt (sonst am Do und So) typische Produkte vom Honig über Keramik bis zu Stoffen angeboten. Es gibt Konzerte und abends ein mittelalterliches Gelage mit Spezialitäten wie dem quittensüßen »Kuchen von Mondoñedo«.

Ein längerer Besuch lohnt sich sicher. Der hier geborene Schriftsteller Alvaro Cunqueiro blickt als Denkmal auf eine Kathedrale mit einem sehr ungewöhnlich gestalteten *Museum für heilige Kunst*. Ein paar Meter weiter plätschert ein nach dem Schriftsteller benannter alter Brunnen aus dem 16. Jh. Im Ortsteil *Los Molinos* sind einige Wassermühlen noch immer in Betrieb, und man kann einem Töpfer bei der Arbeit zusehen. Ganz in der Nähe, an der Brücke *Pasatiempos,* gehen die Bewohner oft abends spazieren. Und schließlich gibt es eine Tropfsteinhöhle, deren Besuch ein wahres Abenteuer ist.

Die Kathedrale

In verschiedenen Stilen leuchtet die Fassade der Kathedrale im Abendlicht. Das Portal ist romanisch, das Mauerwerk mit der Fensterrose gotisch und der Oberbau barock. Grund dafür ist ein Brand während des 15. Jahrhunderts, der die Bischofskirche fast völlig zerstörte. Rund hundert Jahre später, um 1535, stahlen englische Katholiken die *Nuestra Señora la Inglesa* aus London. Heute ist sie im Chorumgang zu sehen.

Die *Orgel* der Kathedrale, deren Pfeifen wie in vielen spanischen Kathedralen vertikal und horizontal sind, ist oberhalb zweier gotischer Bilderserien aus dem 14. Jahrhundert angebracht. Mal drastisch-grausam, mal sehr frei interpretieren die Gemälde – vom Hauptportal aus gesehen – links Szenen aus dem Leben des ersten Papstes Petrus und rechts den von Herodes angeordneten Mord an den Kindern von Bethlehem. Am rechten Rand des Chorumgangs befindet sich der Eingang zum Museum der heiligen Kunst.

DAS LANDESINNERE

Museum der Kathedrale: Der Pfarrer *Santos San Cristóbal Sebastián* ist stadtbekannt. Als Maler, als Autor und als Direktor des wichtigsten Museums für sakrale Kunst in Galicien. 1968 hat der Geistliche die Räume selbst gestaltet und in den Jahren bis heute mit unzähligen Objekten angereichert – und in rötlichem Plüsch arrangiert: Pergamentnoten für gregorianische Gesänge aus dem 13. Jahrhundert, das vollständige Schlafgemach eines Bischofs, Gemälde aus den Schulen El Grecos und Zurbaráns, liturgische Schuhe, ein Normannenväschen aus dem 9. Jahrhundert und Alabasterreliefs. Neben einer romanischen Jungfrau steht eine Miniaturnähmaschine von 1850. Zwischen der heidnischen Skulptur aus einem versunkenen Normannenboot und Skulpturen der Apostel taucht plötzlich eine alte Schwarzwalduhr auf. Don Santos eigene Gemälde aus den 60ern hängen über einem chinesischen Tisch, eine alte Klapper als Glockenersatz hat er selbst restauriert, und vor einem Notenblatt fängt Santos plötzlich zu singen an.

Auf mehrere Räume verteilt ist das Museum Teil der Kathedrale, und auch darin liegt, abgesehen von der persönlichen Note in Don Santos Kabinett, sein Reiz. Die Führung geht am Kreuzgang vorbei durch knarrende Türen und über schmale Treppen. Und plötzlich steht man auf einem Balkon direkt vor der farbigen Rosette aus dem 16. Jahrhundert mit Blick von oben auf das Kathedraleninnere! Wo sonst kann man eine Fensterrose aus so unmittelbarer Nähe sehen?

Info: Kathedrale frei zugänglich, Museum geöffnet 12.30 – 13.30 Uhr und 15 – 17 Uhr, Eintritt 2 €, Führungen auf spanisch oder französisch.

Tropfsteinhöhle Rei Cintolo

Eigentlich führt José María López Pereiras nur Gruppen ab zehn Personen durch die Höhle »König Cintolo«. Aber hin und wieder hat der Kettenraucher aus dem Tourismusbüro gute Laune. Dann kann es schnell gehen: feste Schuhe mit Profil, Gürtel, Plastiktüte für die Kamera, alte Hose und T-Shirt, falls vorhanden Regenjacke müssen dann schnell zur Hand sein. José María organisiert den Schlüssel, Helme, Metallbehälter, Karbidsteine und Wein.

Fünf Kilometer sind es zur Höhle. Am Eingang werden die Metallbehälter mit dem stinkenden Karbid und etwas Gras als Filter an die Gürtel gehängt und mit Wasser gefüllt. Dadurch entwickelt sich Gas, das durch einen Schlauch am vorderen Helmrand ausströmt und angezündet wird. In der Höhle ist es glitschig, was später am Ausgang noch farblich zu erkennen sein wird. An manchen Stellen robbt man auf dem Bauch durch kapriziöse Gebilde: Jahrtausendealte Kalkzapfen von der Decke, *Stalaktiten*, und vom Boden, *Stalagmiten*.

José María erklärt, die Temperatur in der Höhle betrage im Schnitt 14 Grad bei einer Luftfeuchtigkeit von 95 Prozent. Mit neun Jahren ist er das erste Mal mit einer Kerze heruntergeklettert und irrte einmal über 12 Stun-

In der Tropfsteinhöhle Rei Cintolo

Tobias Büscher

DAS LANDESINNERE

den herum, bis man ihn fand und rausholte. Inzwischen kennt er jeden Weg der riesigen Tropfsteingruft.

Eine Führung mit Señor López, der Lohn und Dauer nach Anzahl der Personen und verschiedenen anderen Faktoren »je nachdem« bestimmt, dauert meistens rund zwei Stunden. Dabei geht es fast immer an der »Orgel« vorbei, deren Pfeifen beim Klopfen in allen möglichen Tönen erschallen.

Verbindungen

Bus: Haltestellen an der Plaza España und vor dem Hotel Montero.
Lugo täglich um 8.30 und 18.20 Uhr.
Ribadeo täglich 11.15 und 16.30.
Viveiro täglich 10.40 und 19 Uhr.

Unterkunft

★★ *Hostal Montero 1*, Avda. San Lazaro 7, ✆ 982-521751, DZ 33 € mit Bad.

Montero 2, gegenüber der Kathedrale, Candido Martínez 8, ✆ 982-521041, DZ 39 € mit Bad, mit Hochzeits-Suite!

Hotel Mirador, Nationalstraße 634 s/n, ✆ 982-521400, Fax -521409, DZ 36 €. Mit der schönsten Aussicht auf Mondoñedo, Bad im Zimmer, Schwimmbad im Garten, Restaurant, sehr empfehlenswert.

Seminario Santa Catalina, ✆ 982-521000, im Priesterseminar hinter der Kathedrale. Das etwas andere Ambiente. DZ ab 23 €, saubere, moderne Zimmer.

Privatunterkunft: Nelida Fernández Seivane, Marqués de Rodil 12, ✆ 982-521735, DZ um 15 € mit Bad im Flur. Sehr sauber.

Restaurants

Mesón Os Arcos, General Franco 6, ✆ 982-507012. Im Hinterzimmer fünf Tische. Menü 6 €. Empfehlenswert. Sonntag abends geschlossen.

Montero 1, Avda. Eladio Lorenzo 7, ✆ 982-521751 gegenüber der Repsol-Tankstelle, gilt als das beste Restaurant der Stadt. Spezialität Meeresfrüchte. Tagesmenü 8 €.

Gute Tapas in *A Tasca*, Plazuela de San Juan 3.

Café: *La Alianza*, José Antonio 28. Hier kaufen die Einheimischen Torten und Stückchen in rauhen Mengen.

Nützliche Adressen

Tourismusbüro, Plaza de España 7, ✆ 982-507177, außer So und Mo 11 – 13.30 Uhr und 16.30 – 20 Uhr.

Unterhaltung: Billard, Disco, Tischtennis und Bar in einem: *La Sala*, General Franco 14.

Baden: An einem Gebirgsbach zwei Kilometer von Mondoñedo ist ein kleines Freibad eingerichtet. Leider ist es arg verkommen, aber in dem Bach selbst zu schwimmen, ist sowieso noch viel schöner. 1,5 km auf der LU 160, dann über eine Brücke links nach Ferreria, hinter der Brücke direkt wieder links 500 m den Berg hinauffahren.

Kunsthandwerk: *Keramik* aus Mondoñedo, Laden und Werkstatt von Alejandro Rodríguez Soto am Ende der Avda. de Buenos Aires linker Hand nahe der Pasatiempos-Brücke.

Sargadelos-Keramik, Schreibwaren, Zeitungen, Bücher: Lombardía, Marqués de Rodil 17.

IMPRESSUM & REGISTER

Unsere Inhalte werden ständig gepflegt, aktualisiert und erweitert.
Für die Richtigkeit der Angaben kann der Verlag jedoch keine
Haftung übernehmen. Tips und Korrekturen bitte an die Verlagsadresse.
© 1. Auflage 1993 unter Mitwirkung von Tobias Büscher
sowie Susanne Spröer und Markus M. Hugo (Jakobsweg)
Peter Meyer Verlag, Schopenhauerstraße 11, 60316 Frankfurt am Main
http://www.PeterMeyerVerlag.de, info@PeterMeyerVerlag.de
Umschlag- und Reihenkonzept, insbesondere die Kombination von
Griffmarken und Schlagwort-System auf dem Umschlag sowie Text,
Gliederung und Layout, Karten, Tabellen und Illustrationen
sind urheberrechtlich geschützt.
Druck & Bindung: Kösel, Kempten; www.KoeselBuch.de
Umschlaggestaltung: Agentur 42, Mainz
Fotos: sofern nicht anders angegeben Peter Bohning, übrige
Illustrationen Verlagsarchiv; Zeichnungen Silke Schmidt, Lisa Noth
Karten: Peter Meyer Verlag
Bezug über GeoCenter, Stuttgart sowie unter
www.PeterMeyerVerlag.de
ISBN 3-89859-134-4

Kleiner Sprachführer

In Klammern [...] die galicische Bezeichnung, wo sie fehlt, ist Kastilisch und Galicisch gleich.

Es gibt im Spanischen nur zwei **Artikel**:

männlich
– bestimmt *el*, Plural *los*
– unbestimmt *un*, Plural *unos*

weiblich
– bestimmt *la*, Plural *las*
– unbestimmt *una*, Plural *unas*

Begrüßung

Hola: Hallo
Buenos días [Bos días]: Guten Tag (bis mittags)
Buenas tardes [Boas tardes]: Guten Tag (bis zum frühen Abend)
Buenas noches [Boas noites]: Guten Abend, Gute Nacht
Adiós: Auf Wiedersehen
Hasta luego [Ata logo, ata loguiño]: Tschüß
Me llamo... [Chámome ...]: Ich heiße ...
¿Cómo te llamas? [Cómo te chamas]: Wie heißt Du?
¿Cómo se llama Usted? [Cómo se chama Vostede]: Wie heißen Sie?
Soy alemán de Colonia. [Son alemán de Colonia]: Ich bin Deutscher aus Köln.
austríaco, austríaca: Österreicher(in)
suizo, suiza: Schweizer(in)

Verständigung

No hablo español. [Non falo castelán]: Ich spreche kein spanisch.
¿Hablas alemán? [¿Falas alemán?]: Sprichst Du deutsch?

¿Habla Usted inglés? [¿Fala Vostede Inglés?]: Sprechen Sie englisch?
señor: Herr
señora [Dona]: Frau
señorita: Fräulein
sí: ja
no [non]: nein
por favor: bitte
gracias: danke
muchas gracias [moitas gracias]: vielen Dank
de nada: keine Ursache
perdón: entschuldigung
vale: okay
de acuerdo [dacordo]: einverstanden
y [e]: und
o: oder
con: mit
sin: ohne

Quisiera... [Quisera]: Ich hätte gern...
Busco...: Ich suche...
¿Dónde está...? [Onde está..]: Wo ist...?
a la derecha [á dereita]: rechts
a la izquierda [á esquerda]: links
todo recto: geradeaus
¿Está lejos? [¿Está lonxe?]: Ist es weit?
¿Está cerca?: Ist es nah?
a 500 metros: 500 Meter entfernt
a 5 minutos andando: zu Fuß 5 Minuten
¿Cuánto vale? [¿Canto costa?]: Was kostet das?
Es muy caro/barato.[E moi caro/barato]: Das ist sehr teuer/billig.
cerrado los lunes: montags geschlossen
¿Cúando está abierto el museo?: Wann ist das Museum geöffnet?

¿Cúando está abierta la catedral?: Wann ist die Kathedrale geöffnet?
Quería una entrada para la función de las diez.: Ich hätte gerne eine Karte für die Zehn-Uhr-Vorstellung.

Zahlen

0 *cero*
1 *un(o), una*
2 *dos [dous/dúas]*
3 *tres*
4 *cuatro [catro]*
5 *cinco*
6 *seis*
7 *siete [sete]*
8 *ocho [oito]*
9 *nueve [nove]*
10 *diez [dez]*
11 *once [unha]*
12 *doce*
13 *trece*
14 *catorce*
15 *quince*
16 *dieciséis [dezaseis]*
17 *diecisiete [dezasete]*
18 *dieciocho [dezaoito]*
19 *diecinueve [dezanove]*
20 *veinte [vinte]*
21 *veintiun[o], veintiuna*
22 *veintidós*
23 *veintitrés*
24 *veinticuatro [veiticatro]*
25 *veinticinco*
30 *treinta [trinta]*
31 *treinta y un[o], una [trinta e un/unha]*
32 *treinta y dos [trinta e dous]*
33 *treinta y tres [trinta e tres]*
40 *cuarenta [corenta]*
50 *cincuenta*
60 *sesenta*
70 *setenta*
80 *ochenta [oitenta]*
90 *noventa*
100 *cien(to) [cen]*
101 *ciento un(o), una [cento un/unha]*
102 *ciento dos [cento dous]*
103 *ciento tres [cento tres]*
200 *doscientos, -as [douscentos]*
300 *trescientos, -as [trescentos]*

400 *cuatrocientos, -as [catrocentos]*
500 *quinientos, -as [cincocentos]*
1000 *mil*
2000 *dos mil [dous mil]*
3000 *tres mil*
10.000 *diez mil [dez mil]*
100.000 *cien mil [cen mil]*
1.000.000 *un millón*

primer(o), -a [primeiro]: erste(r)
segundo, -a: zweite(r)
tercer(o), -a [terceiro]: dritte(r)

Zeitangaben

hoy [hoxe]: heute
mañana [mañá]: morgen
pasado mañana [pasado mañá]: übermorgen
ayer [onte]: gestern
segundo: Sekunde
minuto: Minute
hora: Stunde
día: Tag
semana [semá]: Woche
mes: Monat
año [ano]: Jahr
Navidad [Nadal]: Weihnachten
Pascua: Ostern
lunes [luns]: Montag
martes: Dienstag
miércoles [mércores]: Mittwoch
jueves [xoves]: Donnerstag
viernes [venres]: Freitag
sábado: Samstag
domingo: Sonntag
festivo: Feiertag
laborable: Werktag
mañana [mañá]: der Morgen
mediodía: Mittag
tarde: Nachmittag
noche [noite]: später Abend, Nacht

enero [xaneiro]: Januar
febrero [febreiro]: Februar
marzo: März
abril: April
mayo [maio]: Mai
junio [xuño]: Juni
julio [xullo]: Juli
agosto: August
septiembre [setembro]: September
octubre [outobro]: Oktober
noviembre [novembro]: November
diciembre [decembro]: Dezember

Uhrzeit

¿Qué hora es? [¿Qué hora é?]: Wie spät ist es?
Son las diez de la mañana/ noche. [Son as dez da mañá/noite]: Es ist zehn Uhr morgens/abends.
Las diez y cuarto [As dez e cuarto]: Viertel nach zehn
Las diez y veinte [As dez e vinte]: Zwanzig nach zehn
Las diez y media [As dez e media]: Halb elf
Las dos menos veinte [As dúas menos vinte]: Zwanzig vor zwei
Las dos menos cuarto [As dúas menos cuarto]: Viertel vor zwei

Im Hotel : hotel

pensión: Pension
hostal, fonda, casa de huéspedes: einfachere Unterkünfte
albergue juvenil [Albergue xuveníl]: Jugendherberge
parador nacional: staatliche Kette luxuriöser Hotels
¿Tiene una habitación simple/doble? [¿ Ten unha habitación simple/ dobre?]: Haben Sie ein Einzel-/Doppelzimmer?

con dos camas [con dous camas]: mit zwei Betten
una cama grande [unha cama grande]: Doppelbett
– *lavabo:* Waschbecken
– *agua caliente [auga calente]:* warmem Wasser
– *ducha:* Dusche
– *baño:* Bad
– *calefacción:* Heizung
– *desayuno [desaiuno]:* Frühstück
– *media pensión:* Halbpension
– *pensión completa:* Vollpension
para cuatro noches [Para catro noites]: für vier Nächte
¿Cuál es el voltaje? [Cal é a voltaxe]: Welche Spannung haben Sie?
¿Tiene un adaptador? [Ten un adaptador]: Haben Sie einen Zwischenstecker?

Im Restaurant

↗ »Kultur & Küche«

Auf der Bank : banco

cambio: Geldwechsel
caja de ahorros [caixa de aforros]: Sparkasse
cajero automático [caixeiro automático]: Geldautomat
dinero [cartos]: Geld
billete: Schein
moneda [moeda]: Münze
dinero en efectivo [cartos en efectivo]: Bargeld
tarjeta de crédito [tarxeta de crédito]: Kreditkarte
cheque: Scheck
Quisiera cambiar 100 *marcos alemanes.*
– *chelines austríacos.*
– *francos suizos.*
Ich möchte 100 deutsche Mark tauschen.

– österreichische Schillinge
– Schweizer Franken
¿Acepta eurocheques?:
...Euroschecks?
¿Acepta tarjetas de crédito?:
... Kreditkarten?
¿Cuál es el cambio?: Wie
steht der Wechselkurs?
¿Cuánto cobra de comisión?:
Wieviel Gebühren verlangen
Sie?

Post & Telefon

Brief: una carta
Briefkasten: un buzón
Briefmarke: un sello [selo]
Paket: un paquete
Päckchen: un pequeño
paquete
Post: correos
Postkarte: una tarjeta postal
[tarxeta postal]
postlagernd: lista de correos
Telefax: un telefax
Telefon: un teléfono
Telefonbuch: una guía
telefónica
Telegramm: un telegrama
Quisiera un sello para una
carta/tarjeta postal para
Alemania. Ich möchte eine
Briefmarke für einen
Brief/Postkarte nach
Deutschland.
Quisiera hacer una llamada a
la República Federal de Ale-
mania. Ich möchte in die
Bundesrepublik Deutsch-
land telefonieren.

Öffentliche
Verkehrsmittel

el autobús: Bus
el tren: Zug
el avión: Flugzeug
la estación de autobuses:
Busbahnhof
la estación trenes: Bahnhof
el aeropuerto: Flughafen
billete de ida y vuelta: Hin-

und Rückfahrkarte
coche cama: Schlafwagen
con reservación: mit Reservierung
el suplemento: Zuschlag
Quisiera un billete para Vigo.:
Ich möchte eine Fahrkarte
nach Vigo.
Quisiera confirmar mi billete.:
Ich möchte mein Ticket bestätigen.
Quisiera cambiar mi billete.:
Ich möchte umbuchen.
¿Cuándo sale el autobús para
Vigo?: Wann fährt der Bus
nach Vigo?
¿Cuándo llega a Vigo?: Wann
kommt er in Vigo an?
¿Tengo que hacer trasbordo?:
Muß ich umsteigen?
la facturación: Gepäckaufgabe
la consigna: Gepäckaufbewah-
rung
la consigna automática:
Schließfächer

Im Straßenverkehr

bicicleta: Fahrrad
camión: Lkw
coche: Auto
motocicleta: Motorrad
peatón: Fußgänger
taxi: Taxi
autopista: Autobahn
calle [rúa]: Straße
carretera [estrada]: Landstraße
peaje [peaxe]: Straßenbenut-
zungsgebühr
plaza [praza]: Platz
puente [ponte]: Brücke
aparcamiento [vigilado]:
(bewachter) Parkplatz
atención: Achtung
cambio de sentido:
Wendemöglichkeit
calle cortada [rúa cortada]:
Straße gesperrt
ceda el paso: Vorfahrt gewähren

centro urbano: (Stadt-) Zentrum
desvío: Umleitung
exepto: außer
ganado suelto [gando solto]:
freilaufendes Vieh
llamamos grúa, se avisa grúa
[chamamos grúa]: es wird
abgeschleppt
luz de cruce: Abblendlicht ein-
schalten
niebla [néboa]: Nebel
no aparcar [non aparcar]:
Parken verboten
obras: Baustelle
paso a nivel: Bahnübergang
paso prohibido: Durchfahrt
verboten
peligro [perigo]: Gefahr
RED: Kennzeichnet im Zen-
trum Straßen, wo Park- und
Halteverbot herrscht. Hier
wird bei Strafen bis
20.000 Pts sofort abge-
schleppt
salida [saída]: Ausfahrt
sentido único: Einbahnstraße
zona peatonal: Fußgängerzone

Rad & Auto

...no funciona.: funktioniert
nicht.
...está roto/rota.: ist kaputt.
Anlasser: el arranque
Batterie: la batería
Bleifreies Benzin: gasolina sin
plomo [gasolina sen
chumbo]
Blinker: el intermitente
Bremse: el freno [freo]
erster Gang: la primera
velocidad [velocidade]
Felge: llanta
Fernlicht: la luz de carretera
[de estrada]
Gepäckträger: porta equipaje
Getriebe: la caja de cambios
[caixa de cambios]
hinten/vorne: trás/delante
Hupe: la bocina [bucina]

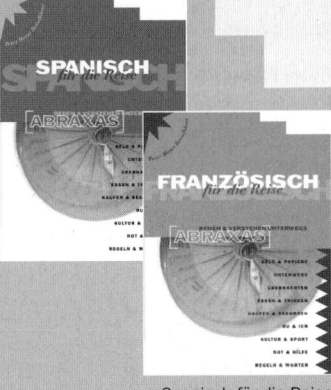

Kette: *cadena*
Klingel: *timbre delantera*
Kugellager: *cojinte de bolas*
Kupplung: *el embrague*
Kühler: *el radiador*
Lenkrad/Lenker: *el volante/guía*
Licht: *la luz*
Luft: *el aire*
Luftpumpe: *inflandor*
Motor (klopft): *el motor (golpea)*
Rahmen: *cuadro*
Reifen: *el neumático*
Rücklicht: *el piloto*
Rückwärtsgang: *la marcha atrás*
Scheibenwischer: *el limpiaparabrisas [limpaparabrisas]*
Scheinwerfer: *el faro*
Sicherung: *el fusible*
Speiche: *rayo de rueda*
Tankstelle: *la gasolinera [gasolineira]*
Trommelbremse: *freno de tambor*
Türschloß: *la cerradura [pechadura]*
Umwerfer: *cambio de marchas*
Ventil: *valvula*
Vordergabel: *norquilla*
Vergaser: *el carburador*
Wagenheber: *un gato*
Werkstatt: *un taller*
Werkzeug: *las herramientas [ferramento]*
Windschutzscheibe: *el parabrisas*
Zündkerze: *la bujía [buxía]*

Notfall

la ambulancia: Krankenwagen
el médico: Arzt
el dentista: Zahnarzt
el hospital: Krankenhaus

la farmacia (de guardia): Apotheke (mit Notdienst)
Ich leide an...: *Padezco...*
Mir tut es hier weh.: *Siento dolores aquí.*
Ich brauche ein Medikament gegen ...: *Necesito un medicamento contra ...*
Feuerwehr: *los bomberos [bombeiros]*
Krankenwagen: *la ambulancia*
Panne: *la avería [avaría]*
Polizei: *la policía*
(ich hatte einen) Unfall: *(tuve) un accidente*
Policía Municipal: städtische Polizei
Policía Nacional: Landespolizei
Guardia Civil: Miliz
Wo ist die nächste Polizeiwache?: *¿Dónde está la comisaría más cerca?*
Ich möchte Anzeige wegen Diebstahls erstatten.: *Quiero hacer una denuncia por robo.*

Geographie, Kunst & Kultur

la aldea: Dorf
el arco: Bogen
la arquitectura: Architektur
el ayuntamiento [axuntamento]: Rathaus
la capilla [capela]: Kapelle
el castro: befestigte keltische Sledlung
el castillo [castelo]: Burg, Schloß
la catedral: Kathedrale
el cementerio [cemiterio]: Friedhof
el centro de arte: Kunstzentrum
el cine: Kino

la ciudad [cidade]: Stadt
el claustro: Kreuzgang
el concierto [concerto]: Konzert
el convento: Konvent
el coro: Chor(gestühl)
el embalse [presa]: Stausee
la ermita [ermida]: Wallfahrtskapelle
la exposicisión: Ausstellung
la galería: Galerie
la iglesia [igrexa]: Kirche
el lago: See
el monasterio [mosteiro]: Kloster
la montaña: Gebirge
el monumento: Denkmal
el museo: Museum
la ópera: Oper
el palacio [palacio, pazo]: Palast
el palacio arzobipal: Erzbischöfliches Palais
el palacio episcopal: Bischöfliches Palais
el palacio real: Königspalast
la parroquía: Pfarrkirche
el patio: Innenhof
la pintura: Malerei
la plaza [praza]: Platz
la plaza mayor [praza maior]: Hauptplatz
el pueblo [pobo]: Dorf
la puerta [porta]: Tür, Tor, Portal
el puerto [porto]: Hafen
el retablo [retábulo]: Altarbild
el río: Fluß
la sacristía: Sakristei
la sala capitular: Kapitelsaal
la sierra [serra]: Gebirge
la sinagoga: Synagoge
el teatro: Theater
el tesoro [tesouro]: Schatzkammer

GLOSSAR

Alfiz: maurisch-mozarabischer Zierrahmen an Hufeisenbögen

Apsis: meist runde, nach Osten ausgerichtete Altarnische, in der Gotik oft zu einem halbkreisförmigen Chorumgang mit Nebenkapellen umgestaltet.

Archivolte: profilierte, von der Fassade abgesetzte Einfassung eines Rundbogens, zum Beispiel über Portalen und an Fenstern, auch *Stirnbogen*. In der romanischen und gotischen Baukunst werden so auch die Bogenläufe genannt, die die Fortsetzung der Gewändegliederung darstellen und oft mit Skulpturen (Archivoltenfiguren) besetzt sind.

Arkade: auf Säulen ruhender Bogen, mit *Arkaden* ist eine fortlaufende Reihe von Bogenstellungen gemeint.

Asturisch: diese als Verfeinerung des westgotischen Stils geltende Form aus dem 9. Jh. fällt durch die hohen, in sich verschachtelten Baukörper und die dekorierten Steingitterfenster auf. Die Reliefdarstellungen und Wandmalereien nähern sich spätantiken Vorbildern. Wie der Name schon andeutet, findet man die meisten Beispiele dafür in Asturien. Unter der Kathedrale von Santiago de Compostela liegen noch Mauerreste der asturischen Jakobskirche.

Augustiner: katholischer Priesterorden aus dem 11. Jahrhundert, der nach der sog. Regel Augustinus in Armut und dienender Arbeit lebt, die aber nicht wirklich vom Kirchenlehrer Augustinus (354 – 430) stammt. Unterhielt früher einige bedeutende Pilgerhospize an Paßstraßen.

Baldachin: Überdachung eines Cruceiros, von Gewändeskulpturen oder anderen Kultgegenständen

Benediktiner: vom Begründer des abendländischen Mönchtums, Benedikt von Nursia (um 480 – 529), gegründeter Orden.

Calzada: gepflasterter oder dammartig befestigter Weg, besonders in sumpfigem oder wasserreichem Gelände. Als Beiname von Ortschaften weist Calzada auf die Lage an einer alten Jakobsroute hin.

Churrigueresk: spanischer Spätbarock des 17./18. Jahrhunderts. Leitet sich nicht etwa von *churre* (abtriefendes Fett) ab, sondern von der Baumeisterfamilie Churriguera. Der *Churriguerismus* ist leicht daran zu erkennen, daß Kirchenfassaden so überreich wie eine Altarwand verziert sind. Die Altäre selbst wirken oft überladen, der Schnörkelphantasie scheinen bei der Schaffung der pompösen Monstranzen und Glaubensmonumente keine Grenzen gesetzt gewesen zu sein.

Cluniazenser: aus dem französischen Cluny (gegründet 910) hervorgegangene benediktinische Reformbewegung, die religiöse Verinnerlichung mit straffer geistlicher und wirtschaftlicher Organisation aller zusammengeschlossenen Klöster kombinierte. Die grenzüberschreitenden Verbindungen der Cluniazenser befähigten sie, die Santiagopilger durch den Unterhalt von mehr als 30 Hospizen zu unterstützen.

Codex Calixtinus: auf Jakobskult und den Pilgerweg ausgerichtete Handschriftensammlung des 12. Jahrhunderts., die durch Nennung des Papstes Calixt II. als Autor größere Autorität verliehen werden sollte, obwohl sie im wesentlichen vermutlich vom dem französischen Priester Aimeric Picaud zusammengestellt wurde.

Coro: in spanischen Großkirchen durch hohe Schranken oder Wände abgetrennter Raum vor Vierung oder Altarbereich. Er dient liturgischen Gesängen der geistlichen Chorherren.

Dachsparren/Konsolen: herausragende schräg ansteigende Kanthölzer des Dachstuhls bzw. vorspringendes Trageelement im Steinbau, oft zur Abwehr des Bösen mit dekorativen Fratzen, Bestien oder Neidköpfen versehen.

Cruceiro: Wegkreuz; oft große Kruzifixe als Wegweiser.

Dolmen: übersetzt Felsentisch, megalithische Grabbauten.

Dominikaner: katholischer Bettelorden, dessen Gründer Domingo Guzmán de Caleruega (um 1170 – 1221) die Rückgewinnung von Ketzern zum Ziel hatte. Sie stellten im MA die päpstlichen Hoftheologen (u.a. Gelehrte wie Albertus Magnus, Thomas von Aquin), und waren seit 1232 führend in der gefürchteten Inquisition tätig; Domini canes, die Spürhunde des Herren.

Ermita: span., meist verlassene Einsiedelei

Filigran: eigentlich feingliedrige Drahtverzierung aus Gold oder Silber, gelegentlich auf zierliches Steinmetzwerk übertragen, siehe auch »Plateresk«.

Franziskaner: von Giovanni Bernardone (Franz von Assisi, 1181 – 1226) gestifteter erster Bettel-, Buß- und Wanderpredigerorden.

Fueros: span. verbriefte Sonderrechte, zum Beispiel Wirtschaftprivilegien städtischer Siedlungen.

Gewände: schräg eingeschnittene Mauer an Portal oder Fenster, die mit Säulen, die in die Archivolte übergehen können, stufenförmig profiliert sein kann. In den Abtreppungen stehende Skulpturen nennt man *Gewändefiguren*.

Heiliges Jahr: Wenn der Tag des Apostels Jakobus, der 25. Juli, auf einen Sonntag fällt, bedeutet dies ein Heiliges Jahr (wieder 1999).

Hórreos: Maisspeicher in Galicien, meist aus Granit oder Stein in rechteckiger Form.

Inquisition: religiös juristisches Untersuchungsverfahren zur Wahrung der »unverfälschten Glaubenslehre«. Seit den Ketzerkriegen gegen die Albigenser (1209 – 1229) von den Dominikanern geleitet.

Isabellinisch: Die Stilbezeichnung ist auf Isabella II. von Kastilien (1474 – 1504), die Katholische Königin, zurückzuführen. Die während ihrer Regentschaft entstandenen spätgotischen Prachtbauten brachten einen eigenen Stil hervor. Charakteristisch sind in filigraner Steinmetzarbeit durchwirkte Portale. Die Außenreliefs symbolisieren oft die gemeinsame Herrschaft der Katholischen Könige. Einige Neubauten waren als königliche Grabkapellen geplant: einschiffige, hohe Räume mit Netzgewölbe, Emporen und kunstvoll ausgestatteten Grabaufbauten. Das *Hostal de los Reyes Católicos* in Santiago ist ein Beispiel dafür.

Jesuiten: »Gesellschaft Jesu«, 1534 von dem Basken Ignatius von Loyola als Orden für Mission, Predigt, Unterricht und Seelsorge gegründet und als Gottes Streitmacht mit einem General an der Spitze direkt dem Papst unterstellt (1540 päpstl. bestätigt).

Johanniter: Kreuzritterorden, 1118 in Jerusalem in der Absicht gegründet, Pilgern Herberge, Pflege und bewaffneten Schutz zu gewähren.

Kapitell: ausladendes oberes Ende einer Stütze (z.B. Säule), das zwischen Stütze und Last vermittelt.

Kapitelsaal: Versammlungsort des Domkapitels, in einem Kloster der Raum, in dem die Mönche früher ihre täglichen Anweisungen erhielten.

Kreuzgang: Umgang eines rechteckigen Innenhofes im Kloster.

Laterne: Pavillonartiger, leichter Aufbau einer Kirchenkuppel mit Fensteröffnungen zwecks Erhellung des Innenraums.

Monstranz: oft reich verziertes Behältnis zur Aufbewahrung der geweihten Hostien.

Morisken: seit 1502 zwangsweise christianisierte maurische Bevölkerung, die 1609 von Felipe III. aus Spanien vertrieben wurde.

Mozaraber: Christen, die aus dem maurischen Herrschaftsgebiet kamen und eine von der römischen Kirche abweichende, eigene Liturgie besaßen.

Mozarabisch: Stil der Mozaraber, arabischer Einfluß bei der Gestaltung der Kirchen. Der westgotische Hufeisenbogen nahm mit der Mozarabik die Form eines Schlüssellochs an und ist ihr ästhetisches Leitmotiv. Diese Form taucht sowohl im Grundriß des Altarraums, als auch an Arkaden, Blendbögen und den Alfizen auf. Die Kirchen sind so konstruiert, daß das meiste Licht auf das Allerheiligste fällt. Die Reliefdarstellungen haben westgotische Vorbilder. Reiche Buchmalereien und Elfenbeinschnitzereien sind Zeugnisse der mozarabischen Kleinkunst.

Mudéjar: Dies war zunächst der Name maurischer Bau- und Kunsthandwerker, die für die spanischen Christen arbeiteten. Davon leitete man später die Bezeichnung für einen Dekorstil ab, der von der Romanik bis zur Renaissance, also vom 12. bis 16. Jh., mit dem jeweils vorherrschenden europäischen Baustil kombiniert wurde. Durch geometrische Muster aus flachen gebrannten Ziegeln, Blendbögen, bunt glasierte Dachziegel und hohe Fenstertürme konnte eine romanische Kirche einen orientalischen Charakter bekommen. Alle Elemente des Mudéjar finden sich allerdings selten an einem Gebäude. Die maurische Mode ließ sich auch auf die Gotik und nachfolgende Stile anwenden. Für die Innenausstattung waren getäfelte Kassettendecken mit Sternen und Bänderornamenten, herabhängenden Pinienzapfen, dekorativen Inschriften, Wappen und glasierte Kacheln gefragt.

Nekropole: griech., vorgeschichtliche Gräberstätte.

Pantheon: Begräbnisstätte hochgestellter Persönlichkeiten

Pantokrator: Christus, dargestellt als Weltenrichter.

Petroglyphen: in den Fels geritzte Zeichnungen mit kultischer Bedeutung aus vorchristlicher Zeit.

Plateresk: ein Dekorationsstil, der wegen seiner geringen Relieftiefe vom Namen her an die Arbeit der Silberschmiede angelehnt ist. Der Plateresken-Stil greift Elemente der Antike auf und ist hauptsächlich an Portalen, Hochaltären, schmiedeeisernen Gittern und dem Chorgestühl zu finden.

Reconquista: Rückeroberung des maurischen Spaniens durch die Christen in mehreren Etappen zwischen 722 und 1492.

Reliquiar: Wertvolles Gefäß zur Aufbewahrung von Reliquien (Körperteile oder Besitztümer von Heiligen).

Retabel: Altaraufsatz, im MA auf dem Altar (*Mensa*), in Renaissance und Barock auch dahinter stehend. In der Romanik meist eine bemalte Holztafel oder ein Steinrelief, in der Gotik zu einem geschnitzten und bemalten Flügelaltar erweitert.

Santiago-Ritterorden: um 1170 in Cáceres entstandener Orden mit dem Emblem eines blütentreibenden Kreuzes in Schwertform.

Stele: griech., aufrecht und frei stehender Grabpfeiler oder Grenzstein mit Inschriften, seit der Antike gebräuchlich.

Tympanon: halbrundes oder giebelförmiges, mit Figuren oder Reliefs verziertes Bogenfeld eines Portals.

Vierung: zentraler Bereich einer Kirche im Schnittpunkt von Haupt- und Querschiff.

Westgotisch: in Spanien und Portugal befinden sich noch einige kleine, bescheidene Kirchen, die in diesem Stil des 6. und 7. Jahrhunderts erbaut worden sind. Die einfachen Konstruktionen haben einen kreuzförmigem Grundriß, der Altarraum ist rechteckig ummantelt. Zu den charakteristischen Merkmalen gehören der hölzerne Dachstuhl oder das Tonnengewölbe sowie ein langgezogener Hufeisenbogen. Obwohl Konstruktion und Ornamentik einen »primitiven« Eindruck machen, sind viele der geometrischen Muster und stilisierten Pflanzen- und Tierbilder künstlerisch vollendet, offenbar an byzantinischen Vorbildern orientiert.

Wurzel Jesse: Darstellung des Stammbaumes Christi (nach Jesaias 11,1)

Zisterzienser: aus der Benediktinerregel 1118 hervorgegangener, im gesamten Abendland verbreiteter Orden, der sich besonders durch enorme Leistungen bei der Kultivierung von Ödlandzonen auszeichnete. Die geradlinigen, turm- und fast schmucklosen Bauformen der Zisterzienser stellen die frühen Äußerungen der Gotik in Spanien dar.

REGISTER DER ORTE & SEHENSWÜRDIGKEITEN, PERSONEN & SACHBEGRIFFE

KARTEN-VERZEICHNIS

Zeichenerklärung für alle Karten

✚	(Touristen-)Information		Tankstelle
	Reisebüro; Flugbüro	P	Parkplatz
✉	Postamt	N22	Straßennummer
	Telefon(-zelle)		Fahrradladen
	Polizeistation	🚶	Wanderroute
	Konsulat, Botschaft	7	Entfernungssignaturen
	Bank, Wechselstube		Sportplatz
	Apotheke		Strand, Badestelle
✚ ✚	Krankenhaus		Brücke
	Laden	><	Pass
	Buchhandlung, Bibliothek		Wasserfall
	Wäscherei		Brunnen
●	Sonstiges	Ω	Höhle
	Gaststätte	·50	Höhenpunkt
	Bar, Café, Kneipe	1000 ▲	Gipfel mit Höhe in m
	Kulturzentrum, Discothek		Aussicht, Rundblick
K	Kino		Neuzeitliche Ruine
T	Theater	O	Wall, Castro
M	Museum		Römische Ausgrabung
	Hotel		Schloß, Burg
	Pension		Kirche, Kapelle (Stadtplan)
	Apartments	†	Kirche, Kapelle (Landkarte)
	Refugio	✡	Synagoge
1	Extra für Legende	†	Friedhof
	Busplatz, Bushaltestelle		Denkmal
	Bahn(-hof), Tram		Leuchtturm
✈	Flughafen		Turm
	Fähre, Personenboot		Sender
	Hafen, Ankerplatz		Sternwarte
⚓	Yachthafen		

© PETER MEYER VERLAG